U0129844

乱序版
专四词汇

词根+联想
记忆法

俞敏洪 ● 编著

西安交通大学出版社
XI'AN JIAOTONG UNIVERSITY PRESS

图书在版编目（CIP）数据

专四词汇词根 ＋ 联想记忆法：乱序版 / 俞敏洪编著
. —西安：西安交通大学出版社，2013.6
ISBN 978-7-5605-5356-6

Ⅰ．①专… Ⅱ．①俞… Ⅲ．①大学英语水平考试—词
汇—记忆术—自学参考资料 Ⅳ．①H313

中国版本图书馆 CIP 数据核字（2013）第 139907 号

书　　名	专四词汇词根 ＋ 联想记忆法：乱序版
编　　著	俞敏洪
责任编辑	黄科丰　孙　岩
封面设计	大愚设计
出版发行	西安交通大学出版社
地　　址	西安市兴庆南路 10 号（邮编：710049）
电　　话	(010)62605588　62605019（发行部）　(029)82668315（总编室）
读者信箱	bj62605588@163.com
印　　刷	北京慧美印刷有限公司
字　　数	507 千
开　　本	880×1230　1/32
印　　张	15.75
版　　次	2013 年 10 月第 1 版　2013 年 10 月第 1 次印刷
书　　号	ISBN 978-7-5605-5356-6/H·1512
定　　价	38.00 元

新东方图书策划委员会

主任　俞敏洪

委员　（按姓氏笔画为序）

王　强　　包凡一

仲晓红　　沙云龙

陈向东　　张洪伟

邱政政　　汪海涛

周成刚　　徐小平

谢　琴　　窦中川

　　与大学英语四、六级相比，专业英语考试对英语知识的考查更为深入和灵活，因此不少考生对专四考试望而生畏。其实，从英语专业教学大纲的要求来看，专四考试仅仅是考查学生对英语基础知识的掌握情况，检验考生是否已经具备进入高年级学习的专业基础。因此，专业四级考试中的词汇与语法部分主要考核学生对单词、短语及基本语法概念的掌握程度。尽管如此，面对大纲要求掌握的8000个单词，多数考生还是会感到束手无策。本书正是以大纲为出发点，结合"词根 + 联想"记忆法，全方位解读重点单词，帮你高效掌握专业四级词汇。

一、乱序编排，此时无序胜有序

　　传统的词汇书按字母顺序编排，考生复习起来比较乏味，很多考生临考前可能才背到C开头的单词，影响复习进度。

　　本书突破字母编排的局限，结合考试大纲，将大纲要求熟练掌握的约2500个单词及其派生词汇编入重点单词，并对其进行详细讲解。将剩余的5000左右认知词汇收录在一起，便于考前进行突击复习。这样，考生可以有针对性地进行学习，节省宝贵的复习时间。

　　另外，重点单词部分乱序编排还可以帮助考生消除惯性记忆产生的疲劳感，带来全新的学习体验。

二、"词根 + 联想"，词汇障碍一扫而光

　　缺少科学的方法，记忆单词确实枯燥无味，但经过广大考生验证的"词根+联想"记忆法可以帮助考生最大程度地提升单词记忆的趣味性和成就感。词根词缀记忆法通过归纳常用词根和词缀，使考生可以举一反三，用四两拨千斤的"巧力"构建自己的词汇大厦。例如：

【词根】　　tract（拉）　→ attract（吸引）

　　　　　　　　　　　　→ contract（订立合约）

　　　　　　　　　　　　→ distract（使分心）

　　　　　　　　　　　　→ subtract（减去，扣除）

　　在掌握了常用词根tract和常用词缀at-, con-, dis-, sub-后，考生便可以很容易地记住以上这些单词。

　　联想记忆主要利用单词的拆分、形近词对比，以及书名、歌曲名、电影名、俚语等与英美文化相关的有趣元素，帮助大家强化记忆；书中还利用英文单词与中文的谐音，帮助大家巧妙地记忆单词。

这些方法把记单词从枯燥的劳役变成了生动的游戏，有助于学生克服背单词的畏惧心理，提高学习效率。

三、真题例句，专四考点全覆盖

避免陷入机械记忆误区的方法之一是边记边用，即把单词与考试紧密联系在一起。本书中重点单词的例句多数选自专四历年真题，并标明确切的考试年份。对于选自听力原文的句子以"听力"二字特别标注，以提醒大家注意考试中听力句式的特点。值得一提的是，我们还归纳了一些与考试相关的答题技巧、注意事项，精编成小贴士，帮助考生了解考试，所谓"知己知彼，百战不殆"。

四、词义讲解，辨析突破

专四考试与其他考试的不同之处在于，它对考生掌握词义和词组的要求很高，而这些往往又是考试中的难点。为了帮助大家攻克这一难关，书中除了给出重点单词及其相关词组的例句外，还对易错的常考单词进行辨析与讲解，将考试中经常考到的单词对比进行解释，并给出范例明晰它们的差别，这样大家就能掌握这些单词在不同语境中的正确用法，这对于培养英语专业学生的语感也非常有益。

五、返记菜单，实时反馈

不少考生在背单词时一味追求速度，忽视了质量，等到一本书看完，最早背的单词都已经忘了。本书在每一页最下方都增添了"返记菜单"，帮助考生随时检查自己的记忆效果。

本书得以顺利完成，要感谢汇智博纳工作室的金利、杨云云、高楠楠、谭若辰、李素素等编辑，是他们的辛勤工作使得本书如此实用、有趣。

记忆单词本身就是一个比较漫长的过程，只要不气馁，不退缩，勇往直前，你一定就会赢得最后的胜利。最后，我们衷心希望这本书能成为你通向成功的得力助手。

编　者

单元前的词根、词缀预习表帮助考生掌握常用词根、词缀，举一反三，科学记忆单词。

词根+联想记忆法通过词根、词缀、谐音以及词与词之间的联系等将难词简化，助考生轻松、高效地记忆单词。

重点单词　　Word List 1

词根、词缀预习表

crep 破裂	discrepancy *n.* 差异，矛盾	ethn 民族	ethnic *adj.* 民族的
celebr 荣誉	celebrate *v.* 庆祝	mot 动	motivate *v.* 促动，激发
sorb 吸收	absorb *v.* 吸收	ex- 出	extent *n.* 范围
cret 搞清；区别	discretion *n.* 谨慎	vinc 征服	convince *v.* 说服
val 价值	invalid *adj.* 无效的	fore- 预先	foretell *v.* 预言
manu, mani 手	manual *adj.* 手工的，用手的	flex 弯曲	flexible *adj.* 柔韧的，易弯曲的
inter- 在…之间	interact *v.* 相互作用	fess 说	confess *v.* 承认，坦白

discrepancy [dis'krepənsi] *n.* 差异，不符合，矛盾

【记】词根记忆：dis(分开)+crep(破裂)+ancy→裂开→矛盾

【例】The *discrepancy* in their ages didn't affect their love. 年龄的差异并没有影响到他们的爱情。

discount ['diskaunt; dis'kaunt] *v.* 怀疑地看待；漠视，低估；打折扣

['diskaunt] *n.* 折扣

【记】联想记忆：dis(没有)+count(计算)→没有计算在内→打折扣

【例】The regular priced ones are here, and on that table in the corner of the room we have some on *discount*. 常规价的商品在这里，屋子角落的桌子上是一些折扣品。(2001听力) // at a discount Many stores have seasonal sales where the products are sold *at a discount*. 很多商店有季节性大减价，在那时商品打折出售。

【用】打折的固定说法：① at 15% discount (打八五折)；② discount of 30% (七折)。

□ discrepancy □ discount

大量难度适当的例句辅助考生理解、运用单词。

归纳单词用法，帮助考生抓住考试重点。

在例句中讲解常用短语和搭配，方便考生学以致用。

整理相关派生词，迅速扩大词汇量。

标记真题听力例句，提醒考生注意听力句式特点。

幽默有趣的插图将单词含义形象化，辅助记忆的同时增加了学习的趣味性。

consume [kən'sjuːm; kən'suːm] v. 消费，耗尽；烧毁；吃光，饮尽

consume

【记】词根记忆：con（表加强）+sum（取）+e→全部取走→耗尽

【例】They were reported to have destroyed 800 homes and **consumed** about 120,000 hectares of land. 据报道，他们毁坏了800所房子，烧毁了12万公顷的田地。（2005听力）// We **consumed** 5 bottles of beer at dinner. 我们晚饭时喝光了5瓶啤酒。

【派】consumer(n. 消费者)；consumption(n. 消费（量），消耗]

abandon [ə'bændən] vt. 抛弃，放弃；离弃（家园、船只、飞机等）；遗弃（妻、子女等）

【例】To support his family better, Adam **abandoned** his dreams. 为了更好地养家糊口，亚当放弃了自己的梦想。

【辨】**abandon, surrender, resign**

　　abandon主要指最终完全放弃，尤指放弃无形的东西，如：I abandoned the hope of being a doctor.；surrender是指经过斗争或抵抗后被迫放弃、投降，如：The captain had to surrender to the enemy.；resign是自愿放弃或没有经过斗争而作出牺牲，如：Peter decided to resign.

lodge [lɔdʒ] n. 小屋 v. 暂住，留宿；卡住；正式提出；存放，寄存

【例】The families **lodged** the children with relatives after the flood. 家人们在水灾过后把孩子们送到亲戚家去。

lounge [laundʒ] n. 休息室 v. 懒洋洋地靠坐着；闲逛，混时间

【例】The animals in the zoo **lounge** in their cages in summer. 夏天，动物园里的动物们懒洋洋地躺在笼子里。

intensify [in'tensifai] v. 加强，增强，加剧

【记】词根记忆：in(使)+tens(伸展)+ify→使不断伸展→加强

【例】The press has **intensified** its scrutiny of the matter. 新闻界已加强了对该事件的审查。

supervise ['sjuːpəvaiz] v. 监督，管理，指导

【记】词根记忆：super(上)+vis(看)+e→从上往下看→监督

【例】The chief clerk **supervises** the work of the department. 组长负责监督该部门的工作。// Once **supervised** by teachers and principals, they now appear to be "self care". 他们曾经受老师和校长的监督，现在看起来已是"自我关照"了。(2007)

收录大量易混淆的近义词，辨析异同，帮助考生分清词义，正确使用。

精选大量真题例句，标明确切考试年份。

每页底部设置返记菜单，考生结束每页学习后可以及时进行复习和自测，有助于对单词的全面掌握。

目 录

考试小贴士

写作部分

作　文

写作分为体裁和题材两个方面。题材大致分为三类：分析某事物的好坏；提出问题的解决方法；表明对热门或流行事物(如网络等)的观点，其中，最后一类在近些年较常考到。体裁一般是说明文、议论文和记叙文，近年多考查议论文。

写作是考查英文功底的部分，考生的英文水平可通过写作一目了然地呈现出来，所以平时应该多写多练。平时不练习，指望在考试中写出精彩的文章是不可能的。

写作考试中应注意的问题：

首先要做的就是认真阅读提示和要求，不要急着动笔，先想想你要写什么，然后按照提示构建出作文的框架。通常提示会清楚地给出要求，大家根据这些要求想一下要写的内容，在经过认真思考之后就可以下笔了。专四作文考试的特点决定了作文的基本框架为三段论。作文的内容非常重要。阅卷老师一般从第一段看语言，从第二段看结构。这就要求作文开头部分以及每一段的第一句一定要写得精彩，不要出现任何拼写或语法错误。而且，为使文章脉络清晰，可以用一系列表示逻辑关系的连词，如and, however, furthermore等。此外，还可以用对等的句式结构，如for one thing, for another; On the one hand, on the other hand等来增加文章的层次感。三段式的作文要简洁有力，第一段就应开门见山地提出自己的观点，再在后面提出论据来支持，结尾时再次强调观点。写作的时间一般都相对充裕，所以写完之后应该花5分钟时间检查和润色。另外，若写作要求自拟题目，千万不要忘记写上题目。

便　条

便条是一种简单的书信，虽然内容简单，却有其独特的语言风格。写便条是为了尽快把最新的信息、通知、要求或者活动的时间、地点传达给对方。常见的便条有欠条、留言和请假条等。

便条的字数要求是50~60词，语言要尽量简洁，不需要写客套话。便条虽然简单，但中心务必突出，尤其要注明活动的时间及地点。尽管便条的内容和类型各不相同，但各类便条都必须包含以下四个基本要素：日期、称呼、正文、署名。

　　写作是主观题，所以给大家的发挥空间很大，与此同时，阅卷老师的主观性也很大，除了尽力把内容写好以外，还应该做到字迹清晰、工整，尽量避免语法与拼写错误，这样也会给你的作文增色不少，阅卷老师对你的作文的"印象分"也会很高。

听力部分

听　写

　　大家在考试开始的时候往往会有些紧张，而听写又是听力考试的第一部分，很多考生在这个关键时刻由于紧张而无法集中精力，所以这部分失分的可能性比较大。除了平时多听多练之外，掌握一些小技巧也很关键，希望下面这些小提示可以帮到大家：

　　首先要从心理抓起，保持平静的心态，并对自己充满信心。其次便是听，录音播放的第一遍是正常语速，这一遍主要把握文章大意，对没有听清的单词可以先放一放，不要因为在一个单词上较真而错过了后续的文章；录音播放的第二、三遍语速较慢，而且每句话间停顿15秒，这时不管听没听对都应尽量把所听内容写下来，对于一些较长的单词或短语可以用几个字母或符号来代替。最后一遍仍然以把握文章大意为主，听的过程中应该想想有没有领会错误的地方，并根据自己对文章的理解在最后两分钟内查缺补漏，确保听对的单词拼写无误，尽量将没听出来的部分根据掌握的文意补充完整。

听力理解

听力理解大体可分为两种题型：

　　直接题型：问题直接针对原文中的内容，要求所选答案和原文意义上一致，选项的措词与原文基本相同，或使用同(近)义词对原文内容进行改写。

　　推理题型：原文不能为选择提供直接的答案，而是要求考生通过理解字里行间的意义，或通过计算，或根据语言环境，推测出合乎题意的答案。

听力理解的内容涉及：

　　日常活动、计划安排、打电话、工作求职、学习、天气、订房订票、旅馆住宿、就餐、购物、新闻等。

听力语料通常表现为三种形式：

　　两人对话：由一男一女对话，第三人提问。问题大多是咨询信息，判断地点、职业或身份，概括谈论话题，进行预测，计算，推测态度、感情、人物关系等。由于是对话，所以语言表达更具有口语特点，语音、语调的变化丰富。

　　单人陈述：有简单句，也有复合句，多为陈述句。题目通常要求快速找出与所听内容在意思上相同或最为接近的选项。此外，也有判断说话人的身份、语气，计算数字等题型。因为没有上下文提示或重复信息，这部分有一定的难度。

新闻广播： 选自BBC、VOA及其他一些重要的国际新闻报道，并经专家重新录制。每篇新闻有一至三道题，题目多为询问事件或其原因、结果、目的、条件、地点、态度、中心议题等。在新闻里，题目都按照叙述的先后顺序提出，所以考生除事先快速浏览外，还可边看答案边听。平时考生要注意新闻用语的特点，如新闻报道中的第一句通常是全文的总纲，它对全文有很大的提示作用。此外，由于是另外录音，与平时在BBC和VOA广播中听到的稍有不同，因此考生最好事先选用相似的听力材料进行模拟测试，以熟悉考试形式。除了多听以外，还必须掌握英语新闻报道的特点和一些听力技巧。

1. 掌握新闻报道的结构

新闻报道往往采用"倒金字塔体"，即按新闻事实的重要程度由要点到细节逐步扩展，最重要的事实往往置于全文的首句。新闻的首句被称为新闻导语(the news lead)，它告知最重要、听众最关心的事实，如事件(what)、时间(when)、地点(where)、人物(who)、原因(why)和方式(how)，即新闻导语包含了我们常说的五个WH和一个H构成的"新闻六大要素"。新闻导语是整条新闻的高度浓缩，听懂了导语，也就听懂了新闻的主要内容。当然，由于新闻报道的侧重点不同，有时新闻导语也可能只包含其中几个要素。

2. 扩大词汇量，熟记新闻报道中的常用词汇

①**普通词汇**。尽管新闻报道所使用的词汇量很大，但是语言的基本词汇是稳定的。如VOA广播中的special English(特别节目)的新闻报道中常用词汇约1500个，这些单词的重复率相当高。此外，新闻英语中的特有用语更具稳定性，如cease-fire, presidential election等政治性词汇，finance banking group等经济词汇以及air shuttle, robot等科技词汇。若能掌握这些词汇，再加上一些听力技巧，基本听懂新闻报道就不是件难事了。

②**专有词汇**。新闻报道的是世界范围内的最新消息，因此其中常涉及人名、地名、国名，有时还会出现一些河流、山脉及名胜古迹等专有名词。熟悉这些专有名词，可更快、更准确地了解所听的新闻。

3. 掌握一定数量的缩略语

由于新闻报道有时间限制，不少机构的名称常采用其缩略形式，即由该名称中数个词的首字母组成，如PLO是the Palestine Liberation Organization的缩写形式。需要注意的是，听者不仅要了解这些缩略语的确切含义，而且还应知道它们的正确读音。

4. 掌握数字的不同读法

在新闻报道中经常出现数字，尤其是那些位数过多的数字，要想立刻听准的确不容易。因此在听多位数时，应尤其重视billion（十亿）、million（百万）、thousand（千）、hundred（百）等表数字单位的词。同时，要注意一个数字的多种读法，如播音员可能会把两个足球队的比赛结果"2:0"读作two to nothing，而不是读成two to nought或two to zero。

听力考试中应注意的问题：

当听写部分的试卷被收上去之后，一定不要再去回忆自己拿不准或出错的地方，这样会影响接下来的听力理解。最明智的做法是抓紧时间把听力理解的问题和选项都看一遍，做到对各部分内容有一个大概的了解。如果时间不够也不要紧，可以利用对话、短文和新闻的读题时间看题，这样做可以帮助大家抓住关键词和句子，达到事半功倍的效果。

所谓一心不能二用，听力理解部分比较忌讳在听的过程中回顾之前听过的内容，或是对自己模棱两可的答案犹豫不决，那样会影响到随后的题目，如漏掉下一题的关键信息，也容易将之前的正确答案改错。

最后，题干中常会出现not, no, except, incorrect等词，需注意其否定意义。

完形部分

完形的题材

教育、禁忌或迷信、生活、工作、饮食、语言的由来与发展、科学与技术、人类进化、购物、运动以及其他与英语有关的话题，如翻译等。

这部分的答题方式因人而异，有些考生先看一遍短文，再逐个选择，有些考生开始就做题，省掉了阅读的步骤。在这里我们建议最好先读一遍短文，这样有助于考生把握文章的整体脉络。完形的关键是理解文章的意思，以及所填词汇和上下文的语意关系。有时四个选项从语法角度看都没有错，但放在文章中就是错误的。另外需要注意联系上下文，有些答案可能就隐藏在文章之中。其余的部分，比如词义、搭配、语法等就看大家的基本功了。

语法和词汇部分

词　汇

专业四级考试的语法和词汇部分要求考生能灵活、准确地运用教学大纲语法结构表一至四级的全部内容，熟练掌握教学大纲词汇表中一至四级规定的5000～

6000个认知词汇及其最基本的搭配。

词汇的考查重点为：

1. 动词、名词与介词的搭配：popular/patient + with；yield/solution/adapt/transfer/access + to；accuse/require + of；charge + for；under + discussion等。

2. 习惯用法：confess to/set about/be used to + doing；be supposed to/have/make sb. + do等。

3. 由同一动词构成的短语：come, go, set, break等构成的短语。

4. 单个动词、抽象名词、形容词和副词多以近义词、同义词的形式出现。

5. 介词短语在句中作状语：in terms of；with the exception of；in vain等；另外还应注意rather than, other than, such as, none/nothing + but等词出现在考题中。

语　法

1. 语法考题的涉及面宽，近年曾经考到各种从句及关系词的用法、动词时态、虚拟语气、情态动词的用法、独立主格、主谓一致、倒装、强调、并列结构等基本语法知识。

2. 语法考试的重点突出，常反复考查内容庞杂、较难掌握的项目，如虚拟语气、状语从句、定语从句、独立主格、情态动词。

3. 具体考查重点为以上项目中的特殊用法，即不常用的情况。

　1）虚拟语气的考点为：would rather + that从句 + 一般过去时；It is vital/necessary/important/urgent/imperative/desirable/advisable/natural/essential + that + 动词原形；It is time/about time/high time + that + 一般过去时；proposal/suggestion + that + 动词原形；lest + that + should + 动词原形；if only + that + would + 动词原形。

　2）状语从句的考点为：非if引导的条件状语从句，此类句子多用at times, provided, so long as, in case, once等来替代if；由even if/so, now that, for all等引导的让步状语从句；just/hardly...when引导的时间状语从句；more than, as...as, not so much as, the same as, as much as等引导的比较状语从句。

　3）独立主格结构多以"逻辑主语 + 分词"的形式出现。

　4）情态动词多与完成式连用。

　5）定语从句重点考查"介词 + 关系代词（which）"和as作为关系代词的情况。

语法和词汇的复习思路

1. 全面掌握基本语法点，重点记忆各个项目中的"偏、特、难"点。

2. 掌握常用习惯用法和词组。

3. 注意在阅读中培养语感，因为在语篇层次上培养出的语感往往可以直接帮助答题。
4. 研究以往考试试题，适当做些练习并记住典型题目。

　　这部分的考查目的是测试考生掌握词汇、短语及基本语法概念的熟练程度，所以平时的练习至关重要。工夫下到了，自然会收到很好的成果。30道选择题分为两部分，前15题考查语法，后15题考查词汇和短语。其实，语法中有些成分来源于语感，当你选不出答案的时候，不妨在心里读一遍或是几遍句子，或许答案就在脑海中出现了，因此平时多读多听对于语法的学习也同样有帮助。关于词汇和短语，除了背诵词汇书，通过大量做题来加深印象也是一个不错的方法，尤其在考试前一周左右，可以丢开词汇书，在做题中检验自己的不足，并针对这些不足进行"点对点"的复习，从而获得最好的学习效果。

阅读理解部分

阅读理解十大话题

社会生活话题： 沟通交流(2000)；姓氏溯源(2000)；向往乡村生活(2001)；体育商业化(2002)；社会空间的使用(2003)；信息商品化(2003)；商场偷窃(2004)；英国工薪阶层的生活变化(2006)；房屋合租(2007)；一次搭便车的经历(2007)；"假装打电话"的介绍(2009)；一次修电脑的经历(2009)

教育相关话题： 大学教育(1997)；教育方法(1997)；儿童择校(2001)；读书成长及成功的经历(2005)；孩子学年的长短(2007)

旅行传记话题： 迪斯尼公司的历史(2005)；荷兰城市阿姆斯特丹介绍(2008)；一次机场入境检查受阻的经历(2008)

女性情感话题： 结婚后的夫妻关系(2001)；家电与妇女(2002)；夜间孤寂心情(2004)；回忆老挝的卖裙女子(2007)

文学艺术话题： 小说节选"谋杀"(2001)；为什么听音乐(2005)；《简·爱》节选(2006)

自然环保话题： 潮汐(1992)；雪崩(1996)；海啸(1997)；被污染的小镇(2000)

健康时尚话题： 饮酒与心脏病(1995)；形象与时尚(2002)；自我意识和情绪的控制(2005)；公共场合演讲的恐惧心理(2008)

经济金融话题： 瑞士银行(2000)；生活水平的衡量(2002)；假日小费(2009)

科技研究话题： 男人与女人大脑的区别(2003)；手机及其对生活的影响(2006)；"仿真交际"的人性化电脑(2006)；机械师们所作的贡献(2009)

文化传统话题： 数字与迷信(2003)；面试与性格的关系(2004)；不同国家认对待交通规则的态度(2004)；源自古代神话传说的英语词汇(2008)

阅读理解五种体裁

　　说明文、记叙文、议论文、描写文、应用文（尤其是新闻报道）。

题型分析及应对策略

1. 主旨类

（1）What is the main idea / subject of this passage?

（2）What does this passage mainly / primarily concerned?

（3）The main theme of this passage is _____.

（4）Which of the following is the best title for the passage?

（5）The purpose of the writer in writing this passage is _____.

（6）Which of the following best describes the passage as a whole?

　　应对策略：跳读（skimming）文章的开头、结尾及段落的首句和尾句。主旨应该是宏观的，但又不能空泛。

2. 态度类

（1）What's the writer's attitude to _____?

（2）What's the tone of the passage?

（3）The author's view is _____.

（4）The writer's attitude of this passage is apparently _____.

（5）The author suggests that _____.

（6）According to the author _____.

　　应对策略：有的文章观点明确，基调清楚，这时应跳读文章的开头、结尾及段落的首句和尾句。而另一些则需要阅读时对某些细节仔细琢磨，这时，尤其应注意那些表明作者观点的词汇，如形容词、副词等。

3. 细节类

（1）Which of the following is NOT true according to the information in the passage?

（2）Which of the following is mentioned in the passage?

（3）What is the example of...as described in the passage?

（4）The author mentions all of the following except _____.

（5）The author states that _____.

（6）According to the passage, when（where, why, how, who）_____?

　　应对策略：寻读（scanning）出现关键词的段落，四个选项中相同的词即为关键词。仔细对比选项与文中相应的细节。

4. 推理类

（1）It can be inferred from the passage that _____.

（2）The author strongly suggests that _____.

（3）It can be concluded from the passage that _____.

（4）The passage is intended to _____.

（5）The writer indicates that _____.

　　应对策略：推理类题可能针对文章整体，也可能只针对某个细节。如果是前者，跳读(skimming)文章的开头、结尾及段落的首句和尾句，即可得出答案。如果是后者，则应寻读(scanning)相应段落并仔细研读相应细节。

5. 词汇类

（1）According to the author, the word "..."means _____.

（2）Which of the following is nearest / closest in meaning to "..."?

（3）What's the meaning of "..."in line...of paragraph...?

（4）As used in the line..., the word "..."refers to _____.

　　应对策略：寻读(scanning)定位相关词的出处，并根据上下文与词的构造来猜测词义。最好将四个选项带回文中，看看哪一个最合适。注意，即使不是生词，也应当作生词来猜。

6. 指代类

（1）What does "it" refers to in Line ..., Paragraph ...?

（2）What does "they" stand for in Line..., Paragraph...?

（3）What does "its" refer to in Line..., Paragraph...?

　　应对策略：寻读(scanning)定位相关代词的出处，离它最近且单复数一致的名词往往是其指代的对象。注意英语中they既可指代人也可指代物。

　　有些考生可能对阅读部分感到头疼，文章读得懂，可是一做题就出错，原因很简单——没有完全理解文章的意思。做题的关键是领会文章意思并做到答案来源于文章，千万不能把自己的想法或是观点带到文章中去，那样会导致你选错答案。细节题一定要回归到原文，不能想当然，一切都应该以原文为判断依据。同样，推理题也一定要立足于文章的内容进行推断，不能掺杂个人的因素。

重点单词　　*Word List 1*

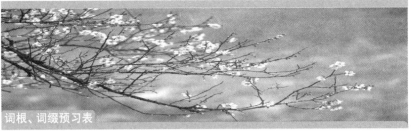

词根、词缀预习表

crep 破裂	discrepancy *n.* 差异，矛盾	**ethn** 民族	ethnic *adj.* 民族的
celebr 荣誉	celebrate *v.* 庆祝	**mot** 动	motivate *v.* 促动，激发
sorb 吸收	absorb *v.* 吸收	**ex-** 出	extent *n.* 范围
cret 搞清；区别	discretion *n.* 谨慎	**vinc** 征服	convince *v.* 说服
val 价值	invalid *adj.* 无效的	**fore-** 预先	foretell *v.* 预言
manu, mani 手	manual *adj.* 手工的，用手的	**flex** 弯曲	flexible *adj.* 柔韧的，易弯曲的
inter- 在…之间	interact *v.* 相互作用	**fcss** 说	confcss *v.* 承认，坦白

discrepancy ［dis'krepənsi］ *n.* 差异，不符合，矛盾
【记】词根记忆：dis(分开)+crep(破裂)+ancy→裂开→矛盾
【例】The *discrepancy* in their ages didn't affect their love. 年龄的差异并没有影响到他们的爱情。

discount ［'diskaunt; dis'kaunt］ *v.* 怀疑地看待；漠视，低估；打折扣
［'diskaunt］ *n.* 折扣
【记】联想记忆：dis(没有)+count(计算)→没有计算在内→打折扣
【例】The regular priced ones are here, and on that table in the corner of the room we have some on *discount*. 常规价的商品在这里，屋子角落的桌子上是一些折扣品。(2001听力) // **at a discount** Many stores have seasonal sales where the products are sold *at a discount*. 很多商店有季节性大减价，在那时商品打折出售。
【用】打折的固定说法：① at 15% discount (打八五折)；②discount of 30% (七折)。

discount

50% off　30% off

celebrate [ˈselibreit] *v.* 庆祝；歌颂

【记】词根记忆：celebr(荣誉)+ate(使)→使…有荣誉→庆祝

【例】Odysseus's heroic exploits are ***celebrated*** in *The Odyssey*.《奥德赛》史诗中歌颂了奥德修斯的丰功伟绩。

【派】celebration(*n.* 庆祝，庆祝会，典礼)

subject [ˈsʌbdʒikt] *adj.* 隶属的，从属的，受支配的；有…倾向的，易受，常有

[səbˈdʒekt] *vt.* 使隶属，使服从；使遭受，使经历

【记】词根记忆：sub(下)+ject(扔)→被扔在下面→使服从

【例】Because of the possibility of one passenger in a million boarding an aircraft with a weapon, the other 999,999 passengers must ***subject*** themselves to searches and delays. 由于每100万名旅客中可能有一人携带武器登上飞机，另外的999,999人必须遭受搜身与拖延的待遇。(2004) // Do you realize that every time you take a step, the bones in your hip are ***subjected*** to forces between four and five times your body weight? 每次你迈出一步，你臀部的骨头受到的力是你体重的四到五倍，你意识到了吗? (2009)

【用】subject作形容词时后面也接介词to，表示"易遭…的"之意。

【辨】subject, topic, title

三个词都有"题目，主题"的意思。subject指文章、谈话等的主要内容或是标题；topic一般指"话题"；title用于书籍、文章的标题，但有时可与subject互换。

absorb [əbˈsɔːb] *vt.* 吸收(水、热、光等)；吸引(注意)，使专心，使全神贯注

【记】词根记忆：ab(表加强)+sorb(吸收)→吸收

【例】No matter how much I ate or had or experienced, it didn't satisfy me, because I wasn't really taking it in, wasn't ***absorbing*** it. 无论我吃了多少，拥有了多少或经历了多少，都不能使我满足，因为我没有真正领会它，吸收它。(2013)

【用】absorb常与介词in连用，构成短语be absorbed in，表示"专心于某事"。

【派】absorption(*n.* 吸收；专注)；absorbing(*adj.* 引人入胜的)

interchange [ˌintəˈtʃeindʒ] *v.* 交换，互换；交替发生

[ˈintətʃeindʒ] *n.* 交换，互换；立体交叉道

【记】联想记忆：inter(在…之间)+change(兑换)→相互兑换→交换，互换

【例】Workers should ***interchange*** labor and repose during the work. 工人们在工作中应该劳逸结合。

discretion [dis'kreʃən] *n.* 谨慎；自由裁夺；酌处权

【记】词根记忆：dis+cret(搞清；区别)+ion→搞清楚→谨慎

【例】at discretion Carrie chose a blouse from two same ones *at discretion*. 卡丽从两件相同的上衣中随意选择了一件。// at the discretion of A supplementary grant may be awarded *at the discretion of* school. 学校可能酌情追加一笔补助金。// with discretion Please make your decision *with discretion*. 请慎重地作出决定。

【用】at the discretion of的意思是"由…斟酌决定"，但在句子中应看上下文来翻译或理解。

charm [tʃɑːm] *n.* 魅力，魔力 *v.* 迷住，使…陶醉

【例】Nine is usually thought of as a lucky number because it is the product of three times three. It was much used by the Anglo Saxons in their *charms* for healing. 9通常被认为是吉利的数字，因为它是数字3的三倍。盎格鲁–撒克逊人常因其具有治疗的魔力而经常使用9。(2003)

【派】charming(*adj.* 迷人的，有魅力的；令人高兴的)

【辨】**charm, attract, enchant**

　　charm指以一种魅力把人迷住；attract既可以指一般的吸引，也可以指引起异性的爱慕；enchant通常用来指使被迷住的人欢喜，如：The music enchanted us all.

smuggle ['smʌgl] *v.* 走私，偷运

【记】联想记忆：不断进行反对走私(smuggle)的斗争(struggle)

【例】The man tried to *smuggle* something valuable through the customs. 这名男子想从海关走私一些贵重物品。

orient ['ɔːriˌent] *vt.* 使适应；确定位置

['ɔːriənt] *n.* 东方；[O-]亚洲 *adj.* 东方的

【记】词根记忆：ori(升起)+ent→太阳升起的地方→东方

【例】Endeavoring to *orient* himself, as a surveyor or navigator might say, the man moved his eyes slowly along its visible length. 为了努力使自己适应环境——正如一位调查员或航海家可能说的那样——这个男人慢慢地移动目光探索着可视范围内的一切。

【用】orient最常见的另一个形式是"-oriented"，表示"以…为导向的"，如export-orientated(以出口为导向的)。

hospitality [ˌhɔspi'tæliti] *n.* 好客，殷勤的款待

【记】词根记忆：hospi(=host, 主人)+tal+ity→主人(对客人的)友好款待→好客

【例】Mary received them with her usual **hospitality**. 玛丽以她惯常的殷勤好客接待了他们。

inform [inˈfɔːm] v. 通知，告知，使了解；告密，告发

【记】词根记忆：in(使)+form(形成)→形成文字形式通知→通知

【例】The people who **inform** against the officials of bribery will be awarded some money. 告发政府官员受贿的人将受到奖赏。

【用】inform在表示"通知，告知"的时候，常与of或about搭配使用，而在表示"告发"时，常和against或on连用。

【派】informed(*adj.* 有学识的；有根据的；明智的)；informer(*n.* 告密者)

cruise [kruːz] v. 巡航，游弋；旅行，漫游

【记】联想记忆：汤姆·克鲁斯(Tom Cruise)在巡游(cruise)

【例】Government sent the police to **cruise** around the sea waters. 政府派警察在海域周围巡游。// From anywhere between US$8.52 and $9.50, you can use the canal bus or a water taxi to **cruise** the "Venice of the North". 你从任何地方出发，花上8.52到9.5美元就可以乘坐运河公交或水上出租车游览"北方的威尼斯"。(2008)

【派】cruiser(*n.* 巡洋舰；有船舱的游艇)

concept [ˈkɔnsept] n. 概念，观念，思想

【记】词根记忆：con+cept(抓)→大脑里牢牢抓住的东西→概念，观念

【例】After setting himself up in Hollywood, he single-handedly pioneered the **concepts** of branding and merchandising—something his company still does brilliantly today. 在好莱坞立足之后，他独自开拓了品牌和广告策划的概念，而今他的公司依然在这方面成就辉煌。(2005) // The **concept** of "future" is huge and abstract. "未来"这个概念很大也很模糊。

【派】conception (*n.* 概念，理解；构想，看法；怀孕，妊娠)；conceptual(*adj.* 概念的，观念的；抽象的)

genius [ˈdʒiːnjəs] n. 天才；天资，天赋

【例】One is not born a **genius**; one becomes a genius. 人生来并非天才，而是变成天才的。

linger [ˈliŋgə] v. 逗留，徘徊

【例】The incident was over, but the memory **lingered** on. 事情是过去了，但记忆难以抹去。

invalid [inˈvælid] n. 病人；残废者 adj. 无效的；作废的

【记】词根记忆：in(无)+val(价值)+id(…的)→无价值的→无效的

【例】Damaged or marked ballots were regarded as *invalid*. 损坏或有标记的选票都被视为无效。

trail [treil] *n.* 足迹，踪迹；小径，小路；（人流、车流等）一股，（烟、尘等）一缕 *v.* 拖，拖拽；跟踪，尾随；（植物）蔓生

【例】The winding *trail* in the bushes caused the hikers to lose their orientation. 林中的蜿蜒小径让徒步旅行者们迷失了方向。// It was a town of machinery and tall chimneys, out of which smoke *trailed* themselves for ever and ever. 那是一座工业镇，到处都是高高的烟囱，冒着永不停息的烟。

rear [riə] *n.* 后部，背面 *v.* 饲养，抚养，栽培

【例】Alice *reared* the homeless boy as her own child. 艾丽丝把这个无家可归的小男孩当亲生孩子抚养。

fake [feik] *n.* 假货，赝品；骗人诡计 *adj.* 假的，冒充的 *v.* 伪造；假装；捏造

【例】On closer examination the painting was proved to be a *fake*. 经过更仔细的检查，那幅画被证实是赝品。// I was *fake* phoning my way past a colleague, and he was actually following me to get my attention. 我从一位同事身边经过时，假装在打电话。事实上他一直跟着我，想引起我的注意。(2009)

marvel [ˈmɑːvəl] *n.* 令人惊奇的事物 *v.* 惊奇，惊异

【例】What *marveled* me was that many people were absent from the important meeting. 令我吃惊的是有很多人缺席了这次重要的会议。

【派】marvelous(*adj.* 很好的，妙极了的)

crude [kruːd] *adj.* 天然的，未加工的；粗野的，没有教养的；赤裸裸的 *n.* 原油

【记】词根记忆：c+rud(天然的，粗糙的)+e→天然的

【例】*crude* oil 原油 // Bill's *crude* behavior annoyed his teacher. 比尔粗鲁的言行惹恼了老师。

manual [ˈmænjuəl] *n.* 手册，指南 *adj.* 手工的，用手的；体力的

【记】词根记忆：manu(手)+al(…的)→手工的；手册

【例】Making these models requires *manual* skills. 做这些模型需要手工技巧。

hysteric [hiˈsterik] *adj.* 歇斯底里的；有癔病的 *n.* [-s]歇斯底里的发作

【记】来自hysteria(*n.* 歇斯底里症)

【例】The star tried to calm down the *hysteric* audience. 那位明星尽力使情绪异常激动的观众安静下来。

【派】hysterical(*adj.* 歇斯底里的；有癔病的)

□ trail   □ rear   □ fake   □ marvel   □ crude   □ manual
□ hysteric

interact [ˌɪntərˈækt] *vi.* 相互作用, 相互影响

【记】词根记忆: inter(在…之间)+act(行动)→互动→相互作用

【例】As it washes across the earth, the solar wind can *interact* with our planet's electromagnetic field. 太阳风吹过地球时, 能与我们这个行星的电磁场相互作用。

【派】interaction(*n.* 相互作用, 相互影响); interactive(*adj.* 互相作用的, 互相影响的; 交互式的, 人机对话的)

ethnic [ˈeθnɪk] *adj.* 种族的, 部族的, 民族的

【记】词根记忆: ethn(民族)+ic→民族的

【例】The way in which people use social space reflects their social relationships and their *ethnic* identity. 人们使用社交空间的方式反映了他们的社会关系和种族身份。(2003)

hammer [ˈhæmə] *n.* 锤, 槌, 榔头 *v.* 用锤敲打, (反复)敲打; 彻底击败

【例】under the hammer A collection of battered old toys has come *under the hammer* at an auction today. 一些破损的旧玩具在今天被拍卖。// hammer out After much discussion the negotiators *hammered out* a compromise settlement. 双方经多次谈判达成一项折中的解决办法。// I'm glad you called, because we really need to hammer out the details. 我很高兴你打来电话, 因为我们确实需要琢磨出细节。(2009)

【用】词组up to the hammer表示"第一流的, 极好的"。

blaze [bleɪz] *n.* 火; 光辉, 灿烂; 进发, 爆发 *v.* 燃烧, 冒火焰; 发光, 放光彩; 发怒

【例】Nobody knew what had caused him to *blaze* out in anger. 谁也不知道什么事惹得他大发雷霆。

【用】词组a/the blaze of表示"…的光芒; 爆发"。

spoil [spɔɪl] *v.* 损坏, 糟蹋; 宠坏, 溺爱 *n.* 掠夺物, 赃物

【例】There are only ten apples left in the baskets, not counting the *spoilt* ones. 不算坏掉的, 篮子里只有10个苹果了。(2006) // This little boy was *spoiled* by his parents. 这个小男孩被父母给宠坏了。// The pirates divided up the *spoils*. 海盗们瓜分了赃物。

【用】be spoiling for是spoil的常用搭配, 意思是"很想, 渴望"。

join [dʒɔɪn] *v.* 连接, 结合; 与…一起做某事, 与…会合; 成为…的一员 *n.* 连接处, 结合点

【例】UNICEF is *joining* with a nonprofit group to bring AIDS-prevention programs to more women and children in five countries. 联合国儿童基金会正和一个非营利组织合作, 一起针对五个国家更多的妇女和儿童开展预防艾滋病的计划。(2010听力)

【用】join常常出现在词组中，如join sth. to sth. 表示"将…和…连接起来"；join up表示"从军"。

【派】joint(*n.* 连接处，关节；大块肉 *adj.* 联合的，共同的)

provided [prə'vaidid] *conj.* 以…为条件，假如

【例】*Provided* you have the courage to admit your mistakes, I will forgive you. 假如你有勇气承认自己的错误，我就原谅你。

【用】provided的意思是"假如，如果，以…为条件"，相当于on the condition that...

waste [weist] *n.* 损耗，浪费；废物，废料；荒野，荒地 *v.* 浪费，滥用；(使)身体消瘦(衰弱)；使荒芜 *adj.* 荒芜的，荒废的；无用的，废弃的

【例】A method of transforming coal *waste* into a powerful new energy form was developed by a team of scientists based in Northern Ireland. 北爱尔兰的一组科学家研制出了一种能将煤炭垃圾转化成强劲能源的方法。// Some of the traditional Chinese irrigation methods have *wasted* an astonishing amount of water. 中国一些传统的灌溉方式浪费了大量的水资源。(2002)

hearty ['hɑːti] *adj.* 热情友好的，衷心的；健壮的，精力充沛的；丰盛的；兴高采烈的

【记】来自heart(*n.* 心；心情)

【例】The heroes received a *hearty* welcome from the public. 英雄们受到了群众的热烈欢迎。

motivate ['məutiveit] *vt.* 促动，激发，作为…的动机

【记】词根记忆：mot(动)+iv+ate(使)→使动起来→激发

【例】What the grafter did was almost *motivated* by greed. 贪污者的所作所为几乎都是受贪欲驱使的。

【派】motivation[*n.* 动力，促动(激发)因素]；motive(*n.* 动机，目的)

heave [hiːv] *v.* 举起，拉，拖；投掷；(有节奏地)起伏

【记】联想记忆：董存瑞举起(heave)炸药包，直到爆炸也没离开(leave)

【例】Lucia flushed with anger, and her bosom began to *heave*. 露西娅气得脸通红，胸部开始有节奏地起伏。// Ellen was so angry that she wanted to *heave* Martin outside through the hatch. 埃伦很生气，以至于想把马丁扔出舱门。

frail [freil] *adj.* 脆弱的，易损坏的，不坚实的；虚弱的；薄弱的

【例】A *frail* disabled man is found beaten to death in his flat in southeast London. 一名体弱的残疾人被人发现被打死在其伦敦东南部的公寓里。

【派】frailty(*n.* 虚弱，脆弱)

wipe [waip] *v.* 抹，擦，去除

【例】An unexpected legacy enabled Black to *wipe* off the debt on his house. 一笔意想不到的遗产使布莱克得以还清买房子欠的债。// The new Chief Minister of the state promises to *wipe* out crime and corruption. 该州的新任首席部长保证清除犯罪及腐败。

embarrass [im'bærəs] *vt.* 使窘迫，使困扰，使为难；妨碍，牵累

【记】联想记忆：em+barr(阻挡)+ass(蠢驴)→把人当成蠢驴不让入内→使窘迫

【例】I *embarrass* easily when I make a speech. 我演讲时很容易感到局促不安。

【派】embarrassing（*adj.* 使人尴尬的，使人为难的）；embarrassment（*n.* 窘迫，局促不安）

wake [weik] *v.* 醒来，唤醒 *n.* (行船在水面留下的)航迹，尾流；守夜，守灵

【例】With the right amount of sleep you should *wake* up fresh. 适当的睡眠会让你在醒来后感到精力充沛。(1999) // in the wake of Airlines around the world have cut services and dismissed staff as their business has plunged *in the wake of* the crisis. 这次危机之后，全球航空公司由于生意低迷不得不削减服务，裁减员工。

【用】wake后也可以接人构成词组wake sb. up，表示"唤醒，弄醒；使…奋起"的意思。in the wake of 表示"随某事物之后到来"。

sufficient [sə'fiʃənt] *adj.* 足够的，充分的

【记】词根记忆：suf(下)+fic(做)+ent→做到装不下→足够的

【例】As in all friendship, a husband and wife must try to interest each other, and to spend *sufficient* time sharing absorbing activities to give them continuing common interests. 与所有的友谊一样，丈夫与妻子必须尽力引起对方的关注，并有充分的时间在一起分享能够不断地给他们带来共同兴趣的有趣活动。(2001)

【派】sufficiency(*n.* 足量，充足)

【辨】**sufficient, adequate, enough**

　　三个词都表示"足够的"。sufficient指"充分的"，较常用于书面语中，放在名词前；adequate表示"适当的；足够的"，强调相对于一个不太高的标准来说，如adequate food；enough是三个词中最常用的，既可以放在被修饰的名词前，也可放在其后。

twist [twist] *n. / v.* 搓，捻，绞；转动，拧，扭；曲解；盘旋，迂回

twist

【例】Don't try to *twist* the truth to cloud your mind. 不要试图歪曲真相来掩盖你的思想。// Royal Bank of Scotland reportedly bids $22 billion for LaSalle bank——the latest *twist* in a bitter takeover battle. 据称苏格兰皇家银行出价220亿美元竞标拉萨尔银行，该举措是这场激烈收购战中的最新转折点。

【用】词组twist and turn是"弯弯曲曲"的意思。

disclose [dis'kləuz] *v.* (使)显露，揭露，泄露；公开，表明，说出

【记】联想记忆：dis(不)+close(关闭)→不关闭→公开

【例】It was suggested that all government ministers should *disclose* information on their financial interests. 有人建议，所有的政府部长都应该公开他们的财政利益。(2004)

【派】disclosure(*n.* 揭发，透露；公开)

【辨】**discover, disclose**

discover是不为人所见、所知的事物为众人知晓，暗指被发现的事物是很早之前就客观存在的，如：Columbus discovered America.；disclose指把有意隐藏的事物公之于众。

curb [kə:b] *n.* 勒马的链条(皮带)；控制；路缘 *v.* 给(马)装上勒马链，勒住(马)；控制，约束

【记】联想记忆：cur(跑)+b(音似：不)→不让跑→约束

【例】The aim of the agreement was to prevent the improper use of the country's bank secrecy laws, and its effect was to *curb* severely the system of secrecy. 该协议的目的是防止对国家银行保密法的滥用，其作用在于严格地约束保密系统。(2000) // You must keep a *curb* on your behaviors. 你必须控制住自己的行为。// Several days later, I was bringing our garbage bins back from the *curb* when I noticed an envelope taped to one of the lids. 几天后，我把垃圾箱从路边拿回来时注意到一个垃圾箱盖上夹着一个信封。(2009)

【用】词组keep a curb on表示"控制…"。

【辨】**curb, restrain, inhibit**

三个词都有"制止，控制，约束"的意思。curb强调以突然、严厉的方式控制、抑制；restrain指使用某种强迫手段或通过劝说来

约束或制止，常用搭配是restrain sb. from doing sth.；inhibit强调抑制、控制某种情感、欲望等，如：Thirst inhibited the desire to eat.

ventilate [ˈventileit] vt. 使通风

【记】词根记忆：vent(风)+il+ate(使)→使有风→使通风

【例】Eurostar launches an investigation after passengers were stranded for five hours and had to smash windows to **ventilate** carriages. 旅客被困五小时，不得不打破车窗使车厢通风，欧洲之星对此展开了调查。

【派】ventilation(n. 空气流通；通风设备)；ventilator(n. 通风设备，通风口)

base [beis] n. 基础，底层 vt. 把…设在，以…为基地 adj. 卑鄙的，下贱的

【记】词根记忆：bas(基础)+e→基础

【例】It was on Nov 4, 1923, that British archaeologist Howard Carter stumbled on a stone at the **base** of the tomb of another pharaoh in Luxor that eventually led to a sealed doorway. 1923年11月4日，英国考古学家霍华德·卡特在卢克索另一个法老墓的底座处被一块石头绊倒，这最终使他发现了一个密封的入口。(2012) // **base sth. on / upon...** The novel is **based on** the facts. 这是一部以事实为素材的小说。

【用】base常与介词on搭配，表示"以…为基础，以…为素材"。

【派】basic(adj. 基本的，基础的；首要的)；basically(adv. 基本上，根本上，从根本上说)；basics(n. 基本因素，基本原理；概要)

extent [ikˈstent] n. 范围，广度；长度；程度，限度

【记】词根记忆：ex(出)+tent(伸展)→伸展出的距离→范围

【例】to some extent First sons, and **to some extent** first daughters, face an obligation of caring for elderly parents. 长子，在某种程度上还有长女，面临着赡养年迈父母的责任。(2011)

initiative [iˈniʃiətiv] n. 进取心，首创精神；主动性 adj. 起始的，初步的

【记】词根记忆：in+it(走)+ative(…的)→刚走不久→初步的

【例】take the initiative We **took the initiative** in trying to solve the problem. 我们采取主动，试图解决这个问题。

【用】注意initiative常常出现在词组中，on one's own initiative意为"主动地"；take the initiative表示"采取主动，带头，发起"。

blame [bleim] vt. 责备，找…的差错；把…归咎，推诿 n. 责备，责怪；责任

【例】It wasn't my character, but circumstances which were to **blame**. 并非我性格的原因，而是环境造成的。(2006) // be to blame No one **is to blame** for this incident. 这次事故不能怪罪任何人。

【用】表示"某人应受责备"时要用sb. be to blame，不用被动语态。

straight [streit] *adj.* 笔直的；直接的；整齐的，端正的；正直的，坦率的，诚实的 *adv.* 笔直地；直接地

【例】I want a ***straight*** answer. 我想要一个直截了当的回答。// They might know from the start that they want to go ***straight*** to the professional world. 他们也许从一开始就知道他们想直接进入专业领域。(2011听力)

【派】straighten〔*v.* (使)挺直，纠正，改正；整理，清理；(使)好转，改进〕；straightforward (*adj.* 诚实的，坦白的；易懂的，易做的)

convince [kən'vins] *v.* 使确信，使信服；说服

【记】词根记忆：con(彻底)+vinc(征服)+e→彻底征服对方→说服

【例】I have managed to ***convince*** myself that if it weren't for my job I would immediately head out for the open spaces and go back to nature in some sleepy village buried in the country. 我成功地说服自己，如果不是为了工作，我立马就出发去旷野，在一个沉睡于乡间的安静村庄回归大自然的怀抱。(2001)

【用】convince表示的是已经说服了，有了一个确切的结果，而不像try to persuade这样似是而非。

【派】convincing(*adj.* 有说服力的，令人信服的)

major ['meidʒə] *n.* (陆军或美空军)少校；主修的专业 *vi.* (大学里)主修 *adj.* 主要的，重要的

【记】词根记忆：maj(大)+or→大的→主要的

【例】In fact, as is the case in many ***major*** life moments, you can't really manage to think beyond the blisters your new shoes are causing. 事实上，在生命中的许多重要时刻都会出现这样的情况，你想的就是脚上因为新鞋磨起的泡，除此以外，你真的无法去想别的事情。(2010)

【用】major作动词表示"主修"，"主修某个专业"要用major in。

【派】majority(*n.* 大部分，大多数)

graduate ['grædjueit] *v.* 毕业；取得资格

['grædjuit] *n.* 毕业生 *adj.* 毕了业的；研究生的

【记】词根记忆：grad(级)+uate→到达级别→毕业

【例】So, you've been in ***graduate*** recruitment for five years. 那么，你从事毕业生招聘工作已经有五年了。(2013听力)

【派】graduation(*n.* 毕业；毕业典礼)

suspicion [sə'spiʃən] *n.* 怀疑，猜疑，嫌疑，疑心

【记】词根记忆：su(s)+spic(看)+ion→看了让人生疑→怀疑

【例】They had a ***suspicion*** that she betrayed the military plans of the English to the generals of the French armies. 他们怀疑她将英国的军事计划泄露给了法军将领。

logic [ˈlɒdʒik] *n.* 逻辑(学)，逻辑性

【记】词根记忆：log(说话)+ic→说话合情合理→逻辑性

【例】I think my results show that I have some ability in *logic* and in mathematics as well. 我认为测试结果表明我在逻辑学与数学方面有不错的能力。(2005)

【派】logical(*adj.* 符合逻辑的，逻辑上的)

foretell [fɔːˈtel] *v.* 预言，预测

【记】词根记忆：fore(预先)+tell(说)→预先说→预言

【例】I can't *foretell* the future market, but I am sure that we will have many opportunities. 我无法预测未来的市场情况，但我肯定我们将大有机会。

【辨】**foretell, foresee, forecast, predict**
　　这四个词都表示"预言，预知"的意思。foretell与foresee相似，都表预知未来，与正确与否无关；forecast强调通过某些数据、信息来推测预报，如：weather forecast；predict最常用，指根据已知事实推断，具有一定的科学性，如：predict the future。

notorious [nəʊˈtɔːriəs] *adj.* 臭名昭著的，声名狼藉的

【记】词根记忆：not(知道)+or+ious→人所共知的→臭名昭著的

【例】The mayor is *notorious* for his bribery and corruption. 这位市长由于贪污受贿而臭名昭著。

strangle [ˈstræŋgl] *v.* 扼死，勒死；抑制，扼杀

【例】A father is jailed for life for slitting his three-year-old daughter's throat and trying to *strangle* his son. 一名切开自己3岁女儿的喉咙并试图勒死自己儿子的父亲被判终身监禁。// Isabel tried her best to *strangle* the unspeakable agony. 伊莎贝尔竭力抑制那无法言表的痛苦。

prudent [ˈpruːdənt] *adj.* 谨慎的，精明的

【例】The voters say they want low taxes and *prudent* spending cuts. 选民表示他们想要低税收和审慎的开支削减。

commute [kəˈmjuːt] *v.* 定时往返两地；减轻(刑罚)；用…交换；改变(付款)方式

【记】词根记忆：com(共同)+mut(改变)+e→坐车换车→定时往返两地

【例】In a big city, people need *commute* by bus. 在大城市，人们需要乘公车上下班。// The company will *commute* their pension. 公司将改变他们养老金的付款方式。

sane [sein] *adj.* 心智健全的，神志正常的；明智的，稳健的

【记】词根记忆：san(健康的)+e→心智健全的

【例】Tom is not mad; he is as **sane** as any other normal person. 汤姆没有疯，他的神智跟其他正常人一样清醒。

【派】sanity(*n.* 神志正常，心智健康；明智，理智)

cancel [ˈkænsəl] *v.* 取消；删去，省略，划掉

【记】词源记忆：源自拉丁文cancelli(斜条格钩)，据说罗马书写员在抄写错误时会用斜条格钩状标志来表明删去，后引入英语，作"取消，删去"讲。

【例】Phone meetings get **cancelled** or reformed and camera-phones intrude on people's privacy. 电话会议被取消或者革新了，而可视电话闯入了人们的私生活。(2006) // The letter informed Mickey that the check, which he had tried to cash, had been **cancelled**. 这封信通知米奇他想兑换的支票已经作废了。(2009)

account [əˈkaunt] *n.* 账，账目，账户；报道，记载，叙述；理由

【记】联想记忆：ac(表加强)+count(数)→账目需要一数再数，以确保无误→账目

【例】If you are a resident, you will find it useful to open a bank **account**. 如果你是一名居民，你会发现开个银行账户很有用处。(2012听力)

【用】on account of 在意思上相当于due to和because of，意为"因为，由于"。

【派】accountant(*n.* 会计师，会计)

flexible [ˈfleksəbl] *adj.* 柔韧的，易弯曲的；可变通的，灵活的；易适应的

【记】词根记忆：flex(弯曲)+ible→易弯曲的，柔韧的

【例】Web sites enhance books by providing pictures, sound, film clips, and **flexible** indexing and search utilities. 网站通过提供图片、声音、电影剪辑以及灵活的索引和搜索工具来宣传图书。(2003)

【派】flexibly(*adv.* 灵活地)；flexibility(*n.* 灵活性，机动性；柔韧性)

sigh [sai] *v.* 叹息，叹气 *n.* 叹息，叹气声

【例】Tom thinks that man shouldn't **sigh** or cry for love. 汤姆认为男人不应该为爱情叹息和哭泣。

fantasy [ˈfæntəsi] *n.* 想象，幻想

【记】发音记忆："范特西"→听着周杰伦的《范特西》，陷入无限的想象→想象，幻想

【例】Sweden is opening an embassy in the Internet *fantasy* world *Second Life*—the first country to do so. 瑞典在互联网奇幻世界《第二生命》中开设了一个大使馆，成为第一个这么做的国家。

【用】fantasy后面可以接about sth.，意为"关于…的幻想"。

【派】fantastic（*adj.* 极好的，美妙的；不切实际的，异想天开的；古怪的）

offset [ˈɔfset] *n.* 分支，旁支；补偿，抵消 *v.* 补偿，抵消

【记】来自词组set off（抵消）

【例】The company provided extra allowance to *offset* overtime at weekend. 这家公司用额外的补贴来抵偿周末的加班。

dim [dim] *adj.* 暗淡的，昏暗的；朦胧的；迟钝的，愚蠢的 *v.* （使）变暗淡；（使）变模糊，（使）失去光泽

【例】Try to *dim* the light, and if you need to, get a desk lamp for other work. 将灯光调暗，如果需要的话，做其他工作时用台灯。（2003）// We can see the *dim* outline of the house in the distance. 我们可以看到远处房屋朦胧的轮廓。

【辨】**dim, obscure**

dim强调由于光线或清晰度减弱而导致无法看清某物；obscure强调某物体或想法不清楚，也可以用来指理解不了某事物，如：an obscure passage。

confess [kənˈfes] *v.* 供认，坦白，承认；忏悔（罪恶等）

【记】词根记忆：con+fess（说）→全部说出→承认

【例】I must *confess* that she is really a beauty. 我必须承认她的确是个美女。// Do you have something to *confess* to Rachel? 你有什么要向雷切尔坦白的吗？

【用】confess后一般接介词to，表示"承认…"。

【派】confession（*n.* 忏悔，认错，招供）

delegate [ˈdeligit] *n.* 代表，代表团成员

[ˈdeligeit] *v.* 授权，委托，委派；为代表

【记】词根记忆：de（离开）+leg（派遣）+ate→派…去→代表

【例】*Delegates* at the UN-sponsored conference on population completed final talks on the plan Monday. 出席由联合国举办的人口大会的代表在周一就该计划进行了最后的磋商。（1997听力）

【派】delegation（*n.* 代表团；委派）

hover [ˈhɔvə] *vi.* 飞翔，盘旋，徘徊

【例】The plane found the spot and *hovered* close enough to verify that it was a car. 机组人员发现了一个点，盘旋飞近后证实其为一辆轿车。（1997）

【用】hover可以用来表示鸟等盘旋，也可以表示人徘徊、走来走去。

feast [fiːst] *n.* 盛宴，宴会 *v.* 盛宴款待；使(感官等)得到享受

【记】词根记忆：feas(做)+t→做了一堆好吃的→盛宴

【例】feast one's eyes on I'm *feasting my eyes on* this new sculpture—it's wonderful. 这尊新的雕塑让我大饱眼福，简直棒极了。

twinkle ['twiŋkl] *v.* 闪烁，闪耀；(指眼睛)闪亮，眨眼 *n.* 闪烁，闪光；闪亮，闪动

【记】儿歌"twinkle, twinkle, little star"

【例】The lights from the camp *twinkle* through the rain drops. 营地里的灯光透过雨滴在闪烁。// The *twinkle* in her eyes told us Benjamin was back. 她闪烁的眼神告诉我们本杰明回来了。

untie [ʌn'tai] *vt.* 解开，松开

【记】联想记忆：un(表相反)+tie(系)→解开

【例】The small chimp struggled to *untie* the ropes of the cage, but to no avail. 小黑猩猩挣扎着想解开笼子上的绳索，但只是徒劳。

surge [səɪdʒ] *vi.* 在浪涛中前进；急剧上升 *n.* 向前或向上的运动；突然发生，激增

【记】词根记忆：surg(升起)+e→急剧上升

【例】I knew Benjamin's mother and father well, and have often known the warm *surge* in the heart of me at the sight of that faithful couple running side by side along the beach. 我和本杰明的父母很熟，每当看到那对忠诚的伴侣并肩从海滩上跑过时，我心中就会激荡起一股暖流。

skip [skip] *v.* 轻快地跳，跳跃；跳绳；跳过，略去

【例】Jane finished the whole novel without *skipping* for the whole night. 简整夜未睡，一页不落地把小说都读完了。

spark [spɑːk] *n.* 火星，火花，电花 *v.* 发出火花，闪出电花；导致，引起

【例】Rubbing stones together produces *sparks* to start a fire. 摩擦石头可产生火花，用来引火。// The incident may *spark* a dangerous arms race between the two countries. 这一事件可能会在两国之间引发一场危险的军备竞赛。

diagnose ['daiəgnəuz] *vt.* 诊断(疾病)；判断，调查分析(问题等的)原因(性质)

【记】词根记忆：dia(穿过)+gno(知道)+se→古时通过望、闻、问、切诊断病情，透过表面看实质→诊断；判断

【例】Tom's father was ***diagnosed*** with cancer two months ago. 汤姆的父亲两个月前被诊断出患有癌症。// Scientists around the world are racing to learn how to rapidly ***diagnose***, treat and stop the spread of a new, deadly disease. 全世界的科学家都在竞相学习如何快速诊断、治疗一种新的致命性疾病以及如何阻止其传播。(2009)

【派】diagnosis〔*n.* 诊断（结论）；调查分析，判断〕；diagnostic(*adj.* 诊断的；判断的)

fluent [ˈfluːənt] *adj.* 流畅的，流利的

【记】词根记忆：flu(流动)+ent(…的)→自然流露的→流畅的

【例】Mary is ***fluent*** in English, and she just started to learn Japanese. 玛丽的英语非常流利，而她刚刚开始学习日语。(1999听力)

【派】fluency(*n.* 流利，流畅)

glide [glaid] *n. / v.* 滑动，滑行；滑翔

【记】和slide(*n.* 滑动)一起记

【例】I was attracted by the graceful ***glide*** of a skater. 我被一位滑冰者优美的滑行动作吸引住了。

【派】glider(*n.* 滑翔机)

【辨】slide, slip, glide

slide指一直沿着平滑的表面滑动；slip通常指突然、意外地滑动；如：slip over on the ice；glide指连续无声地滑行，尤指似乎毫不费力地滑行。

approve [əˈpruːv] *v.* 批准，通过；赞成，称许

【记】词根记忆：ap+prov(好的)+e→证实是好的→通过

【例】It is expected to ***approve*** proposal to send patrol boats manned by armed police and customs officers with powers to search and turn back ships suspected of breaking the sanctions. 人们期望派出由武装警察和有权力的海关人员驾驶的巡逻船搜寻并拦截涉嫌违法船只的提议能够通过。(1998)

【用】approve作"赞成"讲时一定要与of连用。

【派】approval(*n.* 赞成；认可，批准)

【辨】approve, sanction

approve 既可以表示个人的赞同，也可以指官方的认可；sanction不仅表示赞同，而且表示批准或认可，如：The statement was sanctioned by common sense.

measure [ˈmeʒə] *n.* 度量，量度单位；标准；尺度；措施，办法；程度，范围 *v.* 测量；有…长(或宽、高等)

【记】词根记忆：meas(测量)+ure→测量

【例】To improve the situation, our government should take more strict *measures* to control advertisements. 我们的政府应该采取更加严格的措施来控制广告以改善目前的形势。(1999)

【用】注意measure在表示"措施，办法"的时候通常用复数形式。

【派】measurement[*n.* 测定；(量得的)尺寸，大小]

absurd [əb'səːd] *adj.* 不合理的，荒谬的，可笑的

【例】I cannot remember these *absurd* stories. 我不记得这些荒唐的故事了。// It was strange that she would entertain such an *absurd* idea. 她有如此荒谬的想法很奇怪。(2009)

【用】absurd后面的从句中一般用"should+动词原形"。

【辨】**absurd, foolish, silly, ridiculous**

这四个词都有"愚蠢的，荒谬的"之意。absurd强调的是不符合人情或常识的，如：an absurd opinion；foolish一般指愚蠢的、可笑的，强调缺乏智慧和判断力；silly强调单纯、糊涂、没有想法，如：a silly boy；ridiculous意为"荒谬的，令人发笑的"，常会有鄙视的意味。

stab [stæb] *v.* 刺，戳，刺入；产生刺痛 *n.* 刺，戳；刺痛，伤痛

【例】The robber *stabbed* Dickens deep into his abdomen with a dagger. 强盗用匕首在狄更斯的腹部深深地刺了一刀。

string [striŋ] *n.* 细绳，带子；乐器的弦；以线串成之物，一串 *v.* 缚，扎，穿；上弦

【记】联想记忆：st+ring(铃)→路上留下一串串清亮的铃声→一串

【例】Coins were first invented by the Chinese. Originally they were round pieces of metal with a hole in the center so that a piece of *string* could keep them together. 中国人最先发明了硬币。最初的硬币是圆形金属，中间有孔，可以用细绳将它们穿在一起。(2004) // Kelvin let loose with a *string* of nonsense. 凯尔文胡说了一气。// Christmas lights were *strung* from one end of Main Streets to the other. 街头巷尾都挂上了圣诞节彩灯。

predict [pri'dikt] *v.* 预言，预测

【记】词根记忆：pre(预先)+dict(说)→预言，预测

【例】It is *predicted* that by 2020 China will receive 130 million visitors. 预计到2020年中国将接待1.3亿游客。(2005听力)

【用】predict常用的句型是It's predicted that..., 意思是"预计…"。

【派】prediction(*n.* 预言；被预言的事物)

enquire [in'kwaiə] v. 调查；询问，打听

【记】词根记忆：en(使)+quir(寻求)+e→寻求答案→询问

【例】*enquire after* Tom called yesterday and *enquired after* Helen. 汤姆昨天打电话问候了一下海伦。

【用】enquire是inquire的变体，enquire after表示"问候，询问身体状况"；若要表示"打听某事"，则用enquire upon/into sth.。

【派】enquiry(n. 询问，查问)

multiply ['mʌltiplai] v. 使相乘；增多；繁殖，增殖

【记】词根记忆：multi(多)+ply(重叠)→增多

【例】Friendships *multiply* joys and divide grief. 友谊增加快乐，分担痛苦。

infect [in'fekt] vt. 传染；感染；影响

【记】词根记忆：in(使)+fect(做)→使…做→影响；感染

【例】The whole society was *infected* by these vices. 整个社会都被这些恶习影响了。// Health experts say it is unlikely that sharing an elevator briefly with an *infected* person would be enough to pass the virus. 健康专家称，与被感染的病人短暂地同乘一部电梯并不足以传播病毒。(2009)

【派】infection[n. 传染(病)；影响]；infectious(adj. 传染性的；有感染力的)

quantity ['kwɔntiti] n. 量，数量；分量，额；大量

【记】词根记忆：quant(数量)+ity→数量

【例】Police officers seize a "substantial *quantity*" of Class A drugs during a drugs raid on a house in Essex. 警方在对埃塞克斯郡一处房屋进行的毒品突击搜查中缴获了数量巨大的A类毒品。

【派】quantitative(adj. 数量的，定量的)；quantify(v. 量度；确定数量；量化)

unanimous [ju:'næniməs] adj. 一致同意的，一致通过的

【记】词根记忆：un(一个)+anim(生命，精神)+ous→大家都是一种精神→一致同意

【例】Then there was a *unanimous* call for an explanation. 随后人们一致要求得到解释。

torment ['tɔ:ment] n. 痛苦，折磨；令人痛苦或烦恼的人或物
[tɔ:'ment] vt. 使痛苦，使烦恼；折磨

【记】词根记忆：tor(=tort，扭曲)+ment→扭曲的状态→折磨

【例】Soon afterwards suffering great pain in his stomach, he said, "I deserve all this *torment*, for my folly in thinking that everything round must be an egg." 在胃部的剧痛过去后，他说道："我就应该接受这样的折磨，谁让我荒唐地认为只要是圆形的就是鸡蛋呢。"

【辨】**torment, torture**

二者都有"折磨，痛苦"的意思。torment指精神上处于长期的烦恼或痛苦中；torture指身体或精神受到巨大痛苦。

venture ['ventʃə] n. （尤指有风险的）企业，商业，经营项目 v. 冒险；敢于，胆敢

【记】词根记忆：vent(来)+ure→带来危险的事物→冒险

【例】PepsiCo will provide the distribution networks in the joint *venture*. 百事公司将为该合资公司提供产品销售网络。（2006听力）// Nothing *ventured*, nothing gained. 不入虎穴，焉得虎子。

contract ['kɒntrækt] n. 契约，合同

[kən'trækt] v. 订立合约，签订合同；（使）收缩；得病，感染疾病

【记】词根记忆：con(共同)+tract(拉，拽)→合同将双方利益拉到一起→签订合同

【例】58 million people worldwide have *contracted* the HIV virus which causes AIDS, while 22 million have died from related illness. 全世界有5800万人患艾滋病，其中2200万人死于艾滋病引起的其他疾病。（2003听力）// We have to *contract* with you for this business. 我们必须和你签订这笔交易的合约。// Family members of infected people and medical workers who care for them have been most likely to *contract* the illness. 受到感染的病人家属和照料他们的医护人员最有可能感染该疾病。（2009）

【用】contract"收缩，缩小"这个意思不常见，主要指内部收紧，使尺寸、体积、范围逐渐减小。"签订合同"可以用sign a contract表示，也可用make a contract with sb. 表示。

【派】contraction(n. 收缩，缩小；缩略字)；contractor(n. 承包商，承建商)

interrupt [ˌɪntə'rʌpt] v. 打断，打扰；中止，中断，阻碍

【记】词根记忆：inter(在…之间)+rupt(破，断裂)→在中间断裂→中断，中止

【例】How can I ever concentrate if you are continually *interrupting* me with silly questions? 如果你一直用愚蠢的问题来打断我，我又怎么能集中精力呢？（1997）

【辨】**interrupt, bother, disturb, interfere**

四个词都有"打扰，干扰"的意思。interrupt指中途打断，如：interrupt the conversation；bother指扰乱某人，使其不能专心，常用句式为bother sb. with sth. ；disturb指情感因素使人心绪不宁，语气强烈；interfere指通过一系列手段干扰某人，后面常接介词with和in。

□ venture　　□ contract　　□ interrupt

stoop [stuːp] *v.* 俯身，弯腰；降格，卑屈 *n.* 弯腰，曲背；降格，卑屈

【例】Oh, when shall I arrive again at my home, where I shall no longer have to *stoop*—shall no longer have to *stoop* before the small ones. 哦，我什么时候才能再次回家，在那里我就不用再卑躬屈膝——再也不用对那些小人物点头哈腰了。

shallow [ˈʃæləu] *adj.* 浅的；浅薄的，肤浅的

【例】Stephen looked at them with an acrid smile as the two girls had a *shallow* talk. 这两个女孩的谈话很肤浅，史蒂芬面带讽刺的微笑看着她们。

rid [rid] *vt.* 使摆脱，使去掉，使获自由

【例】**get rid of** We must *get rid of* all the bad habits. 我们必须改正所有的坏习惯。

【用】get rid of比较常见，意思是"摆脱，解脱；赶走，清除"。

frequency [ˈfriːkwənsi] *n.* 次数，频率；频繁，屡次；周率

【例】Rail bosses acted after Lake District residents complained about the *frequency* of loud train horns. 英国湖区居民抱怨火车汽笛声过于频繁，铁路大亨们随即采取了措施。

enchant [inˈtʃɑːnt] *vt.* 用魔法迷惑，使着魔；使入迷，使陶醉

【记】词根记忆：en（进入）+chant（唱歌）→完全进入了唱歌的状态→使陶醉

【例】Linda was plainly *enchanted* by the view. 琳达显然被这种景色陶醉了。

【用】enchant多指由于喜悦或魔法而着迷。

comment [ˈkɔment] *n. / v.* 评价，评论

【记】词根记忆：com（表加强）+ment（头脑，智力）→思考清楚再说→评论

【例】People are tired of seeing their acts of kindness and service pass without *comment*. 人们讨厌自己的善行和好意得不到他人的反馈。（2012）

你不是一个人在战斗！

comment

【用】comment作名词时一般与动词make搭配，组成词组make comments；作动词时，与on/upon搭配，表示"对…作评论"。

【派】commentary [n.（用书籍导的）评论，评注，评议，实况报道]；commentator（n. 注释者，解说者；实况转播评论员，新闻广播员）

Word List 2

词根、词缀预习表

leas 松	release *vt.* 释放	frag 破碎	fragile *adj.* 易碎的
dur 持续	duration *n.* 持续(时间)	tract 拉	distract *vt.* 使分心
mit 送	admit *v.* 允许…进入	memor 记忆	commemorate *vt.* 纪念
mand 命令	command *v.* 指挥;命令	de- 去掉	deduct *vt.* 扣除,减去
acu 尖	acute *adj.* 尖锐的;敏锐的	en- 使	enrich *vt.* 使富足
liber 自由	liberal *adj.* 自由的		

outstanding [ˌaut'stændɪŋ] *adj.* 杰出的,优秀的;未付款的;(问题)未解决的

【记】联想记忆：out(出)+stand(站)+ing→站出来的→杰出的

【例】They gave me an ***outstanding*** offer when I was in difficulty. 在我有困难的时候他们给了我很多帮助。

release [rɪ'liːs] *vt.* 释放,免除;放出,发射;发行,发表,发售 *n.* 释放,免除;放出,发射

【记】词根记忆：re+leas(松)+e→松开→释放

【例】The prisoner was ***released*** from jail when his sentence was up. 这名囚犯刑满释放。// The famous writer ***released*** three books this year. 这位著名的作家今年出版了三本书。// During the TV interview, the singer announced that he was going to ***release*** his new album soon. 在电视采访中，那名歌手宣布他不久将发行新专辑。(2009)

wretched ['retʃɪd] *adj.* 可怜的,悲惨的;恶劣的,令人讨厌的

【例】Hearing that ***wretched*** news, the old woman was incoherent with grief. 听到那不幸的消息后，老妇人十分悲痛，变得语无伦次。

stifle ['staɪfl] *v.* 使窒息,窒闷;熄灭,扑灭;抑制,遏止

【例】The smoke in the room ***stifled*** the children. 房间里的烟使得孩子们窒息。// Just as before, only by occupation in the day, by morphine at night, could she ***stifle*** the fearful thought of what would be if he ceased to love her. 与先前一样，只有白天拼命工作、晚上吸食吗啡才能让她抑制那恐怖的念头：如果他不再爱她该怎么办。

solve [sɔlv] *v.* 解决，解答，解释

【记】词根记忆：solv(松开)+e→紧锁的眉头松开了，问题解决了→解决

【例】To *solve* this problem, the Chinese began to use paper money for coins. 为了解决这个问题，中国人开始使用纸币来代替硬币。（2004听力）

【辨】**solve, resolve**

二者都有"解决"的意思。solve指解决具体问题，如：solve the question；resolve指解决抽象的问题或困难，如：resolve the difficulty。

reckless [ˈreklis] *adj.* 轻率的，鲁莽的，不计后果的

【记】联想记忆：reck(顾忌)+less→无所顾忌的→轻率的

【例】It is a *reckless* and irresponsible attack, bordering on the libelous. 这是轻率而不负责任的抨击，和诽谤差不多。

hoarse [hɔːs] *adj.* (声音)沙哑的

【例】The voice of the cheerleaders sometimes becomes *hoarse* because they shout and yell. 拉拉队队员们的声音有时候会因为叫喊而变得沙哑。（2002听力）

duration [djuəˈreiʃən] *n.* 持续(时间)

【记】词根记忆：dur(持续)+ation(名词后缀)→持续

【例】On mood control, the author seems to suggest that we can determine the *duration* of mood. 在控制情绪方面，作者似乎暗示我们可以自己决定情绪持续时间的长短。（2005）

【用】固定搭配for the duration意思是"在整段时间内"。

moan [məun] *n.* 呻吟(声)，呜咽(声)；抱怨 *v.* 呻吟；抱怨

【例】We *moaned* and complained about how unfair it was. 我们抱怨这是多么的不公平。（2005）

responsible [riˈspɔnsəbl] *adj.* 责任的，应负责的；可靠的，可信赖的；(指职位)责任重大的

【记】词根记忆：re+spons(承诺)+ible→遵守承诺→可信赖的

【例】The company should be *responsible* for all the damage to the customers. 这个公司应该对给消费者造成的全部损失负责任。

【用】responsible常和for构成be responsible for表示"对…负责"。

【派】responsibility(*n.* 责任，负责；职责，任务)

yearn [jəːn] *vi.* 想念，思慕，渴望

【例】He *yearned* for his home and family. 他怀念故国家园。

【用】yearn为不及物动词，常与for搭配，表示"渴望…"。

hail [heil] *v.* 向…欢呼；热情赞扬；高呼，招呼；下冰雹 *n.* 欢呼；打招呼；(冰)雹

【例】I had to stay in my office for a long time because of the *hail* last night. 昨晚由于下冰雹我不得不在办公室待了很长一段时间。// His new book is *hailed* as a masterpiece. 他的新书被誉为杰作。

【用】hail与from组成固定搭配，表示"来自或发源于…"。

esteem [iˈstiːm] *vt.* 尊重，尊敬；认为，把…看作 *n.* 尊重，尊敬

【例】I admire her abilities and *esteem* her character. 我钦佩她的能力，敬重她的人品。

【用】in one's esteem可看作固定搭配，表示"在…看来"。

chuckle [ˈtʃʌkl] *v.* 轻声地笑，窃笑

【例】Peggy *chuckles* and sets to the task cheerfully. 佩姬咯咯笑着，高兴地开始了她的任务。

【辨】chuckle, giggle

chuckle一般表示恬静地笑，通常是没有恶意的、轻松的笑；giggle指小孩发出压抑不住的笑，近乎傻笑，如：The children giggled at the clown's antics.

hardy [ˈhɑːdi] *adj.* 能吃苦耐劳的，强壮的；耐寒的

【记】联想记忆：hard(努力地，刻苦地)+y(…的)→能吃苦耐劳的

【例】Jane is a *hardy* girl and she teaches in the mountain place. 简是个能吃苦耐劳的姑娘，她在山里教书。

adequate [ˈædikwit] *adj.* 适当的；充分的，足够的

【记】词根记忆：ad(表加强)+equ(平等)+ate(…的)→比平等多的→充分的

【例】Even if you are only going on a trip to another country, accidents can happen. So please make sure you have *adequate* travel insurance. 即使你只是去另外一个国家旅行，也有可能发生意外。所以请确保你有适当的旅游保险。(2002)

resourceful [riˈsɔːsful] *adj.* 善于随机应变的，机敏的

【记】联想记忆：resource(办法)+ful→办法多的→机敏的

【例】Barton was a delightful companion, *resourceful* and thoughtful of the interests and wishes of others. 巴顿是一个令人愉快的同伴，既机智又会为他人的兴趣和愿望着想。

☐ yearn ☐ hail ☐ esteem ☐ chuckle ☐ hardy ☐ adequate
☐ resourceful

coward [ˈkauəd] *n.* 怯懦；胆怯者

【记】联想记忆：co(表加强)+ward(向…，朝…)→向人多的地方跑→怯懦

【例】He was too much of a *coward* to tell the truth even to his closest friend. 他太懦弱了，以至于那个真相他连最好的朋友都不敢告诉。(2001)

【派】cowardly(*adj.* 怯懦的，胆小的)

approach [əˈprəutʃ] *v.* 接近，靠近；与…接洽，与…交涉；处理，对付 *n.* 靠近，接近；态度；方法

【记】词根记忆：ap+proach(接近，靠近)→接近，靠近

【例】Now, twitter, instant messaging, e-mail, blogs and chat forums offer rival *approaches* to communication—but none can replace the role of a great speech. 现在，推特、即时通讯、电子邮件、博客和聊天论坛提供了相互竞争的交流方式——但是没有一种方式能代替一场优秀演讲的地位。(2013) // There are several ways of *approaching* the problem. 解决这个问题有好几种方法。

admit [ədˈmit] *v.* 允许…进入；承认；(指在一范围内)可容纳(某人或某事)

【记】词根记忆：ad+mit(送)→能送进去→允许…进入

【例】Cindy *admits* that before the recession, she was a city girl with no interest in growing her own dinner. 辛迪承认，在经济衰退之前，她是一个对种菜吃不感兴趣的都市女孩。(2012) // admit of The evidence cannot *admit of* doubt. 证据确凿，不容置疑。

【用】admit of表示"容许有…；有…可能；容有…的余地"。

【派】admission(*n.* 进入许可；入会费；承认)；admittedly(*adv.* 无可否认地)

dedicate [ˈdedikeit] *vt.* 以…奉献；为…举行落成仪式；把(一生等)献给，把(时间、精力等)用于

【记】词根记忆：de(表加强)+dic(说)+ate→宣称为祖国献身→把(一生等)献给

【例】The man had *dedicated* much of his life to teaching. 这个人把自己的大半生都献给了教育事业。

【用】dedicate作"奉献"讲时，后面要接介词to，表示"把…献给…"。

command [kəˈmɑːnd; kəˈmænd] *v.* 指挥，统帅；命令；控制，对…有支配权，拥有…(可供使用)；俯瞰 *n.* 统帅(地位)，指挥(权)；命令；运用能力

【记】词根记忆：com(表加强)+mand(命令)→命令

【例】A good *command* of English and computing is a must as far as the position is concerned. 能很好地运用英语和计算机是这个职位最起码的要求。(1997听力) // **in command（of）** Jack was *in command of* the air force. 杰克率领空军部队。

【用】词组take command of也是"统帅，率领"的意思。

【派】commander（*n.* 海军中校；司令官，指挥官）；commandment（*n.* 戒律，圣诫）

cripple ［'kripl］*n.* 跛足的人，残疾人 *v.* 使…残废；使…受损害

【例】As a *cripple*, Joe always feels very unconfident. 身为残疾人，乔总觉得非常不自信。

【用】谚语：He that lives with cripples learns to limp.（近朱者赤，近墨者黑）。

symptom ［'simptəm］*n.* 征候，症状；征兆

【例】The early *symptoms* of leukemia are often unnoticed. 白血病的早期症状通常不易察觉。// A drugs charity director says addiction should be seen as a *symptom* of society rather than a personal failing. 一位戒毒慈善机构主任表示，吸毒应该被视为一种社会现象而非个人的过失。// *Symptoms* start with a fever over 100.4 degrees F, chills, headache or body ache. 开始的症状是身体高烧100.4华氏度、颤抖、头痛或身体疼痛。(2009)

protest ［prə'test］*v.* 抗议，反对

［'prəutest］*n.* 抗议，反对；断言，声明

【例】Some economists *protested* the new tax law put forward by the government. 一些经济学家反对政府提出的新税法。

【辨】**protest, oppose, object**

这三个词都有"反对"的意思，但用法不同。protest一般是接against或从句，表示"反对、抗议某事"；oppose侧重"反对"这一动作，直接接宾语，表示以积极行动来反对，常用词组是be opposed to，较少含个人情感；object表示对所反对事物的强烈厌恶，后面一般接"to+名词/动名词"。

stern ［stəːn］*adj.* 严苛的，严格的；严厉的，严肃的 *n.* 船尾，末端

【例】But Thursday morning beaming managers were replaced by *stern* security guards who refused to even let workers into the building. 但在周四的清晨，容光焕发的经理们全部换成了面容严肃的保安人员，他们甚至拒绝让员工进入大楼。

contribute ［kən'tribjuːt］*v.* 捐助，捐赠；投稿；贡献，对…作出贡献

【记】词根记忆：con(表加强)+tribut(给予)+e→全部给予→捐赠

【例】The students' Union of your university is planning to hold an arts festival next semester, and they are inviting students to *contribute* their ideas and suggestions as to how it should be organized or what should be included. 你们大学的学生会正计划在下学期举办一次艺术节，他们邀请学生就如何组织和应该包括些什么内容来发表自己的意见和建议。（2005）// I *contributed* many times to the publishing house but all of them were refused. 我多次向出版社投稿，但都被退了回来。

【用】contribute后要接介词to，表示"贡献…；给…投稿"。

【派】contribution（*n.* 捐款；投稿；贡献）；contributor（*n.* 投稿者；捐助者）

rare [reə] *adj.* 罕见的；稀薄的；极佳的，珍贵的；（指肉）半熟的

【例】With *rare* exceptions, the former president does not appear in public now. 不出意外的话，前任会长现在不会出现在公众面前。（2003）

【派】rarely（*adv.* 很少，难得；稀奇地）

【辨】**rare, scarce**
　　两个词都有"稀少"的意思，但侧重点不同。rare表示某物很少见到，有珍贵、珍惜的意思；scarce表示因缺乏或匮乏而难以得到，表示时间频率只能用rare，而不能用scarce。

fragile ['frædʒail] *adj.* 易碎的，脆的，易坏的；脆弱的，虚弱的

【记】词根记忆：frag（破碎）+ile（易…的）→易碎的

【例】Glasses are *fragile* and must be handled with great care. 玻璃制品易碎，必须小心轻放。

【辨】**fragile, delicate**
　　二者都有"易碎的，脆弱的"意思。fragile多用来形容本身质地易碎的东西；delicate多用来形容太精致易受伤的东西。

decent ['di:sənt] *adj.* 体面的，正当的；严肃的；高雅的；和气的，过得去的，宽容的

【记】联想记忆：de（离开）+cent（分币）→不为失去的分币计较→高雅的

【例】I will try my best to make my parents live a *decent* life. 我会努力让父母过上体面的生活。// The young employee has a *decent* quality—he is totally honest. 这个年轻的雇员品质不错，他非常诚实。（2009）

【派】indecent（*adj.* 不体面的；下流的）

profound [prə'faund] *adj.* 深厚的，深刻的，深奥的；知识渊博的

【记】联想记忆：pro(向前)+found(创立)→有超前创见性的→深刻的

【例】The policy had a *profound* effect on the nation's agriculture. 这项政策对该国的农业发展有着深远的影响。

acute [ə'kju:t] *adj.* 尖锐的，锐角的；激烈的，严重的；敏锐的；(疾病)急性的，(疼痛)剧烈的

【记】词根记忆：acu(尖)+te→尖锐的

【例】*Acute* hearing helps most animals sense the approach of thunderstorms long before people do. 敏锐的听觉帮助大部分动物比人类更早地预知暴风雨的来临。(2000) // In Beijing, Tianjin and 100 other large cities the crisis is particularly *acute*. 在北京、天津和100个其他大型都市中，这种危机特别严重。

【用】作"尖锐，锐利"讲时，acute只用于学术语中，如an acute angle。

proportion [prə'pɔ:ʃən] *n.* 比例，比率；相称，平衡；份，部分

【记】词根记忆：pro+port(部分)+ion→部分

【例】in proportion to His expenditure on holidays and luxuries is rather high *in proportion to* his income. 与他的收入相比，他在度假和奢侈品上的开支偏高。(2001)

【用】in proportion的意思是"相称，成比例"，out of proportion是"不相称，不成比例"的意思。

【派】proportional(*adj.* 成比例的，相称的)

perspective [pə'spektiv] *n.* 观点，看法；前景，展望；正确判断，洞察力；透视画法，透视图

【记】词根记忆：per+spect(看)+ive→看透→展望

【例】I think they are really useful for making contact with careers' development stuff and *perspective* candidates. 我认为它们对了解职业发展以及与可能被选上的候选人接触交流是十分有益的。(2013听力)

particular [pə'tikjulə] *n.* 一项，一条；细节 *adj.* 特别的，特殊的；挑剔的；详细的

【记】词根记忆：part(部分)+icular(属于…的)→只属于部分的→特别的

【例】You know he's right; you just don't want to think about it at that *particular* moment. 你知道他是对的，只是在那个特定的时刻，你不愿去考虑这件事罢了。(2010)

【用】词组be particular about表示"对…挑剔"的意思。

【派】particularly(*adv.* 特别，尤其)

【辨】**particular, special, peculiar, specific**

　　四个词都有"特殊的，特别的"之意。particular指某物与众不同，常与in连用组成in particular，表示"特别"的意思；special指某人或某物与其他人、物有区别而具备特殊的性质或特征，如：special dishes；peculiar强调罕见与异类，有"奇怪的"之意，常与to连用；specific与general相对，多作"具体的"讲，也有"独特的"的意思，如：specific quality。

parade [pə'reid] *n.* 行列，游行；阅兵 *v.* 列队行进；游行

【记】词根记忆：par(排列)+ade→排列队伍→阅兵

【例】Children in colorful costumes *paraded* up and down the streets. 孩子们穿着五颜六色的服装在街上游行。

buoy [bɔi] *n.* 浮标，浮筒 *vt.* 使浮着；鼓励，支持

【例】release *buoy* 失事浮标

【用】buoy作"支持，振作，鼓励"讲时要接介词up，组成短语buoy up。

fume [fju:m] *n.* [*pl.*] (难闻、有害、浓烈的)气体，烟，汽；发怒，烦恼 *v.* 熏，冒(烟、汽)；发怒，怒气冲冲地说

【记】词根记忆：fum(烟)+e→烟

【例】The atmosphere was being poisoned, every green thing blighted, and every stream fouled with chemical *fumes* and waste. 大气变得有毒，绿色植物枯萎了，每条小河都被化学烟尘和废弃物污染。

liberal ['libərəl] *adj.* 宽容大度的；慷慨的，大方的；自由的，随便的；开朗的

【记】词根记忆：liber(自由)+al→自由的

【例】The millionaire made a *liberal* donation to the charity. 那个百万富翁向慈善团体慷慨捐助。

【派】liberalism(*n.* 宽容；自由主义；开明的思想或见解)

handle ['hændl] *n.* 柄，把手 *v.* 触，摸，拿；运用，操纵，驾驭；处理，管理，对待；经营，买卖

【记】联想记忆：hand(手)+le→方便手操作的东西→柄，把手

【例】AT&T plans to spend 18 billion dollars in 2010 upgrading its wireless networks to *handle* the increasing amount of new traffic. 美国电话电报公司计划于2010年投资180亿美元来升级无线网络，

以应对不断增加的流量需求。（2011听力）// This type of machine *handles* well. 这类机器很容易操纵。

【用】handle的固定搭配是get a handle on或have a handle on，表示"理解，明白"。

【辨】handle, manipulate

两个词都有"操纵，控制"的意思。handle运用的面比较广，暗指操纵的人具有驾驭能力；manipulate表示用技巧来操纵，有时还表示使用不光明的手段这层贬义意思，如：manipulate the stock market。

---

enlist [in'list] *v.* 入伍，征募；获得，赢得；参加

【记】联想记忆：en(进入)+list(名单)→名字出现在名单上→入伍

【例】Many men were forced to *enlist* in the army during World War Ⅱ. "二战"期间，很多人被迫参军。// The student *enlisted* a full supervision of a professor in doing this research. 该学生在做这项研究的过程中得到了一位教授的全面指导。

【用】enlist作"参加，参军"讲时，后接介词in。

---

productive [prə'dʌktiv] *adj.* 多产的；出产…的，产生…的

【记】词根记忆：pro+duct(带来)+ive→带来产品的→产生…的

【例】Anyone with access to the Internet will be able to achieve the education needed to build a *productive* life in an increasingly high-tech world. 能上网的人将在日益高科技化的世界里获得打造有益生活所需要的教育。（2003）

【派】productivity(*n.* 生产能力，生产率)

【辨】productive, rich, fertile

三个词都与"丰富"有关。productive特指有生产力的；rich多指物质上的丰富；fertile与繁殖有关，强调"能生育的；肥沃的"，如：fertile soil。

---

defeat [di'fi:t] *vt.* 击败，战胜 *n.* 击败，败北

【例】The combined left-wing opposition in France has *defeated* President Jaque Chirac's ruling conservative coalition in the first round of the country's parliamentary elections. 法国的左翼联合反对派在第一轮全国议会选举中打败了总统雅克·希拉克领导的保守联合党。（2000听力）

【用】defeat指取得胜利，一般是军事上的，单指打败，但被打者不一定服输。

contrast [ˈkɒntrɑːst; ˈkɒntræst] *n.* 对比，对照 *v.* 使对比，形成对照

contrast

【记】词根记忆：contra（相反）+st（站立）→正反站在一起→对比

【例】In *contrast*, the vapor above the liquid surface becomes denser as the evaporated molecules are added to it. 相反，随着蒸发出的分子的增加，液体表面的水蒸气逐渐变得密集。（2000）

embrace [imˈbreis] *v.* 抱，环绕；包含；接受；信奉 *n.* 拥抱，怀抱；包围；信奉

【记】词根记忆：em（进入）+brac（臂膀）+e→进入臂膀中→怀抱

【例】Without seeing him for a long time, now I have a strong impulse to *embrace* him. 很久没看见他了，现在我有一种想拥抱他的强烈冲动。// Our subject seems to *embrace* many matters. 我们的学科似乎包含很多方面。

intermediate [ˌintəˈmiːdiət] *adj.* 中间的，居中的；中级的，中等程度的

【记】词根记忆：inter（在…之间；相互）+medi（中间）+ate（具有…的）→中间的

【例】I think you can take an *intermediate* language course to improve your English. 我认为你可以参加一个中级语言课程来提高你的英语水平。（2003）

【辨】**intermediate, middle, medium, mid**

　　四个词都有"中间的"之意。intermediate指位置的中间，常用来指中间人或中级水平，如：an intermediate stage；middle是正中央的，如：the middle of a room；medium常用来指媒介，也是两者之间的，如：medium of transportation；mid直接放在名词前，如：the mid finger。

bump [bʌmp] *v.* 碰撞；撞击；颠簸地行驶 *n.* 碰撞；肿块

【例】bump into I *bumped into* Julia at the school gate last week. 我上周在校门口碰见了朱莉娅。// The car *bumped* down the mountain road. 汽车颠簸着沿山路下行。

teem [tiːm] *v.* 充满，充足；下大雨

【例】The soil has been made to *teem* with grain by the tillage of farmers. 经过农民的耕耘，这片土地变得肥沃多产了。

【用】teem常与with一起使用，表示"充满了…"。

existence [igˈzistəns] *n.* 存在；生存(方式)；发生

【记】联想记忆：exist(存在)+ence→存在

【例】All music moves; and because it moves, it is associated with a fundamental truth of *existence* and experience. 所有的音乐都有律动，正因为这种律动，它与存在和体验的基本事实有了联系。(2005) // **come into existence** When did this world *come into existence*? 这个世界是何时产生的？

【派】existent(*adj.* 存在的；目前的；现行的)

highlight [ˈhailait] *n.* 最有意思(最精彩)的部分；(绘画、摄影等上的)亮部 *vt.* 使突出；强调

【记】组合词：high(高的)+light(发光)→突出→最有意思的部分

【例】Tim put emphasis on the *highlight* of his legend. 蒂姆着重给我们讲了他那传奇故事中最精彩的部分。

generalize [ˈdʒenərəlaiz] *v.* 概括，归纳；泛论

【记】词根记忆：gener(产生)+al+ize→使产生一切→泛论

【例】The scientist *generalized* upon the previous researches. 这位科学家对前人的研究做了概括。

【用】generalize后接from，表示"从…总结出来"。

【派】generalisation/generalization(*n.* 概括，归纳)

sacrifice [ˈsækrifais] *n.* 供奉，祭祀，祭品；牺牲(品) *v.* 供奉，祭祀；牺牲

【记】词根记忆：sacr(神圣)+i+fic(做)+e→做给神看→供奉

【例】The man *sacrificed* his life to save the drowning child. 这个人为拯救溺水的孩子献出了自己的生命。

critical [ˈkritikəl] *adj.* 批评(性)的，评论(性)的；对…表示谴责的；紧要的，关键性的；危害的

【记】词根记忆：crit(判断)+ical(…的)→作出判断的→评论的

【例】Furthermore, he is not only *critical* of the work of others, but also of his own. 此外，他不仅对他人的作品持批判态度，对自己的作品也是如此。(2010)

【派】critic(*n.* 批评家，评论家)；criticism(*n.* 评论文章，评论；批评，指责，非难)

lead [liːd] *n.* 先导，榜样；领导地位，领先的程度；导线，引线 *v.* 领导，指引；导致，通往

【例】**lead to** The advanced technology in solar energy would *lead to* a big increase in the electricity. 太阳能领域的先进技术可以带来电力的大幅度增长。

【派】leader(*n.* 领导人，领袖)；leadership(*n.* 领导，领导能力或地位；领导人)

distract [dis'trækt] *vt.* 转移(注意力),使分心;使转变,使转向;使困惑,使混乱

【记】词根记忆:dis(分开)+tract(拉)→(精神)被拉开→使分心

【例】Whatever you do, don't waste the time pursuing your train of angry thoughts. Your aim should be to ***distract*** yourself. 无论做什么,都不要浪费时间去追求愤怒的想法。你的目标是转移自己的注意力。(2005)

【用】distract后面可接by或者with,都表示"被…分散注意力"。

【派】distraction(*n.* 分心的事;心烦意乱;精神错乱)

trivial ['triviəl] *adj.* 不重要的,琐屑的,无价值的

【例】Forgetting ***trivial*** things may sometimes be the first sign of Alzheimer's disease, research suggests. 研究显示,忘记一些小事有时可能是老年痴呆症的最初症状。

upgrade ['ʌpgreid] *vt.* 提高某人(某事物)的级别或等级,提高…档次 *n.* 提高

【记】词根记忆:up(向上)+grad(走)+e→升级→提高某人(某事物)的级别或等级

【例】Johnson fought successfully to ***upgrade*** the quality of education in the elementary school. 约翰逊为提高这所小学的教学质量所付出的努力取得了成效。// If you purchase select models of a new HP laptop now, you may be eligible for an ***upgrade*** from your existing Microsoft Windows XP operating system to the new Windows Vista. 如果您现在购买惠普精选笔记本电脑,可以将现有的微软Windows XP操作系统升级到新的Vista系统。

colloquial [kə'ləukwiəl] *adj.* 口语的,会话的;用于口语的,口语体的

【记】词根记忆:col(表加强)+loqu(说)+ial(…的)→用来说的→口语的

【例】The ***colloquial*** expressions can be found in daily communication. 这些口语化的表达方式可以在日常交流中听到。

【派】colloquialism(俗话,白话,口语)

fond [fɔnd] *adj.* 喜爱的,爱好的;溺爱的,深情的;(愿望等)不大可能实现的

【例】be fond of Christy ***was*** very ***fond of*** him and it had cost her a lot to get him back. 克里斯蒂非常爱他,为了让他回到自己身边,她付出了很大的代价。

pretend [pri'tend] *v.* 假装；自命，伪称

【记】联想记忆：pre(预先)+tend(趋向)→提前确定方向→假装

【例】Many people ***pretend*** that they understand modern art. 很多人都假装自己懂得现代艺术。

【派】pretence/pretense(*n.* 假装；借口；自吹)

clout [klaut] *n.* 敲，打；〈口〉影响力，势力 *vt.* 〈口〉敲击，掌击

【例】Louis fetched Black a ***clout*** that knocked him down the stairs. 路易斯猛打了布莱克一拳，把他从楼梯上揍了下去。

commemorate [kə'meməreit] *vt.* 庆祝；纪念

【记】词根记忆：com(共同)+memor(记忆)+ate→大家一起记住→纪念

【例】We should ***commemorate*** those who had lost their lives for our country. 我们应该纪念那些为国捐躯的人们。

【用】commemorate有更多的纪念意义，与celebrate不同，后者表示以狂欢或宗教仪式来庆祝。

milestone ['mailstəun] *n.* 里程碑；重大事件

【记】组合词：mile(英里)+stone(石头)→标记英里数的石碑→里程碑

【例】The year 2000 was a ***milestone*** in the course of China's development. 2000年是中国发展过程中的一个里程碑。

prove [pruːv] *v.* 证明，证实；证明是，表明是

【记】词根记忆：prov(证明)+e→证明

【例】The statistics ***prove*** that living standards in the area have improved drastically in recent times. 这些统计数据证明，最近一段时间这个地区的生活水平明显提高了。(2006)

desert [di'zəːt] *v.* 放弃，离弃，抛弃；(军人)开小差，擅离职守
['dezət] *n.* 沙漠，不毛之地；荒凉的境地(时期)；功过，功罪；
[*pl.*] 应得的奖赏(惩罚)

【记】词根记忆：de(去掉)+sert(加入)→去掉加入的东西→抛弃

【例】A true friend will never ***desert*** you in the hour of need. 真正的朋友绝不会在危急时刻弃你而去。// The blessings and kindnesses have been given to me so far beyond my ***deserts***. 迄今，我得到的祝福和好意超过了我应得的奖赏。

detain [di'tein] *vt.* 拘留，扣押；耽搁

【记】词根记忆：de+tain(拿住)→被拿住→拘留

【例】The group of sixteen have been ***detained*** since 1991 when they entered Hong Kong. 一行16人自1991年到达香港时就被监禁了。(1997听力)

【派】detention(*n.* 阻止; 滞留; 监禁)

【辨】**detain, delay, hinder, impede**

　　四个词都有"耽搁, 耽误, 阻碍"的含义, 区别在于: detain常常指长时间的终止, 也可能是永久性的终止; delay主要指使进程或行动放慢, 如: I was delayed by the storm.; hinder表示阻止, 可以是主动干预, 也可以是由于突发事件或客观情况导致的, 如: Bad weather hindered the military operation.; impede强调妨碍, 有时带有强迫放慢的意味, 如: The crowds at the scene of the accident impeded the arrival of the ambulance.

scandal [ˈskændəl] *n.* 丑事, 丑闻; 流言蜚语, 诽谤

【例】The ***scandal*** has left a smirch on the legendary history of the hero. 这件丑闻给那个英雄的传奇故事留下了污点。

【派】scandalous〔*adj.* 丢脸的, 令人震惊的; (指报道或谣传)含有引起公愤内容的〕

trace [treis] *v.* 跟踪, 追踪; 追溯; 探索, 探查; 描绘 *n.* 踪迹, 痕迹; 微量, 少许

【例】This stuff should help them ***trace*** the complex relations among our sundry ancestors. 这些材料应该会帮助他们查出我们形形色色的祖先之间那些复杂的关系。// The post-mortem revealed ***traces*** of poison in his stomach. 验尸后发现, 他胃中含有微量毒物。

coax [kəuks] *v.* 哄, 劝诱; 诱得, 诱取; 耐心地摆弄

【例】The mother always needs to ***coax*** her children to take their medicine. 母亲总是要哄她的小孩吃药。

proclaim [prəˈkleim] *vt.* 宣布, 宣告

【记】联想记忆: pro(在前)+claim(声称)→在前面声称→宣布

【例】The government ***proclaimed*** that it would reduce the tax rate. 政府宣布将降低税率。

dissatisfy [disˈsætisfai] *vt.* 使不满意, 使不高兴

【记】词根记忆: dis(不)+satis(足够)+fy(使)→使不足够→使不满意

【例】What you did ***dissatisfied*** me very much. 你的所做所为令我很不高兴。

【用】dissatisfy后面常常接with, 短语be dissatisfied with表示"对……不满"。

【派】dissatisfaction(*n.* 不满意, 不高兴)

scorn [skɔːn] *n.* 轻蔑，蔑视；轻蔑、嘲笑的对象 *v.* 轻蔑，蔑视

【记】联想记忆：s+corn(玉米)→把别人当成玉米棒子→轻蔑

【例】Tony told me that he *scorned* such despicable behavior. 托尼告诉我他蔑视这种卑劣的行为。

purchase [ˈpɜːtʃəs] *vt.* 购买 *n.* 购买；购得之物

【例】We actually have *purchased* all of the online textbooks for our students for just under $6 million. 事实上，我们为学生购买了所有的在线教材，只花了不到600万美元。(2013听力)

principal [ˈprinsəpəl] *adj.* 主要的，首要的 *n.* 校长

【记】词根记忆：prin(第一，主要的)+cipal→主要的

【例】The *principal* farm products in this region is wheat. 这个地区最主要的农作物是小麦。// The moon, being much nearer to the Earth than the Sun, is the *principal* cause of the tides. 月球离地球比太阳离地球近得多，它是潮汐发生的主要原因。(2008)

sincere [sinˈsiə] *adj.* 真实的，真诚的；直率的，不矫情的

【例】I would like to say a *sincere* thank you to everyone who has helped me. 我想对帮助我的每一个人都表示真诚的感谢。

【派】sincerity(*n.* 真实，诚挚，诚实)

specific [spəˈsifik] *adj.* 明确的，详尽的；特定的，特指的

【记】词根记忆：speci(种类)+fic→就是那个种类→特定的

【例】What are your *specific* aims? 你有明确的目标吗？

【辨】concrete, specific

二者都表示"具体的"，但针对性不同。concrete指以物质形式切实存在的，与abstract相对；specific指详细的具体，与general相对。

dull [dʌl] *adj.* 不鲜明的，隐约的；钝的；愚钝的；麻木的；单调乏味的；不活跃的，呆滞的

【例】All work and no play makes Jack a *dull* boy. 只学习，不玩耍，孩子会变傻。(2000) // This knife is too *dull* to cut anything. 这刀太钝了，什么都切不动。

【用】(as) dull as ditch-water是固定搭配，意思是"非常沉闷乏味"。

deduct [diˈdʌkt] *vt.* 扣除，减去

【记】词根记忆：de(去掉)+duct(引导)→引导去掉→扣除

【例】Nowadays, income tax is normally *deducted* from a person's wages. 现在，个人所得税通常在工资中扣除。

【用】deduct后一般接介词from，表示"从…中扣除、减去"。

【派】deduction(*n.* 推论，演绎；扣除(额)，减去)

□ scorn □ purchase □ principal □ sincere □ specific □ dull
□ deduct

stir [stə:] *v.* 搅和，搅拌；（使）轻轻地移动，动；激起；使激动 *n.* 搅拌，搅和；骚动，群情激动

【例】The sea is *stirred* by the wind and becomes choppy. 风吹过海面，大海波涛起伏。// All music has this feature: it is based upon the power of sound to *stir* our senses and feelings. 所有的音乐都有这样一个特点：借助声音的力量激发我们的感觉与情感。(2005) // His sci-fi sold 84,000 copies, and caused a huge *stir*. 他的科幻小说卖了84000本，引起了很大的轰动。

risk [risk] *n.* 风险，危险 *vt.* 使冒危险，冒…之险

【例】At the *risk* of his own life, the fireman rushed into the fire once more. 冒着生命危险，消防队员又一次冲进了大火中。// Doctors will be held guilty if they *risk* their patients' health. 如果医生们拿病人的健康来冒险会被定罪。// Patients with SARS are kept in isolation to reduce the *risk* of transmission. 患有"非典"的病人被隔离起来以减少传染的风险。(2009)

【派】risky(*adj.* 危险的；冒险的)

enrich [in'ritʃ] *vt.* 使富足，使丰富，充实

【记】联想记忆：en(使)+rich(富有的)→使富足

【例】Computer and Internet *enrich* our lives. 电脑和网络丰富了我们的生活。

scrutiny ['skru:tini] *n.* 细察，详审

【记】词根记忆：scrut(检查)+iny→细察

【例】As Google comes under *scrutiny* over its privacy policies in Europe, we look at the information that search engines hold about us as users. 正当谷歌的隐私政策在欧洲受到审查之时，我们也看看这些搜索引擎都掌握了使用者的哪些信息。

liberty ['libəti] *n.* 自由，解放；冒昧；[*pl.*] 特权，特殊待遇

【记】词根记忆：liber(自由)+ty→自由

【例】at liberty Students have the right to borrow the books in the library *at liberty*. 学生们有权在图书馆里自由借阅读书。

【用】词组take the liberty to do sth. 意思是"冒昧地做某事"，at liberty是"自由的；可随意的；有空，闲着"的意思。另外，需要注意的是liberty在表示"特权，特殊待遇"的时候常用复数形式。

【辨】freedom, liberty
两个词都是"自由"的意思。freedom指完全按自己的意志行事，强调个体自由，如：freedom of speech；liberty强调从压迫或束缚中解放出来，多用于民族、国家，如：struggle for the liberty。

extend [ik'stend] v. 延长，延期；伸展，拉开；扩大，扩充，扩展

【记】词根记忆：ex(出)+tend(伸展)→伸出去→伸展

【例】The forest seemed to *extend* without limit and we could not see its edges. 森林似乎无限延伸，我们看不到它的边缘。

【用】extend除了表示实际的延长之外，还可以表示比喻意义上的延长或范围的扩展。

【派】extension〔n. 延长，扩张，延伸部分；(电话)内线分机〕；extensive（adj. 广阔的，广泛的，广大的；全面的，彻底的；大量的）

faculty ['fækəlti] n. 天赋，才能；(大学的)系、科，学院；(院系的)全体教师，(某一职业的)全体从业人员

【例】I don't venture to doubt the sincerity of your compassion, though it comes rather late, but you seem to lack the *faculty* of observation. 尽管你的怜悯表现得有些晚，我也不会冒昧地怀疑你的真心；但你似乎缺乏观察力。

overdue ['əuvə'djuː] adj. 延误的，过期的

【记】联想记忆：over(过度)+due(预期的)→超过期限的→过期的

【例】The system is out of control and comprehensive reforms are *overdue*. 体制失去了控制，全面的改革被延误了。

appreciate [ə'priːʃieit] v. 感谢，感激；欣赏，鉴赏；评价，鉴别

【记】词根记忆：ap+preci(价值)+ate(使)→给出价值→评价

【例】Bai Lu Tang, the only comprehensive museum of old shoes in China, is the best place to *appreciate* the history of Chinese footwear and its place in national culture. 白路堂——中国唯一展示旧式鞋子最全的博物馆，是鉴赏中国鞋类历史以及鞋在国家文化中所处地位的最好去处。(2004)

【派】appreciable（adj. 可观的；可察觉到的）；appreciation（n. 欣赏，赏识；感谢）；appreciative（adj. 有欣赏力的，欣赏的；感激的）

consist [kən'sist] v. 由…组成，由…构成；在于，存在于

【记】词根记忆：con+sist(站)→站在一起→由…构成

【例】A caste system *consists* of ranked groups, each with a different economic specialization. 种姓制度包括不同等级的群体，每个群体专门从事不同的经济行业。(2010)

【用】consist常与介词of和in搭配，前者表示"由…组成，包括"，后者表示"在于…"。

dishono(u)r [dis'ɔnə] *n.* 耻辱，丢脸(的人、事) *vt.* 使受耻辱，使丢脸；拒绝承兑(支票)

【记】联想记忆：dis(没有)+honor(荣誉)→没有荣誉→丢脸

【例】His behavior brought *dishonor* on our whole class. 他的行为令我们整个班级蒙羞。

【派】dishono(u)rable(*adj.* 不名誉的，不光彩的，可耻的)

undermine [ˌʌndə'main] *vt.* 损毁…的地基；削弱；逐渐摧毁

【记】组合词：under(在…下)+mine(挖)→在下面挖→削弱

【例】International efforts to isolate Serbia have been *undermined* by ships carrying oil and other illegal supplies from the Black Sea region. 从黑海地区出航的船只携带着原油和其他非法补给品，它们使国际上为孤立塞尔维亚所做的努力付诸东流。(1999)

erupt [i'rʌpt] *v.*(火山、喷泉等)喷发，迸发；爆发，突然发生

【记】联想记忆：e(出)+rupt(断，破裂)→断裂后喷出→爆发

【例】The violence has *erupted* sporadically throughout a summer of sectarian tension in northern Belfast. 在贝尔法斯特北部地区，暴力事件偶尔从贯穿一整个夏天的宗派主义者之间的紧张状态中爆发出来。(2003听力) // The room *erupted* in cheers. 房间里爆发出欢呼声。

【派】eruption〔*n.* 喷发，喷出物；(战争、情感等)爆发〕

crisp [krisp] *adj.* 脆的，硬而易碎的；清新的，爽快的；(态度等)干脆明确的

【例】His reply to me is *crisp* and assured. 他给我的答复干脆而肯定。

commend [kə'mend] *vt.* 称赞，赞扬；推荐

【记】联想记忆：com(共同)+mend(修理)→都推荐让他修理→推荐

【例】My friends *commended* me for this job. 我的朋友们推荐我做这份工作。

【派】commendation(*n.* 赞扬，称颂；奖状，荣誉)

【辨】**commend, command**

　　形近词，commend的意思是"称赞，赞扬；推荐"；command是"指挥，统帅；命令；控制"的意思，注意区分。

crouch [krautʃ] *n.* 蹲伏，蜷缩，屈(膝)，(低)头

【例】She *crouched* by the fire to get warm. 她蜷缩在火堆旁取暖。

grasp [grɑːsp; græsp] *vt.* 抓住，抓紧；掌握，领会 *n.* 抓，紧握；抱；掌握，了解

【例】I'll admit spring cleaning is a difficult notion for modern families to **grasp**. 我承认，春季大扫除对于现代家庭而言是个难以理解的概念。(2011) // That thing is beyond the **grasp** of ordinary people. 那件事超出了普通人的理解能力。

【用】beyond one's grasp 表示"力量达不到；不能为某人所理解"；within one's grasp 表示"力量达得到；能为某人所理解"。

weigh [wei] *v.* 称…的重量；重(若干)；斟酌，权衡，掂量

【例】Scientists have managed to **weigh** single living cells with an unprecedented degree of accuracy. 科学家能够以前所未有的精确度测量单个活体细胞的重量。// The man always **weighs** well before deciding. 那个人总是在盘算好之后再作决定。

progress ['prəugres] *n.* 进步，进展；前进，进行
['prə'gres] *vi.* 进步，进展，前进

【记】词根记忆：pro+gress(行走)→往前走了很多→前进，进步

【例】That country has been getting attention for its **progress** in reducing some of the highest infection rates in Asia. 那个国家因在改善亚洲某些高感染率疾病方面所取得的进步而受到关注。(2010听力) // Work on the new building **progressed** at a rapid rate. 工人们修建新建筑的进展速度很快。

【用】词组 in progress 的意思是"在进行中"。

【派】progressive[*adj.* 不断前进的；先进的；(动词)进行式的 *n.* 进步人士]

disadvantage [ˌdisəd'vɑːntidʒ] *n.* 不利地位，不利；弊端，损害，(名誉、信用等方面的)损失 *vt.* 使处于不利地位，损害，损失

【记】联想记忆：dis(不)+advantage(优势)→失去优势→不利

【例】**at a disadvantage** I did not feel myself **at a disadvantage** in the debate. 我并不觉得自己在辩论中处于劣势。// **to the disadvantage of sb. / to one's disadvantage** It would be **to your disadvantage** to buy that house now, because it might be much cheaper one year later. 你现在买这栋房子可能要吃亏，因为一年以后它可能会便宜得多。

【用】at a disadvantage 是指"处于不利地位"；to one's disadvantage 表示"对…不利"。

【派】disadvantaged (*adj.* 处于不利地位的；下层社会的；贫困的)；disadvantageous(*adj.* 不利的；蔑视的)

annoy [əˈnɔi] *v.* 使烦恼，使生气；打搅

【例】His remarks were such as to ***annoy*** everybody at the meeting. 他的话引起了所有与会人士的气愤。(2005)

【用】注意："Please don't annoy me." 不是"别打搅我"，而是"烦着呢，别理我"的意思。

【派】annoyance(*n.* 烦恼；使人烦恼的事)

【辨】**annoy, bother, disturb, irritate**

这四个词都有"让人心情不好"的意思。annoy强调由于忍受令人不快或厌恶的事情而失去耐心；bother多是给人造成小麻烦、不便或烦恼，指稍微有些打扰他人的心情；disturb表示干扰他人的精神平静，让人无法集中精神；irritate指因受某事挑动深为不满而发怒。

loose [luːs] *v.* 释放 *adj.* 松动的，宽松的；不受束缚的；不精确的

【记】和lose(*v.* 失去)一起记

【例】The wine ***loosed*** his tongue. 酒把他的话匣子打开了。

【派】loosen〔*v.* (使)松开，解开，放宽(限制)〕

【辨】**loosen, lessen**

二者是形近词，意义完全不一样。loosen表示"解开，松开"；lessen表示"减少，变少"。

gaze [geiz] *vi.* 凝视，注视，盯 *n.* 凝视，注视

【例】The man followed her with his ***gaze***. 那个男人凝视的目光追随着她。

【用】gaze通常指长时间地看，带有感情色彩，如迷恋、惊奇等。

laptop [ˈlæptɔp] *n.* 便携式电脑

【记】组合词：lap(膝盖)+top(上部)→能放在膝盖上的电脑→便携式电脑

【例】But luckily, my ***laptop*** was there. 但幸运的是，我的便携式电脑还在那里。(2010)

【用】laptop computer是固定搭配，表示"手提电脑"。

explosive [ikˈspləusiv] *n.* 炸药，爆炸物 *adj.* 易爆炸的；易爆发的；暴躁的

【例】Neither the FBI nor the TSA identified the ***explosives***. 联邦调查局和运输安全局都没有确认爆炸物品。(2013听力)

Word List 3

cit 引用	cite *v.* 引用，引证	**in-** 不	insufficient *adj.* 不充分的
-able 可···的	available *adj.* 可用的，可得到的	**de-** 否定	defy *v.* 违抗
cess 行走	process *n.* 过程	**vert** 转	convert *v.* 改变，转变
contra- 相反；反对	contradict *v.* 与···矛盾	**mens** 测量	dimension *n.* 长度
mini 小	minimum *n.* 最小量	**cred** 相信	credible *adj.* 可信的
simil 相类似	similar *adj.* 相似的	**tang** 接触	tangible *adj.* 可触知的

manner ['mænə] *n.* 方式，方法；态度，举止；[*pl.*] 礼貌，风度

【例】The man has acute intellect and elegant *manners*. 这个人才思敏捷、风度翩翩。

【用】manner在表示"礼貌，风度"时要用复数形式。

swallow ['swɔləu] *n.* 燕子；吞，咽，一次吞咽之量 *v.* 吞，咽；吞没

【例】The prince's face was so beautiful in the moonlight that the little *swallow* was filled with pity. 王子的脸庞在月光下如此美丽，小燕子内心充满了怜悯。

pave [peiv] *vt.* 筑(路)，铺(路)

【例】pave the way for A long history of success may *pave the way for* further development. 长期的成功可能会为进一步的发展铺平道路。

【派】pavement(*n.* 人行道)

cite [sait] *v.* 引用，引证，举(例)

【记】词根记忆：cit(引用)+e→引用

【例】Mary *cited* lots of figures as evidence of her new theory. 玛丽引用大量数据来证明自己的新理论。

recall [ri'kɔ:l] *v.* 忆起，想起；召回，收回 *n.* 回忆；召回，收回

【记】联想记忆：re(相反)+call(喊)→喊回来→召回

【例】The director ***recalled*** the troops and put them on yellow alert. 首长召回了部队并使他们处于预备警戒状态。// The policeman asked the witness to ***recall*** the accident. 警察要目击者回忆发生的事故。

【辨】**recall, remember, remind**

　　三个词都有"回忆，想起"的意思。recall指有意识地去回想，如：recall my childhood；remember较常用，没有特指努力去回忆，而是本来就在记忆中；remind特指"由…启发而想起"，常用句式为remind sb. of sth.。

create [kriːˈeit] *v.* 创造，创作；引起，产生，造成

【记】词根记忆：cre(生产；增长)+ate(使)→使生长→创造

【例】The reasons for Disney's success are quite a lot, but ultimately the credit belongs to one person—the man who ***created*** the cartoon and built the company from nothing, Walt Disney. 迪斯尼成功的原因有很多，但最终要归因于一个人——那个白手起家组建公司并创造了这个卡通形象的沃尔特·迪斯尼。(2005)

【派】creation(*n.* 创造，创作；作品)；creative(*adj.* 有创造性的；创作的)；creativity(*n.* 创造力；创造)；creature(*n.* 创造物；生物，动物)

scream [skriːm] *v.* 尖声叫喊；(指风、机器等)呼啸，发尖锐声 *n.* 尖叫声

【记】电影《惊声尖叫》的英文名字为Scream

【例】The fans ***screamed*** in excitement when they saw the star. 歌迷们看到明星时兴奋地尖声叫喊。// I wanted to ***scream***, to jump on a chair and shout: "I'm an American citizen; a novelist; I probably teach English literature to your children." 我想尖叫，想跳上椅子大声喊："我是美国公民，是一位小说家，还可能教你们孩子英国文学。"(2008)

【辨】**cry, shout, shriek, scream**

　　四个词都有"尖叫，大叫"的意思。cry最为常见，多因恐惧、惊奇等大叫；shout也是大叫，但原因多为高兴或唤起注意等，如：He shouted for joy.；shriek指由于恐怖、愤怒或大笑而高声尖叫，强调刺耳；scream指由于痛苦、快乐、恐惧等尖叫。

ruin [ˈruːin] *n.* 毁灭，破坏；[*pl.*] 废墟；毁灭、败坏的原因 *v.* (使)毁灭；(使)败坏；(使)破产

【例】The reputation of the governor was ***ruined*** by the groundless rumor. 毫无根据的谣传毁了长官的名声。

【用】需要注意的是，ruin在表示"废墟"时常用复数形式。

peculiar [pi'kju:liə] *adj.* 奇怪的，怪癖的；独特的，特有的

【例】**peculiar to** These food is ***peculiar to*** the southern provinces. 这些食物是南方省份特有的。

【派】peculiarity(*n.* 特色，特性；怪癖；特殊的东西)

steal [sti:l] *v.* 偷，窃取；偷偷地移动，悄悄地走；偷偷地夺取，攫取

【例】This kind of person does not ***steal*** because he needs the goods and cannot afford to pay for them. He ***steals*** because he simply cannot stop himself. 这类人行窃并不是因为他需要这些物品，也不是因为没钱购买，而是因为他无法控制住自己。(2004) // The hostage ***stole*** out of the house without anyone seeing him. 人质悄悄溜出了房子，没被人发现。

【派】stealthy(*adj.* 悄悄的，偷偷的)

available [ə'veiləbl] *adj.* 可用的，可得到的

【记】词根记忆：a(表加强)+vail(价值)+able(可…的)→有价值的→可用的

【例】Further details were not immediately ***available***. 暂无更多细节。(1997)

【派】availability(*n.* 可用性)

process ['prəuses; 'prɔses] *n.* 步骤，过程；工序，制作法 *vt.* 加工，处理

【记】词根记忆：pro(向前)+cess(行走)→一路向前行走→过程

【例】**in the process of** We learned much knowledge ***in the process of*** the practice. 我们在实习的过程中学到了很多知识。

kowtow ['kautau] *vi.* 磕头，顺从，唯命是从

【例】The couple ***kowtowed*** to each other when they married in ancient time. 在古代，夫妻结婚的时候要对拜。

disloyal [dis'lɔiəl] *adj.* 不忠实的，背叛的

【记】联想记忆：dis(不)+loyal(忠实的)→不忠实的

【例】That was ***disloyal*** of you to leave me out there. 你把我丢在外面不管就是背信弃义。

【派】disloyalty(*n.* 不忠实，不信，不义，背信弃义)

glow [gləu] *vi.* 发白热光；容光焕发 *n.* 白热光；光辉；激情；热烈，兴高采烈

【例】At night, the flame in the town gave off a radioactive ***glow*** which could be seen for miles. 夜里，这座城市里的火焰向四面八方发出的光芒几英里以外都能看见。

dread [dred] *n. / v.* 畏惧；厌恶；担忧

【记】联想记忆：d+read(读书)→不敢读恐怖小说→畏惧

□ peculiar □ steal □ available □ process □ kowtow □ disloyal
□ glow □ dread

【例】I closed my eyes in *dread*. 由于害怕，我闭上了眼睛。// The little girl *dreads* to be lonely. 这个小女孩害怕一个人待着。// Public speaking fills most people with *dread*. 演讲让大多数人畏惧。(2008)

【用】dread的常见搭配是in dread of...，表示"害怕…"。

【派】dreadful(*adj.* 可怕的，令人敬畏的；讨厌的；极端的)

【辨】**dread, fear, horror, fright**

dread通常指因为害怕某种伤害或不幸而产生的极度恐惧的心情；fear比较常见，可以指轻微的害怕，也可以指极度的恐惧；horror表示极度的恐惧，如：He was filled with horror at the sight.；fright表示外界的威胁产生的畏惧反应，如：get a fright。

bail [beil] *n.* 保释金；保释 *v.* 保释某人；舀出船中的水

【记】和jail(*n.* 监狱)一起记：没有保释金就别想出狱

【例】Ford can be released on *bail* of one hundred dollars. 交100美元的保释金福特就能被释放。

sophisticate [sə'fistikeit] *n.* 老于世故的人 *v.* 使(人)世故；使复杂，使精巧

【例】The *sophisticates* in the office drink black tea; we have coffee. 办公室里那些老于世故的人喝的是红茶，我们这些人则喝咖啡。// His obscure answer *sophisticated* the situation and we didn't know how to solve it. 他模棱两可的回答使问题变得复杂，我们不知道该如何解决了。

【派】sophisticated(*adj.* 老练的，高雅时髦的；复杂的，精细的，尖端的)

accompany [ə'kʌmpəni] *vt.* 伴随，陪同；为…伴奏

【记】联想记忆：ac(表加强)+company(陪伴)→伴随

【例】Jane told me she needed someone to *accompany* her to the airport. 简告诉我她需要有人陪她去机场。

【用】accompany只与介词with和by搭配，其中be accompanied by表示"由…伴随；同时发生"。

【派】accompaniment(*n.* 伴随物；伴奏，伴唱)

contradict [ˌkɔntrə'dikt] *v.* 否定；反驳；与…矛盾

【记】词根记忆：contra(相反)+dict(说；断言)→反着说→否定

【例】Charles did not *contradict* his teacher's comment. 查尔斯没有反驳老师的意见。

【用】contradict后常接to/with，表示"与…相矛盾，与…相违背"。

【派】contradiction(*n.* 矛盾)；contradictory(*adj.* 相互矛盾的；爱反驳别人的)

besiege [bi'si:dʒ] *vt.* 围攻，包围

【记】联想记忆：be(使)+siege(围攻)→围攻

【例】The general commanded his soldiers to ***besiege*** the fortress. 将军命令士兵包围要塞。

squat [skwɔt] *v.* 蹲踞，跪坐；(指动物)蜷伏

【例】The pilot sees a man ***squat*** down beside him. 飞行员看到一个人蹲坐在他旁边。

muffle ['mʌfl] *vt.* 抑住(声音)；蒙住(头部或眼睛)

【例】Jane held her hand to her mouth to ***muffle*** her crying. 简抬手捂住嘴来抑制自己的哭泣。

minimum ['miniməm] *n. / adj.* 最小量(的)，最低限度(的)

【记】词根记忆：mini(小)+mum→最小量

【例】A good reader is able to comprehend the material with a ***minimum*** of effort and a maximum of interest. 优秀的读者能够以最少的精力和最大的兴趣理解文章。(2001)

【辨】**minority, scarcity, minimum**

三个词都表示"很少"。minority指少数民族或少数人群，如：minority groups；scarcity指罕见、稀少，多强调不足；minimum强调最小值、最小化。

install [in'stɔ:l] *vt.* 安装，设置；安顿，安置；正式任命，任用

【例】We've just ***installed*** two air-conditions in our apartment, which should make great differences in our life next summer. 我们刚刚在公寓里安装了两台空调，这样明年夏天我们的生活就会有很大的改变了。(2002)

【派】installation(*n.* 安装；设备；任职)

signify ['signifai] *v.* 意味，表明，表示；(以动作)表示

【记】联想记忆：sign(信号)+ify→用信号表示→意味

【例】The image of the dove ***signifies*** peace and stabilization. 鸽子的形象意味着和平安定。

savage ['sævidʒ] *adj.* 野蛮的，未开化的；凶猛的，残酷的 *n.* 野人，野蛮人

【例】Many ***savage*** tribes still make use of bows and arrows as survival tool. 许多原始部落仍在使用弓和箭作为生存工具。

abridge [ə'bridʒ] *vt.* 缩写，缩短

【例】That university announced it would ***abridge*** its 18 weeks summer semester into 12 weeks. 那所大学宣布把18周的夏季学期缩短到12周。

【用】abridge可与from连用，表示"由…缩简而成"。

【派】abridgement（*n.* 缩短；删节）

parcel ［ˈpɑːsəl］*n.* 包，包裹

【例】After the recent bombing, the airline said that we'd have to check all *parcels*. 近期的爆炸事件之后，航空公司表示我们必须核查所有的包裹。（2005听力）

idle ［ˈaidl］*v.* 虚度，（使）闲散，闲逛 *adj.* 懒惰的；闲散的，闲置的；无根据的

【例】We are not sitting *idle*. We are prepared for everything. 我们没有坐以待毙，我们已经做好了一切准备。（2004听力）

idle

【用】idle作动词时，常和副词away连用，表示"虚度时间，无所事事"的意思。

【派】idly（*adv.* 懒惰地；空闲地）

【辨】**idle, inactive, inert**

三个词都有"惰性的；闲散的"之意，但性质不同。idle指不做任何事情或不忙，有虚度光阴之意，如：idle hands；inactive仅指没有活动；inert强调自己没有能力移动或迟钝的。

grant ［grɑːnt; grænt］*vt.* 同意，准予（补助等）；授予（权利等）*n.* 同意，准许；授予

【例】take sth. for granted It is *taken for granted* that the government can handle everything. 人们认为政府理当能处理所有的事情。

【辨】**grant, give, present**

三个词都有"给予"的意思。grant指授予，一般是上级对下级的，如：grant permission；give最常用，无特殊含义；present特指赠与，比较正式。

grudge ［grʌdʒ］*vt.* 妒忌；吝惜，不愿给 *n.* 妒忌；怨恨；嫌隙

【例】The great thing about Linda is that she doesn't hold any *grudges*. By tomorrow she'll have forgotten all about it. 琳达最好的一点就是从不记仇，到了第二天就忘得一干二净了。（2003听力）// The stepfather of the poor girl *grudged* her tuition money. 那个可怜女孩的继父极不情愿为她付学费。

【用】have a grudge against sb.是固定搭配，表示"怀恨某人；和某人过不去"。

【辨】grudge, hatred

二者都有"怨恨，仇恨"的意思。grudge更多的是指嫉妒所产生的怨恨；hatred强调强烈的恨意与厌恶，程度更深。

doctrine [ˈdɔktrin] *n.* 信条，教条，主义；学说，原理；教诲

【记】词根记忆：doct(教)+rine→教的东西→教诲

【例】The two friends held similar *doctrines* about humanity. 那两个好朋友对人性持有类似的观点。

【辨】doctrine, dogma, tenet

doctrine一般指建立在原则基础上的理论并被人宣扬；dogma常指由权威人士传下来的信念或理论被视为真理，带有武断的意味，如：It's a dogma that the king can do nothing wrong.；tenet指普遍相信的任何原则或主张，没有强调是否有人支持，如：basic tenets。

arise [əˈraiz] *vi.* 兴起，发生，出现；站起来，起立，起身

【记】联想记忆：a(表加强)+rise(出现，上升)→升起来→出现

【例】The question might even *arise* in the parents' minds as to whether the child should be compelled to go to school at all. 关于孩子是否要被强迫上学这个问题甚至可能已经在家长的脑海中生成了。(2001) // These sufferings *arise* from the pollution of water resources. 这些灾难是由水资源污染引起的。

【用】arise常与from搭配，表示"源自于…"。

exile [ˈeksail] *vt.* 流放，放逐，流亡 *n.* 流放，放逐；亡命者，流放者

【记】联想记忆：ex(出去)+ile(名词后缀)→放出去的东西→流放者

【例】Black was *exiled* from the town thirty years ago. 布莱克在三十年前被驱逐出了这个城镇。// Clark was forced to become an *exile* for political reasons. 克拉克因为政治原因而被迫流亡国外。

【辨】eject, exclude, exile, expel

这四个单词都有"逐出；排出"的意思。eject侧重指用武力使某人离开某一地点或使某人辞职；exclude意为"把某人排除在外；防止某人进入或参加某事"，如：exclude sb. from membership；exile一般指因为政治原因，强迫某人离开祖国或家乡，如：The leader was exiled to England.；expel主要指强迫某人离开国家、学校、组织等，如：expel an invader。

glimpse [glimps] *n.* 一瞥，一看；隐约的闪现

【记】联想记忆：glim(灯光)+pse→灯光一闪→隐约的闪现

【例】The novel contains some marvelously revealing *glimpses* of rural life in the 19th century. 小说里包含了一些关于19世纪乡村生活的具有启发性的真实描述。(1997) // **get a glimpse of** Garden came back home and then *got a glimpse of* the thief going out of the window. 加登回家的时候，正好瞥见小偷爬出窗户。

foresee [fɔːˈsiː] *v.* 预见；预知

【记】联想记忆：fore(预先)+see(看)→预先看到→预见；预知

【例】Big employers *foresee* another rise in graduate vacancies but half are not confident they will fill them. 大雇主们预计会出现另一波毕业生职位空缺，但半数雇主并不确信能填满这些空缺。

similar [ˈsimilə] *adj.* 相似的，近似的

【记】词根记忆：simil(相类似)+ar→相似的

【例】All the large banks have a network of branches across the country, and all offer *similar* services. 所有的大银行都有覆盖全国的分支网络，并且都提供类似的服务。(2012听力)

【用】similar常与介词to构成搭配，表示"与…相似"。

【派】similarity(*n.* 相似，类似；相似之处，类似点)

【辨】**alike, similar**

二者都有"相似的"的意思，但用法不同。alike只能作表语，强调整体上的相似、相同；similar既可作表语也可作定语，只能形容"相似的"。

doubt [daut] *v.* 不能肯定，认为…不大可能 *n.* 怀疑，不信任

【例】**no doubt** There is *no doubt* that the couple did the right thing in coming back home earlier than planned. 毋庸置疑的是，这对夫妇比计划的时间早回家是正确的。(2011) // **in doubt** Their future survival is *in doubt.* 它们将来能否生存下去值得怀疑。// **beyond doubt** This diligent and talented girl's success is *beyond doubt.* 这个勤奋而有天赋的女孩无疑会取得成功。

【派】doubtful[*adj.* 疑惑的，(可)怀疑的；含糊不清的；有问题的]；doubtless(*adv.* 无疑地；很可能地；公认地)

insufficient [ˌinsəˈfiʃənt] *adj.* 不充分的，不足；不适当的，不胜任的

【记】联想记忆：in(不)+sufficient(充分的)→不足的，不充分的

【例】It is widely accepted that China is a country faced with severe water shortages. *Insufficient* water resources have slowed agricultural development. 人们普遍认为中国是一个水资源紧缺的国家。水资源的匮乏减缓了农业的发展。(2001)

defy [di'fai] *vt.* 违抗；蔑视；激(某人)做

【记】词根记忆：de(否定)+fy(使)→直接否定→违抗

【例】The young man seemed as if he would *defy* all things. 这个年轻人好像什么都不放在眼里。

【用】常见搭配defy sb. to do sth. 的意思是"挑拨某人做某事"。

amuse [ə'mju:z] *vt.* 逗…乐，逗…笑；给…娱乐(消遣)

【例】My brother did some tricks to *amuse* me. 哥哥耍了些把戏逗我开心。

【用】amuse多指通过某种消遣转移注意力，不一定是增加快乐。

【派】amusement(*n.* 喜乐，兴趣；娱乐；文娱活动)

unlock [ʌn'lɔk] *vt.* 开锁；揭开

【例】Engineers reopen a tunnel at Silbury Hill and archaeologists hope to *unlock* its ancient secrets. 工程师重新开启了西尔布利山中的一条隧道，考古学家希望能够揭开这条隧道的古老的秘密。

repent [ri'pent] *v.* 悔悟，悔改，悔恨

【例】The man *repented* of intemperate behavior at the meeting. 这个人对在会议上过激的举止感到懊悔。

foregoing ['fɔ:gəuiŋ] *adj.* 前面的；刚提到的，上述的

【记】联想记忆：fore(前面；预先)+going(走的)→走在前面的→前面的

【例】As may be supposed, the *foregoing* article had an enormous echo among scientific people. 正如预期的那样，上述文章在科学人士间获得了不错的反响。

levy ['levi] *v.* 征收(税等)

【记】词根记忆：lev(提高)+y→最怕税收上调→征收(税等)

【例】To *levy* higher tax will, to some extent, influence the economy. 征收更高的税金将在某种程度上影响经济。

filth [filθ] *n.* 肮脏，污物；粗话，下流话

【记】词根记忆：fil(线条)+th→脏水流成条→肮脏

【例】No one could stand this life of *filth* and deceit any longer. 再也没有人能够忍受这种充满肮脏和欺骗的生活了。

【派】filthy(*adj.* 肮脏的，卑劣的；淫秽的)

wreck [rek] *n.* 失事的船只，残骸；破灭，毁坏 *v.* 摧毁，破坏

【例】Salvage experts said the *wreck* of the Sun Vista, which sank in 65 metres of water, poses no threat to ships passing over it. 救援专家表示Sun Vista号的残骸在水下65米深的地方，不会对过往船只造成威胁。(2001)

□ defy　　□ amuse　　□ unlock　　□ repent　　□ foregoing　□ levy
□ filth　　□ wreck

【辨】destroy, ruin, wreck

　　三个词都含有"毁坏"的意思。destroy指具有杀伤力的力量将某物彻底摧毁；ruin并不一定指力量的强大，而是强调经历一定的过程将某物毁掉；wreck尤指通过碰撞而毁坏。

interject [ˌintəˈdʒekt] *vt.* 突然插入，插话，打断（别人的话）

【记】词根记忆：inter（在…之间）+ject（扔）→谈话间扔句话→突然插入

【例】It's impolite to ***interject*** others' talk. 打断别人的谈话很不礼貌。

chase [tʃeis] *n. / v.* 追逐，追击

【例】We must ***chase*** the enemy out of our country. 我们必须将敌人从我们国家驱逐出去。

【用】chase的意思与drive away, run after相似，既有在后方追逐的意思，也包含驱逐的意思。

convert [kənˈvəːt] *v.* 改变，转变；改变…的信仰；兑换

[ˈkɔnvəːt] *n.* 改变信仰的人，皈依者

【记】词根记忆：con+vert（转）→转入（新的信仰）→改变…的信仰

【例】The deserted building has been ***converted*** into a shopping mall. 那栋废弃的楼房被改成了一家商场。

【用】convert后常接介词into/to，表示"将…转化成…"。

【派】conversion（*n.* 转变，变换；信仰的改变；兑换）

【辨】convert, transform

　　convert主要用来表示某物为了起某种作用而发生的细节、属性上的变化，如：Iron is converted into steel.；transform表示形式、外表或本质的彻底改变，如：transform heat into power。

ornament [ˈɔːnəmənt] *n.* 装饰品，饰物；装饰

[ˈɔːnəmənt] *vt.* 装饰，美化

【记】词根记忆：orn（装饰）+ament→装饰品；装饰

【例】Nowadays many mufflers were more for ***ornament*** than for keeping warm. 如今很多围巾多用于装饰而非保暖。

rescue [ˈreskjuː] *n. / vt.* 解救，挽救

【例】The firemen ***rescued*** all the people from a burning building at last. 最后消防员从燃烧的大楼中救出了所有人。// Teddy came to my ***rescue*** with a cheque of $200 to pay my room rate, after I phoned him that my

wallet had been stolen. 我打电话给特迪告诉他我的钱包丢了，他马上带了200美元的支票赶来帮我付房费。(2008)

horrify [ˈhɔrifai] *vt.* 使恐怖，使毛骨悚然；使震惊；使极度厌恶

【记】词根记忆：horr(战栗)+ify(使)→使恐怖

【例】The kids were ***horrified*** by the bloody scene. 孩子们被这血腥的场面吓坏了。

【派】horror(*n.* 恐怖；震惊；憎恶)

dimension [diˈmenʃən] *n.* 长(宽、高、厚)度，尺寸；[*pl.*]面积，规模；程度；范围；重要性；特点，方面

【记】词根记忆：di+mens(测量)+ion→测量长宽→长度

【例】We need the weight and ***dimensions*** of the parcel, that's height, width, and length, and the value of the goods and the full description. 我们需要知道包裹的重量和尺寸，即它的高度、宽度和长度，还有货物的价值以及对它全面的描述。(2005听力) // The joke should be understood on a new ***dimension***. 这笑话应该从一个新的角度来理解。

【派】dimensional(*adj.* 尺寸的)

dissident [ˈdisidənt] *n. / adj.* 持异议的(人)，持不同政见的(人)

【记】词根记忆：dis(分开)+sid(坐)+ent→分开坐的人→持异议的人

【例】The ***dissident*** was exiled to a small island. 那位持不同政见的人被流放到一座小岛上去了。

alone [əˈləun] *adj.* 单独的；孤独的 *adv.* 独自；只有，仅仅

【例】A new study from the University of New South Wales has discovered that during the working week, Australian fathers only spend an average of just over a minute each day ***alone*** with their children. 新南威尔士大学的一项新的研究发现，在工作日期间，澳大利亚的父亲们平均每天单独陪伴孩子的时间只有一分多钟。(2010听力)

【辨】**alone, lonely**

　　alone强调独自一人的事实，也可以用来指单独一人的心情，只能用作表语，如：I was alone in the house.；lonely强调在孤独时渴望有人陪伴的意思。

combine [kəmˈbain] *v.* (使)结合；(使)化合 *n.* 联合企业；联合收割机

【记】词根记忆：com(共同)+bi(两个)+ne→使两个在一起→(使)结合

【例】Dreams are uninformative in themselves, but, when ***combined*** with other data, they can tell us much about the dreamer. 梦本身是不提供任何信息的，但当梦和其他数据结合起来的时候，就能告诉我们关于做梦人的很多事情。(2000) // I'd like to buy such a ***combine***. 我想买一台这样的联合收割机。

【用】作"结合"讲时，combine必须跟with连用。

【派】combination〔*n.* 结合，混合，组合；团体，结合体，混合体；（开暗码锁的）组合数码（字码），暗码〕

anticipate [ænˈtisipeit] *vt.* 预料；先发制人；先于…做

【记】词根记忆：anti(先)+cip(拿)+ate(做)→先拿到→先发制人

【例】In Switzerland, if you were simply to *anticipate* a traffic light, the chances are that the motorist behind you would take your number and report you to the police. 在瑞士，如果你在绿灯未亮前先行，很有可能你后面的驾驶者会记下你的车牌号并报告给警察。（2004）

【派】anticipation(*n.* 预期，期望)

【辨】**anticipate, foresee**
  anticipate强调预知未来将要发生的事情并及时采取措施阻止他人的行动；foresee指对将要发生的事情有所预见或预知。

situate [ˈsitjueit] *vt.* 使…建于或坐落于某处，使位于

【记】联想记忆：sit(坐)+uate→坐落在→使…建于或坐落于某处

【例】The government *situated* a monument on the square to commemorate the martyrs. 政府在广场修建了一座纪念碑来纪念烈士。

【派】situation(*n.* 位置；形势，局面；处境，境遇)

envy [ˈenvi] *n. / vt.* 妒忌，羡慕

【例】For a few hours Lucy tasted of happiness so rare and exquisite that she wondered if the angels in heaven did not *envy* her. 在这几小时里露西体验着那难得却强烈的幸福感，她怀疑天堂中的天使都要嫉妒自己了。

【派】envious(*adj.* 羡慕的，嫉妒的)

unearth [ʌnˈəːθ] *vt.* 发掘，挖出；搜寻到；发现并披露

【记】联想记忆：un(打开)+earth(土地)→从地下弄出来→发掘

【例】Archaeologists in Italy *unearth* two skeletons thought to be 5,000 to 6,000 years old. 考古学家在意大利发现了两具距今约五六千年的骨骸。

credible [ˈkredəbl] *adj.* 可信的，可靠的

【记】词根记忆：cred(相信)+ible(…的)→可信的

【例】Jack presents *credible* information to convict the defendant's crime. 杰克提供了可靠的证据证明被告有罪。

tangible

tangible [ˈtændʒəbl] *adj.* 确实的，真实的；可触知的

【记】词根记忆：tang(接触)+ible→可触知的

【例】It was a foregone conclusion that he would be suspected; but, to make it a sure thing there must be *tangible* proof. 他受到怀疑是预料中的，但必须有确凿的证据才能使其成为事实。

【派】intangible(*adj.* 无形的；难以确定的)

thaw [θɔː] *v.* (使)解冻，融化；变得温和，无拘束 *n.* 解冻(期)，融雪(期)

【例】A cup of tea *thawed* the guest out. 喝了杯茶，客人就显得不那么拘束了。// They became good friends again with a *thaw* in their old grudges. 他们冰释前嫌，又成了好朋友。

locomotive [ˌləukə'məutiv] *n.* 火车头 *adj.* 移动的，机动的

【记】词根记忆：loco(地方)+mot(移动)+ive→在不同地方移动→移动的

【例】The *locomotive* shed collapsed in the rainstorm. 移动工棚在暴风雨中倒塌了。

prey [prei] *n.* 猎物，牺牲品；捕食 *vi.* 捕食；(疾病等)折磨，困扰

【例】Many children in the countryside became the *prey* of superstition and ignorance. 很多乡下孩子都成了迷信和无知的受害者。

moderate ['mɔdəreit] *v.* (使)和缓，变缓和，(使)减轻；节制
['mɔdərit] *adj.* 适度的，中等的；温和的，有节制的

【记】词根记忆：mod(方式)+er+ate→不过分的方式→适度的

【例】One should *moderate* his irritable temper when he is in anger. 一个人生气的时候应该克制自己急躁的脾气。

dignity ['digniti] *n.* 尊严，高贵，体面，庄严；官阶，职位

【记】词根记忆：dign(有价值的)+ity(名词后缀)→尊严

【例】All these vocational names carry with them a certain gravity and *dignity*, which descriptive names often lack. 所有这些职业名称显示出一种描写性名称所没有的庄严和高贵。(2000) // beneath one's dignity It fell *beneath his dignity* to say so. 他这么说有失身份。// stand on one's dignity Anne always tries to *stand on her dignity*. 安妮尽力时刻保持不失尊严。

respond [ri'spɔnd] *v.* 作答，回答；反应，回应

【记】词根记忆：re+spond(承诺)→给出承诺→作答

【例】The actor *responded* to the reporter's questions in the press conference. 这名演员在记者招待会上回答了记者的提问。// Businesses and individuals should make plans to *respond* to emergencies. 企业和个人应该制订应对紧急事件的计划。// Hundreds of people from all over the world *responded* with their view on the state of hitchhiking. 全世界数百个人回复了他们对搭便车的状况的看法。(2007)

【用】respond常常和to连用，表示"对…答复，对…反应"。

【派】respondent〔n. 回答者，响应者；（离婚案等的）被告〕; response(n. 回答；反应); responsive(adj. 赞同的；反应灵敏的；易受控制的；回答的)

jerk [dʒə:k] n./v. 猛地摇晃，急拉，急抽

【例】Tom tried to **jerk** away the coming bus, but it was too late. 汤姆试图猛地躲开迎面而来的汽车，但为时已晚。

disgrace [dis'greis] n. 丢脸，耻辱；失宠，失势 vt. 使丢脸，使受耻辱；使失去地位

【记】联想记忆：dis(没有)+grace(优雅)→没了优雅→丢脸

【例】Many people considered such behavior as a **disgrace**. 很多人认为这种行为是一种耻辱。// You have **disgraced** me so that I am ashamed to meet my friends. 你使我蒙羞，我现在没脸去见我的朋友们了。

【用】disgrace指失去别人的尊敬或是感到耻辱，固定用法为fall into disgrace with sb.，表示"失宠于某人；失去某人的欢心"。

【派】disgraceful(adj. 丢脸的，可耻的，不名誉的)

【辨】**degrade, disgrace, humiliate, debase**

degrade常用来指坏的习惯和行为毁坏了某人的品格，使人退化并降低了地位，如：You degrade yourself when you tell a lie.；disgrace指使某人在别人心中的评价降低；humiliate主要指使人感到羞耻或不好意思，如：I was humiliated by his laughter.；debase常用于物，强调贬低某事物的价值或质量，用于人时，一般指降低了道德水准，如：debase oneself for money。

classify ['klæsifai] v. 把…分类，把(货物等)分等级；把…归入某类；〈美〉确定…为机密

【记】联想记忆：class(类别)+ify(…化)→类化→把…分类

【例】I think we can **classify** this as an emergency situation. 我认为我们可以把这看作紧急情况。

【派】classification (n. 分类，分级；【生】分类法；类别，等级); classified〔adj. 分类的，被归入类别的；(政府情报等)机密的，保密的〕

【辨】**classify, categorize, recognize, distinguish**

classify指对某种对象按等级或类别进行分类；categorize指将某事物归类；recognize表示识别；distinguish表示区分。

consecutive [kən'sekjutiv] *adj.* 连续的，接续的

【记】词根记忆：con+secut(跟随)+ive→一个跟着一个的→连续的，接续的

【例】It has been raining for three *consecutive* days. 雨已经连续下了三天了。

mechanics [mi'kæniks] *n.* 力学，机械制造学；结构，技巧

【例】The *mechanics* of making the china are very complicated. 制造瓷器的技巧很复杂。

significant [sig'nifikənt] *adj.* 重要的，重大的；有特殊意义的

【记】联想记忆：sign(记号)+ific(做)+ant→做了记号→有特殊意义的

【例】The Internet is the most *significant* progress in the field of communications. 互联网是通信领域最重大的进步。(2006听力)

【派】significance(*n.* 意义，意味；重要性)

disappoint [ˌdisə'pɔint] *vt.* 使失望，使扫兴，使(希望等)破灭

【记】联想记忆：dis(不)+appoint(任命)→没被任命，所以失望→使失望

【例】Late delivery of the goods has caused us to *disappoint* several of our most valued customers. 发货的延迟使得一些最尊贵的顾客对我们失望了。(2004)

【派】disappointing(*adj.* 令人失望的，使人扫兴的)；disappointment(*n.* 失望，扫兴)

antique [æn'tiːk] *adj.* 古时的；古式的 *n.* 古物，古玩

【记】词根记忆：anti(=ante，前)+que→以前的→古时的

【例】I found an interesting *antique* store on my way home. 我在回家的途中发现了一家有趣的古玩店。

【派】antiquity(*n.* 古老，高龄；古物，古迹)

uproot [ʌp'ruːt] *v.* 将(植物)连根拔起；根除，灭绝

【记】联想记忆：up(向上)+root(根)→根朝上→连根拔起

【例】A football team is to *uproot* from its current home and move to a new site for the start of next season. 一支足球队即将离开目前的主场，到新的地方开始下一个赛季的比赛。// The correct way to modernize a culture is to reform its tradition rather than to *uproot* its tradition. 使文明现代化的正确方式是改革传统，而不是根除传统。

【用】uproot sb./oneself (from...)表示迫使某人(自己)离开出生地或定居处。

peril [ˈperil] *n.* 严重的危险；危险的事物

【记】联想记忆：per(表加强)+il(看作ill, 病的)→病情恶化→危险的事物

【例】All the soldiers kept calm in the hour of ***peril***. 所有的士兵在危险面前保持着冷静。

encircle [inˈsəːkl] *vt.* 环绕，包围；绕行

【记】联想记忆：en(使)+circle(环)→使成环→环绕

【例】Without even asking her if she cared to dance, Camp put out his arm to ***encircle*** her slender waist. 甚至没有询问她是否介意跳支舞，坎普就伸手搂住了她那纤细的腰。

cherish [ˈtʃeriʃ] *vt.* 珍爱；抱有(希望)，怀有(感情)

【例】Massive changes in all of the world's deeply ***cherished*** sporting habits are underway. 全世界受人热捧的运动习惯都发生了巨大的改变。(2002) // You and I ***cherish*** the same ideals and follow the same path. 你我志同道合。

【辨】cherish, appreciate, treasure

　　cherish带有更强的喜爱或感情的成分，也常意味着亲密的交往或密切的关心；appreciate指能有鉴别地欣赏某事物的价值，尤其是美的价值；treasure指珍藏一种很宝贵或对它寄托很大感情的东西，如：treasure sth. up in one's memory。

accommodate [əˈkɔmədeit] *vt.* 容纳，提供…住宿；使适应，使适合；帮助解决(困难)

【记】词根记忆：ac(表加强)+com(睡)+mod(方式)+ate(使)→提供睡觉的方式→提供…住宿

【例】The city government is building more roads to ***accommodate*** the increasing number of cars. 市政府正在建造更多的公路来容纳越来越多的汽车。(2011)

【用】accommodate oneself to意思是"使自己适应于"；而accommodate (sb.) with意为"向某人供应"。

【派】accommodation(*n.* [常*pl.*]膳宿，住处；适应)

【辨】accommodate, adapt, conform

　　这三个词都有"适应"的含义，区别在于：accommodate强调在承认外部状况的条件下使自己与某物相适应，有时候暗示这种适应因能取悦别人而使自己运气更好，如：I will accommodate my plan to yours.；adapt主要指为了达到要求而作出变化；conform指符合或使之符合某一典范、准则等，如：The building must conform to the blueprint.

immaterial [ˌɪməˈtɪəriəl] *adj.* 不重要的，不相干的；非物质的，非实体的，无形的

【记】联想记忆：im(不，无)+material(物质)→非物质的

【例】Don't put emphasis on the ***immaterial*** details. 不要把重点放在无关紧要的细节上。

format [ˈfɔːmæt] *n.* 样式，格式；版式 *vt.* 编排格式；使(电脑硬盘、磁盘)格式化

【记】联想记忆：form(形式)+at→固定的形式→格式

【例】The software can incorporate new optimization specific to particular server and local database ***format***. 这款软件能够将新的优化细节合并到特殊服务器与本地数据库格式中。

【派】formation(*n.* 组成，形成；形态结构)；formative(*adj.* 形成的；成长的)

allowance [əˈlaʊəns] *n.* 津贴，补助；承认，认可

【例】make allowance(s) for... Catherine's parents can't ***make allowance for*** any fault of her. 凯瑟琳的父母无法容忍她犯任何错误。// We must ***make allowances for*** his youth. 我们应当考虑到他还年轻。

【用】词组make allowance(s) for... 表示"考虑到…，体谅到…"。

leave [liːv] *n.* 假期；同意，许可 *v.* 离开；留下，把…留在；委托，把…交给

【例】leave alone You'd better ***leave*** him ***alone*** during his work. 他在工作的时候你最好不要打扰他。

【用】leave这个词较常见，也比较简单，但要记住几个关键搭配：leave alone意为"不打扰"；on leave意为"休假"；take French leave意为"不告而别；擅自行动"。

sparkle [ˈspɑːkl] *v.* 闪闪发光，闪烁，闪耀 *n.* 光亮；活力；闪光

【记】服装品牌思博高(Sparkle)

【例】Her cheeks are red with the chill wind, but her eyes ***sparkle***. 刺骨的寒风吹得她双颊通红，但她双眼炯炯有神。// Spring was coming on again across the earth like a light ***sparkle*** of spray. 春天又回到大地上，像微微闪耀的水花。

thereof [ˌðeərˈɒv] *adv.* 由此，其

【例】You are a person with all the privileges and responsibilities, ***thereof***. 你既然享受着各种特权，也应由此而承担相应的责任。

pursue [pə'sjuː] *v.* 追捕；追求；实行

【例】The scientists have absolute freedom as to what research they think it best to *pursue*. 科学家们对于他们最好从事什么样的研究有着绝对的自由。(1999)

【派】pursuit(*n.* 追捕；追求，寻求)

【辨】**seek, pursue**

　　两者都有"追寻"的意思。seek表"寻找，探索"，相当于look for；pursue侧重"追求，追赶"的意思，如：pursue a girl。

instruct [in'strʌkt] *vt.* 教育，指导，讲授；通知；指示，命令

【记】词根记忆：in+struct(建造)→指示人如何建筑→指示，命令

【例】The fire fighter *instructed* the citizens about how to survive a fire. 消防队员教居民们怎样从火灾中逃生。

【派】instruction (*n.* 教育，训练；[*pl.*] 指示，命令，用法说明)；instructive(*adj.* 有益的，有启发性的)；instructor(*n.* 教师，指导者；大学讲师)

congestion [kən'dʒestʃən] *n.* 阻塞，拥挤；充血

【记】词根记忆：con+gest(带来)+ion→带来了一堆→阻塞

【例】I hope the traffic *congestion* could be reduced. 希望交通阻塞会减少。

friction ['frikʃən] *n.* 摩擦(力)；冲突，不和

【记】和fiction(*n.* 小说；虚构)一起记

【例】There is a great deal of *friction* between the management and the work force. 劳资双方存在大量矛盾。

crumble ['krʌmbl] *v.* 弄碎，粉碎；崩溃，瓦解

【记】和rumble(*v.* 发隆隆声)一起记：帝国轰隆隆地瓦解了

【例】The stone actually *crumbled* into dust in his hand. 石头竟然在他手里碎成了粉末。

【用】crumble作"弄碎"讲时，后面可接to/into，表示"碎成…样子"。

receptive [ri'septiv] *adj.* (对新思想等)易于接受的，能容纳的

【记】词根记忆：re+cept(拿，抓)+ive→可以抓住的→易于接受的

【例】People who are cognitively healthy are those whose minds are alert and *receptive*. 认知能力强的人是那些头脑敏捷并善于接受外界事物的人。

【用】注意receptive后面常常接介词to，如receptive to new developments。

indulgent [inˈdʌldʒənt] *adj.* 纵容的，宽容的

【记】联想记忆：indulg(e)(纵容)+ent→纵容的

【例】Parents are usually *indulgent* to their children. 父母常常纵容自己的孩子。

dismiss [disˈmis] *vt.* 免…之职，解雇；让…离开，遣散；不理会；抛弃；不认真考虑

【记】词根记忆：dis(分开)+miss(送，放出)→遣散

【例】Airlines around the world have cut services and *dismissed* staff as their business has plunged in the wake of the crisis. 危机过后，世界各地的航空公司因生意大跌将会减少服务并裁减职员。(2003 听力)

【派】dismissal(*n.* 解散，打发走；解雇，撤职；不予考虑)

【辨】dismiss, discharge

两个词都有"解雇"的意思，区别在于：dismiss通常用于被动语态中，如：You will be dismissed if you are late again.; discharge 表示停止雇用，带有强制性，通常意味着不再录用。

breed [briːd] *n.* 品种，种类 *v.* 繁殖，育种；饲养；养育，培养，教养

【例】Mosquitoes *breed* in swamps. 蚊子在沼泽里繁殖。// Compared with other *breeds*, these horses can run faster. 和其他品种相比，这种马跑得更快。

【用】bred-in-the-bone是固定搭配，表示"根深蒂固的，本性难移的"。

incredible [inˈkredəbl] *adj.* 难以置信的；精彩的；不能相信的

【记】词根记忆：in(不)+cred(相信)+ible(能…的)→不能相信的

【例】Jack gets in *incredible* phone bill every month due to his busy business. 杰克繁忙的生意使得他每月的电话费多得不可思议。

【派】incredibly (*adv.* 非常，极端地，异乎寻常地；难以置信地，惊人地)

series [ˈsiəriːz] *n.* 一连串，一系列，连续

【例】If we hear a *series* of drumbeats, we receive an impression of movement from one stroke to the next. 如果听到一连串的鼓声，我们会觉得敲鼓的动作是一个接着一个。(2005)

collaborate [kəˈlæbəreit] *v.* 合作，协力；(与敌人)勾结

【记】联想记忆：col(共同)+labor(劳动)+ate(做)→共同劳动→合作

【例】Roger is looking for someone to *collaborate* with. 罗杰正在寻找合作的人。

【用】collaborate后若接人，就用介词with；如果接做某事，就用in doing sth.。

【派】collaboration(*n.* 合作，协作；勾结)

hitherto [ˌhiðə'tuː] *adv.* 至今，至此时

【记】联想记忆：hit(打)+her+to→至今还没有打过她→至今

【例】*Hitherto*, much of the attention has centered on southern China and on foreign investment. 迄今，大部分精力被放在中国南部和国外投资上。

merit ['merit] *n.* 优点，长处；功绩，功劳 *vt.* 应得到，值得

【例】The suggestions of the public *merit* serious consideration. 公众的建议值得认真考虑。

depression [di'preʃən] *n.* 沮丧；抑郁(症)；不景气

【例】Dr. Tabara Sylla, the hospital's chief psychiatrist, uses art therapy, medication and classical forms of psychotherapy in her practice, treating everything from chronic *depression* to alcohol abuse and schizophrenia. 塔巴拉·西拉医生是该医院的首席心理医生，她把艺术疗法、药物治疗和传统模式的心理疗法应用到实践中，治疗包括慢性抑郁症、酗酒和精神分裂在内的所有疾病。(2013听力)

【用】美国发生的"经济大萧条"用英语表示即为the Great Depression。

stability [stə'biləti] *n.* 稳定，稳固

【记】词根记忆：stab(le)(稳定的)+ility(表性质)→稳定，稳固

【例】The other four all said that what they were seeing about themselves was incalculable, and they didn't think it would have become apparent without the ground of financial *stability* being ripped out from underneath them. 但是其他四个人全都说他们(由此)获得的对自身的了解是无法估量的，他们认为如果不是他们最底层的稳定的经济基础被破坏，他们不可能把自己看得这么清楚。(2013)

【用】structural stability是固定搭配，表示"结构稳定性"。

Word List 4

nutri 滋养	nutrition n. 营养，滋养	**clud** 关闭	exclude v. 排除
vid 看见	evident adj. 明显的	**cruc** 十字形	crucial adj. 关键性的
clin 弯曲	incline v. 倾向 n. 斜坡	**gen(u)** 出生，产生 genuine adj. 真正的
-ic 表人	mechanic n. 机械师，技工	**scend** 爬	descend v. 下降，下跌
chron 时间	chronic adj. 慢性的	**path** 感情	pathetic adj. 引起怜悯的
laps 滑	elapse n./vi. (时间)过去，消逝	**grav** 重	gravity n. 重力；严重性

dawn [dɔːn] *n.* 黎明，拂晓；开端 *v.* 破晓；开始；展现

【例】It could offer all the year round, from the ***dawn*** of Monday to the night of Saturday. 它可以全年供应，从星期一的清晨到星期六的夜晚。(2000) // The day began to ***dawn***. 天开始破晓。

display [dis'plei] *n. / vt.* 陈列，展示，展览

【记】联想记忆：dis(分开)+play(表演)→分着表演→展示

【例】The first thing visitors see from the museum's main entrance on the fourth floor is a very large ***display*** called a panorama. 游客在博物馆4楼的主入口处首先见到的就是一个非常大的展示品，叫做全景画。(2004) // Masterpieces by Dutch artists such as Rembrandt, Bruegel, Van Gogh and others are on ***display*** at the Van Gogh Museum, Rembrandt House and others. 比如荷兰画家伦布兰特、勃鲁盖尔以及凡高等人的杰作都在凡高博物馆、伦布兰特画室和其他地方展出。(2008)

nutrition [njuː'triʃən] *n.* 营养，滋养；营养物，食物

【记】词根记忆：nutri(滋养)+tion→用于滋养的东西→营养

【例】***Nutrition*** and exercise are essential to health and mind. 营养和运动对健康和心智是至关重要的。

【派】nutritious(*adj.* 有营养的，滋养的)

stammer [ˈstæmə] v. 结巴，口吃 n. 口吃

【例】Eisenhower stood blushing and *stammering* his thanks. 艾森豪威尔红着脸站着，结结巴巴地表示感谢。// A young woman from Norfolk hopes the American device will help her overcome a *stammer*. 一位来自诺福克的年轻女士希望这种美国生产的仪器能够帮助她克服口吃。

scatter [ˈskætə] v. (使)分散，(使)消散；散播，撒播

【例】Everyone was killed when the plane exploded *scattering* wreckage over a wide area. 飞机爆炸，残骸散布了很大一片地区，机上人员无一生还。(2000听力)

scatter

【辨】scatter, disperse, dispel

　　三个词都含"分散，驱散"的意思。scatter指通过驱赶把人或物分散到不同方向，如：The flock of birds scattered when a shot was fired.；disperse比较正式，强调彻底分隔人群或集团；dispel指驱散情绪等抽象事物，如：dispel the doubts。

hinder [ˈhində] v. 阻止，阻碍

【例】The travelers were *hindered* by storms throughout their journey. 旅行者们一路上被暴风雨所阻碍。

【派】hindrance[n. 障碍，妨碍；妨碍的人(物)]

remove [riˈmuːv] v. 取去，移动；除去，消除；免职，开除；移居

【例】The pavers *removed* the big rock on the road. 铺路工人移走了路上的巨石。// The mayor was *removed* from office for failing to do his duty. 市长因为玩忽职守而被撤职。// I *remove* the paper, and raise the skirts up to look at them again before I pack them. 我除去报纸，把裙子高高举起，在包起来前想再看看。(2007)

【派】removal(n. 移动；免职；去除；搬迁); removable[adj. 可移动的；可拆卸的；(指人)可免职的；可除去的]

impact [ˈimpækt] n. 冲击(力)，撞击；影响，效果

【例】In the 15th century, Johannes Guttenberg's invention of the printing press in Europe had a huge *impact* on civilization. 15世纪时，约翰内斯·古登堡在欧洲发明了印刷机，这对文明产生了巨大的影响。(2011)

evident [ˈevidənt] adj. 明显的，明白的

【记】词根记忆：e+vid(看见)+ent→能够看得见的→明显的

【例】It is *evident* that we cannot carry out this plan. 很明显我们不能实施这个计划。

【用】evident是指根据某种迹象表现出明显的事实。

【派】evidently（*adv.* 明显地，显然；根据现有证据来看）

pound ［paund］*v.* 连续猛击，猛打；捣碎

【例】The boat was ***pounded*** to pieces against the rocks in the storm. 小船在暴风雨中被岩石撞得粉碎。

incline ［inˈklain］*v.* （使）倾向（于），意欲；赞同，爱好；趋向；倾，弯腰 *n.* 斜坡

【记】词根记忆：in+clin（弯曲）+e→倾向；斜坡

【例】Recent events ***incline*** us to distrust the credit of the government. 近期发生的事件使我们不再信任政府。

【用】incline不用在进行时态中，常常和介词to连用，表示"倾向于，有意做，有…趋势"的意思。

【派】inclination（*n.* 倾斜；弯腰；趋势；爱好）

explore ［ikˈsplɔː］*v.* 探究，探索；勘探，探险，探测

【例】This book ***explores*** ways of achieving these objectives. 这本书探讨了达到这些目标的方法。（2005）// We decided to ***explore*** in the forest. 我们决定到森林里去探险。

【派】exploration （*n.* 探险，勘查；探究）；exploratory （*adj.* 勘探的，探索的，探测的）；explorer（*n.* 探险家，考察者；勘探器）

repeal ［riˈpiːl］*vt.* 废止（法规等），撤销，取消

【例】No special procedures are required for ***repealing*** such laws. 撤销这样的法律不需要专门的程序。

acknowledge ［əkˈnɔlidʒ］*v.* 承认；告知收到（信件、礼物等）；表示感谢

【例】AT&T has ***acknowledged*** that it has faced some difficulties, particularly in big cities. 美国电话电报公司承认其面临着一些困难，尤其是在大城市。（2011听力）

【派】acknowledgement〔*n.* 承认，接受；感谢；（表示收到某物的）回信，收条；（以微笑等）向人打招呼〕

jail ［dʒeil］*n.* 监狱 *vt.* 把…关入监狱

jail

【例】The man who bombed out the building was ***jailed***. 那个炸毁大楼的人被关进了监狱。

【派】jailer（*n.* 监狱看守）

lash ［læʃ］*n.* 鞭打；眼睫毛 *v.* 鞭打；急速挥动，急速扭动

【例】The explorers heard the snake ***lashing*** about in the leaves. 探险家们听见蛇在树丛中迅速而有力地扭动着。

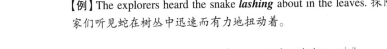

□ pound   □ incline   □ explore   □ repeal   □ acknowledge □ jail
□ lash

peer [piə] *vi.* 凝视，盯着看；隐约出现

【例】The moon *peered* from behind dark clouds. 月亮在浓云后面若隐若现。

spin [spin] *v.* 纺纱；(使)快速旋转；杜撰，撰述 *n.* 旋转

【例】The Earth *spins* on its axis and orbits the Sun. 地球自转并绕太阳公转。// Lisa enjoys *spinning* fancy stories. 利萨喜欢编撰奇幻故事。

【用】spin的常用搭配是get into/out of a spin，意思是"进入/摆脱螺旋状态"。

vice [vais] *n.* 罪恶，堕落；缺点，毛病

【例】Lying and cruelty are *vices*. 说谎和残暴都是道德败坏的行为。// *vice versa* Scientists working in Kenya believe that malaria is helping the spread of Aids across Africa—and *vice versa*. 在肯尼亚工作的科学家认为疟疾助长了艾滋病在非洲的传播，反之亦然。

【用】vice本身是一个词缀，表示"副，次"，如：vice-president副总统。vice versa表示"反之亦然"。

【派】vicious（*adj.* 恶毒的；邪恶的；险恶的；谬误的）；viciousness（*n.* 恶意；险恶；堕落；剧烈）

criticize ['kritisaiz] *v.* 批评，评价，评论；挑剔

【记】词根记忆：crit(判断)+ic+ize(使)→使作出判断→评价

【例】France was strongly *criticized* for carrying out a series of nuclear tests in the Pacific. 法国由于在太平洋进行一系列的核试验遭到严厉谴责。// Rural Ireland was recommended as friendly place for hitching, as was Quebec, Canada—"if you don't mind being *criticized* for not speaking French". 如果你不介意被指责不说法语的话，爱尔兰的乡村是搭便车的友好之地，加拿大的魁北克也是一样。(2007)

【派】criticism(*n.* 批评，批判)

【辨】**criticize, blame, condemn**

criticize是评价或批评，一般指不利的评价，但不是故意非难，感情上比较中立；blame意为"责备，责怪"，指认为某人应对某件不好的事负责，如：He blamed the accident on the other driver.；condemn是强烈的谴责。

eager ['iːgə] *adj.* 热切的，热衷的，渴望的

【例】be eager to do sth. Many people *are eager to* work in that big company. 许多人渴望在那家大公司工作。

【用】eager表示浓厚的兴趣、迫切的渴望。常见搭配和句式有：①be eager for/about/after（渴望，渴求，争取）；②be eager to do（急欲，渴望做）。

【派】eagerness(*n.* 热切，渴望）

mechanic ［mi'kænik］*n.* 机械师，技工

【记】词根记忆：mechan(机械)+ic(表人)→机械师，技工

【例】We have jobs for teachers, doctors, nurses, engineers, car *mechanics* and many others. 我们有教师、医生、护士、工程师、汽车技工和其他很多职位。（1999）

【派】mechanical(*adj.* 机械的，机械制造的；似机械的，呆板的）

liable ［'laiəbl］*adj.* 有法律责任的，有义务的；易于⋯的，有⋯倾向的

【记】联想记忆：li+able(能⋯的)→易于⋯的

【例】If something happened, the manager must be *liable* for the company. 如果发生什么事情，经理必须对公司负责。

【派】liability(*n.* 责任，义务；倾向）

feature ［'fi:tʃə］*n.* 脸的一部分；[*pl.*]面貌；特征，特色；(电影)正片，故事片；(报纸等的)特写 *vt.* 是⋯的特色，以⋯为特色

【例】Saving money is not a typical *feature* of the middle-class. 存钱不是中产阶级的典型特征。（2002）// This magazine will be running a special *feature* on education next week. 这份杂志下周将刊登一篇关于教育的专题文章。

participate ［pɑː'tisipeit］*vi.* 参与，参加

【例】While they tend to be happy taking the kids to the park or to sports events, they are unlikely to *participate* regularly in feeding, bathing or taking the kids to school. 尽管他们往往乐于带孩子去公园或观看体育赛事，但是他们不太可能定期给孩子喂饭、洗澡或送孩子上学。（2010听力）

【用】participate常常与in连用，表示"参与到⋯中"。

【派】participant(*n.* 参与者，参加者）

chronic ［'krɔnik］*adj.* (病症)长期未愈的，慢性的；极坏的，极差的

【记】词根记忆：chron(时间)+ic(⋯的)→时间长的→慢性的

【例】Health experts said *chronic* non-infectious diseases were the main causes of deaths, covering 16% of the total number of deaths. 健康专家说慢性非传染疾病是致死的主要原因，占总死亡数的16%。

corrupt ［kə'rʌpt］*adj.* 腐败的，贪污的；腐烂的，污浊的 *v.* 使败坏，腐蚀，使腐坏；贿赂

【记】词根记忆：cor(表加强)+rupt(断)→全断了→腐烂的

【例】The girl has been ***corrupted***. 这个女孩儿堕落了。// The next morning, when I turned my computer back on, it informed me that a file had been ***corrupted*** and Windows would not load. 第二天清晨，当我重新打开电脑时，它提醒我文件已被破坏，Windows无法下载。（2009）

【派】corruption（*n.* 贪污，腐败；讹误）

dwarf [dwɔːf] *n.* 矮子，矮小的人（动物、植物）*v.* 使矮小，显得渺小；使相形见绌

【记】《白雪公主和七个小矮人》*Snow White and the Seven Dwarfs*

【例】Although he was a ***dwarf***, he was born with an ambition. 尽管他是个侏儒，却生来野心勃勃。// Our house is ***dwarfed*** by that big villa. 我们的房子和那栋大别墅相比显得很小。

elapse [iˈlæps] *n. / vi.* （时间）过去，消逝

【记】词根记忆：e（表加强）+laps（滑）+e→时间滑过→消逝

【例】As time ***elapses***, I gradually forget those painful memories. 随着时间的流逝，我逐渐忘掉了那些痛苦的回忆。

lock [lɔk] *n.* 锁；水闸 *v.* 锁住，关起来

【例】The policeman ***locked*** the criminal up in a cell. 警察把罪犯关在囚室里。

【派】locker〔*n.* （学校、体育馆等的）储物柜〕

exclude [iksˈkluːd] *vt.* 排除，对…不予考虑，把…拒之门外

【记】词根记忆：ex+clud（关闭）+e→关在外面→排除

【例】Young children are ***excluded*** from this discussion. 小孩子不能参与这次讨论。

exclude

【用】exclude后面常跟from，表示"拒绝，把…赶出，不准进"。

【派】excluding（*prep.* 除…外，不包括）；exclusive（*adj.* 排外的；专有的，独占的，唯一的）；exclusively（*adv.* 排外地；独占地；仅仅；专门地；单独地）

overcome [ˌəuvəˈkʌm] *v.* 战胜，克服；制服，压倒

【记】来自词组come over（战胜，支配）

【例】This feeling of loneliness which can ***overcome*** you when you are in a crowd is very difficult to get rid of. 你在人群中时产生的那种孤独感是很难摆脱掉的。（2000）

【辨】defeat, conquer, overcome

　　三个词都有"战胜，击败"的意思。defeat特指在军事上赢得胜利，但并非彻底征服，如：defeat the enemy；conquer指征服，多强调使对方服气、就范；overcome侧重克服，可用于比赛、战争中，也可用于感情方面，如：overcome the difficulty。

formidable [ˈfɔːmidəbl] *adj.* 可怕的，令人畏惧的；难以应付的，难以战胜的

【记】联想记忆：form(形式)+id+able(能…的)→难以形成的→难以应付的

【例】We climbed up the last part of the mountain in *formidable* weather conditions. 我们在恶劣的天气条件下登上了顶峰。

respective [riˈspektiv] *adj.* 各自的，各个的，个别的

【记】联想记忆：re(再一次)+spect(看)+ive→你看我也看→各自的

【例】All men have their *respective* duties in the company. 每个人在公司里都有各自的职责。

【辨】respectable, respectful, respective

　　这三个词都是由respect派生而来的，但意义各不相同。respectable表示"应受尊敬的"，有被动含义；respectful指"尊敬的，有礼貌的"，有主动含义；respective与"尊敬"无关，表"个别的，各自的"。

haste [heist] *n.* 急速，紧迫，仓促；草率，急迫

【记】和hate(*v.* 讨厌)一起记：他一向讨厌做事草率

【例】in haste I left home *in haste* and forgot my bag. 我匆忙离开家，忘了带包。// *Haste* makes waste; more *haste*, less speed. 欲速则不达。

【派】hasten(*v.* 催促，赶快；加快)；hasty(*adj.* 仓促的，匆忙的；轻率的，鲁莽的，性急的)；hastily(*adv.* 急速地，慌忙地，草率地)

crucial [ˈkruːʃəl] *adj.* 极重要的，决定性的，关键性的

【记】词根记忆：cruc(十字形)+ial→十字路口→关键性的

【例】The stone chip is thought to be the most important tool because it was *crucial* to the development of mankind. 碎石片被看成是最重要的工具，因为它对于人类的发展来说具有决定性意义。

scratch

scratch [skrætʃ] *v.* 抓，搔；勾掉，划去 *n.* 抓，搔；抓痕，搔痕

【例】The manager *scratched* out my name from the list. 经理从名单上划去

了我的名字。// **from scratch** We decided to start *from scratch* and think for a change. 我们决定从头开始，考虑改变一下。

genuine ['dʒenjuin] *adj.* 真正的，名副其实的；真诚的，坦率的；纯血统的
【记】词根记忆：genu(=gen，出生，产生)+ine→生来如此的→真正的
【例】The chopsticks are cheap because they are not made of *genuine* ivory. 这些筷子很便宜，因为它们不是用真象牙制成的。

notion ['nəuʃən] *n.* 概念，观念；想法，见解；打算，意图
【记】词根记忆：not(知道)+ion(名词后缀)→了解的东西→观念
【例】Many *notions* about crime come from the cinema, magazines, or novels. 很多有关犯罪的想法来源于电影、杂志或是小说。

wit [wit] *n.* 才智，机智；机智的人，才子
【例】I don't know what I can do to keep our marriage together—I'm at my *wits*' end! 我不知道要如何维持我们的婚姻，我已经无计可施了。

slack [slæk] *adj.* 松弛的，没拉紧的；萧条的；清淡的
【记】联想记忆：s+lack(缺乏)→缺乏力量→松弛的
【例】The worker tightened a few *slack* screws of the machine. 工人把机器上的几个松动的螺钉拧紧了。// The business was *slack* during the economic crisis. 经济危机期间，生意很萧条。// Winter is the *slack* season at most hotels in this seaside town, because very few tourists come to stay. 冬季是这个海滨小镇大多数旅馆的淡季，因为很少有游客前来住宿。(2009)

descend [di'send] *v.* 下降，下跌，落下；递减；袭击；突然访问；祖传，起源于，是…的后裔
【记】词根记忆：de(向下)+scend(爬)→向下爬→下降
【例】I followed Jim as they started to *descend* the stairs. 他们开始下楼时，我跟着吉姆。// The reporters *descended* on her with a swarm of questions. 记者们向她询问了一连串的问题。// As evening *descends* on Dam Square so do the party-seekers. 当夜幕降临在达姆广场时，赶着聚会的人们也接踵而至。(2008)

descend

【用】descend表下落时有一定倾斜度，并非垂直落下。固定搭配：①descend from (从…下来；是…的后裔，源于)；②descend on (突然袭击；突然拜访某人)。
【派】descendant[*n.* 后裔，子孙 *adj.* 下降的；派生的；(从祖先)传下的]；descent(*n.* 下降，下倾；斜坡；血统；世袭，遗传；袭击；突然的访问)

pathetic [pə'θetik] *adj.* 引起怜悯的，悲惨的；感伤的，感情(上)的；令人生厌的

【记】词根记忆：path(感情)+etic→有感情的→引起怜悯的

【例】The ***pathetic*** story made all of us feel sad. 这个伤感的故事令我们所有人都感到悲伤不已。

blunt [blʌnt] *adj.* 钝的；(举止言谈等)生硬的，直率的；(感觉、理解方面)迟钝的 *v.* 把…弄钝，把…弄迟钝

【例】Tyler only found a ***blunt*** scissors. 泰勒只找到了一把钝剪刀。// The bad weather will never ***blunt*** our enthusiasm for camping. 坏天气永远不会削减我们去露营的热情。

gravity ['ɡræviti] *n.* 重力，引力；重要性，严重性

【记】词根记忆：grav(重)+ity(表性质)→重力；严重性

【例】The craft will use solar electric propulsion to escape Earth's ***gravity***. 飞船将利用太阳电子推进力来挣脱地心引力。

tend [tend] *v.* 倾向，趋于；照管 *n.* 照管者，照料者

【例】Nowadays young people ***tend*** to phone more often than write to each other. 现在的年轻人更倾向于打电话而非写信。(2004)

【派】tendency(*n.* 倾向，趋势)；tender(*adj.* 嫩的，柔软的；脆弱的，纤弱的；敏感的，易受伤的；温和的，亲切的)

【辨】**tend, incline**

两个词都有"倾向"的意思。tend主语为人或物，结构为tend to do sth.；incline更多用于被动语态，常用词组是be inclined to do sth.。

bull [bul] *n.* 公牛 *adj.* 公的；哄抬价格的，行情上涨的 *v.* 强行(使)…通过；从事投机使(证券等)价格上涨

【记】联想记忆：芝加哥公牛队Chicago Bull

【例】A jealous man is more dangerous than a blind ***bull***. 妒忌心重的人比一头瞎公牛更危险。

【用】词组bull market是"多头市场，牛市"的意思。

rash [ræʃ] *adj.* 鲁莽的，轻率的；匆忙的

【例】It's stupid of you to make such ***rash*** decision. 作如此草率的决定，你真愚蠢。

owe [əu] *v.* 欠；把…归功于

【例】Britain has announced that it is to cancel about 200 million Pounds' worth of the debts ***owed*** to it by poorer Commonwealth countries. 英国宣布取消其联邦中较贫困国家欠下的约2亿英镑的债务。(2002听力)

□ pathetic   □ blunt   □ gravity   □ tend   □ bull   □ rash
□ owe

【用】owe一般与to构成搭配，表示"欠钱；把…归功于"；另外，词组owing to表示"由于"。

【派】owing(*adj.* 该付的，未付的)

alter [ˈɔːltə] *v.* 变动

【记】本身为词根：改变状态

【例】Personal behaviour could be *altered* through techniques to supplement old routines. 个人行为可以通过加入旧习惯的方法来改变。(2013)

leading [ˈliːdɪŋ] *adj.* 领导的；主要的；首位的，前列的

【例】This new printer is compatible with all *leading* software. 这种新打印机兼容所有的主流软件。

turnover [ˈtɜːnˌəʊvə] *n.* (一定时期的)营业额；(商店的)货物周转率；人事变动率

【记】来自词组turn over (营业额达到…)

【例】The manager made a profit of $5,000 on a *turnover* of $55,000. 这位经理从55000美元营业额中获利5000美元。// The company tried its best to lower down the *turnover*. 公司尽力降低人员更替率。

despise [dɪˈspaɪz] *vt.* 鄙视，蔑视，轻视

【例】All cowards and flatterers should be *despised*. 所有的胆小鬼和阿谀奉承者都应该被鄙视。

announce [əˈnaʊns] *v.* 宣布；预告；广播，播音；通报，宣告…的来临

【记】词根记忆：an(表加强)+nounc(讲，说)+e→说出来→宣布

【例】In 1997, the Swiss banks *announced* they had signed a pact with the Swiss National Bank. 1997年，瑞士银行宣布他们已经与瑞士中央银行签订了协议。(2000)

【用】announce 作"宣布"讲时，可与declare通用。

【派】announcement(*n.* 宣布；通告；预告)；announcer[*n.* (无线电)广播员；(戏剧)报幕员]

bleach [bliːtʃ] *v.* 漂白，变白 *n.* 漂白；漂白法；漂白剂

【记】联想记忆：b+leach(过滤)→滤去→漂白

【例】I'd like to *bleach* my clothes till they are as white as snow. 我想把自己的衣服漂得像雪一样白。

export [ɪkˈspɔːt] *v.* 输出，运走，出口
[ˈekspɔːt] *n.* 输出(品)，出口

【记】词根记忆：ex(出)+port(运)→运出去(的东西)→输出(品)

【例】Mr. White works with a chemicals import & *export* company, but he is working for this industrial fair, since he is on leave. 怀特先生在化学进出口公司工作，但是因为他休假了，所以他正在为这个工业展览会奔忙。(1997) // Those countries *export* more oil than before. 那些国家的石油出口量超过了之前。

【派】exporter(*n.* 出口商；输出国)

droop [druːp] *n. /v.* 低垂，下垂；消沉

【记】与形近词drop(*v.* 滴下)一起记

【例】Ward *drooped* his head under the blame. 沃德被责备得低下了头。

fertilize ['fəːtilaiz] *vt.* 使多产，使肥沃

【记】词根记忆：fert(=fer，带来)+ilize→带来果实→使多产

【例】The soil loses its nutrients, so it needs either to be *fertilized* or to be left unused for at least a season. 土壤失去了养分，因此需要施肥或者至少休耕一季。

【派】fertilizer(*n.* 化肥，肥料)

entertain [ˌentə'tein] *v.* 招待；使欢乐，给…娱乐；接受，容纳

【记】联想记忆：enter(进入)+tain(拿住)→进去随便拿，我请客→招待

【例】The spoken word can handle various vital functions: persuading or inspiring, informing, paying tribute, *entertaining*, or simply introducing someone or something or accepting something. 口头语言有多种重要的功能：劝说或鼓励、告知、致敬、娱乐或只是简单地介绍某人或某物，或接受某物。(2013)// I can *entertain* my friends now because I have my own room. 我现在可以招待朋友们了，因为我有了自己的屋子。

【派】entertainer (*n.* 演艺人员，专业演员；款待者)；entertaining (*adj.* 使人得到娱乐的，有趣的，使人愉快的)；entertainment(*n.* 招待，款待；娱乐，乐趣，文娱节目)

lag [læg] *v.* 走得慢；延迟，落后

【例】lag behind Hispanic households continued to *lag behind*, but their rate of computer ownership was expanding as well. 西班牙家庭仍然落后，但他们的电脑拥有率却在增长。(2003)

polish ['pɔliʃ] *n.* 上光剂；(磨后的)光泽 *v.* 磨光，擦亮；使完善，润饰

【记】词根记忆：pol(光滑)+ish(使)→使光滑→擦亮

【例】The dustmen *polished* the copper door of the building. 清洁工把建筑物的铜门擦得锃亮。

affluent ['æfluənt] *adj.* 富裕的，富有的

【记】词根记忆：af(不断)+flu(流动)+ent→富得流油→富有的

【例】The world will need to double food production within the next three decades in order to feed a rapidly growing and increasingly *affluent* population, which is projected to grow from 7 billion people today to 9 billion. 在未来三十年内为了养活数量急速增长，而且越

来越富裕的人口（预计将从现在的70亿增长到90亿），世界需要使粮食产量翻番。(2013听力)

collect

collect [kə'lekt] *v.* 收集，采集；收(租税、账等)；领取(信件等)；聚集，堆积 *adj.* 由对方付费的

【记】词根记忆：col(表加强)+lect(收集)→收集

【例】You need to leave the parcel open so that the driver can check the contents when he **collects** it. 包裹不要封口，这样司机来取时就知道里面装的什么东西了。(2005听力) // Operator, I booked a long distance **collect** call to my sister in Switzerland 25 minutes ago, but I haven't got a reply yet. 接线员，25分钟前我预订了一个由对方付费的长途电话，打给在瑞士的姐姐，但是现在还没有回应。(2000)

【用】注意词组a long distance collect call表示"由对方付费的长途电话"。

【派】collection(*n.* 收藏品，收集物；收集，采集，搜集；收款；募捐，捐款); collective(*adj.* 集体的，共同的，集体主义的 *n.* 集体，集体事业，全体人员); collector(*n.* 收藏家；采集者，搜集者；征收员)

lubricate ['lu:brikeit] *v.* 使润滑，给…上油；起润滑作用

【记】词根记忆：lubr(滑)+ic+ate→使滑→给…上油

【例】I stopped my car in the garage to let the worker **lubricate** the gears of it. 我把车停在车厂里让工人给车的齿轮加点润滑油。

summit ['sʌmit] *n.* 顶点，极点；(山的)尖峰，巅峰；政府首脑会议，高峰会议

【例】The **summit**—at 13,796 feet—is reputedly the clearest place in the world for viewing the night sky. 据说高达13796英尺的山顶是世界上观赏夜空的最佳地点。// This year's **summit** brought into focus just how important the WTO was. 今年的政府首脑峰会关注的是世贸组织的突出重要性。

【辨】**summit, peak**

二者都有"顶端"的意思。summit指顶点、最高处，还可指成就的顶峰；peak指山的最高峰，还可指程度等的尖端，如：peak efficiency。

load [ləud] *n.* 负担，负荷；载重量；工作量 *v.* 装(货)；装子弹；装胶卷

【例】Today's busy families hardly have time to **load** the dishwasher, much less clean the doormat. 如今，忙碌的家庭连把碗碟放入洗碗机内的时间几乎都没有，更别说打扫门垫了。(2011)

【辨】**load, burden**

二者都表示"负担，负重"。load通常表示人、车、物的载重；burden多数情况强调精神上的负担和重担。

undercover [ˌʌndəˈkʌvə] *adj.* 暗中进行的，做密探工作的

【记】组合词：under(在…之下)+cover(掩盖；表面)→暗中进行的

【例】Two men who admitted blackmailing an ***undercover*** policeman are jailed for a total of 12 years. 两名承认敲诈一名便衣警察的男子被判监禁12年。

breach [briːtʃ] *n.* 违反；绝交，不和；破洞，裂缝 *vt.* 违反；冲破，攻破

【记】联想记忆：b+reach(达到)→无法达到→违反

【例】You will be sued for ***breach*** of contract! 你会因为违约而被起诉！// We've had the hull ***breached*** by the lifeboats. 我们的船身被救生艇撞了一个口子。

【用】breach多指违背义务、法规、合约、责任等。

violent [ˈvaiələnt] *adj.* 剧烈的，猛烈的；厉害的，极端的；(人)暴戾的；(死伤等)暴力造成的；(感情、言语等)激昂的，激烈的

【例】All ***violent*** passions are the natural enemies of trade. 做生意最忌头脑发热。// A computer gaming expert defends Sony's use of Manchester Cathedral as a backdrop for a ***violent*** computer game. 一名电脑游戏专家为索尼公司用曼彻斯特大教堂作为一款暴力电脑游戏的场景进行辩护。

【派】violence(*n.* 狂暴，猛烈；暴力，暴行)

reciprocal [riˈsiprəkəl] *adj.* 互惠的，相互的

【例】These countries have a ***reciprocal*** agreement on the development of the economy. 这些国家就经济发展达成了一个互惠协定。

counterattack [ˈkauntərəˌtæk] *v.* 反攻，反击

【记】组合词：counter(相反地)+attack(进攻)→反击

【例】They seized a good opportunity to ***counterattack*** and succeeded. 他们抓住了一个很好的机会进行反攻，并取得了成功。

【用】counterattack是个复合词，可以接on，表示"对…反攻"。

spiral [ˈspaiərəl] *n.* 螺线，螺旋状的物体；不断加强的上升或下降 *adj.* 螺旋形的，盘旋的 *v.* 螺旋形移动，盘旋移动；连续增长或减少

【记】联想记忆：spir(e)(螺旋)+al→螺旋形的

【例】The ***spiral*** of changing prices of stock aroused panic among some citizens. 股价螺旋式的交替变更在一些市民中引起了恐慌。// His house uses a ***spiral*** staircase. 他家用的是螺旋形楼梯。// The eagle ***spiraled*** downward. 老鹰盘旋而下。

swear [sweə] v. 发誓，宣誓；诅咒，咒骂

【记】由John Michael Montgomery原唱的歌曲I Swear

【例】I'd just as soon tell you who I am, though, if you'll *swear* to keep mute, for I am no Phillips, either. 如果你发誓保密，我就马上告诉你我的身份，因为我也不是菲利普斯。// Some things in life are bad. They can really make you *swear*. 生活中有些事情很糟糕，它们确实会让你为此诅咒。

bid [bid] v. 命令，吩咐；(拍卖时)喊(价)；企图，努力 n. 出价投标；企图，努力

【例】The multinational corporation was making a take-over *bid* for a property company. 该跨国公司竞标收购一家房地产公司。(2002)

emphasis ['emfəsis] n. 强调，重点，重要性

【例】Much *emphasis* is put on how to spend as much time if not more studying by themselves as being taught. 在如何花费与上课一样（如果不是更多）的时间来自学这个问题上做了很多强调。(1997) // lay/put/place emphasis on sth. The government should *put emphasis on* law and order. 政府应该把重点放在法律和秩序上。

【用】常见搭配为：①give emphasis to（着重，强调）；②lay emphasis on/upon〔注重，着重于，强调；加强(语气)，重读〕。

shudder ['ʃʌdə] vi. 抽动，战栗，因恐惧或厌恶而发抖

【例】The man *shuddered* at the thought of the conflict ahead. 这个人一想到要面临的斗争便发起抖来。

undergo [ˌʌndə'gəu] vt. 经历，经受

【记】组合词：under(在…下)+go→从下面走过→经历

【例】A junior hospital doctor who admitted stealing drugs is ordered to *undergo* mental health treatment. 一名承认偷过药物的初级医师受命接受精神健康治疗。

span [spæn] n. 跨度 v. 横跨，架桥于…

【例】The expected life-*span* of Beijing residents has gone up by 1.1 years compared with that a decade earlier. 与十年前相比，北京居民的预期寿命增长了1.1年。(2004听力) // The long bridge *spans* the gorge. 这架长桥横跨峡谷。

【派】spanner(n. 扳手)

distinct [di'stiŋkt] adj. 不同的，个别的，单独的；清晰的，分明的；确实的

【记】词根记忆：di+stinct(刺)→把刺分开→与众不同的→分明的

【例】As a result of this and also of the fact that workers' jobs were generally much less secure, *distinct* differences in life-styles and attitudes came into existence. 由于这个原因以及工人工作通常不稳定的事实，工人们逐渐形成了生活方式及态度上的明显区别。(2006)

【派】distinction〔*n.* 区分，特征；卓越，优良；荣誉(称号)，殊勋，奖赏〕；distinctive(*adj.* 特殊的，有特色的，区别性的)

imply [im'plai] *vt.* 暗指，暗示；意味要，必然包含

【记】词根记忆：im+ply(重叠)→表意重叠→暗示，暗指

【例】Their research thus ***implies*** a different character model, which is supposed to manipulate the neural networks inside. 因此，他们的研究暗示了一个不同的性格模式，这种性格模式应该是用来控制内在的神经系统网络的。(2013)

foremost ['fɔːməust] *adj.* 最先的；最重要的；第一流的

【记】联想记忆：fore(前面)+most(最)→放在最前面的→最先的

【例】**first and foremost** A country's standard of living depends ***first and foremost*** on its capacity to produce wealth. 一个国家的生活水平首先取决于它创造财富的能力。(2002)

status ['steitəs] *n.* 身份，地位；威望；名单；情形，状况

【记】词根记忆：stat(站)+us→站的位置→地位

【例】Using the subway and minibuses used to show class ***status***; now people of all classes take them. 乘坐地铁以及迷你巴士在过去能够显示一个人的社会阶层，现在各个阶层的人都乘坐它们。(2000) // Hello. Good morning, I'm calling to check on the ***status*** of my computer. 喂，早上好，我打电话来是想问一下我的电脑怎么样了。(2000听力)

【用】marital status(婚姻状况)是个经常可以碰到的词组。

civilize ['sivilaiz] *v.* 使文明，使开化；教化，教育；使文雅

【记】联想记忆：civil(有礼貌的)+ize(使)→使有礼貌→使文明

【例】It is art that is going to ***civilize*** mankind. 是艺术将让人类走向文明。

【派】civil(*adj.* 市民的，公民的；非军职的)；civilian〔*n. / adj.* 平民(的)〕；civilisation/civilization(*n.* 文明，文化)

disdain [dis'dein] *n. / vt.* 鄙视，鄙弃，不屑

【例】How dare you ***disdain*** the accepted wisdom? 你怎么敢蔑视公认的智慧？ // I heard too much of her ***disdain*** of the poor. 我听说过太多有关她蔑视穷人的传闻了。

【派】disdainful(*adj.* 轻蔑的，鄙视的)

enforce [in'fɔːs] *vt.* 实施，执行；强制，加强；坚持(要求、主张等)

【记】联想记忆：en(进入)+force(力量)→力量进入→实施，执行

【例】If the judgment is **enforced**, Marshall will be bankrupted. 如果判决强制执行，马歇尔就会破产。

profile [ˈprəʊfail] n. (头像的)侧面；轮廓；人物简介，传略 vt. 作简介；画…的侧面像

profile

【记】词根记忆：pro(前面)+fil(线条)+e→外部的线条→轮廓

【例】Every year a few colleges and universities in the US attract attention because they've managed to book high-**profile** speakers. 每年，美国都有一些学院和大学因为成功地邀请到了知名的演讲者而引起人们的关注。(2010)// The famous writer was invited to **profile** the football star. 那位有名的作家应邀来给这个足球明星写传略。

【辨】profit, benefit, advantage, interest

　　四个词都有"利益，好处"的意思。profit多指金钱上的好处，有时也指有价值的精神上的东西；benefit泛指好处和利益，比较常用；advantage多指占有优势，有利的地位；interest与benefit意思相近，但它还指利息，如：annual interest。

implement [ˈimplimənt] n. 工具，器具；[pl.] 装备；服装

[ˈimpliment] vt. 实行，执行；完成，实现

【记】词根记忆：im(使)+ple(满)+ment→使圆满→完成

【例】The man **implemented** his investment plan and quickly doubled his money. 这个人实施了他的投资计划，很快使收益翻了一番。

【用】implement作"装备；家具；服装"讲时，常用复数形式。

exact [igˈzækt] adj. 确切的；正确的；严格的，严谨的；精密的 vt. 强要；急需

【记】词根记忆：ex(使)+act(行动)→使行动→强求，强要

【例】I'll e-mail you the **exact** number because I haven't counted them yet. 我还没有计算出来，我会把确切的数字通过电子邮件发给你。(2010听力) // I have never asked you to love me. I **exact** only your faithful service. 我从未要求你爱我，我要的只是你忠诚地对待我。

【用】固定搭配：be more exact, 意思是"更精密些；确切地说"。

【派】exactly(adv. 确切地，精确地；恰好，正是)

eminent [ˈeminənt] adj. 著名的，卓越的，杰出的

【记】词根记忆：e(出)+min(突出)+ent→突出的→著名的

【例】Rachel was then the most **eminent** lawyer in England. 雷切尔当

时是英格兰最著名的律师。

【用】eminent一般指某人在世时出名。

【派】eminence(*n.* 卓越，杰出)

【辨】**eminent, imminent**

二者是形近词。eminent 的意思是"著名的，杰出的"；imminent的意思是"即将来临的，逼近的"，要注意区分。

relevant ['reləvənt] *adj.* 有关的；适宜的；切题的

【记】词根记忆：re(一再)+lev(举)+ant(…的)→不要一再举无关的例子，要切题一些→切题的

【例】Topics for composition should be ***relevant*** to the experiences and interests of the students. 作文的主题应该与学生的经历和兴趣有关。(1997)

【派】relevance(*n.* 相关，切题)

verify ['verifai] *vt.* 核实，查证

【记】词根记忆：ver(真实的)+ify(使)→使…真实→核实

【例】Scientists always check statements and make experiments carefully and objectively to ***verify*** them. 科学家们总是在审视观点，并且进行认真、客观的实验来证实它们。(2010)

comparable ['kɔmpərəbl] *adj.* 类似的，可相比的

【记】词根记忆：com+par(平等)+able(…的)→差不多的→可相比的

【例】This song was ***comparable*** to the most popular one. 这首歌可与最流行的歌曲一比高下。

【用】句式结构：be comparable to (与…可比较；与…类似的)。

bounce [bauns] *v.* (球)反跳，弹起；(人)跳(起)；拍(球)，使跳出；使撞击 *n.* 弹(力)；跳跃

bounce

【例】Catherine ***bounced*** the ball against the wall. 凯瑟琳把球扔到墙上让它反弹回来。

assign [ə'sain] *vt.* 分配(房屋、土地、工作、任务等)；指定(时间、地点等)；委派

【记】联想记忆：as(表加强)+sign(记号)→在时间上做记号→指定(时间)

【例】All the students are ***assigned*** to suitable jobs. 所有的学生都分

到了合适的工作。// Please **assign** us two large rooms. 请给我们分配两个大房间。

【用】assign常和to或for搭配，意思是"把…归因于"，相当于attribute to...。

【派】assignment〔n. 分配，委派；（分派）的任务，指定的（课外）作业〕

temperate ['tempərit] adj. (指气候)温和的；适度的，有节制的

【例】Canada announces a cash injection to help preserve a vast stretch of **temperate** rainforest in the west. 加拿大宣布为保存西部地区大片的温带雨林投入资金。// If we had remained **temperate**, the negotiation would have been successful. 如果我们有所克制，谈判或许已经成功了。

【派】temperature(n. 温度，体温，冷热)

breakthrough ['breikθru:] n. (敌方防卫线的)突破；重大发现

【记】来自词组break through（突破）

【例】The invention of airbags was a **breakthrough** in automobile safety. 气囊的发明是汽车安全方面取得的一个重大突破。

embargo [em'bɑ:gəu] vt. 对…实行禁运，禁止（船舶）出入港口，禁止（通商）n. 禁运令；禁止买卖；禁止，阻止

【记】联想记忆：em(使)+bar(阻挡)+go(去)→使挡住去路→禁运令

【例】All exports are now under an **embargo**. 现在禁止出口任何商品。

【用】表示"解除禁运"时常用raise an embargo这个词组。

economic [,i:kə'nɔmik] adj. 经济(上)的；经济学的；合算的，有利可图的

【记】词根记忆：eco(经济)+nom(某一领域的知识)+ic→经济学的

【例】The industry has already seen a sharp fall in sales due to Spain's **economic** problems. 该行业的销售额已经因为西班牙的经济问题而急剧下滑。（2012听力）

conserve [kən'sə:v] v. 节约使用；保存

【记】词根记忆：con+serv(保持)+e→保持下去→保存

【例】Different areas have different ways to **conserve** water. 不同地区的人有不同的储水方法。

【派】conservation〔n. 保存；（森林等自然资源的）保护；资源保护区〕; conservatism（n. 保守，守旧性；保守主义）; conservative（adj. 保守的；拘谨的，谨慎的 n. 因循守旧者，保守者；保守党党员〕

foster ['fɔstə] *vt.* 促进，培养；收养(小孩)，养育；心怀(希望等)

【例】A woman could get herself a job, but instead *foster* her sense of her own usefulness, emphasizing the creative aspect of her function as a housewife. 女性可以为自己找一份工作，不是让自己感到有用，而是强调作为家庭主妇具有创造性的一面。(2002)

poise [pɔiz] *n.* 沉着，泰然自若；平衡 *v.* 使平衡；使(头等)保持一定姿势

【例】The gymnast needs to *poise* herself on the balance beam. 体操运动员要在平衡木上保持平衡。

security [si'kjuərəti] *n.* 安全；保证；抵押品；[*pl.*] 证券

【例】Iraqi lawmakers are expected to vote on a *security* agreement by Wednesday, which will keep the U.S. troops here until the end of 2011, the parliament's speaker said yesterday. 昨天议会发言人称，伊拉克的立法者预计将于周三前为安全协议投票，这会使美国军队驻扎在这里直至2011年底。(2010听力)

【用】social security表示"社会保险，社会保障"。

A strong man will struggle with the storms of fate.

— Thomas Addison

强者将与命运的风暴抗争。

——爱迪生

Word List 5

worm ［wɜːm］ *n.* 虫；可怜虫，寄生虫，可鄙的人 *v.* 蠕动；爬行，慢慢进入

【例】The early bird catches the ***worm***. 早起的鸟儿有虫吃。// They ***wormed*** their way out through the crack in the wall. 他们好不容易才从墙上的裂缝处爬了出来。

elegant ［ˈeligənt］ *adj.* 优雅的；精美的

【记】词根记忆：e(出)+leg(选择)+ant→精心选出的→优雅的

【例】The spa town of Bath contains the country's finest Roman ruins, and much ***elegant*** Georgian architecture. 巴思的温泉镇有着这个国家最好的罗马遗址以及很多精致的乔治时代建筑。(2000)

【派】elegance(*n.* 高雅；精美)

legacy ［ˈlegəsi］ *n.* 遗产；遗留之物；后果

【例】This is a ***legacy*** whose value the changes of time cannot affect. 这份遗产的价值并不会随着时间的变迁而受到影响。

trigger ［ˈtrigə］ *n.* (枪的)扳机；触发器 *v.* 激发起，引起

【例】The rifle suddenly fires as the man's fingers inadvertently hit the ***trigger***. 那个人的手指无意间触动了扳机造成来复枪走火。//

Torrential rains in southern India *trigger* floods and landslides, killing 66 people and leaving many homeless. 印度南部地区的暴雨引发了洪水与山体滑坡, 造成66人死亡, 很多人无家可归。

sober [ˈsəubə] *adj.* 未醉的, 清醒的; 审慎的, 镇定的; 严肃的

【例】Since Curt is definitely the wiser of us, I respected his *sober* judgment. 科特是我们当中的聪明人, 所以我尊重他审慎的判断。

range [reindʒ] *n.* 排, 行, 系列; 射程, 距离; 山脉; 范围, 幅度 *v.* 排列; 安置; (在一定范围内)变化; 漫游, 徘徊; 延伸

【记】本身为词根: 行, 列

【例】The teacher told us to observe the experiment at close *range*. 老师告诉我们要近距离观察实验。// The ages of the participants of the activity *ranged* from 10 to 50 years old. 这次活动的参加者年龄跨度为10到50岁。

【用】词组in/within range表示"在射程内"。

extinguish [ikˈstiŋgwiʃ] *vt.* 熄灭, 扑灭; 破灭, 幻灭, 使消亡; 压制, 压抑

【例】The firemen *extinguish* the fire within thirty minutes. 消防员在半小时内扑灭了大火。// Repeated rebuffs couldn't *extinguish* my enthusiasm. 我的热情不会因屡次的回绝而熄灭。

【派】extinguisher(*n.* 灭火器; 熄灭者)

award [əˈwɔːd] *vt.* 授予, 给予奖励; 判给 *n.* 奖品

【记】联想记忆: Academy Award(奥斯卡金像奖)

【例】Marks will be *awarded* for content, organization, grammar and appropriacy. 分数将取决于内容、组织结构、语法和使用词汇的恰当程度。

【辨】**award, reward**

award意思是"授予; 判给", 如: award prize to the winner; reward的意思是"酬劳, 奖赏", 如: His efforts were rewarded by success.

slur [sləː] *v.* 含糊不清地念或说; 诋毁, 诽谤 *n.* 诽谤, 中伤

【例】We couldn't hear clearly because he kept *slurring* his words. 他一直含糊不清地说着, 我们根本听不清楚。// The magazine *slurred* the movie star just to enhance its popularity. 这本杂志诋毁那个电影明星只是为了提高杂志本身的知名度。

reward [riˈwɔːd] *n.* 报酬, 报答; 赏金, 酬金 *vt.* 给(某人)报酬或奖赏

【例】Researchers have also come to understand the structure of habits—cue, routine, *reward*. 研究人员也开始理解习惯的构成——暗

示、惯例、奖赏。(2013) // His efforts were **rewarded** by success. 他的努力获得了成功。

【辨】**award, compensation, prize, reward**
这四个词都与"奖品，酬劳"有关。award既可作名词也可作动词，表示由于某优点而授予奖金；compensation多强调"赔偿，补偿"；prize与award相似，一般指比赛中获得的奖品，作名词；reward侧重报酬，指由于做了某事而获得报答或奖金。

click [klik] *n.*（摄影机等的）咔嗒声 *v.*（使）发出咔嗒声；〈口〉进行顺利成功
【例】Then answer the questions, fill in all information needed and **click** the button below to send it back. 然后回答问题，填写所有需要的信息，再点击下面的按钮把它发送回来。(2001)

substitute [ˈsʌbstitjuːt] *n.* 代理人，代替者；代用品，代替物 *v.* 代替，替换，代用
【记】词根记忆：sub(下级)+st(站)+itute→被下级占了位置→代替
【例】The new cells are combined with a sponge-like substance to make a cultured skin **substitute**. 新的细胞与一种类似海绵的物质结合在一起形成人工培养的皮肤替代物。// We **substituted** a red ball for blue to see if the baby would notice. 我们用红色球替换了蓝色球，看这婴儿会不会发觉。
【派】substitution(*n.* 代替，代理)

hint [hint] *n. / v.* 暗示，示意，提示
【例】I **hinted** at his imprudence, but he did not take my **hint**. 我暗示他的轻率，但他没有觉察到。

【辨】**hint, clue**
两者都有"线索"的意思。hint多指暗示或提前给出线索，如：broad hint；clue则是直接告诉线索，如：give a clue。

memory [ˈmeməri] *n.* 记忆，记忆力；回忆，怀念；存储器
【记】词根记忆：memor(记忆)+y→记忆
【例】Apple Computer CEO Steve Jobs' address at Stanford University that year, in which he talked about death, is also considered one of the best in recent **memory**. 那年，苹果公司的首席执行官史蒂夫·乔布斯在斯坦福大学发表了以死亡为主题的演讲，它也被认为是近年来人们记忆中最好的演讲之一。(2010)
【派】memorable(*adj.* 值得纪念的；难忘的)；memorial(*n.* 纪念碑，纪念物 *adj.* 纪念的；追悼的)

assault [əˈsɔːlt] *n.* 猛烈的攻击，突击，突袭 *v.* 突击，袭击；殴打；强奸

【例】The criminal dabbled in *assault*. 这名罪犯涉嫌袭击。// Five women have been sexually *assaulted* in the area recently. 最近这一带有5名女子受到性骚扰。

derive [diˈraiv] *v.* 取得；追溯…的起源(由来)，衍生；推论出，引申出

【记】词根记忆：de(离开)+riv(看作river，河流)+e→离开河流的源头→衍生

【例】In fact, over fifty per cent of genuine British surnames *derive* from place names of different kinds, and so they belong to the last of our four main categories. 事实上，真正英国人的姓氏里有超过50%都是各种地名，因此他们属于我们所说的四大类别中的最后一类。(2002) // Many English words *derive* from Latin. 许多英语词汇都源自拉丁文。

【用】derive后一般接介词from，表示"由…起源；由…取得"。

【派】derivation (*n.* 推论；起源；出身；派生，词源)；derivative (*adj.* 派生的，衍生的)

【辨】**originate, derive**

　　originate意为"发生，使出现"，强调变化的起点，如：The fire originated in the basement.；derive指从某处获得或来自某处，含有进化的意味。

exchange [iksˈtʃeindʒ] *vt.* 互换，兑换 *n.* 交换，互换；交流；交火，争吵；交换所，交易所

【记】联想记忆：ex+change(变换)→双方相互交换→交换，交流

【例】Remember that in *exchange* for those blessings, you must give something back. 记住，为了换得那些祝福，你们必须要给予回报。(2010) // What is the rate of *exchange* between the dollar and yen? 美元和日元之间的汇率是多少？

pour [pɔː] *v.* 倒，灌；蜂拥；倾诉

【例】Jane *poured* out her inner thoughts to me. 简向我倾诉了她内心的想法。

external [ikˈstɔːnəl] *adj.* 外部的，外面的，外表的；外来的，外界的，对外的

【记】词根记忆：ex+tern(=term，界限)+al→界限之外→外部的

【例】Some countries are perhaps well off in natural resources, but suffered for many years from civil and *external* wars, and for this and other reasons have been unable to develop their resources. 有些国家自然资源或许很丰富，但是由于多年内战和外侵，以及这样那样的原因，这些资源无法得到开发。(2002)

explode [ik'spləud] *v.* (使)爆炸，(使)爆发，突发

【记】词根记忆：ex+plod(爆裂)+e→(使)爆炸

【例】Everyone was killed when the plane *exploded* scattering wreckage over a wide area. 飞机爆炸，残骸散落在很大一片地区，无人生还。(2000听力)

explode

【派】explosion[*n.* 爆炸，炸裂，爆发；(大规模地、迅猛地)扩张，激增]；explosive(*n.* 炸药 *adj.* 爆炸性的，爆发的；激增的)

flick [flik] *n. / v.* 轻打；轻弹

【记】和click(*v.* 点击)一起记

【例】With a *flick* of his thumb the cork of the champagne bottle flied out. 随着他的拇指轻轻一弹，香槟酒瓶的软木塞就飞了出去。

hush [hʌʃ] *n. / v.* (使)沉默，(使)安静，寂静

【例】The professor cleared his throat and asked us to *hush*. 教授清了清嗓子，让我们安静下来。

【用】hush常用于祈使句中，表示"使人安静下来"，另外词组hush up有"遮掩，隐瞒"的意思。

premise ['premis] *n.* 前提；[*pl.*] 房屋(及其附属建筑、基地等)

【记】词根记忆：pre(前)+mis(放出)+e→放在前面的东西→前提

【例】A *premise* is necessary to your argument. 你的论点需要一个前提。

【用】注意premise当"房屋"讲的时候要用复数形式。

liquid ['likwid] *n.* 液体 *adj.* 液体的；清澈的；清脆的；流动的

【记】词根记忆：liqu(液体)+id→液体的

【例】We lay on the lawn under the *liquid* sky. 我们在晴朗的天空下躺在草地上。

indispensable [ˌindis'pensəbl] *adj.* 绝对需要的，不可或缺的

【记】联想记忆：in+dispensable (可有可无的)→不是可有可无的→不可或缺的

【例】The Internet has become an *indispensable* part in our life. 互联网已经成为我们生活中不可或缺的一部分了。

【辨】**necessary, essential, vital, indispensable**

　　四个词都有"需要的"之意。necessary指"必要的，必需的"，句式结构通常为be necessary for sb. to do sth.；essential强调"本质的，

必不可少的", 如: Food is essential for life.；indispensable指"不可或缺的", 暗示没有它会有很严重的后果；vital程度最深, 强调生死攸关的, 如: a vital wound。

ambition [æm'biʃən] *n.* 志向, 抱负, 雄心；野心, 奢望

【记】词根记忆: amb(四周)+i(走)+tion→四处走→野心

【例】My *ambition* is to hold an important job one day. 我的目标是将来有一天拥有一份举足轻重的工作。

【派】ambitious (*adj.* 有雄心的, 野心勃勃的；劲头十足的)

ambition

disguise [dis'gaiz] *n.* / *vt.* 假扮, 伪装, 掩盖

【例】Keep your *disguise*, and let no one know who you are. 继续伪装, 别让人知道你是谁。

【用】in disguise意思是"伪装, 化装"。

disguise

flutter ['flʌtə] *n.* / *v.* 振翅, 拍翼；飘动, 摆动；激动, 紧张, 兴奋

【记】和flatter(*v.* 奉承)一起记

【例】Every night I yearn for sleep, I strive for it; yet it *flutters* on ahead of me like a curtain. 每个夜晚我都渴望睡眠, 我努力想要入睡, 但睡眠却像一块幕布一样在我头顶晃动不肯落下。(2002)

【辨】fluctuate, flutter, swing, vibrate

这四个词都有"摆动"的意思。fluctuate主要指不规则的上下运动, 常用于标准、价格、情绪等的波动, 如: Share prices often fluctuate wildly.；flutter主要指"鸟、蝴蝶等拍动翅膀"；swing指(吊着或支着的)物体有节奏地来回或前后摆动, 或秋千、钟摆等各种悬挂物的摆动, 如: swing one's arms；vibrate指前后或左右快速地、不断地振动, 如: Her lips vibrated.

condemn [kən'dem] *v.* 谴责；定罪, 判处

【记】词根记忆: con+demn(伤害；惩罚)→给予惩罚→定罪, 判处

【例】New Zealand and Chile have recalled their ambassadors to Paris in protest; Australia *condemned* the test; and the U.S. expressed its regret. 新西兰和智利召回了他们派往巴黎的大使以示抗议；澳大

利亚谴责了这次检验；美国也表示了遗憾。（1998听力）// The murderer was ***condemned*** to shot. 杀人犯被处以枪决。

【用】常用搭配是be condemned to，表示"被宣告…"。

controversial [ˌkɒntrəˈvɜːʃəl] *adj.* 引起争论的，有争议的

【记】词根记忆：contro(=contra，相反)+vers(转)+ial(…的)→反着转的→有争议的

【例】People are now moving towards solving many ***controversial*** issues. 人们现在正在试图解决很多有争议的问题。（1999）

【派】controversy(*n.* 争论，辩论)

hostile [ˈhɒstail] *adj.* 敌方的；敌意的，不友善的

【记】词根记忆：host(敌人)+ile→敌方的；敌意的

【例】That married couples became ***hostile*** when guests had left. 这对夫妇在客人走了之后变得敌对起来。

【派】hostility(*n.* 敌意，对抗；[*pl.*] 战争)

halt [hɔːlt] *n.* 暂停前进，中止，停止 *v.* 停止前进；停止，停住

【例】Ann stumbled and ***halted*** in her utterance. 安说话时结结巴巴，还时有停顿。// **bring to a halt** Work was ***brought to a halt*** when the manager came. 当经理来的时候，工作便停顿下来。// **call a halt** Let's ***call a halt*** to the discussion and continue tomorrow. 我们暂停讨论，明天继续吧。

bust [bʌst] *n.* 半身雕塑像；(妇女的)胸部 *adj.* 生意失败，破产，倒闭

【例】**go bust** His company ***went bust***. 他的公司破产了。

desperate [ˈdespərit] *adj.* 绝望的，孤注一掷的；亡命的，不顾一切的

【记】词根记忆：de(去掉)+sper(希望)+ate(的)→去掉希望的→绝望的

【例】I am really ***desperate*** for him now. 我现在真的对他感到绝望了。

【派】desperately (*adv.* 拼命地，不顾一切地；绝望地)；desperation (*n.* 绝望；拼命，铤而走险)

【辨】**desperation, despair**

　　desperation常指一种驱使人冒险、做出不好行动的绝望；despair则指的是完全没有希望。

compact [kəmˈpækt] *adj.* 紧密的，结实的；(文体)简洁的，紧凑的 *vt.* 使紧密，压紧；使简洁

[ˈkɒmpækt] *n.* 契约，合同

【记】联想记忆：com+pact(合同)→合同

【例】The rubbish was carried to the garbage disposal center to be ***compacted***. 垃圾被运到垃圾处理场压缩。// The ***compact*** represented essentially a tightening-up of banking rules. 该合同体现了银行规章制度在本质上得到加强。(2000)

【辨】**compact, close, dense**

　　compact一般指在相对小的空间里，非常紧密、坚固地连在一起；close指很紧凑，几乎不留空间；dense指紧密以致几乎不可渗透，如：a dense fog。

element ['elimənt] *n.* 要素，成分；自然环境，适宜的环境；[*pl.*](学科的)基本原则，原理，基础

【记】电影《第五元素》*The Fifth Element*

【例】Naismith decided to invent a game that would incorporate the most common *elements* of outdoor team sports without having the real physical contact. 奈史密斯决定发明一种游戏，将室外团队运动的大多数共有元素结合起来，但并不进行实际的身体接触。(1997) // in one's element Malan is *in his element* when singing. 马伦擅长唱歌。// out of one's element Margaret feels *out of her element* to stand in front of so many people. 站在这么多人前面玛格丽特觉得局促不安、很不适应。// Several other *elements* have names that come from mythology. 几种其他的元素名来源于神话。(2008)

【派】elementary(*adj.* 基本的，基础的，初级的；容易的，简易的)

luxurious [lʌg'ʒuəriəs] *adj.* 豪华的，奢侈的

【例】The indoor swimming pool seems to be a great deal more *luxurious* than is necessary. 相对于它的必要性来说，室内游泳池似乎太过奢侈。(1998)

hike [haik] *n. / v.* 远足，徒步旅行；提高，增加

【例】The government *hiked* the price of petroleum products recently. 最近政府提高了石油产品的价格。

【派】hiker (*n.* 远足者，徒步旅行者)

refer [ri'fə:] *v.* 谈到，提及；呈交，托付；查阅，参考

【例】refer to The problems I *refer to* are the language obstacles between the strangers. 我所指的问题是陌生人之间的语言障碍。// The dispute was *referred* to the court of law. 争端已提交法庭处理。

【用】词组refer to表示"提及；参考"。

【派】reference(*n.* 谈到；参照；附注；证明书，推荐人)

disinfect [ˌdisin'fekt] *vt.* 杀菌消毒

【记】联想记忆：dis(除去)+infect(感染)→消毒

【例】The doctor *disinfected* the wound of the girl. 医生为女孩儿的伤口消了毒。

【派】disinfectant(*adj.* 消毒的，杀菌的 *n.* 消毒剂，杀菌剂)

destitute [ˈdestitjuːt] *adj.* 贫困的，赤贫的；缺少的，毫无…的

【记】词根记忆：de(毁)+stitut(建立)+e→毁掉建好的→缺少的

【例】Thousands of children were left *destitute* and homeless after the war. 战后，成千上万的儿童生活穷困，无家可归。

【用】destitute作"缺少"讲时，后面都要先接of，再接缺少的东西。

handy [ˈhændi] *adj.* 手边的，近便的；便于使用的，方便的；灵巧的，手巧的

【例】I keep a pen *handy* just in case. 我放了一支笔在手边，以备不时之需。// **come in handy** Experience you acquired from your social activities will *come in handy* in job-hunting. 你从社会活动中获得的经验在求职时会派上用场。

【用】come in handy的意思与come in useful相似，都表示"迟早有用"。

drizzle [ˈdrizl] *n. / vi.* (下)毛毛雨，涓涓细流

【记】与形近词dazzle[*v.* (使)眼花]一起记

【例】It has been *drizzling* all day. 细雨下了一整天。

sake [seik] *n.* 缘故

【例】**for the sake of** She argues *for the sake of* arguing. 她为了争辩而争辩。// The aim of course is not really to spread the sport for its own *sake*, but to increase the number of people interested in the major money-making events. 这样做的目的并不是真的为了推广运动本身，而是要增加对这种赚钱事业感兴趣的人数。(2002)

individual [ˌindiˈvidjuəl] *n.* 个人，个体 *adj.* 单独的，个别的，个人的；特有的，独特的

【例】Members of highly ranked groups can be polluted by coming into contact with the bodily secretions, particularly saliva, of *individuals* of lower-ranked castes. 如果等级高的成员接触到等级低的成员的分泌物，尤其是唾液时，他们就会被污染。(2010)

【派】individualism(*n.* 个人主义)；individuality(*n.* 个性，个人特征)

disturb [diˈstəːb] *v.* 打扰，扰乱，妨碍；使精神不安，使情绪波动，使担忧

【记】词根记忆：dis(分开)+turb(搅动)→搅开了→扰乱

【例】This is a bit *disturbing*, because the important habitual neural networks are not formed by mere routine, nor can they be reversed by clever cues. 这有点令人不安，因为重要的习惯神经网络无法仅仅通过惯例形成，也不能通过巧妙的暗示被彻底改变。(2013)// I am sorry to *disturb* you at work, but I have an urgent problem. 很抱歉打扰你工作，但我有个紧急的问题。

【派】disturbance(*n.* 打扰，妨碍；心神不安，烦恼；混乱)

【辨】**disturb, agitate, perturb**

disturb指烦恼、干扰等打乱了人的平静，使人心神不能安宁；agitate强调引起强烈的精神上或感情上的冲动，如：The man was agitated by grief.；perturb指因心情不定、失望等产生令人烦恼或不安的后果，如：Mother was much perturbed by my illness.

reserve [riˈzəːv] *n.* 储备物，保存物；储藏，保留；缄默，含蓄 *vt.* 储备，保存；保留，留作专用；预订

【记】联想记忆：re(一再)+serve(保持)→保留

【例】The increase of vehicles calls for more supply of energy, but there is a limit to the *reserve* of oil. 车辆的增加要求更多的能源，但是石油的储藏量却是有限的。// **in reserve** These food is *in reserve* for later use. 这些食物储存以备将来之用。

【派】reservation[*n.* 保留的座位、住处等；预订；保留意见；道路中央双向交通的分隔带；(美国印第安部落的)居留地]；reservoir(*n.* 蓄水池，水库，水塘)

arouse [əˈrauz] *v.* 唤醒；唤起，激起，引起(注意、同情、嫉妒、怀疑等)

【记】联想记忆：a(表加强)+rouse(唤醒，激起)→唤醒

【例】Indifference *aroused* public resentment. 冷漠激起了公愤。

analysis [əˈnæləsis] *n.* 分析，分解

【例】For example, trained observers obtain a very large amount of information about a star mainly from the accurate *analysis* of the simple lines that appear in a spectrum. 例如，训练有素的观察者主要通过对显现在光谱上的简单线条进行准确分析，能获得有关某一星球的大量信息。(2010)

【派】analytic(al)(*adj.* 分析的，分解的)

substantial [səbˈstænʃəl] *adj.* 牢固的，坚实的；充裕的，丰足的；主要的，实质性的，实体的

【记】词根记忆：sub(下)+stant(站立)+ial→站在下边的→基础的→坚实的

【例】Adam observed the castle, a *substantial* 17th century mansion. 亚当注视着这座城堡——一栋坚固的十七世纪官邸。// A *substantial* amount of blood is found by police officers in a room of a flat used as a cannabis factory. 警官在一间用作生产大麻的房间里发现了大量血迹。

compassion [kəmˈpæʃən] *n.* 同情，怜悯

【记】词根记忆：com+pass(感情)+ion→共同的感情→同情

【例】Her heart was filled with *compassion* for those orphans. 她对那些孤儿充满同情。

【派】compassionate(*adj.* 有同情心的)

groan [grəun] *v.* 哼，呻吟 *n.* 呻吟声，哼声

【例】Judson let out a low *groan*. 贾德森发出一声低低的呻吟。

【用】groan指由于痛苦而发出呻吟。

earnest [ˈɜːnist] *adj.* 认真的，诚挚的，热切的
【例】We were animated by an *earnest* and lofty spirit of patriotism. 我们被热诚而高尚的爱国精神所鼓舞。// **in earnest** When both sides are *in earnest*, things are easy to resolve. 只要双方都有诚意，事情就很容易解决。

tuck [tʌk] *v.* 塞进，插进；卷起，折起；打褶裥
【例】Anne lifted her blouse and *tucked* it into her jeans. 安妮撩起衬衫，塞进牛仔裤里。
【用】tuck常常与in或into一同使用，表示"把…塞进…"。

fluff [flʌf] *n.* 松软的绒毛团；软毛，柔毛 *v.* 抖松，拍松；把…弄糟，弄错
【例】Courtship will include display in which the male *fluff* up his feather. （鸟类）求偶的表现包括雄鸟抖松羽毛的炫耀行为。

vary [ˈveəri] *v.* 有变化，改变，变更
【例】Near the surface earthquakes may run as high as 100 in a month, but the yearly average does not *vary* much. 在地球表层附近发生的地震可能在某个月多达100次，但年平均发生次数一般不会有太大的变化。(1997)
【用】vary常常与介词in搭配使用，表示在颜色、大小等方面的不同。
【派】variable(*adj.* 变化的，可变的，易变的 *n.* [*pl.*]可变的事物，可变的量)；variation (*n.* 变化，变动)；variety (*n.* 多样性；品种)；various(*adj.* 各种各样的)

【辨】**change, alter, vary**
　　三个词都含有"改变"的意思。change泛指变化，可通用；alter指外观、性质、用途等稍作改变，但特点不变；vary指事物的部分不规则或反复的改变，如：The temperature varied.

transaction [trænˈzækʃən] *n.* 办理，处理；业务，交易；[*pl.*]（学术团体会议的）议事录，公报
【记】联想记忆：trans(交换)+action(行动)→办理；交易
【例】The bank *transactions* over $5,000 require the depositors to provide a tax number. 银行交易超过5000美元时，需要储户提供税号。// He noticed that the driver of the truck had been watching the whole *transaction*. 他注意到那个卡车司机一直在注视整个交易过程。(2009)

outlaw [ˈaʊtlɔː] *n.* 歹徒，罪犯 *vt.* 剥夺…的法律保护；使…成为非法
【记】联想记忆：out(出)+law(法律)→超出法律范围→歹徒

【例】Religious and racial discrimination were ***outlawed*** under the 1964 Civil Rights Act. 1964年的《公民权利法案》中规定宗教歧视和种族歧视属于违法行为。

standard ['stændəd] *n.* 标准，基准；规格，规范；旗帜，旗标；直立的支持物，支柱 *adj.* 标准的；权威的；普通的，通用的

【例】The association also said that the ***standards*** of training must be raised among flight crews and air traffic controllers as the sky has become ever more crowded. 该协会还表示，飞行员和空中交通管理员的训练标准必须提高，因为天空已经变得越来越拥挤了。（1999听力）

【派】standardize［*v.* 使（某事物）标准化或符合规格］

【辨】**standard, criterion**

两个词都有"标准"的意思。standard比较通俗，常指公认的衡量准则，如：living standard；criterion是正式用语，指判断某人或物价值的标准。

prohibit [prə'hibit] *vt.* 禁止；阻止，妨碍

【记】词根记忆：pro(在前)+hibit(拿住)→在前拿住→禁止；阻止

【例】Smokers will also be ***prohibited*** on television broadcasts, near hospitals or in school playgrounds. 在电视广播节目上、医院附近或学校操场，禁止吸烟者吸烟。（2012听力）

【派】prohibition(*n.* 禁止；禁令)

prohibit
Smoking is prohibited in the office

assemble [ə'sembl] *v.* 聚集，集合；装配(机器等)

【记】词根记忆：as(在附近)+sembl(类似)+e→物以类聚→集合

【例】We ***assembled*** hundreds of books in the school. 我们在学校里收集了数百本书。

【派】assembly(*n.* 集合，会合；议会)

strengthen ['streŋθən] *v.* (使)变坚固，加强，增强

【例】Traditionally, the woman has held a low position in marriage partnerships. Today the move is to liberate the woman, which may in the end ***strengthen*** the marriage union. 女性在传统婚姻关系中的地位较低。现今的趋势是解放妇女，这将最终巩固婚姻双方的关系。（2001）

receive [ri'siːv] *v.* 收到，领到，受到；接待，接收…为成员；收听，收看

【记】词根记忆：re+ceiv(拿，抓)+e→抓住→收到

【例】Only recently has Latin America begun to **receive** some attention as well. 直至最近，拉丁美洲也开始受到人们的一些关注。(2010)

【派】receiver(*n.* 接收者；电话听筒；收音机)；receipt(*n.* 收到；收据；[*pl.*]进款，收入)

everlasting [ˌevəˈlɑːstiŋ] *adj.* 持续不断的，永久的

【记】联想记忆：ever(永远)+last(持续)+ing→持续不断的，永久的

【例】The friendship between people of the two countries is **everlasting**. 两国人民的友谊永存。

dissent [diˈsent] *n. / vi.* 不同意，持异议

【记】词根记忆：dis+sent(感觉)→非同感→不同意

【例】You should express your **dissent** to your professor, and he would not be angry. 你应该向教授表达你的不同意见，他不会生气的。

【用】dissent一般跟介词from搭配，表示"与…意见不同，不赞同"。

splendo(u)r [ˈsplendə] *n.* 华丽，壮观，辉煌

【记】联想记忆：splend(发光)+our→光彩夺目→壮观

【例】The palace became the new state's first capital and, ultimately, a historic site, restored to its original **splendour**. 这座宫殿成为新国家第一个首府，这处历史遗址终于恢复了它昔日的辉煌。

underestimate [ˌʌndərˈestimeit] *vt.* 低估，看轻

【记】组合词：under(不足)+estimate(估计)→估计不足→低估

【例】Most parents significantly **underestimate** the amount of money young people will end up owing if they go to university, a survey suggests. 一份调查显示，大部分家长严重低估了子女上大学后将欠下的款项。

enclose [inˈkləuz] *vt.* 围住，圈起，关闭住；封入，附入

【记】联想记忆：en(使)+close(关闭)→使关闭在里面→围住

【例】Write a note to your friend, George, explaining why you are sending the **enclosed** ticket to him and telling him briefly how to get there. 给你的朋友乔治写封信，解释你为什么要给他随信附寄那张机票，并简单告诉他如何到那儿。(1998) // Maria **enclosed** some photographs in her letter. 玛丽亚在信中附了几张照片。

【用】enclose多指包起来或围起来，只局限于一个区域。

【派】enclosure[*n.* 围栏，围墙，圈占地；(信函内的)附件，装入物；包围，围住]

dispense [disˈpens] *v.* 分配，分发；配(药)，配(方)

【记】词根记忆：dis+pens(花费)+e→分开花费→分配

【例】The father **dispenses** the pocket money to the children every

Monday. 父亲每周一给孩子们发零用钱。

【派】dispensation(*n.* 分配,分发;天命,天道;赦免,特准)

eliminate [i'limineit] *vt.* 消除,去除,淘汰

【记】词根记忆：e(除去)+limin(门槛,引申为限制)+ate→去除限制→消除

【例】We should try our best to *eliminate* poverty all over the country. 我们应该尽最大努力来消除全国的贫穷。

【用】eliminate常指通过极端手段消灭、清除某人或某物。

【派】elimination(*n.* 消除,去除,淘汰;消元法)

believe [bi'li:v] *v.* 相信;认为;信任,信赖

【记】歌曲*I Believe*

【例】If you *believe* that your dreams are important, then analyzing them may help you to focus on the problem and help you to find the solution. 如果你认为你的梦很重要,那么对它们进行分析会帮助你关注这个问题并找到解决方法。(2013)

【派】belief(*n.* 信仰;信条;相信;信念);make-believe (*n.* 假装)

harm [hɑːm] *n. / vt.* 损害,伤害,危害

【例】The female should learn to protect themselves from *harm*. 女性要学会保护自己免受伤害。// Going to sleep late will *harm* you! 晚睡对你有害！// do sb./sth. harm Drinking too much will *do you harm*. 喝太多会对你有害。// *Harm* set; *harm* get. 害人反害己。

【派】harmful(*adj.* 有害的,致伤的);harmless(*adj.* 无害的,不致伤的,无恶意的;未受损伤的)

daze [deiz] *v.* 使茫然;使眼花缭乱;使惊奇 *n.* 迷乱,恍惚

【记】发音记忆："呆子"→呆子总是精神恍惚→迷乱,恍惚

【例】I am *dazed* by what has just happened. 刚才发生的一切让我感到茫然。// The sudden news left him in a *daze*. 那个突然的消息使他神志恍惚。

rough [rʌf] *adj.* 表面粗糙的,崎岖不平的;粗暴的;概略的;困难的

【例】Jack was an unstable man with a *rough* temper. 杰克是个反复无常、脾气暴躁的人。// The secretary made a *rough* outline of the schedule at the conference. 秘书在会议上粗略描绘了大致计划。

【派】roughly(*adv.* 粗鲁地,粗暴地;大概,大约)

obscure [əb'skjuə] *vt.* 使朦胧;淹没;使难理解 *adj.* 模糊的,不清楚的;费解的;不出名的

【例】Official policy has changed, for reasons that remain *obscure*. 官方政策已有所改变,其原因尚不清楚。

eradicate [iˈrædikeit] *vt.* 根除，消灭，杜绝

【记】词根记忆：e(去除)+radic(根)+ate→根除

【例】Actually, you can't *eradicate* this disease from the world for a short time. 事实上，不可能在短时间内从世界上根除这种疾病。

【辨】eradicate, destroy, extinguish, annihilate

eradicate表示彻底铲除的意思；destroy比较常见，主要指有力而彻底地破坏；extinguish主要指熄灭、除掉，像用水灭火一样，如：Throw water on the coals to extinguish them. ；annihilate常用来指对人和物造成极其严重的损害和破坏，如：Nuclear weapons can annihilate the whole country.

spite [spait] *n.* 怨恨，恶意 *vt.* 刁难，使恼怒

【例】Life can be wonderful if you don't allow your *spite* to rise. 如果你不任由怨恨滋长的话，生活可以变得很美好。// I did not mean to *spite* you. 我并非有意惹恼你。// **in spite of** They kept going *in spite of* the heavy rain. 他们不顾大雨继续前进。

【用】spite最常用的便是固定搭配in spite of，表示"不管，不顾"，而in spite of oneself则表示"不由自主地"。

【派】spiteful(*adj.* 恶意的，怀恨的)

confidence [ˈkɔnfidəns] *n.* 信任；信心，自信，把握；(向知心人吐露的)秘密，私房话

【记】词根记忆：con(彻底地)+fid(相信)+ence→信任

【例】We will be able to meet new people with *confidence* and deal with every situation confidently and without embarrassment. 我们将能够充满信心地会见陌生人，自信地处理任何状况，都不会尴尬。(2002)// You should gain her *confidence*. 你应该获得她的信任。

【用】注意confident的派生词confidential，常考意为"保密的，机密的"。

【派】confident(*adj.* 确信的；自信的)；confidential(*adj.* 秘密的，机密的，保密的；极受信任的；负责机密工作的)

assess [əˈses] *vt.* 评估(价值或数额)，评定，核定

【例】The real purpose of an interview is not to *assess* the assessable aspects of each candidate but to make a guess at the more intangible things, such as personality, character and social ability. 面试的真正目的不是评估每个候选者可评估的素质，而是推测更为无形的东西，例如：性格、品质和社交能力等。(2004)

【派】assessment(*n.* 评估，评定，核定)

frank [fræŋk] *adj.* 率直的；坦白的；真诚的

【例】I was much pleased with the *frank* and friendly manner of Mr. Benjamin. 本杰明先生率直、友好的举止令我感到非常愉快。

【派】frankly(*adv.* 直率地；真诚地；确实；坦率地说)

【辨】**frank, honest, outspoken**

三个词都有"坦白的"之意。frank指公开、坦率地表达情感或意见；honest指诚实的、正直的，较常用；outspoken指说话直率，如：He was outspoken in his criticism.

acquaint [əˈkweint] *vt.* 使认识，使了解

【记】词根记忆：ac+quaint(知道)→使熟悉→使了解

【例】You will have to *acquaint* us with the details. 你必须让我们了解细节。

【用】acquaint常与of或with连用，表示"把…通知或告诉某人"。

【派】acquaintance(*n.* 相识，了解；熟人)

synthesize [ˈsinθəsaiz] *vt.* 用合成法制造(某物)；合成

【记】词根记忆：syn(共同)+thes(放置)+ize→放在一起→合成

【例】We extracted tissue from the original host body, and *synthesized* antibodies. 我们从最初的宿主体内提取组织，然后合成抗体。

【派】synthesis〔*n.* 综合，合成；综合物；(化学)合成法〕；synthetic〔*adj.* 综合的，综合性的；(化学)合成的，人造的〕

blink [bliŋk] *v.* (星星)闪烁；(眼睛)眨眼

【例】Linda *blinked* her eyes so as to keep back her tears. 琳达眨了眨眼睛，不让眼泪掉下来。

【用】常用短语：in a blink, 表示"眨眼间"。

maltreat [mælˈtriːt] *vt.* 虐待

【记】联想记忆：mal(坏)+treat(对待)→很坏地对待→虐待

【例】The person who *maltreats* the animals would be condemned by the public. 虐待动物的人将受到公众的指责。

【辨】**abuse, maltreat**

两个词都有"虐待"的意思。abuse强调不正确地、伤害性地对待；maltreat特指故意造成伤害，有折磨的意思。

trot [trɔt] *v.* (马等)疾走；小跑，快步走 *n.* (马)快步；疾走；(马小跑的)蹄声

【例】Munny watches the kid *trot* across the flat, grassy fields. 芒尼看着孩子一路小跑着，穿过平坦的绿野。// Christopher slows the horse to a ***trot***, and then to a complete stop. 克里斯托弗让马减速至小跑，随后彻底停了下来。

imminent [ˈiminənt] *adj.* 临近的，即将发生的

【记】词根记忆：im(进入)+min(突出)+ent→突进来→即将发生的

【例】There's been a warning about the ***imminent*** death of literate civilization for a long time. 长久以来，文学文明即将消亡的警告一直存在。(2011)

inverse [ˈinvəːs] *n.* 相反，颠倒，反面 *adj.* 相反的，反向的

【记】词根记忆：in(非)+vers(转)+e→非正常转→相反的

【例】The number of copies the paper sells seems to be in ***inverse*** ratio to that of the news it contains. 这份报纸的销量似乎与其刊登的新闻数量成反比。

whirl [wəːl] *v.* 使旋转，使急转；卷走 *n.* 旋转，晕眩；急速而混乱的动作或活动

whirl

【例】Bernard can't adjust himself to the ***whirl*** of modern life in this big city. 伯纳德难以适应这个大都市中现代生活的忙碌。

blind [blaind] *adj.* 眼睛失明的，盲人的；盲目的，视而不见的，无识别能力的

【例】Being colour-***blind***, Sally can't make a distinction between red and green. 萨莉是色盲，不能分辨红色和绿色。(2001) // **go blind** Jack ***went blind*** in an accident. 杰克在一次事故中失明了。

【用】blind的常见短语为be blind或go blind，都表示"失明"的意思。

worthy [ˈwəːði] *adj.* 值得…的，足以…的；值得尊敬的，值得注意的

【例】Mr. Elton was a most ***worthy*** young man to her. 艾尔顿先生是与她最般配的年轻人。

【用】worthy常与of搭配使用，表示"值得…"。

waken [ˈweikən] *v.* 醒来，唤醒

【例】Joe ***wakened*** and stirred in his bed when the alarm sounded. 乔被闹钟吵醒了，在床上翻了翻身。

hound [haund] *n.* 猎犬 *vt.* 烦扰，纠缠，追逼

【例】We had to finish the work, or the boss would never stop ***hounding*** us. 我们不得不做完工作，以免老板永无休止地纠缠我们。

maintain [menˈtein] *vt.* 维修，保养，赡养，供养；保持；坚持认为，主张

【记】词根记忆：main(手)+tain(拿住)→用手拿住→保持

【例】In today's increasingly competitive world it is important to *maintain* a positive attitude towards life. 在今天这样竞争日益激烈的社会里，保持一种积极的生活态度非常重要。

【派】maintenance(*n.* 维修；生活费，赡养费；维持)

【辨】**retain, sustain, maintain**

三个词都有"维持，保持"的意思。retain表示"保住，保留"，与keep意思相近；sustain表示"支撑，维持"，如：sustain life；maintain强调保持某种状态或保持完整，如：maintain friendship。

elect [i'lekt] *vt.* 选举，推选；选择，决定 *adj.* 精选的，卓越的；选定的，选中的

【记】词根记忆：e(出)+lect(选择)→选举

【例】Commonwealth leaders agreed to lift Nigeria's three and a half year suspension on May 29th, the day the military government hands over power to an *elected* president. 联邦共和国领导人同意于5月29日恢复尼日利亚被取消了三年半的成员国资格，就是在当天前军事政府将权力移交给当选的总统。(2001听力)

【派】election(*n.* 选举，推举，当选); electioneering(*n.* 竞选活动); elector(*n.* 选民，选举人，有选举权者)

weight [weit] *n.* 重量；沉重之物；砝码，秤砣；价值，重要性；忧愁，负担

【例】Exercise is the best way to lose *weight*. 锻炼是最好的减肥方式。// The event added *weight* to our movement. 这次事件增加了我们这场运动的重要性。

【用】put on weight是"体重增加、长胖"的意思。

execute ['eksikju:t] *vt.* 实行，实施，执行；处死

【例】Nigeria was suspended from the 54 nation group of mainly former British colonies in 1995 after it *executed* 9 minority rights activists. 尼日利亚在1995年处死了9名少数派权利激进分子，从此便失去了主要由前英国殖民地国家组成的54国组织的成员资格。(2001听力)

【派】execution(*n.* 实施，执行；死刑); executive[*adj.* 执行的，实施的；行政的，经营管理的 *n.* 行政部门，(工会、党派等的)执行委员会；执行者，行政人员，经理]; executor(*n.* 执行者，实行者，遗嘱执行人)

volunteer [ˌvɔlən'tiə] *n.* 志愿者；志愿兵 *v.* 自愿效劳，自告奋勇；自动说出

【记】词根记忆：volunt(意愿)+eer→凭意愿做事的人→志愿者

【例】West Mercia Police want more people to *volunteer* to work alongside local officers. 西麦西亚警局希望有更多的人能够自愿地配合当地警察的工作。

dramatic [drə'mætik] *adj.* 戏剧(性)的，刺激的，激动人心的；引人注目的，印象深刻的；突然的

【记】联想记忆：drama(戏剧)+tic(…的)→戏剧的

【例】England go out of the European Under-21 Championship after a *dramatic* 13-12 penalty shoot-out semi-final defeat by Holland. 英格兰队在令人激动的点球大战中以12比13不敌荷兰队，止步欧洲21岁以下锦标赛的半决赛。

astound [ə'staund] *vt.* 使震惊，使大吃一惊

【例】Kate was *astounded* by the answer of her friends. 朋友们的答案令凯特感到震惊。

【用】astound在"震惊"中带有"疑惑不解"的意思。

conflict ['kɔnflikt] *n.* 斗争；抵触，冲突

[kən'flikt] *vt.* 斗争，战斗，矛盾，冲突

【记】联想记忆：con+flict(打击)→冲突

【例】Regardless of why people move, migration of large numbers of people causes *conflict*. 无论人们为什么迁移，大量的移民都会造成冲突。(1999)

detriment ['detrimənt] *n.* 损害，伤害

【例】If the manager of that company doesn't hire you, it is to his own *detriment*. 那家公司的经理如果不雇用你是他的损失。

【用】固定搭配to the detriment of表示"有损于…，对…不利"。

【派】detrimental(*adj.* 有害的，不利的)

digital ['didʒitəl] *adj.* 数字的；手指的

【例】The electronic and *digital* revolution of the last two decades has arguably shown the way forward for reading and for writing. 在过去20年中，电子化和数字化的革命可以说已经指明了阅读和写作在未来的发展方向。(2011)

【用】digital technology是固定搭配，表示"数字技术"。

Word List 6

vis 看	visible *adj.* 可见的,看得见的	**in-** 进入	intrude *v.* 侵入,闯入
cap 拿	capacity *n.* 容量;能力	**sist** 站	resist *v.* 抵抗,对抗
vig 生命	vigo(u)r *n.* 精力,活力	**spect** 看	spectacular *adj.* 壮观的,引人入胜的
greg 群体	gregarious *adj.* 群居的	**circ** 圆,环	circulate *v.* (使)循环;流通
rod 咬	erode *v.* 腐蚀,侵蚀	**prehens** 抓	comprehensive *adj.* 理解的
an- 无	anonymous *adj.* 无名的,匿名的	**ed** 吃	edible *adj.* 可以吃的

continue [kənˈtinjuː] *v.* 继续;接着说

【例】Madonna's speech about Michael Jackson, after his death, highlighted the fact that he will ***continue*** to live on through his music. 迈克尔·杰克逊逝世后,麦当娜关于他的演讲强调了一个事实:因为他的音乐,他将永存。(2013)

【用】continue to do和continue doing都有"继续做某事"的意思,它们的差别在于前者指中断后继续做另一件事,后者指中断后继续做同一件事。

【派】continuity(*n.* 连贯性,连续性,持续性);continuous(*adj.* 持续的,不间断的,连续的);continual(*adj.* 多次重复的,频繁的;持续的,不间断的)

glare [gleə] *v.* 瞪眼,怒视;令人目眩地照射,闪耀 *n.* 令人目眩的光,强烈的阳光;瞪眼,怒视

【例】Grace ***glared*** at me without saying anything. 格雷斯对我怒目而视,什么也没说。// In the ***glare*** of the sun, the snow began to melt. 在阳光的照射下,雪开始融化了。// His girlfriend gave him a ***glare***. 他的女朋友瞪了他一眼。

excess [ik'ses; 'ekses] *n.* 过多, 过度; 过分, 无节制; 超过, 超越, 超额量 *adj.* 过量的, 过多的, 额外的

【记】词根记忆: ex+cess(行走)→走出界→过度

【例】They show either a lack of enthusiasm or an *excess* of it. 他们表现得不是缺乏热情就是过度热情。(2004) // I am burdened with the *excess* of parents' expectation. 父母的过度期望使我感到负担很重。

【用】搭配 in excess of 表示"大于; 多于"。

fastidious [fæ'stidiəs] *adj.* 吹毛求疵的, 爱挑剔的, 难以取悦的

【记】联想记忆: fast(绝食)+idious(=tedious, 乏味的)→因乏味而绝食→挑剔的

【例】Alice is so *fastidious* about her food that I never invite her for dinner. 艾丽丝对食物过于挑剔, 因此我从不请她吃饭。

【用】"对…很挑剔"可以用词组be fastidious about来表示。

thrash [θræʃ] *v.* 打(谷物), 脱谷; 鞭打, 痛打, 击败; 猛烈舞(挥)动

【例】They were *thrashed* in the baseball game last night. 他们在昨晚的棒球赛中遭到重创。

outdated [ˌaut'deitid] *adj.* 过时的, 陈旧的

【记】联想记忆: outdat(e)(使过时)+ed→过时的, 陈旧的

【例】It is difficult to run a business with *outdated* equipment. 用陈旧的设备经营生意是很困难的。

elaborate [i'læbərit] *adj.* 精心制作的; 详尽阐述的; 复杂的; 精致的 [i'læbəreit] *v.* 详尽阐述, 发挥

【记】联想记忆: e(出)+labor(劳动, 工作)+ate(…的)→辛苦劳动做出来→精心制作的

【例】They hope all the *elaborate* plans come to fruition. 他们希望所有这些详尽的计划都能付诸实现。

falter ['fɔːltə] *v.* 蹒跚, 跟跄; 犹豫, 动摇; 结巴地说, 支吾而语

【例】The popularity of 4×4 cars is set to *falter* in 2007, according to a global car industry survey. 一项全球汽车业的调查报告显示, 四驱车的受欢迎程度在2007年将有所动摇。

visible ['vizəbl] *adj.* 可见的, 看得见的; 明显的, 显然的

【记】词根记忆: vis(看)+ible(可…的)→可见的

【例】Space shuttle Discovery docks with the space station after an inspection showed no *visible* damage on lift off. "发现号"航天飞机经过检查, 确定在起飞时没有受到明显损伤后, 便与空间站对接了。

【用】visible to是"对…可见"的意思。

【派】visibility(*n.* 可见性, 明显性; 可见度, 能见度)

increase [inˈkriːs] *v.* 增加，增长，增强 [ˈinkriːs] *n.* 增加，增长，增强

【记】词根记忆：in+creas(增加)+e→增加

【例】A United Nations report says reaching that goal will require major *increases* in intensive, high-efficiency livestock operations for both meat and dairy production. 联合国的一份报告指出，要实现那一目标需要大幅增加密集型高效畜牧业对于肉类和乳制品的生产。(2013听力)

【派】increasingly(*adv.* 渐增地，日益，越来越多地)

【辨】**increase, enlarge, augment, multiply**

　　四个词都有"增加"的意思。increase范围最广，各方面的增长都可用它表示；enlarge多指大小、体积等的增加扩大；augment一般是数量上的增加；multiply有"乘"的意思，也多指数量的增加或通过繁殖增加，比augment量更多一点。

aspect [ˈæspekt] *n.* 方面；面貌，外表

【记】词根记忆：a(表加强)+spect(看)→让人看的东西→外表

【例】Many people believe, however, that our progress depends on two different *aspects* of science. 然而，许多人认为，我们的进步取决于科学的两个不同方面。(2010)

resolve [riˈzɔlv] *v.* 决定，下决心；解决 *n.* 决心，决定

【记】词根记忆：re(一再)+solv(松开)+e→作了决定，心情放松→下决心

【例】Curiosity *resolved* Tom to go into the crowd to see what had happened. 好奇心使汤姆决定走进人群看个究竟。

【派】resolute(*adj.* 坚决的，果断的); resolution(*n.* 坚决；决议；决心；解决)

bore [bɔː] *v.* 钻(孔)；掘(地洞)；使厌烦 *n.* 令人生厌的人(事)

【例】Carrie was *bored* with her idle life at home. 卡丽已经厌倦了这种待在家里的懒散生活。

【派】bored(*adj.* 无聊的，无趣的；烦人的); boring(*adj.* 单调乏味的，令人厌倦的 *n.* 钻孔，打孔); boredom(*n.* 厌烦，厌倦；无趣味)

let [let] *v.* 让，允许；出租

【例】let alone It's disappointing that Brown doesn't ask these questions, *let alone* provide answers. 令人遗憾的是布朗先生没有问这些问题，更不用说有什么答案了。// let go of Bruce tried to pull down the sail; but the wind would not *let go of* the broad canvas and the ropes had become tangled. 布鲁斯试着将帆降下来，但风使帆无法松弛，结果绳子都缠到了一起。// let off Buck could not *let off* peasants who did not pay their rent, nor *let* them fall into arrears. 巴克不会饶恕那些不交租的农民，也不会让他们拖欠这笔款项。

inquire [inˈkwaiə] *v.* 询问；查究，调查

【记】词根记忆：in+quir(寻求)+e→询问；调查

【例】**inquire into** The police *inquired into* the extent of the corruption of the company. 警方对这家公司的腐败程度进行了调查。

【派】inquiring(*adj.* 好问的，爱打听的)；inquiry(*n.* 询问，调查；探究)

【辨】**ask, question, inquire**
三个词都含有"问"的意思。ask最常见，几乎所有关于询问的都能用；question与它的名词意义相似，即提问题以便了解情况，有"审问"的含义；inquire最正式，有种渴望知道的意思，意为"打听"。

mass [mæs] *n.* 一大块，大堆；许多，大量；群众，民众 *adj.* 群众的；大规模的

【例】During the last two hundred years the art of *mass* communication has become one of the dominating factors of contemporary society. 在过去的两百年里，大众传播艺术已经成为当代社会的主导因素之一。（2000）

【用】mass media的意思是"（电视、报纸等）大众传播媒体"。

【派】massive(*adj.* 巨大的；大量的，强大的)

【辨】**mass, pile, heap**
三个词都有"堆"的意思。mass指体积庞大、数量较多的集合；pile指同类大小的物体按顺序堆放在一起；heap则是随意的收拢。

agreeable [əˈɡriːəbl] *adj.* 惬意的；爽快的；易相处的；适宜的，适合的

【记】来自agree(*v.* 同意)

【例】Caroline would have been more *agreeable* if she had changed a little bit, wouldn't she? 卡罗琳如果稍作改变会更好相处，不是吗？（2003）

faith [feiθ] *n.* 信任，信念；信仰，信条；诚意，忠诚

【例】**have faith in** There are plenty of people who *have faith in* a god. 许多人相信神。

【派】faithful (*adj.* 守信的，忠诚的，忠实的)；faithfully 〔*adv.* 忠实地，（书信结尾的客套语）谨启〕

spray [sprei] *n.* 水雾，水花，浪花；喷液；喷雾器 *v.* 喷，喷洒

【例】Police used tear gas, pepper *spray* and rubber bullets to disperse crowds. 警察用催泪瓦斯、胡椒喷雾和橡皮子弹驱散人群。

familiar [fə'miljə] *adj.* 熟悉的，通晓的；无拘束的，随便的，亲近的

【例】be familiar with As poultry farms in Europe face bird flu for the first time, Vietnamese farmers *are* only too *familiar with* the disease. 当欧洲的家禽农场首次面临禽流感时，越南的农民们对这种疾病已经再熟悉不过了。// be familiar to Hundreds of occupational surnames *are* at once *familiar to* us, or at least recognizable after a little thought: Archer, Carter, Fisher, Mason, Thatcher, Taylor, to name but a few. 数百种与职业有关的姓氏我们都非常熟悉，至少在短暂思考后都可以想得起来，例如：Archer, Carter, Fisher, Mason, Thatcher, Taylor等。

【用】注意familiar to与familiar with的区别：前者指因见得多了或听得多了而对某人、某事很熟悉；后者指对某事物熟悉而精通。

【派】familiarity(*n.* 熟悉，知晓)；familiarize(*vt.* 使熟悉，使通晓)

hereditary [hi'reditəri] *adj.* 遗传的，世代相传的；继承的，世袭的

【记】词根记忆：her(继承人)+edit+ary(…的)→继承的

【例】The man was diagnosed with *hereditary* heart disease. 这个人被诊断患有遗传性心脏病。

guarantee [ˌɡɑːrən'tiː; ˌɡærən'tiː] *n.* 保证，保证书 *v.* 保证，担保

【例】Sellers should provide a *guarantee* of high quality for the products and services. 售货商应该为商品和服务的高质量提供保障。

【用】作动词时，guarantee后可直接跟名词，表示"保证…"；另有一固定用法stand guarantee for sb., 表示"替某人担保"。

stall [stɔːl] *n.* 摊位；畜舍，厩；戏院正厅的前排座位 *v.* (指引擎因动力不足而)停止转动；拖延，支吾

【记】词根记忆：sta(站立)+ll(像两根柱子)→靠两根柱子撑着→摊位

【例】Edmund had taken up a book from the *stall*, and there he stood, reading away, as hard as if he were in his elbow-chair, in his own study. 爱德蒙从货摊上拿起一本书就那么站着读了起来，认真得就好像坐在自己书房的扶手椅里一样。// If you try to start off in top gear you'll *stall*. 如果用最高档发动肯定会熄火。

picturesque [ˌpiktʃə'resk] *adj.* 似画的，迷人的；(语言)生动的，形象的

【例】Place-names may be *picturesque*, even poetical; or they may be pedestrian, even trivial. 地名可能优美如画卷，甚至充满诗意，或许也可能通俗无义。(2000) // You can take in the *picturesque* canal house architecture: The rows of neat, narrow four-story dwellings of brownstone with large windows are well worth seeing. 你可以欣赏风

景如画的运河住宅建筑：一排排整洁而狭窄的四层赤褐色砂石住宅，装有大大的窗子，非常值得一看。(2008)

hazard [ˈhæzəd] *n.* 危险，冒险，危害物 *vt.* 冒险提出，尝试，使担风险

【例】There are many serious health *hazards* associated with drinking. 许多危害健康的情况都与酗酒有关。

【用】搭配at all hazards表示"不顾一切风险"。

【派】hazardous(*adj.* 危险的；冒险的；碰运气的)

【辨】**risk, hazard**

两个词都含有"危险，冒险"之意。risk特指知道危险，但有意为之；hazard则指无法预测的风险，有冒险的意思，如：His life was full of hazard.

monopolize [məˈnɔpəlaiz] *vt.* 垄断，独占

【记】联想记忆：monopol(y)(垄断)+ize→垄断，独占

【例】Visa and Master Card have attempted to *monopolize* the credit card market. 维萨卡和万事达卡试图垄断信用卡市场。

【派】monopoly[*n.* 垄断，独占，专卖(权)]

capacity [kəˈpæsiti] *n.* 容量；能力；资格，地位

【记】词根记忆：cap(拿)+acity(名词后缀)→能拿住→能力

【例】This will increase *capacity* to connect the cell towers to AT&T's main network. 这将增强基站与美国电话电报公司主网的连接能力。(2011听力)

【用】capacity 的常见搭配：①capacity for/of (…的能力)；②capacity to do sth. (做…的能力)。

vigo(u)r [ˈvigə] *n.* 精力，活力，魄力

【记】词根记忆：vig(生命)+our→活力

【例】The President said the two countries should strengthen political ties and inject new *vigor* into bilateral relations. 总统表示，两国应该加强政治联系，为双边关系的发展注入新的活力。

【派】vigorous(*adj.* 强壮的，精力充沛的)

inequality [ˌiniˈkwɔliti] *n.* 不平等，不平均；互异，不相同

【记】联想记忆：in+equality(平等)→不平等

【例】The *inequality* between the rich and the poor is growing in the city. 城市里贫富差距日渐悬殊。

clear [kliə] *adj.* 明确的，清楚的；清晰的，清澈的；晴朗的；畅通无阻的 *v.* 清除，扫清；澄清；通过；偿清(债务)；办完(手续)

【例】keep clear of The mayor *kept clear of* talking about his responsibility of the issue at the press conference. 市长在记者招待会

上避开谈论他对该事应负的责任。// **clear up** The sky *cleared up* soon after the storm. 天空在暴雨后很快放晴了。

【用】词组clear up的意思是"放晴；澄清"，make clear的意思是"表明，讲清楚"。

【派】clearance[*n.* 清除，清理；许可(证)，批准]

breath [breθ] *n.* 呼吸；空气的轻微流动

【例】The atmosphere of those places was like the *breath* of hell, and their inhabitants wasting with heat, toiled languidly in the desert. 那些地方的空气就像地狱中的气息，居民们忍受着炎热，疲惫无力地在沙漠中艰苦地劳作。(2000) // **above one's breath** He gave a lecture *above his breath* in front of the whole class. 他站在全班人面前高声演讲。// **below / under one's breath** Tom always speaks *below his breath*. 汤姆总是低声讲话。// **catch one's breath** After climbing the steep hill, the old man stopped to *catch his breath*. 爬上陡峭的山坡之后，老人喘息着。// **hold one's breath** The race was so close that everyone was *holding his breath* at the finish. 赛跑选手之间的实力如此接近以至于到终点时人们都屏住了呼吸。// **out of breath** When Gray dashed back, he was already *out of breath*. 格雷急速跑回来时，已经是上气不接下气了。// **waste one's breath** They don't listen, so don't *waste your breath*. 他们不会听的，所以你还是别白费口舌了。

gregarious [gri'geəriəs] *adj.* 爱交际的；(指动物、鸟等)群居的，共生的

【记】词根记忆：greg(群体)+arious→群体的→群居的

【例】We cannot deny that man is a *gregarious* animal. 我们不能否认，人是群居动物。

pardon ['pɑːdən] *n. / vt.* 原谅，宽恕

【例】The government *pardoned* all the criminals. 政府赦免了所有罪犯。

whisper ['wispə] *v.* 低声说，耳语；暗中传说；(叶子、风等)发沙沙声，发飒飒声 *n.* 低语，耳语；谣传

【记】Wham乐队的经典歌曲《无声细语》(*Careless Whisper*)

【例】The children were *whispering* in the corner. 孩子们正在角落里低声耳语。// Neil is speaking in a *whisper* as if talking to himself. 尼尔小声说着，像是在自言自语。

seal [siːl] *n.* 海豹；印记，印章；封蜡，封铅；火漆 *vt.* 盖章于；密封

【例】Don't *seal* the parcel. You need to leave it open so that the driver can check the contents when he collects it. 不要封上包裹，你需要让它开着以便于司机收到它的时候检查里面的东西。(2005听力)//

The manager **sealed** on the envelope and then gave it to the secretary. 经理在信封上盖了章然后把它递给了秘书。// The envelope wasn't sealed, so I opened it. 这封信没有密封，所以我把它打开了。(2009)

worth [wɜ:θ] *prep.* 值；值得 *n.* 价值

【例】I looked everything over with a burglar's eye, deciding what might be **worth** the risk of stealing, what on the other hand I would leave behind. 我以一名夜贼的眼光审视着每一件物品，看看哪些值得一偷，而哪些是不值得拿的。(2004) // You will never understand the true **worth** of our friendship. 你永远也不会了解我们之间友谊的真正价值。

【用】注意 be worth doing 这个短语含有被动的意味。

【派】worthless（*adj.* 无价值的，无用的；卑鄙的，品行不端的）；worthwhile（*adj.* 值得一试的，值得干的）

【辨】**merit, value, virtue, worth**

　　四个词都有"价值"的意思。merit 指"值得赞扬的优点"；value 特指重要性或价值；virtue 强调美德或受益的长处、优点；worth 着重人或物本质中的价值。

erode [i'rəud] *v.* 腐蚀，侵蚀，磨损

【记】词根记忆：e+rod(咬)+e→咬掉→腐蚀，侵蚀

【例】The sea **erodes** the rocks. 海水侵蚀岩石。

【派】erosion（*n.* 侵蚀，腐蚀）

intend [in'tend] *vt.* 想要，打算；意指

【记】联想记忆：in(使)+tend(趋向)→使成趋向→打算

【例】Tom **intended** to report his manager to the police. 汤姆打算向警方检举他的经理。

【辨】**intend, mean, design**

　　三个词都有"打算"的意思。intend 表示决心要做某事，比较正式；mean 较口语化，表示"意味着"，并非决意成功，有时可与intend 互换；design 指精心设计、安排以达到某种目的。

quit [kwit] *v.* 停止，离去，放弃；偿清，回报

【记】本身为词根：使自由；免除

【例】The person who can't afford the rent must **quit**. 付不起租金的人必须离开。

magic ['mædʒik] *n.* 魔术，法术；魔力，魅力 *adj.* 魔术的；不可思议的

【例】For the Egyptians, pictures still had **magic** power. 对埃及人来说，图画仍旧有种魔力。(1998)

【派】magical(*adj.* 魔法的；不可思议的，有魅力的)；magician
(*n.* 魔术师)

desire [diˈzaiə] *n. / vt.* 意愿，渴望；要求，请求

【记】电影《欲望号街车》: *A Streetcar Named Desire*

【例】I *desired* to escape from this miserable life. 我渴望摆脱这种痛苦的生活。// Jim has a great *desire* for fame. 吉姆有强烈的成名欲。

【用】desire表示主观上强烈的渴望，at one's desire表示"应某人的要求"。

【派】desirous(*adj.* 希望的，渴望的)；desirable(*adj.* 理想的，值得拥有的；可取的)

dissolve [diˈzɔlv] *v.* (使)溶解，(使)液化；解散；中止；(使)衰弱，减退；解决，澄清

【记】词根记忆：dis+solv(松开)+e→松开分散→(使)溶解

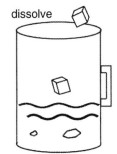

dissolve

【例】In the nineteenth century, one theory maintained that a liquid could be "*dissolved*" in a vapor without losing its identity, and another theory held that the two phases are made up of different kinds of molecules. 19世纪时，有理论主张说液体可以在不失去特性的情况下蒸发成水蒸气，而另一个理论却说这两种状态是由不同的分子组成的。(2000) // The sugar completely *dissolved* into the water. 糖完全融化在水里了。

【用】dissolve常跟away, in, into搭配，分别表示"溶解掉"，"溶解入…"，"溶解到…，溶解成…"。

【派】dissolution(*n.* 解散，解除，分解；溶解，液化)

evolve [iˈvɔlv] *v.* (使)发展，进化，演化；设计；使逐步形成；引申出，推论

【记】词根记忆：e(出)+volv(卷，转)+e→转出来→发展，进化

【例】Unlike most sports, which *evolved* over time from street games, basketball was designed by one man to suit a particular purpose. 与大部分从街头比赛演化而来的体育运动不同，篮球是某人为了特殊目的而设计的。(1997) // As we all know, man has *evolved* from the ape. 我们都知道，人类是从猿进化而来的。

【用】evolve后可接介词from和into，前者表示"由…进化而来"，后者表示"进化为…"。

assist [əˈsist] *v.* 援助，帮助

【记】词根记忆：as(表加强)+sist(站立)→站在你一边→帮助

【例】The professionals do not pose much of a problem for the store detective, who, *assisted* by closed circuit television, two-way mirrors and various other technological devices, can usually cope with them. 职业小偷不会给商店侦探带来什么问题，在闭路电视、双面镜和各种其他技术设备的帮助下，探员通常能应付得了他们。(2004)

【派】assistance(*n.* 援助，帮助)；assistant(*n.* 助手；助教 *adj.* 辅助的，助理的)

【辨】**assist, aid**

assist强调的是"辅佐，辅助"，表示作为助手来提供帮助或援助；aid暗指被助的一方是弱的，而援助的一方是强有力的。

uphold [ʌpˈhəuld] *vt.* 举起；支持

【记】联想记忆：up(向上)+hold(举起)→举起来→支持

【例】The mayor of Amsterdam writes to his counterparts in eight European capitals, urging thcm to **uphold** gay rights. 阿姆斯特丹市长给欧洲八国首都市长写信呼吁他们支持同性恋者的权利。

【辨】**support, back, uphold**

三个词都含有"支持"的意思。support含义广泛，既可表金钱上的支持，也可表精神上、道义上的支持；back尤指财务上的支持或下赌注于…；uphold一般是进行道义上或精神上的鼓舞。

deport [diˈpɔːt] *vt.* 驱逐(出境)

【记】词根记忆：de(离开)+port(拿，运)→运走→驱逐

【例】I suppose you've received information, by bush-telegraph, that the ex-sailorman is going to **deport** me as an undesirable immigrant. 我想你已经听到风声说那个前海员认为我是令人讨厌的外来者并打算把我赶走。

excite [ikˈsait] *vt.* 刺激，使兴奋，使激动；激发，唤起，引起

【例】The need to learn a new language and customs may **excite** one person and frighten another. 学习一门新语言和新风俗的需求可能会使一个人激动而让另一个人惊恐。(1999)

【用】短语get / become excited后可以接at, by, about, with, over, 均表示"因…而激动、兴奋"。

【派】excitable (*adj.* 易激动的，易兴奋的，能被激动的)；excited (*adj.* 激动的，兴奋的)；excitement(*n.* 刺激，兴奋，激动)；exciting (*adj.* 令人兴奋的，使人激动的，刺激的)

tug [tʌg] *v.* 用力拖，使劲拉 *n.* 猛拉，拖；拖船

【例】The fisherman **tugged** the boat out of the water. 渔民把船拖到了岸上。// A rescue **tug** is to wing a cargo ship which narrowly missed two North Sea gas platforms in a fierce storm. 一艘货轮在猛

烈的暴风雨中险些与两座北海天然气开采平台相撞,一艘救助拖船正将其拖走。

ignore [ig'nɔː] *vt.* 不理,漠视,忽视

【例】Don't try to *ignore* your afternoon snack craving. 不要试图忽略你下午想吃零食的欲望。(2013)

【派】ignorant(*adj.* 无知的;缺乏教养的);ignorance(*n.* 无知,愚昧)

【辨】**ignore, neglect, disregard, overlook**

　　四个词都有"忽视"的意思。ignore指故意不理睬、不顾,如:She saw him but she ignored him.;neglect指不小心疏忽,不强调故意或非故意;disregard指不顾,也有漠视的意思,如:disregard all formality;overlook强调因为匆忙或没在意而忽视,如:overlook an error。

capital ['kæpitəl] *n.* 首都;大写字母;资本 *adj.* 首位的,重要的;资本的;可处死刑的

【记】词根记忆:capit(头)+al(…的)→处在头的位置→首位的

【例】A Boeing 727 aircraft with 51 passengers and 10 crew on board has crashed into a mountainside just outside the Columbian *capital*, Bogota. 一架载有51名乘客和10名工作人员的波音727客机在哥伦比亚首都波哥大外不远处的山上坠毁。(2002听力) // She took notes of the *capital* points of the lecture. 她记录下了演讲的要点。// Everybody knows that treason is a *capital* crime. 大家都知道叛国是死罪。

accordance [ə'kɔːdəns] *n.* 符合,一致

【记】词根记忆:ac+cord(心)+ance(名词后缀)→使双方都称心→心心相印→一致

【例】in accordance with As a student, we should behave absolutely *in accordance with* the regulation. 作为学生,我们应该严格遵守制度。

anonymous [ə'nɔniməs] *adj.* 无名的,匿名的

【记】词根记忆:an(无)+onym(名字)+ous(…的)→无名的,匿名的

【例】The mayor received an *anonymous* letter. 市长收到一封匿名信。

schedule ['ʃedjuːəl; 'skedʒuːəl] *n.* 进度表,计划;时刻表,班次表 *vt.* 预定,排定,安排

【记】发音记忆:"筛斗"→古代拿筛漏计时→时刻表

【例】The manager always has a full *schedule*. 经理的时间表一向排得很紧。// The Tennessee Bun Company opened ahead of *schedule* in 1997, in time for a slump in U.S. fast-food sales for McDonald's. 田纳西州面包公司在1997年提前开业了，正赶上当时麦当劳在美国快餐业的销售量急剧下降。(2011)

conceal [kən'si:l] v. 隐藏

【记】联想记忆：con+ceal(看作seal，密封)→密封起来→隐藏

【例】They were endowed with enormous *concealed* advantages of a kind not possessed by any of their competitors. 他们被赋予了潜在的优势，而这是竞争对手所不具备的。(1999)

conceal

intrude [in'tru:d] v. 侵入，闯入；侵扰，干扰；把…强加于

【记】词根记忆：in(进入)+trud(推，冲)+e→冲进→闯入

【例】Phone meetings get cancelled or reformed and camera-phones *intrude* on people's privacy. 电话会议被取消或者革新了，可视电话闯入了人们的私生活。(2006)

【派】intruder(n. 闯入者，入侵者；夜盗者)

complicity [kəm'plisiti] n. 同谋，串通

【记】词根记忆：com+plic(重叠)+ity(名词后缀)→关系重叠→同谋

【例】George was charged with *complicity* to murder. 乔治被指控串通谋杀。

【用】作"牵连"讲时后面接介词in。

invest [in'vest] v. 投资，投入(时间、精力等)，耗费；授予(权利、权力等)

【记】联想记忆：in(饰以)+vest(衣服)→为衣服加小装饰→投入(精力)

【例】The UN is *invested* with larger powers. 联合国被赋予了更大的权力。

【派】investment(n. 投资，投资额，投入)；investor(n. 投资者)

mature [mə'tjuə] v. (使)成熟 adj. 成熟的，理智的

【例】The child's judgment *matures* as he grows older. 孩子的判断力随着年龄的增长而变得成熟。

【派】maturity(n. 成熟，完备)

seize [siːz] *v.* 攫取, 抓住; 强占, 夺取; 扣押, 没收

【例】Police say they *seized* nearly 2,000 kilograms of explosives from a marshy region north of Bombay. 警方表示, 他们在孟买北部的沼泽地区没收了将近2,000公斤的炸药。(1998听力)

【派】seizure[*n.* 扣押, 没收; (疾病的)突然发作]

ability [ə'biliti] *n.* 能力; 才能, 才智

【记】来自able(*adj.* 有能力的)

【例】There are many people of great *ability* who simply do not interview very well. 许多很有能力的人就是不能在面试中表现得很好。(2004) // **to the best of one's ability** They tackled the problem *to the best of their ability*. 他们竭尽全力解决这一问题。

authentic [ɔː'θentik] *adj.* 真正的, 真迹的, 原作的, 正宗的

【例】Where can we find *authentic* Sichuan cuisine in the town? 我们在这个镇子的哪个地方能找到正宗的四川菜？ // If you spoke as if you were in your own kitchen, it would be too *authentic*, too unaware of the need to communicate with an audience. 如果你演讲时就像在自家厨房中一样, 这就太真实了, 没有意识到需要与听众交流。(2008)

【辨】**authentic, genuine**

authentic强调是非伪造的、非赝品的, 符合事实或符合实际的, 如: an authentic report; genuine强调事物没有掺假, 不是假冒的, 如: genuine pearls。

compute [kəm'pjuːt] *v.* 计算, 估算

【记】词根记忆: com(表加强)+put(思考; 认为)+e→一再思考→估算, 计算

【例】The machine can *compute* the time it takes a sound wave to bounce back. 这台机器能够计算声波弹回的时间。

adolescent [ˌædəu'lesnt] *adj.* 青少年期的 *n.* 青少年

【例】The *adolescent* always respects parents who admit their mistakes. 青少年往往尊敬勇于承认错误的父母。

【用】adolescent指12至22岁间的青年男女, 尤指青春期的少年。

【派】adolescence(*n.* 青春期)

resist [ri'zist] *v.* 抵抗, 对抗, 抵制; 抗, 耐, 抵挡住; 克制, 忍住

【记】词根记忆: re(相反)+sist(站)→反着站→抵抗, 对抗

【例】If a building is well constructed and built on solid ground, it will *resist* an earthquake. 楼房如果坚实地建造在坚固的土地上便能抵抗地震。(1997)

【派】resistance(*n.* 抵抗，抵抗力；阻力；敌对)；resistant(*adj.* 反抗的；有抵抗力的)；resistor(*n.* 电阻器)

comparison [kəmˈpærisən] *n.* 比较，对照；比喻

【记】词根记忆：com+par(平等)+ison→比较相等→比较

【例】**beyond comparison** Helen's beauty is *beyond comparison*. 海伦真是漂亮得无与伦比。// **in comparison with** *In comparison with* the total number of earthquakes each year, the number of disastrous earthquakes is very small. 与每年地震发生的总数相比，灾难性地震的数量还是很少的。(1997)

renovate [ˈrenəuveit] *vt.* 修复，整修；革新

【记】词根记忆：re(重新)+nov(新的)+ate→革新；修复

【例】The company decided to *renovate* its ads of the product. 该公司决定更新这种产品的广告。

【派】renovation(*n.* 修复；革新)

gnaw [nɔː] *v.* 咬，啃，啃；消耗，侵蚀；折磨，(使)烦恼

【例】The fear and anxiety *gnaw* my heart. 恐惧和焦虑折磨着我的心灵。

【用】gnaw的常用搭配有：①gnaw away/of（咬去）；②gnaw into（腐蚀）；③gnaw through（咬断，咬穿）。

shriek [ʃriːk] *v.* 发出尖叫 *n.* 尖叫声

【记】联想记忆：怪物史莱克(Shrek)让人尖叫(shriek)

【例】Women *shrieked* and ran at the sight of pistols, and men hid under the tables. 一看到手枪，女人们尖叫着跑散了，男人们则躲在桌子底下。// The *shriek* of seagulls fills the air as the birds dip and float on the breeze, looking for scraps of food. 海鸥寻找着食物，时而点水时而在微风中飞翔，它们的叫声响彻天际。

fiddle [ˈfidl] *n.* 欺诈，欺骗行为；小提琴

【记】词根记忆：fid(相信)+dle→骗取别人的信任→欺诈

【例】How dare you make a *fiddle* on me! 你竟敢欺骗我！

sneer [sniə] *v.* 嘲笑，讥笑，说轻蔑话

【例】The article in the paper was a *sneer* at business. 报纸上的那篇文章是对商业的讥讽。

【用】表示"对…蔑视"要用sneer at。

spectacular [spekˈtækjulə] *adj.* 壮观的，引人入胜的

【记】词根记忆：spect(看)+a+cular→忍不住一直看的→引人入胜的

【例】You are here to witness one of the most *spectacular* sights in the history of man. 你正在这里见证人类历史上最壮观的奇观之一。//

Big cities, like London, have large and **spectacular** fireworks displays.
大城市，比如伦敦，会举行盛大壮观的焰火表演。(2009)

attention [əˈtenʃən] *n.* 注意，专心；立正

【记】联想记忆：at+tent(伸展)+ion(表名词)→听得伸长了脖子→专心

【例】There is the danger that the high-speed connectivity of the Internet will reduce our **attention** span. 高速连接的网络将缩短我们的注意力持续时间，这很危险。(2011)

【派】attentive（*adj.* 注意的，当心的；有礼貌的，照顾周到的，殷勤的）

circulate [ˈsɜːkjuleit] *v.* (使)循环；散布，流动；流通；巡回

【记】词根记忆：circ(圆，环)+ul+ate(使)→使成圆环→循环

【例】We open the window to allow the air to **circulate**. 我们打开窗户让空气流通。

【派】circular(*adj.* 圆形的，环形的)；circulation[*n.* 循环；流通，流传；(报纸、书刊的)销售量]

activate [ˈæktiveit] *vt.* 使活动，使活跃，使积极；刺激，激化

【记】词根记忆：activ(e)(活跃的)+ate(使)→使活跃，使活动

【例】This would trigger sensors to **activate** electrical capacitors inside the tank. 这将触发传感器启动坦克内部的电容器。

【派】active(*adj.* 活跃的；主动的；在活动中的；现役的)

symbolize [ˈsimbəlaiz] *v.* 作为…符号或标志；象征，代表

【记】联想记忆：symbol(象征)+ize→象征

【例】People usually **symbolized** a nation by its national flag. 人们通常用一国的国旗来代表那个国家。

【派】symbolism[*n.* 符号的使用，(文艺中的)象征主义，象征手法]

clench [klentʃ] *v.* 握紧(拳头等)，咬紧(牙关)；捏紧，抓牢

【例】John **clenched** his teeth and refused to tell anything. 约翰咬紧牙关，什么也不肯说。

【辨】clench, clinch

clench指攥紧拳头，一般是指抓住什么东西；clinch指拳击手紧紧抱住对方，也可以用来指互相拥抱，如：The fighters clinched each other for 2 minutes.

integral [ˈintigrəl] *adj.* 不可或缺的，构成整体所必需的，完整的

【记】词根记忆：in+tegr(完整)+al(…的)→完整的

【例】Water is the ***integral*** element of our body. 水是我们的身体不可或缺的成分。// A name is an ***integral*** part of anyone's personal and professional identity—just like the town you're born in and the place where you're raised. 名字是一个人个人和职业身份不可或缺的一部分，就像你出生的城镇和长大的地方一样。（2008）

edible ［'edibl］ *adj.* 可以吃的，适合吃的

【记】词根记忆：ed(吃)+ible→可以吃的

【例】The seeds of these plants are ***edible***. 这些植物的种子可以食用。

paste ［peist］ *n.* 糨糊，糊状混合物 *vt.* 贴，粘贴

【记】电脑操作里的"粘贴"就是这个词

【例】The children ***pasted*** the pictures onto the wall. 孩子们把那些画贴到了墙上。

ravage ［'rævidʒ］ *v.* 毁坏，摧毁；蹂躏；劫掠 *n.* 毁坏；蹂躏；毁坏的结果

【记】词根记忆：rav(捕，夺)+age→劫掠

【例】Hackers can ***ravage*** delicate public and privately-owned computer systems. 黑客能摧毁脆弱的公共和个人电脑系统。

fiery ［'faiəri］ *adj.* 火的，火一般的；燃烧着的；激烈的，热烈的

【例】France's presidential rivals face off in a ***fiery*** TV debate, with just days left to win over undecided voters. 法国总统的竞选者在电视上展开激烈论战，供他们争取未作决定的选民的时间仅剩几天而已。

cost ［kɔst］ *n.* 成本，价格，费用；代价 *v.* 使花费，值(多少钱)；付出代价，使丧失；估计…的成本

【例】**at all costs** You see a fancy has occurred to me and I want to realize it ***at all costs***. 你知道我突然有了一个设想，我要不惜一切代价将它实现。// **at the cost of** Being blind had forced me to discover the blindness in my soul; ***at the cost of*** pain I tasted again the sweetness of life. 失明迫使我去探索心灵中的黑暗，付出痛苦的代价后，我再次品尝到了生命的甜美。

【派】costly（*adj.* 昂贵的，代价高的；价值高的，豪华的）

resign ［ri'zain］ *v.* 放弃，辞去；使听任，使顺从

【记】联想记忆：re(重新)+sign(加上记号)→重新签字→使听任

【例】Mr. White ***resigned*** his job under

resign

ok! 88

辞职信

the public opinion and pressure. 怀特先生迫于舆论和压力辞职了。// I can't *resign* myself to the fate. 我不能听天由命。

【派】resignation(*n.* 辞职，放弃；听任，顺从)

defend [di'fend] *v.* 防御，保卫；为…辩护

【记】词根记忆：de(远离)+fend(打击)→使远离打击→保卫

【例】Our ape-men forefathers could not even *defend* themselves by running swiftly like the horses, zebras or small animals. 我们人类的祖先甚至无法像马、斑马或其他小动物一样依靠快速奔跑来保护自己。(1999)

【派】defence/defense (*n.* 保护，防御；防御工事；答辩，抗辩)；defendant (*n.* 被告)；defender (*n.* 防御者，保卫者；辩护人)；defensible(*adj.* 可防御的，能辩护的)；defensive(*adj.* 防御性的；自卫的；时刻防备的)

【辨】**defend, guard, shield**

三个词都有"保护，保卫"的意思。defend一般指采取某种措施来抵御进攻或保卫自我；guard表示用高度警觉的状态防备危险，如：The President is always guarded by soldiers.；shield主要指用抵抗的方式来保护。

punctual ['pʌŋktjuəl] *adj.* 准时的，按时的

【例】Tim was always *punctual* in paying his rent. 提姆总是按时交租。

gloom [glu:m] *n.* 黑暗，幽暗；忧郁，阴沉

【记】和loom(*vi.* 隐现)一起记

gloom

【例】In the *gloom* Holt saw a black figure passing by. 昏暗中，霍尔特看见一个黑影掠过。

【用】in the gloom是固定搭配，表示"在幽暗中"。

【派】gloomy(*adj.* 黑暗的，阴暗的；令人沮丧的；忧郁的，忧闷的；悲观的)

失业状态

comprehensive [ˌkɔmpri'hensiv] *adj.* 综合的，全面的；理解的，有理解力的

【记】词根记忆：com+prehens(抓)+ive(…的)→抓住要点的→理解的

【例】We wanted a *comprehensive* investigation of your background. 我们要对你的背景做一个全面的调查。// Tina looked at him with quick and *comprehensive* eye. 蒂娜用理解的眼神快速地看了他一眼。

prior [ˈpraɪə] *adj.* 预先的，在前的；较重要的

【记】词根记忆：pri(第一，首要的)+or→第一的→在前的

【例】**prior to** Flight 998 is leaving at 11:30 a.m. Please check in half an hour **prior to** the departure. 998航班将于上午11:30起飞，请在飞机起飞前半小时办理登机手续。（2006听力）

【派】priority(*n.* 优先，优先权；优先考虑的事)

mechanize [ˈmekənaɪz] *vt.* 使(过程、工厂等)机械化

【记】词根记忆：mechan(机械)+ize→使机械化

【例】Our country is **mechanizing** these industries for developing the economy. 我国为发展经济正在使这些产业机械化。

terminal [ˈtəːminəl] *n.* 末端，终点；终点站；(电脑的)终端机 *adj.* 每学期的，每期的；末端的，终点的；晚期的

【记】词根记忆：termin(界限)+al→到达界限→末端的

【例】Walter takes a seat at the **terminal** to wait for his partner. 沃尔特在终点站找了个地方坐了下来等他的伙伴。// Ideally, someone with a **terminal** illness should at least have the right to do what they think they are able. 从理想状态讲，那些处在病症晚期的人至少应该有权利做一些力所能及的事情。

【派】terminate[*v.* (使)终止，结束]

revive [riˈvaɪv] *v.* (使)苏醒，(使)恢复知觉；(使)复用，(使)复兴

【记】词根记忆：re(重新)+viv(生命)+e→使苏醒

【例】The doctor slaps the girl in coma lightly in the face to **revive** her. 医生轻拍这个昏迷女孩的脸，使她苏醒过来。// Share prices on the Stock Exchange plunged sharply in the morning but **revived** slightly in the afternoon. 股票交易所的股票价格在早上急剧下跌，但是到了下午稍微反弹了一些。（2006）

【派】revival(*n.* 更新；重新开始；重演)

【辨】**regain, recover, restore, revive**

四个词都有"恢复"的意思。regain强调收回被夺走的东西；recover指失去的东西又重新得到，也指身体痊愈；restore指旧的东西重新复原；revive指重新充满活力，恢复生气。

vomit [ˈvɔmit] *v.* 呕吐，作呕

【例】The strange man could **vomit** the contents of his stomach by his own vomition. 那奇怪的男子能凭借自己的意志把胃里的东西呕吐出来。

private [ˈpraivit] *adj.* 私人的；私立的，私营的；秘密的，私下的；幽僻的

【记】词根记忆：priv(单个)+ate→私人的

【例】Land belongs to the city; there is no such a thing as *private* ownership of land. 土地属于城市, 不存在土地私有这种事情。(2006)

【辨】**personal, individual, private**

这三个词都有"个人的"之意。personal主要指"自身的, 亲自的", 如: personal affairs; individual强调个体, 与collective相对; private侧重隐私, 侧重不便为外人所知的事。

facility [fə'siliti] n. [pl.]设备, 工具; 简易, 便利; 技能, 熟练

【记】词根记忆: fac(做)+ility(表性质)→做多了→熟练

【例】The translator must have an excellent, up-to-date knowledge of his source languages and fill *facility* in the handling of his target language. 翻译人员必须掌握有关源语言广博且最新的知识, 并对目标语言有很强的驾驭能力。(2002)

【辨】**appliance, equipment, facility**

这三词都有"设备, 设施"的意思。appliance常用来指电器设备或电器元件, 如: Housework has been made easier by electrical appliance.; equipment泛指任何能够完成某项工作的工具设施, 如: Thieves stole all the video equipment from the college.; facility 指可以使人工作得更加便利的设备, 通常用复数形式。

bias ['baiəs] n. 偏见, 倾向性 vt. 抱有偏见, 具有倾向性

【记】联想记忆: bi(二)+as→二者只取其一→偏见

【例】I'm sure our audience will object to your gender *bias*. 我确信我们的观众会反对你的性别歧视。

【用】bias通常情况下指一种倾向和偏好, 而prejudice则侧重不好的偏见, 尤指成见。

emerge [i'mə:dʒ] vi. 出现, 露出, 暴露

【记】词根记忆: e(出)+merg(沉, 没)+e→从浸没之中出来→露出

【例】Workers *emerged* from low underground doorways into factory yards, and sat on posts and steps, wiping their faces and contemplating coals. 工人们从低矮的地下入口出来, 进入工厂大院, 坐到柱子或台阶上, 边擦脸边凝视着煤堆。(2002)

【派】emergence (n. 出现, 露出, 暴露); emergency (n. 紧急情况, 突然事件, 非常时刻); emergent(adj. 刚出现的, 新兴的)

congruent ['kɔŋgruənt] adj. 一致的; 和谐的; 相合的; 全等的

【例】I believe my competence are extremely *congruent* with the requirements of the company. 我相信我的能力绝对符合公司的要求。

【派】congruence/congruency(n. 一致; 和谐; 相合; 全等)

endure [in'djuə] v. 忍受，忍耐，[常与否定词连用]容忍；持续，持久

【记】联想记忆：end(结束)+ure→坚持到结束→忍受

【例】It seems I am destined to ***endure*** many frustrations. 我似乎命中注定要经历许多挫折。

【派】endurable(*adj.* 可忍耐的，可容忍的)；endurance(*n.* 忍耐；耐力，持久力)

> 【辨】**bear, suffer, endure, tolerate**
>
> bear指对悲痛、烦恼、疼痛等的忍受，如：You must face the trouble and bear it.；suffer指被动地、默默地接受痛苦和不幸，强调忍受的过程；endure强调的是坚持、忍耐的持续；tolerate强调的是强制自己忍受，如：I can tolerate the rude fellow.

appropriate [ə'prəupriit] *adj.* 适合的，适宜的

[ə'prəuprieit] *v.* 挪用

【记】词根记忆：ap+propri(拥有)+ate(使)→使变成自己的→挪用

【例】You should supply an ***appropriate*** title for your composition. 你应该给作文加个合适的题目。(2006)

detail ['di:teil] *n.* 细节，详述；分配，(人员的)选派；选派的人(小组，分队等)

['di:teil; di'teil] *vt.* 详细说明

【例】**go into detail** The band needed a rest from performing but wouldn't ***go into detail*** about why. 这支乐队需要告别演出修整一下，但没有透露离开的具体原因。// in detail I can't talk about public education ***in detail***, but in my opinion it is generally good. 我不会详细谈论关于公共教育的事情，但依我之见，教育在整体上还不错。

crack [kræk] *v.* (使)破裂；砸碎 *n.* 裂缝；爆裂声

【例】I knew that losing our money had ***cracked*** me wide open. 我知道失去我们的钱让我彻底崩溃了。(2013)

【用】crack down意为"竭力取缔，严厉打击"。

词根、词缀预习表

pel 推,驱动	dispel *v.* 驱散,消除	**par** 相等	separate *adj.* 分离的,分开的
mut 交换	mutual *adj.* 相互的;共同的	**volunt** 意愿	voluntary *adj.* 自愿的
sens 感觉	sensible *adj.* 感觉得到的	**sent** 感觉	resent *v.* 怨恨,憎恶
-ate 做	designate *v.* 标出,指明	**vad** 走	invade *v.* 侵入,侵占
spir 呼吸	inspire *v.* 鼓舞,激发	**matern** 母亲	maternal *adj.* 母亲(般)的
glor 光荣	glorify *v.* 赞美;使增光		

toil [tɔil] *n.* 苦工,苦活;跋涉 *vi.* 辛苦工作;艰难跋涉

【例】From now on Adam's work is to be sweat and *toil*. 从现在开始亚当要做一些苦差事。// The atmosphere of those places was like the breath of hell, and their inhabitants wasting with heat, *toiled* languidly in the desert. 那些地方的空气就像地狱中的气息,居民们忍受着炎热,疲惫无力地在沙漠里艰苦地劳作。(2000)

cozy ['kəuzi] *adj.* 温暖舒适的,安逸的

(cosy) 【例】We booked a *cozy* and cheerful room in the hotel. 我们在旅馆里预订了一间温暖舒适且令人愉快的房间。

intelligent [in'telidʒənt] *adj.* 聪明的,理智的,明智的;智能的

【记】词根记忆:intel(在…之间)+lig(选择)+ent(…的)→聪明的,明智的

【例】These chips are used in watches, calculators and *intelligent* machines that we can use in many ways. 这些芯片被用在手表、计算器以及很多我们可以用到的智能机器上。(1998)

disapprove [ˌdisə'pruːv] *v.* 不同意,不准许;不喜欢

【记】联想记忆:dis(不)+approve(赞成)→不赞成→不同意

【例】As to this matter, Andrew's face said he *disapproved*. 对于这件事,从安德鲁的表情就可以看出他不赞成。

【用】disapprove在主动句中若要表明不赞同什么,需要加上of。

【派】disapproval(*n.* 不赞成,否决;不喜欢)

drawback [ˈdrɔːbæk] *n.* 缺点，不利条件，短处

【记】组合词：draw（拉）+back（向后）→拖后腿→缺点，不利条件

【例】The only *drawback* I experience is when Americans sometimes express surprise that I should be traveling round alone; so you see it doesn't come from Europeans. 我感受到的唯一缺点就是美国人有时会惊讶地认为我应该独自旅行，但在欧洲人身上你不会碰到这样的事情。

rush [rʌʃ] *n.* 冲，突进；匆忙，急忙；急需；高峰期，热潮 *v.* 冲，奔，使急行；仓促处理，匆忙地做；突发，突现

【例】Ambulances *rushed* to the scene, and doctors began treating casualties in the station and at a nearby cafe. 救护车火速赶到现场，医生在车站和附近的咖啡馆救治伤员。（2002听力）// Cairo, a dusty city of 20 million people, is a place where time seems to both stand still and *rush* into utter chaos. 开罗是一座尘土飞扬的城市，拥有2000万人口，在这里，时间似乎是停止的，同时又似乎陷入一片彻底的混乱。（2012）

dispel [disˈpel] *vt.* 驱散，消除

【记】词根记忆：dis（分开）+pel（推，驱动）→推开→驱散

【例】Our love will *dispel* the darkness. 我们的爱将会驱走黑暗。

【用】dispel指通过分散来驱走或消除。

pace [peis] *n.* 步伐，速度；一步，步距 *v.* 踱步（于）；为…定速度

【例】keep pace with As a developing country, we must *keep pace with* the rapid development of the world economy. 作为发展中国家，我们必须跟上世界经济快速发展的步伐。（1999）

【辨】speed, pace

两个词都有"速度"的意思。speed最为常见，表速度时更强调快、迅速，如：speed to do sth.；pace可指走、跑的速度，也可指活动、行为进展的速率，尤指一步一步的节奏，如：at a foot's pace。

speculate [ˈspekjuleit] *v.* 思索，推测；投机，做投机生意

【记】词根记忆：spec（看）+ul+ate→看来看去→推测

【例】The detective story is boring, because you can *speculate* about the ending when you start reading. 这个侦探故事很没意思，因为从一开始你就能推断出它的结局。// Many people *speculated* in stocks and gained lots of money. 很多人做股票投机赚了一大笔钱。

【派】speculative（*adj.* 思考的，推测出的；投机的，投机生意的）；speculatively（*adv.* 思考地，推测地；投机地）；speculator（*n.* 投机者，投机商）

excessive [ik'sesiv] *adj.* 过多的, 过分的, 过度的

【例】The driver was punished due to his *excessive* speed. 这名司机因为超速驾驶受到惩罚。

【辨】**excessive, exceeding, extensive, exclusive**

这是一组形近词。excessive意为"过多的, 过分的"; exceeding意为"极度的, 非常的"; extensive意为"广大的, 广泛的"; exclusive意为"排外的; 独占的, 唯一的"。

fawn [fɔːn] *v.* 奉承, 讨好, 巴结 *n.* 幼鹿; 浅黄褐色

【例】Everyone crowded round, *fawning* at him and readily taking up his offer of free drinks. 每个人都挤在他周围巴结他, 准备接过他提供的免费饮料。

incidence ['insidəns] *n.* 发生率; 影响范围

【记】词根记忆: in(使)+cid(落下)+ence→天上掉馅饼的几率很低→发生率

【例】Smoking can increase the *incidence* of heart disease. 吸烟会增加心脏病的发病率。

reside [ri'zaid] *vi.* 居住, 定居

【记】词根记忆: re+sid(坐)+e→坐在那里→定居

【例】reside in The teacher's charm *resided in* his patience. 那位老师的魅力就在于他的耐心。

【用】词组reside in的意思是"(指权利等)归属于某人; (性质等)存在于"。

【派】residence (*n.* 居住; 住宅); resident (*adj.* 居住的, 居留的 *n.* 居民, 居住者); residential(*adj.* 住宅的, 适于作住宅的; 与居住有关的)

breathe [briːð] *v.* 呼吸; 吐出; 低语

【例】Isabel enjoys *breathing* the early morning air at her window. 伊莎贝尔喜欢在窗前呼吸清晨的空气。

【派】breathless(*adj.* 气喘吁吁的); breathtaking(*adj.* 激动人心的, 惊人的, 非凡的)

mutual ['mjuːtʃuəl] *adj.* 相互的; 共同的, 共有的

【记】词根记忆: mut(交换)+ual→彼此交换→相互的

【例】Recent tensions between the two countries were a direct result of their *mutual* distrust. 这两个国家近来的紧张形势是他们互不信任的直接结果。(2004听力)

reclaim [ri'kleim] *vt.* 要回, 回收; 开垦(荒地); 改造, 感化(罪犯等)

【记】词根记忆: re(一再)+claim(呼喊)→一再呼喊, 再次得到→要回, 回收

【例】The country *reclaimed* its lost territory after the war. 该国在战后收回了失去的领土。// The criminal has been *reclaimed* from vice after two years in the prison. 这名罪犯在监狱里服刑两年后改邪归正了。

sensible ['sensəbl] *adj.* 明智的，明理的；知道的，察觉的，感觉得到的；显著的

【记】词根记忆：sens(感觉)+ible→感觉得到的

【例】The *sensible* investor remained unshaken after the stock-market crash. 明智的投资者在股市暴跌以后仍然没有动摇。

【派】sensibility[*n.* 敏感性，灵敏度；[*pl.*]（易生气或易受刺激的）感情]

【辨】**aware, conscious, sensible**
　　三个词都有"意识到的"之意。aware侧重感官意识；conscious侧重心理感知；sensible侧重感官觉察到的事物，但强调其复杂与抽象，如：I am sensible of your kindness.

wrap [ræp] *v.* 把…包起来，缠，捆 *n.* 披肩，围巾

【例】The nurse carried in a baby *wrapped* up in a warm blanket. 保姆抱着一个孩子进来，孩子身上裹着暖暖的毯子。// I get up, light a candle and want to look at the skirts. They are still in the newspaper that the woman *wrapped* them in. 我起床，点上一支蜡烛，想看看那些裙子。它们还在那个女人包的报纸中。(2007)

【用】wrap sb. up in cotton wool 表示"过分保护某人"。

insure [in'ʃuə] *vt.* 保险；保证，确保

【记】联想记忆：in(使)+sure(确定的)→确保

【例】Airlines are being hit with huge increases to *insure* their planes after the terrorist attacks in the United States. 在美国遭受恐怖袭击后，飞机投保费用的大幅增长使航空公司遭受重创。(2003)

【派】insurance(*n.* 安全保障；保险，保险业)；insured(*n.* 被保险人，投保人 *adj.* 加入保险的)；insurer(*n.* 承保人，保险公司)

【辨】**insure, assure, ensure**
　　这三个词比较形近，且都有"保证，担保"的意思。insure一般指"为…上保险"；assure只用来指人，表示给某人作保证使其放心；ensure经常可与insure互换，但没有"保险"的意思。

unexpected [ˌʌnik'spektid] *adj.* 没有料到的，想不到的，突如其来的

【例】Bathing will cool you but remember that fatal accidents can happen very easily and in the most *unexpected* conditions. 游泳可以

让你感到凉爽，但要记住，致命的事故很容易在最意料不到的情况下发生。(2002)

praise [preiz] *n./vt.* 表扬，赞美

【记】词根记忆：prais(价值)+e→称赞有价值→赞美

【例】The visitors *praised* the magnificent architecture of the palace. 游客称赞了这座宫殿宏伟壮丽的建筑风格。

grieve [gri:v] *vt.* 使悲痛；使苦恼 *vi.* 悲伤；哀悼

【记】词根记忆：griev(重)+e→心情沉重→使悲痛

【例】It does *grieve* me to lose Charles. 失去查尔斯真的让我很伤心。

【用】grieve有两种用法，一种是grieve over sth.，另一种是grieve to do sth.，都表示"为…而伤心"。

【派】grief(*n.* 悲痛，悲伤；不幸，灾难；伤心事)

spill [spil] *v.* (使)溢出，(使)溅出

【例】Be careful! Don't *spill* milk on the rug. 小心！别把牛奶洒到地毯上。// Tears *spill* from her blinking eyes. 她一眨眼，眼泪就流了出来。

【辨】spill, drop, drip

三个词都与"溅出，滴落"有关。spill多指液体洒落、溢出；drop可指固体的滴落，也可指液体的滴落；drip只表示液体的下落。

intention [in'tenʃən] *n.* 意图，打算，目的；意思，含义

【记】词根记忆：in(使)+tent(伸展)+ion→欲望伸展→意图

【例】Tony has not the least *intention* of giving up his research work. 托尼丝毫没有放弃研究的打算。(1997)

【用】词组have no/every intention of doing sth. 表示"有/无做某事的意图"的意思；one's intention to do sth. 指"某人做某事的意图"。

【派】intentional(*adj.* 有意的，故意的)

【辨】intention, wish, desire

三个词都有"意图，想做…"的意思，但在具体意思上有很大的区别。intention指意图，后面一般跟"of+动名词"结构；wish指希望或良好的祝愿；desire强调的是一种渴望与期望。

slight [slait] *adj.* 轻微的，少量的；纤弱的，脆弱的 *vt.* 轻视，藐视，怠慢

【记】联想记忆：s+light(轻的)→轻微的

【例】I didn't want to *slight* you, but what you did is really despicable. 我并不想蔑视你，但是你做的实在是太卑劣了。

【派】slightly(*adv.* 些许，稍微，轻微地)

□ praise　　□ grieve　　□ spill　　□ intention　　□ slight　　131

stem [stem] *n.* (植物的)茎, 干 *v.* 遏止, 阻止(液体流动等); 源自

【例】Ella pressed her hand to her brow trying to **stem** the tears. 埃拉用手摁住额头, 努力不让眼泪流出来。// The fries' distinctive taste does not **stem** from the kind of potatoes that McDonald's acquires or the technology that processes them. 炸薯条的独特香味并不是来自麦当劳买的那种土豆, 也不是来自它们的生产工艺。(2003)

【用】stem作"源自"讲时常与from一起使用, 表示"从…而来"。

slip [slip] *n.* 滑, 溜, 失足; 小过失; 溜走; 板条, 纸条 *v.* 滑倒, 溜走, 潜行; 滑落, 滑脱; 滑动, 滑行; 犯错误

【例】The answer somehow **slipped** from my tongue before I realized it. 在我意识到之前, 答案不知怎么地已经脱口而出了。(2006) // The refugees succeeded in **slipping** away from their pursuers. 难民成功地摆脱了追踪者。

【派】slipper(*n.* 拖鞋, 便鞋)

acquire [əˈkwaiə] *v.* 取得, 获得, 习得; 学到(知识等)

【记】词根记忆: ac+quir(追求)+e→不断寻求才能够获得→获得

【例】The growth in telecommunications is giving more and more people access to the science that will help their country to develop or to **acquire** the medical knowledge that can fight disease. 电信业的发展正在使得越来越多的人接触到有助于他们国家发展的科学知识, 或者获得能抵抗疾病的医学知识。(2013听力)

【派】acquisition(*n.* 取得, 获得; 得到的东西)

【辨】**acquire, gain, obtain**

这三个词都有"获得, 占有, 得到"的意思。acquire强调逐渐地、积少成多地去获得, 对象是指最终得到的成果, 如: Jane has acquired a working knowledge of English.; gain指通过极大的努力或奋斗而获得, 如: No gains without pains.; obtain是比较正式的用语, 强调在得到某物或达到目的时的计划性, 如: He obtained the driving license.

permit [ˈpəːmit] *n.* 执照, 许可证
[pəˈmit] *v.* 允许, 许可

【记】词根记忆: per(表加强)+mit(送, 放出)→允许放出→许可证

【例】The supervisor also performs some of the carpentry duties if time **permits**. 如果时间允许, (木匠)监工也要做些木匠的活儿。(2011听力)

【派】permission(*n.* 许可, 同意)

【辨】permit, allow, let

    三个词都有"允许"的意思。permit比较正式，表主动地同意、许可，句型一般为permit sb. to do sth.，如：I won't permit pets in the house.；allow有时可以与permit通用，但它相对比较消极，表不反对、不阻止；let最为口语化，有时含"难以阻止"的意思，如：Let him go.

designate ['dezigneit] *vt.* 标出，指明；指派，任命 *adj.* 已受委派（当选）而尚未就职的

【记】联想记忆：de+sign（记号；信号）+ate（使）→给出信号→指派

【例】The US has *designated* thirty international groups as terrorist organizations, barring them from receiving money, weapons or other support from US citizens. 美国已指明了30个国际恐怖组织，禁止美国市民为他们提供资金、武器及其他支持。（2000听力）// He *designated* George as his successor. 他指定乔治为自己的继承人。

【派】designation（*n.* 标示，指定；命名，称呼；指派，委任）；designer（*n.* 设计者，构思者，谋划者 *adj.* 由设计师专门设计的，标出设计师姓名的）

shelter ['ʃeltə] *n.* 庇护，保护，遮蔽；庇护物，避难所 *v.* 躲避，避难

【例】When you are in a survival situation and realize that *shelter* is a high priority, start looking for shelter as soon as possible. 当你需要求生并意识到找寻一个避难所是当务之急时就尽快找到它。// The famous star would be embarrassed to *shelter* from tax. 这位明星会为自己的避税行为感到难堪。

fetch [fetʃ] *v.* 取来，拿来；售得，卖得

【例】The chickens will become ready for the market when poultry will *fetch* the highest price, so that by the end of the year I shall have money enough from my share to buy a new gown. 家禽市场的价格达到顶峰时这些鸡就可以拿出去卖了，所以今年年底我将有足够的钱买一件新礼服。

compliment ['kɔmplimənt] *n.* 恭维，称赞
['kɔmpliment] *v.* 称赞

【例】Sophia was shy, and when *complimented* by others, she blushed. 索菲娅很害羞，被别人称赞时，她就会脸红。// Thanks for your *compliments*. 谢谢你的称赞。

crinkle ['kriŋkl] *n.* 皱纹 *v.* （使）起皱

【记】和wrinkle（*n.* 皱纹）一起记

【例】The ***crinkle*** shows that she is very old. 皱纹显示出她已经很老了。

【用】词组crinkle（up）one's nose是"皱起鼻子（表示困惑、不赞成时的表情）"的意思。

sprain [sprein] *vt.* 扭，扭伤

【记】联想记忆：sp+rain（雨）→雨天路滑，扭伤了脚→扭伤

【例】Tom fell down from the horse and his ankle was ***sprained***. 汤姆从马上摔了下来，脚踝也扭伤了。

swarm [swɔːm] *n.* （昆虫等的）群，人群 *v.* 拥挤，蜂拥而行

【例】Every time when the cocoa-nuts would be ripe for picking, her cousins would ***swarm*** up the trees and throw down the big ripe nuts. 每当椰子成熟到可以采摘的时候，她的堂兄弟们就会一窝蜂地爬上椰子树扔下大个儿的、成熟的椰子。

celebrated [ˈselibreitid] *adj.* 有名的，著名的

【记】来自celebrate（*v.* 庆祝）

【例】In the party the ***celebrated*** writer and his wife were conspicuous by their absence. 那位著名作家及其夫人未出席宴会，引起了人们的注意。

【派】celebrity（*n.* 名誉，名声；名人，名流）

disintegrate [disˈintigreit] *v.* 粉碎，瓦解

【记】联想记忆：dis（不）+integrate（一体化，完整）→瓦解

【例】These forms of organic life do not ***disintegrate*** till after death. 直到死亡，这些有机生命体的形态才会分解。

【派】disintegration（*n.* 破裂，分裂，瓦解）

heal [hiːl] *v.* 治愈（伤口等），使恢复健康

【例】Aspirin may be the most familiar drug in the world, but its power to ***heal*** goes far beyond the usual aches and pains. 阿司匹林可能是世上最常见的药物，但它的治愈功效远不仅仅是对付常见的疼痛。（2003）

【辨】heal, cure

二者都有"治愈"的意思。cure指痊愈，强调治疗的效果；heal则强调花费长时间的休养来恢复健康状况，特指外伤或心灵的伤痛，如：heal the wound。

insane [inˈsein] *adj.* 疯狂的，精神失常的，荒唐的

【记】联想记忆：in（不）+san（健康的）+e→不健康的→精神失常的

【例】We can't believe that the ***insane*** scheme was authorized. 我们无法相信这个愚蠢的计划居然被批准了。

admire [əd'maiə] *v.* 赞赏，钦佩，羡慕

【记】词根记忆：ad(表加强)+mir(惊奇)+e→让人很惊奇→钦佩，赞赏

【例】French are not really *admired* by anyone except the Italians. 除了意大利人没有人真正赞赏法国人。

【用】would admire to do sth. 是"想要或喜欢做某事"的意思，跟would like to do sth. 相似。

【派】admirable(*adj.* 令人赞叹的，令人钦佩的)；admiration(*n.* 赞赏，美慕)

inspire [in'spaiə] *v.* 鼓舞，激发；鼓动，驱使；激起灵感

【记】词根记忆：in(使)+spir(呼吸)+e→使…呼吸→激发，鼓舞

【例】The beautiful scene *inspired* the poet to write. 美丽的景色激发了诗人的创作灵感。

【派】inspiration[*n.* 鼓舞人心的人(物)；激发；灵感，启示]；inspiring(*adj.* 鼓舞人心的；启发灵感的)

slander ['slɑːndə] *n. / vt.* 诽谤，诋毁

【记】联想记忆：s+land(地)+er→把人贬到地上→诽谤，诋毁

【例】The public *slandered* the behavior of the government. 公众诋毁政府的行为。

examine [ig'zæmin] *v.* 检查，细查，审视；对…进行考试；对…进行查问

【例】The head of the Museum was obliging and let us actually *examine* the ancient manuscripts. 博物馆馆长很乐于助人，同意让我们实际观察研究远古时的手稿。(2002) // We should *examine* all the information he provided before taking actions. 展开行动以前我们应该先审查他提供的所有信息。

【派】examination(*n.* 考试；检验)

strategy ['strætidʒi] *n.* 战略(学)，兵法；策略，谋略

【记】《孙子兵法》Sun Zi's Military Strategy

【例】The government's *strategy* for tackling child poverty discriminates against two-parent families, a report claims. 一份报告表示，政府解决儿童贫困的策略存在对双亲家庭的歧视。

renounce [ri'nauns] *v.* (尤指正式地)放弃(某事物的)所有权或占有权；自愿放弃(尤指习惯)；摈弃，背弃；与…断绝关系

【记】词根记忆：re(相反)+nounc(讲，说)+e→宣布和之前相反→背弃

【例】The treaty was unfair for the country and the President *renounced* it. 此条约对该国来说不公平，总统宣布将其废除。

accuse [əˈkjuːz] *v.* 指责，谴责；控诉，控告

【记】词根记忆：ac(表加强)+cuse(理由)→有理由指责别人→指责

【例】Police in India have arrested a city bank employee *accused* of cheating clients millions of dollars. 印度警方逮捕了一名城市银行的雇员，他被控诈骗了客户数百万美元。（2012听力）

【用】accuse常与of搭配，accuse sb. of...表示"指责某人…"，后接原因。

【派】accusation(*n.* 指责，起诉；罪名；谴责)

derelict [ˈderilikt] *adj.* 被弃置的；破败的，荒废的 *n.* 被遗弃的人

【例】This building is *derelict* and nobody can be seen here. 这栋楼被弃置了，在这儿都看不到人影。

dispute [disˈpjuːt] *n. / v.* 争吵，争论，争夺；质疑，反对；阻止，反抗

【记】联想记忆：dis(不)+put(思考)+e→不同的思考方式→争论

【例】Mike and Tom *disputed* over this issue. 迈克和汤姆就这个问题发生了争论。// They flare up, and the *dispute* ends in a fight. 他们怒气腾腾，争论最后在斗殴中结束。

【用】dispute一般指相持不下、激烈争辩的意思，但问题不一定能得到解决。

modest [ˈmɔdist] *adj.* 谦虚的；适度的，不过分的；端庄的；朴素的

【记】词根记忆：mod(风度)+est→做事有风度→谦虚的

【例】There has been *modest* growth in tourism worldwide despite two years of terrorism, war and disease. 尽管过去两年间满是恐怖活动、战争和疾病，但全球的旅游业都有所发展。（2005）

【派】modesty(*n.* 谦虚，虚心)

virtue [ˈvəːtjuː] *n.* 德行，美德；优良品德；优点，好处

【例】Disney's other great *virtue* was the fact that his company—unlike other big corporations—had a human face. 迪斯尼的另一个巨大优势在于它与其他大公司不同——它采用了人类的面孔。（2005）// This device helps to improve or restore gas mileage and reduce emissions in older cars, by *virtue* of reducing engine deposits. 这种装置能够改善或恢复公里耗油量并降低陈旧汽车的尾气排放量，因为它减少了引擎内的沉积物。

explain [ikˈsplein] *vt.* 解释，说明；为…辩解，说明…的理由

【例】"I kept seeing people missing their cell phone calls because they were listening to music," he *explains*. 他解释说："我总是看见人们因为听音乐而没有接到电话。"（2013）

【派】explanation(*n.* 说明，解释，理由)；explanatory(*adj.* 说明的，解释的)

brainless [ˈbreinlis] *adj.* 笨的，没头脑的

【记】来自brain(*n.* 脑子；脑力)

【例】That was a pretty *brainless* thing to do. 那样做很愚蠢。

poll [pəul] *n.* 民意测验；选举投票；投票数 *v.* 对…进行民意测验；投票，得票

【例】According to a recent survey, 19 other ways of expressing appreciation finished ahead of "thank you" in a *poll* of 3,000 people. 最近一项有3000人参与的民意调查显示，有19种比"thank you"更加受欢迎的表示感谢的方式。(2012)// The committee planned to *poll* the voters about the vote. 该委员会打算就这次选举对选民进行民意测验。

glorify [ˈɡlɔːrifai] *vt.* 赞美；崇拜；使增光；美化

【记】词根记忆：glor(光荣)+ify→使光荣→美化

【例】Many people have used poem to *glorify* God and praise him. 许多人用诗歌来颂扬和赞美上帝。

【用】glorify oneself 常用来表示"自夸"。

【派】glorious (*adj.* 光荣的；辉煌的，壮丽的；令人愉快的); glory (*n.* 光荣，荣誉；壮丽，壮观)

bald [bɔːld] *adj.* 秃顶的，光秃的；无装饰的，不加虚饰的

【例】Jeff was completely *bald* when he was sixty years old. 杰夫在60岁的时候完全秃顶了。

【辨】**bare, bald, naked, nude**

　　bare意为"裸露的，无遮掩的"，如：bare foot；bald意为"光秃的"，尤其指秃顶的，如：a bald hill；naked意为"赤身裸体的，没有遮盖物的"，如：naked eyes；nude意为"全裸的，一丝不挂的"，通常指裸体艺术人像。

precaution [priˈkɔːʃən] *n.* 预防，预防措施；谨慎

【记】联想记忆：pre(预先)+caution(小心)→事先小心→预防

【例】The government warned people for *precaution* of the storm. 政府提醒人们必须做好暴风雨的预防措施。

separate [ˈseprit] *adj.* 分离的，分开的；各自的，单独的

[ˈsepəreit] *v.* (使)分离；区分，识别；(夫妻)分居

【记】词根记忆：se(分开)+par(相等)+ate→使分成份儿→(使)分离

【例】Two of the children have to sleep in one bed, but the other three have *separate* ones. 其中两个孩子必须睡在一张床上，但是另外三个孩子有各自的床。(1997) // The English Channel *separates* Britain from Europe. 英吉利海峡分开了英国和欧洲。

【派】separately(*adv.* 分别地)；separation(*n.* 分离，隔开；分居)；separatist(*n.* 分离主义者，独立主义者)

【辨】**separate, divide, part**
　　三个词都有"分开"的意思。separate指把原本在一起的东西分开，常用短语是separate from；divide指把一个整体分成几部分，常见的短语为 divide into；part侧重将亲密的人或物分开，如：Nothing can part us from each other.

manipulate [mə'nipjuleit] *vt.* 熟练地使用，巧妙地处理；操纵，摆布
【记】联想记忆：mani(手)+pul(看作pull，拉)+ate→我用手拉→熟练地使用
【例】Computer users can *manipulate* these programmes. 电脑用户可以熟练地操作这些程序。

liberate ['libəreit] *vt.* 解放，使获自由；释放，放出
【记】词根记忆：liber(自由)+ate→使自由→释放；解放
【例】The doctor helped him to be *liberated* from his dismal mind. 医生帮助他从阴郁的精神状态中解脱出来。
【派】liberation(*n.* 解放)

unpack [ʌn'pæk] *v.* 打开(包装)取出某物
【例】Rachel was *unpacking* as the phone rang. 电话铃响时，雷切尔正在把行李中的衣物取出来。

voluntary ['vɔləntəri] *adj.* 自愿的，自动的，自发的
【记】词根记忆：volunt(意愿)+ary→凭意愿的→自愿的
【例】A county council wins more than £500,000 in government funding for *voluntary* work. 一郡议会赢得50多万英镑的政府资金用于志愿者工作。

【辨】**voluntary, willful, willing**
　　三个词都和"意愿"有关。voluntary指不是被迫地去做；willful指在自己决定的行动中任性、顽固地坚持；willing含有高兴、愿意和主动的意味。

complex ['kɔmpleks] *adj.* 复杂的；综合的 *n.* 综合企业；一组建筑群；相关联的一组事物
【记】词根记忆：com+plex(重叠)→全部重叠→复杂的
【例】Lastly, he is highly imaginative since he often has to look for relationships in data which are not only *complex* but also frequently incomplete. 最后，他极具想象力，因为他经常要寻找数据之间的关系，而这些数据不仅复杂还经常是不完整的。(2010)

【派】complexity(*n.* 复杂性；错综复杂的事物)

【辨】**complex, complicated, intricate**

　　三个词都有"复杂的"意思。complex指事物的复杂程度需要经过研究并具有足够的知识才能理解；complicated由各种紧密相连的部分组成，非常难以分析、理解，如：a complicated piece of machinery；intricate指事物各个部分以令人迷惑的方式交织在一起，使人难以理清头绪，如：The mystery story has an intricate plot.

misery [ˈmizəri] *n.* 痛苦，悲惨

【记】词根记忆：miser(可怜的)+y→痛苦

【例】The earthquake has caused untold ***misery*** to hundreds of thousands of people. 地震给几十万人带来了无尽的苦难。

【派】miserable(*adj.* 痛苦的；令人难受的，糟糕的；低劣的)

【辨】**misery, distress, agony, suffering**

　　这四个词都含有"痛苦"的意思。misery指身心都受到巨大的痛苦，也可指造成这个痛苦的原因；distress多指精神上的痛苦；agony强调的痛苦是全身的而非局部的；suffering也指身心苦难，但侧重对痛苦的忍受。

decide [diˈsaid] *v.* 决定；解决，判决；使下决心，使决定

【记】联想记忆：de(表加强)+cid(杀)+e→要杀要留必须果断→决定

【例】He ***decided*** to speak to his boss's mother about his problems at work, rather than to go directly to his boss. 他决定去跟老板的母亲讨论工作中遇到的问题，而不是直接去找老板。(1997听力)

【用】decide是一个常用动词，其句式结构一般是sb. decide to do sth.。

【派】decidedly(*adv.* 下定决心地；毅然决然地)；decision(*n.* 决定，抉择；判决；果断；决心)；decisive (*adj.* 坚决的，果断的；有决定作用的；明确的)

blush [blʌʃ] *n.* 脸红 *v.* 感到羞愧

【例】The ***blush*** of shame which it excited overpowered the sensation of fear which had produced his former paleness. 这件事引起的羞愧使他满脸通红，掩盖了先前由于恐惧而呈现的苍白脸色。

peddle [ˈpedl] *v.* 叫卖，到处贩卖

【记】词根记忆：ped(脚)+dle→行走在大街上叫卖→叫卖

【例】The poor boy made a living on ***peddling*** newspapers from door to door. 这个可怜的男孩靠挨家挨户卖报度日。

【派】pedlar / peddler(*n.* 小贩)

scramble [ˈskræmbl] *v.* 爬行，攀爬；杂乱蔓延；抢夺 *n.* 攀缘，爬行；抢夺

【例】They *scrambled* up a steep slope through dense foliage. 他们穿过茂密的树丛，爬上了一个陡峭的斜坡。// The leaders of the country *scrambled* for power and wealth. 该国的领导人互相争权夺利。

pious [ˈpaɪəs] *adj.* 虔诚的，笃信的；假虔诚的，虚伪的

【例】The *pious* woman goes to church regularly. 那位虔诚的女子定期去做礼拜。

comparative [kəmˈpærətɪv] *adj.* 比较的，相当的 *n.* 比较级

【记】词根记忆：com+par(平等)+ative(…的)→相对平等的→相当的

【例】What is the *comparative* value of this painting over that one? 这幅油画与那幅比起来价值何在？

【派】comparatively(*adv.* 比较地)

【辨】**comparable, comparative**
这两个词都是compare的派生词，但意思不同，comparable指"类似的，可相比的"，而comparative是"比较的，相当的"意思。

cheat [tʃiːt] *n.* 欺诈，骗取；骗子 *v.* 欺诈，骗取

【例】They will not care how to get passed which will be fulfilled by *cheating*. 他们不会在意如何通过考试，一般都是靠作弊来完成的。（1997听力）// This company's financial activity turned out to be a *cheat*. 这个公司的财务活动原来是一场骗局。

【用】cheat通常指通过不被人发现的手段诈取钱财或占小便宜，通常都有利益纠葛。cheat的常见搭配有：①cheat on（对…不忠）；②cheat sb. into（哄骗某人…）；③cheat sth. of sb.（骗人的东西）；④cheat sth. out of sb.（骗人的东西）。

siege [siːdʒ] *n.* 围困，围攻

【记】和besiege(*v.* 围攻，包围)一起记

【例】The city was under *siege*. How could we helplessly wait for death? 兵临城下，我们岂能坐以待毙？

crawl [krɔːl] *n. / v.* 爬，爬行，匍匐前进；缓慢地移动，徐徐前进

【例】The heavy traffic *crawled* through the narrow tunnel. 拥挤的车辆慢吞吞地穿过狭窄的隧道。

comprehend [ˌkɒmprɪˈhend] *v.* 了解，领会

【记】词根记忆：com+prehend(抓)→抓住要点→领会

【例】A good reader is able to *comprehend* the material with a minimum of effort and a maximum of interest. 优秀的读者能够以最少

的精力和最大的兴趣理解文章。(2001听力) // I *comprehended* all at once. 我立刻明白了。

【派】comprehensible(*adj.* 能理解的); comprehension(*n.* 理解)

dehydrate [di'haidreit] *vt.* (使)脱水,除去…的水分

【记】词根记忆:de(去掉)+hydr(水)+ate(使)→除去…的水分

【例】The fever can *dehydrate* you. 发烧会让你脱水。

confirm [kən'fə:m] *vt.* 证实;批准,使有效,确认;(基督教中)给…行按手礼

【记】联想记忆:con+firm(坚定的)→十分坚定→确认

【例】A new book *confirms* that he was very definitely on the side of ordinary people. 新书证实了他的确是站在普通人这一边的。(2005)

【派】confirmation(*n.* 确认,认可,证实)

loom [lu:m] *n.* 织布机;隐隐呈现的形象 *vt.* 隐隐呈现;阴森地逼近

【例】The outline of a boat *loomed* through the fog on the horizon. 一条小船的轮廓在薄雾中自地平线隐隐呈现。

stuff [stʌf] *n.* 材料,原料;素质,本质 *v.* 填塞,装填;(为制作标本)剥制(死动物);暴食,过食

【例】Suddenly, the *stuff* of science fiction doesn't seem so fanciful anymore. 科幻小说的要素似乎突然不再那么让人富于幻想了。// After all, peacock feathers still shine brightly when their owner is dead and *stuffed*. 毕竟,孔雀的羽毛在其主体死亡并被制成标本后依然光芒四射。

【派】stuffing[*n.* (禽等的)填料;(垫子的)填料]

timid ['timid] *adj.* 胆小的,羞怯的

【记】词根记忆:tim(害怕)+id(…的)→胆小的

【例】Roger is a *timid* boy; it's impossible for him to brawl with anyone. 罗杰是一个胆小的男孩,他不可能和任何人吵架。

【派】timidity(*n.* 羞怯,胆怯)

【辨】afraid, frightened, timid

三个词都有"害怕"之意。afraid不作定语,泛指恐惧心理,如:I am afraid of cats.;frighten指一种强烈的、突然的恐惧,强调时间很短;timid是因为胆小而害怕,多指易受惊吓的。

yell [jel] *v.* 叫喊,叫嚷 *n.* 叫喊声,呐喊

【例】The men throw the women high in the air and catch them. The team members climb on each other's shoulders to make a human pyramid. They *yell* and dance, too. 男队员将女队员抛向空中再接

住；他们相互踩在肩膀上叠罗汉；他们高呼着、舞动着。(2005) //
Give me a *yell* if something happens. 如果有事的话，叫我一声。

【用】yell at是"冲…大喊大叫"的意思。

inferior [inˈfiəriə] *adj.* (质量等)较劣的，次等的；(地位等)下级的，低等的，低于…的

【记】词根记忆：in(不)+fer(带来)+ior→什么都带不来的→次等的

【例】Working-class people may sometimes feel *inferior* to middle-class people. 工人阶级有时会感觉比中产阶级低一等。(2006)

resent [riˈzent] *vt.* 怨恨，憎恶

【记】词根记忆：re(反对)+sent(感觉)→反感→憎恶

【例】Many UK women *resent* the fact that their husband or partner does not earn as much as them, a survey suggests. 一项调查显示，许多英国妇女讨厌丈夫或是伴侣的收入不如自己。

【派】resentful(*adj.* 感到或表示愤恨的，憎恨的)；resentment(*n.* 愤恨，怨恨)

brunt [brʌnt] *n.* 冲击，冲势；压力

【例】bear the brunt of sth. I had to *bear the brunt of* her screaming and yelling. 我不得不忍受她的大喊大叫。

【用】bear the brunt of sth. 单独来讲是"首当其冲"的意思，但用在句中则成了"承受，忍受"的意思，一般指被迫或不情愿。

trifle [ˈtraifl] *n.* 小事，琐碎之物；少量的钱；稍微，有点 *v.* 轻视或随便对待某人

【记】联想记忆：tri(三)+fle→分成三份后变琐碎→琐碎之物

【例】Why do you always argue with your neighbours about *trifle* matters? 你为什么总是为一些琐事和邻居们争吵？// How dare you *trifle* with me, he might have said; and worse, why should I care? "你怎么敢瞧不起我？"他可能会这么说；或者更糟糕的是他会说："我为什么要在乎？"

【用】trifle作动词时常与with连用，表示"轻视或随便对待…"。

serene [siˈriːn] *adj.* 安详的，平静的，宁谧的

【例】Many people living in the city wanted to live a *serene* life in the countryside. 很多居住在城市中的人想去乡下过宁静的生活。

【派】serenely(*adv.* 安详地，平静地)

brag [bræg] *n. / v.* 夸张，吹牛

【例】Marty *bragged* that he had killed 2 bears. 马蒂吹嘘说他杀死了两只熊。

【辨】brag, boast

　　两词都有"夸耀"的意思，brag比boast语气更强，常指因为自己优越的能力、地位、成就等而夸口和吹嘘；boast比较常见，指对事情过分夸耀，如：He boasted too much of his achievements.

disarm [dis'ɑ:m] v. 缴…的械，解除…的武装，裁减军备；消除…的疑虑

【记】联想记忆：dis(除去)+arm(武器)→去掉武器→裁减军备

【例】Somali warlords who have fought for 16 years agree to **disarm** after a battle, which leaves five dead. 经过一场造成5人死亡的激战后，战斗了16年的索马里军阀同意解除武装。

【派】disarmament(n. 裁军，裁减军备)

invade [in'veid] v. 侵入，侵占；侵害，侵犯(权利等)；侵袭；涌入

【记】词根记忆：in+vad(走)+e→直接走进去→侵入

【例】All the forces are armed to **invade**. 所有军队都全副武装准备发动侵略进攻。

【派】invader(n. 侵略者，入侵者)；invasion(n. 入侵；侵害；涌入)

boom [bu:m] v. 隆隆作响，发低沉声；迅速发展，繁荣 n. 隆隆声；繁荣；激增；帆的下桁；(横于河面阻挡原木漂走或船只航行的)重铁链，水栅，拦河埝

【例】The spacecraft created a sonic **boom** that could be heard along much of Florida's eastern seaboard. 飞船发出的巨大隆隆声甚至在佛罗里达东海岸的大多数地方都能听到。(2001)

incidental [ˌinsi'dentəl] adj. 次要的；伴随的，附带的；偶然发生的

【记】词根记忆：in(使)+cid(落下)+ental→天上掉馅饼不太可能→偶然发生的

【例】We must save some money for **incidental** expenses. 我们必须储蓄一些钱以备临时开支之用。

【派】incidentally(adv. 顺便提一句；偶然地，不经意地)

chew [tʃu:] v. 咀嚼；深思，回味，体味

【记】口香糖chewing-gum

【例】bite off more than one can chew We **bit off more than we could chew** when we started this business. 我们刚开始做这笔生意时太好高骛远了。

【用】chew的常用短语是chew the fat/rag(聊天)。

maternal [mə'tə:nəl] adj. 母亲(般)的，母性的，母系的

【记】词根记忆：matern(母亲)+al→母性的

【例】Infant and *maternal* mortality rates went down 132% and 147% respectively. 婴儿和母亲的死亡率分别降低了132%和147%。（2004）

【派】maternity（*n.* 母性；产科医院 *adj.* 孕妇的，产妇的）

discipline [ˈdisiplin] *n.* 训练；纪律，行为准则，规章制度；惩罚；学科，科目 *vt.* 训练；惩罚

【记】联想记忆：dis（表加强）+cip（拿）+line（线）→让人站成一条线→纪律

【例】One of my best friends is so exclusively engaged in his works that he did not even know what was happening out of his own *discipline*. 我最好的一个朋友非常专注于他的工作，以至于完全不知道其他领域发生的事情。（2001）// It's a mind *discipline*. 这是一项思维训练。// Without *discipline*, there is no method. 没有规矩，不成方圆。

【派】disciplinary（*adj.* 纪律处分的，执行纪律的，惩戒性的；有关学科的）

murder [ˈməːdə] *n. / v.* 谋杀（罪）

【例】The police let him go, because they didn't find him guilty of the *murder*. 警方因为没有找到他谋杀的证据，所以释放了他。（1999）

【派】murderer（*n.* 杀人犯，凶手）

shift [ʃift] *v.* 移动，转移，变换；推卸，清除 *n.* 改变，变换；轮班，换班

【例】The spokesman *shifted* diplomatically when it came to sensitive issues. 当涉及敏感问题时，这位发言人就会老练地转变话题。// The *shift* of the wind compelled the sailors to change the direction of the sail. 风向的改变迫使船员改变风帆的方向。

devote [diˈvəut] *vt.* 奉献；把…专用于

【记】词根记忆：de+vot（发誓）+e→发誓效忠祖国→奉献

【例】The respectable teacher has *devoted* her life to education. 这位令人尊敬的老师将自己的一生献给了教育事业。// devote oneself to Nothing could diminish her enthusiasm once she decided to *devote herself to* something. 一旦她决定要致力于某事，就没有什么可以降低她的热情。

【用】devote oneself to 表示"献身于，致力于；沉溺于"，尤指全身心地奉献。

【派】devotion（*n.* 献身，奉献，忠实；热爱；专用，专心；虔诚）

decree [di'kriː] *n.* 命令，法令，判决 *v.* 命令，颁布命令；判定

【例】The arrest came as the Argentine government struck down the ***decree*** prohibiting such extradition, saying all Argentines should be equal before the law. 阿根廷政府颁布法令禁止这类引渡，逮捕也随之而来，并称所有阿根廷人在法律面前都是平等的。（2005）

【用】decree指具有法律效力的官方命令或法令。

reliable [ri'laiəbl] *adj.* 可靠的，可依赖的

【记】联想记忆：rel(y)(信赖)+i+able(能…的)→可靠的

【例】We have it on ***reliable*** news that the stock market is going to collapse. 我们得到可靠消息，股市将会暴跌。

negotiate [ni'gəuʃieit] *v.* 谈判，协商

【例】The government claims it will not ***negotiate*** with terrorists. 政府声称将不会与恐怖分子谈判。

【派】negotiation(*n.* 谈判，协商)

elastic [i'læstik] *adj.* 弹性的，有弹力的；灵活的，可伸缩的 *n.* 橡皮带，松紧带

【例】The ropes are made of ***elastic*** fabrics. 绳子是由弹性纤维制成的。

【派】elasticity(*n.* 弹性，弹力；灵活性，适应性)

cue [kjuː] *n.* 提示，暗示

【记】联想记忆：有线索(clue)可以暗示(cue)

【例】If you leave running shorts on the floor at night, that'll be a ***cue*** to go running in the morning. 如果你晚上把跑步短裤放在地板上，它会暗示你早上去跑步。（2013）

【用】on cue表示"恰好在这时候"。

The man who has made up his mind to win will never say "impossible".

— Napoleon

凡是决心取得胜利的人是从来不说"不可能"的。

——拿破仑

Word List 8

词根、词缀预习表

pen 惩罚	penalty *n.* 惩罚，刑罚	**-al** …的	clinical *adj.* 诊所的
crimin 罪行	discriminate *v.* 歧视	**plic** 重叠	implicate *v.* 涉嫌
mit 送	transmit *v.* 播送，传送	**gener, gen** 产生，出生	generous *adj.* 丰富的
valu 价值	evaluate *vt.* 评价	**mal** 坏	malice *n.* 恶意
tim 害怕	intimate *adj.* 亲密的	**neg** 否认	negative *adj.* 否定的
don 给予	donate *v.* 捐赠，赠送	**solu** 松开	soluble *adj.* 可溶的

---

shadowy ［ˈʃædəui］*adj.* 多阴影的，阴暗的；朦胧的

【记】联想记忆：shadow(阴影)+y(…的)→多阴影的

【例】People sat in the ***shadowy*** porch, enjoying the cool. 人们坐在阴凉的门廊里纳凉。

split ［split］*v.* 裂开，劈开，破裂；撑破，绽裂；(使)分裂 *n.* 裂开，裂口；分裂，分歧

【例】This company has announced that it plans to ***split*** into two. 这家公司已经宣布，它计划将公司一分为二。// After the ***split***, the two parties often fought with each other. 分裂以后，这两党经常互相争斗。

【用】split后面一般跟in或者into，表示"分裂成…"。

overlook ［ˌəuvəˈluk］*vt.* 眺望，俯瞰；忽略，没注意到；宽容，不追究

【记】来自词组look over (从…上面看)

【例】Many employers will ***overlook*** occasional inefficiencies from their secretary provided she has a pleasant personality. 如果秘书的性格不错，很多老板都会忽略她们工作中偶尔的疏忽。(2004)

bankrupt ［ˈbæŋkrʌpt］*vt.* 使破产 *adj.* 破产的

【记】联想记忆：bank(银行)+rupt(破)→银行都破产了→破产的

【例】go bankrupt The company *went bankrupt* with over ten billion dollars of debt last year. 去年，那家公司因负债超过100亿美元而宣布破产。

【派】bankruptcy〔*n.* 破产(状态)〕

penalty [ˈpenəlti] *n.* 惩罚，刑罚，罚款

【记】词根记忆：pen(惩罚)+alty→惩罚

【例】The *penalty* for these captured aid workers could range from expulsion to a jail term and death sentence. 这些被捕的外援工人面临的刑罚包括驱逐出境、入狱及死刑。(2003听力)

【辨】penalty, punishment

　　二者都具有"处罚"的意思。penalty多指有具体惩罚方式的处罚，如罚金、刑罚等，如：a financial penalty；punishment侧重于对过错的惩罚，比较抽象。

baptize [bæpˈtaiz] *v.* 给…施洗礼

【例】His father *baptized* him Johnny. 父亲在他洗礼时给他取了约翰尼这个名字。

【派】baptism〔*n.* (基督教的)洗礼，浸礼；洗礼；考验〕

ambiguity [ˌæmbiˈgjuːiti] *n.* 模棱两可，含糊，不明确

【例】The mayor talked to me with diplomatic *ambiguity*. 市长用模棱两可的外交辞令和我交谈。

【派】ambiguous(*adj.* 模棱两可的，意义不明确的)

snicker [ˈsnikə] *n. / vi.* 暗笑，窃笑

【例】The lecturer made a mistake and some of the audience were *snickering* at him. 那位演讲者犯了个错，一些听众在偷偷地笑他。

discriminate [disˈkrimineit] *v.* 区别，辨别；有差别地对待，歧视 *adj.* 有区别的，有差别的；有识别力的

【记】词根记忆：dis+crimin(罪行)+ate→歧视人是一种罪恶→歧视

【例】Death does not *discriminate*; it comes to everyone. 死亡一视同仁，它会降临到每个人的身上。// You must *discriminate* between dream and reality. 你必须学会区分梦想与现实。

【用】discriminate后可接between和against，前者表示"区分…"，后者表示"歧视…"。

【派】discrimination(*n.* 区别，辨别，识别力；差别对待，歧视)

transmit [trænzˈmit] *v.* 播送，传送；传染，传播；传导，传动

【记】词根记忆：trans(转移)+mit(送)→送过去→传送

【例】Some people deem that international news is the fastest *transmitted* news. 一些人认为国际新闻传播的速度最快。// The disease among the cattle can sometimes be ***transmitted*** to human beings. 牛群所得的这种病有时也会传染给人类。

【用】transmit与介词to一起使用时表示"将…传播到…；将(疾病等)传染给…"。

【派】transmission(*n.* 传送，中转；电视或无线电播送)

convention [kən'venʃən] *n.* (传统性的)习惯；代表大会，定期大会

【记】词根记忆：con+vent(来)+ion→大家共同来遵守的东西→习惯

【例】New generation will not be inhibited by outmoded social ***conventions***. 新时代的人不会受到陈旧社会习俗的约束。

【派】conventional(*adj.* 习惯的；常规的)

evaluate [i'væljueit] *vt.* 评价，估计

【记】词根记忆：e(出)+valu(价值)+ate→判断价值→评价，估计

【例】I will ***evaluate*** my chances of success before taking action. 在采取行动前，我会估计自己成功的几率。

【派】evaluation(*n.* 评价，估计)

fade [feid] *v.* (使)褪色，(使)枯萎，变衰；逐渐消失

【例】US midfielder Freddie Adu says David Beckham's profile could ***fade*** very quickly if he does not shine when he joins LA Galaxy. 美国中场球员弗雷迪·阿杜说，如果大卫·贝克汉姆在加入洛杉矶银河队后不能展现光芒，他的风采很快就会消逝。

frugal ['fru:gəl] *adj.* 节俭的，节约的；廉价的

【例】Although he has become rich, he is still very ***frugal*** of his money. 尽管他已经富裕起来，但在花钱方面还是十分节俭。(2001)

【辨】**economical, thrifty, frugal**

三个词都有"节省的，节约的"之意。economical强调"节省的"，应用范围最广；thrifty着重指把钱节约下来储蓄；frugal表示生活俭朴，尤其强调在饮食方面的节俭，如：a frugal lunch。

remark [ri'ma:k] *n.* 议论，话；注意，留意 *v.* 谈及，说；谈论，评论；注意，看

【记】联想记忆：re(一再)+mark(做标记)→一再做标记→评论

【例】His ***remarks*** were such as to annoy everybody at the meeting. 他的话激怒了会上所有的人。(2005) // Everyone in the office ***remarked*** on the resignation of the manager. 办公室里的每个人都在谈论经理的辞职。

【派】remarkable(*adj.* 不平常的，杰出的，值得注意的)

【辨】remark, notice, attention

　　三个词都有"注意"的意思。remark较正式，一般指评论引人注意、令人印象深刻的事情；notice表示对身边的事情"注意，观察到"；attention常用于短语pay attention to，表示有意识地去关注。

provoke [prə'vəuk] vt. 激怒，煽动，挑起

【记】词根记忆：pro(在前)+vok(叫喊)+e→在人前面呼喊→煽动

【例】The politician's speech ***provoked*** rage in some people. 那位政治家的讲话激怒了一些人。

【派】provocation(n. 挑衅，激怒；激怒的原因，惹人恼火之事)；provocative(adj. 刺激的，挑衅的；挑逗的)

squeeze [skwi:z] v. 挤压，压榨，紧握；榨取，挤出 n. 压榨，紧握

【例】She was so fat that she could only just ***squeeze*** through the door. 她太胖了，只能挤过这扇门。(2006)

intimate ['intimeit] vt. 透露，示意，暗示

['intimit] adj. 亲密的，密切的；熟谙的；详尽的

【记】词根记忆：in(不，无)+tim(害怕)+ate→不害怕的→亲密的

【例】The boss ***intimated*** his approval of the plan on the meeting. 老板在会议上表示同意这项计划。

surrender [sə'rendə] n./v. 投降，认输；屈从；交出，放弃

【记】词根记忆：sur+rend(给)+er→交出

【例】The poor man ***surrendered*** himself to despair and eventually committed suicide. 那个可怜的人陷于绝望，终于自杀了。// I do not accept that the proposal represents a major ***surrender*** of sovereignty. 我不认为该项提议是主权上的极大让步。

spur [spə:] n. 马刺，靴刺；激励物，驱策 v. 以马刺刺激；驱策，激励

【记】NBA的马刺队Spur

【例】The honesty has been his ***spur*** and guide throughout his career. 诚实是贯穿他整个职业生涯的激励原则和向导。// The government has many policies to ***spur*** consumption and growth. 政府有很多刺激消费和增长的措施。

【用】常用结构为：be a spur to sb./sth.，其意为"促进…，激励…"；spur sb. up to do sth. 是"激励某人做某事"的意思。

loaf [ləuf] n. 一条面包 v. 消磨时间，闲逛

【例】The old man walked much and ***loafed*** long hours in the quiet parks. 老人走了很多路，在那些幽静的公园里游荡了很长时间。

transfer [trænsˈfəː] *v.* 迁移；调动；转让，过户；换车、船等；转变 *n.* 转移；调动；转让；移权

【记】词根记忆：trans(转移)+fer(带来)→转移

【例】Alexander was not a temp. He was *transferred* here from another department. 亚历山大不是临时工，他是从另一个部门调过来的。// Norwich City agrees a deal to sign Crewe defender Jon Otsemobor on a free *transfer*. 诺维奇城足球俱乐部签署协议同意克鲁俱乐部后卫乔恩·奥特塞莫波尔免费转会。

【用】transfer常与from搭配使用，表示"从某处调过来；从某处转移过来"。

【辨】**transfer, exchange, convey, convert**

四个词都和"事物的转移"有关。transfer表示从一处到另一处的迁移或调动；exchange指交换或交流；convey指信息或事物的传播、转达；convert表转换，把事物从一种形式变为另一种形式。

shrink [ʃriŋk] *v.* (使)收缩，(使)皱缩；退缩，畏缩 *n.* 收缩；退缩，畏缩

【例】The cold air *shrank* the dough slowly. 面团遇冷空气慢慢收缩了。// His anger made the others *shrink* away from him. 他的怒火使得其他人都远离他了。

fashion [ˈfæʃən] *n.* 流行式样；样子，方式；时尚，风尚

【例】His key insight was that headphones weren't gadgets; they were a *fashion* accessory. 他的核心观点在于，耳机不是小配件，而是时尚配饰。(2013)// **out of (the) fashion** We just love wallpaper and it will never go *out of fashion*! 我们就是喜欢壁纸，它永远不会过时！//**come into fashion** New forms and shapes *come into fashion* quite fast in combination with white. Plain cotton dresses are the evidence of a new modernity. 与白色相结合的新样式、新外观很快风行起来，普通棉质服装就是新的现代风格的证明。

【派】fashionable[*adj.* 流行的，时尚的；(赶)时髦的]

blessing [ˈblesiŋ] *n.* 祈神赐福的祷告；祝福；使人感到幸福的事情

【记】来自bless(*v.* 祝福，保佑)

【例】He would not do it without your *blessing*. 没有你的祝福，他不会去做。

poke [pəuk] *n.* 刺，触 *v.* 伸出；刺，戳，捅，触

【例】The naughty boy *poked* the balloon with a nail. 这个淘气的小男孩用一个钉子刺破了气球。

poke

donate [dəu'neit] *vt.* 捐赠，赠送

【记】词根记忆：don(给予)+ate→给出去→赠送

【例】The couple has ***donated*** a not inconsiderable amount of money to the foundation. 那对夫妇给基金会捐赠了一大笔钱。(2006)

【用】donate后面一般接to / toward，表示"捐赠给…"。

【派】donation（*n.* 捐赠，赠品，捐款）; donator（*n.* 捐赠者）; donor（*n.* 捐赠者，遗赠者 *adj.* 捐赠的，赠与的）

phase [feiz] *n.* 阶段，状态；方面；(月相)盈亏 *v.* 使分阶段进行

【例】Most of the measures will be ***phased*** in over a year. 大部分措施将在一年内被逐步实施。

【用】注意phase的两个短语：phase in(分阶段引入), phase out(逐步撤除)。

clinical ['klinikəl] *adj.* 诊所的，医院的；临床的；(态度等)冷静的，客观的

【记】联想记忆：clinic(门诊)+al(…的)→诊所的

【例】You will feel happier when you watch your suffering with ***clinical*** detachment. 如果你以客观超然的态度看待自己的痛苦，就会变得更开心些。

allocate ['æləkeit] *vt.* 分配，配给

【记】词根记忆：al(表加强)+loc(地方)+ate(做)→不断把东西发送到各地→分配

【例】We need ***allocate*** a room to be used for storage. 我们需要分配一个房间来储藏物品。

【派】allocation(*n.* 分配，配给)

follow ['fɔləu] *vt.* 跟随，接着，沿着…行进；领会，听懂；遵循，听从；是…的必然结果，因…而起；追求，支持，以…为业 *n.* 跟随，追随

【例】The advertisers show us the latest fashionable styles and we are constantly under pressure to ***follow*** the fashion in case our friends think we are odd or dull. 刊登广告者展示了最新的流行风尚，而我们则始终处于遵循时尚的压力之下，否则朋友们就会觉得我们很奇怪或是迟钝无趣。(2002) // as follows The recipients of these awards for the 2007-2008 academic year are ***as follows***. 如下人士获得2007~2008学年的奖项。// follow suit One of the major banks has lowered its interest rate and the other bank is expected to ***follow suit***. 有一家大银行已降低了利率，人们期待其他银行也照样做。

【派】follower(*n.* 追随者，拥护者，信徒); following(*n.* 一批追随者 *adj.* 下一个的，其次的；下列的，下述的 *prep.* 在…以后)

implicate ['implikeit] *v.* 使牵连其中，涉嫌，涉及；暗示

【记】词根记忆：im(进入)+plic(重叠)+ate→相互覆盖→涉嫌

【例】The figures *implicated* that the economy was in winter. 这些数字暗示经济处于萧条期。

【派】implication(*n.* 牵连，涉及；暗示，含意)

present [pri'zent] *vt.* 给予；造成；呈递；上演；介绍

['preznt] *n.* 礼物 *adj.* 出席的，到场的

【例】The food served symbolizes the occasion and reflects who is *present*. 用于招待客人的食物代表了这是什么样的场合，反映出了什么样的人会出席。(2010)

【派】presentation(*n.* 赠送；介绍；呈现，提出；演出)

【辨】**present, gift**

二者都有"礼物"的意思。present指价值不太高的礼物，一般都是由同辈或辈分低的人所送；gift价值较高，有送礼或捐赠的意思，另外gift还有"天资"的意思。

lap [læp] *n.* 膝部；(跑道的)一圈；舔，舔食；(波浪等)拍打 *v.* 舔，舔食；(波浪等)拍打

【例】The sea *lapped* at our ankles as we walked along the beach. 我们沿着海滩散步，海浪轻拍着我们的脚踝。

sacred ['seikrid] *adj.* 神圣的，宗教上的；郑重的，庄严的；受崇敬的，不可冒犯的

【记】词根记忆：sacr(神圣的)+ed(…的)→神圣的，庄严的

【例】The duty of the soldiers is to safeguard the *sacred* territory of our motherland. 士兵的职责就是保卫我们祖国的神圣领土。

bitter ['bitə] *adj.* 有苦味的；辛酸的，痛苦的；厉害的，剧烈的；严寒的；怀恨的，抱怨的

【例】The medicine is so *bitter* that I cannot bear it. 这药太苦了，我简直无法忍受。// The little girl hates that boy with *bitter* hatred. 小女孩对那个男孩恨之入骨。

【派】bitterly(*adv.* 带有苦味地；悲痛地；厉害地)

surpass [sə'pɑːs] *vt.* 超越，凌驾，胜过

【例】I feel sure your voice must *surpass* that of other birds, just as your figure does; let me hear but one song from you that I may greet you as the Queen of Birds. 我觉得您的声音必定超过其他鸟儿，就像您的外貌一样。让我听听您的歌声吧，哪怕只有一首，我将会尊奉您为鸟中之后。

diligent [ˈdilidʒənt] *adj.* 勤勉的，勤奋的，坚持不懈的

【记】发音记忆："地理整的"→地理考试前，他不得不勤奋学习→勤奋的

【例】Becky is a ***diligent*** student who always gets high marks. 贝姬是个总拿高分的勤奋学生。

【派】diligence(*n.* 勤奋，用功)

carefree [ˈkeəfriː] *adj.* 无忧无虑的，无牵无挂的

【记】组合词：care(忧虑)+free(自由的)→无忧无虑的

【例】Cherry led a ***carefree*** life in her childhood. 彻丽童年时过着无忧无虑的生活。

squander [ˈskwɔndə] *v.* 浪费，挥霍

【例】The typical working man would collect his wages on Friday evening and then, it was widely believed, having given his wife her "housekeeping", would go out and ***squander*** the rest on beer and betting. 工作的男人一般在周五晚上领到工资，人们普遍认为，在将维持家用的生活费交给妻子之后，他就会外出将剩下的钱挥霍在啤酒与赌博上。(2006)

summon [ˈsʌmən] *vt.* 召唤，传唤，召集；鼓起(勇气、力量等)

【记】词根记忆：sum(在…下面)+mon(警告)→给下面的人发出警告→传唤

【例】Alone, we should be helpless to injure the Ruler of Oz, but with the aid of the evil powers we can ***summon*** we shall easily succeed. 仅凭我们自己无力伤到奥兹国的统治者，但依靠我们能够召唤的邪恶力量就可以轻松取胜。// Bellamy ***summoned*** all her nerve to keep calm in case of emergency. 在紧急关头，贝拉米鼓起所有勇气让自己保持镇定。

【派】summons(*n.* 传票 *v.* 用传票传唤)

rely [riˈlai] *vi.* 信任，信赖；依赖，依靠

【例】We can't just ***rely*** on natural ability. We need study and practice. 我们不能只依靠自己的天分，而是需要学习和实践。

【用】rely通常和介词on搭配使用，意思是"信赖…，依靠…，指望…"。

【派】reliability[*n.* 可靠(性)，可信(性)]；reliance(*n.* 依靠；信任)

narrate [næˈreit] *v.* 叙述，描述

【例】The professor ***narrated*** the process of the experiment in detail. 教授详细地描述了这个实验的过程。

【派】narration(*n.* 叙述，讲述)；narrative(*adj.* 叙述的；叙事体的 *n.* 叙述，记事；叙述手法)；narrator(*n.* 叙述者，讲述者)

redeem [ri'di:m] vt. 赎回, 挽回; 挽救, 恢复

【记】联想记忆: re(重新)+deem(认为)→重新审视自己的过错→挽救

【例】Tony *redeemed* himself by doing what he promised to do. 托尼通过履行承诺挽回了声誉。

pledge [pledʒ] n. 誓言, 誓约; 保证物, 信物 vt. 保证; 抵押

【例】Tom asked me to accept this gift as a *pledge* of our friendship. 汤姆让我接受这个作为我们友谊象征的礼物。

block [blɔk] n. 大块; 一排房屋, 街区; 障碍物 vt. 阻塞, 拦阻, 封锁

【记】联想记忆: b+lock(锁)→家家户户都上锁的地方→街区

【例】Your willpower is not like a dam that can *block* the torrent of self-indulgence. 你的意志力不像一座能阻挡自我放纵的洪流的大坝。(2013)

【派】blockade(n. 封锁, 堵塞, 堵断; 堵塞物, 障碍物)

react [ri'ækt] v. 反应; 反抗, 反对; 起化学反应

【记】联想记忆: re(相反)+act(行动)→反应

【例】Will the people ever *react* against this dictator? 有朝一日人民会起来反抗这个独裁者吗? // Iron can *react* with water and air to produce rust. 铁与水和空气起化学反应后生锈。

【用】react表示"反应"的时候, 常常与to连用, 而表示"反抗, 反对"的时候, 要与against连用。

【派】reaction〔n. 反应; 反动; (化学、物理)反应; 反作用〕; reactionary (adj. 反动的 n. 反动分子); reactor (n. 反应装置; 反应堆; 反应物)

achieve [ə'tʃi:v] v. 取得(成绩等); 达到(目的), 取得(胜利)

【例】Participants can bring along their own decoration materials and to use their imagination and creativity to *achieve* the best results. 参加者可以自带装饰材料, 并运用他们的想象力和创造力来达到最好的效果。(2000)

【用】achieve强调经过某些努力或经历某些困难而取得成功。

【派】achievement(n. 完成, 达到; 成就, 成绩)

obedient [əu'bi:diənt] adj. 顺从的, 听话的

【记】联想记忆: obe(y)(服从)+dient→顺从的

【例】We should be *obedient* to the edification of our parents. 我们应该听从父母的教诲。

【派】obedience(n. 服从, 顺从)

kick [kik] *n.* 踢；(枪的)反冲后坐力 *v.* 踢

【例】**kick out** The company **kicked out** 200 employees in the economic depression. 这家公司在经济萧条期间解雇了200名员工。

devise [di'vaiz] *vt.* 计划，发明，设计

【记】词根记忆：de+vis(看)+e→看出灵感→设计

【例】Scientists **devise** a way to help robot surgeons work in time to a beating heart, *New Scientist* reports. 《新科学家》杂志报道说，科学家设计了一种方法帮助机器人医生及时对跳动的心脏做手术。

rage [reidʒ] *n.* 盛怒，狂怒 *vi.* 发怒，动怒；(风、浪、战斗等)猛烈进行

【记】本身为词根：疯狂

rage

【例】Of all the moods that people want to escape, **rage** seems to be the hardest to deal with. 在人们想要摆脱的所有情绪中，愤怒好像是最难对付的。(2005) // The storm **raged** for three days and caused heavy floods. 暴风雨持续了三天，引发了洪水。

ascend [ə'send] *v.* 登高，上升，升高

【记】联想记忆：a+scend(爬，攀)→向上爬→登高

【例】The moon **ascends** in the dark blue sky. 月亮在深蓝色的夜空中升起。

【用】ascend与to连用时表示"追溯到…"。

【派】ascent(*n.* 上升，升高，攀登；上升坡度；上坡路)

raid [reid] *n.* 袭击，突袭 *v.* 袭击，劫掠；搜查

【例】The tribe **raided** a neighboring village, inflicting many casualties. 部落袭击了临近的村子，造成了很多伤亡。

【派】raider (*n.* 袭击者，进行突袭的舰艇、飞机等)

snatch [snætʃ] *n. / v.* 抢夺，攫取

【例】We should **snatch** at the chance of getting a good job. 我们应该抓住得到好工作的机会。

【用】表示"抓住机会"可以用snatch at the chance of...。

fling [fliŋ] *vt.* 投，抛，摔 *n.* 恣情放纵，尽情欢乐

【例】Since retiring, he had a brief *fling* coaching the Lakers at the end of the 1993-94 season. 自从退休后，他在1993~1994赛季末执教湖人队，从中获得了短暂的乐趣。

【用】fling oneself into sth. 是一个比较常用的词组，表示"全心投入做…"。

blank [blæŋk] *adj.* 空白的；空虚的；茫然的；没有表情的；无韵脚的 *n.* 空白，空格，空页

【例】Harry found a diary with many *blank* pages. 哈里发现一本有很多空白页的日记本。

suffocate ['sʌfəkeit] *v.* (使)窒息而死，把…闷死

【记】词根记忆：suf+foc(喉咙)+ate →在喉咙下面→(使)窒息而死

【例】Many people *suffocated* in the burning building. 许多人在燃烧的大楼里窒息而死。

outline ['autlain] *n.* 轮廓；提纲，要点，概括 *vt.* 画出…的轮廓，打出…的草图

【记】组合词：out(出来)+line(线条)→画出线条→轮廓

【例】The book gives a brief *outline* of the course of his research up till now. 这本书简要概括了他到目前为止所做的研究。(2004)

margin ['mɑːdʒin] *n.* 页边的空白处；余额，富裕；边界，边缘地区

【例】They had to make do with the small profit *margins*. 他们不得不靠较少的利润勉强应付。

mingle ['miŋgl] *v.* 使混合，混入

【记】和single(*n.* 单个)一起记

【例】The waters of the two streams *mingled* to form one river. 两股溪水汇聚成了一条河流。

dose [dəus] *n.* (药物等的一次)剂量，一服；一次，一份 *v.* (按剂量)给…服药

【例】I advise most of my patients, as long as they aren't allergic to aspirin and don't have bleeding problems, to take low-*dose* aspirin. 我给大多数病人的建议是：只要他们不对阿司匹林过敏也没有出血的问题就服用低剂量的阿司匹林。(2003)

unfold [ʌn'fəuld] *v.* 展开，打开，摊开；展现，披露

【记】联想记忆：un+fold(折叠)→展开，打开

【例】Sergeant Bernard Morgan had never seen a dead body until D-Day. Just off shore from Normandy, he watched the battle *unfold* in front of him. 伯纳德·摩根中士在登陆日才见到了真正的死尸；在诺曼底海岸不远处，他亲眼目睹一场战争拉开序幕。

□ fling □ blank □ suffocate □ outline □ margin □ mingle
□ dose □ unfold

defiant [dɪˈfaɪənt] *adj.* 违抗的；藐视的，蔑视的

【记】词根记忆：de(去掉)+fi(=fid，信心)+ant→使别人失去信心→蔑视的

【例】Will Susanna do something *defiant* to prove to herself that she could live without him? 苏珊娜会做出一些反抗来证明自己没有他也可以活下去吗？

【用】be defiant of是固定搭配，表示"蔑视"。

【派】defiance(*n.* 违抗；蔑视)

wink [wɪŋk] *v.* 眨眼，使眼色；(星或光)闪烁 *n.* 眨眼；一瞬间

【例】The neighbours were having a party and we didn't get a *wink* of sleep all night. 邻居举行晚会，吵得我们一夜都没合眼。

awkward [ˈɔːkwəd] *adj.* 笨拙的，不熟练的；使用不便的；尴尬的；难应付的，难处理的；难看的

【例】There was a widely-held belief that Switzerland was irresistible to wealthy foreigners, mainly because of its numbered accounts and bankers' reluctance to ask *awkward* questions of depositors. 有一个大家普遍认同的观点，那就是瑞士银行对外国富人来说是不可抗拒的，这主要是因为他们采用编码账户，而且银行不过问任何储蓄者难以回答的问题。(2000)

【派】awkwardly(*adv.* 笨拙地，不熟练地)

exploit [ɪkˈsplɔɪt] *vt.* 开拓，开发，开采；利用，剥削 *n.* 英勇的行为(事迹)；功勋

【记】词根记忆：ex(表相反)+plo(折叠)+it→打开→开拓

【例】When could humans *exploit* metallic mineral? 人类是在什么时候能够开采金属矿的？ // That fine *exploit* cost him a lot. 那项杰出的业绩使他付出了很大代价。

【派】exploitation(*n.* 开发，开采；剥削；宣传，广告)

argue [ˈɑːɡjuː] *v.* 辩论，争论

【记】发音记忆："阿Q"→阿Q喜欢和人争论→辩论，争论

【例】Doctors *argue* the new legislation will help smokers give up. 医生表示说新法规将有助于吸烟者戒烟。(2012听力)

【派】argument(*n.* 辩论，争论；论点，论据)；argumentative(*adj.* 好争辩的，好争吵的；议论文的)

lease [liːs] *n.* 租赁，租约 *v.* 出租，租得

【例】The couple decided to *lease* their flat to the students. 那对夫妇决定把公寓租给学生们。

【辨】hire, rent, lease

　　这三个词都有"租用，出租"的意思。hire一般表示短期的租借，如：hire servants；rent指较长期地租用或出租，一般都是租房屋或土地，如：rent a house；lease也是长期的租用，但尤指有契约等的租用。

proceed [prə'siːd] *vi.* 开始，着手；前进；继续进行

【记】词根记忆：pro(向前)+ceed(前进)→前进

【例】proceed against The man decided to **proceed against** the company of its bad service. 这个人决定就这家公司的劣质服务起诉它。// proceed from The results **proceeded from** lots of investigation. 这些结果源于大量的调查。

【派】procedure(*n.* 程序；手续，步骤，工序)；procession[*n.* (人或车的)行列]

【辨】proceed, succeed, continue

　　三个词都有"继续"的意思。proceed多指继续前进，有时还表"着手开始"；succeed有"接任"的意思，一般都是后面的代替前面的，如：Day succeeds day.；continue强调继续之前未做完的事。

catastrophe [kə'tæstrəfi] *n.* (突然的)大灾祸，大灾害

【记】联想记忆：cat(猫)+astro(星星；宇宙)+phe→宇宙里都是猫→大灾祸

【例】A **catastrophe** is imminent unless Dick returns soon. 要是迪克不马上回来，大祸就要临头。

【辨】disaster , catastrophe

　　disaster指巨大的不幸带来了生命、财产的损失，如：The flood was the worst natural disaster to hit India for over 50 years.；catastrophe语气比disaster重，指灾难性的结局。

devil ['devəl] *n.* 恶魔，魔鬼，恶棍；家伙，淘气鬼，冒失鬼

【记】联想记忆：d+evil(邪恶的)→邪恶的家伙→恶魔

【例】a devil of a job We had **a devil of a job** trying to get the carpet clean again. 把地毯再次清洗干净可给我们添了不少麻烦。

【用】Go to the devil! 是一句过时的口语，意思是"滚开"，另外它还有"毁灭，失败"的意思；另外，Talk/Speak of the devil (and he will appear), 表示"说曹操，曹操到"。

【派】devilish(*adj.* 恶魔似的，坏透的)

track [træk] *n.* 小径；跑道，田径运动；铁轨，轨道；履带 *v.* 跟踪，尾随；走过

【例】It is a place where the ancient and contemporary happily go along on parallel *tracks*. 这是一个古代与现代和谐并行的地方。(2012) // Like Nancy Drew, I *track* down clues, try to figure things out, look carefully at evidence and examine motives. 与南希·德鲁一样，我追踪线索、试着弄清真相、仔细审视证据并揣测动机。

【用】keep track with是常用词组，表示"与…保持联系；保持…的进展"。

invaluable [inˈvæljuəbl] *adj.* 无价的，非常宝贵的，极贵重的

【记】词根记忆：in(非)+valu(价值)+able→非价值可以衡量→无价的

【例】People turn to the web for the latest hurricane updates as net news once again proves *invaluable*. 人们转而上网了解有关飓风的最新消息，因为网络新闻的重要价值再一次被证实。

【用】注意这个单词虽然以"in-"这个否定前缀开始，但它的意思是"无价的"而不是"没有价值的"；invaluable可以与to/for搭配，表示"对…来说是无价的"。

generous [ˈdʒenərəs] *adj.* 宽宏大量的，慷慨的；丰富的，丰盛的

【记】词根记忆：gener(产生)+ous→产生很多的→丰富的

【例】It was very *generous* of you to lend them your new villa. 把自己的新别墅借给他们，你真是太大方了。// Mary has *generous* natures. 玛丽生性宽宏大量。

【派】generosity(*n.* 慷慨，大方)

fertile [ˈfɜːtaɪl] *adj.* 肥沃的，富饶的；可繁殖的，能生育的；有才智的；丰富的，富于思想的

【记】词根记忆：fert(=fer，带来)+ile→可带来果实的→能生育的

【例】Some regions of the world are well supplied with coal and minerals, and have a *fertile* soil and a favorable climate; other regions possess none of them. 世界上一些地区拥有丰富的煤矿、矿藏、肥沃的土壤和适宜的气候，而其他地区则什么都没有。(2002)

malice [ˈmælis] *n.* 恶意，敌意，怨恨

【记】词根记忆：mal(坏)+ice→心眼坏→恶意，怨恨

【例】Tom told the truth on purpose from pure *malice*. 汤姆纯粹出于恶意说出了真相。

【派】malicious(*adj.* 有恶意的，心怀恶意的)

reckon [ˈrekən] *v.* 计算，算出；考虑，认为；料想，估计

【记】联想记忆：reck(顾虑)+on→顾虑多，要好好考虑→考虑

【例】The company *reckoned* on selling their products to the U.S. 这家公司考虑将其产品销往美国。// We all *reckon* that Jim will be the winner of the game. 我们都认为吉姆会赢得比赛。

superior [sjuːˈpiəriə] *adj.* 优良的，卓越的；数目较大的，较多的；（职位等）较高的，上级的；傲慢的，自大的 *n.* 上司，上级；长辈

【记】词根记忆：super(上)+ior→上面的人→上级

【例】The survey shows that the television's coverage of the news is *superior* to that of the newspapers. 调查显示，电视的新闻覆盖面比报纸的要广。// Some found British calm, reserved, open-minded, others thought they were insular and *superior*. 有人认为英国人冷静、矜持、思想开放，而有些人则认为他们孤僻、高傲。

【用】在表示"比…优越"时，superior与介词to搭配使用。

【派】superiority(*n.* 优秀，优越，优胜)

negative [ˈnegətiv] *n.* 否定词，否定语；底片 *adj.* 否定的；消极的；（电）负极的

【记】词根记忆：neg(否认)+ative(…的)→否定的

【例】You should leave all *negative* thoughts at the door. 你应该把所有消极的想法都抛到门外。

vulnerable [ˈvʌlnərəbl] *adj.* 易受攻击的，有弱点的；（指人）易受伤害的，脆弱的，敏感的

【例】Interpol is urged to set up a database of those convicted abroad to prevent them working with *vulnerable* people. 国际警察组织被督促建立海外罪犯信息数据库以防止他们与意志不坚者谋事。

【用】vulnerable后常接介词to+名词，表示"易受…的伤害"。

capability [ˌkeipəˈbiliti] *n.* 能力；素质，潜能

【记】词根记忆：cap(握住)+ ability(能力)→能把握住→能力

【例】Parker is an executive with good managerial skills and organizational *capabilities*. 帕克是个有着良好管理技巧和组织能力的主管。

【派】capable(*adj.* 有能力的，有才能的)

【辨】**capability, capacity**
　　capability指人完成工作或实现目的所具备的能力，也可以指某种胜任力；capacity指接受、吸收、容纳或完成某事物的能力，可用于人或物，常与of连用，如：The hall has a seating capacity of 500.

underline [ˌʌndəˈlain] *vt.* 在…下面画线；强调，加强

【记】组合词：under(在…下)+line(画线)→在…下面画线→强调

【例】Germany is viewing the World Cup as a chance to change perceptions and *underline* its contribution to world culture. 德国认为

举办世界杯是一个改变人们看法、强调本国对世界文化所作贡献的机会。

tariff ['tærif] *n.* 关税；(酒店、餐馆等的)价目表

【记】关税壁垒：tariff barriers

【例】An economist said that protective duties and ***tariff*** wars are no less costly than a real warfare. 一位经济学家说，保护关税和关税战所造成的损害不亚于一场真正的战争。// The ***tariff*** at the hotel ranges from 15 dollars to 70 dollars a day for a single room. 旅馆单人房间一天的价钱从15美元到70美元不等。

revenge [ri'vendʒ] *n. / vt.* 报仇，报复，雪耻

【记】词根记忆：re+veng(惩罚，引申为复仇)+e→报复

【例】A businessman from Stirling who was murdered may have been the victim of a ***revenge*** attack, according to reports. 报告显示，身亡的斯特灵商人可能是一起报复性袭击的牺牲品。// Violence sows hatred and the will to ***revenge*** his parents. 暴力埋下了仇恨的种子和为父母报仇的决心。

flavo(u)r ['fleivə] *n.* 味，味道；风味，风韵；特色，特点

【例】Diners at a top restaurant listen to sounds of the ocean on MP3 players to enhance the ***flavour*** of a seafood dish. 在一家顶级饭店用餐的客人用MP3听着海浪声来增添海鲜的美味。

tease [tiːz] *v.* 取笑，挪揄，嘲弄

【记】联想记忆：tea(茶)+se→以茶代酒，戏弄别人-→挪揄

【例】The girl doesn't like to be ***teased*** about her pigtail by her schoolmates. 那个女孩不喜欢同学们取笑她的马尾辫。

vaporize ['veipəraiz] *v.* (使)汽化，(使)蒸发

【记】来自vapor(*n.* 水蒸气)

【例】Water can ***vaporize*** at any temperature. 水在任何温度下都能蒸发。

plot [plɔt] *n.* 情节；阴谋；一块(地) *v.* 密谋，策划；绘制

【例】The guide ***plotted*** the places that we should go tomorrow. 导游绘制出我们明天要去的地方的地图。

beat [biːt] *v.* 打，敲；打败，取胜；(心)跳动 *n.* 敲击；跳动；节拍；(警察、哨兵的)巡逻路线

【例】beat about the bush I meant to be open with him but when it came to it I ***beat about the bush***. 我本打算和他开门见山的，但谈起来以后我又开始绕弯子了。// beat off Our only hope, he said, lay in reaching his tribe which was quite strong enough in their mountain fastness to **beat off** any number of barbarians. 他说我们唯一的希望就是到达他的部落，他们在大山中的要塞足够坚固，能够击败任何野蛮人。

【用】与beat相关的词组还有beat up sb.（痛打某人）和beat time（打拍子）。

correct [kə'rekt] *adj.* 正确的；（行为、礼貌等）恰当的 *v.* 改正，纠正

【记】词根记忆：cor（表加强）+rect（直，正）→使正→改正，纠正

【例】"That is just it, your Honour," replied the counsel for the plaintiff; "the defendant by making a **correct** forecast fooled my client in the only way that he could do so." "事情就是这样，尊敬的法官大人，"原告的律师回答道，"被告唯一能做的就是做一个正确的估计来愚弄我的委托人。"

【派】correction(*n.* 订正，修正；惩戒)

withdraw [wið'drɔ:] *v.* 收回，取回；（使）撤退，（使）退出

【记】联想记忆：with（向后）+draw（拉）→拉回，收回

【例】Germany was due to strike a deal yesterday to close down its 19 nuclear power plants making it the first major industrial nation to commit to **withdrawing** from nuclear energy. 德国昨日签署协议关闭本国19家核能工厂，成为首位承诺远离核能的工业大国。（2002听力）

【用】withdraw多与from一起使用，表示"停止参加…，退出…"；withdraw sb./sth. from sth. 是"从…取出…"的意思。

【派】withdrawal(*n.* 撤退，退回)

【辨】**retire, withdraw**

二者都有"退出，撤退"的意思。retire一般指退休或永久性的退出，如：retire the troops；withdraw强调经过考虑，审慎地退出，如：withdraw a remark。

dwindle ['dwindl] *v.* 渐渐减少（缩小），衰落

【记】联想记忆：d+wind（风）+le（小）→随风而去越来越小→衰落

【例】Scott's wealth **dwindled** into nothing. 斯科特的财产逐渐减少，直到分文不剩。

【辨】**decrease, dwindle, abate**

decrease指稳定或逐步地减少，如：Traffic decreases on holidays.；dwindle含有一点一点减少直到消失的意思；abate强调数量减少或强度减弱，如：Toward evening the fire began to abate

clash [klæʃ] *vt.* 使砰地相撞 *vi.* 发生冲突；不协调；发出刺耳的撞击声 *n.* 冲突；不协调；撞击声

【记】联想记忆：cl+ash(灰)→发生冲突，烟尘飞舞→冲突

【例】The two countries *clashed* at sea. 这两个国家在海上发生了冲突。// The *clash* of bells sounds to celebrate our triumphant return. 洪亮的钟声听起来像是在庆祝我们凯旋。

gorgeous ['gɔːdʒəs] *adj.* 异常漂亮的，壮丽的；令人愉快的

【记】联想记忆：gorg(喉咙)+eous→壮丽的景色让人吃惊得张大嘴，可以看见喉咙→壮丽的

【例】London is a *gorgeous* city. 伦敦是个美丽的城市。(1997听力)// Amy is amazed at the *gorgeous* panorama. 艾米惊叹于这令人赏心悦目的全景。

accustom [əˈkʌstəm] *vt.* 使习惯

【记】联想记忆：ac(表加强)+custom(风俗，习惯)→使成为习惯→使习惯

【例】You cannot *accustom* yourself to buy whatever you want. 你不能让自己养成想买什么就买什么的习惯。

【用】accustom最常用的短语就是accustom oneself/sb. to，表示"使自己/某人习惯于…；使自己/某人养成某种习惯"。

general ['dʒenərəl] *adj.* 一般的，普遍的，综合的；总的，全面的；大体的，笼统的 *n.* 将军

【记】词根记忆：gener(产生)+al→产生一切的→普遍的

【例】During wars, *generals* used inspiring speeches to prepare the troops for battle. 在战争时期，将军们用振奋人心的演讲让军队做好作战准备。(2013) // Your plan is too *general* to carry out. 你的计划太笼统，无法执行。// in general *In general*, and especially for the students or new wage earners, there are practical limitations of cash and location on achieving that idea. 一般说来，尤其是对于学生和刚挣钱的人来说，要实现这种想法在金钱和地域上都有实际的限制。(2005)

【派】generally(*adv.* 一般地，通常地；广泛地，普遍地)

【辨】**general, normal, usual**

三个词都有"一般的，普通的"的意思，但侧重点不同。general强调整体；normal强调与常规没有出入的、正常的；usual强调符合习惯的、平常的。

soluble ['sɒljʊbl] *adj.* 可溶的；可解决的，可解答的

【记】词根记忆：solu(松开)+ble→可在水中松开的→可溶的

【例】It's thought that water-***soluble*** vitamins are harmless. 大家认为可溶于水的维生素是无害的。// The problem is not ***soluble*** in a radical way. 用激进的方法无法解决这个问题。

【派】solution(*n.* 解答，解决方法；溶解，溶解过程；溶液)

describe ［di'skraib］*vt.* 叙述，描写，形容；描绘，画

【记】词根记忆：de+scrib(写)+e→描写

【例】Words come out of the culture that they represent and they ***describe***. 单词来源于它们所代表和描述的文化。（2012听力）

【用】describe sth./sb. as 表示"将…描绘成…"。

【派】description(*n.* 叙述，描绘；种类，性质)；descriptive(*adj.* 叙述的，描述性的)

overthrow ［ˌəuvə'θrəu］*n./vt.* 推倒，颠覆

【记】来自词组throw over（摒弃）

【例】The terrorists plan to ***overthrow*** the government of the country. 那些恐怖分子密谋推翻该国政府。

priority [prai'ɔrəti] *n.* 优先事项；首要地位；优先权

【记】来自prior(优先的)+ity→优先事项

【例】For most people on this planet, information is not a ***priority***. 对这个星球上的大多数人来说，信息并不占首要地位。（2013听力）

【用】highest priority是固定搭配，表示"当务之急；最高优先级"。

Miracles sometimes occur, but one has to work terribly for them.

— C. Weizmann

奇迹有时候是会发生的，但是你得为之拼命努力。

——魏茨曼

词根、词缀预习表

chron 时间	chronicle *n.* 编年史	**corpor** 身体	corporal *adj.* 身体的
not 标记	denote *vt.* 指示	**bene-** 善，好	benefit *n.* 利益；恩惠
dom 房屋	domestic *adj.* 家庭的	**toler** 容忍	tolerate *vt.* 容忍；忍受
arbitr 判断	arbitrary *adj.* 霸道的	**port** 运	transport *vt.* 运输，输送
re- 回	recede *v.* 后退，退去	**ann** 年	annual *adj.* 每年的
vit 生命	vital *adj.* 与生命有关的	**ven** 来	intervene *vt.* 介入
util 用	utilize *vt.* 利用，应用	**physic** 自然	physical *adj.* 自然的

yield [ji:ld] *v.* 结出（果实），产生（效果，效益等）；给予，让出；使屈服，使顺从 *n.* 产量，收益

【例】Hollow spheres found in a primordial meteorite could *yield* clues to the origin of life on earth. 在一颗原始陨星中发现的中空球体可能为了解地球生物的起源提供线索。// The less the surface of the ground *yields* to the weight of a fully-loaded truck, the greater stress is to the truck. 地表对载满货物的卡车重量的承受力越差，卡车自身所承受的压力就越大。（2004）

【用】yield在表示"屈服于，顺从于"时要与介词to一起使用。

chronicle [ˈkrɒnikl] *n.* 编年史，年代记 *vt.* 把…载入史册，记载

【记】词根记忆：chron（时间）+icle→按时间编排的→编年史

【例】The friar *chronicled* the knight's story. 这名修道士将骑士的故事编入了史册。

gather [ˈgæðə] *v.* （使）聚集，（使）集拢；搜集，采集，收（庄稼）；渐增，积聚；得出（印象、想法等）；推测

【例】On New Year's Eve, three weeks after we lost our savings, six of us Madoff people *gathered* at Taj's house for dinner. 在我们失去储蓄三周后的除夕夜，我们六个麦道夫投资者聚在泰姬家吃晚饭。（2013）// Usually, the police often have to *gather* a lot of different evidence to pursue the criminals. 警察常常要搜集很多不同的证据来追捕罪犯。

【派】gathering(*n.* 聚集，集会；收集，采集)

【辨】**gather, collect, assemble**

三个词都有"收集；聚集"的意思。gather指把分散的东西集合在一起，可表物也可表人；collect与gather通用，表有计划地收集，如：collect stamps；assemble强调为了某种目的而集合，如：assemble in the school hall。

denote [di'nəut] *vt.* 指示，表示，意思是

【记】词根记忆：de+not(标记)+e→给出标记→指示

【例】What you have said *denotes* a lack of courage. 你所说的话表示你缺乏勇气。

【辨】**denote, imply, signify**

denote可以指外在迹象或符号表示的意义；imply强调符号或词语表示的联想或暗示，如：Silence sometimes implies consent.；signify表示符号或词语的意义，常常暗示区别性和重要性。

drown [draun] *v.* (使)淹死，溺死；淹没，(把声音等)盖过

【例】His little son fell in the river and *drowned*. 他的小儿子掉到河里淹死了。

【用】被动语态be drowned表示"淹死"；drown oneself in是"埋头于…"的意思。

bluff [blʌf] *v.* 骗某人做某事；虚张声势 *n.* 虚张声势，吓唬 *adj.* (指人)粗率的，坦率的

【例】I have never been *bluffed* in my life. 我一生之中从未被别人吓唬过。// call one's bluff I'll *call your bluff*. 我接受你的挑战。

【用】词组call one's bluff指"揭露某人虚张声势的做法"。

combat ['kɔmbæt] *n.* 战斗；反对；竞争

[kəm'bæt] *vt.* 跟…战斗；反对 *vi.* 战斗，搏斗

【记】词根记忆：com(共同)+bat(打，击)→共同打→战斗

【例】Army officers discovered that the wrist watch was most practical for active *combat*. 军队军官发现手表在实际战斗中非常实用。(2005听力)

【派】combatant(*n.* 参加战斗者，战斗员)

dominate ['dɔmineit] *v.* 支配，统治，控制；占首要地位；俯视；耸立于

【记】词根记忆：domin(主人)+ate→成为主人→支配

【例】Just a few years back it was a strictly continental affair with France, Belgium and Holland, Spain and Italy taking part. But in recent years it has been *dominated* by Colombian mountain climbers, and American and Irish riders. 仅仅几年以前这还确实是只有法国、比利时、荷兰、西班牙和意大利参加的欧洲大陆活动。但是近几年来，哥伦比亚登山者和美国、爱尔兰骑手的数量已经占据了主导地位。(2002)

【派】dominant(adj. 占优势的，支配的；占首位的，主要的；居高临下的；高耸的)；dominion(n. 统治，管辖，支配权；领土，版图)

basis ['beisis] [pl. bases] n. 基础，根据

【记】词根记忆：bas(基础)+is→基础

【例】He is skeptical—he does not accept statements which are not based on the most complete evidence available—and therefore rejects authority as the sole *basis* for truth. 他是个怀疑主义者——他不会接受不以最全面的证据为依据的观点——因此他拒绝将权威当成真理的唯一依据。(2010) // on the basis of How then does the employer make a choice? Usually *on the basis of* an interview. 雇主如何作出决定？通常都是根据面试。(2004)

domestic [dəu'mestik] adj. 家庭的，家用的；(动物)非野生的，驯养的；国内的；国产的；自制的

【记】词根记忆：dom(房屋)+estic(…的)→家庭的

【例】In Mexico, houses are organized around a patio, or courtyard. Rooms open onto the patio, where all kinds of *domestic* activities take place. 在墨西哥，房子围绕着院子或庭院建造。房屋通向这个用作家庭活动场所的院子。(2003) // More and more foreign-made products are sweeping into the *domestic* market. 正有越来越多的国外产品大举进入国内市场。

arbitrary ['ɑ:bitrəri] adj. 随意的；武断的；霸道的，专横的

【记】词根记忆：arbitr(判断)+ary(…的)→总是独自判断→霸道的

【例】Green finally submitted to an *arbitrary* order from the girl. 格林最终服从了女孩霸道的命令。

conducive [kən'dju:siv] adj. 有助于…的，促成…的

【记】词根记忆：con+duc(引导)+ive(…的)→引导到好的一面的→有助于…的

【例】Jogging is wonderfully *conducive* to health. 慢跑对健康大有益处。

【用】conducive后一般接to，表示"对…有益"。

revolve [riˈvɔlv] v. (使)旋转，(使)绕转；考虑，深思

【记】词根记忆：re(一再)+volv(卷)+e→不断滚动→旋转，绕转

【例】The Earth *revolves* both round the Sun and on its own axis. 地球既绕日公转又自转。// The manager *revolved* the financial problem in his mind. 经理反复思考这个财政问题。

【派】revolution(n. 旋转；革命，改革)；revolutionary(adj. 革命的，带来变革的)；revolver(n. 左轮手枪)

lever [ˈliːvə；ˈlevə] n. 杠杆；手段 vt. 用杠杆撬动

【记】词根记忆：lev(举起)+er→将物品举起→杠杆

【例】The workers are *levering* at the rock. 工人们正在用杠杆移动岩石。

recede [riˈsiːd] v. 后退，退去

【记】词根记忆：re(回)+ced(走)+e→走回去→后退

【例】As the threat of attack *receded*, the village returned to normal. 进攻的威胁退去了，村子恢复了正常。

satisfactory [ˌsætisˈfæktəri] adj. 令人满意的，良好的，圆满的

【记】词根记忆：satis(足够)+fact(做)+ory→做得足够好→令人满意的

【例】He usually directs his attention towards problems which he notices have no *satisfactory* explanation, and his curiosity makes him look for underlying relationships even if the data available seem to be unconnected. 如果他发现一些问题没有令人满意的解释，他通常就会把精力放在对这些问题的研究上，即使现有的数据似乎毫无关联，好奇心也会驱使他去寻找它们之间潜在的联系。(2010)

【派】satisfied(adj. 满意的，满足的)

lessen [ˈlesən] v. (使)减少，(使)缩小，(使)减轻

【记】联想记忆：less(更少的)+en→减少，减轻

【例】As technology improves, distances between people seem to *lessen*. 随着科技的进步，人们之间的距离似乎缩短了。

adopt [əˈdɔpt] v. 采用，采取(态度等)；收养；接受某种习俗；正式通过

【记】词根记忆：ad+opt(选择)→通过选择→采用

【例】After World War II, many Japanese abandoned the arranged marriage as part of their rush to *adopt* the more democratic ways of their American conquerors. 二战后，许多日本人抛弃了包办婚姻，他们急于接受其美国征服者所推崇的更为民主的方式。(2011)

【派】adoption(n. 收养，领养；采用)

inaugurate [iˈnɔːɡjureit] vt. 为…举行就职典礼，使正式就任，为…举行开幕式(落成典礼)；开创，开展

【记】词根记忆：in(进入)+aug(使产生)+urate→开展，开创

□ revolve　　□ lever　　□ recede　　□ satisfactory　□ lessen　　□ adopt
□ inaugurate

【例】The leader promised to help us *inaugurate* our factory. 领导答应帮我们厂举行落成仪式。

【派】inaugural(*adj.* 就职的，开幕的；创始的)

flock [flɔk] *n.* 羊群，(禽、畜等的)群；人群；大量 *v.* 聚集，成群行动，簇拥

【记】和block(*vt.* 阻碍)一起记

【例】Forty years ago people used to *flock* to the cinema, but now far more people sit at home and turn on the TV to watch a programme. 四十年前，人们常蜂拥着去电影院，而今，更多人会坐在家中打开电视看节目。(2000)

【用】搭配flock to中的to既可以是介词也可以是不定式的to，区别是前者表示"蜂拥着去…"，后者表示"一起去做…"。

compromise ['kɔmprəmaiz] *n.* 妥协，折中办法 *v.* 妥协，互让解决，折中处理；危及，连累，遭到损害

【记】联想记忆：com+promise(保证)→为了得到保证只有妥协→妥协

【例】Congressional leaders have to work out a *compromise* because the President might oppose the plan. 议会领导不得不想出个折中法，因为总统可能反对这个计划。(1998听力) // If you cannot agree with each other, please *compromise*. 如果你们不能同意对方，那么请折中一下。

【用】常用短语：make compromise with 表示"与…折中"。

extravagant [ik'strævəgənt] *adj.* 浪费的，奢侈的；过度的，放肆的

【记】词根记忆：extra(超过)+vag(漫游)+ant→走到了不该去的地方→放肆的

【例】Douglas was so *extravagant* that he needed to borrow money everywhere. 道格拉斯如此挥霍，以至于要到处借钱。// Edith told herself that this remark was wholly *extravagant*. 伊迪丝告诉自己，这种评论完全是放肆之语。

【派】extravagance(*n.* 浪费，奢侈；无节制)

bare [beə] *adj.* 赤裸的；无遮蔽的；空的；稀少的，仅有的；勉强的 *vt.* 露出，暴露

【例】Children ran around the house in their *bare* feet. 孩子们光着脚绕着房子跑来跑去。// I can only earn a *bare* subsistence wage. 我挣的工资勉强够养家糊口。

【派】barely(*adv.* 仅仅，刚刚；几乎不)

prevail [pri'veil] *vi.* 战胜；盛行，流行

【记】词根记忆：pre+vail(强壮的)→力量强大→战胜

【例】The mini skirt was beginning to *prevail* in this country. 迷你裙开始在这个国家流行起来。

refrain [riˈfrein] v. 抑制，克制；避免

【例】Jack *refrains* himself from maddening in the public. 杰克克制自己不要在大家面前发狂。

【用】refrain常常和from搭配使用，表示"抑制、忍住做某事"。

compare [kəmˈpeə] v. 比较；比作；比得上，相比

【记】词根记忆：com+par(平等)+e→看是否相等→比较

【例】The more important goal is using interactive learning to discover the cause of the decline and *compare* it to issues we face today—natural disasters, environmental problems, and war. 更为重要的目的是利用相互学习来发现下滑原因，并将其与我们如今面对的问题进行比较，如自然灾害、环境问题和战争。(1997) // compare to She *compared* him *to* a mountain and a tree in her letter. 她在信中要么把他比作高山，要么把他比作大树。// compare with Do you *compare* yourself *with* her? 你拿自己和她作比较了吗？

【用】compare后接to和with，若表达"与…作比较"，可互换，但compare to还表示"将…比作…"，是比喻句。

agony [ˈægəni] n. 极度的痛苦；痛苦的挣扎

【记】词根记忆：a+gon(角)+y→性格太过有棱角易遭受痛苦→极度的痛苦

agony

【例】I hope that I can forget all the *agony* that has gone past. 我希望能忘掉过去的所有痛苦。

【辨】agony, suffering

　　agony指极度的、通常是不能忍受的痛苦；suffering强调实际忍受疼痛或痛苦的意思，如：He bore the sufferings bravely.

glitter [ˈglitə] n. / vi. 闪光；反光

【例】The diamond *glitters* in the sun. 钻石在阳光下闪闪发光。

【用】谚语：All that glitters is not gold. 发光的未必都是金子。

alert [əˈlə:t] adj. 警觉的；敏捷的，灵活的；留心的 n. 警报 v. 向…发出警报

【例】on the alert (for) Police warned the public to be *on the alert for* suspected terrorists. 警方提醒群众警惕可疑的恐怖分子。

【用】alert作形容词用时可单独使用，但作名词时一般都要和on连用，如on the alert（for），表示"警惕着，对…保持戒备（状态）"。

complicate [ˈkɔmplikeit] *v.* 使复杂，变复杂

【记】词根记忆：com(全部)+plic(重叠)+ate(使)→使全部重叠→使复杂

【例】However, when we observe the language behaviour of which we regard as primitive cultures, we find it surprisingly ***complicates***. 但是，当观察被我们看作原始文化的言语行为时，我们很惊讶地发现它非常复杂。（2002）// This problem was too ***complicated*** to say clearly. 这个问题太复杂了，说不清楚。

【用】常用词组：be complicated in（卷入…的麻烦中）。

【派】complicated(*adj.* 结构复杂的；难懂的)

investigate [inˈvestigeit] *v.* 调查，调查研究，审查

【例】The main purpose of the research is to ***investigate*** what people do at the weekend. 调查的主要目的是了解人们周末在做什么。（2005听力）

【派】investigation(*n.* 调查，研究)；investigator(*n.* 调查者，审阅者)

【辨】**examine, inspect, investigate**

　　三个词都含有"调查，审查"的意思。examine最常见，指进行比较正规的检查来弄清情况，后面接into或on，如：examine into a matter；inspect多指官方调查，仔细查看不足之处；investigate强调使用各种方式详尽、全面地检查。

vital [ˈvaitəl] *adj.* 生命的，与生命有关的；紧要的，关系重大的；致命的；生气勃勃的

【记】词根记忆：vit(生命)+al→事关生命的→与生命有关的

【例】This ***vital*** change of physical position brought about considerable disadvantages. 身体姿势的重大变化带来了相当大的缺陷。（1999）

【用】vital后面常常接to或for表示"对…来说非常重要"，也可以说it is vital to do sth.。

【派】vitality(*n.* 活力；生机，元气)

utilize [ˈjuːtilaiz] *vt.* 利用，应用

【记】词根记忆：util(用)+ize→利用

【例】People are trying to ***utilize*** the heat of the eruptions of volcanoes for the production of electricity. 人们试着利用火山爆发产生的热量发电。

【派】utility(*n.* 实用，效用；公用事业 *adj.* 实用的，有多种用途的)

deceive [dɪˈsiːv] *v.* 欺骗，欺诈

deceive

【记】词根记忆：de(非)+ceive(拿，抓)→用非正常手段拿→欺骗

【例】Anthony *deceived* the young girl who loves him. 安东尼欺骗了那个爱他的年轻女孩。

【用】deceive指有意隐瞒或歪曲真相以获得某种利益，固定搭配是deceive sb. into doing sth. 表示"欺骗某人做某事"。

【派】deceit(*n.* 欺骗，欺诈；骗术)；deceitful(*adj.* 欺诈的，不诚实的)；deception(*n.* 欺骗；诡计，骗局)；deceptive(*adj.* 欺骗的，虚假的，容易使人上当的)

corporal [ˈkɔːpərəl] *adj.* 肉体的，身体的

【记】词根记忆：corpor(身体)+al→身体的

【例】We are planning the *corporal* works these days. 我们这几天正在计划搞人体艺术。

mercy [ˈmɜːsi] *n.* 宽大，仁慈，怜悯

【记】词根记忆：merc(商业，交易)+y→做生意不能有仁慈之心→仁慈，怜悯

【例】at the mercy of The boat was drifting on the sea *at the mercy of* the storm. 小船任由暴风雨的支配在海上漂流着。

【用】词组have mercy on/upon是"对…有怜悯心"的意思。

【派】merciful(*adj.* 仁慈的，宽大的)；merciless(*adj.* 残忍的，冷酷无情的)

peep [piːp] *n. / vi.* 偷看，一瞥

【例】It's very rude to *peep* at the neighbors. 偷看邻居是很不礼貌的。

predominant [prɪˈdɒmɪnənt] *adj.* 占优势的，占主导地位的，最显著的

【记】联想记忆：pre(前)+dominant(统治的)→在前面统治的→占主导地位的

【例】Dancers had a *predominant* role in this performance. 舞蹈者在这场演出中占了主导地位。

【辨】**dominant, predominant**

　　二者都含有"最优的，最高的"之意。dominant强调有统治地位，影响和势力最大的，如：the dominant politician；predominant强调有优势，在权力、地位等方面超过其他的，如：the predominant feeling。

intense [in'tens] *adj.* 强烈的；热切的，热情的；认真的，紧张的

【记】词根记忆：in(使)+tens(伸展)+e→使情绪伸展→热情的

【例】The heat in summer is no less ***intense*** here in this mountain region. 这里的山区在夏天一样异常炎热。(2005)

【派】intensity〔*n.* 强烈，激烈；(电、热、光等的)强度〕；intensive (*adj.* 加强的，集中的；精耕细作的)

【辨】intense, intensive

两个词都有"强烈的"之意。intense一般用来形容人的感情强烈，如：intense emotion；intensive更多的指外部事物强加的、密集的，如：intensive training。

sprinkle ['spriŋkl] *v.* 洒，喷，淋 *n.* 少量，少数

【例】Sarah ***sprinkled*** some perfume on herself. 莎拉往身上喷了些香水。// There is a ***sprinkle*** of water on the carpet. 地毯上有少量的水。

【用】词组a sprinkle of表示"少量的"。

benefit ['benifit] *n.* 利益，好处；恩惠；津贴，救济金；保险赔偿费 *v.* 有益于

【记】词根记忆：bene(善，好)+fit(合适)→你的好正合我意→恩惠

【例】McDonald's could see a benefit if our production went up and prices went down, and no ***benefit*** if we went out of business. 如果我们增加产量并降低价格，麦当劳将有利可图；如果我们没生意可做，麦当劳也得不到好处。(2011)

【派】beneficial(*adj.* 有益的，有好处的)

casual ['kæʒjuəl] *adj.* 偶然的，碰巧的；随便的；临时的

【例】They became best friends after a ***casual*** meeting. 一次偶然的相遇后，他俩成了最好的朋友。// Ambulances rushed to the scene, and doctors began treating ***casualties*** in the station and at a nearby cafe. 救护车火速赶到现场，医生开始在车站和附近的小餐馆救治伤员。(2002听力)

【用】casual的意思很多，但大都有联系，可选择相关记忆；需要注意的是它的派生词casualty，常会在听力、单项选择和阅读理解里出现，要知道它的意思是"伤亡人员"。

【派】casualty(*n.* 意外或战争中的伤亡者)

immunize ['imjuːnaiz] *vt.* 使免疫

【记】词根记忆：im(不)+mun(效用)+ize→使病毒无效→使免疫

【例】All adults were ***immunized*** against influenza in order to avoid being infected. 为了避免被传染，所有成年人都接种了流感疫苗。

【派】immunization(*n.* 免除，免疫)

manufacture [ˌmænjuˈfæktʃə] *n.* 制造，制造业；[*pl.*]产品 *v.*（用机器大量）生产，制造

【记】词根记忆：manu(手)+fact(制作)+ure→用手制作→制造

【例】I understand that you *manufacture* computers, prepare software, and advise clients on how to use them. 我知道你们生产电脑、制作软件并且告知客户如何使用它们。(2005)

terrify [ˈterifai] *vt.* 使恐怖，惊吓

【记】词根记忆：terr(怕，恐吓)+ify→惊吓

【例】Those words *terrified* her, but she was not sure if Ripley meant what she thought. 那些话让她惊恐不已，但她不能确定瑞普利的意思是否和她想的一样。

【派】terrific(*adj.* 可怕的，恐怖的；极大的，极端的；极妙的，了不起的)

probe [prəub] *n.* 探针；探测飞船；探查，彻底调查 *v.* 探查，查究

【记】词根记忆：prob(证明)+e→探查

【例】The archaeological discoveries would be of great help for us to *probe* into the evolution of humankind. 这些考古发现将大大有助于我们探究人类的演化进程。

【用】词组probe into sth. 是"探究、探查某事物"的意思。

deliberately [diˈlibəritli] *adv.* 故意地，蓄意地

【例】Authorities said they were seeking two men in connection with the fires, which they believed were started *deliberately*. 权威人士说他们正在寻找两个与大火有关的人，他们认为有人蓄意纵火。(2005听力)

tolerate [ˈtɔləreit] *vt.* 容忍，宽容；忍受

【记】词根记忆：toler(容忍)+ate→容忍

【例】For too many highly intelligent working women, home represents chore obligations, because the husband only *tolerates* her work and does not participate in household chores. 对于许多聪慧的职业女性来说，家庭意味着必须做繁杂的家务事，因为丈夫只能容忍她们工作，但不会参与到家务事中。(2001)

【派】tolerable(*adj.* 可容忍的，尚好的)；tolerance(*n.* 容忍，宽容；韧性，耐心；容许的偏差，偏差，容限)；tolerant(*adj.* 容忍的，宽容的)；toleration(*n.* 容忍，宽容，忍受)

【辨】**tolerate, bear**

　　两个词都表示"忍受"。tolerate语气较弱，一般指为了和平容忍令人不快的事；bear指承受较沉重的事，强调忍受者的坚韧。

grimace [griˈmeis] *vi.* 扭曲脸部(以表示痛苦等); 扮鬼脸

【例】Isabel looked at her father with a ***grimace***. 伊莎贝尔扮着鬼脸看着她父亲。

【用】grimace指痛苦、厌恶地做怪相, 后接at, 表示"向…做怪相"。

quote [kwəut] *v.* 引用…的话, 引证; 报…的价; 把…放入括号 *n.* 引文; 报价

【记】词根记忆: quot(有多少)+e→引证

【例】The speaker ***quoted*** many wisdoms of Nietzsche's. 讲演者在演讲中引用了很多尼采的名言。// The insurance company requires the ***quotes*** for repairing the car. 保险公司要一份修理这辆汽车的报价单。

【派】quotation(*n.* 引语, 引用; 报价)

【辨】**quote, cite**

这两个词都有"引用"的意思。quote表示照原文引用, 不作任何改动; cite则强调"引用…来证明某事", 对原文可以作适当改动。

blot [blɔt] *n.* 污渍; 瑕疵, (名誉等上的)污点 *v.* 弄上污渍; (用吸墨水纸等)吸干; 玷辱

【例】My shirt was ***blotted*** by some juice. 我的衬衣被果汁弄脏了。

deteriorate [diˈtiəriəreit] *v.* 恶化, (使)变坏, 退化

【记】词根记忆: deterior(拉丁文: 糟糕的)+ate→变糟糕→变坏

【例】Advancing age does not make his health ***deteriorate***. 年龄的增长并没使他的健康状况恶化。

transport [trænsˈpɔːt] *vt.* 运输, 输送; 放逐, 流放

[ˈtrænspɔːt] *n.* 运输; 运输工具

【记】词根记忆: trans(转移)+port(运)→搬运转移→运输

【例】This type of vessels was used to ***transport*** pirated goods. 这种船过去被用来运输走私货物。// We recycle our newspapers and bottles, we take public ***transport*** to get to work, and we try to buy locally produced fruit and vegetables, and we want to take these attitudes on holiday with us. 我们循环利用报纸和瓶子, 我们乘公共交通工具去上班, 我们设法购买当地产的水果蔬菜, 我们想在假期采取这样的态度。(2012听力)

【用】transport作名词时与transportation的意思相同。

【派】transportation(*n.* 运输; 运输工具)

fathom [ˈfæðəm] *n.*（测水深的度量单位）英寻 *vt.*测量…的深度；理解；充分了解

【例】About a mile from the shore the water deepened from nine to fifteen ***fathoms***. 在离岸边大约1英里的地方，水深从9英寻到15英寻不等。

rigid [ˈridʒid] *adj.*僵硬的，坚挺的；严厉的，刻板的

【例】The ***rigid*** boss was staring at his employees without any expression. 严厉的老板面无表情地盯着雇员。

proficient [prəˈfiʃənt] *adj.*熟练的，精通的

【记】联想记忆：pro(代替)+fic(做)+ient→替别人做了很多所以熟练→熟练的

【例】These workers are ***proficient*** at operating computer terminal. 这些工人善于操作计算机终端设备。

【派】proficiency(*n.* 精通，熟练)

intricate [ˈintrikit] *adj.*细节繁多的，错综复杂的

【例】The eye is a very ***intricate*** part of the body. 眼睛是人体中非常复杂的部位。

condense [kənˈdens] *v.*（使气体）冷凝，（使）凝结；使浓缩；压缩，缩写（文章等）

【记】词根记忆：con+dens(变浓厚)+e→使浓缩

【例】Temperature ***condensed*** the steam to water. 温度下降使蒸汽凝结成水。// The book was ***condensed*** into several pages. 这本书被缩简成几页。

【用】condense压缩的意味很强，如浓缩；多用于被动语态。

independent [ˌindiˈpendənt] *adj.*独立的；自治的；自力更生的，自立的；有主见的

【例】China firmly follows the ***independent*** and peaceful foreign policy. 中国坚定不移地遵循独立自主的和平外交政策。

【用】注意independent没有比较级和最高级。

【派】independence(*n.* 独立，自主，自立)

drift [drift] *v.*漂流，漂浮；无目的地移动 *n.*堆积物，漂流物；漂流；倾向；大意，主旨

【记】联想记忆：在大峡谷(rift)漂流(drift)

【例】Thousands of people ***drift*** through life suffering from the effects of too little sleep; the reason is not that they can't sleep. 成千上万的人忍受着睡眠不足带来的影响度过一生，而原因并不是他们无法睡觉。(1999)

□ fathom □ rigid □ proficient □ intricate □ condense □ independent
□ drift

dump [dʌmp] *v.* 倾倒，倾卸；丢弃，摆脱；（向国外）倾销，抛售；堆放 *n.* 垃圾废物堆（场），脏乱的地方；倾倒；倾销；临时堆积处

dump

【记】发音记忆："当铺"→去当铺抛售→抛售

【例】General Motors, Ford, and Chrysler had planned to accuse Japanese companies of *dumping* cars below market prices in the U.S. 通用汽车、福特以及克莱斯勒已经计划控告日本公司以低于美国市场的价格倾销汽车。(1999听力) // **(down) in the dumps** We can't have you *down in the dumps* like this. 我们不能让你这样消沉下去。

annual [ˈænjuəl] *adj.* 每年的，年度的

【记】词根记忆：ann(年)+ual(…的)→每年的

【例】The *annual* salary is 59,926 dollars. 年薪是59926美元。(2011听力)

【用】annual相当于yearly, one-year。

intervene [ˌintəˈviːn] *vt.* 进入，介入，在其间；干涉，干预

【记】词根记忆：inter(在…之间)+ven(来)+e→来到中间→介入

【例】When rioting broke out, the police were obliged to *intervene* in the dispute. 骚乱发生时，警方有责任调停纠纷。

【派】intervention(*n.* 干涉，干预，介入)；interventionist(*n.* 干涉主义者)

utmost [ˈʌtməust] *adj.* 最大的，极度的 *n.* 极限，极度

【例】New Serbian President Milan Milutinovic has pledged that he will do his *utmost* for the peaceful and stable development in Serbia. 塞尔维亚新总统米兰·米卢蒂诺维奇发誓将为祖国的和平与稳定发展尽其最大的努力。

anxiety [æŋˈzaiəti] *n.* 忧虑，担心，焦虑；渴望，热望

【记】来自anxious(*adj.* 担忧的，渴望的)

【例】In the sixties, that was the sum total of post-graduation *anxiety* syndrome. 在60年代，那是毕业后焦虑综合征的全部。(2012)

counsel [ˈkaunsəl] *n.* 辩护律师；（专业）意见，忠告 *v.* 劝告，提供意见

【例】Your teacher can give you some vocational *counsel*. 老师可以给你提出一些就业指导。

【用】counsel有两种句式：①counsel sb. to do sth. 〔（当面）劝某人做某事〕；②counsel one's doing sth. 〔（不当着某人的面）建议某人做某事〕。

【派】counsel(1)or(*n.* 顾问；律师)

bold [bəuld] *adj.* 大胆的，勇敢的；冒失的；醒目的，粗大的

【记】联想记忆：b+old(老的)→人虽老，但很勇敢→勇敢的

【例】It was a ***bold*** idea to build a power station in the deep valley. 在深谷里修建发电站是一个大胆的构想。// Please use ***bold*** letters. 请用粗体字。//（as）**bold as brass** Fox walked in, ***bold as brass***, and asked me to lend him £50! 福克斯走进来，厚颜无耻地要我借给他50英镑!

【派】boldness(*n.* 大胆，勇敢；冒失)

【辨】**bold, brave, fearless**

这三个词都有"勇敢的"之意。bold强调在艰苦与危险的情况下积极自信、大胆进取的天性；brave一般指在困难面前无畏，本质上不喜欢危险；fearless强调的是大胆坚决、毫不害怕。

jealousy [ˈdʒeləsi] *n.* 嫉妒，妒忌

【记】联想记忆：jealous(嫉妒的)+y→嫉妒

【例】As long as the wide gap between the well-paid and the low-paid exists, there will always be a possibility that new conflicts and ***jealousies*** will emerge. 只要高收入者和低收入者之间存在很大的差距，就有可能出现新的冲突和嫉妒。（2006）

【派】jealous(*adj.* 嫉妒的；猜疑的)

taper [ˈteipə] *n.* 蜡捻子，细蜡烛 *v.* 逐渐变窄，使…逐渐变窄；（使某物）变少；逐渐终止

【例】The trees ***taper*** upward like columns supporting the heaven. 那些树向上逐渐变细，就好像支撑着天空的柱子。// Financial aids generally ***taper*** off after the first year of college. 助学金通常在大学一年级之后逐渐减少。

intersect [ˌintəˈsekt] *v.* 横断，横切，贯穿；相交，交叉

【记】词根记忆：inter(在…之间)+sect(切，割)→横切

【例】Some astronomers found that some of those cometary orbits ***intersect*** earth's path. 一些天文学家发现，那些彗星的一部分轨道与地球轨道相交。

【派】intersection(*n.* 横断；交叉；交叉路口；交点)

mark [mɑːk] *n.* 斑点，痕迹；分数；标记 *v.* 弄脏，留下痕迹；给予分数；标志

【记】本身为词根：记号

【例】We shouldn't ***mark*** a book that is borrowed from the library. 我们不应该在从图书馆借来的书上做记号。

【派】marked(*adj.* 显著的，明显的); marker[*n.* 做标记的人(或工具); 记分员; (旗、杆等)标示物]

thrust [θrʌst] *v.* 刺，戳; 刺进; 用力推，冲 *n.* 推，刺，戳; 推进力

【例】This rocket engine develops several thousand pounds of ***thrust***. 这种火箭发动机能产生几千磅的推进力。

wear [weə] *v.* 穿，戴，佩; 面带（某种表情）; 耗损，磨损 *n.* 衣服，服装; 穿，戴，佩带; 蓄留; 磨损，损耗; 耐久性，耐用性

【例】Time and absence will soon ***wear*** off such impressions. 时间与离开会很快磨灭这些印象。// They would be just the thing to take a long walk in, for they could not ***wear*** out. 他们一定是走了很长的一段路，不然他们不会筋疲力尽的。

【派】weary（*adj.* 非常疲倦的）; wearily（*adv.* 疲倦地）; weariness（*n.* 疲倦）

swindle ['swindl] *v.* 榨取，骗取 *n.* 诈骗行为，骗人的事物

【例】Tom is just the kind that would stoop to ***swindle*** children out of a few pence. 汤姆就是这种货色，会不知廉耻地从孩子手中骗取几个零钱。// It was a ***swindle***, and not at all like the conduct of a great man. 这是欺诈，根本就不是一个伟人该有的行为。

【派】swindler(*n.* 诈骗者，骗子)

deprive [di'praiv] *vt.* 剥夺，使丧失，使不能做

【记】词根记忆: de(去掉)+priv(单个)+e→从个人处拿走→剥夺

【例】That kind of system ***deprived*** the children of joy. 那种体制剥夺了孩子们的乐趣。

【用】常用搭配是deprive sb. of, 表示"剥夺某人的…"。

【派】deprivation(*n.* 剥夺，掠夺; 丧失)

disobey [ˌdisə'bei] *v.* 不服从，违抗，漠视

【记】联想记忆: dis(不)+obey(遵守)→违抗

【例】They ***disobey*** their supervisor. 他们不服从管理者的命令。

【派】disobedience(*n.* 不服从，违抗)

dive [daiv] *vi.* 潜水，跳水; 俯冲，跳伞; 急剧下降; 突然把手伸入; 潜心钻研，全身心投入 *n.* 跳水，潜水; 俯冲; 急剧下降; 探究，潜心钻研

【例】The engine did not restart, and the plane ***dived*** to the ground. 引擎没有重新点燃，飞机向地面俯冲下去。

【派】diver(*n.* 跳水者，潜水员; 潜水艇)

extinct [ik'stiŋkt] *adj.* 灭绝的，绝种的；（火山）死的，熄灭的；消亡的，破灭的

【例】Professor Lee is studying a kind of *extinct* animal. 李教授正在研究一种灭绝动物。// Here is the center of an *extinct* volcanic field. 这儿是一片死火山的中心地带。

【派】extinction(*n.* 消灭，熄灭；绝种)

contemporary [kən'tempərəri] *adj.* 当代的；同时代的，同年龄的 *n.* 同期的人，同辈

【记】词根记忆：con(共同)+tempor(时间)+ary(表人)→同期的人

【例】Face-to-face contact is by no means the only form of communication and during the last two hundred years the art of mass communication has become one of the dominating factors of *contemporary* society. 面对面接触绝不是交流的唯一方式，在过去的两百年里，大众传播艺术已成为当代社会的主导因素之一。(2000)

conform [kən'fɔːm] *v.* 使一致；遵照；符合，相似；适应环境

【记】联想记忆：con+form(形状)→遵循共同的形式→使一致

【例】You will meet much trouble if you do not *conform* with tradition. 不遵守传统，你将会遇到很多麻烦。

【用】conform后接to/with，意为"遵循，遵从"。

【派】conformity(*n.* 依照，遵从；符合，一致)

excel [ik'sel] *v.* 胜过，优于，擅长；突出，超常

【记】词根记忆：ex(出)+cel(升高)→高出他人→优于

【例】Jane *excels* in playing the piano. 简擅长弹钢琴。

【用】excel通常与at或in搭配，表示"擅长某一方面"。

【派】excellence(*n.* 优秀，卓越，杰出；优点，美德)；excellent(*adj.* 优秀的，卓越的，杰出的)

consult [kən'sʌlt] *v.* 找…商议；找(医生)诊治；翻阅，查考(书籍、地图等)

【例】Each student has a tutor whom they can *consult* on any matter whether academic or personal. 每个学生都有一个指导老师，他们可以向其询问任何问题，无论是学业上的还是个人的。(1997) // consult with I'd have to *consult with* my school on this matter. 关于这件事，我还得去和学校协商。

【用】consult的固定搭配：①consult about sth. (商议某事)；②consult with sb. (与某人商议)；③consult for (为…做咨询)。

【派】consultant(*n.* 顾问；医院的高级顾问医师)；consultation(*n.* 请教，咨询；磋商)

equivalent [i'kwivələnt] *adj.* 相等的, 相当的, 等价的 *n.* 相等物, 等价物

【记】词根记忆: equi+val(价值)+ent→价值相等的→等价的

【例】Agencies are allowed to charge a fee, usually the *equivalent* of the first week's rent, if you take accommodation they have found for you. 中介被允许收费, 如果他们帮你找到住处的话, 费用通常相当于一个星期的租金。(2002) // Not every English words have Chinese *equivalent*. 不是每一个英语单词都能在中文中找到对应的词。

【派】equivalence(*n.* 等效, 等值, 等量, 相当)

strain [strein] *n.* 拉紧, 扯紧; 需费神之事物; 劳累, 竭尽; 扭筋, 脱臼 *v.* 拉紧, 扯紧; 尽量利用, 尽全力; 损伤, 耗损

【记】本身为词根: 拉紧

【例】From the *strain* in his face, we know that he has worked all night. 看他一脸的疲惫我们就知道他工作了一整夜。// We *strained* to see the boat far away. 我们竭力看着远处的那只船。// You will *strain* your eyes by reading in such poor light. 你在这样弱的光线下看书会损伤视力的。

imagine [i'mædʒin] *v.* 想象, 设想, 幻想; 认为, 猜想

【例】*Imagine* a book that never ends, a library with a million floors, or *imagine* a research project with thousands of scientists working around the clock forever. 想象一本永无结局的书、一栋数百万层高的图书馆, 或是想象一个由数千名科学家参与、让他们昼夜忙碌的研究项目。(2006听力)

【派】imaginable(*adj.* 可想象的, 想象得到的); imaginary(*adj.* 想象中的, 虚构的); imagination (*n.* 想象力; 幻觉); imaginative(*adj.* 富于想象力的)

【辨】**imagine, fancy**

二者都有"想象"之意。imagine指比较富有创造性的想象, 较常用; fancy特指幻想, 强调是虚构的, 指比较不可能成真的想入非非, 它既可作动词, 也可作形容词和名词。

simultaneous [ˌsiməl'teiniəs] *adj.* 同时发生的, 同时做出的, 同时的

【记】词根记忆: simul(一样)+tan+eous(…的)→时间一样的→同时发生的

【例】As American skies become busier, *simultaneous* use of intersecting runways is risky. 由于美国空中变得比以前更繁忙, 同时使用交叉跑道是很危险的。

【派】simultaneously(*adv.* 同时地, 同时发生地)

hono(u)r [ˈɔnə] n. 荣誉；信誉；正义感；崇敬，敬意 vt. 使感到荣誉；尊敬，对…表示敬意；信守，兑现

【例】The party, at which I was the guest of **honor**, was extremely enjoyable. 为我举办的这场晚会棒极了。(2006) // **be an honor to** John **was an honor to** his country due to his performance in the Olympics. 约翰在奥运会上的表现为他的国家增了光。

【用】honor的相关词组较多，in honor of 表示"对…的敬意；为庆祝…，为纪念…"；on one's word of honor或on one's honor都是"以某人的名誉担保"的意思；with honors则表示"以优异的成绩…"。

【派】honorary(adj. 名誉的；义务的)；hono(u)rable(adj. 荣誉的，增光的；尊敬的)

ferment [fəˈment] v. (使)发酵；(使)激动；(使)骚动

【记】词根记忆：fer(带来)+ment→带来肿胀效果→发酵

【例】Bacteria naturally present in your colon can **ferment** the undigested food particles. 结肠里自然产生的细菌可以使没有消化掉的食物颗粒发酵。

【派】fermentation(n. 发酵；激动；骚动)

surplus [ˈsəːpləs] n. 剩余，过剩；余款，余额 adj. 多余的，盈余的

【记】联想记忆：sur(超过)+plus(加；多余的)→多余的

【例】Trade makes it possible for her **surplus** manufactured goods to be traded abroad for the agricultural products that would otherwise be lacking. 贸易使她可以用过剩的手工产品从海外交换农产品，如果不交换的话，农产品将会匮乏。(2002)

splendid [ˈsplendid] adj. 壮丽的，辉煌的；绝妙的，极佳的

【记】联想记忆：splend(发光)+id(…的)→让人眼前一亮的→壮丽的

【例】Next morning I awoke in the hotel, with a **splendid** panoramic view of the city before me. 第二天早上当我在酒店里醒来时，呈现眼前的是整个城市壮丽的全景。// I have missed a **splendid** opportunity. 我已经错过了一个极好的机会。

unify [ˈjuːnifai] v. (使)成一体，使统一

【记】词根记忆：uni(单一)+fy→成为单一物体→(使)成一体

【例】Ahead of his swearing in, the new President vows to **unify** his fractured country, but faces huge challenges. 新总统在宣誓就职前发誓统一这个已经支离破碎的国家，但他面临着巨大的挑战。

tremble [ˈtrembl] vi. 哆嗦，震颤；摇动，摆动；焦虑，担忧

【记】词根记忆：trem(颤抖)+ble→震颤

tremble

【例】Anna's hands *tremble* as she searches for the money. 找钱的时候，安娜的手不停地哆嗦。// The police comforted the mother and asked her not to *tremble* about her missing son. 警察安慰那位母亲，让她不要为走失的儿子担心。

downfall ['daunfɔːl] *n.* 大阵雨（或雪）；垮台，毁灭

【记】组合词：down(向下)+fall(降落)→向下降落→垮台

【例】The old man witnessed the *downfall* of the British monarchy and the disintegration of the empire. 老人见证了英国君主制的衰败以及大英帝国的土崩瓦解。

mo(u)ld [məuld] *n.* 霉(菌)；模子 *v.* 浇铸，塑成；发霉

【例】The student *moulded* a statue out of clay. 那个学生用黏土塑造了一尊雕像。

lofty ['lɔfti; 'lɔːfti] *adj.* (思想等)崇高的；高耸的；高傲的

【记】联想记忆：loft(阁楼)+y→阁楼通常在房屋高耸的地方→高耸的

【例】When I asked for help, he just gave me a *lofty* smile and turned away. 当我请他帮忙时，他只是傲慢地笑了一下，然后转身离开了。

【派】loftily(*adv.* 崇高地，高傲地)，loftiness(*n.* 崇高，高傲)

practicable ['præktikəbl] *adj.* 行得通的，可以实施的；可通行的

【记】联想记忆：practic(e)(实践)+able→可行的→行得通的

【例】The police doubted whether such an expedient was *practicable* to rescue the hostage. 警方怀疑这种权宜之计在解救人质时是否行得通。

【辨】possible, feasible, practicable

这三个词都有"可能实行的"之意。possible强调的是可能性，也有可能不成功的暗示；feasible指还没做，但很有可能可以实行，如：The plan was feasible.；practicable指有办法或条件使某事有效实行，如：The route is practicable only in summer.

physical ['fizikəl] *adj.* 物质的，有形的；身体的；自然(界)的；物理的

【记】词根记忆：physi(自然)+cal→自然的

【例】Nowadays, the *physical* living conditions of people have improved. 如今人们的物质生活条件改善了。

scale [skeil] *n.* 尺度，刻度；基准，等级；比例，比率；大小，规模；音阶，音列；[*pl.*] 天平，磅秤 *v.* 称体重；爬，攀 *n.* 鳞，鳞片

【例】The doctors are high on the social *scale* in western countries. 在西方国家，医生的社会地位很高。// The scientist *scaled* new heights in the field of physics. 这位科学家到达了物理学领域的新高峰。

【用】注意scale作"天平，磅秤"讲时通常用复数形式。

hijack ['haidʒæk] *vt.* 拦路抢劫（车、人等），劫持（飞机等），向…敲诈勒索

【记】联想记忆：hi(你好)+jack(杰克)→你好，杰克，打劫→劫持

【例】The gang planned to *hijack* the vessel. 这伙人打算劫持这条船。

preserve [pri'zɔːv] *v.* 保存；保护，维护；维持

【记】词根记忆：pre(预先)+serv(保持)+e→提前保持→保存

【例】A husband and wife must try to interest each other, at the same time they must spend enough time on separate interests to *preserve* and develop their separate personalities and keep their relationship fresh. 夫妇必须尽力保持对彼此的兴趣，同时还必须花费足够的时间在个人兴趣方面，以保持并发展独立的个性，并使他们的关系保持新鲜。(2001)

【派】preservation(*n.* 保存，贮藏；保护；保持)

【辨】**preserve, conserve, reserve**

　　三个词都有"保存"的意思。preserve强调保护某物不受损坏，维持原状态；conserve侧重于保存起来，以作节约之用；reserve多指保留，如：reserve my rights。

Those who can not do trivial things can not accomplish great things.

— Lomonosov

不会做小事的人，也做不出大事来。

——罗蒙诺索夫

Word List 10

词根、词缀预习表

nomin 名称	nominal *adj.* 名义上的	**lustr** 照亮，光	illustrate *v.*（举例）说明
ced, ceed 走	precede *v.* 先于…	**her** 粘附	inherent *adj.* 固有的，内在的
viv 生命	vivid *adj.* 有生气的	**cern** 区别	discern *v.* 看出，识别
cret 产生	concrete *adj.* 具体的	**prim** 第一	primitive *adj.* 原始的
cent 唱	incentive *n.* 刺激，鼓励	**duc, duct** 引导	deduce *vt.* 推论，演绎
centr 中心	concentrate *v.* 集中精神	**tain** 拿住	attain *v.* 获得

spread [spred] *v.* 展开，摊开；涂敷；（使）传布，（使）散开；伸展，扩展 *n.* 范围，广度；传播，蔓延；涂抹于面包上的食品

【例】The university also offers a monthly payment plan to ***spread*** out the cost of tuition. 该大学还提供了分期月付计划以分散学费。(2010听力) // The bird ***spread*** its wings and flied away. 鸟儿展翅飞走了。// ***Spread*** butter on bread, it'll be more delicious. 将黄油涂在面包上会更好吃。// The ***spread*** of this word aroused students' attention. 这个词的流传引起了学生的关注。

nominal [ˈnɔminəl] *adj.* 名义上的；极小的，微薄的；名词(性)的

【记】词根记忆：nomin(名称)+al→名义上的

【例】The man was commissioned ***nominal*** chairman of the organization. 这个人被委任为该组织的名誉主席。

recommend [ˌrekəˈmend] *v.* 推荐，介绍；劝告，建议

【记】联想记忆：re(再一次)+com(共同)+mend(修改)→再次召集大家修改→建议

【例】I ***recommend*** this book to anyone who has an interest in chemistry. 我把这本书推荐给对化学感兴趣的人。// Doctors

☐ spread　　☐ nominal　　☐ recommend

recommend children not to eat too many sweets. 医生建议儿童不要吃太多的糖果。

【用】recommend后面接that从句时，要用"should+动词原形"，其中should可以省略。

【派】recommendation(*n.* 推荐；介绍信；劝告，建议)

overwhelm [ˌəuvə'hwelm] *vt.* 战胜，压倒，克服；(指感情)压倒，控制

【记】组合词：over(在…上)+whelm(淹没，压倒)→压倒

【例】We are all *overwhelmed* by the feeling of homesickness. 我们都沉浸在思乡的情绪中。

【派】overwhelming(*adj.* 压倒一切的，无法抗拒的)

inherent [in'hiərənt] *adj.* 固有的，内在的，天生的

【记】词根记忆：in(使)+her(黏附)+ent→生来就带着→固有的，内在的

【例】Personality is to a large extent *inherent*. 个性在很大程度上是先天形成的。

adapt [ə'dæpt] *v.* 适应，适合；改编，改写

【记】联想记忆：ad(表加强)+apt(适当的)→适应

【例】Animals that could not *adapt* themselves to the changed environment perished and those that could survived. 那些不能适应环境变化的动物都灭亡了，而能适应的则生存了下来。(1997)

【用】adapt常与介词to连用，表示"适应…"；而作"改编，改写"讲时，常与for或from连用。

【派】adaptable(*adj.* 能适应新环境的；可改变的); adaptation(*n.* 改编；适应；改编本); adapter/adaptor(*n.* 适配器；转接器；改编者)

beg [beg] *v.* 请求，恳求；乞讨，乞求

【例】Action must be taken to protect children being used to *beg* in Belfast, the Children's Commissioner says. 儿童事务专员表示，必须采取行动保护贝尔法斯特儿童，以防他们成为行乞的工具。

【用】"I beg your pardon." 常在口语中用到，是"对不起，请原谅；请再说一遍"的意思。

【派】beggar(*n.* 乞丐，穷人)

precede [priːˈsiːd] *v.* 先于…，位于…之前

【记】词根记忆：pre(前)+ced(走)+e→走在…之前→先于…

【例】Some rare phenomena may *precede* the occurrence of the earthquake. 地震发生之前会出现一些罕见的现象。

【派】precedent [*n.* (过去的)惯例；先例]

brisk [brisk] *adj* 活跃的，轻快的；(空气等)清新的，令人爽快的；兴旺，生气勃勃的 *v.* 使活泼，兴旺；活泼起来，兴旺起来

【记】联想记忆：b+risk(风险)→不冒风险，怎能兴旺→兴旺

【例】Peggy is enjoying the **brisk** winter air. 佩姬正享受着冬日的清新空气。// Sales are amazingly **brisk**. 销售出奇的火热。

vertical [ˈvəːtikəl] *adj.* 垂直的，直立的 *n.* 垂直线，垂直面

【记】词根记忆：vert(转)+ical→转到水平相对的位置→垂直的

【例】The northern face of the mountain is almost **vertical**. 这座山向北的一面几乎是垂直的。// The student drew a **vertical** to solve the geometry problem. 这名学生画了一条垂线解答这道几何题。

【派】vertically(*adv.* 垂直地)

prick [prik] *v.* 戳穿，刺；(使)感到刺痛 *n.* 刺痛；刺痕，刺孔

【例】My skin **pricks** sometimes when in the windy day. 我的皮肤在大风天有时会感到刺痛。

【用】词组prick up one's ears是"竖起耳朵听"的意思。

vivid [ˈvivid] *adj.* (指颜色等)强烈的，鲜明的；有生气的，活泼的；逼真的，生动的

【记】词根记忆：viv(生命)+id(…的)→有生气的

【例】Scientists say they have discovered the precise region of the brain that causes strong smells or a song to trigger **vivid** memories. 科学家称，他们发现了脑中能够通过强烈气味或歌曲引发逼真回忆的确切部位。

warn [wɔːn] *v.* 警告，提醒；事先通知

【例】The head of the United Nations AIDS program **warns** that the deadly disease may only be at its early stages in many parts of the world. 联合国艾滋病计划的负责人警示说，在世界的某些地区艾滋病很可能还处在初级阶段。(2002)

【用】词组warn sb. of sth. 是"警告、提醒某人某事"的意思。

【派】warning(*n.* 预先的通知；预兆，警告)

【辨】**warn, caution, forewarn**

三个词都有"警告"的意思。warn最为常用，指及时通知使某人警觉；caution表示警告某人小心，如：I cautioned her not to be late.; forewarn强调事先通知。

perch [pəːtʃ] *n.* (鸟的)栖木；高的地位或位置 *v.* (鸟)栖息；位于高处

【例】The explorer was almost knocked from his **perch** as he snatched for the rope. 探险家去抓绳子时，差点儿从高处跌下去。

lower [ˈləuə] *v.* 降低；放下 *adj.* 较低的，较下的

【例】Exercise can **lower** blood pressure and reduce your risk of heart disease. 锻炼可以降低血压，减少患心脏病的风险。

confront ［kənˈfrʌnt］*vt.* （困难等）临头；（使）面对，（使）面临；勇敢地面对（危险等），正视，对抗

【记】联想记忆：con+front(面，前面)→面对面→对抗

【例】Don't worry. ***Confront*** the difficulty and you will overcome it. 别担心，面对困难，你会战胜它的。

【用】confront常用的形式是be confronted with，与confront是一个意思。

【派】confrontation(*n.* 对抗，对峙；冲突)

scarcely ［ˈskeəsli］*adv.* 仅仅，刚刚，几乎没有

【例】Although he is a socialist, Mr. Wells is ***scarcely*** in sympathy with the working class. 尽管威尔斯先生是一名社会主义人士，但他几乎从不同情工人阶级。（2005）

knot ［nɔt］*n.* （绳等的）结；木头上的节瘤；一小群聚在一起的人 *v.* 在…上打结，把…结牢

【记】中国结：Chinese knots

【例】The man ***knots*** the two ends of the cord round two posts. 这个人把绳子的两端牢牢地系在两根柱子上。

sharpen ［ˈʃɑːpən］*v.* 使尖锐，使急剧；使敏捷

【记】联想记忆：sharp(锋利的)+en(使)→使锋利的→使尖锐

【例】Debates and thinking can ***sharpen*** one's wits. 辩论和思考可以使人增长才智。

【派】sharpener(*n.* 磨具，削具)

superficial ［ˌsjuːpəˈfiʃəl］*adj.* 表面的，表面性的；肤浅的，浅薄的

【记】词根记忆：super(上)+fic(做)+ial→在上面做→表面的

【例】French were not really admired by anyone except the Italians. Other Europeans found them conservative, withdrawn and ***superficial***. 除了意大利人，没有人钦佩法国人。其他欧洲人觉得他们保守、孤僻并且肤浅。（2000）

retreat ［riˈtriːt］*n. / v.* 撤退，退却；回避

【例】You can't ***retreat*** from the responsibility in this affair. 你不能回避在这一事件中的责任。// The recall was sounded and the ***retreat*** commenced. 召回命令响起，撤退开始。

flush ［flʌʃ］*v.* 冲洗，清除；脸红，发红；发亮；涌流；（使）兴奋，激动 *n.* 红晕，潮红；急流；冲洗；兴奋；激动 *adj.* 富裕的，充足的；和…齐平的

【记】和blush(*v.* 脸红)一起记

【例】New public toilets in our city will ***flush*** using rainwater collected in underground tanks. 我市新的公共厕所将使用地下储水池中收集的雨水冲洗。// A ***flush*** of embarrassment rose to her cheeks. 她羞得满脸通红。

compound ['kɔmpaund] *n.* 混合物；复合词；用围墙圈起的建筑物（场地）*adj.* 混合的，复合的

【记】词根记忆：com+pound(放置)→放到一起的东西→混合物

【例】Water is a ***compound*** of hydrogen and oxygen. 水是氢和氧的化合物。// We usually need to join simple statements together to make ***compound*** statements. 我们常需要把简单的陈述合起来做成一个综合的陈述。// I used to live in a ***compound***. 我曾经在小院里生活过。

panic ['pænik] *n.* 恐慌，惊惶 *v.* (使)恐慌，(使)惊惶 *adj.* 恐慌的，惊慌的

【源】来自Pan，一般音译作"潘"，是希腊神话中的山林、畜牧之神。它人身羊足，头上有角，居住在山林中，常躲在隐蔽处，突然跳出来吓得人魂不附体，它的怪叫声使人产生极大的恐惧感，panic就是指Pan出现时给人们带来的恐惧感。

【例】Informative speeches from World Health Organization officials helped people to keep their ***panic*** under control so they could take sensible precautions. 世界卫生组织官员提供信息的演讲帮助人们克服了恐慌，这样他们才能采取合理的预防措施。(2013)

splash [splæʃ] *v.* 溅，泼；(指液体)飞溅 *n.* 飞溅(声)；溅污的斑点；有颜色的斑点

splash

【例】Martin ***splashed*** mud on me on purpose. 马丁故意溅了我一身泥。// With a great ***splash***, he swam off in hasty pursuit of the fish. 他匆忙跳下水去追那条鱼，溅起一大片水花。// We hit the water with a mighty ***splash***. 我们用力拍水，发出很大的响声。

【用】splash常见搭配有：①splash into(溅入，滴入)；②splash on/onto(往…上面溅)；打在…上。

concrete ['kɔnkriːt; kɔn'kriːt] *adj.* 具体的，有形的；明确的

['kɔnkriːt] *n.* 具体物；混凝土，凝结物 *v.* 用混凝土修筑

【记】词根记忆：con+cret(产生)+e→生产出来的实物→具体的

【例】Is there any *concrete* suggestions? 有没有什么具体建议？// The building was made of steel and *concrete*. 那栋建筑是钢筋混凝土砌成的。

【用】固定搭配in the concrete，表示"具体化；实际上"。

utter ['ʌtə] *adj.* 完全的，彻底的；绝对的，无条件的 *vt.* 发出（声音等），说

【例】Two streets with identical names in the city are causing "*utter* chaos", according to residents. 居民表示该市中两条路的名字完全相同，这给他们带来了"巨大的麻烦"。// Some government officials *uttered* the warnings of terrorist attacks. 一些政府官员发出了对抗恐怖袭击的预警。

awaken [əˈweikən] *v.* 叫醒，闹醒；醒来，觉醒

【例】awaken to We must *awaken to* new challenges. 我们必须意识到新的挑战。

delicate ['delikit] *adj.* 易碎的，娇弱的；精密的，精致的；微妙的；清香的，清淡的

【记】词根记忆：de+lic（引诱）+ate→诱人的→精致的

【例】Annie remained *delicate* long after the fever. 那次发烧很久以后，安妮仍然很虚弱。

【用】be in delicate health常指"体弱多病"。

estimate ['estimeit] *vt.* 估计，估计…的意义（价值），评价

['estimit] *n.* 估计，估算，评价，评估

【例】The white marble statue of a woman is *estimated* to be 2,000 years old. 据估计该白色大理石女性雕塑有2000年的历史了。（2012听力）

【派】estimation（*n.* 判断，意见）

【辨】**estimate, assess, evaluate**

　　estimate指对物体主观的判断，可能会有失误；assess指财政、资金评估，也指对人、工作的评价；evaluate则是对抽象的能力、表现等的评价。

minus ['mainəs] *prep.* 减去；（气温）零下 *adj.* 负的，零下的；劣（低）于…的

【记】词根记忆：min（小）+us→变小→减去

【例】This city has a temperature of *minus* ten degrees centigrade in winter. 这个城市冬天的温度会达到零下10摄氏度。

weld [weld] *v.* 焊接，熔接；使成一体

【例】The flow of heat is used to *weld* parts together. 热流用于把零部件焊接在一起。

contaminate [kən'tæmineit] *vt.* 污染，玷污

【例】Water was *contaminated* by the chemicals. 水被化学物质污染了。

【派】contemptuous(*adj.* 表示轻蔑的，藐视的)

perplex [pə'pleks] *vt.* 使困惑，难住；使复杂化

【记】词根记忆：per+plex(重叠)→重叠在一起→使困惑

【例】The mayor's speech *perplexed* the issue. 市长的讲话使这一问题变复杂了。

improve [im'pru:v] *v.* 改进，提高，改善；增值；利用(机会等)

【例】This will *improve* medical care and education, science and agriculture, business opportunities and employment. 这将改善医疗护理和教育，科学和农业，商业机会和就业。(2013听力)

【派】improvement(*n.* 改善，增进；增值；利用)

【辨】improve, better

二者都含有"改进，改善"的意思，有时可通用。improve用途较广，表示在价值或状态上改善，如：improve the health；better指提高地位、条件等外在东西，如：better the living conditions。

differ ['difə] *vi.* 相异，有区别；持不同看法

【记】词根记忆：dif(分开)+fer(带来)→分别带来→有区别

【例】The latest survey concludes that the extent and type of hospital teaching available *differ* a great deal across the country. 最新的调查显示，医院教学的程度和类型在全国范围内存在很大差异。(1999)

【用】differ作"持不同看法"讲时常与on/about/over连用。

【派】difference(*n.* 差异，不同，分歧)

overdo [ˌəuvə'du:] *v.* 做(使用)…过度，把…煮太久

【例】The tragic scenes in the movie were a bit *overdone*. 电影中的悲剧场面略显过分。

soothe [su:ð] *v.* 使平静，安慰；使(痛苦、疼痛)缓和或减轻

【例】We did not know how to *soothe* the bereaved mother. 我们不知如何安慰那位丧子的母亲。// A bit of embrocation will *soothe* your bruised knee. 用一点涂擦剂可使你青肿的膝部消肿。

enlarge [in'lɑːdʒ] *v.* 扩大，放大(照片)，扩展

【记】联想记忆：en(使)+large(大的)→扩大，放大

【例】My one object in following a new course is to ***enlarge*** the range of my studies in the art of writing fiction. 我参加新课程的一个目的是扩大对小说写作艺术的研究范围。

【派】enlargement(*n.* 扩大，放大；扩建部分)

declare [diˈkleə] *v.* 宣告，公告；表明，断言；申报(纳税品等)

【记】词根记忆：de(表加强)+clar(清楚的，明白的)+e→说清楚→表明

【例】Three friends had ***declared*** bankruptcy and weren't sure where or how they were going to live. 三个朋友已经宣布破产，他们不确定要住到哪里，该如何生活。(2013) // Some stars do not ***declare*** all they have earned. 有些明星并不申报他们的总收入。

【派】declaration(*n.* 宣告，宣言，布告)

forbid [fəˈbid] *v.* 禁止，不许；阻止，妨碍

【例】Taking photographs is strictly ***forbidden*** here, as it may damage the precious cave paintings. 此处禁止拍照，因为这样做可能会损坏珍贵的石洞壁画。

【用】forbid的常见搭配是forbid sb. to do sth. 或forbid sb. from doing sth. ，都表示"禁止某人做某事"。

【派】forbidden(*adj.* 不允许的，禁止的)

【辨】forbid, prohibit, ban

这三个词都有"禁止"的意思。forbid最普通，主动语态常用forbid sb. to do sth. ；prohibit指比较正式地通过法律或政府禁止，固定搭配为prohibit sb. from doing sth. ；ban语气最强，一般是权威人士发出严厉的禁止，只能以物作宾语，如：ban the book。

favo(u)r [ˈfeivə] *n.* 好感，喜爱；赞同，支持；偏袒，偏爱；恩惠，善意的行为 *vt.* 喜爱，偏袒；赐予，给予；支持，鼓励；赞同；有利于，有助于

【例】in favor of Public opinion was moving strongly ***in favor of*** disarmament. 舆论表明人们强烈支持裁军。// ***in one's favor*** Duncan had his height and weight ***in his favor*** during the fight. 打斗中邓肯占据了身高与体重的优势。

【用】与favor有关的词组还有out of favor with(失宠于，不受欢迎)和do sb. a favor(帮某人一个忙)。

【派】favo(u)rable (*adj.* 有利的；称赞的；讨人喜欢的)；favo(u)rite〔*adj.* 特别喜爱的 *n.* 特别喜爱的人(物)，宠儿；最有希望的获胜者〕

addition [əˈdiʃən] *n.* 加，加法

【记】词根记忆：add(加)+ition(名词后缀)→加

【例】Parents who allow their children to be exploited in this way face, in **addition** to as many as six years in prison, the equivalent of a $500 fine. 通过这种方式利用孩子赚钱的家长将会被处以长达6年的有期徒刑，并处以500美元的罚款。(2010听力)

【派】additional (*adj.* 附加的，追加的，另外的); additionally(*adv.* 此外，而且)

urge [ə:dʒ] *v.* 催促，力劝，激励 *n.* 驱策力，推动力；强烈的欲望，迫切的要求

【例】Investors **urge** G8 governments for more clarity on climate change policies, to better manage risks. 投资商呼吁八国联盟政府使气候变化政策更加明晰以增强危机应对能力。// Mary felt the **urge** again of the desire to lean toward him for warmth. 玛丽又感觉到一股强烈地想靠在他身上取暖的欲望。

【用】"强烈建议或催促某人做某事"可以用urge sb. to do sth. 表示。

alternate [ɔ:l'tə:nit] *adj.* 交替的，轮流的，交错的
[ˈɔ:ltə:neit] *v.* (使)交替，(使)轮流

【例】This is an **alternate** universe. 这是个风水轮流转的世界。

【派】alteration(*n.* 改变，变更，更改); alternative[*adj.* 两者(或两者以上)选一的；选择性的 *n.* 取舍；替换物，可供选择的方法]

means [mi:nz] *n.* 方式，方法，手段，工具；收入，财富

【例】by means of A great deal of communicating is performed on a person-to-person basis **by** the simple **means of** speech. 大部分的交流都是以个人之间简单交谈的方式进行的。(2000) // by no means There are many people whose cultures are undeveloped, but the languages they speak are **by no means** primitive. 许多民族的文化并不发达，但他们的语言绝不原始。(2000听力)

【用】by all means在口语中还有"当然"的意思。

contest [kən'test] *v.* 争夺，竞争
[ˈkɔntest] *n.* 争夺；竞赛，比赛

【记】联想记忆：con(共同)+test(测试)→参加同一个测试→比赛

【例】Cheerleaders have their own **contests** every year at local, state and national levels. 拉拉队每年有自己的比赛，分为地方、州和国家三种级别。(2005) // Betty **contested** the other two players for the first place. 贝蒂与其他两名参赛者争夺冠军。

【用】contest表示"与某人竞争、争夺、抢夺"时可以跟with或against连用，后面接人或物。

【派】contention (*n.* 争论, 论战; 论点, 主张); contestant (*n.* 竞争者, 选手)

【辨】**contest, contend, compete**

这三个词都有"竞争"的意思, contest通常指争夺最高地位; contend指在比赛等活动中与对方竞争, 作出很大的努力后挫败对方, 如: contend with others for a prize; compete指为了一个目标而努力奋斗, 含有很强的竞争意味, 如: compete with other countries for world market.

handicapped [ˈhændikæpt] *adj.* 有生理缺陷的, 智力低下的

【例】It is wrong to make fun of the ***handicapped***. 捉弄残疾人是错误的行为。

decay [diˈkei] *v.* (使)腐败, (使)腐烂; (使)衰弱 *n.* 腐烂, 腐朽; 衰退, 衰败

【例】The doctor told me that my teeth were ***decayed***. 医生说我长了虫牙。// The old tree was in ***decay***. 那棵老树已经腐朽了。

【用】decay表示从完好健全的状态变弱, 主要强调腐败衰弱的阶段。固定搭配有go to decay和fall into decay, 意思是"腐朽, 凋谢"。

postpone [ˌpəustˈpəun] *v.* 延期, 延缓

【记】词根记忆: post(在后面)+pon(放)+e→放到后面→延期

【例】The sports game was ***postponed*** because of rain. 运动会因下雨而延期。

【辨】**delay, postpone**

两个词都含"推迟, 延期"的意思。delay指暂时停顿, 稍后继续, 或表示落后于进度, 如: delay by the heavy traffic; postpone很正式, 通常强调有意识延至将来某一具体时间, 如: The meeting has been postponed to Tuesday.

incentive [inˈsentiv] *n.* 刺激, 鼓励, 推动力

【记】词根记忆: in+cent(唱)+ive→使人唱歌→刺激, 鼓励

【例】There are not enough ***incentives*** for consumers to buy such products. 消费者没有足够的动机来购买这类产品。

extraordinary [ikˈstrɔːdənəri] *adj.* 非常的, 特别的, 破例的; 离奇的, 使人惊奇的, 非凡的

【记】联想记忆: extra(以外)+ordinary(平常的)→平常之外的→非常的

【例】Euphemia is an ***extraordinary*** beauty. 尤菲米娅是一个绝色美女。

eschew [isˈtʃuː] *vt.* 避开，远离

【例】Jane *eschewed* any questions related to her private life. 简避开一切与她私生活相关的问题。

【用】eschew是指有意避开、回避，而非逃跑之意。

concentrate [ˈkɔnsəntreit] *v.* 集中，使集中于一点；聚集；聚精会神，集中精神

【记】词根记忆：con(表加强)+centr (中心)+ate (做)→把精神放在中心→集中精神

concentrate

【例】How can I ever *concentrate* if you are continually interrupting me with silly questions? 如果你一直用愚蠢的问题打扰我，我要如何才能集中精力呢？（1997）// We *concentrated* on the homework. 我们集中精力做功课。// The majority of population *concentrates* in the big cities. 大部分人口聚集在大城市。

【用】concentrate常与on/upon搭配，表示"聚精会神"。

【派】concentration(*n.* 集中，注意力)

gesture [ˈdʒestʃə] *n.* 姿势，手势；(外交等方面的)姿态 *v.* 用手势表示，用动作示意

【例】The teacher *gestured* to the students to keep quiet. 老师示意学生们保持安静。// My heart sank when the man at the immigration counter *gestured* to the back room. 当移民窗口的那个人示意我去后面的房间时，我的心一沉。（2008）

defect [ˈdiːfekt] *n.* 缺点，瑕疵

[diˈfekt] *vi.* 背叛，变节

【记】词根记忆：de(相反)+fect(做)→反着做→背叛

【例】Home Secretary Jack Straw's record would be reasonable enough to *defect* from Labour. 内政大臣杰克·斯特劳的记录足以证明他背叛了工党。

【用】defect常与to/from搭配使用，但有所区别，defect to意为"背叛到…"，而defect from意为"背叛了…"。

abundant [əˈbʌndənt] *adj.* 大量的，充裕的，丰富的

【例】be abundant in/with This area *is abundant in* petroleum deposits. 这个地区石油储量丰富。

【用】abundant通常和in或with连用，表示"丰富的，大量的"，意思相当于be rich in。

【派】abundance(*n.* 丰富，充裕，大量)

☐ eschew   ☐ concentrate   ☐ gesture   ☐ defect   ☐ abundant

chatter [ˈtʃætə] v. 喋喋不休；(鸟)啁啾，(松鼠等)吱吱叫；(溪流)潺潺作声；(机器)颤动；(牙齿)打战 n. 喋喋不休；啁啾；震颤声

【记】联想记忆：chat(聊天)+ter→没完没了地聊天→喋喋不休

【例】The *chatter* of my classmates stopped me from listening attentively to the teacher. 同学们喋喋不休的话语让我不能专心听讲。// The sparrows are *chattering* in the trees. 麻雀在树上啾啾叫。

【用】谚语：Who chatters to you, will chatter of you. （来说是非者，必是是非之人。）

【派】chatterbox(n. 喋喋不休的人，话匣子)

administer [ədˈministə] v. 管理，主管；执行，施行；给予，用(药等)

【例】The former minister of education is appointed to *administer* this university. 前教育部部长被委任去管理这所大学。

【派】administration[n. (行政)管理；政府]；administrative(adj. 管理的；政府的；执行的)；administrator(n. 管理者；行政人员；执行者)

awake [əˈweik] v. 醒过来；醒悟，觉察，明白 adj. 醒着的

【记】联想记忆：a+wake(醒)→醒过来

【例】I would place the picture next to my bed so that it would be the first thing I saw when I *awoke*. 我会把这幅画挂在床边，这样我醒来第一眼就能看到它。

【用】词组be awake to表示"警觉，明白"的意思，如：be awake to the dangers of noise pollution。

succession [səkˈseʃən] n. 继续，连续；连续的若干事物，一连串；继承，继承权

【记】词根记忆：suc(下)+cess(行走)+ion→走下去→继承

【例】It's not advisable to plant wheat in the same field for more than two years in *succession*. 连续两年在同一块地上种植小麦的做法不可取。// In this country, who is first in *succession* to the throne? 谁是该国王位的第一继承人？

【用】表示"继承(王位、职位)"时succession后面接介词to。

illustrate [ˈiləstreit] vt. (举例)说明，表明；以图作解，加入插图

【记】词根记忆：il+lustr(照亮，光)+ate→使开光→(举例)说明

【例】The professor *illustrated* his point through a comparative analysis. 教授通过对比分析阐明了他的观点。

【派】illustration(n. 插图，图解，例证)；illustrative(adj. 图例的，图解的，作说明用的)

dismay [disˈmei] vt. 使惊恐；使沮丧，使绝望

【记】联想记忆：dis+may(可能)→可能不成，所以沮丧→使沮丧

【例】We were ***dismayed*** by his violence. 他的暴行令我们大为惊愕。

【用】dismay可以和at搭配，表示"对…失望、绝望"。

【派】dismal(*adj.* 阴暗的；忧郁的；无希望的)

indignity [in'digniti] *n.* 侮辱，轻蔑，伤害尊严

【记】词根记忆：in+dign(价值)+ity→说别人没有价值→侮辱

【例】The man suffered the ***indignity*** of saying sorry in front of so many people. 在这么多人面前道歉使这个人的尊严受到了伤害。

decorate ['dekəreit] *v.* 装饰，装修，粉刷

【记】联想记忆：decor(装饰)+ate→装饰

【例】Boys and girls in some communities ***decorate*** a U.N. tree. 某些社团的男孩和女孩们会装饰一棵联合国树。(1999听力)

【派】decoration(*n.* 装饰，装饰品，装潢)；decorative(*adj.* 美观的，装饰的)

severe [si'viə] *adj.* 严厉的；(气候等)严酷的，(痛苦等)剧烈的；(状况等)严重的；(批评等)苛刻的

【记】词根记忆：sever(严重的)+e→严厉的

【例】A typhoon is a ***severe*** tropical cyclone which forms in the western Pacific Ocean. 台风是一种形成于西太平洋的强热带飓风。

tempt [tempt] *vt.* 引诱，勾引；诱导，导致

【记】本身为词根：尝试

【例】Truman was ***tempted*** into a life of crime by greed and laziness. 杜鲁门受贪婪和懒惰的驱使走上了犯罪的道路。// A college hopes to ***tempt*** unemployed teenagers back into education with a course on reality TV shows. 一所大学希望通过真实的电视课程让那些待业的十几岁青少年重新接受教育。

【派】temptation[*n.* 劝诱，诱惑；有诱惑力(或吸引力)之物]

impatient [im'peiʃənt] *adj.* 不耐烦的；焦急的，渴望的

【记】联想记忆：im(不，无)+patient(耐心的)→不耐烦的

【例】The ***impatient*** boy paced back and forth, waiting for the result. 那个男孩不耐烦地来回踱着步，等待结果。

【派】impatience(*n.* 不耐烦；焦急，焦躁)

recognize ['rekəgnaiz] *v.* 认出，辨认；承认，认可，公认

【记】词根记忆：re+co+gn(知道)+ize→使知道→认出

【例】A good reader can ***recognize*** and understand general ideas and specific details. 一位优秀的读者能识别并理解大概意思和具体细节。(2001听力) // Everyone must ***recognize*** that the environment problems are becoming more serious. 每个人都必须承认环境问题变得更严重了。

【派】recognition(*n.* 认出；承认，认可)

violate [ˈvaiəleit] *vt.* 违犯，违反；侵犯，妨碍

【例】The US announces new measures to enforce Cuba trade sanctions and punish those who *violate* them. 美国对古巴宣布了新的贸易制裁，并将严惩触犯者。// A survey shows that the legal rights of employees were frequently *violated* in more than 80 per cent of private companies, specially in real estate, light industry, clothing and catering. 一份调查显示，在80%以上的私企中，员工的合法权益经常受到侵犯，特别是在房地产、轻工业、服装制造业以及餐饮业尤为严重。

【派】violation(*n.* 违反；亵渎；干扰；强奸)

illuminate [iˈluːmineit] *v.* 照明，照射；用灯装饰；阐明，启发

【记】词根记忆：il(表加强)+lumin(光)+ate→加强光亮→照明

illuminate

【例】The full moon *illuminated* the night sky. 满月照亮了夜空。

【派】illuminating (*adj.* 富有启发性的)；illumination (*n.* 照明；阐明，启发；[*pl.*]彩灯，灯饰)

fatuous [ˈfætjuəs] *adj.* 愚蠢的；荒谬的；愚昧的

【记】词根记忆：fatu(笨)+ous→愚蠢的

【例】I may be the most *fatuous* person, but I am one of the most loyal men. 我也许是最傻的人，但我却是最忠诚的人之一。

primary [ˈpraiməri] *adj.* 主要的，首要的；最初的，基本的

【记】词根记忆：prim(第一，主要的)+ary(…的)→主要的

【例】Safety is a matter of *primary* importance in the production. 安全在生产中是头等重要的事情。

【用】primary school表示"小学"。

stress [stres] *n.* 压力，紧迫；重要，强调；重音，重读 *vt.* 强调，着重；用重音读

【例】We realized that he was under great *stress*, so we took no notice of his bad temper. 我们意识到他正承受着巨大压力，所以没有在意他的坏脾气。(2005) // Life is very stressful nowadays, so it is useful for us to talk about how to cope with *stress*. 现如今生活压力很大，所以讨论如何应对压力对我们来说很有用。(2012听力)

【辨】**stress, pressure**

二者都有"压力"的意思。stress是可使物体变形的力，多指精神或肉体上的痛苦带来的压力与忧虑；pressure尤指由液体产生的压力，引申为某事物产生的影响力和压力。

drench [drentʃ] *vt.* 使湿透，浸湿

【例】I *drenched* myself with rain and ran home. 我冒雨往家跑，浑身都湿透了。

discern [dɪˈsɜːn] *v.* 看出，了解，识别

【记】词根记忆：dis(分开)+cern(区别)→区别开来→识别

【例】"Sharp" meant genuinely *discerning*, alert, acute rather than quick-witted or clever. "sharp"的意思是真正有辨识力的、警觉的、比机敏和聪明还要更加敏锐。(2000) // Fran's eyes strained to *discern* every suspect. 弗兰眯缝着眼睛辨认着每一个嫌疑犯。

【辨】**discern, discriminate, differentiate**

这三个词都有"区别，辨别"的意思，discern强调细致或准确地观察；discriminate表示将类似事物之间的差别区分开来，如：He can discriminate among the options available.；differentiate表示通过仔细比较事物之间的特点察觉出事物间的特殊差别，如：differentiate one thing from another。

beloved [bɪˈlʌvɪd] *adj.* 为…所爱的；被热爱的，敬爱的 *n.* 心爱的人

【记】来自love(*v.* 爱)

【例】He grieved for his *beloved* Sophia. 他替自己心爱的索菲娅难过。

horrible [ˈhɒrəbl] *adj.* 令人毛骨悚然的，恐怖的；糟透的，极讨厌的

【记】词根记忆：horr(害怕)+ible→令人害怕的→恐怖的

【例】It's such a *horrible* thing to tell a lie to them. 向他们撒谎真是件糟透的事。

【辨】**horrible, awful, frightful**

三个词都有"可怕的，恐怖的"之意。horrible指由某种场景或行为引起的恐怖，有厌恶之感；awful来自于awe，表示含有敬畏的恐惧，如：an awful power；frightful程度比较深，多指丑陋的、让人突然感到的极度恐怖。

shiver [ˈʃɪvə] *n. / v.* 颤抖，发抖

【例】She was standing outside in the snow, *shivering* with cold. 她站在外面的大雪里，冻得直发抖。(2004)

□ drench　　□ discern　　□ beloved　　□ horrible　　□ shiver　　199

【辨】shiver, shake

二者都有"颤抖"的意思。shiver多指由于恐惧或寒冷而颤抖，多用于人；shake既可用于人也可用于物，是常用词，表示有较猛烈的冲击。

primitive [ˈprimitiv] *adj.* 原始的；粗糙的；纯朴的 *n.* 原始人

【记】词根记忆：prim(第一)+itive(具…性质的)→第一时间的→原始的

【例】There are many people whose cultures are undeveloped but the languages they speak are by no means *primitive*. 许多民族的文化并不发达，但他们的语言绝不原始。(2000听力)

light [lait] *n.* 光线；灯火；(眼中的)闪光；眼光，见解 *v.* 点燃，开始燃烧；照亮 *adj.* 轻的；少量的；轻快的，轻松的；光线充足的，明亮的；浅色的

【例】in the light of The government must make decision immediately *in the light of* the situation. 鉴于当前的形势，政府必须立即作出决定。

【用】make light of的意思是"轻视，视…为微不足道的"。

【派】lighter(*n.* 打火机)；lightning(*n.* 闪电 *adj.* 闪电式的)

access [ˈækses] *n.* (接近或进入某地的)方法，通路；(使用某物或接近某人的)机会或权利 *vt.* 存取(计算机文件)

【记】词根记忆：ac(表加强)+cess(行走)→来去通畅→通路

【例】There're other local facilities, such as post offices where you can save your money and have *access* to affordable low cost loans. 还有其他当地设施，比如邮局，你可以到那里存钱，也可以获得能支付得起的低利率贷款。(2012听力)

【用】have access to是固定搭配，表示"有机会(或权利)接触，有机会(或权利)使用"，但需要注意的是for, with和in均不能与其搭配。

forge [fɔːdʒ] *vt.* 伪造，假冒；锤造；打制

【记】发音记忆："仿制"→伪造，假冒

【例】It's easy to *forge* a signature on a cheque which prints a customer's name. 在印有顾客名字的支票上伪造签名不是件难事。

【派】forgery[*n.* (文件、签字等的)伪造；伪造品]

vain [vein] *adj.* 自负的，得意的；徒劳的，徒然的；空虚的，枉然的

【例】Mrs. Elton was a *vain* woman, extremely well satisfied with herself. 埃尔顿太太是个自视过高的女人，她对自己极为满意。// in vain Rescuers battled *in vain* to save the whale stuck on a mud bank in the mouth of the Humber. 救援人员无力挽救搁浅在坎伯河口处泥岸上的鲸鱼。

comfort [ˈkʌmfət] *n.* 安慰；舒适，安逸 *vt.* 安慰；使…舒适

【记】联想记忆：com(表加强)+fort(堡垒)→堡垒给人以安全感→安慰

【例】Keeping a good mood can help us to deal with mistakes in the right way and find **comfort** in time of sorrow. 保持良好的情绪可以帮助我们用正确的方式处理错误，并且在难过时得到安慰。(2003 听力) // He usually tries many ways to **comfort** himself. 他总是想尽各种方法让自己舒适些。

【派】comfortable(*adj.* 安慰的；舒适的，轻松自在的)

secure [siˈkjuə] *adj.* 安全的，保险的；稳固的，牢靠的 *v.* 使安全，使可靠；获得

【例】If the Left **secures** a majority of seats in Parliament, Socialist leader would probably became Prime Minister in a power-sharing arrangement. 如果左翼获得议会中的大多数席位，根据分权协议，社会党领导人将成为总理。(2000)

【派】security[*n.* 安全，平安；治安防卫(部门)；债券，股票]

【辨】**secure, safe**

  二者都有"安全的"之意。secure多表心态上的安全感，含"可靠的"的意思；safe指平安无事的状态。

dizzy [ˈdizi] *adj.* 头晕目眩的，使人眩晕的；不知所措的，使人困惑的；愚蠢的，笨的

【例】The old man felt a little **dizzy** and took a rest. 老人觉得有些眩晕，便休息了一下。

exceed [ikˈsiːd] *v.* 超越，比…大；凌驾；优于，胜过

【记】词根记忆：ex+ceed(行走)→走出去→超越

【例】Our concern is with movement between nations, not with internal migration within nations, although such movements often **exceed** international movements in volume. 我们所关注的是国家之间而非国家内部的迁移，虽然国家内部的迁移数量通常都超过国际迁移。(1999)

【用】exceed所指的超过，一般都是好的方面优于、超越等。

【派】exceedingly(*adv.* 极度，非常)

depend [diˈpend] *vi.* 取决于，视…而定；信赖，确信

【记】词根记忆：de+pend(悬挂)→悬而未决→取决于

【例】It all **depends**. 那得看情况。// The amount of tax private car owners would have to pay would **depend** on the emission levels, i.e. engine or vehicle size. 私家车车主应支付的税额将取决于汽车排放量，即发动机或车型的大小。(2011)

【用】depend通常与on/upon连用，表示"依靠…；取决于…"

【派】dependant/dependent (n. 受抚养者，受抚养家属)；dependent (adj. 依赖的，取决于…的，从属的；有瘾的)

escort ['esko:t] n. 护卫队，护送者；陪伴

[is'ko:t] vt. 护送，护卫，护航

【例】The serial killer was *escorted* from the courtroom. 那个连环杀人犯从法庭上被押送出去了。

belong [bi'loŋ] vi. 属于；适合放在（某处）

【例】belong to Language *belongs to* each member of the society, to the cleaner as far as to the professor. 语言属于从清洁工到教授的每一个社会成员。（1998）

【派】belongings(n. 财产，所有物)

coddle ['kodl] v. 娇养，溺爱

【例】The parents *coddled* their only son. 父母非常溺爱他们的独子。

【辨】coddle, spoil

coddle指过多的考虑、纵容导致性格上的弱点，比spoil程度轻；spoil指有害的溺爱。

glint [glint] n. / vi. 闪光；闪闪发亮

【例】The gold was *glinting* in the sunlight. 金子在阳光下闪闪发光。

deduce [di'dju:s] vt. 推论，演绎

【记】词根记忆：de(向下)+duc(引导)+e→一步步向下引出→推论

【例】The detective can't *deduce* a conclusion from these facts. 侦探无法从这些事实中推断出结论。

【用】deduce与from搭配，表示"从…中推断出…"。

attain [ə'tein] v. 达到，完成，获得，实现；到达，至

【记】词根记忆：at(表加强)+tain(拿住)→紧紧拿住→获得

【例】One must know how to *attain* happiness. 人应该知道如何得到幸福。// After working for the firm for ten years, he finally *attained* the rank of deputy director. 他在工厂工作了10年之后，终于获得了副主管的头衔。（2009）

【用】attain最常见的搭配是attain one's goal, 表示"达到某种目的"。

【辨】attain, accomplish

attain通常指通过努力而达到预定的目的，如：He attained the position of manager.；accomplish强调完成了既定的任务，也可以指出色地做成某事。

obtain [əb'tein] v. 得到，获得

【记】词根记忆：ob(表加强)+tain(拿住)→紧紧拿住→获得

【例】To most of us, music means something; it evokes some response. We **obtain** some satisfaction in listening to music. 对我们大多数人来说，音乐意味着些什么；它能唤起一些响应。我们在听音乐的过程中获得一些满足。（2005）

【辨】**obtain, grasp, catch, make**

　　四个词都有"得到，获得"的意思。obtain强调经过某种努力获得需要的东西或达到目的；grasp多指"抓住，把握，领会"；catch指经过追捕之后获取，强调获取前的行动；make表示通过工作等得到，如：make money。

reception [ri'sepʃən] *n.* 接待，欢迎，招待；招待会，欢迎会；接受，承认；(信号等)的接收

【记】词根记忆：re+cept(拿，抓)+ion→抓住→接受

【例】The **reception** was attended by prominent members of the local community. 当地社区的杰出人士出席了这次招待会。（2006）// Skyscrapers may interfere with television **reception**. 摩天大楼可能会干扰电视的接收效果。

【派】receptionist(*n.* 接待员，招待员)

authorize ['ɔːθəraiz] *vt.* 授权，批准，允许

【记】联想记忆：author(创造者)+ize(使)→创造者给的特权→授权，批准

【例】The local police are **authorized** to halt anyone's movements as they think fit. 地方警察被授权可以阻止任何人的行为，只要他们认为适合。（1998）

【用】authorize常用作被动语态，be authorized to do sth. 表示"被授权/允许做某事"。

【派】authoritative(*adj.* 具有权威性的，可信赖的)；authority(*n.* 权力；权威；[*pl.*]当局，官方；职权，权限)

candidate ['kændideit] *n.* 候选人；应试者，应考者

【记】联想记忆：can(能)+did(做)+ate(人)→能做事的人→候选人

【例】As often as not, employers do not choose the best **candidate**, they choose the **candidate** who makes a good first impression on them. 与平时不同，雇主不会选择最好的应试者，而是第一印象不错的人。（2004）

propose [prə'pəuz] *v.* 建议，提议；企图，打算；求(婚)

【记】词根记忆：pro(在前)+pose(指出)→行动之前指出→建议

【例】Several plans **proposed** by the manager proved failures. 经理提议的几项计划被证明是失败的。

【派】proposal(*n.* 提议；求婚)

Word List 11

词根、词缀预习表

pre- 预先	prejudice *n.* 偏见，成见	**over-** 在…之上	overtake *v.* 超过
stitut 建立	constitute *vt.* 构成，组成	**para-** 在…旁边	paraphrase *n./v.* 释义，改述
monstr 显示	demonstrate *v.* 示范	**suf-, sup-** 下	suppress *vt.* 镇压，平定
ter, terr 恐吓	deter *v.* 威慑住，吓住	**inter-** 在…之间；相互	internal *adj.* 内部的；内政的
sequ 跟随	subsequent *adj.* 随后的	**ante-** 先	antecedent *adj.* 先前的，先行的
-ify 使	magnify *vt.* 放大，扩大	**dis-** 除去	disillusion *vt.* 使醒悟
ex- 出	exclaim *v.* 呼喊，惊叫	**fin** 范围	define *vt* 确定…的范围

lodging ['lɔdʒiŋ] *n.* 住所，寓所；[*pl.*] 出租的房间（公寓）

【例】We found the ***lodgings*** on the tour rather primitive. 我们发现旅途中住宿的地方相当简陋。

【用】lodging表示"出租的房间或公寓"的时候，通常用复数形式。

prosperous ['prɔspərəs] *adj.* 繁荣的，昌盛的

【例】The ***prosperous*** city enjoyed a high level of civiiization. 这座繁荣的城市文明程度很高。

endeavo(u)r [in'devə] *n. / v.* 努力，力图；尝试

【例】I believe it is his duty to ***endeavor*** to restore health. 我认为努力恢复健康是他的责任。

【用】endeavor后接动词不定式表示"努力去做某事"。

prejudice ['predʒudis] *n.* 偏见，成见 *vt.* 使抱偏见；损害

【记】词根记忆：pre(预先)+judic(判断)+e ，先入为主的判断易有偏见→偏见

【例】The investigation showed that the ***prejudice*** among urban residents against peasants was growing. 调查发现，城里人对农民的

偏见日益加深。// Your unkempt appearance may ***prejudice*** your reputation as a manager. 作为经理，不修边幅会使你的声誉受损。

behave [bɪˈheɪv] *v.* 举动，表现；检点(自己的行为)

【记】联想记忆：be+have(有)→所拥有的动作→举动，表现

【例】Most fashion magazines or TV advertisements try to persuade us that we should dress in a certain way or ***behave*** in a certain manner. 大多数时尚杂志或电视广告都试图说服我们应该有某种特定的穿着和举止风范。(2002) // behave yourself If you don't promise to ***behave yourself*** then I must ask you to leave. 如果你不答应检点自己的行为，我就必须让你离开。

【派】behavio(u)r (*n.* 举止，行为)

【辨】**behave, conduct**

这两个词都指行为举止，后面常常跟反身代词。behave通常指行为举止恰当，有规矩，有礼貌；conduct指处于特定场合下的行为，如：The boy conducted well at the party.

constitute [ˈkɒnstɪtjuːt; ˈkɒnstɪtuːt] *vt.* 构成，组成

【记】词根记忆：con+stitut(建立，放置)+e→组成

【例】Fifty states ***constitute*** this country. 这个国家由50个州组成。

【派】constitution (*n.* 宪法；体质，体格；构造，结构)；constitutional (*adj.* 体格的，体质上的；构成的；符合宪法的，宪法所规定的)

complimentary [ˌkɒmplɪˈmentəri] *adj.* 赞美的，恭维的；赠送的，免费的

【例】His boss gave a ***complimentary*** remark for his outstanding performance. 他的老板致辞赞美他出色的表现。// Do you have some ***complimentary*** drink? 您这儿有免费饮料吗？

rack [ræk] *n.* (放置物件的)架子 *vt.* 使痛苦，折磨

【例】We ***rack*** our brains to find a way to solve the problem. 我们绞尽脑汁寻找解决这个问题的方法。

【用】词组rack one's brains表示"绞尽脑汁"的意思。

stagger [ˈstæɡə] *v.* (使)摇晃，蹒跚而行；使摇摆，使震惊；间隔，错开

【例】He imagined that the war with Russia came about by his will, and the horrors that occurred did not ***stagger*** his soul. 他想象着与俄罗斯的战争会如他所愿地打响，还想象着由此引发的恐惧不会震撼他的灵魂。// The manager decided to ***stagger*** the employees' annual holidays. 经理决定错开员工的年假。

【派】staggering (*adj.* 蹒跚的；令人惊愕的)

zeal [ziːl] *n.* 热心，热情

【例】We set to work with such *zeal* that we certainly merited success. 以如此高的热情来工作，我们理应取得成功。

【派】zealous(*adj.* 热心的，热诚的)

【辨】**passion, fervor, zeal**

三者都有"热情"的意思。passion表示能压倒一切的热情和激情；fervor指感情的极度强烈；zeal强调对事业、理想或目标等的热爱。

represent [ˌrepriˈzent] *v.* 代表；描绘，表现；象征，表示；意味着，相当于…

【例】It *represented* upward social and financial mobility. It was proof that they were living in a dynamic, economically successful country. 它(指送孩子上大学)代表着社会和经济地位的提升，也是他们所处的国家富有活力、经济腾飞的证明。(2012)

【派】representation(*n.* 表现；象征，被表现之物；[*pl.*]申述，抗议)；representative(*adj.* 典型的；代议政治的，代议制的 *n.* 典型；代表)

advantage [ədˈvɑːntidʒ] *n.* 优势，益处，利益

【记】联想记忆：advant(看作advance，前进)+age(表行为)→前进，进步→优势

【例】take advantage of As my exams are coming next week, I'll *take advantage of* the weekend to catch up on some reading. 下周就要考试了，我要利用这个周末来补习一下阅读。(2004) // to one's advantage It is *to your advantage* to invest wisely. 明智地投资对你有利。

【派】advantageous(*adj.* 有利的)

embark [emˈbɑːk] *v.* (使)上船(飞机等)；从事，着手；发动

【例】But now that the country has *embarked* on the return to democracy, Commonwealth heads of government have agreed to end the estrangement. 但既然这个国家已经着手恢复民主制，政府的联邦首脑已经同意结束疏远政策。(2001听力) // Joe started to *embark* on his studying scheme. 乔开始着手他的学习计划。

【用】embark常与in, on, upon连用，表示"开始，从事，着手"。

demonstrate [ˈdemənstreit] *v.* 证明；示范；参加示威游行

【记】词根记忆：de+monstr(显示)+ate (做)→显示出来→示范

demonstrate

【例】We've already ***demonstrated*** the fact that we did not cheat during the examination. 我们已经证实了我们在考试中没有作弊。
【派】demonstration(*n.* 论证；示范；示威游行)

toast [təust] *n.* 烤面包片，吐司；祝酒词，敬酒 *v.* 烤，烘；使暖和；为…举杯祝酒
【记】发音记忆："吐司"→烤面包片
【例】Isn't that like trying to maintain a smile at your wedding reception while some relative gives a ***toast*** that amounts to "marriage is hard work"? 那难道不像在你的婚宴上，某个亲戚的祝酒词无异于在告诉你"婚姻并非易事"，而你还要竭力保持微笑的情景吗？(2010)
// He is ***toasting*** his hands in front of the fire. 他正在火炉前暖手。

devour [di'vauə] *vt.* 吞噬，耗尽；狼吞虎咽地吃(光)；贪婪地看(听、读等)；占据…的全部注意力
【记】词根记忆：de+vour(=vor, 吃)→吞噬
【例】Edward ***devoured*** his lunch in the twinkling of an eye. 一眨眼的工夫爱德华就吃完了午餐。// Whitman was ***devoured*** by a terror that gnawed her body as well as her soul. 惠特曼内心充满了恐惧，这种感觉使她身心备受折磨。
【用】固定搭配be devoured by表示"充满(好奇、愤怒等)"。

glance [glɑːns; glæns] *v.* 一瞥，扫视；闪光，闪耀 *n.* 一瞥，眼光
【例】I ***glanced*** the newspaper during the breakfast. 我吃早餐时匆匆浏览了一下报纸。// Lucy caught a ***glance*** of her room and then left. 露西瞥了一眼她的房间，便离开了。
【用】glance后可接at, of, over, to, into等介词，都表示"对…匆匆一瞥"。
【辨】**glance, glimpse, glare**
glance强调"随便地、匆匆地一看"的动作；glimpse则指无意间瞥到，强调结果，有时可与glance互换；glare尤指怒视。

disagree [ˌdisə'griː] *vi.* 不一致，不符；(食物、天气等)不适宜；意见不合，有分歧；争吵，争论
【例】Some people ***disagree*** with Dr. Burton because they still feel sleepy with enough sleep. 一些人不同意伯顿博士的观点，因为他们觉得即使睡足了依然会犯困。(1999)
【用】disagree后面通常接with或者in，前者表示"不同意…，与…不一致"，后者表示"在…方面不一致"。
【派】disagreeable (*adj.* 令人不快的；不合意的；不友善的)；disagreement (*n.* 意见不一；争论；不一致；不适宜)

deter [di'təː] *vt.* 威慑住，吓住；阻止，防止
【记】词根记忆：de+ter(=terr, 恐吓)→吓住

【例】The witness was *deterred* by the rage in the suspect's face. 证人被嫌疑犯脸上的怒火吓住了。

【用】deter与from搭配，表示"阻止做…"。

fund [fʌnd] n. [pl.] 资金，公债；基金，专款，储备 v. 为…提供资金，资助，积累

【记】本身为词根"基础"

【例】UNICEF, the United Nations Children's *Fund*, will work with Family Health International. UNICEF, 即联合国儿童基金会，将与家庭健康国际组织合作。（2010听力）// The document will serve as a guideline for countries and donor states that *fund* health care and family planning programs. 这份文件将成为为健康医疗事业和家庭计划项目提供资金的国家和捐赠州的指导方针。（1997听力）

subsequent ['sʌbsikwənt] adj. 后来的，随后的，继起的

【记】词根记忆：sub(接近)+sequ(跟随)+ent→紧跟在后的→随后的

【例】Supermarkets caught selling alcohol to teenagers will have a *subsequent* undercover test. 被发现向未成年人出售酒水的超市随后将接受暗中审查。

【辨】subsequent, successive

两个词都有"随后的"之意。subsequent指"随后的，跟着发生的"；successive强调"继承的，连续的"，如：on four successive days。

magnify ['mægnifai] v. 放大，扩大；夸大

【记】词根记忆：magn(大)+ify(使)→放大，扩大

【例】The critic *magnified* the ponderanc of the foam economy. 那位评论家夸大了泡沫经济的严重性。

concern [kən'sə:n] v. 涉及，影响；使关心，使挂念，使担心 n. (利害)关系，所关切的事；关心，挂念；商行，企业

【记】词根记忆：con(共同)+cern(搞清)→都想搞清楚→关心

【例】They might also be *concerned* with other kind of issues, for example, whether the company is involved in selling arms. 他们或许也会关心其他问题，例如，这家公司是否涉嫌出售军火。(2012)//He once worked in an insurance *concern*. 他曾在一家保险公司工作过。// as far as... be concerned *As far as* manners *are concerned*, I suppose I have always been a supporter of women's liberation. 关于礼貌问题，我想我一直都是妇女解放运动的支持者。(1997)// **show concern for** She called on the whole society to **show concern for** the benefits of the unemployed people. 她呼吁社会关心那些没有工作的人。

【派】concerning(*prep.* 关于)

maximum ['mæksiməm] *n.* 最大值，顶点 *adj.* 最大的，最高的，最多的

【例】A good reader is able to comprehend the material with a minimum of effort and a **maximum** of interest. 优秀的读者能够以最少的精力和最大的兴趣理解文章。(2001听力)

wither ['wiðə] *v.* (使)枯萎，(使)凋谢

【例】A fair face will **wither** but a good heart shines bright and will never change. 漂亮的脸蛋会变老，但善良的心灵却会永放光芒。

conceit [kən'si:t] *n.* 自负，骄傲自满

【例】Henry is a boy of some **conceit**. 亨利是个有些自负的人。

【派】conceited(*adj.* 自负的，自满的)

swell [swel] *n. / v.* 膨胀，增大；(使)鼓起

【例】The BBC series *Trawlermen* creates a **swell** of public support for fishermen, industry leaders say. 工业领导人表示，BBC播出的《捕鱼人》系列节目使支持渔夫的人数大增。

indulge [in'dʌldʒ] *v.* 纵容，放任；沉迷，沉溺于

【例】It's foolish to **indulge** children too much. 对孩子太纵容是非常愚蠢的做法。

【派】indulgence(*n.* 放纵，沉迷；爱好；特赦)

sack [sæk] *n.* 大口袋，粗布袋；解雇，革职 *v.* 解雇；劫掠，掠夺

【例】John got the **sack** for being lazy. 约翰因为懒散被解雇了。// The enemies **sacked** our city after their invasion. 敌人入侵后把我们的城市洗劫一空。

【用】sack作名词表示"解雇；洗劫，劫掠"时常与the连用构成the sack。

【派】sacking(*n.* 做口袋用的布)

divorce [di'vɔ:s] *n. / v.* 离婚；(使)分离，(使)脱离

【记】联想记忆：di+vor(吃)+ce→不再吃老公的饭→离婚

【例】We are considering getting a **divorce** right now, but we don't

divorce

know what to do with the kids. 现在我们正在考虑离婚,但不知道孩子们该怎么办。

stray [strei] *vi.* 走失,迷路;离题 *adj.* 流浪的,迷路的;孤零的,离群的
【例】My mind kept *straying* from the discussion to other things. 我在讨论时总是走神去想别的事情。// Charity workers come up with a novel way of raising cash for *stray* and sick animals. 慈善工作者想出了一个新方法为走失或体弱的动物筹集资金。

launch [lɔːntʃ] *n.* 发射;(船)下水 *v.* 发射;使(船)下水;发起,展开,开办
【例】The news mainly reports the Shenzhou VI will be *launched* next year. 新闻主要报道了"神舟"六号将于明年发射的消息。(2005听力)

parallel ['pærəlel] *n.* 平行线;纬线,纬度圈;极相似且可相比的事物 *adj.* 平行的;同类的,相似的
【记】词根记忆: para(类似)+llel→相似的;平行的
【例】A *parallel* is an imaginary line that represents a certain degree of latitude. 纬线是用来表明纬度高低的假想线条。

lack [læk] *n.* 缺乏,不足;缺少的东西 *v.* 缺乏,没有
【例】for lack of Mr. Runt's project failed *for lack of* fund. 伦特先生的项目由于缺乏资金而失败了。(1999听力)
【用】lack常常出现在词组中, for lack of, by lack of, from lack of都表示"因缺乏…"的意思; be lacking是"不足,不够"的意思。

exclaim [ik'skleim] *v.* (由于惊讶、痛苦、愤怒、高兴等)呼喊,惊叫,大声说
【记】词根记忆: ex(出)+claim(呼喊)→呼喊
【例】As soon as he jumped into the chilly water, Johnson started shivering and *exclaiming*. 詹森一跳到冰冷的水里,就开始哆嗦并叫喊起来。
【派】exclamation(*n.* 呼喊,惊叫;感叹,惊叹;感叹词)
【辨】exclaim, proclaim
二者是形近词。exclaim表示"呼喊,惊叫"; proclaim的意思是"宣布,声明"。

potential [pə'tenʃəl] *n.* 潜在的可能,潜力 *adj.* 潜在的,可能的
【记】词根记忆: pot(能力)+ent+ial→有能力的→潜力
【例】The Internet has the *potential* for good and bad. One can find well-organized, information-rich websites. At the same time, one can also find wasteful websites. 互联网可能很好,也可能很糟糕。你可

以找到布局精美、信息丰富的网站；同时也会登录一些毫无意义的网站。（2006听力）

analogy [ə'nælədʒi] *n.* 相似，类似；类推，类比，比拟

【记】词根记忆：ana(根据)+log(比率)+y→类比

【例】You should get the argument based on a correct *analogy*. 你应该基于一个正确的类推来得出这个论点。

curse [kəːs] *n. / v.* 诅咒，咒骂

【记】词根记忆：cur(跑)+se→跑到哪里都跟随→诅咒

【例】It is better to light one candle than *curse* the darkness. 点上一根蜡烛总好过咒骂黑暗。

【用】curse常用于书面语，特指"求神降灾祸给某人或某物"。

【派】cursed(*adj.* 可憎的，可恶的，讨厌的)

overtake [ˌəuvə'teik] *vt.* 超(车)，超过；(不愉快的事)突然发生

【记】词根记忆：over(在…之上)+take(获得)→获得的速度在别人之上→超过

【例】In England, drivers usually *overtake* on the right of a car. 在英国，司机们常常从右边超车。

hence [hens] *adv.* 今后，从此；所以，因此

【例】The mortgage of your land was paid in full and *hence* you "bought the house". 你已经全部付清了这块地的抵押贷款，因此可以说你已经"买下了这幢房子"。

envision [in'viʒən] *vt.* 想象；展望

【记】词根记忆：en+vis(看)+ion(名词后缀)→展望

【例】Simon *envisioned* a utopian society. 西蒙空想出一个乌托邦社会。

champion ['tʃæmpiən] *n.* 冠军；拥护者；战士 *vt.* 拥护，支持

【例】The dancers include such famous names as Patricia Murray, one of the Irish dancing *champions,* and first-rate ballerina Claire Holding. 在舞者中，有很多著名的名字，如爱尔兰舞蹈冠军之一帕特里夏·默里和一流芭蕾舞者克莱尔·霍尔丁。（2002听力）// Most people *champion* his new theories. 大多数人支持他的新理论。

【用】champion与support意思相近，都表示支持，但champion更多的是说"为捍卫、支持……而斗争"。

【派】championship[*n.* 锦标赛；冠军身份(或称号)；捍卫，拥护]

paraphrase ['pærəfreiz] *n. / v.* 释义，改述

【记】联想记忆：para(在…旁边)+phrase(短语)→在旁边注释的语句→释义

□ analogy   □ curse   □ overtake   □ hence   □ envision   □ champion
□ paraphrase

【例】The professor *paraphrased* the obscure passage in modern English. 教授用现代英语改述了这段晦涩难懂的文字。

oppose [ə'pəuz] *v.* 反对，反抗

【记】词根记忆：op(反)+pos(放置)+e→反着放→反对

【例】Congress was *opposing* the President's healthcare budget. 议会反对总统的卫生保健预算。

【派】opposite（*adj.* 相反的；对面的 *n.* 相对应的人或物，对立物 *prep.* 在…的对面）；opposition〔*n.* 反对；相反；反对者(派)；反对党〕

【辨】**oppose, object, resist**

三个词都有"反抗，反对"的意思。oppose侧重反对的动作，尤指反对观念、行为等，如：oppose his idea；objcct 指某些证据或言论进行反对，多与个人喜好有关；如：I objected to his ideas.；resist强调抵抗侵袭或烦扰，如：resist aggression。

suppress [sə'pres] *vt.* 镇压，平定，制止；抑制，隐瞒，扣留

【记】联想记忆：sup(下)+press(压)→压下去→镇压

【例】The dictator did everything possible to *suppress* new thoughts. 那位独裁者用尽各种可能的办法来压制新思想。

【派】suppression(*n.* 制止，镇压；查禁)

arrange [ə'reindʒ] *v.* 整理，分类，排列；筹备，安排；商妥，商定

【记】词根记忆：ar(表加强)+range(排列)→有顺序地排列→安排

【例】On Thursday we usually *arrange* a meal in a restaurant for anyone who wants to come. 星期四的时候，我们通常会在餐馆安排聚餐，任何想来的人都可以参加。(2013听力)

【用】arrange后可接介词for，表示"安排"，也可接with，表示"与…商量"。

【派】arrangement(*n.* 整理，排列，布置；安排，准备，筹备；商定)

flop [flɔp] *n. / v.* 扑通落下或倒下；失败

【例】The pile of books *flopped* noisily onto the floor. 那摞书劈里啪啦地散落到地上。

internal [in'tə:nəl] *adj.* 内部的；内政的；国内的；内在的，本质的

【记】词根记忆：inter(在…之间；相互)+nal→国家间的→内政的

【例】The *internal* contradictions of the matter are inevitable. 事物本质上的矛盾不可避免。

property [ˈprɔpəti] *n.* 财产，所有物；不动产，房地产；性质，属性

【记】词根记忆：prop(拥有的)+erty→拥有的东西→财产

【例】This can be proved by a housing rent book, a tax form, water or electricity bill for the *property*, as long as it is in your name. 可以通过房产的租房合同、纳税申报表或房屋水电费账单来证明，只要这些单据上是你的名字。(2012听力) // Certain plants have medicinal *properties*. 有些植物具有药用性能。

【用】property作"性质，属性"讲的用法不常见，要注意。

overflow [ˌəuvəˈfləu] *v.* (使)溢出，(使)泛滥，涌出

【记】联想记忆：over+flow(流)→溢出

【例】Heavy rains and *overflowing* rivers have caused extensive flooding in some parts of the U.S. Midwest and in Eastern regions of the U.S. as well. 大雨和泛滥的河水给美国中西部的一些地区以及东部带来了大片的洪水。(1998听力)

smash [smæʃ] *v.* (使)破碎，粉碎，打碎；猛撞，猛冲，猛击，痛击；打败，打破(记录等)

【例】All my illusions about work were *smashed* after graduation. 毕业后，我所有关于工作的幻想都破灭了。

【辨】burst, crush, smash

三个词都有"破碎"的意思。burst一般是由于内部压力而猛然破裂；crush多为外部巨大的压力造成物体变形或碎掉，如：Eggs crush easily.；smash强调太过大力而使某物完全成为碎片。

filter [ˈfiltə] *v.* 过滤，滤除；(使)漏出；透过；(消息等)泄露 *n.* 过滤器，过滤装置；滤光器，滤色镜

【记】词根记忆：fil(线条)+ter→变成一条条单色光线→滤光器

【例】The news may *filtered* through a row of channels supervised by safe guards. 这些消息可能是透过保安监管的一系列渠道传播开的。

【辨】filter, seep

filter指液体或气体渗透、穿过某些物质，如纸张、布等；seep表示从小口里慢慢渗出，强调缓慢地、间歇性地渗出，如：Gas seeped into the room.

arrest [əˈrest] *vt.* 逮捕，拘留；抓住，吸引；阻止，阻碍，抑制 *n.* 逮捕，拘留；阻止

【记】联想记忆：ar(表加强)+rest(休息)→强迫人休息→拘留

【例】Nothing can ***arrest*** the spread of the disease. 没有什么可以阻止这种疾病的蔓延。// A man was ***arrested*** on suspicion of attempting to carry explosives through a security checkpoint at an airport, authorities said. 当局称，一名男子因被怀疑试图携带爆炸物通过机场安检而被逮捕。（2013听力）

arrest

brink [briŋk] *n.* (峭壁、河流等的)边沿，边；(死亡、战争等的)边缘

【记】联想记忆：口渴想喝(drink)水于是来到河边(brink)

【例】on the brink of Just when she had been ***on the brink of*** despair, one of her rich customers had given her a handsome order. 正当她处在绝望的边缘之际时，一位富有的客户从她那里订购了数量可观的一批货。

intact [in'tækt] *adj.* 无损伤的，完整的，完好无缺的

【记】词根记忆：in(不)+tact(接触)→未接触过→完整的

【例】Despite his misfortunes, his faith and optimism remained ***intact***. 虽然遭到一连串的不幸，他的信心和乐观丝毫未减。

formalize ['fɔ:məlaiz] *vt.* 使形式化

【记】联想记忆：form(形状)+al+ize(使)→使成形→使形式化

【例】As I say, you wanted to ***formalize*** me, to make me over into one of your own class, with your class-ideals, class-values, and class-prejudices. 就像我所说的，你打算塑造我的一切，使我成为你们阶级中的一员，拥有你们的阶级理想、阶级价值观和阶级偏见。

cling [kliŋ] *vi.* 粘住，缠住；依附，依靠；紧紧握住，紧紧抱住

【例】I don't like smoking, because the smell will ***cling*** to my clothes for a long time. 我不喜欢抽烟，因为烟味会在我衣服上附着很长时间。

【用】cling后常接to或together，前者表"依附、缠绕"，后者表"拥抱"。

ultimate ['ʌltimət] *adj.* 最后的，终极的；基本的，首要的

【记】词根记忆：ultim(最后的)+ate(…的)→最后的

【例】A blind former paratrooper set himself an ***ultimate*** goal of competing in the 2008 Beijing Paralympics. 一名失明的前伞兵为自己设定了最终的目标：参加2008年在中国举办的残奥会。// The ***ultimate*** responsibility of the army was to keep the peace of the country. 军队的根本任务是保家卫国。

【派】ultimatum ([*pl.*] *n.* 最后通牒)；ultimately(*adv.* 最后；根本)

【辨】**ultimate, terminal, last, final**

　　ultimate指一系列事情或过程的最终结果或目标，尤指遥不可及的事情；terminal指"终点站"，即形成一种界限的标志；last指同类事情中最晚的；final比较强调结论的确定性。

antecedent [ˌænti'siːdənt] *adj.* 先前的，先行的 *n.* 前例，前事

【记】词根记忆：ante(先)+ced(走)+ent(…的)→走在前面的→先行的

【例】A group of artists proclaimed Picasso as their *antecedent*. 一群艺术家宣称毕加索是他们的先驱。

caution ['kɔːʃən] *n.* 当心，谨慎；告诫，警告 *vt.* 警告，告诫

【记】词根记忆：cau(小心)+tion(名词后缀)→当心

【例】If you are going to work in a new area, again there are the papers—and the accommodation agencies, though these should be approached with *caution*. 如果你打算去个新的地方工作，那么，还是那些文件和住宿代理，当然在处理这些事情时要小心谨慎。(2005)。// Jim was *cautioned* by his parents not to be rude. 父母警告吉姆不要那么粗鲁。

【用】caution表示的警告一般都带有告诫意味，没有warn那么严重。

【派】cautious(*adj.* 细心的，谨慎的)

challenge ['tʃælindʒ] *n.* 挑战，邀请比赛；异议，质疑 *vt.* 向…挑战；对…表示异议，怀疑

【例】We are likely to have conversations where we give information or opinions, receive news or comment, and very likely have our views *challenged* by other members of society. 我们可能会通过交谈提供信息和意见、接受消息和评论，社会上的其他成员对我们的观点也很可能有异议。(2004) // Why did you *challenge* him so early? 你为什么这么早就向他发起挑战？

intent [in'tent] *n.* 意图，目的；意义，含义 *adj.* (目光等)不转移的，集中的，热切的；专心致志的；坚决的

【记】词根记忆：in(进入)+tent(伸展)→伸着脖子进入听课状态→专心致志的

【例】to all intents and purposes The work is, *to all intents and purposes*, finished. 这项工作实际上已经完成了。

suffer ['sʌfə] *v.* 受苦，受害，患病等；经历，遭受(不愉快之事)；忍受，忍耐

【例】The country has the advantage of peace and quiet, but *suffers* from the disadvantage of being cut off; the city breeds a feeling of isolation, and constant noise batters the senses. 乡村的优势在于和平安宁，不利之处在于与世隔绝；城市中孕育着一种孤立的感觉，而持续的噪音冲击着人们的感官。(2001)

【派】suffering(*n.* 身体或心灵的痛苦；[*pl.*]痛苦、不幸的感觉，苦恼)

forthcoming [ˈfɔːθˈkʌmiŋ] *adj.* 即将发生的，即将到来的；现成的，随要随有的；〈口〉乐于助人的

【记】组合词：forth(往前)+coming(就要来的)→即将到来的

【例】The *forthcoming* talks hold out the hope of real arms reductions of the country. 即将举行的会谈给该国实现真正的裁军带来了希望。

glaring [ˈgleəriŋ] *adj.* 耀眼的，极度光亮的；显眼的，显著的；怒目而视的

【例】The lights were so *glaring* that we couldn't open our eyes. 强烈的灯光照得我们都睁不开眼睛了。// There are some *glaring* errors in your report. 你的报告中存在一些明显的错误。

disillusion [ˌdisiˈluːʒən] *vt.* 使幻想破灭，使醒悟，使不再着迷

【记】联想记忆：dis(除去)+illusion(幻想)→去掉幻想→使醒悟

【例】I hate to *disillusion* you, but you'll probably never get your money back from them. 我真不愿意让你失望，但你可能永远都无法从他们那里拿回你的钱了。

【用】固定用法be disillusioned with意思是"对…大失所望"。

【派】disillusioned(*adj.* 醒悟的，幻想破灭的)

random [ˈrændəm] *adj.* 任意的，随便的

【例】at random While I was waiting, I picked up a magazine, turned to a page *at random*, and started reading. 我在等候的时候，拿起一本杂志，随便翻开一页读了起来。

reasonable [ˈriːzənəbl] *adj.* 懂道理的，合情合理的；有理智的，明智的；公道的，不贵的

【记】联想记忆：reason(道理)+able→懂道理的

【例】The results I got in the math paper were quite *reasonable*. 我在数学考卷上得出的答案是非常合理的。(2005听力) // The coat has a *reasonable* price. 这件外套价格公道。

define [diˈfain] *vt.* 解释，给…下定义，确定…的范围(界限)

【记】词根记忆：de(表加强)+fin(范围)+e→划定范围→确定…的范围

【例】Migration is usually *defined* as "permanent or semi-permanent change of residence."移民通常被定义为"永久或半永久的住处变迁"。(1999)

sort [sɔːt] *n.* 种类，类别；样子，举止 *vt.* 分类，整理；交往

【记】本身为词根：种类

【例】The company provided all sorts of insurances. 这家公司提供各类保险。// I waste an average of ten minutes a day just on *sorting* out junk mail. 我每天光是拣出垃圾邮件就要浪费十分钟。

climate ['klaimit] *n.* 气候；一般(社会)趋势，(社会)风气

【例】Climate change means that the UK now has a hotter *climate*, so people do not need to go overseas to find good weather. 气候变化意味着英国现在的天气更热，所以人们不需要去国外寻求好天气了。(2011听力)

ebb [eb] *n. / vi.* 退潮，落潮

【例】at a low ebb People's favor for classic music is *at a low ebb*. 人们对于古典音乐的喜爱处于低潮期。// the ebb and flow *The ebb and flow* of tides is now understood. 现在人们了解潮水涨落的原理了。// on the ebb My luck is *on the ebb* these days. 最近我的运气每况愈下。

item ['aitəm] *n.* 条，项目，条款；(新闻等的)一条，一则

【例】The news *item* is mainly about a joint venture between a US company and a UK company. 这条新闻主要是关于一家美国公司与英国公司组建合资企业的事宜。(2006听力)

dumb [dʌm] *adj.* 哑的，不能说话的；(因恐惧、害羞等)说不出话的，沉默的，不愿开口的

【例】Animals are our precious *dumb* friends, and we have the responsibility to protect them. 动物们是我们珍贵的"沉默"朋友，我们有责任保护它们。

pop [pɔp] *n.* 砰的一声；流行音乐 *v.* (使)砰地响；(突然)来，去，进，出 *adj.* 流行的，普及的

【例】There was a loud *pop* when the man opened the champagne. 那个人打开香槟酒时发出了砰的一声巨响。

accurate ['ækjurit] *adj.* 准确的，精确的

【记】词根记忆：ac(表加强)+cur(跑)+ate(…的)→跑了又跑，测量距离→准确的

【例】The information must be clear, *accurate*, and expressed in a meaningful and interesting way

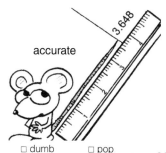

accurate

信息必须清楚、准确，还要用一种有意义的、有趣的方式表达出来。(2013)

【派】accuracy(*n.* 正确，准确)

intelligence [in'telidʒəns] *n.* 智力，理解力，智慧；情报；情报人员，情报机构

【例】The *intelligence* and experience can be acquired in life. 智慧和经验可以在生活中获得。

stun [stʌn] *vt.* 将(人或动物)打昏(尤指击打头部)；使目瞪口呆，使吃惊；令人喜悦

【例】The type of weapon will *stun* the enemy for several seconds. 这种武器会使敌人昏迷数秒。// The neural pathways in nature continue to *stun* scientists with how non-optimized they are. 中枢神经不可再优化的本质仍然让科学家感到震惊。

identify [ai'dentifai] *v.* 认明，识别，鉴定；认同

【记】词根记忆：ident(相同)+ify→认为相同→认同

【例】The banks would be required, if necessary, to *identify* the origin of foreign funds. 如果必要的话，银行将被要求确认国外资金的来源。(2000)

【用】identify常和介词with连用，表示"认为…等同于"。

【派】identification(*n.* 认明，确认；身份证明)

prime [praim] *adj.* 主要的；最佳的；最初的 *n.* (某人的)鼎盛期

【记】词根记忆：prim(主要的)+e→主要的

【例】The businessman's *prime* purpose of doing so was personal benefit. 那位商人这样做主要是出于个人利益的目的。// The steak was made of *prime* beef in this restaurant. 这家餐厅的牛排是用上等牛肉烹饪而成的。

issue ['iʃju:] *n.* 发行物，(报刊)期号；问题，议题，争论点；(水、血等)流出，放出；河口，出口 *v.* (报刊等)发行，发布；排出，(使)流出；分配

【例】*Issues* of price, place, promotion, and product are among the most conventional concerns in planning marketing strategies. 在制定市场战略时，价格、地点、产品推广以及产品本身是最普遍的关注点。(2004)

【辨】issue, problem, question

　　三个词都有"问题"的意思。issue指有争议的问题或难点，如：economic issue；problem强调问题很有难度，如：math problem；question意思比较广，强调疑惑。

ferocious [fə'rəuʃəs] *adj.* 凶恶的, 残暴的; 十分强烈的

【例】The attack is so ***ferocious*** that Taylor is unable to make out the attacker. 攻击者的进攻十分凶猛, 泰勒招架不住了。

hatred ['heitrid] *n.* 仇恨, 憎恶, 敌意

【例】I cannot imagine how his ***hatred*** for me come. 我无法想象他对我的敌意从何而来。

【用】hatred后通常跟介词for或of, 表示"对…的仇恨(敌意)"。

browse [brauz] *v.* 浏览(书刊); (牲畜)吃草

【记】联想记忆: 上网常用的浏览器就是browser

【例】I like ***browsing*** through a magazine during breakfast. 我喜欢吃早饭时随意翻阅杂志。

condition [kən'diʃən] *n.* 条件; 状况; 环境, 形势 *v.* 使取决于, 决定, 制约

【记】词根记忆: con+dit(给予)+ion(名词后缀)→就给这么多→条件; 决定

【例】He thinks he can improve the existing ***conditions*** and enjoys trying to solve the problems which this involves. 他认为他能改善现状, 并且很喜欢努力去解决涉及的问题。(2010)// His behavior was ***conditioned*** by his parents. 父母对他的行为有重要影响。// **on condition (that)...** He asked me to lend him some money, which I agreed to do, ***on condition that*** he paid me back the following week. 他向我借钱, 我答应了, 但条件是他得在下周还给我。(2005)

【派】conditional(*adj.* 附有条件的); conditioner[*n.* 调理的物品(物质); 护发素]

fancy ['fænsi] *adj.* 作装饰用的, 别致的, 花哨的; 昂贵的, 最高档的 *vt.* 想象, 设想; 喜爱, 爱好; (无根据地)相信, 猜想 *n.* 想象(力), 幻想(力); 爱好, 迷恋

【例】Children usually have a lively ***fancy***. 儿童往往具有丰富的想象力。// **take a fancy to** I think she really ***took a fancy to*** you—talked about you all the time when I saw her last summer. 我想她一定是爱上你了, 上个暑假见到她时她一直在谈论你的事情。

【用】fancy dress是指"化装舞会上所穿的衣服"。

【辨】**fancy, imagination**

　　fancy主要指古怪的、多变的思想产物, 与现实相距特别远; 而imagination则指高层次、富有创造性的想象能力。

fierce [fiəs] *adj.* 凶猛的，残忍的；猛烈的；激烈的；狂热的；强烈的

【例】Some 5,000 residents are allowed to return home after being evacuated due to *fierce* storms in Australia. 因强风暴袭击而撤离的大约5000名澳大利亚居民已可以返回家园。

inefficient [ˌiniˈfiʃənt] *adj.* 效率低的；无效果的；不经济的；能力差的；不称职的

【记】联想记忆：in+efficient(有效率的)→效率低的

【例】Tom said he worked long exhausting hours, and felt very *inefficient*. 汤姆说他工作了很长时间，疲惫不堪，而且感觉效率非常低。

tilt [tilt] *v.* (使)倾斜，(使)翘起 *n.* 倾斜，斜坡

【例】The table top suddenly *tilted* and all the plates and glasses crashed onto the floor. 桌面突然倾斜，所有的盘子和杯子都滑落到地板上打碎了。// Our car is running at full *tilt*. 我们的汽车全速前进。

cluster [ˈklʌstə] *n.* (果实、花等)串，簇；(人或物的)群，组 *vt.* 使成群，把…集成一束(一组) *vi.* 群集，丛生

【例】We can find *clusters* of tiny insects on the underside of the leaves. 我们可以在叶子下面发现成群的小昆虫。

bully [ˈbuli] *v.* 欺侮，强迫(做某事) *n.* 恃强凌弱的人

【记】联想记忆：bull(公牛)+y→用像公牛一样壮的身体欺负人→恃强凌弱的人

【例】It is quite wrong for us to *bully* others. 欺负别人是极为错误的。

haughty [ˈhɔːti] *adj.* 傲慢的，神气活现的

【例】A *haughty* boy is always unpopular amongst girls. 傲慢的男生总是不受女生的欢迎。

communicate [kəˈmjuːnikeit] *v.* 传达(意见、消息等)，传播；传染(疾病)；(房间)相连，相通

【例】Clearly if we are to participate in the society in which we live we must *communicate* with other people. 很显然，如果要我们融入所生存的社会就必须同其他人交流。(2000) // The mouse is another source that *communicates* diseases. 老鼠是传播疾病的另一个来源。

【派】communication(*n.* 通信，通讯；传达的信息；[*pl.*]通讯系统；交通，交通工具)；communicative (*adj.* 健谈的，爱说话的；交际的)；communion *n.* [(信仰、思想、感情等)交流，共享；圣餐]

peak [piːk] *n.* 巅峰，最高点；山顶 *adj.* 最高的，高峰的

【例】We must set off early in order to avoid the *peak* hours of the traffic. 为了避开交通高峰期，我们必须早点出发。

□ fierce □ inefficient □ tilt □ cluster □ bully □ haughty
□ communicate □ peak

upright [ˈʌprait] *adj.* 直立的，垂直的；正直的，诚实的 *adv.* 直立地

【例】Beneath their ***upright*** dignity, these people were warm and kind in their hearts. 这些人表面上刚正威严，但实际上为人热情、心地善良。// The ape-men reared up as high as possible on their hind limbs and began to walk ***upright***. 猿人尽力依靠后肢立起身子并开始行走。(1999)

principle [ˈprinsəpl] *n.* 原则，主义；行动准则，道义；原理

【记】联想记忆：prin(第一)+cip(取)+le→取得第一就是我们的原则→原则

【例】in principle The thought, ***in principle***, isn't very reasonable. 这种想法从原则上讲是没有根据的。

【辨】**principal, principle**

二者拼写和发音都很相近，但意思完全不一样。principal指"重要的，主要的"，如：principal food；principle是指"原则，基本原理"，如：a man of principle。

adjust [əˈdʒʌst] *v.* 整顿，调整，安排；使适应于(新环境等)

【记】词根记忆：ad(表加强)+just(正确)→使正确→调整

【例】***Adjusting*** to school life was less difficult than the pupil had expected. 适应学校生活没有这名学生想象得那么难。(2013)

【用】adjust to是"适应"的意思，可以跟adapt to对比记忆。

【派】adjustment(*n.* 调整，调节)

【辨】**adjust, regulate**

adjust指把东西或人调整到准确、适当的位置或状态，也可以用来指调整好与其他事物的关系以适应一种需要，如：adjust oneself to new conditions；regulate通常指把某事物调节、维持或控制在需要的状态下，如：regulate the traffic。

payable [ˈpeiəbl] *adj.* 应付的，可支付的

【记】联想记忆：pay(支付，给予)+able→可支付的，应付的

【例】The check is ***payable*** on demand. 这是一张即期付款的支票。

accomplish [əˈkʌmpliʃ] *vt.* 完成，实现，达到(目的)

【记】联想记忆：ac+compl(看作complete, 完成)+ish(使)→完成

【例】The whole process would be ***accomplished*** in a subtle way to avoid giving an impression of over-familiarity that would be likely to produce irritation. 整个过程应该以一种细致的方式来完成，以避免让人觉得太过亲密而引起愤怒。(2006)

【派】accomplishment（*n.* 完成；成就；造诣，技能）；accomplished（*adj.* 达到的；熟练的，有造诣的）

satire ['sætaiə] *n.* 讥讽，讽刺作品；讥讽文体

【记】联想记忆：sati(饱足)+re→吃饱了没事干就讽刺别人→讥讽

【例】The writer's *satire* on the corruption of the government is quite popular. 那位作家关于政府腐败的讽刺作品很受欢迎。

【派】satirical(*adj.* 含讽刺意味的，嘲讽的)

greenhouse ['gri:nhaus] *n.* 温室，暖房

【例】Those farm animals are also responsible for 18 percent of the *greenhouse* gases released into the atmosphere every year. 那些家畜每年也向大气排放18%的温室气体。(2013听力)

【用】greenhouse effect是固定搭配，表示"温室效应"。

Man cannot discover new oceans unless he has courage to lose sight of the shore.

— A. Gide

人只有鼓起勇气，告别海岸，才会发现新的大洋。

—— 纪德

Word List 12

orig 开始	aboriginal *adj.* 土生的	**celer** 速度	accelerate *v.* (使)加速
de- 减少	deficit *n.* 赤字，亏损	**sym-** 共同	sympathize *v.* 同情
trans- 越过	transparent *adj.* 透明的	**init** 开始	initiate *v.* 开始实施，创始
-able …的	considerable *adj.* 相当大（或多）的	**arti-** 技巧	artificial *adj.* 人造的
dis- 分离	displace *vt.* 移置；替代	**merg** 沉，没	submerge *v.* (使)沉入或潜入水中
tri- 三	triple *adj.* 三倍的		

household ['haushəuld] *n.* 家庭，户 *adj.* 家庭的，家常的，普通的

【记】组合词：house(房屋)+hold(拥有)→家庭，户

【例】For too many highly intelligent working women, home represents ***household*** chores. 对许多高级白领女性来说，家庭就意味着要做许多的家务杂事。

pendent ['pendənt] *adj.* 下垂的，悬挂着的；未决的，未定的

【记】词根记忆：pend(悬挂)+ent→悬挂着的

【例】The ***pendent*** lamp well suited the style of the room. 这盏吊灯非常适合屋子的风格。

withhold [wið'həuld] *v.* 不给，拒绝

【记】联想记忆：with(相反)+hold(保留)→保留不给→拒绝

【例】A mother plans to sue the hospital where her baby son died after doctors were given permission to ***withhold*** treatment. 医生得到允许不对一名男婴提供治疗致其死亡，其母计划起诉该医院。

【辨】keep, retain, withhold

三个词都有"保持、保留"的意思。keep最为常用，指"使…持续下去"，如keep the classroom clean；retain比较正式，强调"保持其不被夺走"；withhold有"保留某信息不被泄露"的意思，如：withhold the truth。

☐ household ☐ pendent ☐ withhold

repel [ri'pel] *v.* 逐退，驱逐；使厌恶，使反感

【记】词根记忆：re(回)+pel(推)→推回→逐退

【例】The soldiers *repelled* the enemy with many losses. 战士们击退了敌人，但损失惨重。// The rudeness of the woman in the street *repels* everyone. 街道上那个女人的粗鲁使每个人都很反感。

fatal ['feitl] *adj.* 致命的；毁灭性的

【记】联想记忆：fat(肥胖的)+al→肥胖对女性可是致命的→致命的

【例】Bathing will cool you but remember that *fatal* accidents can happen very easily and in the most unexpected conditions. 游泳可以让你感到凉爽，但要注意致命的事故很容易在最意料不到的情况下发生。（2002）

crash [kræʃ] *v.* 碰撞，坠落；发出撞击(或爆裂)声；失败，垮台 *n.* 碰撞，坠落；撞击声，爆裂声；失败，垮台

【例】The buses *crashed* through a metal railing and hung precariously over Interstate 5 for several hours before tow trucks pulled them back on the road. 公共汽车撞穿了一个金属栏杆，在5号州际公路边摇摇晃晃地悬了几个小时，直到拖车将其拉回到路上。（2010听力）

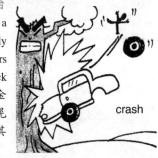

crash

【用】crash指的是突然猛烈地撞击，并伴有轰隆声；经常用来表示飞机失事或汽车相撞。

portray [pɔː'trei] *vt.* 描绘，描写；扮演

【例】The painting *portrays* the loneliness and apartness of the individuals in an urbanized society. 这幅画描绘了都市化社会中个人的孤独和冷漠。

【派】portrait(*n.* 肖像，画像)

veto ['viːtəu] *n.* [*pl.*]否决权；否决或禁止某事物的声明 *vt.* 否决或禁止(某事物)

【例】The US House votes to ease curbs on funding stem-cell research, defying President Bush's threat to *veto* the bill. 美国议院投票通过放宽对干细胞研究注资的监管力度，没有理会布什总统否决该法案的威胁。

【用】veto作名词表"否决权"时要用复数形式vetoes。

interpret [in'təːprit] *v.* 解释，说明；了解，理解；传译，担任口译

【例】His silence was *interpreted* as a refusal. 他的沉默被认为是一种拒绝。

【派】interpretation(*n.* 解释，诠释；口译)；interpreter(*n.* 解释者，口译者)

clamo(u)r [ˈklæmə] *n.* 吵闹，喧哗，叫喊 *v.* 喧嚷，叫嚣，大声呼喊

【记】词根记忆：clam(呼喊)+our→叫喊

【例】The *clamor* of the machine annoyed Jones. 机器的轰鸣声让琼斯很烦恼。

cunning [ˈkʌniŋ] *n. / adj.* 狡猾(的)，狡诈(的)；灵巧(的)，熟练(的)

【例】We found out that Mike was a *cunning* cheater. 我们发现迈克是一个诡计多端的骗子。

【用】cunning不全是贬义用法，也可表示"可爱的"。其固定句式搭配是show much cunning at doing sth.，表示"做某事很灵巧"。

pierce [piəs] *v.* 刺穿，刺破；突破

【例】White spotlights *pierced* the dark of the theater. 白色的聚光灯穿透了剧场的黑暗。

rebuke [riˈbjuːk] *vt.* 谴责，指责，斥责

【记】词根记忆：re(相反)+buke(=beat, 打)→反打→指责

【例】The manager *rebuked* him strongly for his negligence in the work. 经理因为他在工作中的疏忽严厉地斥责了他。

lumber [ˈlʌmbə] *n.* 木材；无用杂物 *v.* 缓慢而笨拙地移动

【例】The truck *lumbered* up the hill. 卡车摇摇晃晃地开上了小山。

aboriginal [ˌæbəˈridʒənəl] *adj.* (指人、动植物)土生的，原产地的；土著的，土人的

【记】词根记忆：ab(表加强)+orig(开始)+in+al(…的)→最开始的→土生的

【例】*Aboriginal* males have a life expectancy of just 55 years. 土著男子的平均寿命只有55岁。

express [ikˈspres] *vt.* 表达，表示，表白 *n.* 快车 *adj.* 明白的，确切的；快速的

【记】词根记忆：ex+press(挤压)→挤出来→表白

【例】In Latin America, people *express* their hopes through the color of their underwear. 在拉丁美洲，人们通过内衣的颜色来表达他们的希望。(2013听力)// I decided to take the special *express* to Beijing on business. 我决定乘坐特快列车到北京出差。

【用】express oneself意为"表达自己的思想、感情等"。

【派】expression[*n.* 表示，表达(方式)；词语；表情；表露，体现]；expressive(*adj.* 富于表情的，富于表现力的)；expressly(*adv.* 明确地；特别地，特意地)

□ clamo(u)r   □ cunning   □ pierce   □ rebuke   □ lumber   □ aboriginal
□ express

bubble [ˈbʌbl] *n.* 泡，水泡，气泡 *v.* 吹泡，起泡

【记】联想记忆：大家都熟悉的游戏 Frozen Bubble(泡泡龙)

【例】Annie blows a big *bubble* with her gum. 安妮用泡泡糖吹了一个大泡泡。

deficit [ˈdefisit] *n.* 赤字，亏损

【记】词根记忆：de(减少)+fic(做)+it→钱在减少→亏损

【例】fiscal / budget *deficit* 财政赤字

comply [kəmˈplai] *v.* 同意，应允；遵从，依从

【记】词根记忆：com+ply(重叠)→观点重合→同意

【例】You must *comply* with the teacher's instruction. 你必须服从老师的指示。

【派】compliance(*n.* 遵从，依照)

【辨】**obey, comply**

comply后常接介词with，表示顺从某人的要求，或是遵守规矩等；obey表示屈服于别人的权威，或是按照法规、命令行事，如：obey the law。

transparent [trænsˈpærənt] *adj.* 透明的，透光的；易懂的；显而易见的

【记】词根记忆：trans(越过)+par(看见)+ent→穿过去也可以看见→透明的

【例】Belfast International Airport gives out *transparent* bags in light of new regulations over liquid in hand luggage. 根据手提行李中液体物品的新管理条例，贝尔法斯特国际机场为旅客发放透明袋。// It was *transparent* that Alfred will do no good to us in the future. 显而易见，艾尔弗雷德将来不会对我们有什么好处。

【派】transparency(*n.* 透明，透明性，透明物)

grace [greis] *n.* 优美，雅致；恩惠，恩赐；风度，魅力

【例】Rules may be safely broken by those of us with the gift of natural *grace*. 规则可能会被我们中那些天生拥有风度的人打破。(1997) // with (a) bad grace The waiter welcomed her *with a bad grace*. 服务员很不情愿地接待了她。// with (a) good grace Tom lent me his bicycle *with a good grace*. 汤姆痛快地把自行车借给了我。

【用】词组in the bad graces of和in the good graces of分别表示"为人所厌恶"和"为人所喜爱"。

【派】graceful (*adj.* 优美的，雅致的)；gracious (*adj.* 宽厚，仁慈的，和蔼的；优美的，雅致的)

annul [əˈnʌl] *vt.* 宣告(婚姻、条约、契约等)无效,废除,撤销

【例】The parents of the eloped couple tried to *annul* the marriage. 那对私奔情侣的父母试图取消这段婚姻。

furious [ˈfjuəriəs] *adj.* 狂怒的,暴怒的;狂暴的,猛烈的,强烈的

【例】The tutor will be *furious* with us if we're late again. 如果我们再迟到,导师会大发雷霆的。

leak [liːk] *n.* 漏洞,裂隙;泄漏,透露 *v.* (使)渗漏;使(秘密等)泄露出去

【例】After the heavy rain, a builder was called to repair the roof, which was *leaking*. 一名施工人员在大雨过后被叫来修理正在渗水的屋顶。(2006)

thrive [θraiv] *vi.* 兴盛,成功,繁荣

【记】联想记忆: th+rive(看作river, 河)→有河就能发展→兴盛

【例】Under Mr. Grove's stewardship, Intel has *thrived* in the face of challenges. 在格罗夫先生的管理下,英特尔公司在无数挑战面前繁荣兴旺起来。

sensitive [ˈsensitiv] *adj.* 敏感的;易受伤害的,易被冒犯的;(神经)过敏的

【记】词根记忆: sens(感觉)+itive→感觉灵敏的

【例】Dogs are usually *sensitive* to odors. 狗的嗅觉通常很灵敏。// The skin of the child is *sensitive* to sunlight. 小孩的皮肤很容易被阳光灼伤。

【用】sensitive常常和to连用,表示"对…敏感,易被…伤害"。

【派】sensitivity(*n.* 敏感性, 灵敏度)

considerable [kənˈsidərəbl] *adj.* 值得考虑的;值得重视的,重要的;相当大(或多)的

【记】词根记忆: con+sider(星星)+able(…的)→天上的星星→相当大(或多)的

【例】This vital change of physical position of the ape-men brought about *considerable* disadvantages. 猿人身体姿势的重大改变带来了大量的坏处。(1999)

expand [ikˈspænd] *vi.* 扩大;发展;增长;张开,展开

【例】It's still incredible how the World Wide Web has *expanded* in the 20 years and how much we now rely on it. 过去20年中万维网的发展过程以及我们如今对它的依赖程度仍然令人难以置信。(2012听力)

【派】expanse(*n.* 广阔的区域); expansion(*n.* 扩张;膨胀;张开,伸展;扩大,扩充,发展)

□ annul   □ furious   □ leak   □ thrive   □ sensitive   □ considerable
□ expand

【辨】expand, enlarge

expand指在大小、面积、容积、体积或范围等方面的增长，如：He does exercises to expand his chest.；enlarge指在大小、程度、容量或范围等方面的扩大，如：Our group of friends enlarged by leaps and bounds.

default [dɪˈfɔːlt] *n.* 违约；缺席；拖欠；（电脑的）预设，预置（值）*v.* 不履行；不到场；未付（债等）

【记】联想记忆：de(表加强)+fault(错误)→错了又错→违约

【例】Benjamin always *defaulted* on his loans. 本杰明总是拖欠还贷。// Fortunately, Bernard became the leader by his opponent's *default*. 伯纳德因对手弃权而幸运地当上了领导。

【用】default有两个常用搭配句型：① by default（不出场；由于疏忽）；② in default of（因为没有…，因缺乏…）。

displace [dɪsˈpleɪs] *vt.* 移置，使脱离正常位置；替代

【记】联想记忆：dis(分离)+place(位置)→离开原有位置→移置

【例】I don't think that radio would *displace* the newspaper industry. 我认为广播不会取代报业。

【派】displacement[*n.* 移置，移位；置换，取代(作用)]

nevertheless [ˌnevəðəˈles] *adv. / conj.* 然而，不过

【例】McDonald's began diverting to frozen French fries in 1966—and few customers noticed the difference. *Nevertheless* the change had a profound effect on the nation's agriculture and diet. 麦当劳1966年开始转向使用冷冻炸薯条，很少有顾客察觉出有什么区别。然而这一变化给该国的农业与饮食带来了深远的影响。（2003）

disinterested [dɪsˈɪntrɪstɪd] *adj.* 无私的，公正的

【记】联想记忆：dis(没有)+interest(利益)+ed→没有利益冲突，所以才无私→无私的

【例】The two men looked for a *disinterested* person to settle their dispute. 那两个人寻找一位公正的人来解决他们的矛盾。

triple [ˈtrɪpl] *adj.* 三倍的，三重的 *v.* 增至三倍

【记】词根记忆：tri(三)+ple→三倍的

【例】Former Liverpool captain Tommy Smith will have a *triple* heart bypass following his heart attack. 利物浦前队长汤米·史密斯在遭受心脏病后将接受三重心脏搭桥手术。

treat [triːt] *v.* 对待；处理；治疗；谈判，磋商；款待，招待 *n.* 难得的乐事；款待

【记】本身为词根：处理

【例】If not **treated** with the respect he feels due to him, Jack gets very ill-tempered and grumbles all the time. 如果没有得到在他看来理应得到的尊敬，杰克不仅脾气变得很糟，还会满腹牢骚。(2004) // A drug commonly used to **treat** high-blood pressure may slow or even halt the development of Parkinson's. 一种治疗高血压的常用药物或许能够减缓帕金森病的发展甚至使其停止。

【用】表示"用药物治疗某人"时常用treat sb. with drugs。

【派】treatment(*n.* 待遇，对待；处理；治疗)；treaty〔*n.* (国与国间缔结的)条约；(人与人之间的)协商，谈判〕

infinite [ˈinfinit] *adj.* 无限的，无穷的，无际的；巨大的，无数的

【记】词根记忆：in(无)+fin(结束)+ite→没有结尾的→无限的

【例】The discovery of new oil-fields in various parts of the country filled the government with **infinite** hope. 在国家不同地区发现了新油田，这给政府带来无限的希望。(1998)

infinite

neglect [niˈglekt] *vt.* 忽略，忽视；遗忘(做某事)

【记】词根记忆：neg(拒绝)+lect(选择)→拒绝选择→忽视

【例】In course of time, people may **neglect** old customs and observances. 随着时间的推移，人们可能会遗忘旧的风俗习惯。

chill [tʃil] *n.* 寒冷，寒气；寒战，寒意 *v.* 使变冷，使感到寒冷；使寒心，使扫兴

【记】联想记忆：ch+ill(病)→病了感到冷→寒冷

【例】"I have not had the good fortune ever to meet your father," the mother said, a slight **chill** in her speech. "我没缘见你父亲，"他母亲说道，声调有点儿冷冰冰的。// You should see the doctor at once if you catch a **chill**. 如果身体发冷，就要马上去看医生。

【派】chilly(*adj.* 凉飕飕的)

accelerate [əkˈseləreit] *v.* (使)加速

【记】词根记忆：ac(表加强)+celer(速度)+ate(使)→(使)加速

【例】Environmental problems may **accelerate** the pace of the car's development. 环境问题可能会加速汽车业发展的步伐。

bound [baund] *n.* 界限，范围 *v.* 跳动；跳回，弹回 *adj.* 开往…的

【例】Your remarks exceeded the **bounds** of reason. 你的评论超出了

理性的范围。// The train he boarded is **bound** for Beijing. 他乘坐的这趟列车开往北京。

【派】boundary(*n.* 界线，边界)；boundless(*adj.* 无边际的，无限的)

steer [stiə] *v.* 驾驶(舟、船、汽车等)

【例】*Steer* round the point into the harbor, and I'll give you a glimpse of the city in twenty minutes or so. 驾船绕过那个半岛驶进海港，我会给你20分钟左右的时间看一眼这座城市。

【派】steering-wheel(*n.* 方向盘，舵轮)

definite ['definit] *adj.* 清楚的，肯定的，明显的

【记】词根记忆：de+fin(范围)+ite(…的)→划定范围的→清楚的

【例】There is, however, a *definite* structural variation between the male and female brain. 但是，男女的大脑结构有明显的不同。(2003)

【用】固定搭配definitely speaking表示"确切地说"。

【派】definitely (*adv.* 当然，一定，确定；[和否定词连用]绝对)；definition(*n.* 定义；限定；清晰)

【辨】**definite, definitive**

definite指某事的界限或范围已确定、不含糊；definitive意为"决定性的，最终的"，如：It's his definitive answer.

noticeable ['nəutisəbl] *adj.* 显而易见的，引人注目的

【记】联想记忆：notice(注意)+able→显而易见的

【例】The drug proved to have *noticeable* side effects. 这种药品被证实有明显的副作用。

【派】noticeably(*adv.* 引人注目地)

mess [mes] *n.* 杂乱的一团；混乱的情形 *v.* 把…弄糟；干涉

【例】The divorce led his personal life to a *mess*. 离婚使他的个人生活陷入一片混乱。

optimal ['ɔptiməl] *adj.* 最适宜的，最理想的

【记】词根记忆：optim(最好)+al→最好的→最理想的

【例】An *optimal* decision is that all of us can take part in the campaign. 最佳方案就是我们所有人都参与到活动中来。

enable [i'neibl] *vt.* 使能够，使成为可能，使实现

【记】词根记忆：en(使)+able(能够)→使能够

【例】Sometimes one may come down with a serious cold, feeling depressed. But a change in attitude will *enable* us to look at the matter from a positive perspective. The illness may teach us the importance of health. 有时候我们会生重病,感到抑郁。但换一种心态将使我们从一个积极的角度去看待这个问题。疾病或许让我们认识到健康的重要性。(2003)

【用】enable后面接动词不定式。

vaccinate ['væksineit] *v.* 给…种痘,给…注射疫苗,打预防针

【记】来自vaccine(*n.* 牛痘苗,疫苗)

【例】UNICEF is launching a program this week to *vaccinate* children in Afghanistan against measles. 联合国儿童基金会本周将发起一项计划,给阿富汗儿童接种麻疹疫苗。

【派】vaccination(*n.* 种痘,疫苗接种)

consent [kən'sent] *vi.* 同意,答应;承诺

【记】词根记忆:con(共同)+sent(感觉)→有同感→同意

【例】The most common age without parents' *consent* is eighteen for both females and males; however, persons who are underage in their home state can get married in another state and then return to the home state legally married. 不经父母同意就能结婚的年龄通常情况是18岁,不论男女。但在当地未到结婚年龄的孩子可以到其他州去结婚,然后再回到家乡时就算正式结婚了。(1997听力)

【用】consent后一般接to,句子结构为:consent sb. to do sth.。

classic ['klæsik] *adj.* (文学、艺术等)第一流的,最优秀的,规范的;古典(指古罗马或古希腊文艺)的,古典派的;在文学史(历史)上著名的 *n.* 文豪,大艺术家;杰作,名著;[*pl.*]经典(著作),(古罗马或古希腊的)经典著作

【例】This winter they'll interact with an expedition exploring Central America in search of the *classic* Maya culture. 这个冬天他们将加入一个前往中美洲探索古典玛雅文化的探险队。(1997)

【派】classical(*adj.* 古典的;传统的,正统的;经典的)

regime [rei'ʒi:m] *n.* 政权,政府,政治制度

【记】词根记忆:reg(统治)+ime→国王的统治→政权

【例】The Afghanistan's chaos was largely ended after US led forces overthrew the Taliban *Regime* last year. 去年阿富汗国内的混乱在美国率军推翻塔利班政府后就基本上平息了。(2004听力)

confuse [kən'fju:z] *vt.* 混淆,弄错;把…弄糊涂

【记】词根记忆:con+fus(流,泻)+e→流到一起→混合→混淆

【例】They must have ***confused*** me with my brother, Jack. 他们肯定把我跟哥哥杰克搞混了。（1999听力）// Some stores, in fact, are doing their best to separate the thieves from the ***confused*** by prohibiting customers from taking bags into the store. 事实上，有些商店做了最大努力来区分小偷和其他人，他们禁止顾客带包进店。（2004）

【派】confusion(*n.* 混乱，混乱状态，骚乱)

grateful [ˈgreitful] *adj.* 感激的，感谢的；令人愉快的，可喜的

【例】be grateful to sb. for sth. The student ***is grateful to*** the supervisor ***for*** several corrections. 那个学生很感激老师的多次修正。

【用】固定用法be grateful to sb. for sth. 表示"为了某事感谢某人"。

rank [ræŋk] *n.* 排，列，行；军衔，地位；显贵；[*pl.*] 士兵；队形 *v.* 把…分等级，列为；把…排列整齐

【例】The majority of nurses are women, but in the higher ***ranks*** of the medical profession women are in a minority. 大多数的护士是女性，但在医学领域内高一些的职位上，女性却占少数。（2005）// Spain ***ranks*** second among leading tourism nations. 西班牙在主要的旅游国家中名列第二。（2005听力）

presumably [priˈzjuːməbli] *adv.* 假定，可能，大概

【记】来自presumable (*adj.* 可能的)

【例】The train began suddenly to slow down, ***presumably*** in obedience to a signal. 可能是因为收到了信号，火车突然开始减速。（2001）

dodge [dɔdʒ] *v.* 躲开，闪开；施计逃避义务(责任等) *n.* 躲闪，躲避；妙计，伎俩

【例】I try to ***dodge*** out of his club. 我尽力躲开他的棍棒。// That's not a ***dodge***; we take it seriously. 那不是托词，我们很严肃地对待这事。

decline [diˈklain] *v.* 衰退，下降，减少；拒绝，婉辞 *n.* 下降，减少；衰退，衰落期

【记】词根记忆：de(向下)+clin(倾斜)+e→向下倾斜→下降

【例】Researchers examined 50 years of mortality data and found a long-term ***decline*** in death rates. 研究者们调查了50年的死亡率，发现死亡率有长期的下降。（2003）// We ***declined*** Jimmy's invitation to the party. 我们婉言拒绝了吉米聚会的邀请。// When invited to talk about his achievements, he refused to blow his own trumpet and **declined** to speak at the meeting. 当他被邀请谈论自己的成就时, 他拒绝自吹自擂, 并谢绝在大会上发言。(2008)

【用】decline一般是指正式的、有礼貌的拒绝。

【辨】**reduce, decline**

reduce含义较广, 多用来指数量、程度、范围等方面的减少; decline用来形容物体向下运动, 也可以指容量的减少。

fleece [fliːs] *n.* 羊毛 *v.* 欺诈, 敲竹杠, 骗取

【记】联想记忆: flee(逃跑)+ce→骗完钱就跑→骗取

【例】2004 was a good year for criminals keen to use technology to **fleece** consumers. 2004年是犯罪分子热衷于使用科技手段欺诈消费者的一年。

weep [wiːp] *v.* 流泪, 哭泣

【例】Relatives of a murdered 82-year-old woman broke down and **wept** as they appealed for help in catching her killer. 一名82岁被害妇女的亲属悲痛欲绝, 哭泣着呼吁大家帮忙抓住凶手。

suppose [səˈpəuz] *v.* 认定, 假定; 推测, 猜想; 认为

【记】词根记忆: sup+pose(提出)→提出猜想→猜想

suppose

【例】**Suppose** a closed container partially filled with a liquid is heated. The liquid expands, or in other words, becomes less dense; some of it evaporates. 假设一个装有部分液体的密封容器被加热, 里面的液体会膨胀, 或者说密度会降低, 还有一部分会蒸发。(2000)

【辨】**suppose, presume, assume**

三个词都有"假设"的意思。suppose是根据一定现象推测出某假定或提出建议; presume强调假定某事是根据事实做出的推测; assume是毫无根据的假设, 并非符合逻辑的推理。

sympathize [ˈsimpəθaiz] *vi.* 同情, 赞同, 支持

【记】词根记忆: sym(共同)+path(感情)+ize→同一种感情→同情

【例】While I **sympathize**, I can't really do very much to help them out of the difficulties. 尽管我对此很同情, 但我的确无法做太多的事情来帮他们摆脱困境。(2001)

【派】sympathetic(*adj.* 有同情心的，表示同情的)；sympathy(*n.* 同情，怜悯)

mount [maunt] *n.* 山(峰) *v.* 上升，增加；登上，骑上；准备，发动

【例】The army is planning to ***mount*** a rebellion against the country. 军队正在策划一场反对国家的叛乱。

aloof [əˈluːf] *adj.* 冷淡的，冷漠的，疏远的

【例】In most people's eyes, Clinton was an ***aloof*** figure. 在大多数人眼里，克林顿是个冷漠的人。

【用】aloof常与from搭配，表示"远离某人、某物"。

initiate [iˈniʃieit] *vt.* 开始实施，创始，发起；介绍(接纳)某人加入(某团体)，传授基本要领(秘密知识)

【记】词根记忆：init(开始)+iate→使开始→创始

【例】The organization ***initiated*** a rescue program for the tsunami. 那个机构发起了一个针对海啸的营救计划。

provisional [prəˈviʒənəl] *adj.* 暂时的，临时的

【记】联想记忆：provision(供应，提供)+al→临时供应→临时的

【例】The company had a ***provisional*** vendition office at the downtown area. 公司在闹市区设有一个临时的销售处。

artificial [ˌɑːtiˈfiʃəl] *adj.* 人造的，人工的；假装的，不自然的

【记】词根记忆：arti(技巧)+fic(做)+ial(…的)→靠技巧做的→人造的

【例】An ***artificial*** relationship of this type would provide many of the benefits. 这种虚假的关系可以提供很多好处。(2006)

【辨】artificial, false

artificial特指人工仿造物，如：artificial flowers；false通常指假造的代替品，如：false teeth。

advise [ədˈvaiz] *v.* 劝告，忠告，建议；通知

【记】词根记忆：ad(表加强)+vis(看)+e→让人看到危险→劝告

【例】I understand that you manufacture computers, prepare software, and ***advise*** clients on how to use them. 我知道你生产电脑，制作软件并且建议客户如何使用它们。(2005听力)

【用】advise的用法一般是advise sb. to do sth.，表示"建议某人做某事"，注意它的名词advice不可数。

【派】advice（n. 劝告，建议）；advisable（adj. 可取的，明智的）；adviser/advisor（n. 顾问；指导教授；劝告者）；advisory（adj. 咨询的；劝告性的）

bind ［baind］v. 捆，缚，绑；包扎；装订；使受（法律、誓言等）约束

【例】Country life, on the other hand, differs from this kind of isolated existence in that a sense of community generally ***binds*** the inhabitants of small villages together. 从另一方面来说，乡间生活又和这种孤独的存在不一样，因为社区通常能够将小村庄里的居民联系在一起。（2001）

【派】binder（n. 装订者；装订机；活页封面）；binding（n. 书籍的封皮）

coarse ［kɔːs］adj. 粗糙的，粗劣的；（举动等）粗鲁的，粗暴的，粗俗的

【例】I cannot believe she loves that ***coarse*** and vulgar story. 真不敢相信，她居然喜欢这种低俗的故事。

【用】coarse指言语、举止等粗鲁不雅的，一般都有某种具体的细节或行为。

skim ［skim］v. 从液体表面撇去；略读，快读；擦过，滑过

【例】I ***skimmed*** over the news when I had the noon break. 我在午休时浏览了一下新闻。// It's said that it will rain when the swallows ***skim*** along the ground. 据说燕子低飞就说明要下雨。

【用】skim through和skim over都表示"浏览，略读"的意思。

reveal ［riˈviːl］v. 展现，显露；揭露

【例】The research ***revealed*** that the economy had made a recovery. 调查结果表明经济已经复苏了。

【派】revelation（n. 揭露；透露；揭露出来（而始料未及）的事物）

【辨】**reveal, expose**

两者都有"显示"之意。reveal用意较广，既可以表示"显示、透露某种情况"，又可以表示"显露感情"；expose侧重揭露不好的事情，如：expose a criminal。

underneath ［ˌʌndəˈniːθ］prep. 在…下面，在…底下 adv. 在下面，在底下

【例】If possible, move your computer so you aren't directly ***underneath*** a light fixture. 如果可能，将电脑移开，这样你就不会直接处在灯光的照射下了。（2003）

【辨】**beneath, underneath**

两个词都有"在…之下"的意思，但所指范围不同。beneath与on相对，指在某物之下，强调有接触且非常接近；underneath通常强调全部被掩藏在…之下。

request [rɪˈkwest] *n.* 请求，要求；需要 *vt.* 请求，要求

【记】联想记忆：re(一再)+quest(寻求)→请求，要求

【例】All members are *requested* to attend the annual meeting. 所有的会员都被要求参加年会。

【辨】**request, ask, solicit**

　　三个词都含有"请求，要求"的意思。request较正式，指礼貌的请求；ask最常见，如：ask sb. to do sth.；solicit也是正式用语，指恭敬而认真地请求，如：solicit sb. for help。

complacency [kəmˈpleɪsənsi] *n.* 自满，沾沾自喜，自得

【记】词根记忆：com+plac(使满意)+ency→让自己满意→沾沾自喜

【例】His *complacency* was absolutely disgusting. 他的自鸣得意非常令人讨厌。

【派】complacent(*adj.* 自满的，自得的)

dweller [ˈdwelə] *n.* 居民，居住者

【记】联想记忆：dwell(居住)+er(表人)→居民

【例】The city-*dweller* who leaves for the country is often oppressed by a sense of unbearable stillness and quiet. 去乡村居住的城市居民经常被一种无法忍受的宁静所困扰。(2001)

barren [ˈbærən] *adj.* (土地)贫瘠的；不孕的，不结果实的；无用的，无效果的，无实际内容的

【记】联想记忆：bar(障碍)+ren→贫瘠的土地是收获的障碍→贫瘠的

【例】Elizabeth got *barren* after the car accident. 那次车祸之后，伊丽莎白就失去了生育能力。

fatigue [fəˈtiːg] *n.* 疲劳，劳累

【记】词根记忆：fatig(疲倦)+ue→疲劳

【例】The aeroplane wing showed signs of metal *fatigue*. 机翼显出金属疲劳的迹象。

attitude [ˈætitjuːd; ˈætituːd] *n.* 态度，看法；姿势

【例】Over the last 25 years, British society has changed a great deal—or at least many parts of it have. In some ways, however, very little has changed, particularly where *attitudes* are concerned. 在过去的25年里，英国社会发生了巨大改变，至少许多地区是这样的。但从另一个角度看看，变化也可谓非常小，特别是考虑到人们的观点时更是如此。(2006)

blessed [ˈblesid] *adj.* 神圣的，受上帝恩宠的；带来愉快的

【记】来自bless(*v.* 祝福，保佑)

【例】All the Holy Angels and ***blessed*** saints in Heaven preserve us. 天堂里所有神圣的天使和圣徒们都在保护我们。

galaxy [ˈɡæləksi] *n.* 星系；[G-]银河系；一群(杰出或著名的人物)

【源】源自希腊文galaxias，词根gala的意思是"乳汁；乳状物"，可能因为古人仰望银河所见的一片银白很像乳汁。

【例】Our ***Galaxy*** itself contains 100 billion stars. 我们的银河系本身包含一千亿颗星星。

submerge [səbˈmɜːdʒ] *v.* (使)沉入或潜入水中；浸没，淹没

submerge

【记】词根记忆：sub(下)+merg(沉，没)+e→沉下去→(使)沉入或潜入水中

【例】The diver ***submerged*** and swam toward a coral reef. 潜水员潜入水底，朝珊瑚礁游去。// Three Devon teenagers are rescued as rising water threatened to ***submerge*** their campsite. 三名德文青少年在宿营地快被上涨的水位淹没时获救了。

advance [ədˈvɑːns] *v.* 前进，向前移；提前 *n.* 前进，进步；货款，预付款

【例】The speaker questions about everybody's access to technological ***advances***. 说话者对每个人接触科技进步的途径提出了疑问。(2013听力) // in advance Twenty years ago, a Friday night would need to be arranged ***in advance***. 20年前，每个星期五晚上的活动都需要提前安排。(2006)

【用】advance常与in搭配，如in advance (of)，表示"提前，事先；超过"。

junior [ˈdʒuːnjə] *n.* 年幼者；地位或等级较低的人 *adj.* 较年幼的；职位低的，下级的

【例】By 2005, many high school and ***junior*** high books will be tied to Internet sites that provide source material, study exercises, and relevant articles to aid in learning. 到2005年为止，很多高中和初中课本将与网站相连，以提供原始资料、练习题和相关文章来帮助学习。(2003)

drowsy [ˈdrauzi] *adj.* 半醒半睡的，(使人)昏昏欲睡的

【例】The doctor said this medicine might make me ***drowsy***. 大夫说这种药物可能会让我犯困。

oblige [əˈblaidʒ] *v.* 迫使；对…感激；施恩惠于

【记】词根记忆：ob(表加强)+lig(捆绑)+e→绑住某人→迫使

【例】The bankers said they would be very happy to *oblige* for the donation. 银行家们说他们非常高兴能为这次捐款效力。

【用】oblige sb. to do sth. 表示"迫使某人做某事"，而feel obliged to do sth. 表示"有义务或责任做事"。

【派】obligation(*n.* 责任，义务)

inert [i'nɜːt] *adj.* 无活动能力的，无生气的；迟钝的，呆滞的；惰性的

【记】词根记忆：in(不)+ert(活力)→没有活力→无生气的

【例】The poor man was completely *inert* after the accident. 那个可怜的人在车祸后完全瘫痪了。

【派】inertia(*n.* 无活力；迟钝；懒惰；保守，惯性)

ceremony ['serɪməʊni] *n.* 典礼，仪式；礼节，礼仪

【记】联想记忆：cere(蜡)+mony→仪式上的蜡烛→仪式

【例】The opening *ceremony* is a great occasion. It is essential for us to be prepared for that. 开幕式是非常隆重的场合，我们必须准备一下。(2003)

【派】ceremonial(*adj.* 仪式上的；礼仪上的 *n.* 礼仪；仪式，典礼)

astonish [ə'stɒnɪʃ] *vt.* 使吃惊，使惊愕

【记】联想记忆：a(一个)+ston(看作stone，石头)+ish(使)→一石激起千层浪，怎不叫人惊讶?→使惊愕

【例】You always *astonish* me with your strange behaviour. 你的奇怪行为总是让我感到吃惊。

【派】astonishment(*n.* 惊讶)

stride [straɪd] *v.* 大步行走；跨过，跨越 *n.* 大步，阔步；跨幅

【记】联想记忆：st+ride(骑自行车)→走得像骑自行车一样快→大步行走

【例】Julia found the job difficult at first, but now she's really getting into her *stride*. 起初朱莉娅觉得这工作很难，但现在已经驾轻就熟了。

stride

stiff [stɪf] *adj.* 坚硬的，僵直的；不灵活的；拘谨的，呆板的，傲慢的；棘手的，严厉的，剧烈的；高昂的

【例】I cannot play the piano like I used to—my fingers have gone *stiff* from lack of practice. 我的钢琴弹得不如从前，手指由于缺乏练习都不灵活了。// The leading lady seems a little *stiff* in the film. 女主角在影片中的表演似乎有点儿生硬。

【派】stiffen[*v.* (使)变得(更加)坚硬、生硬等]

outset ［'autset］ *n.* 开始, 开端

【记】来自词组 set out(出发)

【例】From the ***outset*** the mission was beset with problems. 这项任务从一开始就出现了问题。

constant ［'kɔnstənt］ *adj.* 坚定的; 坚贞的; 永恒的; 经常的, 不断的

【记】词根记忆: con(始终)+stant(站, 立)→始终站立→永恒的

【例】Breathing, the action of the pulse, growth, decay, the change of day and night, as well as the ***constant*** flow of physical action—these all testify to the fundamental role that movement plays in our lives. 呼吸、脉搏的跳动、生长、腐烂、日夜的交替, 还有身体持续不断的运作, 这些都证实了运动是我们生活的基础。(2005)

【派】constantly(*adv.* 永恒地; 经常地, 不断地)

refute ［ri'fjuːt］ *vt.* 反驳, 驳斥

【记】词根记忆: re(反)+fute(打)→反过来打→反驳

【例】You must show instances to the contrary to ***refute*** this theory. 想要反驳这一理论, 你必须列举出与此相反的实例。

persuade ［pə'sweid］ *v.* 说服, 劝服, 使…相信

【例】If you're taking part in a debate you need to ***persuade*** the listeners of the soundness of your argument. 如果你正在参加一场辩论, 你需要说服听众相信你的论点无懈可击。(2013)

【派】persuasion(*n.* 劝服, 说服力; 信念, 信仰); persuasive(*adj.* 有说服能力的, 劝诱的)

【辨】**persuade, convince**

二者都有"说服"的意思。persuade 指用感情、个人理由等主观因素去劝服某人; convince 强调用客观证据、事实等使某人确信并被说服。

ford ［fɔːd］ *n.* 浅滩 *v.* 涉水, 涉过

【记】"福特"汽车就是好, 涉水都不怕

【例】The naughty boys ***forded*** through the river on bare feet. 那些淘气的男孩们赤脚趟水过河。

anxious ［'æŋkʃəs］ *adj.* 忧虑的, 不安的; 渴望的, 切望的

【例】Tom spent an ***anxious*** night waiting for the test results. 等待测试结果的汤姆度过了一个焦虑不安的夜晚。

【派】anxiously(*adv.* 忧虑地, 焦急地; 渴望地)

await [əˈweit] *v.* 等待

【记】联想记忆：a(表加强)+wait(等待)→等待

【例】From the county jail where he had been confined to ***await*** his trial, Collins had escaped by knocking down his jailer with an iron bar, robbing him of his keys and, opening the outer door, walking out into the night. 在郡监狱关押待审的柯林斯越狱了：他用铁棍击倒了狱卒，抢走了钥匙，打开大门，消失在漆黑的夜色中。

exterior [ikˈstiəriə] *adj.* 外部的，外来的，外表的；对外的，外交的；户外用的 *n.* 外表，外部

【记】词根记忆：ex(出)+ter(=terr，土地)+ior(…的)→离开土地的→外来的

【例】It's difficult to judge a person by his ***exterior***. 很难依据外表来评判一个人。

【辨】exterior, external, outside

这三个词都有"外面的"之意，exterior指物体表面或其范围之外的区域；external指存在于某物之外的部分；outside指物体表面或外在部分，含义最广。

complain [kəmˈplein] *v.* 抱怨，叫屈，控诉

【记】联想记忆：com+plain(平常的)→不要抱怨生活的平淡→抱怨

【例】A number of people with hot mail accounts have posted ***complaints*** on Microsoft forums complaining their e-mails have been deleted. 一些Hotmail的用户在微软论坛上发布帖子投诉说他们的邮件被删了。(2012听力) // I want to ***complain*** about this wicked man. 我要投诉这个缺德的男人。

【用】短语complain about表示"抱怨，投诉"。

【派】complaint(*n.* 怨言，牢骚；投诉，抱怨，诉苦；疾病)

irritate [ˈiriteit] *v.* 激怒，使烦躁；使不舒服，刺激

【例】Alcohol and perfumes in these products can ***irritate*** your baby's skin. 这些产品中的酒精和香水会刺激婴儿的皮肤。

【派】irritating(*adj.* 恼人的，令人不快的)；irritable(*adj.* 易怒的；过敏的)；irritation(*n.* 激怒，刺激；刺激物，恼人的事)

precise [priˈsais] *adj.* 精确的；恰好的

【记】词根记忆：preci(价值)+se→价值分厘不差→精确的

【例】A single noun can be spoken or written in several hundred different forms, each having a ***precise*** meaning different from that of any other. 一个名词可以有几百种不同的读写方式，而每一种的确切意思都不相同。(2002)

【派】precision [*n.* 精确(性)，精密(度)]

abound [əˈbaund] *vi.* 大量存在，充满；富有，丰富

【记】联想记忆：a(无)+bound(边界)→没有边界→大量存在

【例】Opportunities for employment ***abound*** in this metropolis. 这个大都市里的就业机会很多。

【用】abound常与in, with连用，表示"盛产，富于，充满"等。

explosion [ikˈspləuʒən] *n.* 爆炸；激增

【例】Hundreds of emergency workers combed the site of a five-story apartment building in southern Ukraine Thursday after a series of ***explosions*** reduced it to rubble, authorities said. 官方称，周四在南乌克兰成百上千的急救人员彻底搜寻了一处在一系列爆炸后被夷为平地的五层的公寓楼。(2010听力)

【用】population explosion是固定搭配，表示"人口激增"。

Great cause comes from persistent work, facing difficulties with your heart and soul.

— Bertrand Russell

伟大的事业根源于坚韧不拔地工作，投入全部身心，不避艰苦。

——罗素

Word List 13

harry [ˈhæri] *vt.* (不断)烦扰，使烦恼，折磨

【记】和hurry(*v.* 匆忙)一起记

【例】We decided to ***harry*** enemy's rear at the midnight. 我们决定半夜袭扰故军后方。

diffuse [diˈfjuːz] *v.* 扩散，(使)四散；传播；散布 *adj.* 弥漫的，四散的；(文章等)冗长的

【记】词根记忆：dif(分开)+fus(流)+e→流向不同方向→扩散

【例】A gas forms no free surface but tends to ***diffuse*** throughout the space available. 气体不会形成自由面，但它可以在任何可利用的空间内扩散。(2000) // The professor's speech was very ***diffuse*** and I missed the point. 教授的演讲漫无边际，我没有抓住要点。

【辨】diffuse, disperse, dissipate, dispel

　　这四个词都有"分散，散开"的意思。diffuse强调的是扩散和传播，如：diffuse thc knowlcdge；disperse强调的是分散得更广以至于看不见，如：Thc studcnts disperscd to their homes after school.；dissipate指通过蒸发等途径使彻底散开并最终消失，如：The sun dissipated the mist.；dispel强调通过驱赶的方式使散开。

subdue [səbˈdjuː] *vt.* 征服，克服，压制；缓和，减弱

【记】词根记忆：sub(下)+due(=duce，引导)→引到下面→征服

【例】When the boy threw himself on the bed, sleep *subdued* him, for he was tired out. 男孩往床上一躺，就被睡意征服——他累坏了。

kidnap [ˈkidnæp] *vt.* 诱拐(小孩等)，绑架

【记】联想记忆：kid(小孩)+nap(打盹儿)→趁着大人打盹儿将小孩诱拐走→诱拐

【例】The man was accused of plotting to *kidnap* the prince. 这个人被指控预谋绑架王子。

【派】kidnapper(*n.* 绑架者，绑匪)

grease [griːs] *n.* 动物脂；脂肪；润滑脂 *vt.* 涂油脂于；用油脂润滑，使润滑

【例】You should *grease* your door's lock, since it doesn't work well. 你该给你的门锁抹些润滑油，它不好用了。

【用】固定搭配grease (one's) palm/hand 是"向(某人)行贿"的意思，与bribe一样。

bestow [biˈstəu] *vt.* 把…赠与，把…给予

【例】All my confidence is *bestowed* on him. 我对他完全有信心。

【用】bestow是正式用语。

impulse [ˈimpʌls] *n.* 推动(力)，驱使；冲动，心血来潮

【记】词根记忆：im(使)+puls(推)+e→推动；冲动

【例】Biologists offer a theory about this primal *impulse* to clean out every drawer and closet in the house at spring's first light. 生物学家提出了一个理论，在春天的第一缕阳光里，人们会有一种将房间里的每个抽屉、衣橱都打扫干净的原始冲动。(2011)

【派】impulsive(*adj.* 易冲动的，由冲动造成的，感情用事的)

accident [ˈæksidənt] *n.* 意外事件

【记】词根记忆：ac(表加强)+cid(切，杀)+ent(名词后缀)→不小心切了手→意外事件

accident

【例】The new measure will reduce the chance of serious injury in the event of an *accident*. 万一发生事故，这项新的措施将减小重伤的几率。(2013)

【派】accidental(*adj.* 偶然的，意外的)

simplify [ˈsimplifai] *vt.* 使单纯，使简易，简化

【记】联想记忆：simpl(e)(简单)+ify(使)→使简易

□ subdue　　□ kidnap　　□ grease　　□ bestow　　□ impulse　　□ accident

□ simplify

【例】Yahoo announces a restructuring drive in a bid to *simplify* its business and take on rival Google. 雅虎宣布了重组方案，力争简化商业运作流程并收购竞争对手谷歌。

patriot [ˈpætriət; ˈpeitriət] *n.* 爱国者，爱国主义者

【记】词根记忆：patri(父亲，引申为祖国)+ot→爱国者

【例】Disney was regarded as a great *patriot* because not only did his cartoons celebrate America, but, during World War II, his studios made training films for American soldiers. 迪斯尼被看作一名伟大的爱国人士，不仅因为他的卡通颂扬了美国，还因为"二战"期间他的工作室为美国士兵制作了训练影片。(2005)

【派】patriotic(*adj.* 爱国的，有爱国热忱的)

disorder [disˈɔːdə] *n.* 杂乱，混乱；骚动；失调，不适 *vt.* 使零乱，扰乱；使失调，使不适

【记】联想记忆：dis(没有)+order(顺序)→无序→混乱

【例】Kayla attributed her weight loss to her mental *disorder*. 凯拉将体重下降归因于自己的精神失调。// The economic crisis threw the whole country into *disorder*. 经济危机致使全国陷入一片混乱。

【用】disorder常与介词in连用，表示"混乱，紊乱"，常见搭配为：fall into disorder(陷入混乱)；throw...into disorder(使…混乱，把…卷入动乱)。

confine [kənˈfain] *v.* 幽禁，监禁；限制，把…局限于

【记】词根记忆：con+fin(范围)+e→有范围限制→监禁

【例】No longer is the possession of information *confined* to a privileged minority. 信息的所有权不再局限于享有特权的少数群体。(2000) // Kate is *confined* in a small room. 凯特被监禁在一间小屋里。

【用】常用搭配是be confined to，意思是"被局限于…"。

【辨】**confine, limit**

confine通常强调禁止或不能通过的边界，含有束缚、阻碍或抑制的意味；limit通常指对时间、空间、数量等预先作出规定，如：limit the speed of autos to 80 miles an hour。

mislead [ˌmisˈliːd] *vt.* 把…引入歧途；使误解

【记】联想记忆：mis(坏；错误)+lead(引导)→领错路→把…引入歧途

【例】Sometimes people can be *misled* by the superficies of the incidents. 有时候人们会被事物的表象误导。

allege [ə'ledʒ] v. (在提不出证明的情况下)断言, 声称

【记】词根记忆: al(表强)+leg(说)+e→大声说→断言, 声称

【例】The suspect ***alleges*** that he was at home on the night of the crime. 嫌疑犯辩称案发当晚他在家中。

【用】allege有以下三种句型结构: ①allege to do sth.; ②allege + *n.*; ③allege + 从句。

【派】allegedly(*adv.* 据称, 据指控)

disregard [ˌdɪsrɪ'ɡɑːd] n. / vt. 不理会, 不顾, 忽视

【记】联想记忆: dis(不)+regard(关心)→不关心→忽视

【例】You ***disregard*** everything that you ought to have consideration for. 你忽视了所有你应该考虑的事情。

【用】常用搭配为in disregard of, 表示"不顾, 无视"。

notify ['nəʊtifai] vt. (正式)通知(某人), 告知

【记】词根记忆: not(知道)+ify(使)→使…知道→通知, 告知

【例】The government says that if any casualties are found, family members will be ***notified*** immediately. 政府表示, 如果找到任何伤亡人员, 都将立刻通知其家属。

【辨】notify, inform, apprise

三者都含有"告诉, 通知"的意思。notify用法比较正式, 一般都是通过信件等通知; inform最常用, 强调直接使某人知道情况, 如: Please inform us when to set off. ; apprise是告知与听话人有关系的事情。

indicate ['indikeit] v. 标示, 指示, 指出; 表明, 暗示

【记】词根记忆: in+dic(说)+ate(做)→说出→指示, 指出

【例】Indeed, a poll conducted in the U.K. ***indicated*** that almost 70% of British women thought that men were as good at raising children as women. 实际上, 在英国进行的一项调查表明, 将近70%的英国女人认为, 男人和女人一样善于养育孩子。(2010听力)

indicate

【派】indication(*n.* 标示, 指示, 暗示); indicative(*adj.* 标示的; 陈述的); indicator[*n.* 指示者, 指针; 指示牌, (车辆的)方向指示装置]

restore [ri'stɔː] vt. 归还, 交还; 恢复, 复兴; 修复, 重建; 使复职或复位

【例】Maybe this success will ***restore*** your confidence. 或许这次成功

会让你恢复自信。// The government provided some funds to **restore** the old building. 政府提供了一些资金来修复这座古老的建筑。

【派】restoration[n. (遗失等物)归还原主；恢复；重新采用；修复]

damn [dæm] *adj.* (表示愤怒、厌烦、失望等)该死的，他妈的 *v.* 指责，谴责；咒骂 *n.* 咒骂；丝毫，一点点

【例】Her report is **damned** by her boss. 她的报告被老板批得一无是处。// Can't you give a **damn** about it? 你难道不能对这事上一点心吗？

【用】damn常用在口语中表咒骂，如"God damn it!"

【派】damned(*adj.* 打入地狱的，该死的，糟糕的，讨厌的 *adv.* 非常)

petition [pə'tiʃən] *n.* 请愿；请愿书 *v.* 向…请愿(祈求)

【记】词根记忆：pet(寻求)+ition→寻求(帮助)→请愿

【例】The paraders **petitioned** the government for the release of the political prisoners. 示威游行者请求政府释放政治犯。

thesis ['θiːsis] *n.* 学位论文，论文；论点，论题

【例】A 91-year-old woman is to present her university **thesis**, written in the 1930s, to a museum. 一位91岁的老太太将她在20世纪30年代写的大学论文赠送给博物馆。// Their main **thesis** was that the rise in earnings was due to improvements in education. 他们的主论点是收入的增长得益于教育质量的提高。

discord ['diskɔːd] *n.* (意见)不合，不和，争论；(音乐)不和谐

【记】词根记忆：dis+cord(心)→不是一条心→不和

【例】Your opinion **discords** with the principles of the meeting. 你的观点不符合会议主旨。

【用】discord一般指缺少和谐、不一致，常与with/from搭配。

profit ['prɔfit] *n.* 利润；益处 *v.* 获益，有益于

【例】We can **profit** by the failures of others. 我们可以吸取其他人失败的教训。

【用】profit常和介词by或from连用，表示"从…中获益"。

【派】profitable(*adj.* 有利可图的，有益的)

holy ['həuli] *n.* 神圣的东西，圣地 *adj.* 神圣的，神的；献身于宗教的；圣洁的，至善的

【例】In traditional Chinese thinking, jade always symbolizes the **holy**. 在中国的传统观念中，玉石总是象征着圣洁。

deplete [di'pliːt] *vt.* 大量削减数量(能力、价值)，消耗；使衰竭

【记】词根记忆：de(非)+plet(满)+e→不满→消耗

【例】Our funds had been greatly **depleted** at present. 目前我们的资金已经消耗殆尽了。

□ damn　　　　□ petition　　　□ thesis　　　□ discord　　　□ profit　　　□ holy
□ deplete

undo [ʌnˈduː] *vt.* 解开，打开，使松开；取消，消除

【记】联想记忆：un(表否定)+do(做)→取消

【例】Caroline was trying to **undo** the chain to escape. 卡罗琳正试图解开链子逃跑。// What has done cannot be **undone**. 覆水难收。

vacant [ˈveikənt] *adj.* 空的，未占用的；空缺的；空虚的，茫然的

【记】词根记忆：vac(空)+ant(…的)→空的

【例】During the summer holiday season there are no **vacant** rooms in this seaside hotel. 暑假期间，这家海边的旅馆全部客满。(2003)

【派】vacancy(*n.* 空；空白；空虚；空缺)

【辨】**vacant, empty, free, deserted**

　　四个词都与"空"有关。vacant属正式用语，表示未被占用的；empty强调没有内容；free指时间上的空闲；deserted表示"荒废的，被人抛弃的"。

abolish [əˈbɔliʃ] *n.* 废除，消除 *vt.* 废除，取消

【记】词根记忆：a(无)+bol(抛)+ish(使)→抛没了→取消

【例】The need to run the railways on time meant that local time was **abolished**, and clocks showed the same time all over the country. 列车运行准时的要求意味着当地时间被废除，而全国所有的时钟都显示同一个时间。(1998听力)

【派】abolition(*n.* 废止，废除)

【辨】**abolish, annihilate**

　　abolish一般指取消或废除社会制度、习惯、法律等；annihilate主要指使用外力彻底破坏某事物，如：annihilate the enemy。

smear [smiə] *v.* 涂，抹(黏性或油性的物质)；弄脏(表面)；诋毁，诽谤，玷污 *n.* 污点，污迹；诽谤，污蔑

【例】Our opponents have been spreading false stories in an attempt to **smear** us. 我们的对手一直在散布谎言企图诽谤我们。

engage [inˈgeidʒ] *v.* (使)从事，(使)参加，使卷入；约束；保证；使订婚；雇用，聘；预订；吸引；占用；与…交战；啮合

【例】I think I am **engaged** to Fred. 我想我被弗雷德吸引住了。// The troops were ordered to march forward and **engage** the enemy. 军队得到命令前进并与敌人交战。// be engaged in Mother and I **are engaged in** household chores at home. 我和妈妈在家忙于做家务。

【派】engaged (*adj.* 已订婚的，已订约的；忙的；被占用的，受雇的；预订的)；engagement(*n.* 约会，约定；订婚，婚约)

sink [siŋk] n. 洗涤槽；污水池，污水坑 v. 沉下；倾斜，下陷，变低，变弱；渗入

【例】Wood does not **sink** in water because its density is smaller than water's. 木头由于密度小于水所以不会沉入水中。// The shop **sank** the prices of the products to attract more customers. 这家商店降低商品价格以吸引更多顾客。

isolate ['aisəleit] v. 隔离，使脱离；孤立

【记】词根记忆：i+sol(单独的)+ate(使)→使单独→孤立

【例】The house is **isolated** from outside world with no television and telephone. 这栋房子里没有电视和电话，与外界完全隔绝。

【派】isolation(n. 脱离，隔离；孤立)

blast [blɑːst; blæst] n. 一阵(风)；喇叭声，号角声 v. 爆炸；摧毁

【记】联想记忆：b+last(最后)→最后一声→爆炸

【例】The **blast** blew so strong that I could not stand. 风吹得如此猛烈，我都站不住了。// The Shenzhou VI was expected to **blast** off within the next 2 years. "神舟"六号预定两年之后发射。

【用】blast off 表示"发射"，一般指火箭、飞船等。blast主要指对某物有害的、破坏性的或毁坏性的作用。

policy ['pɔləsi] n. 政策，方针；保险单

【例】I find honesty is the best **policy**. 我发现诚信才是上上之策。(2013听力)

startle ['stɑːtl] v. (使)惊愕，(使)吃惊

【记】联想记忆：start(惊起)+le→不断惊起→使吃惊

【例】And until now Felton began to fear lest he should **startle** her too much. 直到现在费尔顿才开始担心自己是不是让她受到了过多的惊吓。

【辨】frighten, startle

两个词都有"使惊吓"的意思。frighten最常用，表让人感到害怕；startle指短时间内让人震惊的恐惧，如：He startled from sleep.

vibrate [vaiˈbreit] v. (使某物)颤动，振动；(使某物)振动出声或发颤音

【记】词根记忆：vibr(摇摆)+ate→振动，颤动

【例】The phone includes a mechani-cal device that can make the phone **vibrate** when it would otherwise ring or make a sound. 电话中含有一个机械装置，来电时它可以使电话振动而不发出声响。

vibrate

【派】vibration[*n.* 振动；(偏离平衡位置的)一次往复振动；[*pl.*]情感交流，共鸣]

cruel ['kru:əl] *adj.* 残忍的，残酷的；令人痛苦的

【例】His face twists into a ***cruel*** smile. 他扭曲的脸上浮现出一丝残酷的笑容。

【派】cruelty(*n.* 残忍，残酷；[*pl.*]残酷的行为)

acid ['æsid] *adj.* 酸味的；尖刻的 *n.* 酸(含氢的化学物质)；迷幻药

【记】词根记忆：ac(酸)+id(…的)→酸味的

【例】Some people like ***acid*** foods. 有些人喜欢吃酸味食物。

sway [swei] *v.* (使)摇摆，(使)摆动 *n.* 摇摆，摆动；支配；影响

【例】Are you trying to ***sway*** my way of thinking? 你是想改变我的思维方式吗？// The event diminished the ***sway*** of the party. 这一事件削弱了该政党的统治力度。

oppress [ə'pres] *vt.* 压迫，压制；压抑，使烦恼

【记】词根记忆：op+press(压)→压下去→压迫，压制

【例】The city-dweller who leaves for the country is often ***oppressed*** by a sense of unbearable stillness and quiet. 去乡村居住的城市居民经常被一种无法忍受的宁静困扰。(2001)

【派】oppressive(*adj.* 压迫的，残酷的；抑郁的，难忍的)

loss [lɔs; lɔːs] *n.* 遗失，丧失；失败，输掉；损失，亏损

【例】The worst may be behind them now, but the shocking ***losses*** of the past few years have reshaped nearly every facet of their lives—how they live, work, and spend—even the way they think about the future. 现在，最糟糕的可能已经过去了，但过去的几年里令人震惊的损失几乎重塑了他们生活的方方面面——他们的生活、工作和消费方式，甚至他们对未来的看法。(2012)

disclaim [dis'kleim] *v.* 否认，拒绝承认；放弃

【记】词根记忆：dis(不)+claim(呼喊)→不再呼喊→放弃

【例】Tony insisted ***disclaiming*** what he said yesterday. 托尼坚持否认昨天说过的话。

【用】disclaim指法律上正式放弃某种权利。

scan [skæn] *v.* 审视，扫描；浏览；(指诗句)符合韵律 *n.* 审视，扫描

【记】发音记忆：四看→四处看→审视，扫描

【例】The policeman ***scanned*** the theater to make sure the suspect wasn't in it. 警察迅速地扫视了一下剧场，确信嫌疑犯不在里面。

vanish ['væniʃ] *v.* 突然消失，消散；消逝，绝迹

【记】词根记忆：van(空)+ish→空无一物→消逝

【例】Train passed forward and a moment or two later it had ***vanished*** from sight. 火车超了过去，片刻后就消失于眼际。(2001) // Many

---

□ cruel   □ acid   □ sway   □ oppress   □ loss   □ disclaim
□ scan   □ vanish

types of animals *vanish* from the earth each year. 每年都有许多种动物从地球上灭绝。

【辨】vanish, disappear

二者都有"消失"的意思。vanish指突然地或神秘地消失不见，不留任何痕迹；disappear是一般用语，泛指消失，不限定时间长短。

envisage [in'vizidʒ] *vt.* 想象，设想；正视，面对

【记】词根记忆：en+vis(看)+age(行为)→看的行为→正视，面对

【例】2008 Olympic Games *envisaged* further development in China. 2008年奥运会展望了中国进一步的发展。

common ['kɔmən] *adj.* 普通的，常见的；共同的，共用的 *n.* [*pl.*] 下议院

【例】**in common** Americans have almost nothing *in common* with their Puritan ancestors. 美国人与其清教徒祖先几乎没有任何共同点。

buckle ['bʌkl] *n.* 皮带扣环；装饰用扣环 *v.* 用扣环扣住；(使)弯曲，扭曲；让步，屈服

【例】Betty raised her hand to undo her belt *buckle*. 贝蒂抬起手解开皮带的扣环。// Jefferson finally *buckled* under the excessive demands of the job. 杰斐逊最终被过量的工作压垮了。

【用】表屈服时，buckle强调由于精疲力竭而屈服，与give up稍有不同。

blend [blend] *v.* 混合，混杂

【例】The glorious afterglow seems to *blend* earth and heaven. 这灿烂的晚霞似乎将天地融为一体。

furnish ['fɜːniʃ] *v.* 供应，提供；为…配备家具

【记】联想记忆：fur(皮毛)+nish→用皮毛提供装备→提供

【例】This spacious room is sparsely *furnished* with just a few articles in it. 这间宽敞的房间里只稀疏地配备了几件家具。

backward ['bækwəd] *adj.* 向后的；落后的，不发达的；迟钝的

【记】联想记忆：back(后面的)+ward(向…)→向后的

【例】No human race anywhere on earth is so *backward* that it has no language of its own at all. 没有任何一个人类种族还如此落后，连自己的语言都没有。(2000)

possess [pə'zes] *vt.* 拥有；(感情或思想等)控制(某人)；掌握(技能)

【例】The applicant didn't *possess* the necessary skills to do the job well. 该申请者不具备做好这项工作所必需的技能。

【派】possession(*n.* 拥有，所有权；所有物；自制)

【辨】**possess, own**

两个词都有"拥有"的意思。possess强调拥有某种品质或掌握某种技能，比较正式，如：possess courage；own比较通俗，多指拥有某种财产，可指长期占有，如：own a house。

capture ['kæptʃə] *vt.* 捕获；夺得，占领；赢得；引起（注意）*n.* 捕获；俘房，战利品，缴获品

【记】词根记忆：capt（抓）+ure（表名词）→抓住的东西→俘房

【例】The three men tried many times to sneak across the border into the neighboring country, only to be ***captured*** by the police each time. 那三个男人多次试图偷偷穿越边界进入邻国，但每次都被警方抓获。（1999）// The penalty for these ***captured*** aid workers could range from expulsion to a jail term, and death sentence. 这些被捕的外援工人面临的刑罚包括驱逐出境、入狱及死刑。（2003听力）

【派】captive(*n.* 俘房 *adj.* 被捕的，被监禁的)

focus ['fəukəs] *n.* 焦点，聚焦；中心，集中点 *v.* 聚焦，集中；调节…的焦距

【例】In such a fast-changing world, in which reality seems to be remade each day, we need the ability to ***focus*** and understand what is happening to us. 在变化如此之快的世界中，现实似乎每天都在被重塑，我们需要具备关注和理解身边正在发生的事情的能力。（2011）

focus

【用】与focus有关的固定搭配有focus on或focus sth. on。

conscientious [ˌkɔnʃi'enʃəs] *adj.* 审慎正直的；本着良心的；认真的

【记】词根记忆：con+sci（知道）+ent+ious（多…的）→懂得多的→审慎正直的

【例】John did his work far from ***conscientious***. 约翰做事很不认真。

【派】conscientiously(*adv.* 认真地，诚心诚意地)

【辨】**conscientious, conscious**

这两个词是形近词，意思大不相同，conscientious意为"尽责的，认真的"；conscious意为"有意识的，自觉的"，要区分开。

recognizable ['rekəgnaizəbl] *adj.* 可识别出的；可承认的

【记】词根记忆：re+cogn（知道）+izable→被知道的→可识别出的

【例】Hundreds of surnames are familiar to us, or at least ***recognizable*** after a little thought. 我们对数百个姓氏都很熟悉，或至少在沉思片刻后可以认出。（2000）

insult ['insʌlt] *n.* 侮辱，凌辱；损伤

['in'sʌlt] *vt.* 侮辱，辱骂；损害

【例】Nobody has license to *insult* others. 没有人有权利辱骂别人。

【用】词组add insult to injury的意思是"伤害后再加以侮辱；雪上加霜，更糟的是"。

【派】insulting(*adj.* 侮辱的，无礼的；伤害人的)

link [liŋk] *n.* 联系，关联；链环，环节 *v.* 连接，结合

【例】The new company *linked* with several older ones in self-protection. 那家新公司与几家较老的公司联合以保护自己。

menace ['menəs] *n.* 威胁，危险；讨厌的人(或物) *v.* 威胁

【例】A careless driver is a *menace* to all road users. 粗心的驾驶员对于路上所有车辆和行人都是危险的。

arid ['ærid] *adj.* (土地)干燥的，不毛的；枯燥乏味的，无生气的

【记】本身为词根：干燥的

【例】The desert is so *arid* that nothing can grow there. 这片沙漠极为干旱，寸草不生。

economy [i:'kɔnəmi] *n.* 经济(体系)；节约，节省；简练 *adj.* 便宜的，经济的；二等的

【记】词根记忆：eco(家)+nom(管理)+y→管理家庭财务→经济

【例】As a developing country, we must keep pace with the rapid development of the world *economy*. 作为发展中国家，我们必须跟上世界经济快速发展的步伐。(1999)

【派】economics(*n.* 经济学)；economist(*n.* 经济学家，管理人)

remind [ri'maind] *vt.* 提醒，使想起

【记】联想记忆：re+mind(注意)→使注意→提醒，使想起

【例】The song *reminded* Tom of college days. 这首歌使汤姆回想起上大学的日子。

【用】remind的常见搭配是remind sb. of sth. (使某人回想起某事)。

【派】reminder(*n.* 帮助记忆或起提醒作用的东西；提示)

transplant [træns'plɑ:nt] *v.* 移植(植物)；移植(器官、皮肤、头发等)

['trænsplɑ:nt] *n.* 移植

【记】联想记忆：trans(转移)+plant(种植)→移植

【例】The *transplanted* lung may not be compatible with the patient's body. 为病人移植的肺可能与其身体发生排异反应。//

transplant

Bill Watson's life was saved by a ***transplant***—now he campaigns to raise awareness of lung disease. 比尔·沃森在接受移植手术后重获生命, 现在他发起运动提高人们对肺病的重视。

fascinate [ˈfæsineit] *v.* 迷住, 使神魂颠倒; 强烈地吸引

【记】词根记忆: fascin(迷住)+ate→迷住

【例】This woman is indeed exceedingly beautiful, able to ***fascinate*** the minds of the religious; so then keep your recollections straight. 这个女人着实美艳动人, 能够让僧侣动心, 从此对其难以忘怀。

【派】fascinating (*adj.* 迷人的, 有吸引力的); fascination (*n.* 魅力; 迷恋, 入迷)

【辨】fascinate, engross, absorb, engage

fascinate指"使入迷, 使神魂颠倒"; engross强调"全神贯注"; absorb表示"吸引, 使专心于; 吸收"; engage作"吸引"讲时表示能引起注意并可使之持续一段时间。

perpetual [pəˈpetjuəl] *adj.* 永远的, 永恒的, 不断的; 四季开花的

【记】词根记忆: per(始终)+pet(追求)+ual→自始至终的追求→永恒的

【例】There are many ***perpetual*** roses far and near in the garden. 花园里到处都是四季开花的蔷薇。

disposal [diˈspəuzəl] *n.* 清除, 销毁, 丢掉; 处置, 处理; 布置

【记】词根记忆: dis+pos(放)+al→分开放→布置

【例】at/in one's disposal Those books are ***at your disposal*** from now on. 从现在开始, 这些书就任你支配了。

【派】disposable[*adj.* 可(任意)处理的, 可自由支配的; 一次性使用的, 不回收的]

crisis [ˈkraisis] *n.* [*pl.* crises] 危机; 危急存亡之际, 决定性时刻; 转折点

【例】Solar energy with its endless supply is one of our solutions to energy ***crisis***. 无限的太阳能是解决我们能源危机的途径之一。(1998)

compensate [ˈkɔmpenseit] *v.* 补偿, 酬报

【记】词根记忆: com+pens(花费)+ate→给予全部花费→补偿

【例】The railroad ***compensated*** for the damage to the immediate buildings. 铁路局为对临近建筑造成的损害作出补偿。(1998) // Every company should ***compensate*** employees for their extra work. 每个公司都应该付给员工加班费。

【用】compensate后一定接介词for, 表示"因为…补偿。"

【派】compensation(*n.* 补偿, 赔偿)

reproach [riˈprəutʃ] *n. / vt.* 谴责，责备，责骂

【记】词根记忆：re(反对)+proach(靠近)→以反对的方式靠近→谴责

【例】The mother ***reproached*** her son for his bad manners. 母亲责备儿子不讲礼貌。

elevate [ˈeliveit] *vt.* 抬起，升高；提高(嗓门等)，振奋(情绪)；提升(职位)

【记】词根记忆：e(出)+lev(升)+ate(使)→使上升→升高

【例】The social development has greatly ***elevated*** the living standards of the people. 社会的发展大大提高了人民的生活水平。

【派】elevation〔*n.* 提高，提升；高地，海拔；建筑物的立视图；(枪炮的)仰角〕；elevator(*n.* 电梯；起卸机)；elevated (*adj.* 提高的；高尚的)

【辨】**elevate, dignify**

　　这两个词都有"提高，抬高"的意思。elevate可以用来指地位、道德、文化、精神等方面的提高；dignify常用来表示使某物显得重要，有时用来暗指徒有虚名。

creed [kri:d] *n.* (宗教)信条，教义

【记】本身为词根：相信，信任

【例】It is not so easy for John to abide by the ***creeds***. 对于约翰而言，要遵守这些教义可不是件容易的事。

considerate [kənˈsidərit] *adj.* 关切的，体贴的；替人设想的，考虑周到的

【记】联想记忆：consider(考虑)+ate(…的)→总替别人考虑的→替人设想的，考虑周到的

【例】What we need here is a clerk who is careful and ***considerate***. 我们这儿需要的是一个细心并且考虑周到的职员。(2000听力)

【辨】**considerate, considerable**

　　这两个词都是consider的派生词，considerate意为"关切的；考虑周到的"，considerable意为"值得考虑的；重要的；相当多的"。

swing [swiŋ] *v.* (使)来回摆动，摇荡；(使)旋转 *n.* 摇摆，摆动；旋转，回旋；秋千

【例】Two little girls are sitting in it, and ***swing*** themselves backwards and forwards; their frocks are as white as snow, and long green silk ribbons flutter from their bonnets. 两个小女孩坐在里面，前后摇摆着，她们的连衣裙洁白无瑕，无檐帽上长长的绿色绸带在空中飘动。

mistaken [mis'teikən] *adj.* 错误的，误解的，弄错的

【记】联想记忆：mis(错误)+taken(带走的)→拿错了→错误的

【例】We all had *mistaken* opinions of the current economic situation. 我们对当前经济形势的看法都不正确。

absolve [əb'zɔlv] *v.* 免除(某人的)承诺(责任等)；赦免，免受惩处，宣告无罪

【记】词根记忆：ab(表加强)+solv(松开)+e→松开管制→免除

【例】The lady was finally *absolved* from an obligation. 这位女士最终被免除了义务。

【用】absolve经常和介词from, of搭配，都是"赦免，免除"的意思。

disable [dis'eibl] *vt.* 使丧失能力；[常用被动语态]使伤残

【记】词根记忆：dis(除去；剥夺)+able(能)→使丧失能力

【例】Jim was *disabled* in a vicious fight. 吉姆在一次恶意斗殴中致残。

【用】disable常用于被动语态表示"伤残的，丧失能力的"。

【派】disability(*n.* 无能；伤残，残疾)

disconcert [ˌdiskən'sə:t] *vt.* 使仓皇失措，使窘迫，挫败；打乱

【记】联想记忆：dis(不)+concert(一致)→和别人不一致→使窘迫

【例】The soldiers *disconcerted* the enemy's plans by a sudden offensive. 战士们发动了一次突然袭击，扰乱了敌人的计划。

【用】disconcert一般都指通过有计划的扰乱而挫败。

bridle ['braidl] *n.* 笼头，马缰 *v.* 给…套笼头；约束，控制；动怒

【例】Every horse here have a *bridle*. 这里的每一匹马都套有笼头。// The project manager tried to *bridle* his anger. 项目经理努力抑制自己的怒火。

【用】bridle的常见搭配是put a bridle on，意为"抑制，控制"。

slide [slaid] *v.* 滑动，滑行；溜进，潜行 *n.* 滑(行)；滑道，滑坡，滑梯；幻灯片

【例】The curtains do not *slide* well because the track needs cleaning. 窗帘滑动不畅，因为滑轨该清理了。// Some students *slid* out of the classroom during the class. 一些学生在上课时溜出了教室。

experience [ik'spiəriəns] *vt.* 经历，体验，遭受 *n.* 经验，体验；经历，阅历

【记】词根记忆：ex(出)+peri(尝试)+ence→尝试的感受→经历

【例】When McDonald's decided it wanted a new bun supplier, Harrington became determined to win the contract, even though she had no *experience* running a bakery. 当麦当劳决定和新的面包供应商合作时，哈林顿下决心要赢得这份合约，尽管她之前并没有经营面包店的经验。(2011)// She remembered several occasions in the past when she had *experienced* a similar feeling. 她记得曾经有好几

□ mistaken　　□ absolve　　□ disable　　□ disconcert　　□ bridle　　□ slide
□ experience

次类似的感觉。(1998)

【用】experience作"经验"讲时是不可数名词，而作"经历"讲时则是可数名词，要注意区分。

【派】experienced(*n.* 有经验的，老练的)

threat [θret] *n.* 恐吓，威胁；霆兆，坏兆头；造成威胁的人或事物

【例】The ***threat*** of a terrorist attack is rated as low. 恐怖袭击威胁的等级被评定为低。(2011听力)

【用】pose threat to是常用词组，表示"对…造成威胁"。

【派】threaten (*v.* 恐吓，威胁；预示，有…的征兆)

threat
No! No!

sue [sju:] *v.* 控告(某人)；请求(常于法庭上)

【例】The parents of a baby who died minutes after his birth are to ***sue*** a London hospital for negligence. 一名婴儿在出生几分钟后死亡，其父母以疏忽为由将伦敦一家医院告上法庭。

【用】词组sue... for... 表示"因…控告…"。

occupy ['ɔkjupai] *vt.* 占，占用；占领，占据；使忙碌，从事

【例】The enemy ***occupied*** the island territory and cut the bridge. 敌人占据了小岛并切断了通往岛上的桥梁。

【派】occupation (*n.* 职业；消遣；占有，占用，占领); occupational (*adj.* 职业的；占领的)

fractional ['frækʃənəl] *adj.* 分数的，小数的；部分的；轻微的，无足轻重的，微不足道的

【记】词根记忆：fract(打碎)+ional(…的)→打碎了的→部分的

【例】US consumer spending rises a ***fractional*** 0.1% last month, tempered by increasing energy prices. 逐渐攀升的能源价格致使美国上个月的消费额仅增长了0.1%。

damp [dæmp] *adj.* 潮湿的；沉闷的 *n.* 潮湿，湿气 *v.* 使潮湿；使沮丧；减低，减弱，抑制

【记】联想记忆：dam(水坝)+p→水坝上很潮湿→潮湿的

【例】Last night, after what seemed hours of ***damp*** turmoil, I got up and crept slipperless down the stairs, feeling my way in the faint street light that came through the window. 昨晚，经过了仿若几小时的沉闷混乱之后，我起了床，光着脚走下楼梯，借着从窗户透进来的

昏暗街灯摸索着前行。(2004) // Anne had to ***damp*** every crazy thought. 安妮不得不抑制住每一个疯狂的想法。

deficient [diˈfiʃənt] *adj.* 有缺陷的；缺乏的，不足的

【记】词根记忆：de(否定)+fic(做)+ient→所做的被否定→不足的

【例】Most graduates are ***deficient*** in experience. 多数毕业生都缺乏经验。

【用】常用搭配be deficient in 表示"缺乏，在…方面不足"。

【派】deficiency(*n.* 缺乏，短缺；缺点，毛病)

advocate [ˈædvəkeit] *vt.* 拥护，提倡

[ˈædvəkit] *n.* 提倡者，拥护者

【记】词根记忆：ad(表加强)+voc(声音，喊叫)+ate(做)→大声喊→拥护，提倡

【例】As ***advocate*** and activist Marian Wright Edelman says, "Service is the rent we pay for living... it is the true measure, the only measure of success". 正如提倡家和活动家玛丽安·赖特·埃德尔曼所说的那样，"服务他人是我们对生活的回报…这才是衡量成功真正的，也是唯一的标准。"(2010)

【用】advocate 可与for, of等介词搭配，表示"提倡…；…的拥护者"。

boycott [ˈbɔikɔt] *n. / vt.* (联合)抵制

【记】联想记忆：boy+cott (音似 cut，剃)→男孩子们剃头以示抗议→抵制

【例】Most of the citizens ***boycotted*** the election. 大多数公民抵制这次选举。

【用】常见的搭配有put sb./sth. under a boycott(对某人/某物实行联合抵制), boycott sb. (一般不与某人往来)。

mourn [mɔːn] *v.* 为…哀痛，哀悼

【例】The whole nation ***mourned*** the death of the great man. 举国上下哀悼这位伟人的去世。

habitual [həˈbitjuəl] *adj.* 通常的，惯常的；习惯性的，已养成习惯的

【记】联想记忆：habit(习惯)+ual(…的)→惯常的

【例】This is a bit disturbing, because the important ***habitual*** neural networks are not formed by mere routine, nor can they be reversed by clever cues. 这有点令人不安，因为重要的习惯神经网络无法仅仅通过惯例形成，也不能通过巧妙的暗示被彻底改变。(2013) // The mother has the ***habitual*** worry of her son. 这位母亲经常为她的儿子担忧。

【派】habitable(*adj.* 适于居住的)；habitat[*n.* (动植物的)产地，栖息地]；habitation(*n.* 居住)

subsidize ['sʌbsidaiz] *v.* 给…补助金，资助

【记】联想记忆：subsid(y)(补助金)+ize→给…补助金

【例】If the government wishes to raise tax revenue in order to *subsidize* the poor, it should levy a tax on films. 如果政府希望通过提高税收来资助贫困者就应该对电影征税。

【派】subsidy(*n.* 补助金，津贴)

inflate [in'fleit] *v.* 使充气；使肿大；使通货膨胀

【记】词根记忆：in(进入)+flat(吹)+e→吹进去→使充气

【例】The tyre *inflated* in a few seconds and finally exploded. 轮胎几秒钟就膨胀起来，最后爆炸了。

【派】inflation(*n.* 充气，膨胀；通货膨胀，物价高涨)

suspect [sə'spekt] *v.* 猜想；怀疑 *n.* 嫌疑犯，可疑分子

【记】词根记忆：su(s)+spect(看)→看了又看→怀疑

【例】India says it *suspects* the two gunmen who killed twenty-eight at an Indian temple on Tuesday had links to Pakistan based Islamic militant groups. 印度怀疑周二在一个寺庙中开枪杀死28人的两名男子与巴基斯坦的伊斯兰教军事组织有关。(2004听力)

flap [flæp] *v.* 拍打，摆动；(鸟)振(翅)；平卧，垂下 *n.* 拍打，拍动；(鸟的)振翅；下垂物，覆盖物；(袋)盖，(帽)边，(信封)盖口

【例】The large wings of the eagle *flapped* past them as they protected their faces. 他们护着脸时，鹰拍着巨大的翅膀从他们身旁飞过。

behalf [bi'hɑːf] *n.* [用于惯用语] 代表；利益

【记】联想记忆：be(使)+half(一半)→使两半→一变二当然生利→利益

【例】on one's behalf As the director can't come to the reception, I'm representing the company *on his behalf*. 由于主管不能出席接待会，我将以他的名义代表公司。(2000) // on behalf of *On behalf of* the Student Union of the English Department, I am writing to invite you to give a lecture on Chinese history. 我代表英语系学生会写信邀请您进行一次有关中国历史的演讲。// The legal guardian must act *on behalf of* the child. 法定监护人应该维护孩子的利益。

【用】behalf几乎不会单独使用，一般都是组成词组on one's behalf或者on behalf of，表示"为了…的(利益)；代表…，替代…"。

label [ˈleibl] *n.* 标签，标贴；标记，符号 *vt.* 贴标签于；把…称为；把…列为

【例】The machine is used for *labeling* wine bottles. 这台机器是用来给酒瓶贴标签的。

addiction [əˈdiktʃən] *n.* 上瘾；入迷；沉溺

【例】They demonstrate this in their *addiction* to driving in one lane and sticking to it. 他们很好地阐述了这一点：着迷于在同一条车道上开车，并坚持如此。(2004)

【用】addiction后常接介词to，表示"沉溺于…"。

survey [səːˈvei] *n. / v.* 检查，鉴定；测量，查勘

【记】词根记忆：sur(下)+vey(道路)→下基层，亲自到路上走走→查勘

【例】From this *survey*, one can estimate that fewer than one in five children have some contact with a hospital teacher—and that contact may be as little as two hours a day. 从这份调查可以估算出来，与医院内老师有过接触的孩子不足五分之一，就算有接触其时间也少到只有每天两小时而已。(1999)

trick [trik] *n.* 诡计，花招；恶作剧；戏法，把戏；窍门，诀窍；癖好 *v.* 哄骗，欺骗

【例】I tried every *trick* in the book but I still couldn't persuade them. 我使尽了浑身解数也劝不动他们。// We *tricked* the nurses into thinking that Dexter was dead. 我们哄骗护士认为德克斯特死了。

【用】trick sb. into doing sth. 是一个常用搭配，表示"哄骗…做…"。

bland [blænd] *adj.* (指食物)无刺激性的，清淡的；(指人及行为)文雅的，情绪平稳的

【例】Michael was listening to a *bland* doctor. 迈克尔正在听一位和蔼的医生讲话。

subtract [səbˈtrækt] *v.* 减去，扣除

【记】词根记忆：sub(下)+tract(拉)→向下拉得还剩一点→减去

【例】After *subtracting* food and energy costs, the Producer Price Index for Finished Goods still rose at a moderately fast clip of four-tenths of one percent. 减去食物与能源的费用以后，成品制造价格指数仍以略快的速度攀升百分之零点四。

【派】subtraction(*n.* 扣除，削减)

Word List 14

词根、词缀预习表

radi 光线	radiate v. 发光，放热	**pil** 堆	compile v. 汇编
migr 迁移	emigrate v. 移居国外	**in-** 进入	inward adj. 在内的
dict, dic 说，断言	dictate v. 口述	**tens** 伸展	intensify v. 加强，增强
gen 产生	engender v. 产生，造成	**vis** 看	supervise v. 监督
rupt 破，断裂	disrupt vt. 扰乱，破坏	**clus** 关闭	exclusion n. 排除在外
leg 法律	legitimate vt. 使合法	**ordin** 顺序	subordinate adj. 下级的
flect 弯曲	deflect v. 转向	**sum** 取	consume v. 消费；耗尽

climax ['klaimæks] *n.* 顶点，最高点；(小说、戏剧等的)高潮 *v.* (使)达到顶点或高潮

【记】联想记忆：cli+max(至多)→达到最多→顶点

【例】The party reached its *climax* with the appearance of the distinguished guest. 晚会随着贵宾的出现达到了高潮。

lean [liːn] *v.* 倾斜；(使)依靠，(使)倚靠 *adj.* 瘦的，无脂肪的；贫乏的，收益少的

【例】lean upon The family had to *lean upon* the allowance of the government to live. 这家人不得不依靠政府的补贴过活。

harmony ['hɑːməni] *n.* 调和，一致，和谐；和睦，友好

【记】词根记忆：harm(适合)+ony→彼此适合→调和

【例】We can work in *harmony*. 我们能协调一致地工作。// The progress of the society is based on *harmony*. 和谐是社会进步的基础。

【用】harmony常用搭配：①be in/out of harmony with〔与…(不)协调一致〕；②live in harmony (和睦相处)。

aware [ə'wɛə] *adj.* 知晓的，察觉的，意识到的

【记】联想记忆：a(表加强)+ware(留心)→察觉的

【例】Nowadays people are becoming increasingly *aware* of the importance of health. 如今的人们越来越意识到健康的重要性。(2002)

【用】aware常与of搭配使用表示"意识到…, 察觉到…"的意思。

【派】awareness(n. 知晓, 察觉)

drain [drein] v. (使)慢慢流走, 排出; 把…弄干; 喝干; 使精疲力竭 n. 排水沟(管); 消耗; (人才等)外流

【记】联想记忆: d+rain(雨)→没有了雨水→喝干

【例】It depends on how soon I can finish the **drains** at the office building. 这取决于我要多久才能修好办公大楼的排水管。(2001听力) // **down the drain** A single mistake would make all that time and money go **down the drain**. 只要出现一个错误, 全部的时间和金钱就将付诸东流。

【派】drainage(n. 排水系统)

radiate ['reidieit] v. 发光, 放热; 辐射, 散发

【记】词根记忆: radi(光线)+ate→发光, 放热

【例】His handsome face **radiates** heroism and manliness. 他英俊的脸上流露出英勇和刚毅。

【派】radiation (n. 放射; 放射性); radiator[n. 散热器; (汽车的)水箱]

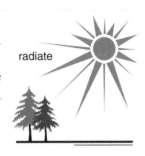

radiate

emigrate ['emigreit] v. 移居国外

【记】词根记忆: e(出)+migr(迁移)+ate→迁移到别处→移居国外

【例】Why do you want to **emigrate** now? 你现在为什么想要移民?

【用】emigrate指往外移民, immigrate指往内部迁移, 注意区别二者的方向。

【派】emigrant(n. 移居国外的人, 移民); emigration(n. 移居国外, 移民)

gasp [gɑːsp; gæsp] v. 喘气, 喘息, 透不过气; 气喘吁吁地说 n. 喘气, 喘息

【例】She drew her breath in with a **gasp** and half-rose to her feet. 她倒吸了一口冷气, 几乎站不住脚。(2001)

【用】gasp sth. out意为"喘着气说出"。

gasp

hoist [hɔist] n. / v. 提升, 举起

【例】When we beat our biggest rival, people **hoisted** us to their shoulders. 当我们打败最大的竞争对手时, 人们把我们举上了肩头。

dictate ［dik'teit］v. 口述，（使）听写；命令，强行规定；支配，驱使

【记】词根记忆：dict(说，断言)+ate→说出→口述

【例】The teacher *dictated* the novel to us. 老师向我们口述了那部小说。// Wright is used to *dictate* to others. 赖特习惯于向别人发号施令。

【派】dictation(*n.* 口授，听写；命令)；dictator[*n.* 独裁者，专制者；口授者；(左右风尚、时装等的)权威]；dictatorship(*n.* 独裁，独裁国家，专政)

support ［sə'pɔːt］vt. 支承，支撑；支持，鼓励；拥护；供养，资助；证实，为…提供证据 n. 支撑物，支柱；拥护，支持，鼓励

【例】As well as *supporting* at least half of the world's species of plants and animals, these rain forests are home to millions of people. 这些雨林不仅养育了世界上至少半数的动植物种群，还养育着数百万人民。(2002) // The US has designated thirty international groups as terrorist organizations, barring them from receiving money, weapons, or other *support* from US citizens. 美国已指明了30个国际恐怖组织，禁止美国市民为他们提供资金、武器及其他支持。(2000听力)

【派】supportive(*adj.* 赞助的，鼓励的)

fabulous ［'fæbjuləs］adj. 寓言的；难以置信的；〈口〉很好的，绝佳的

【例】The 1992 Games proved a *fabulous* spectacle and for once not a single nation boycotted the Olympics. 1992年的奥运会的确举办得非常成功，也是第一次没有任何一个国家抵制奥运会。

encounter ［in'kauntə］v. 偶遇，邂逅；遭到，突到 n. 遭遇；会战；意外的相见

【记】联想记忆：en(使)+counter(相反)→使从两个相反方面来→遭遇

【例】Even if push and (or) pull factors are very strong they still may be outweighed by intervening obstacles, such as the distance of the move, the trouble and cost of moving, the difficulty of entering the new country, and the problems likely to be *encountered* on arrival. 尽管推力与引力的因素很强烈，它们仍可能无法突破阻碍，例如搬迁的距离、搬迁带来的麻烦和开销、进入一个新国家的困难，以及在到达之后可能遇到的问题。(1999) // I wandered in the streets in the hope of *encountering* with my former classmates. 我在街头闲逛，希望能偶遇以前的同学。

【用】encounter用作"会战"时，一般指两军不期而遇所发生的战斗，也就是"遭遇战"。

engender [in'dʒendə] v. 产生，造成，引起

【记】词根记忆：en(使)+gen(产生)+der→产生

【例】The plastic added into the needfire *engendered* a disagreeable smoke. 把塑料添入篝火后产生了一股令人窒息的烟。

match [mætʃ] n. 比赛，竞赛；火柴；对手；匹配物 v. 与…相配；与…相匹敌

【例】John *matched* his skill against all of his opponents. 约翰把自己的技艺与所有的对手相比较。

fault [fɔːlt] n. 缺点，毛病；错误；责任，过失，不端行为

【记】本身为词根：错误

【例】find fault with That sort of conduct is to the world's credit; therefore it is not well to *find fault with* it. 那种行为得到了世人的认可，所以还是不要挑剔的好。

【派】faulty(adj. 有错误的，有缺陷的，不完美的)

topple ['tɔpl] v. (使)不稳而倒下，摇摇欲坠；使(某物)倒下，倒塌；推翻，打倒

【记】联想记忆：top(顶)+ple→使顶向下→推翻

【例】This scandal may *topple* the government. 这桩丑闻有可能使政府垮台。

discontent [ˌdiskən'tent] n. 不满，不满足

【记】联想记忆：dis+content(满足)→不满足

【例】Mary's *discontent* with her job caused her to quit. 玛丽因为对工作不满意而辞职了。

【用】discontent后一般接with表示"对…不满"。

expose [ik'spəuz] vt. 揭露，暴露，曝光；使无遮蔽，使遭受，使处于…作用(影响)下；陈列，使被看到

【记】词根记忆：ex(出)+pos(放)+e→放在外面→暴露

【例】She didn't want to *expose* herself to anyone. 她不愿与任何人接触。

【用】expose...to是常用搭配，表示"使…受到；使…朝向…；使…接触…"；be exposed to意为"面对着…"，与be faced with和encounter相近。

【派】exposition(n. 解释，说明；展出，展览会)；exposure(n. 暴露，揭露，显露；曝光，曝光时间)

disrupt [dis'rʌpt] vt. 扰乱，破坏

【记】词根记忆：dis(分开)+rupt(破，断裂)→使断裂开→破坏

□ engender   □ match   □ fault   □ topple   □ discontent   □ expose
□ disrupt

【例】It is possible to extract a portion of one lobe without **disrupting** critical liver functions. 在不破坏主要肝功能的情况下，提取一部分肝叶是可行的。

selective [si'lektiv] *adj.* 选择的，选择性的；挑拣的

【记】词根记忆：se+lect(选择)+ive→选择的

【例】It's said that you can avoid the indigestion by being **selective**. 据说选择性地进食可以避免消化不良。

unite [juː'nait] *v.* 联合，统一，合并，团结

【记】词根记忆：uni(单一，一个)+te→成为一个→统一

【例】Carter called all the kids in town and told them to **unite** for truth. 卡特召集了城镇里所有的小孩，告诉他们要为了真理团结起来。

【辨】**join, combine, connect, unite**

　　四个词都有"结合，联合"的意思。join指事物的直接连接，可分开；combine指二者或二者以上的人或事物结合在一起，不失去本性；connect语意较弱，通常是通过媒介将事物连接在一起；unite强调紧密地结合成一体，难以分开。

flare [fleə] *v.* (火焰)摇曳，闪耀，闪光；突然发怒(激动)，突发 *n.* 闪烁，闪现；闪光信号，照明弹

【例】The fire **flared** all around him in the small room. 在那个小房间里，火焰在他周围闪耀。// They **flare** up, and the dispute ends in a fight. 他们突然发怒了，争论以一场殴斗结束。

【用】词组flare up与flare的意思相同。

last [lɑːst] *adj.* 最后的；最近过去的，紧接前面的 *adv.* 最后；上次 *n.* 最后；上一个；最后的人或东西 *v.* 持续；够…之用，可以维持

【例】The food can **last** the family for the weekend. 这些食物足够这一家人食用整个周末。// at last **At last** we finished the task ahead of time. 最后，我们提前完成了任务。

【派】lasting(*adj.* 持久的，永久的)；lastly(*adv.* 最后一点，最后)

legitimate [li'dʒitimeit] *vt.* 使合法

[li'dʒitimit] *adj.* 合法的，法律认可的；合乎逻辑的

【记】词根记忆：leg(法律)+itim+ate→使合法

【例】The government tried to **legitimate** casinos in their country. 该国政府试图使赌场在国内合法化。

slant [slɑːnt] *v.* 倾斜；有倾向性地报道 *n.* 斜线，斜面，斜坡；观点，意见，偏见

【例】The whole book is *slanted* and gender-biased. 整本书都存有性别歧视。// Tim ran along a *slant* towards the top of the hill. 提姆沿着斜坡向山顶跑去。

inward ['inwəd] *adj.* 在内的，里面的；内(心)的，精神上的 *adv.* 向内，向中心

【记】词根记忆：in(进入)+ward(方向)→进入里面→在内的

【例】I realized the *inward* change after the accident. 这次事故使我的内心发生了变化。

kneel [ni:l] *vi.* 跪下，跪着

【例】They *knelt* solemnly in the church and prayed in silence. 他们庄严地跪在教堂里默默祈祷。

deflect [di'flekt] *v.* (使)偏斜，转向

【记】词根记忆：de(离开)+flect(弯曲)→弯到旁边→转向

【例】The missile *deflected* from its trajectory. 导弹偏离了自己的轨道。

【用】deflect常与介词from搭配，表示"从…倾斜"。

choke [tʃəuk] *v.* (使)窒息，噎住；使塞住不通；抑制；使不能出声

【例】The fumes in the house almost *choked* me. 屋里的烟雾几乎把我呛死了。

【用】choke常见搭配：①choke back (忍住，抑制)；②choke off (抑制，劝阻)；③choke up (哽咽，噎住；阻塞)。

leap [li:p] *n. / v.* 跳，跳跃；(数字等)激增

【例】Many cities in the US grew by *leaps* through the 20th century. 美国很多城市都在20世纪得到了快速发展。

starve [stɑːv] *v.* (使)饿，(使)饿死；感觉很饿

【例】That a man can do so and not *starve* is nowadays not even a paradox. 现在看来，一个人只要这样做便不会饿死的说法有些自相矛盾。

【派】starvation(*n.* 饥饿，饿死)

stumble ['stʌmbl] *v.* 绊脚，绊跌；蹒跚而行，行动不稳；结结巴巴地说

【例】Anthony drunkenly *stumbled* about, trying to go out of the room. 安东尼醉醺醺地、跌跌撞撞地想要走出房间。// Police investigating tax fraud *stumbled* across a drugs ring. 警方在调查逃税案件时意外地发现了一个贩毒集团。

【用】stumble across/on sb./sth. 表示"意外地或偶然地发现某人或某事物"。

consume [kən'sjuːm; kən'suːm] *v.* 消费，耗尽；烧毁；吃光，饮尽

【记】词根记忆：con（表加强）+sum（取）+e→全部取走→耗尽

consume

【例】They were reported to have destroyed 800 homes and *consumed* about 120,000 hectares of land. 据报道，他们毁坏了800所房子，烧毁了12万公顷的田地。（2005听力）// We *consumed* 5 bottles of beer at dinner. 我们晚饭时喝光了5瓶啤酒。

【派】consumer(*n.* 消费者)；consumption[*n.* 消费（量），消耗]

abandon [ə'bændən] *vt.* 抛弃，放弃；离弃（家园、船只、飞机等）；遗弃（妻、子女等）

【例】The scientific community did not take long to scoff at and *abandon* von Daniken's theory. 没过多久，冯·德尼肯的理论就遭到了科学界的嘲笑，并遭到摒弃。（2010）

【辨】abandon, surrender, resign

　　abandon主要指最终完全放弃，尤指放弃无形的东西，如：I abandoned the hope of being a doctor.；surrender是指经过斗争或抵抗后被迫放弃、投降，如：The captain had to surrender to the enemy.；resign是自愿放弃或没有经过斗争而作出牺牲，如：Peter decided to resign.

lodge [lɔdʒ] *n.* 小屋 *v.* 暂住，留宿；卡住；正式提出；存放，寄存

【例】The families *lodged* the children with relatives after the flood. 家人们在水灾过后把孩子们送到亲戚家去。

lounge [laundʒ] *n.* 休息室 *v.* 懒洋洋地靠坐着；闲逛，混时间

【例】The animals in the zoo *lounge* in their cages in summer. 夏天，动物园里的动物们懒洋洋地躺在笼子里。

intensify [in'tensifai] *v.* 加强，增强，加剧

【记】词根记忆：in(使)+tens(伸展)+ify→使不断伸展→加强

【例】The press has *intensified* its scrutiny of the matter. 新闻界已加强了对该事件的审查。

supervise ['sjuːpəvaiz] *v.* 监督，管理，指导

【记】词根记忆：super（上）+vis(看)+e→从上往下看→监督

【例】The chief clerk *supervises* the work of the department. 组长负责监督该部门的工作。// Once *supervised* by teachers and principals, they now appear to be "self care". 他们曾经受老师和校长的监督，现在看起来已是"自我关照"了。（2007）

【派】supervision(*n.* 监督，管理，指导)；supervisor(*n.* 监督人，管理员，指导者)

conclude ［kən'kluːd］*v.* 结束；推断出，断定

【记】词根记忆：con(共同)+clud(关闭)+e→全部关闭→结束

【例】The latest survey *concludes* that the extent and type of hospital teaching available differ a great deal across the country. 最新的调查显示医院教学的程度和类型在全国范围内存在很大差异。(1999)// The professor *concluded* that noise will annoy people. 教授总结说噪音会使人们心烦意乱。// To *conclude*, I wish this meeting succeed. 最后，祝愿这次会议圆满成功。

【派】conclusion［*n.* 结束；结尾；结论，推论；(条约等)缔结］；conclusive(*adj.* 结论性的；确定的；决定性的)

【辨】**conclude, infer, deduce**

conclude指经过对已知事实的思考得出结论；infer指根据事实从某事中得出结论，常含有证据不充分的意思，如：What can we infer from the facts?；deduce指根据充分证据或从一般原则进行逻辑推理而推出，如：The method was deduced from experiments.

tangle ［'tæŋgl］*v.* (使某物)乱作一团；(使)纠缠，(使)混乱 *n.* 乱七八糟的一堆；混乱

【例】Sophia's hair got all *tangled* up in the barbed wire fence. 索菲娅的头发被带刺的钢丝篱笆挂住了。// We made a way through a *tangle* of branches. 我们从纠缠在一起的树枝间开辟出一条路来。

【用】词组tangle with表示"与…争吵"的意思。

grand ［grænd］*adj.* 壮大的，堂皇的；主要的，重要的；伟大的

【例】The Spring Festival always appears to be *grand*. 春节总是显得格外隆重。

【用】grand一般指"庄严的，气势磅礴的"，表示对美丽事物的感受。

economical ［ˌiːkə'nɔmikəl］*adj.* 节俭的，经济的，精打细算的

【记】词根记忆：eco(家)+nom(管理)+i+cal(的)→管理家庭财务的→经济的

【例】There was a need for him to be *economical*, for he has planned to buy many things. 他需要节省，因为他计划好要买很多东西。

【辨】**economical, economic**

economical有"节约的，省俭的"意思，指在金钱或物品上精打细算；economic指"经济上的；经济学的"。

compress [kəmˈpres] v. 压紧，压缩；（把思想、文字等）浓缩，使更为简练

【记】联想记忆：com(表加强)+press(压)→使劲压→压缩

【例】You cannot *compress* the whole book into a few pages. 你不能把这整本书压缩成几页。// You have to *compress* the maddening thoughts. 你必须压制那些疯狂的想法。

【派】compressor(n. 压缩机，压气机)

persevere [ˌpəːsiˈviə] vi. 坚持不懈，不屈不挠

【记】词根记忆：per+sever(诚恳)+e→始终诚诚恳恳→坚持不懈

【例】If you want to succeed, you should try your best and *persevere* to the end. 如果想要成功，你应该竭尽全力并坚持到最后。

【派】perseverance(n. 不屈不挠，坚持不懈)

ingenious [inˈdʒiːnjəs] adj. 心灵手巧的；精巧的；有创造性的

【记】词根记忆：in(内在)+gen(产生)+ious→聪明产生于内→心灵手巧的

【例】Visitors were struck by its *ingenious* architecture and fantastic layout. 来访者都被它那富有创造性的建筑风格和奇异的布局吸引住了。

【派】ingenuity(n. 心灵手巧，足智多谋；独创性，富有创造的才能)

【辨】**ingenious, ingenuous**

ingenious的意思是"心灵手巧的；精巧的；有创造性的"；ingenuous意为"坦率的，天真的"。

limp [limp] n. 跛行 adj. 柔软的，易弯曲的；柔弱的，无力的 vi. 蹒跚，一瘸一拐地走；缓慢而费力地行走

【记】联想记忆：lim(=limit, 限制)+p→腿脚不好，限制行动→蹒跚

【例】The injured player struggled to his feet and *limped* off the court. 那名受伤的队员挣扎着站起来，一瘸一拐地走下场去。

sceptical
(skeptical) [ˈskeptikəl] adj. 多疑的，怀疑的

【例】The patients were *sceptical* about the curative powers of the medicines. 病人们对这些药品的治疗效果表示怀疑。

【用】表达"对…表示怀疑"用词组be sceptical about sth.。

【派】skepticism(n. 怀疑态度，怀疑主义)

grim [grim] adj. 严肃的，严厉的，可怕的；严峻的，严酷的，冷酷的

【例】Kevin made a *grim* face and signalled to his friends to stop talking. 凯文绷起了脸，示意他朋友不要再讲了。

establish [iˈstæbliʃ] vt. 建立，设立，制定；安置，安顿；确立，确定，规定；使开业，使处于（某种位置、状况等）

【例】The organization was ***established*** in 1863 and was based on an idea by a Swiss businessman called Henry Durant. 这个组织是1863年根据瑞士商人亨利·杜兰的想法设立的。（2005听力）// I think your statement is fairly well ***established***. 我认为你的陈述相当合理。

【派】establishment(*n.* 设立，建立，制定；机构，企业，编制；家庭，住宅)

exclusion [ik'sklu:ʒən] *n.* 排除在外，排斥

【记】词根记忆：ex+clus(关闭)+ion→关在外面→排除在外

【例】to the exclusion of sb. / sth. Freeman plays tennis ***to the exclusion of*** all other sports. 弗里曼排斥所有其他运动，只打网球。（2004）

giggle ['gigl] *n. / v.* 吃吃地笑，咯咯地笑；傻笑

【例】That nervous ***giggle*** of Paul got on my nerves. 保罗神经质的傻笑扰得我心烦。

appoint [ə'pɔint] *v.* 任命，(委)派；约定(时间、地点)

【记】联想记忆：ap(表加强)+point(指向)→指向某个时间→约定(时间)

【例】Maria wanted to ***appoint*** you to another department. 玛丽亚想派你到另一个部门去。

【派】appointee(*n.* 被任命人，被指定人)；appointment(*n.* 约会；职务，职位)

undesirable [,ʌndi'zaiərəbl] *adj.* 可能招致麻烦或不便的，不想要的；(指人、人的习惯等)不受大家欢迎的，令人不快的，讨厌的

【例】The drug has some ***undesirable*** side effects. 这种药有一些让人不舒服的副作用。// Our neighbour is completely ***undesirable***. 我们的邻居非常讨人厌。

inadequate [in'ædikwit] *adj.* 不充分的；不能胜任的；不适宜的

【记】联想记忆：in(不)+adequate(适当的，足够的)→不充分的；不适宜的

【例】The supply is ***inadequate*** to meet the demand. 供不应求。

【派】inadequacy(*n.* 不充分；不胜任；毛病，弱点)

compile [kəm'pail] *v.* 编辑，汇编，编纂

【记】词根记忆：com+pil(堆)+e→堆积到一起→汇编

【例】The teacher have ***compiled*** information from the past ten years. 老师编辑了过去十年的信息。// Do you know how to ***compile*** a book? 你知道怎样编纂一本书吗？

【用】compile指编汇、编纂，但不包括自己写，只是汇总而已。

charismatic [ˌkæriz'mætik] *adj.* 有号召力的；有神授能力的；（宗教组织）崇尚神赐天赋的

【记】来自charisma(*n.* 魅力)

【例】Martin Luther King was a very ***charismatic*** speaker. 马丁·路德·金是一位极具号召力的演讲者。

complement ['kɔmplimənt] *n.* 补充物，配给物；足量；补足语

['kɔmpliment] *v.* 补充，补足，使完备

【记】词根记忆：com(表加强)+ple(满，填满)+ment(名词后缀)→互为补充的东西→补充物

【例】He insists there is a vast and important difference between the two, although they ***complement*** each other. 虽然二者互补，但他还是坚持二者之间存在着巨大而重要的差异。// I don't know how to use ***complement*** in a sentence. 我不知道怎么在句子里用补语。

bear [bɛə] *v.* 承担，负荷；承受，忍受；结(果实)，生育 *n.* 熊；粗鲁的人，笨拙的人

【例】bear in mind We should always ***bear in mind*** that hasty decisions often result in serious consequences. 我们应该时刻铭记：仓促的抉择往往导致严重的后果。(1999) // I couldn't ***bear*** his lying. 我无法忍受他说谎。

depress [di'pres] *vt.* 使消沉，使抑郁，使萧条；压下，按下；削弱，降低

【记】联想记忆：de(向下)+press(挤压)→向下压→使消沉

【例】You need never feel ***depressed*** if you don't look like the latest fashion photo. 你永远不必因为自己看起来不像最新的时尚照片里那样而感到沮丧。(2002) // Trade was ***depressed*** by the rise in oil prices. 石油价格上涨导致贸易不景气。

【用】Great Depression特指20世纪30年代的经济大萧条。

【派】depressed(*adj.* 抑郁的，沮丧的；萧条的；凹陷的)；depressing(*adj.* 令人沮丧的，压抑的；使降低的)；depression[*n.* 沮丧，抑郁；萧条(期)；洼地；低压(区)]

【辨】depress, oppress

两个词是形近词，而且意思相近。depress指事物的时候表示活力、能力等的下降，指人的时候表示因为失败或无能而心情沮丧；oppress强调感到压抑，暗示施加强大的压力或行使不公正的权力，如：They were oppressed by the heavy taxation.

forecast ['fɔːkɑːst] *n. / v.* 预测，预示，预报

【记】词根记忆：fore(前面；预先)+cast(扔)→提前扔出话→预测

【例】Box office analysts *forecast* 1.35 billion tickets will be sold by the end of the year, down on 1.42 billion sold in 2009. 票房分析家预计年底票房收入会达到13.5亿，这比2009年的14.2亿要低一些。(2012听力)

custody ['kʌstədi] *n.* 监护权；监管；扣留，监禁

【例】They have been in *custody* for murdering. 他们因谋杀罪被拘留了。

【用】in custody是常用搭配，表示"被拘留，在看管下"。

kid [kid] *n.* 小孩，少年，儿童 *v.* 哄骗，欺骗，开玩笑

【例】You said you could pass the exam. Are you *kidding*? 你说自己能通过考试，开玩笑吧？

【用】kid常常用在口语中，常用的句子就是Are you kidding? You must be kidding. 等。

cast [kɑːst; kæst] *v.* 投，掷，抛；投射(光、影等)；投(票) *n.* 演员的阵容，演员表；铸造，铸型

【记】本身为词根：投掷

【例】The huge increase in oil prices in the 1970s *cast* a cloud over the development plans of many developing nations. 上世纪70年代猛涨的石油价格给许多发展中国家的经济发展计划投下了一抹阴影。

subordinate [sə'bɔːdinit] *adj.* 下级的，次要的，附属的 *n.* 属下，部属
[sə'bɔːdineit] *v.* 使居次要地位，使隶属

【记】词根记忆：sub(次)+ordin(顺序)+ate→顺序在后的→下级的

【例】Appointments for the promotion of the *subordinate* officers were signed by the major commandant. 低级别军官晋升的任命都由总司令签字决定。// Many people *subordinate* their health to job prospects. 很多人将工作前景列在第一位，而将健康列在第二位。

【用】搭配subordinate sth. /sb. to sth. /sb. 是"使…隶属于；使…居于次要地位"的意思。

【派】subordination[*n.* 下级地位，下属；隶属，从属；(语法)主从关系]

burst [bɜːst] *v.* 爆裂，炸破，冲破；突然发生，突然发作；忽然出现

【例】burst out His strong sense of humor was such as to make everyone in the room *burst out* laughing. 他强烈的幽默感使得屋子里的每个人都爆发出笑声。(2002)

【用】burst一般跟into或者out (of)连用，表示"爆发，突然发生"等意。

【辨】burst, erupt, explode

　　burst指某事物因为内部压力的增大而导致突然爆破，也可以用来表示人的感情突然释放；erupt一般指火山的爆发、岩浆的喷射等；explode指炸弹、火药等的爆炸，也可以指人的感情的突然爆发，如：explode with anger。

compulsory [kəmˈpʌlsəri] *adj.* 强迫的，强制的，义务的

【记】词根记忆：com+puls（驱动，推）+ory（…的）→加强驱动的→强制的

【例】Nine-Years *Compulsory* Education 九年义务教育// Our university has both *compulsory* courses and optional ones. 我们学校既有必修课，也有选修课。

evaporate [iˈvæpəreit] *v.* (使)蒸发，挥发；(使)消失；(使)脱水，去除…的水分

【记】联想记忆：e（出）+vapor（水汽）+ate（使）→使水汽出去→(使)蒸发

【例】The liquid expands, or in other words, becomes less dense; some of it *evaporates*. 液体膨胀，换句话说就是密度降低；有一部分还会挥发。（2004）// The smile gradually *evaporated* from Richard's face as he saw Jack. 理查德看见杰克时，脸上的微笑渐渐消失了。

cater [ˈkeitə] *v.* 供应伙食，为(宴会等)供应酒菜；提供娱乐节目；迎合，投合

【记】联想记忆：cat（小猫）+er→小猫看见主人回来就迎了上去→迎合

【例】Fifty is a lot of people to *cater* for! 承办五十人的饮食可够多的!

【用】cater最常与介词to连用，表示"供应伙食；迎合"，但偶尔也接for，意思不变。

impeach [imˈpiːtʃ] *vt.* 弹劾；检举；控告

【记】联想记忆：im（使）+peach（告发）→检举

【例】The committee voted to *impeach* the President. 委员会就弹劾总统进行了投票。

doom [duːm] *n.* 命运；厄运，毁灭；判决 *vt.* 注定；使…的失败(毁灭等)成为必然；判决

【例】In the 20th century, first it was the movies, then radio, then television that seemed to spell *doom* for the written world. 在20世纪，最先是电影，接着是广播，再然后是似乎宣告了文字世界厄运的电视。（2011）

【用】doom作动词常用在被动句式中，sth. be doomed to failure/defeat表示"某事注定失败"；还常用be doomed to do的形式，意思是"注定…"。

attract [ə'trækt] *v.* 引起…的注意(兴趣); 吸引

attract

【记】词根记忆：at(表加强)+tract (拉)→拉过来→吸引

【例】The latter was an important factor in *attracting* settlers to the United States during the 19th century. 后者是19世纪吸引人们到美国定居的重要因素。(1999)

【派】attraction (*n.* 吸引力，诱惑力；吸引物，喜闻乐见的事物); attractive(*adj.* 有吸引力的，诱人的，令人愉快的)

avoid [ə'vɔid] *vt.* 避免，回避，躲开

【记】联想记忆：a(无)+void(空的)→屋子空了→躲开

【例】The motorist had to swerve to *avoid* knocking the old woman down in the middle of the road. 司机不得不突然转弯以避免撞倒路中间的老妇人。(2000)

【用】avoid后常接doing表示"避免做…"。

innocent ['inəsənt] *adj.* 清白的，无罪的；单纯的，率真的；无知的，头脑简单的；无害的

【记】词根记忆：in(无)+noc(伤害)+ent(…的)→无害的；无罪的

【例】What is most worrying about the whole problem is that it is yet another instance of the *innocent* majority being penalized and inconvenienced because of the actions of a small minority. 整个问题最令人担忧的是它再次展示了无辜大众因少数人的行为而受罚以及遭遇麻烦的现实。(2004)

【派】innocence(*n.* 无罪，清白；天真，单纯；简单)

delight [di'lait] *n.* 欣喜，乐趣 *v.* 喜欢，乐于，使快乐

【记】联想记忆：de+light(阳光)→沐浴在阳光下→让人高兴→欣喜

【例】I have to teach the same course books several times in the summer holiday camp, which is sometimes boring and not well-paid, but by and large I'm quite *delighted* at being with young people. 夏令营期间同一本教材我不得不教授多次，这有时候很无聊而且报酬也不高，但总的来说我是很乐于和年轻人待在一起的。(2001) // I watched the movie with real *delight*. 我非常愉快地看了那场电影。

【用】delight可以和in搭配，表示"喜欢…，嗜好是…"。

【派】delightful(*adj.* 令人愉快的)

grope [grəup] v. (暗中)摸索; 探索 n. 摸索

【记】联想记忆: g+rope(绳子)→摸着绳子走→摸索

【例】Her hand *groped* for the light switch in the darkness. 她的手在黑暗中摸索着灯的开关。

【用】grope后面一般接介词for, 表示"探索…"。

awe [ɔː] n. 畏惧; 敬畏 vt. 使敬畏, 威吓

【例】They stared at the huge tiger with *awe*. 他们畏惧地看着那只巨虎。

【派】awful(adj. 令人畏惧的; 威严的, 令人崇敬的; 极度的, 极坏的); awfully(adv. 令人畏惧地; 非常, 了不得)

docile ['dəusail] adj. 驯服的; 易控制的; 易教的

【记】词根记忆: doc(教)+ile(易于…的)→易教的

【例】A *docile* man is receptive to being taught and willing to be led by another. 一个听话的人易接受教导且愿意被别人领导。

【用】docile一般指对别人怀有敬意的服从或听从。

master ['mɑːstə; 'mæstə] n. 主人; 男教师; 艺术大师, 名家; 硕士 vt. 掌握, 精通

【例】The engineers had to *master* the art of fitting components. 工程师们必须掌握安装零部件的技术。

【派】masterpiece(n. 杰作, 代表作); mastery(n. 控制权; 精通, 掌握)

apply [ə'plai] v. 申请, 请求; 应用, 施用; 适用

【记】词根记忆: ap(表加强)+ply(重叠)→多次重叠, 反复使用→应用

【例】The new rules *apply* to only pilots of passenger airlines. 新规定仅适用于客运航空飞行员。(2013听力) // The good reader has at his command several special skills, which he can *apply* to reading problems as they occur. 优秀的读者掌握着一些特殊技能, 可用于解决阅读中碰到的问题。(2001)

【用】apply常与介词for和to连用, 前者表示"申请…", 后者表示"适用于…"。

【派】applicable(adj. 生效的; 适用的; 可应用的); applicant(n. 申请人); application(n. 请求, 申请表; 应用, 适用; 施用, 敷用)

fluctuate ['flʌktjueit] v. 波动, 变动

【记】词根记忆: flu(流动)+ctu+ate→波动

【例】Shares on the stock market have *fluctuated* as a result of a worldwide economic downturn. 全球经济的低迷导致股票市场极不稳定。(2003)

sneak [sniːk] *v.* 潜行，溜走 *n.* 怯懦鬼祟的人

【例】The three men tried many times to **sneak** across the border into the neighboring country, only to be captured by the police each time. 这三个人多次尝试从边境潜行到邻国，但是每次都被警方逮住。（1999）

【派】sneakily(*adv.* 偷偷摸摸地，鬼鬼祟祟地)

betray [biˈtrei] *vt.* 背叛，出卖；辜负，不忠于；泄露(秘密等)

【例】That was not the first time he had **betrayed** us. I think it's high time we took strong actions against him. 那已经不是他第一次背叛我们了，我认为是时候惩罚他一下了。（2005）

【用】betray oneself 意思是"露出本来面目；原形毕露"。

infer [inˈfəː] *v.* 推断，推论，推测

【记】词根记忆：in(使)+fer(带来)→带来结果→推断

【例】I **infer** from his expression that he has not made up his mind yet. 我从他的表情推断出他还没下定决心。

【用】通常情况下，infer和from搭配使用，表示"从…推断出…"，infer后面也可以接that从句，表示"推断的内容"。

【派】inference(*n.* 推论；结论，推断结果)

【辨】**infer, deduce, conclude**

　　三个词都含有"推断"的意思。infer是由已知事实得出推论；deduce 一般是由某依据或实验等推出，如：deduce from experiment；conclude强调的是通过事实推出结论或结果，比较看重的是后面的推论。

feat [fiːt] *n.* 功绩，英勇事迹；武艺，技艺

【例】Glenn McGrath believes Australia could achieve a **feat** never to be matched if they win their third World Cup in a row. 格伦·麦克格拉斯认为，如果澳大利亚连续第三次赢得世界杯的话，那将是前所未有的壮举。

manifest [ˈmænifest] *v.* 表明，显示 *adj.* 明显的，易明白的

【记】联想记忆：mani(手)+fest(打)→用手打人，仇恨很明显→明显的

【例】The disease typically **manifests** itself in a fever and cough. 这种疾病的典型症状是发烧和咳嗽。

refine [riˈfain] *v.* 净化，精炼；使文雅，使高尚

【记】联想记忆：re(一再)+fine(纯的，精美的)→精炼

【例】The software helps the expert *refine* his searches. 这个软件能帮专家简化搜索工作。// Reading good books can *refine* your speech and behavior. 阅读好的书籍可以使人的言谈举止变得文雅。

【派】refined（*adj.* 精炼的；有教养的，举止文雅的）；refinement（*n.* 精炼；优美）；refinery（*n.* 精炼加工厂）

replace [ri'pleis] *vt.* 放回，置于原处；代替，取代；替换，更换

【记】联想记忆：re+place（放置）→重新放置→更换；替换

【例】Now many villagers *replace* coal by marsh gas as fuel. 现在很多村民用沼气代替煤作燃料。

【派】replacement（*n.* 替代；交换；代用品）

target ['tɑːgit] *n.* 靶子；攻击（批评、嘲笑）的对象，目标；拟达到的总数或指标 *vt.* 把…作为目标或对象

【例】The translator must have an excellent, up-to-date knowledge of his source languages, full facility in the handling of his *target* language. 译者必须掌握源语言中广博的、与时俱进的知识；对目标语有很高的驾驭能力。（2001）// The programme is *targeted* at improving the health of women of all ages. 该计划旨在提高各个年龄段女性的健康状况。

【辨】**aim, goal, target**

　　三个词都有"目标"的意思。aim指意义明确的目的，单数作"近期目标"讲，复数表示"理想"；goal较正式，强调不达目的不罢休，指通过艰苦奋斗才能达到的长期或最终目标；target原意为"靶子"，引申为"被瞄准的目标"。

economize [i'kɔnəmaiz] *v.* 节省，节约，紧缩开支

【记】词根记忆：eco（家）+nom（管理）+ize→管理家庭财务时有经济头脑→节省

【例】As a college student, Mike did not know how to *economize*. 作为一个大学生，迈克不懂得节约之道。

mechanism ['mekənizəm] *n.* 机械装置；结构，机制，机构

【记】词根记忆：mechan（机械）+ism→机械装置

【例】The propagation *mechanism* spreads the virus from computer to computer. 这种传播机制使得病毒在计算机之间蔓延。

haggle ['hægl] *v.* 争论；讨价还价

【例】Dick and Sally continue to *haggle* about doing or not doing. 迪克和萨利继续争论做或不做的问题。

【用】haggle后可以接about, over, for, with等介词，表示"就…而讨价还价；就…而争论"。

inventory ['invəntəri; 'invəntɔːri] *n.* (商品的)目录，清单；盘存

【记】词根记忆：in(进入)+vent(来)+ory(物)→进入库房→盘存

【例】These items have been already added into the *inventory*. 这些物品已经被编入目录。

dubious ['djuːbjəs] *adj.* 怀疑的，可疑的，令人怀疑的；不确定的；含糊的

【记】词根记忆：dub(二，双)+ious→两面三刀的→不确定的

【例】In boxing we have already seen numerous, *dubious* world title categories because people will not pay to see anything less than a "World Title" fight. 我们已经看到拳击界存在着数量众多、含糊的世界冠军头衔的分类，这是因为如果不是"世界冠军"争夺战便没有人买票观看。(2002)

【辨】**dubious, doubtful, ambiguous**

dubious表示的怀疑程度比doubtful强，ambiguous强调的是缺乏明朗性，如：an ambiguous reply。

flaw [flɔː] *n.* 缺点，缺陷；瑕疵 *vt.* 使有缺陷，损害

【例】Two teams of scientists have identified a genetic *flaw* which increases the risk of heart problems. 两队科学家已经确认了一种能够增加患心脏病的风险的基因缺陷。

【用】flaw作"缺陷"讲时常与of搭配，表示"…的缺点"；作"瑕疵"讲时常与in连用。

chronological [ˌkrɔnə'lɔdʒikəl] *adj.* 按年代顺序排列的

【记】词根记忆：chrono(时间)+logical(逻辑的，引申为顺序的)→按年代顺序排列的

【例】There is a *chronological* difference but I never notice it. 我从没注意到时间顺序上的差异。

eloquent ['eləkwənt] *adj.* 雄辩的，有说服力的，口才好的；意味深长的；明白显示出的

【记】词根记忆：e+loqu(说)+ent(…的)→能说会道的→雄辩的

【例】The *eloquent* professor attracted many students to his class. 那位口才出色的教授吸引了很多学生去听他的课。

【派】eloquence(*n.* 雄辩，口才，说服力)

conscience ['kɔnʃəns] *n.* 良心，天良

【记】词根记忆：con+sci(知道)+ence→知道好坏是非→良心

【例】for conscience('s) sake You should send it back *for conscience's sake*. 为了问心无愧，你得把东西送回去。// have a guilty conscience I might *have a guilty conscience* if I tell a lie. 如果撒谎，我会感到内疚的。

refresh [riˈfreʃ] *v.* 使精神振作，使神清气爽；给予新力量

【例】The athlete needs high calorie food to *refresh* the body. 运动员需要高能量的食物来恢复体力。

【派】refreshing(*adj.* 令人精神愉快的；使人耳目一新的)；refreshment(*n.* 精神愉快；[*pl.*]点心，便餐)

【辨】**refresh, restore, renovate, renew**

这四个词都有"恢复"的意思。refresh特指恢复精神或精力；restore指将旧的或坏的东西恢复成原样，如：restore a building；renovate既可指修复东西，也可指复原精神；renew指将旧的或已失去力气、活力的事物变新或复原，有"更新"的意思。

eccentric [ikˈsentrik] *adj.* 古怪的，异常的 *n.* 古怪的人

【记】词根记忆：ec(=e，出)+centr(中心)+ic→偏离中心的→古怪的

【例】We are used to his *eccentric* ways. 我们对他的古怪行为已经习以为常了。

package [ˈpækidʒ] *n.* 包裹；一揽子交易(或计划、建议等) *v.* 把…打包

【记】词根记忆：pack(把…打包)+age(名词后缀)→包裹

【例】For the advertised position, the company offers an abundant salary and benefits *package*. 对于广告上的招聘职位，该公司提供丰厚的薪酬和福利待遇。(2010)

【用】package tour是固定短语，表示"跟团旅游"。

application [æpliˈkeiʃən] *n.* 申请；应用；涂抹

【例】The first of these is the *application* of the machines, products and systems of applied knowledge that scientists and technologists develop. 第一个方面就是对以科学家和技术专家所归纳的应用知识为基础的机器、产品和系统的运用。(2010)

【用】application letter是固定搭配，表示"求职信"。

Word List 15

词根、词缀预习表

veng 惩罚，引申为报仇	avenge v. 为…报仇	**radic** 根	radical adj. 根本的
un- 解开	unveil v. 除去…的面纱	**be-** 使	bewilder v. 迷惑，把…弄糊涂
lect 选择	selection n. 选择	**spect** 看	inspect v. 检查；视察
tain 拿住	sustain v. 承受；维持	**greg** 群	congregate v. 集合，聚集
sur- 下	surmount v. 克服，战胜	**du-** 二，双	duplicate n./adj. 完全一样(的)，复制(的)
culti, cult 耕种	cultivate v. 耕作；栽培	**lapse** 滑倒	collapse n./v. 崩溃，倒塌
hal 呼吸	exhale v. 呼出	**equ** 平等，相等	equal adj. 相等的
auct 提高	auction n./v. 拍卖		

---

avenge [ə'vendʒ] v. 为…报仇

【记】词根记忆：a(表加强)+veng(惩罚，引申为报仇)+e→为…报仇

【例】avenge oneself on Edith *avenged herself on* her father's killers. 伊迪丝向杀父之人报了仇。

【用】avenge后若直接接名字，表示"为…报仇"；若接on，如avenge oneself on则表示"向…报仇"，注意区分。

unveil [ʌn'veil] vt. 除去…的面纱(盖布)等，揭开；为…揭幕

【记】联想记忆：un(解开)+veil(面纱)→除去…的面纱

【例】Benz *unveiled* the new car model of this year for the first time. 奔驰公司首次展出了他们今年的新车型。

promising ['prɔmisiŋ] adj. 有希望的，有前途的，有出息的

【记】联想记忆：promis(e)(承诺)+ing→有希望的，有前途的

【例】The *promising* athlete was sent to the games for a great achievement. 这名有前途的运动员被送去参加这届运动会以期待取得好成绩。

□ avenge   □ unveil   □ promising

dazzle ['dæzl] *v.* 耀眼；使惊奇，使倾倒 *n.* 闪耀，耀眼

【例】The *dazzle* of headlights lit the road ahead. 汽车前灯耀眼的光照亮了前方的路。

crafty ['krɑːfti; 'kræfti] *adj.* 狡猾的，狡诈的

【记】来自craft(*n.* 手腕，技巧)

【例】Wood always looks at others with a *crafty* expression on his face. 伍德看着别人的时候，脸上总是带着狡诈的表情。

【辨】**crafty, sly, cunning**

三个词都有"狡猾的"之意。crafty指诡计多端的；sly指善于欺骗的、不诚实的，如：a sly fox；cunning强调聪明机智，通常不顾道德标准，如：Cunning men pass for wise.

exhilarate [ig'ziləreit] *vt.* 使高兴，使兴奋

【记】词根记忆：ex+hilar(高兴)+ate(使)→使高兴

【例】We are *exhilarated* by the cool air. 凉爽的空气让我们精神振奋。

enact [i'nækt] *vt.* 制定(法律)

【记】联想记忆：en(使)+act(行动)→使(法律)行动→制定(法律)

【例】The Supreme Court says India must *enact* legislation making it compulsory to register all marriages. 最高法院表示印度必须立法强制婚姻登记。

hollow ['hɔləu] *adj.* 空(心)的，中空的；凹陷的；(声音)空洞的；虚伪的

【例】It's no use saying so many *hollow* words. 说这么多空话毫无意义。

clasp [klɑːsp; klæsp] *v.* 扣住，扣紧，钩住；拥抱，抱紧；紧握 *n.* 扣子，钩子；拥抱；紧握

【例】The *clasp* of my brooch is broken. 我胸针的钩子断了。// Father *clasped* me to his chest. 父亲把我紧紧抱在怀里。

selection [si'lekʃən] *n.* 选择；淘汰；精选集，供选择之物

【记】词根记忆：se+lect(选择)+ion→选择

【例】Humankind survived the natural *selection* in the long history. 在漫长的历史进程中，人类在自然选择中生存了下来。// You can pick any *selections* that were prepared for you. 你可以在为你准备的这些精选集中任意挑选。

selection

□ dazzle   □ crafty   □ exhilarate   □ enact   □ hollow   □ clasp
□ selection

delicacy ['delikəsi] *n.* 精致，优美；细微；美味，佳肴

【记】词根记忆：de(表加强)+lic(引诱)+acy→非常诱人的东西→佳肴

【例】Rose still cannot understand the ***delicacy*** of the situation. 罗斯仍然不能了解处境的微妙。

reform [ri'fɔːm] *n. / v.* 改造，改革，改良

【例】Education systems in the country need to be radically ***reformed***. 该国的教育体制需要从根本上进行改革。

【派】reformer(*n.* 改革者，改造者)

charter ['tʃɑːtə] *n.* 宪章 *vt.* 租用

【记】联想记忆：chart(海图)+er→拿着航海图租船去冒险→租用

【例】NATO and Russia are reporting some progress in efforts to finalize a ***charter*** governing their post-cold war relationship. 报道称北大西洋公约组织与俄罗斯就敲定处理冷战后关系的宪章一事上取得了进展。(2000听力) // The aircraft belonged to Ecuadorian Airline, but it had been ***chartered*** by Air-France for the route from Bogota to Ecuadorian Capital, Quito. 这架客机属于厄瓜多尔航空公司，但由法国航空公司租用，执行从波哥大到厄瓜多尔首都基多的客运任务。(2000听力)

【用】词组chartered flight表示"包机航班"。

【派】chartered(*adj.* 特许的；持有特许证的)

sustain [sə'stein] *vt.* 支撑，承受；维持，支持；蒙受，遭受

【记】词根记忆：sus(后)+tain(拿住)→拿住留给后人→维持

【例】Some of her clients' sales have declined, but she's found new clients and improved efficiencies to help ***sustain*** the company's double-digit growth. 她的一些客户的销售额有所下降。但她已经找到了新的客户，并提高了效率，以维持公司的业绩以两位数的速度增长。(2011) // The foundations were not strong enough to ***sustain*** the weight of the house. 这地基不够牢固，无法承受房屋的重量。

amend [ə'mend] *v.* 修改，修正，改进

【记】联想记忆：a(表加强)+mend(修理)→修改，修正

【例】Congress has the power to ***amend*** these rules. 国会有权修改这些法规。

【派】amendment(*n.* 修改，修正，改进)

brood [bruːd] *n.* (鸡等)窝，同窝幼鸟；(同类或同种的)一伙，一组(事物) *v.* 孵(蛋)；盘算

【记】和breed(*v.* 繁殖)一起记

【例】A white hen had a ***brood*** of chickens. 一只白母鸡生了一窝小鸡。// Jones stared out the window and ***brooded***. 琼斯凝视着窗外，陷入沉思。

【用】brood所指的"沉思"主要是闷闷不乐地一直苦想。

swerve [swɜːv] *v.* 突然转向，转弯

【例】The motorist had to ***swerve*** to avoid knocking the old woman down in the middle of the road. 司机不得不突然转弯以免撞到路中间的老太太。（2000）

diplomacy [dɪˈpləʊməsi] *n.* 外交(手腕)，手段，策略

【记】和diplomat(*n.* 外交官，外交家)一起记

【例】The diplomat can always succeed in dealing with the affairs with his ***diplomacy***. 这名外交官总能成功地用他的外交手腕处理好事务。

smudge [smʌdʒ] *n.* 污点，渍痕 *v.* 涂污，弄脏

【例】You will be penalized if you ***smudge*** the cover of the book. 如果你弄脏了书的封面将会被罚款。

uncover [ʌnˈkʌvə] *vt.* 移去(某物)的遮盖物，揭开(某物)的盖子；揭露，发现

【记】联想记忆：un(打开)+cover(盖子)→揭开盖子→发现

【例】Nature detectives ***uncover*** nearly 70 important new wildlife sites in Devon that are "worthy of protection". 自然生物侦探在德文郡发现了将近70多处值得保护的新野生动物栖息地。

opaque [əʊˈpeik] *adj.* 不透明的；意义不明确的，晦涩的

【记】词根记忆：op(不)+aqu(水)+e→不像水那样透明的→不透明的

【例】The economic system of this country is ***opaque***. 这个国家的经济体制让人难以琢磨。

incompetent [inˈkɔmpitənt] *adj.* 不称职的，无能力的，没资格的

【记】联想记忆：in(不)+competent(有能力的)→无能力的

【例】There is no company to hire ***incompetent*** employees. 没有公司会雇用没有能力的员工。

surmount [sɜːˈmaunt] *vt.* 克服，战胜；处于或置于…的顶端

【记】联想记忆：sur(下)+mount(山)→将山踩在脚下→克服，战胜

【例】Those most remote peaks were what I longed to ***surmount***. 那些最遥远的山峰曾经是我渴望征服的。

superstition [ˌsjuːpəˈstiʃən] *n.* 迷信，迷信观念，迷信习俗

【记】词根记忆：super(超过)+stit(建立)+ion→建立起超过正常思维的概念→迷信

□ swerve □ diplomacy □ smudge □ uncover □ opaque □ incompetent
□ surmount □ superstition

【例】There are many ***superstitions*** in Britain, but one of the most widely held is that it is unlucky to walk under a ladder as if it means stepping off the pavement into a busy street! 英国有很多种迷信，但流传最为广泛的迷信之一就是走在梯子下面会不吉利，似乎这意味着在繁忙的路段走出了人行横道。（2006）

【派】superstitious（*adj.* 迷信的，由迷信引起的；受迷信思想支配的）

collide ［kə'laid］*v.* (车、船等)猛撞；冲突

【记】联想记忆: col(共同)+lid(打击)+e→共同打击→冲突

【例】Five people died, two were missing, and at least 18 were injured on Wednesday when an Italian patrol vessel ***collided*** with a dinghy filled with refugees. 星期三，一艘意大利油轮和满载难民的小船相撞，造成5人死亡，2人失踪，至少18人受伤。（2001听力）

【用】collide常与with搭配，表示"与…相撞；冲突；抵触"。

【派】collision(*n.* 碰撞，冲突)

distribute ［di'stribju:t］*vt.* 分发，分配；分散，散布，散播；分(开)，把…分类

【记】词根记忆: dis(分开)+tribut(给予)+e→分开给→分配

【例】Please ***distribute*** the food to the students. 请把食物发给学生。// He sometimes employs sales girls to ***distribute*** samples of their products. 他有时雇用女销售员分发他们的样品。（2007）

【用】distribute 的常见搭配是 distribute sth. to sb. 或 distribute sth. among，都是"把某物分配给…"的意思。

【派】distribution[*n.* 分发，分配；配给物；散布，分布；销售(量)]

enthusiastic ［in,θju:zi'æstik］*adj.* 热情的，热心的，热烈的

【例】Candidates who interview well tend to be quietly confident, but never boastful; direct and straightforward in their questions and answers; cheerful and friendly, but never over-familiar; and sincerely ***enthusiastic*** and optimistic. 面试结果优异的候选人常常充满自信却不浮夸；提问与回答时直截了当；心情愉快、表现友好却不过分亲密；充满热情，态度乐观。（2004）

【用】enthusiastic常跟介词for或about搭配，表示"对…热心"。

【派】enthusiasm(*n.* 热情，热心，热诚)；enthusiast(*n.* 热心的人)

grip ［grip］*n.* 紧握，紧咬；支配，控制 *vt.* 握(咬，夹)牢；掌握，支配，控制

【例】Steven and I ***gripped*** hands as we crossed the street. 过马路时，我和史蒂文紧握彼此的手。// Short of time, her parents released their ***grip*** on her. 由于没有时间，她的父母放松了对她的管教。

essence ['esəns] *n.* 本质，实质；要素；精髓，精华；香精，香料

【例】The idea is unashamedly to capture more advertising revenue, without giving any thought for the integrity of a sport which relies for its *essence* on the flowing nature of the action. 这个主意就是厚颜无耻地获得更多广告收益，却不去考虑以流动性为本质的运动的完整性。(2002) // In *essence*, she does a part-time job in our company. 她在我们公司基本上干的是兼职。

【用】in essence是固定搭配，表示"本质上；大体上；其实"的意思。

cultivate ['kʌltiveit] *v.* 耕作；栽培（植物），养殖（鱼类等）；培养，修习，陶冶（思想、感情等）

【记】词根记忆：culti(=cult, 耕种)+v+ate(使)→耕作

【例】The farmers have *cultivated* the soil for years. 农民们已经在这块土地上耕作好几年了。

【派】cultivated(*adj.* 有教养的，有修养的，文雅的)

tan [tæn] *v.* 俏（皮），鞣（革）；（使某物)晒成褐色，晒黑；痛打 *n.* 黄褐色；晒黑的肤色

【例】If I catch you in my yard again I'll *tan* your hide. 要是再让我在院子里抓住你，我就要揍你了。// All the people that came back from the beach were with healthy and nice *tans*. 所有从海滩回来的人都晒成了健康、漂亮的棕褐色。

auction ['ɔːkʃən] *n.* 拍卖 *vt.* 以拍卖方式出售，拍卖

【记】词根记忆：auct(提高)+ion→提高价格→拍卖

【例】The man *auctioned* off his house, furniture and everything he had owned to pay debts. 为了还债，这个人把房子、家具以及他所拥有的一切都拍卖掉了。

auction

content [kən'tent] *adj.* 满足的，满意的

['kɔntent] *n.* 容量，含量；内容

【记】词根记忆：con+tent(伸展)→全身舒展→满意的

【例】You need to leave it open so that the driver can check the *contents* when he collects it. 包裹不要封口，这样司机来取时就知道里面装的什么东西了。(2005听力)

【用】句式结构：be content to do sth.（乐于做某事）。

【派】contented(*adj.* 满意的，知足的)

radical [ˈrædikəl] *adj.* 根本的；彻底的，完全的；(对政治)激进的

【记】词根记忆：radic(根)+al→根部的→根本的

【例】The educational system of the country needs *radical* change. 这个国家的教育制度需要彻底的改变。// The politician made a *radical* speech on the square. 这名政客在广场发表了一场激进的演讲。// Dr. Boyer is one of many who believe that a *radical* revision of the school calendar is inevitable. 许多人认为对校历进行彻底的修订是必须的，鲍尔博士就是其中之一。(2007)

【派】radicalism(*n.* 激进主义，激进的思想和原则)

【辨】**violent, severe, extreme, radical**

　　四个词都有"激烈的，激进的"之意。violent指"激烈的，猛烈的"，强调情感或力量上的强大；severe表"激烈的，残酷的"，较严肃；extreme表思想或行为极端的，超出正常标准；radical则强调违背了常规的极端或是激进，也有"激进分子"的意思。

reinforce [ˌriːinˈfɔːs] *vt.* 增加，加强，加固；增兵，增援

【记】联想记忆：re(一再)+in(进入)+force(强化)→一再注入力量→加强

【例】The test is intended to *reinforce* what you have learnt in the past few weeks. 这次测验的目的是强化你们前几周所学的知识。// The government decided to *reinforce* the garrison in the border. 政府决定增援边境驻军。

【派】reinforcement(*n.* 增援，加强；[*pl.*]援军)

ponder [ˈpɒndə] *v.* 仔细考虑，沉思

【记】词根记忆：pond(考虑)+er→沉思

【例】It's necessary for the young to *ponder* on the meaning of life. 年轻人有必要思索人生的意义。

【用】ponder常常和介词on连用，表示"对某事进行沉思或思考"。

thereby [ˌðeəˈbai] *adv.* 因此，借以

【例】California adopts a law permitting embryonic stem cell research, *thereby* creating a potential conflict with the Bush administration. 加利福尼亚批准了允许进行胚胎干细胞研究的法律，因此与布什政府产生了潜在冲突。

restrain [riˈstrein] *vt.* 克制，抑制，约束，制止

【记】联想记忆：re+strain(拉紧)→重新拉紧→约束

【例】I tried to *restrain* my tears when I saw the affecting scene. 当看到这感人的场面时，我强忍住自己的泪水。

【派】restraint(*n.* 抑制；自制)

barbaric [bɑː'bærik] *adj.* 残暴的；像野蛮人的 *n.* 野蛮（状态），未开化状态

【记】联想记忆：bar(栏)+bar(栏)+ic(…的)→用多重栏杆抵御野蛮人→野蛮的

【例】*Barbaric* customs still prevail in the mountainous area. 野蛮的习俗仍流行于这一山区。

【派】barbarous（*adj.* 未开化的，原始的；野蛮的；残暴的）；barbarian(*n.* 野蛮人 *adj.* 不文明的；野蛮的；残暴的)

input ['input] *n.* 输入（信息、程序等），投入 *v.* 输入

【例】All the data are *input* into a computer before being processed. 数据全部输入电脑后才能进行处理。

staff [stɑːf; stæf] *n.* 棍，杖，棒；全体职员，全体工作人员；竿，支柱；参谋，幕僚，参谋部 *v.* 供以人员，充当职员或幕僚

【记】注意和stuff(*n.* 原料，材料 *v.* 填满)相区别

【例】As the manager was away on a business trip, I was asked to chair the weekly *staff* meeting. 由于经理出差，我受命主持员工周例会。（2001）// TMO needs to *staff* up and may not be able to find all the qualified people it needs because of the shortage of computer engineers at the present time. TMO需要配备工作人员，但可能招不满所需的合格人才，因为目前缺少计算机工程师。

knock [nɔk] *n.* 一击，敲门(声) *v.* 打，击，敲；相撞

【例】Four American teenagers, all children of U.S. military personnel, have been arrested on charges of attempted murder after a woman was *knocked* off her motorbike with rope strung across two poles, Japanese police said. 日本警方称，四个美国青年（均为美国军事人员的孩子）已被逮捕，他们被指控企图谋杀一名妇女，这位妇女被一条系在道路两端柱子上的绳子绊倒，于是从摩托车上摔下来。（2010听力）

【用】knock的搭配比较多，需要重点记忆一下：knock down意为"击倒，撞倒，击落；降低(价格等)"；knock off意为"把…敲掉，击倒；停止工作"；knock out意为"敲空；击倒，打昏"。

quality ['kwɔliti] *n.* 质量，品级，品质；性质，特性

【例】The *quality* of service in the shop has improved greatly. 这家商店的服务质量大大提高了。

【派】qualitative[*adj.* 质量上的，性质上的；(化学)定性的]

【辨】**quality, quantity**

二者形似，但意义不同。quality表示"质量"；quantity表示"数量"，两个词常对应使用。

bewilder [bi'wildə] *vt.* 迷惑，把…弄糊涂

【记】联想记忆：be(使)+wild(荒野的)+er→因找不到路而迷失荒野→迷惑

【例】I was a little *bewildered* by the sudden news. 这个突然的消息

让我感到有点迷惑。

【辨】**bewilder, puzzle**

　　bewilder是指脑子有些糊涂，所以迷惑；puzzle是指被难住，很迷惑，注意二者的区别。

warrant [ˈwɔrənt] *n.* 授权（证）；逮捕状；正当理由 *vt.* 证明（某事物）正当、有理或恰当

【例】An Indian court issues an arrest ***warrant*** for Richard Gere for publicly kissing actress Shilpa Shetty. 某印度法院因理查德·吉尔公开亲吻女影星希尔帕·谢蒂而对其下达逮捕令。// Adolph has done nothing to ***warrant*** the criminal prosecution. 阿道夫没有做任何事来证明这起刑事起诉是正当的。

length [leŋθ] *n.* 长度，距离

【例】We will be incapable of, reading anything of ***length*** or which requires deep concentration. 我们将不能阅读任何长篇的或需要注意力高度集中的内容。(2011)

【用】at length除了有"详尽地"的意思外，还有"最后，终于"的意思。

【派】lengthen(*v.* 延长，延伸)

inspect [inˈspekt] *v.* 检查，审查；检阅，视察，参观

【记】词根记忆：in(进入)+spect(看)→进去看→检查；视察

【例】We heard that the top brass will come to ***inspect*** our company. 我们听说那位高级官员要来视察我们公司。

【派】inspection(*n.* 检查，视察)；inspector(*n.* 检查员，督察员)

angular [ˈæŋgjulə] *adj.* 尖锐的，有角的，角形的；(指人)瘦骨嶙峋的

【例】Here, everything is composed of sharp and ***angular*** surfaces. 这里的所有东西都是由锋利有角的表面构成的。

kindle [ˈkindl] *v.* 点燃，燃起；着火，开始燃烧

【记】与candle(*n.* 蜡烛)一起记

【例】Dry leaves ***kindle*** easily in winter. 冬天，干枯的树叶很容易点燃。

adore [əˈdɔː] *vt.* 敬慕，钟爱，崇拜；很喜欢

【例】I ***adore*** Sunday lunch with all the trimmings: roast meat, along with lots of vegetables and sauces and other traditional accompaniments. 我喜欢包含所有配料的周日午餐：烤肉，还有很多蔬菜、酱汁以及其他传统配料。(2013听力)

【用】adore通常表示崇拜或是痴迷般的喜爱，程度比like强烈。

submit [səbˈmit] *v.* 服从，屈从；呈送，提交，提出

【记】词根记忆：sub(下级)+mit(送)→下级送到上级→呈送

【例】After many times of failure, Barrie ***submitted*** to fate. 多次失败后，巴里向命运屈服了。// We add and update new sites to our index each time we crawl the Web, and we ask you to **submit** your URL here. 每一次全面扫网时我们会增加并更新索引中的网站，同时我们要求你在这里提交自己的网址。

【用】submit作"服从，屈从"解时常与介词to构成搭配，表示"屈从于…"。

【派】submission(*n.* 归顺，屈从；提交，呈送); submissive(*adj.* 恭顺的，顺从的)

【辨】 **submit, yield**

两个词都有"屈服"的意思。submit强调放弃抵抗，臣服于某意志或势力；yield指在压力、武力或恳求下让步。

---

privacy [ˈprivəsi; ˈpraivəsi] *n.* 独处，隐私；秘密，私下

【记】词根记忆：priv(单个)+acy→个人的事物→隐私

【例】We don't reveal the names of our guests to protect their **privacy**. 为了保护客人的隐私，我们不会泄露他们的名字。

---

lick [lik] *n.* 舔；少量 *v.* 舔

【例】The dog **licked** the plate very clean. 狗把盘子舔得很干净。

---

congregate [ˈkɔŋgrigeit] *v.* 集合，聚集

【记】词根记忆：con+greg(群)+ate(使)→使成群→集合，聚集

【例】Those five girls usually **congregate** in a group. 那五个女生通常聚集在一起。

【用】congregate表示聚集在一起参加某种活动或是有某种目的。

【派】congregation[*n.* 聚集，集会；人群；(教堂中的)会众]

---

attack [əˈtæk] *n.* 攻击，进攻，攻打 *v.* 攻击，进攻，侵袭

【例】After the terrorist **attacks** in the United States, insurance rates soared as much as 1000%. 美国遭受恐怖袭击之后，保险费上涨了10倍。(2003)

---

detach [diˈtætʃ] *vt.* 拆卸，使分离；派遣

【记】词根记忆：de(去掉)+tach(附加)→去掉附加物→使分离

【例】Mom could not **detach** her love for her children. 母亲无法割舍对孩子的爱。

【用】固定搭配be detached from表示"与…分离"。

【派】detached[*adj.* (住宅)独立式的；不带私人感情的，公正的，超然的]; detachment(*n.* 超然，公正，不偏不倚；分遣队，支队)

---

efficient [iˈfiʃənt] *adj.* 效率高的；有能力的，能胜任的；有效的，直接产生结果的

【记】词根记忆：ef+fici(做)+ent(…的)→能高效做事的→能胜任的

【例】In the search for the pickings of the forest, the ape-men had developed *efficient* stereoscopic vision and a sense of color that the animals of the grasslands did not possess. 在森林中寻找采摘物的过程中，猿人形成了有效的立体视觉以及草原动物所没有的颜色感。(1999)

【派】efficiency(*n.* 效率，功效)

【辨】**effective, efficient**

effective只用于物，强调可达到预期且长远的效果，如：The law is effective immediately.；efficient可用于人和物，表示"效率高的；有能力的"。

interim ['intərim] *adj.* 暂时的，临时的；中期的，过渡时期的

【记】词根记忆：inter(在…之间)+im→中间时期→过渡时期

【例】Jane took the job as an *interim* position while she looked for something better. 简接受了这份工作作为暂时职位，同时她还在寻找更好的。

specify ['spesifai] *vt.* 具体指定；详述

【记】词根记忆：speci(种类)+ify→确定种类→指定

【例】The regulations *specify* that you may use a dictionary in the examination. 条例规定在该考试中可以使用字典。

exhale [eks'heil] *v.* 呼(气)，呼出

【记】词根记忆：ex(出)+hal(呼吸)+e→呼出

【例】I *exhaled* in relief when seeing her come back safely. 看到她平安归来，我松了口气。

duplicate ['dju:plikit] *n. / adj.* 完全一样(的)，复制(的)，副本(的)

['dju:plikeit] *vt.* 复写，复制；重复，使加倍

【记】词根记忆：du(二，双)+plic(重叠)+ate→二者可以重合的→完全一样的

【例】Don't worry, I have a *duplicate* key. 别担心，我有一把备用钥匙。// I don't mean to *duplicate* the mistake again. 我可不想再犯同样的错误。// in duplicate This form should be filled out *in duplicate*. 这个表需要一式两份地填写。

【用】duplicate强调完全相同的两样东西。

distinguish [dis'tiŋgwiʃ] *v.* 区分，辨别；看清，发现，听出；使有区别，使具有特色

【记】联想记忆：di+sting(刺)+uish→将刺挑出来→辨别

【例】It's difficult to **distinguish** between what's good and what's bad sometimes. 有时候分辨好坏相当困难。// **distinguish oneself** Sophy had an opportunity to **distinguish herself** at last. 索菲终于有机会出名了。

【用】distinguish 常跟 between/from 搭配，表示"区别，辨别"，而 distinguish oneself 则表示"表现杰出，受人注意"。

【派】distinguishable（*adj.* 可区分的，可分辨的）；distinguished（*adj.* 卓越的，杰出的）

expel [ik'spel] *vt.* 驱逐，开除；排出（气等）

【记】词根记忆：ex(出)+pel(推)→推出去→驱逐

【例】Conrad **expelled** the enemy from his dominions. 康拉德将敌人驱逐出自己的领地。

amiss [ə'mis] *adv.* 错误地；不顺当地 *adj.* 错误的，有缺陷的；不合时宜的

【记】联想记忆：a(表加强)+miss(错过)→错误的

【例】Nothing has ever gone **amiss** since he took charge of the company. 自他接管这家公司以来还未出过问题。

allow [ə'lau] *v.* 允许；让…得到，同意给予；考虑到；承认，同意其为正当

【例】Interconnectivity **allows** for the possibility of a reading experience that was barely imaginable before. 网络互联让人们获得了之前几乎无法想象的阅读体验。(2011) // **allow for** The journey usually takes 3 weeks, but you should **allow for** delays caused by bad weather. 旅行通常需要三周，但是你应该考虑到恶劣天气所造成的延误。

【用】allow 句型结构是 allow sb. to do sth.，多用于被动语态。

scare [skeə] *v.* 使吃惊，使惊恐；受惊 *n.* 惊恐，害怕

【记】联想记忆：scar(伤疤)+e→满身的伤疤→使惊恐

【例】The small children was **scared** by the thunder and lightning. 孩子们被雷声和闪电给吓坏了。

toss [tɔs] *v.* 投，扔，抛；(使)颠簸，(使)摇摆；(指身体部分)突然举起，突然抬起；轻拌；掷(钱币)(看其正反)以决定某事 *n.* 投，扔，抛；猛抬头

【例】Have the two captains **tossed** yet to decide which team will start the match? 两支球队的队长抛硬币决定谁先开球了吗？// Richard **tossed** through long, restless nights. 理查德辗转反侧，熬过漫长无眠

的夜晚。// Lily gave a ***toss*** of her head and saw a stranger in front of her. 莉莉猛一抬头发现面前站着一个陌生人。

depart [di'pɑːt] *vi.* 启程，离开；辞世

【记】联想记忆：de(离开)+part(分开)→离开

【例】The coach will ***depart*** at 9 a.m., returning at around 6:30 p.m. 长途汽车早上9点出发，下午6点半左右返回。(2000) // **depart from** Never had Raymond ***departed from*** his belief. 雷蒙德从未背弃过自己的信仰。

【用】depart常与from组成固定搭配，表示"背离，违反；离开"；"depart for+地名"表示"动身去…"，"depart from+地名"表示"从…动身"。

【派】departure(*n.* 离开，启程；开始；背离)

strive [straiv] *vi.* 抗争，搏斗；奋勉，努力

【例】Every night I yearn for sleep, I ***strive*** for it; yet it flutters on ahead of me like a curtain. 每个夜晚我都渴望睡眠，我努力想要入睡，但睡眠却像一块幕布一样在我头顶晃动不肯落下。(2002)

flourish ['flʌriʃ, 'fləːriʃ] *n. / v.* 茂盛；繁荣，兴旺；挥舞，挥动；炫耀

【记】词根记忆：flour(=flor, 花)+ish→花一样绽放→茂盛

【例】Half of the world's nations do not have stable enough conditions for business to ***flourish*** in, a report claims. 一份报告称，世界上半数国家不具备商业繁荣发展所需的稳定环境。

fidelity [fi'deliti] *n.* 忠诚，忠实；逼真；精确

【记】词根记忆：fid(相信)+el+ity→值得相信→忠诚，忠实

【例】We ask you to translate this article with the greatest ***fidelity***. 我们要求你极准确地翻译这篇文章。

【用】唱片的"高保真"就是high fidelity。

litter ['litə] *n.* 乱丢的废弃物；一胎所生的小动物 *v.* 在…上乱丢东西，乱丢

【例】There are laws against ***littering*** and against making the air and water dirty. 有法律禁止乱丢垃圾，禁止污染空气和水资源。(2003)

auxiliary [ɔːg'ziljəri] *adj.* 辅助的；备用的

【例】This book is just ***auxiliary*** to that course. 这本书对于那个课程来说只是辅助性的。

clumsy ['klʌmzi] *adj.* 笨拙的；粗俗的

【例】These oversize ***clumsy*** cars would slow down the traffic. 这些体形特大又笨拙的汽车将减缓交通速度。

【辨】clumsy, awkward

clumsy强调僵硬或蠢笨，缺乏灵活或灵巧；常指人或物的外形笨重或动作迟缓；awkward一般指器物使用不便或不灵巧，如：an awkward tool，也可以指处境的困窘、狼狈等，如：an awkward meeting。

consolidate ［kən'sɔlideit］v. 巩固；统一，合并

【记】联想记忆：con(表加强)+solid(坚固的)+ate→巩固

【例】Several small businesses ***consolidated*** to form a large powerful company. 几家小企业合并成了一家实力雄厚的大公司。

distil(l) ［dis'til］v. 蒸馏，用蒸馏法提取(去除)；吸取…的精华，提炼，浓缩

【记】词根记忆：di(分开)+still(小水滴)→分成小水滴→蒸馏

【例】The teacher always gives his students some useful advice ***distilled*** from his lifetime's experience. 这个老师总是把他一生经历中得出的有益经验传授给学生。

【派】distillation(n. 蒸馏，蒸馏法)

locate ［ləu'keit］v. 确定…的位置；把…设置在

【记】词根记忆：loc(地方)+ate→放置的地方→把…设置在

【例】The Ocean Aquarium, ***located*** near the Oriental TV Tower, is one of the largest in Asia. 坐落在东方电视塔附近的海洋水族馆是亚洲最大的水族馆之一。(2004)

【派】location(n. 位置，地点；定位，安置)

glimmer ［'glimə］vi. 发出闪烁的微光 n. 微光，微弱的闪光

【记】联想记忆：glim(灯，灯光)+mer→灯光摇曳→微光

【例】The distant ***glimmer*** suddenly gets bright. 远处微弱的光突然变亮了。// A ***glimmer*** of understanding is in his eyes. 他的眼里隐约闪过了一丝领悟的神情。

【用】a glimmer of hope与a gleam of hope意思一样都表示"一线希望"，可互换。

partial ［'pɑːʃəl］adj. 部分的，局部的；偏袒的，不公正的

【记】联想记忆：part(部分)+ial→部分的，局部的

【例】Parents should not be ***partial*** to any one of their children. 父母们不该对某个孩子偏心。

reject ［ri'dʒekt］vt. 抛弃，丢弃；拒绝，不接受 n. 被抛弃的东西，次品；被弃者

【记】词根记忆：re(回)+ject(扔，投掷)→被扔回来→拒绝

【例】Feminists *rejected* traditional notions of the role of women in society. 女权主义者拒绝接受女性在社会中所扮演的传统角色。

【派】rejection(*n.* 拒绝，抛弃；废弃物，排出物)

【辨】**reject, refuse, deny**

三个词都有"拒绝"的意思，但侧重点不同。reject强调不接纳、不接受，语气较强烈，通常只接名词或代词；refuse较常见，表示坚决拒绝，既可跟名词，也可跟不定式；deny多指否认，如：deny a statement。

correspond [ˌkɔriˈspɔnd] *v.* 符合，一致；相当，相应；通信

【记】联想记忆：cor(共同)+respond(作出反应)→作出相同的反应→一致

【例】I'd like to find a job *corresponding* with my interests. 我想找一份与我的志趣相符的工作。

【用】表示"与…相符、一致"时，correspond可接with和to；另外 correspond with还可指代"与…通信"，correspond to则是"相当于…，等于…"的意思。

【派】correspondence 〔*n.* 符合，一致；相当，相应；通信(联系)〕；correspondent〔*n.* 通信者，(新闻)通讯员，记者〕

equal [ˈiːkwəl] *adj.* 相等的，均等的；平等的；胜任的，合适的 *n.* 相等物，匹敌者 *v.* 等于；比得上，敌得过

【记】词根记忆：equ(平等，相等)+al→相等的

【例】Agencies are allowed to charge a fee, usually the *equal* of the first week's rent. 代理机构可以收费，通常来说费用相当于第一周的房租。(2005)

【派】equality(*n.* 平等，同等，相同)；equally(*adv.* 相等地，平等地，平均地)；equity〔*n.* 公平，公正；[*pl.*](利息不定的)普通股〕

collapse [kəˈlæps] *vi.* 崩溃，瓦解；倒塌；(因精疲力竭等原因)倒下；(健康等)垮掉 *n.* 崩溃；衰败

【记】联想记忆：col(共同)+lapse(滑倒)→全部滑倒→崩溃

【例】The statue fell into the sea when the cliff *collapsed* as a result of the storm. 由于暴风雨的影响，悬崖坍塌了，雕塑也落入了海里。(2012听力)

【用】collapse表示突然之间倒坍或者病倒，在时间上比break down或crash更加迅速。

transform [træns'fɔːm] *v.* (使)完全改变，(使)改观

【记】联想记忆：trans(变换)+form(形状)→(使)完全改变

【例】Digital textbooks are ***transforming*** the way many students learn. 电子教科书正改变着许多学生的学习方式。(2013听力)

【用】transform可以和into搭配使用，意思是"将…转变成…"。

【派】transformation[*n.* (外观或性质的)改变，改观]

crush [krʌʃ] *v.* 压碎；压服，压倒 *n.* 压碎；(水果的)汁

【记】与形近词crash(*v.* 坠落，撞毁)一起记

【例】The army ***crushed*** the revolt there. 军队镇压了那里的叛乱。

revenue ['revənjuː] *n.* 国家的税收，岁入；[*pl.*] 收入总额；(个人或国家的)税务所，税务局

【记】词根记忆：re+ven(来)+ue→回来的东西→税收

【例】The company reinvested its ***revenue*** in real estate. 公司把其收入又投资到房地产中。

event [i'vent] *n.* 事件，大事；(运动会等的)比赛项目

【例】Sad ***events*** are never easy to deal with but a speech that pays tribute to the loss of a loved one and gives praise for their contribution can be comforting. 令人伤心之事从来都不易处理，但是用演讲向一位深爱的人的离去致敬或赞美逝者的贡献却能抚慰人心。(2013听力)// **at all events** You should go there on Monday ***at all events***. 无论如何你都要在周一到那儿。// **in any event** I will keep my promise ***in any event***. 无论如何我都会遵守我的承诺。// **in the event** *In the event,* Malan went to work at that company he did not like very much. 到头来，马伦还是去了那个他不怎么喜欢的公司工作。// **in the event of** The government will take some actions ***in the event of*** war. 如果发生战争，政府将采取行动。

【派】eventful(*adj.* 充满许多大事的)

frosty ['frɔsti] *adj.* 霜冻的，严寒的；冷淡的，冷若冰霜的

【记】来自frost(*n.* 霜冻 *v.* 结霜)

【例】I hung out the washing to dry on a ***frosty*** day and when I went to take it in, it was as stiff as a board. 在一个霜冻的日子里，我把洗好的衣服挂到外面晾干，但当我去把它拿进来时，它已硬邦邦的了。

deliver [di'livə] *v.* 送交，投递；给(产妇)接生，生(婴儿)；发表(演讲等)；给予(打击)；解救

【例】The blood then ***deliver*** more oxygen to your body. 血液再将更多的氧气送到你的身体里。(2002) // They prayed to God to ***deliver*** them from starvation. 他们祈求上帝把他们从饥饿中解救出来。

【用】固定搭配deliver oneself of是"讲，表达"的意思。

【派】deliverer(*n.* 护送者；交付者；救助者)；delivery〔*n.* 交付，投递；分娩；演讲的风格(方式)〕

somehow ['sʌmhau] *adv.* 不知怎么地，反正；以某种方法，设法地

【例】***Somehow***, I don't feel I can trust him. 不知什么缘故，我觉得不能信任他。// We must stop him from seeing her ***somehow***. 我们得想个办法不能让他跟她来往。

credit ['kredit] *n.* 信任；信用，赊欠；声望；荣誉；学分；(银行)存款，债权 *v.* 相信，信任

【记】词根记忆：cred(相信)+it→信任

【例】If you can't afford to pay cash, buy it on ***credit***. 如果不能支付现金，你就赊购吧。// **be a credit to** Sophia ***is a credit to*** her family. 索菲娅为家庭增光。

【派】creditor(*n.* 债权人，债主)

annex [ə'neks] *vt.* 并吞(土地等)，兼并；添加

【例】The islands were ***annexed*** by the US in 1898 and since then Hawaii's native peoples have fared worse than any of its other ethnic groups. 美国在1898年并吞了岛屿，自此以后，夏威夷的本地人就过上了比其他同文化民族更加悲惨的生活。(1998)

unconditional [,ʌnkən'diʃənəl] *adj.* 无条件的；绝对的

【记】联想记忆：un(非，反)+conditional(有条件的)→无条件的

【例】"Let your permission be ***unconditional***, pray; for I came not to give pleasure, but to seek it," I answered. "但愿你的许可不要有什么条件，因为我来不是为了给予快乐，而是为了寻找快乐"，我回答道。

hamper ['hæmpə] *vt.* 阻碍，妨碍

【例】Roger is still ***hampered*** by his own thoughts. 罗杰仍然被自己的想法束缚。

【辨】**hamper, hinder**

两个词都有"阻碍，妨碍"的意思。hamper多指通过缠住或束缚等妨碍行动，如：hampered by clothing；hinder多强调使人不快的阻碍、拖延等，如：Don't hinder.

navigate ['nævigeit] *v.* 航行，航海，导航；驾驶；横渡

【记】词根记忆：nav(船)+ig(驾驶)+ate→行船→航海

【例】The sailors must ***navigate*** the ship to the nearest port because of the emergency. 由于突发事件，水手们必须将船驶到最近的港口。

【派】navigation(*n.* 航行；航海；航空)

demolish [di'mɒliʃ] *vt.* 拆毁；废除；吃完

【记】词根记忆：de(表相反)+mol(建造)+ish(使)→拆毁

【例】The gate is totally *demolished*. 这扇大门被完全拆除了。// The small girl *demolished* two bowls of rice. 小女孩吃下了两碗米饭。

【用】demolish一般指由于短暂、猛烈的动作而摧毁或拆毁，特别是大的建筑物等，也可表示推翻已建立起来的理论。

noble ['nəubl] *adj.* 高尚的；宏伟的；贵族的，高贵的

【例】It's very *noble* of you to donate money to the poor children. 你给这些贫困儿童捐款，真的是很高尚。

【派】nobility〔*n.* 贵族，贵族身份（或气质）；高贵〕；nobleman（*n.* 贵族）

feeble ['fi:bl] *adj.* 虚弱的，软弱的；微弱的

【例】Frank laid sick in his hotel and he was too *feeble* to stir out. 弗兰克病了，躺在旅馆里，虚弱得无法再起来吵闹了。

【用】feeble还常常用来指"(论据等)没有力度"。

【辨】**feeble, weak, fragile**

feeble主要指体质虚弱或意志薄弱；weak主要指身体、精神、意志上缺乏力量；fragile指人容易生病。

deny [di'nai] *vt.* 否认，拒绝承认；不准

【例】You can't *deny* that you're carrying my baby. 你不能否认你现在正怀着我的孩子。

haunt [hɔ:nt] *n.* 常去之处 *vt.* 出没，常去；萦绕

【记】联想记忆：姑妈(aunt)常来拜访(haunt)，啰嗦得使人苦恼

【例】The memory with him often *haunted* her. 和他在一起的回忆经常浮现在她脑海里。// Have you checked his favourite *haunt*? 你们检查过他最常去的地方了吗？

【派】haunting(*adj.* 难以忘怀的)

assignment [ə'sainmənt] *n.* (分派的)任务；作业；分配

【记】来自assign(分配)+ment→分配

【例】It is necessary that he hand in the *assignment* without delay. 他有必要按时交作业。(2010)

Word List 16

---

toxic [ˈtɔksik] *adj.* 有毒(性)的

【记】词根记忆：tox(毒)+ic→有毒(性)的

【例】When using any material that generates ***toxic*** fumes, keep the room well ventilated. 在使用任何会产生有毒气体的材料时，一定要保持室内通风良好。

illegible [iˈledʒəbl] *adj.* 难以辨认的，(字迹)模糊的

【记】词根记忆：il(不)+leg(读)+ible→不易读的→难辨认的

【例】There are too many spelling errors and the writing is ***illegible*** in your composition. 你的作文中拼写错误太多，字迹也太模糊。

contrary [ˈkɔntrəri] *adj.* 相反的，相对的，对抗的 *n.* 反面

【记】词根记忆：contra(相反)+ry→相反的；反面

【例】***Contrary*** to what one would expect, this kind of shop-lifter is rarely poor. 与人们想象的相反，这类商店扒手很少是穷人。(2004)// on the contrary I don't think it is boring. ***On the contrary***, I like this kind of movie. 我不觉得它无聊，相反，我喜欢这种类型的电影。

【用】contrary的常用短语搭配：①contrary to（与…相反）；②to the contrary（反对，与此相反）。

lest ［lest］*conj.* 唯恐，以免

【例】I tiptoed to the door *lest* my grandma should wake. 我踮起脚走到门口以免吵醒奶奶。

【用】注意lest所连接的状语从句里常用should或原形动词，另外lest用在fear, be afraid等词之后等同于that，只起连接作用，无实际意义。

testify ［'testifai］*v.* 作证，证实；表明，证明

【记】联想记忆：test(证明)+ify→证明

【例】A local doctor *testified* that about 20 percent of women died of dystocia. 当地的一位医生证实，大约有20%的女性死于难产。// Breathing, the action of the pulse, growth, decay, as well as the change of day and night—these all *testify* to the fundamental role that movement plays in our lives. 呼吸、脉搏的跳动、生长、腐烂以及日夜的更替——这些都表明了运动在我们生命中的重要作用。(2005)

【派】testament［*n.* (某事物的)确实证明；遗嘱］; testimony［*n.* (书面或口头的)证词(尤指发誓后作出的)；(对事物的)见证或证明］

deplore ［di'plɔ:］*vt.* 哀叹，悲叹，对…深表遗憾

【记】词根记忆：de+plor(哭，喊)+e→使劲哭喊→哀叹，悲叹

【例】Ralph *deplores* those children's lack of inventiveness. 拉尔夫为那些孩子缺乏创造力而感到悲哀。

resume ［ri'zju:m］*v.* 重新开始，恢复；重新占有，取回，收回

【记】词根记忆：re(又，再)+sum(拿)+e→又拿回去→取回，收回

【例】I *resumed* my spirit after a short nap in the noon. 中午小睡一会儿后我的精神重新振奋起来。// All the students *resumed* their seats after they got the paper. 所有的学生在拿到卷子后又都回到了座位上。

deploy ［di'plɔi］*v.* 部署，调度，调动；施展，利用；展开

【记】词根记忆：de+ploy(用)→利用

【例】My job doesn't really allow me to *deploy* my talents fully. 我的工作并不能让我完全施展我的才华。

competence ［'kɔmpitəns］*n.* 能力，胜任某种工作的资格

【记】词根记忆：com(表加强)+pet(追求，寻求)+ence→追求目标的能力→能力

【例】For a good career in almost any field, computer *competence* is a must. 要获得任何领域的好工作，使用计算机的能力都是必需的。(2003) // We doubted his *competence* as a professor. 我们怀疑他能否胜任教授的工作。

【派】competent(*adj.* 能干的；有资格的)

emphasize [ˈemfəsaiz] *vt.* 强调，着重，加强

【例】Present-day society is much freer and earlier because it *emphasizes* individuality. 当今社会更自由、更早熟，因为它强调个性。(2002)

【用】emphasize=give emphasis to, 表示"强调，着重"。

【派】emphatic(*adj.* 强调的，着重的，加强语气的)

fundamental [ˌfʌndəˈmentəl] *adj.* 基础的，基本的；起始的；主要的 *n.* [*pl.*] 基本原则(原理)，根本法则(规律)，纲要

【记】词根记忆：fund(基础)+a+ment(名词后缀)+al(…的)→基础的

【例】The *fundamental* similarity of liquids and gases becomes clearly apparent when the temperature and pressure are raised somewhat. 液体与气体的本质相似性在温度升高、压强增大时就变得明显起来。(2000) // Emotional self-awareness is the building block of the next *fundamental* of emotional intelligence: being able to shake off a bad mood. 情感的自我意识是情商的又一个组成部分，它能够帮助摆脱坏心情。(2005)

【辨】**fundamental, elementary**

二者都有"基本的"之意。fundamental指"基本的，根本的"，着重于本质根源，如：a fundamental law; elementary强调初级的、简单的或基本元素，如：an elementary need。

analyze [ˈænəlaiz] *vt.* 分析

【例】We must *analyze* every failure to find its cause. 我们必须分析每一次失败，找出其原因。

engulf [inˈgʌlf] *vt.* 吞没，淹没；吞食

【记】联想记忆：en(使)+gulf(吞没)→吞没

【例】Flames *engulfed* the building and caused many casualties. 火焰吞没了这座大楼，导致大量人员伤亡。

【用】固定搭配engulf oneself in表示"专心致志地…，孜孜不倦地从事…"。

neutral [ˈnjuːtrəl] *adj.* 中立的，中性的

【记】词根记忆：neutr(中间)+al→在中间位置的→中立的，中性的

【例】The government acted as a ***neutral*** role during the talks. 政府在谈话中扮演了中立角色。

coordinate [kəuˈɔːdineit] *v.* 调节，协调，统筹

【记】词根记忆：co+ordin(秩序)+ate→使有秩序→协调

【例】You must ***coordinate*** your movements when dancing. 跳舞时动作必须协调。

【用】coordinate后可接with，表示"与…协调一致"。

reflect [riˈflekt] *v.* 反射，反映；表达，表现；考虑，思考

【记】词根记忆：re(回)+flect(弯曲)→弯曲过来→反射

【例】Above the trees are the hills, whose magnificence the river faithfully ***reflects*** on the surface. 河面清晰地映出山上茂密的树木。(2003) // The tone of the article ***reflected*** the writer's mood at the time. 文章的语调表达出作者当时的心境。(2006)

【派】reflection [*n.* 映象；(热、声音等的)反射；沉思]

undertake [ˌʌndəˈteik] *vt.* 试图，企图；着手做，从事；承担；接受；同意；保证

【例】Christer Fuglesang, the first Swede to go into orbit, will ***undertake*** essential work on the space station. 克赖斯特·弗格尔桑——第一位进入太空轨道的瑞典人——将在太空站从事一些基础工作。// I can't ***undertake*** that you will make a profit from the deal. 我不能保证你会从这次交易中获利。

【用】undertake后面可以接动词不定式，是"答应做…"的意思。

【派】undertaker(*n.* 殡葬业人员)

charitable [ˈtʃærətəbl] *adj.* 慈善的；宽厚的，慷慨的

【记】联想记忆：charit(y)(慈善)+able(…的)→慈善的

【例】***charitable*** donation 慈善捐赠 // That is a ***charitable*** institution for the education of young children. 那是个从事儿童教育的慈善团体。

brief [briːf] *adj.* 简短的，简洁的；短暂的 *n.* 概要，摘要，短文

【例】The book gives a ***brief*** outline of the course of his research up till now. 这本书简要概括了他到目前为止所做的研究。(2004) // in brief The chairman asked him to give the report ***in brief***. 主席让他做一个简短的报告。

【用】in brief常用于连接两个句子，表示概括性总结，意为"简而言之"。

【派】briefly(*adv.* 简短地)；briefing(*n.* 情况的简要介绍，简报；基本情况介绍会)

commit [kə'mit] *vt.* 犯(罪);答应负责,承诺

【记】词根记忆:com+mit(送)→答应给送→承诺

【例】When the leaders met in Copenhagen in December 2009, persuasive words from activists encouraged them to ***commit*** themselves to firmer action. 2009年12月,当领导们在哥本哈根会晤时,(环保)积极分子有说服力的话语激励他们致力于更加坚决的行动。(2013)

【用】commit最常见的形式是commit crime(犯罪)。

【派】commitment (*n.* 信奉,献身;承担的义务;承诺,保证); committed(*adj.* 献身的;忠诚的;作出明确承诺的,表示出明确意图的)

abuse [ə'bjuːz] *vt.* 辱骂;滥用;虐待 *n.* 辱骂;滥用;虐待;弊病,恶习

【记】联想记忆:ab(相反)+use(使用)→使用不当→滥用

【例】Although a great deal of the material communicated by the mass media is very valuable to the individual and to the society of which he is a part, the vast modern network of communication is open to ***abuse***. 虽然媒体传播的信息对于个人及其所在的社会都很有价值,但这种大型现代广播网还是很容易被滥用。(2000)

splinter ['splintə] *n.* 尖片,碎片 *v.* (使)裂成碎片;(从较大的团体中)分裂出来,组成小派别

【例】Eva is injured by flying wood ***splinters***. 伊娃被飞落的木头碎片弄伤了。// This kind of wood ***splinters*** easily. 这种木头容易裂成碎片。// At the meeting, opinions were ***splintered***. 会议上意见纷纭。

afford [ə'fɔːd] *vt.* 有足够的时间(或金钱等)去(做某事)

【例】Soon working-class passengers found they could ***afford*** to travel by rail. 很快,身为工人阶级的乘客便发现他们能够承担得起火车旅行的费用了。(1998)

inevitable [in'evitəbl] *adj.* 不可避免的;预期的

【例】Corruption is ***inevitable*** when a country in the course of development. 在一个国家发展的过程中,腐败是不可避免的。

quota ['kwəutə] *n.* 定量,限额,配额

【记】词根记忆:quot(数目)+a→定量,限额,配额

【例】No one is allowed to catch more than its ***quota*** of fish in the reservoir. 任何人都不允许在水库里捕获超过限量的鱼。

operate ['ɔpəreit] *v.* 操作,(使)运转;经营;动手术,开刀

【记】词根记忆:oper(工作)+ate→操作

【例】She owned and ***operated*** three McDonald's shops in Illinois, but as a divorced mother of three boys, she yearned for a business that would provide for her children and let her spend more time with them. 她在伊利诺伊州拥有并经营三家麦当劳店，但作为一个有着三个儿子的单亲妈妈，她渴望有一份既能让她供养三个孩子，又能让她有更多时间陪伴他们的工作。(2011)

【用】operate的名词operation经常出现在词组中：in operation表示"操作中，运转中；实施中，生效"；put into operation表示"使实施，使生效"。

【派】operation(*n.* 操作；经营；手术；军事行动)；operator(*n.* 操作人员，接线员)

soak

soak [səuk] *v.* 浸，泡，(使)浸透 *n.* 浸，泡，渍

【例】You can *soak* your feet to relax yourself. 你可以泡泡脚来使自己放松。

commence

commence [kə'mens] *v.* 开始

【例】The movie will *commence* at nine o'clock. 电影将在九点开演。

【用】commence后面直接接名词或动名词(doing sth.)。

expert

expert ['ekspə:t] *n.* 专家；能手 *adj.* 熟练的；内行的，专家的

【例】And "t" is treat your body well, because *experts* say that excise can reduce stress. "t"代表着善待你的身体，因为专家称，锻炼能减压。(2012听力) // Frogs are *experts* in catching insects. 青蛙是捕昆虫的能手。

【用】expert后常接at或in表示"在…方面是专家"。

【派】expertise [*n.* 专门技能(知识)]

divert

divert [dai'və:t] *v.* (使)转向；使(河流等)改道；转移…的注意力；使得到消遣；盗用，贪污

【记】词根记忆：di(分离)+vert(转)→(使)转向

【例】The government is planning to *divert* the river to supply water to the small town. 政府正在计划改变河道，来为那个小镇供水。// I tried in vain to *divert* his mind from the subject. 我试图把他的心思从这个主题上移开，但丝毫没用。

incorporate

incorporate [in'kɔ:pəreit] *v.* 把…合并，并入，收编

【记】词根记忆：in(进入)+corpor(团体)+ate→进入团体→并入

【例】Naismith decided to invent a game that would *incorporate* the most common elements of outdoor team sports without having the real physical contact. 奈史密斯决定发明一种游戏，将室外团队运动的大多数共有元素结合起来，但并不进行实际的身体接触。(1997)

indict [in'dait] *vt.* 控告，起诉，指控

【记】词根记忆：in(使)+dict(说)→(在法庭上)说话→控告

【例】The man was ***indicted*** for murder. 这个人被控犯有谋杀罪。

eclipse [ik'lips] *n.* 日食，月食 *vt.* 遮住(天体的)光；使黯然失色，使相形见绌

【记】词根记忆：ec(出)+lip(离开)+se→光芒离开→日食；使黯然失色

【例】Speed has revolutionized the transmission and reception of communications so that local news often takes a back seat to national news, which itself is often almost ***eclipsed*** by international news. 速度改变了信息的传输与接收，因此地方新闻常常让位于国内新闻，而国内新闻也几乎经常让位于国际新闻。(2000)

slacken ['slækən] *v.* (使)变松，放松

【例】My fingers ***slackened*** and I let go of the cup and saucer. 我手指一松，杯子和茶托滑了下来。

【派】slacks(*n.* 宽松裤)

impose [im'pəuz] *v.* 征(税)，处以(罚款、监禁等)；把…强加于；利用，占便宜

【记】词根记忆：im(使)+pos(放)+e→强行放置→把…强加于

【例】Regulator has no power to ***impose*** fines but can revoke licenses. 交通管制员无权罚款，但有权吊销驾驶执照。

【用】impose常常和介词on或是upon搭配使用，表示"把…强加于…"。

【派】imposing (*adj.* 壮丽的；使人印象深刻的)；imposition 〔*n.* 强加，(税等的)征收，(惩罚等的)施加〕

whip [wip] *n.* 鞭子 *v.* 用鞭子抽；搅打(奶油、蛋等)

【例】Grandma ***whipped*** the cream and butter with a whisk. 奶奶用搅拌器把奶油和黄油搅打成糊状。

hustle ['hʌsl] *n.* 忙碌，奔忙；(推)挤 *v.* 催促，赶紧做；猛推，挤；强迫

【例】hustle and bustle Many people in the city love the ***hustle and bustle***. 城市中很多人喜欢热闹繁忙。

facilitate [fə'siliteit] *vt.* 使容易，使便利；促进

【记】词根记忆：fac(做)+ilit+ate→使事情好做→使容易；促进

【例】The US movie industry says it is launching legal action to sue people who ***facilitate*** illegal movie downloading. 美国电影业表示已采取法律手段起诉那些推动电影非法下载的人。

□ indict　　□ eclipse　　□ slacken　　□ impose　　□ whip　　□ hustle
□ facilitate

unload [ʌnˈləud] *v.* 从（某物）上卸下货物

【例】Six giant cranes ***unload*** 3,000 containers of Christmas goods from a ship said to be the world's largest container vessel. 六台巨型起重机从一艘货船上卸下3000个装有圣诞商品的集装箱，据说这艘货轮是世界上最大的。

melancholy [ˈmelənkəli] *n. / adj.* 忧郁（的），悲伤（的）

【记】词根记忆：melan（黑色）+chol（=bile，胆汁）+y→伤心得胆汁都发黑了→忧郁的，悲伤的

【例】The sad news disposed us to ***melancholy***. 令人沮丧的消息使我们变得悲伤。

spontaneous [spɔnˈteiniəs] *adj.* 自发的，自然的，自动的

【例】Obviously, the Chairman's remarks at the conference were ***spontaneous*** and not planned. 很显然，主席在会上的评论是发自内心的，而非计划好的。（1998）// The man's ***spontaneous*** manner makes us feel easy. 这个人自然的举止让我们感觉很舒服。

【用】spontaneous是指内心自发产生的，没有计划也不是来自外部的强制。

essential [iˈsenʃəl] *adj.* 必不可少的；本质的，实质的，基本的 *n.* [*pl.*] 必需品，必要的东西；本质，要素

【记】联想记忆：es+sent（感觉）+ial→感觉得到的→实质的

【例】English and computer skills are ***essential*** for the job. 英语和计算机技能是这个工作必不可少的。（1997听力）// When dealing with an issue, we should grasp its ***essentials***. 处理一个问题时，我们应该抓住它的本质。

【用】essential是指不可缺少的。

spot [spɔt] *n.* 斑点，污点；地点，场所 *v.* 察觉，认出；加斑点于；弄脏，玷污

【例】We can visit the beautiful and historical ***spots*** and enjoy the special custom with the happy people. 我们能够参观美丽的历史遗址，并与快乐的人们分享他们的独特风俗。// It is reported that the man has been kidnapped and his wife was decapitated on the ***spot***. 据报道，这名男子已经被绑架，他的妻子被当场砍头。// People are asked by police to help ***spot*** activity which might show terrorists are at work. 警方要求人们报告那些能够表明恐怖分子正在采取行动的活动。

【用】spot的常见搭配是on the spot，表示"当场，在现场"。

【派】spotless（*adj.* 极清洁的；无瑕疵的，道德上纯洁的）

criterion [krai'tiəriən] *n.* [*pl.* criteria]标准,准则

【记】词根记忆：crit(判断)+er(看作err,错误)+ion→判断对错的标准→标准,准则

【例】Loyalty is the true ***criterion*** of friends. 忠诚是评判朋友的真正准则。

cynical ['sinikəl] *adj.* 愤世嫉俗的,(对人性或动机)怀疑的

【记】词根记忆：cyn(狗)+ical(…的)→犬儒派的→愤世嫉俗的

【例】He was getting harder and more ***cynical*** about life. 他变得更加冷酷和愤世嫉俗。

regardless [ri'gɑ:dlis] *adj.* 不注意的,不留心的

【记】联想记忆：regard(关心)+less(不)→不关心的→不注意的

【例】***regardless of*** The International Red Cross or Red Crescent exists to help the victims of conflicts and disasters ***regardless of*** their nationalities. 国际红十字会与红新月会存在的目的就是帮助冲突与灾难的受害者,不论他们来自哪个国家。(2005) // ***Regardless of*** what you are like in real life, the key seems to be to act yourself. 不管你在现实生活中是什么样,重要的是做你自己。(2008)

digest [di'dʒest] *v.* 消化(食物);(经反复思考)吸收,理解;整理,压缩,节略

['daidʒest] *n.* 摘要,文摘

【记】词根记忆：di(分开)+gest(带来)→将带来的东西分开→整理

【例】The small pills can help ***digest***. 这种小药丸有助于消化。// He still cannot ***digest*** the implications of Tom's statement. 他仍旧不能领会汤姆言语中的暗含之意。

【派】digestible(*adj.* 易消化的); digestion[*n.* 消化(作用),消化力;领悟,理解]; digestive(*adj.* 消化的,助消化的)

lame [leim] *adj.* 跛的,残废的;站不住脚的,理由不足的 *vt.* 使跛;使变得无用

【例】The soldier was ***lame*** in the fighting. 那名士兵在战斗中残废了。

chief [tʃi:f] *adj.* 主要的,首要的;首席,主任的 *n.* 首领,领袖;首长;头目

【例】The remaining forests are home to half of the world's species thus becoming the ***chief*** resource for their survival. 剩余的森林是世界上半数物种的栖息地,因此变成了它们生存的主要资源。(2002 听力) // Talks between the government and ***chiefs*** of the German energy industry were to begin at 8:30 p.m. 政府和德国能源产业官员

之间的会谈将在晚上八点半开始。（2002听力）

【派】chiefly(*adv.* 主要地，首要地，尤其)

slap [slæp] *n.* 掴，拍；掌声 *v.* 掴，拍打，掌击

【记】联想记忆：s+lap(拍打)→用手拍打→掌击

【例】John suddenly **slapped** me on the shoulder and I was frightened. 约翰突然拍我的肩膀，吓了我一跳。

practical ['præktikəl] *adj.* 实际的，实践的；实用的；讲实效的

【记】联想记忆：practic(e)(实行)+al→实用的

【例】Scientists developed a **practical** method to cure this disease. 科学家找到了一种治疗这种疾病的实用方法。

humble ['hʌmbl] *adj.* 谦卑的，谦逊的；地位低下的，不显要的 *vt.* 压低（地位、身份等），使谦卑，使谦逊

【记】词根记忆：hum(地)+ble→接近地的→谦卑的，谦虚的

【例】The team was **humbled** by the defeat. 这支队伍在惨败后士气低落。

memorize ['meməraiz] *vt.* 记住，熟记

【记】词根记忆：memor(记忆)+ize→记住

【例】It is the operator's duty to **memorize** certain phone numbers. 熟记某些电话号码是接线员的职责。

dispatch (despatch) [dis'pætʃ] *vt.* 发送，派遣；迅速处理；处决 *n.* 急件，公文；发送，派遣；速办

【记】联想记忆：dis(分开)+patch(小部分)→把人群分成几个部分→派遣

【例】**Dispatch** them now, and they will assemble in two hours. 现在调遣，两个小时后他们就能集合起来。// My boss usually has many urgent **dispatches**. 我的老板通常有很多急件。

affordable [ə'fɔːdəbl] *adj.* 买得起的；担负得起的；担得起…风险的

【例】The government provided some **affordable** housings for the citizens. 政府为市民提供了一些能买得起的住房。

【辨】**approachable, payable, affordable**

approachable的意思是"可接近的，平易近人的"；payable的意思是"应付的，可支付的"；affordable的意思是"买得起的，担负得起的"。

prevent [pri'vent] *v.* 阻止，防止

【记】词根记忆：pre(预先)+vent(来)→提前来挡住别人→阻止

【例】**prevent sb./sth. from** The medicine would **prevent** the flu **from** reaching you. 这种药会防止你得流感。

【用】prevent sb. from doing sth. 意思是"阻止某人做某事", prevent sth. from 意思是"阻止某事发生"。

【派】prevention(*n.* 阻止, 防止, 预防)

【辨】**prevent, refrain, resist, restrain**

　　四个词都有"阻止, 抑制"的意思。prevent强调预先阻止, 常用句式为prevent sb. from doing sth. ; refrain表示努力抑制, 有制止的含义; resist侧重抵抗; restrain则表示限制或约束某人的行动, 如: restraining one's curiosity。

adjacent [ə'dʒeisənt] *adj.* 邻近的

【例】Our kitchen is *adjacent* to the dining room. 我们的厨房挨着餐厅。

【用】adjacent意思是"邻近的", 一般为紧邻, 比near更近。

applaud [ə'plɔːd] *v.* 鼓掌, 喝彩; 赞成, 称赞

【例】The song ended and the spectators *applauded*. 歌曲结束了, 观众们鼓起掌来。

【用】applaud表赞许时, 一般都为"鼓掌称赞"的意思。

【派】applause(*n.* 鼓掌, 喝彩; 称赞, 赞许)

stimulate ['stimjuleit] *v.* 激励, 促进; 刺激, 使兴奋

【记】词根记忆: stimul(刺激)+ate→刺激

【例】Japan and Germany need to do more to help *stimulate* the world economy, a United Nations report warns. 联合国的报告警示说, 日本和德国在刺激全球经济方面需要做更多的努力。

【派】stimulation(*n.* 激励, 促进); stimulus[[*pl.* stimuli] *n.* 刺激(物), 激励]

alienate ['eiljəneit] *vt.* 使疏远, 离间

【记】联想记忆: alien(外国人)+ate(使)→使成为外国人→使疏远

【例】Selina doesn't want to *alienate* her classmates. 塞利娜不想疏远她的同学。

【派】alienation(*n.* 疏远, 离间)

feasible ['fiːzəbl] *adj.* 可行的, 可能的, 行得通的

【记】词根记忆: feas(做)+ible→能做的→可行的

【例】After the new technology becomes economically *feasible*, the sky over cities will be brighter, and the air will no longer be a threat to our health. 一旦新技术在经济上变得可行, 城市的天空将变得更加明亮, 空气对我们的健康也不会再有威胁了。(1998)

□ adjacent　　□ applaud　　□ stimulate　　□ alienate　　□ feasible

perceive [pə'siːv] v. 察觉，发觉；理解，领悟

【记】词根记忆：per(表加强)+ceiv(拿住)+e→拿住全部知识→理解，领悟

【例】There ought to be less anxiety over the *perceived* risk of mountain climbing than exists in the public mind today. 对登山可感知风险的忧虑应该比现今公众想象的少很多。(1999)

durable ['djuərəbl] *adj.* 持久的，耐用的，耐穿的 n. [*pl.*]耐用品

【记】词根记忆：dur(持续)+able(能…的)→持久的

【例】Almost everybody hopes to get a *durable* peace. 几乎每个人都祈求永久的和平。// The chair near the fireplace needs to be more *durable*. 壁炉旁的椅子需要更加耐用。

futile ['fjuːtail] *adj.* 徒劳的，无用的，无效的

【例】It is *futile* to discuss the matter further, because neither you nor I am going to agree upon anything today. 再讨论下去也没有意义，因为你我今天不会就任何问题达成一致。(2003)

【用】It is futile to do sth. 是一个比较常用的句式，表示"做…也是徒劳"。

> 【辨】**vain, futile**
> 　　二者都表示"无效的，无效果的"。vain多用来指经过努力却没有达到预期的效果，如：a vain attempt；futile表示不起作用的，强调某做法不明智，如：futile talk。

assure [ə'ʃuə] *vt.* 使放心，向…保证；保障

【记】联想记忆：as+sure(肯定)→一再肯定→使放心

【例】I can *assure* you of the reliability of the information. 我可以向你保证这条消息的可靠性。

【派】assurance (*n.* 保证；肯定，确信；自信)；assuredly(*adv.* 确定地，无疑地)

> 【辨】**assure, ensure**
> 　　assure常与of连用，指通过劝导或承诺等方式向对方保证并使对方相信；ensure表示确保某事的发生，如：The precautions ensured our safety.

appeal [ə'piːl] n. 感染力，吸引力；恳求，呼吁；上诉 v. 呼吁，恳求；诉诸；有吸引力；上诉

【记】联想记忆：ap(表加强)+peal(巨大的声音)→巨大的呼喊声→呼吁

【例】Music *appeals* to our desire and our need for movement. 音乐引起了我们对运动的渴望与需求。(2005) // Humiliation is the greatest fear; self-exposure and failing to *appeal* to the audience come a close second. 害羞是最大的恐惧，其次是担心暴露自我和未能吸引听众。(2008)

【用】appeal常与to连用，表示"呼吁；诉诸；上诉；有吸引力"等意。

【派】appealing(*adj.* 吸引人的)

conspicuous [kən'spikjuəs] *adj.* 显著的，引人注目的

【记】词根记忆：con+spic(看)+uous(…的)→都能看到的→显著的

【例】Peter was *conspicuous* for his queer jeans. 彼得因为他那条古怪的牛仔裤引起了人们的注意。

【辨】**conspicuous, prominent, noticeable**

conspicuous主要指由于太明显而不可避免地会被人注意到；prominent指隆起的或从某一环境、背景中突现出来的；noticeable强调的是逃不过别人的观察或注意的。

prompt [prɔmpt] *v.* 敦促，激励；给(演员)提词 *adj.* 立刻行动的，果断的，及时的

【例】The event may *prompt* this country to make a reform. 这一事件可能会促使该国进行一场改革。// We look forward to your *prompt* reply on our request. 我们希望你尽快对我们的请求作出答复。

【辨】**prompt, urgent, instant, hasty**

这四个词都跟"迅速"有关，但意思与侧重点不同。prompt指"快速的，果断的"，如：a prompt reply；urgent表示"急迫的，很重要的，紧急的"；instant也表示"迅速的"，但比prompt更快，强调几乎没有过渡时间，它还经常表示"速溶的"，如：instant coffee；hasty侧重指匆忙和草率的。

civil ['sivəl] *adj.* 城市的，都市的；市民的，公民的；有礼貌的

【记】词根记忆：civ(公民)+il(…的)→公民的

【例】The *civil* servants held a strike to protest pay cuts. 公务员们举行罢工反对减薪。(2002)

apologize [ə'pɔlədʒaiz] *vi.* 道歉

【记】词根记忆：apo(远远地)+log(说话)+ize→觉得过意不去，远远地说话→道歉

【例】We *apologize* to customers, but due to the signal problems, the 11:28 train to Hangzhou from Platform 15 has been canceled. 我们向乘客致歉，由于信号问题，11点28分从15号站台出发到杭州的火车取消了。(2005听力)

【用】apologize的常用搭配：①apologize to sb. (向某人道歉)；② apologize for sth. / doing sth.〔为(做了)某事道歉〕；③apologize for oneself (为自己辩解或辩护)。

【派】apologetic(*adj.* 道歉的，认错的)；apology〔*n.* 道歉；(为信仰等的)辩解〕

laugh [lɑːf; læf] *n.* 笑，笑声 *v.* 笑，发笑

【例】laugh at We should not *laugh at* the opinions of the mass. 我们不应该嘲笑群众的意见。

【派】laughter(*n.* 笑，笑声)

【辨】laugh, smile, grin, sneer

　　四个词都与"笑"有关，但具体意义不一样。laugh是出声笑或大笑；smile是微笑，可表达各种心情；grin是露齿而笑；sneer是轻蔑、嘲弄地冷笑或嘲笑。

diminish [diˈminiʃ] *v.* 减少，减小，降低；贬低，降级，削弱

【记】词根记忆：di+min(小)+ish(使)→使变小→减少，减小

【例】Sugar might *diminish* the virtue of the medicine. 糖可能会削弱药效。

mournful [ˈmɔːnful] *adj.* 悲哀的，令人伤心的

【记】联想记忆：mourn(哀悼，忧伤)+ful→悲哀的，令人伤心的

【例】The veteran told the old war story in a *mournful* voice. 退伍军人以悲哀的语调讲述了旧时的战争故事。

ratio [ˈreiʃiəu] *n.* 比率，比例

【记】联想记忆：rat(e)(比率)+io→比率，比例

【例】Pi is the *ratio* of the circumference of a circle to its diameter. π是圆周与直径的比率。

【派】ration〔*n.* 定量，配给限额；[*pl.*](军队等每日的)口粮 *vt.* 限定，配给；定量配给(供应物)〕

【辨】ratio, percentage, proportion

　　三个词都有"比例"的意思。ratio侧重两者间的对比；percentage主要是整体中的一部分所占的比例；proportion既可指整体中的一小部分，也可指一个整体中各部分之间的关系，如：proportion between oil and vinegar.

episode [ˈepisəud] *n.* 插曲；(文艺作品中)一段情节；(一系列事件中的)一个事件

【例】I'm delighted an unfortunate *episode* in Nigeria-Commonwealth relations will now come to an end, and Nigeria is resuming its rightful place in the Commonwealth. 很高兴尼日利亚与联邦间关系中的那段不幸插曲现在结束了，尼日利亚会重获它在联邦中的合法地位。(2001听力)

humiliate [hjuː'milieit] *vt.* 羞辱，使丢脸，使蒙耻
【记】词根记忆：hum(地)+iliate(使)→使人靠近地面→使蒙耻
【例】You never missed a chance to **humiliate** me. 你从不会错过羞辱我的机会。
【派】humiliation(*n.* 羞辱，蒙耻); humiliating(*adj.* 使蒙受耻辱的，丢脸的)

categorize ['kætigəraiz] *vt.* 将…归类
【例】If you **categorize** the information you need to remember, you will find it much easier. 如果你将需要记忆的信息归类，就会发现记忆容易得多。
【派】category(*n.* 类别，类型，种类)

relate [ri'leit] *v.* 叙述，讲；使…有关联；与…有关
【例】The explorer **related** his adventures to the children. 探险者向孩子们叙述他的冒险经历。// Experts said that the plague was **related** to the flood. 专家们说这次瘟疫与洪水有关。

immense [i'mens] *adj.* 广大的，巨大的，无限的
【记】词根记忆：im(不)+mens(测量)+e→不能测量的→巨大的，广大的
【例】The factory made an **immense** improvement with the system. 这家工厂对其体制作出了巨大改进。
【派】immensity(*n.* 广大，巨大)

justify ['dʒʌstifai] *v.* 证明…为正当；成为…的理由，为…辩护
【记】联想记忆：just(正义的)+ify(使)→表证明…为正当
【例】The arguer provides a lot of evidence to **justify** the claim. 为了证明这个要求是正当的，辩论者提供了许多证据。
【辨】**justify, testify**
二者都与"证明"有关，但侧重点不同。justify指"为…提供正当理由"；testify强调作证、提供证据，通常指在法庭上，但不一定是证明某人清白或某事正当，如：He testified in court that he saw the criminal.

amplify ['æmplifai] *v.* 详述；放大(声音等)，增强(音量)
【记】词根记忆：ampl(大)+ify(使)→放大，增强

【例】Associated with each lecture course are seminars, tutorials and laboratory classes which draw upon, analyze, illustrate or *amplify* the topics presented in the lectures. 与每堂课相关的活动有研讨会、辅导班和实验课，以利用、分析、阐述或详解课堂上提出的话题。（1997）

【派】amplifier(*n.* 放大器，扩音器)

【辨】**amplify, expand**

　　amplify表示扩充细节，以增强或阐明事物的完整性或放大声音、增加音量等；expand表示长度、面积或体积等方面的扩张、膨胀。

reverse [ri'vəːs] *v.* 反转，颠倒，翻转 *n.* 相反，相对；(硬币等的)反面，背面 *adj.* 颠倒的，相反的；背面的

【记】词根记忆：re+vers(转)+e→相反地转→反转

【例】Ann *reversed* the car out of the parking space. 安把车倒出了停车位。// The advice had the *reverse* effect to that intended. 建议产生了与预期相反的影响。

【派】reversal(*n.* 倒转，颠倒；挫折)；reversible(*adj.* 可反转的；可撤销的)

scold [skəuld] *v.* 斥责，呵斥

【记】联想记忆：s+cold(冷)→语气冰冷→斥责，呵斥

【例】The boss *scolded* the secretary for her mistakes. 老板因为秘书犯的错误而斥责了她。

destine ['destin] *vt.* 命定，注定；指定

【例】The discovery of the anaesthetic power of drugs was *destined* to aid greatly in the progress of medicine. 药物麻醉能力的发现注定对医学的发展有很大帮助。

【用】be destined to do sth. 表示"注定做…"。

【派】destined(*adj.* 命中注定的，预定的)；destiny(*n.* 命运，天命)

conceive [kən'siːv] *v.* 设想，想出，想象；怀孕

【记】词根记忆：con(共同)+ceive(抓)→一起抓(思想)→设想

【例】When did you *conceive* the child? I didn't notice it. 你什么时候怀孕的？我都没注意到。// I cannot *conceive* why he said that. 我想不出他为什么那样说。

【用】conceive可与of组成词组，后接动名词，表示"设想出…"。

【派】conceivable(*adj.* 可想象的；可能的)

lift [lift] *n.* 电梯, 升降机; 免费乘车 *v.* 提高; 举起; (云等)消散

【例】**lift off** The spacecraft *lifted off* at noon. 宇宙飞船于中午发射升空。

prosecute [ˈprɔsikjuːt] *v.* 对…起诉, 告发; 彻底进行, 执行

【记】词根记忆: pro+secut(跟随)+e→跟随窥视→告发

【例】The man was *prosecuted* for stealing and was sent to jail. 这个人被指控犯有偷窃罪并被送进了监狱。

【派】prosecution(*n.* 起诉, 检举; 执行, 贯彻)

immediate [iˈmiːdjət] *adj.* 立即的, 即时的; 最接近的, 贴近的, 直接的

【记】词根记忆: im+medi(中间)+ate→没有中间人→直接的

【例】In the Philippines a ferry carrying at least 400 people has sunk after an apparent collision with a cargo ship. There were no *immediate* reports of casualties. 在菲律宾, 一艘载着至少400名乘客的渡船与一艘货船发生碰撞后沉没, 暂时没有有关人员伤亡的报道。(1997听力)

【派】immediately〔*adv.* 立即, 马上; 直接地, 紧接地 *conj.* 一经…(立即)〕

cope [kəup] *v.* (成功地)对付, 应付

【例】The following two situations can enable us to clearly see how a positive attitude helps us *cope* with unpleasant things. 以下两种情况可以让我们清楚地看到积极乐观的态度如何帮助我们应付让人不开心的事情。(2003)

【用】词组cope with表示"同…对抗; 应付"。

weave [wiːv] *v.* 编织, 织; 编造; 迂回行进 *n.* 编织法, 编织式样

【例】The murder *weaved* a plot to lay the sin on his brother. 凶手设计了一个圈套, 想把罪过嫁祸给自己的弟弟。// Paramedics use bicycles to *weave* their way through crowds to make fast response even quicker. 医护人员使用自行车在人群中穿梭以更快地做出回应。

preliminary [priˈliminəri] *adj.* 预备的, 初步的 *n.* 预备步骤

【记】联想记忆: pre(预先)+limin(看作limit, 限制)+ary→提前给出限制→预备的

【例】We've decided to change the design based on our *preliminary* findings. 我们已经决定以初步的调查结果为基础, 改变这个设计。

【派】preliminarily(*adv.* 初步地, 预备地)

interdependent [ˌintədiˈpendənt] *adj.* 互相依赖的, 互相依存的

【记】联想记忆: inter(相互)+dependent(依赖的)→相互依赖的

【例】The development of science and industry is now ***interdependent***. 如今科学和工业的发展相互依存。

render [ˈrendə] *v.* 致使，使得；给予，提供

【记】词根记忆：ren(返回)+der(给)→给予

【例】Non-payment of the final balance by the due date will ***render*** our contract with you void. 如果在规定日期之前没有把最后余额付清的话，我们和你的合同将会失效。// Our company is willing to ***render*** you any assistance when you are in trouble. 当您有困难的时候，我们公司很乐意为您提供任何帮助。

glisten [ˈglisən] *n. / vi.* 闪耀

【例】Helina's eyes ***glistened*** and she looked at her mom proudly. 赫莉娜的双眸闪闪发光，自豪地看着自己的妈妈。

flatter [ˈflætə] *vt.* 奉承，恭维；使高兴，使满意

【记】词根记忆：flat(吹)+ter→一个劲吹嘘别人好→奉承，恭维

【例】Most of the women enjoy being ***flattered*** by the men who love them. 大多数女人都喜欢听到爱人的恭维之辞。

【派】flattery[*n.* 奉承，恭维(话)]

【辨】compliment, flatter, fawn

compliment用来表示因为羡慕、尊敬等而赞扬、夸奖某人，含有奉承的意味，如：Tom complimented him on his success.；flatter指为了讨好而过分夸赞或言不由衷地夸奖某人；fawn用来指人为了达到某种目的而做出的某些虚伪的举动，如：He fawned over his boss, but sneered at him underneath.

challenging [ˈtʃælindʒiŋ] *adj.* 引起兴趣的；使人思考的；激发干劲的；困难的

【例】Once upon a time the physical book was a ***challenging*** thing. 从前，完成一本实体书的制作曾是一件具有挑战性的事情。(2011)

dispose [diˈspəuz] *v.* 排列，配置；清除，销毁；安排，处理；使倾向于

【记】词根记忆：dis+pos(放)+e→分开放→排列

【例】dispose of Lily has ***disposed of*** many old clothes. 莉莉已经扔掉了许多旧衣服。

【用】搭配dispose of表示"丢掉；赠送；卖掉；处理，解决"。

【派】disposed (*adj.* 愿意的，乐意的；有…倾向的); disposition(*n.* 性格，性情)

【辨】dispose, incline

两个词都有"倾向于"的意思。dispose指对于已经看到的结局形成想法并由此而倾向性地做某事；incline指感情受到影响而对所讨论的事情有一定的倾向性意见，如：I incline to take the opposite point of view.

cooperate [kəuˈɔpəreit] *v.* 合作，协力

【记】词根记忆：co(共同)+oper(工作)+ate(使)→一同工作→合作

【例】All the nations around the world should ***cooperate*** with each other and develop together. 世界各国应该相互合作，共同发展。

【用】cooperate后一般接with，表示"与…合作"。

【派】cooperation(*n.* 合作，协力；合作的意愿)；cooperative[*n.* 合作社，合作商店(或企业等)*adj.* 合作的，协作的；有合作意向的，乐意合作的]

lunatic [ˈljuːnətik] *n.* 疯子，精神失常者；极愚蠢的人 *adj.* 精神失常的；极愚蠢的

【记】词根记忆：lun(月亮)+atic→人们认为精神病与月亮盈亏有关→疯子，精神失常者

【例】The manager got mad at my ***lunatic*** proposal. 经理被我愚蠢的建议气疯了。

carve [kɑːv] *v.* 切，把…切碎(或切成片)；刻，雕刻

【记】联想记忆：雕刻(carve)出完美曲线(curve)

【例】These lines are deeply ***carved*** into a flat, stony plain, and form about 300 intricate pictures of animals such as birds, a monkey, and a lizard. 这些线条深深地刻在一个平坦多石的平原上，构成了大约300幅复杂的动物图片，包括各种鸟、一只猴子和一只蜥蜴。(2010)

【用】carve后接out，表示"创(业)，发(财)"；carve后接up，表示"分割"。

Word List 17

vis 看	visual *adj.* 视觉的	**judic** 判断；法律	judicial *adj.* 司法的
pict 画，描绘	depict *v.* 描述，描绘	**cur** 跑	occur *v.* 发生，出现
counter- 相反地	counterpart *n.* 相对应的 人（物）	**cord** 心脏；一致	cordial *adj.* 热情友好 的，热诚的
viv, vig, vit 生命	survive *v.* 比⋯长寿	**oxi; oxy** 含氧的	oxidize *v.* 使氧化
liber 考虑	deliberate *adj.* 审慎的	**volv** 卷	involve *v.* 涉及，使卷入
spers 散开	disperse *v.* 疏散，驱散	**hypo-** 在下；次于	hypocrisy *n.* 伪善
-fold ⋯重	manifold *adj.* 多种的	**magni-** 大	magnificent *adj.* 宏伟的
nounc 说	denounce *v.* 指责；告发		

emancipate [i'mænsipeit] *vt.* 解放，使不受束缚

【记】词根记忆：e+man(手)+cip(落下)+ate→举起的双手放下了→解放

【例】I decided to **emancipate** him from dull study. 我决定把他从枯燥的学习中解放出来。

visual ['viʒuəl] *adj.* 视觉的，视力的；看得见的

【记】词根记忆：vis(看)+ual(⋯的)→视觉的

【例】*Star Wars* is voted the most influential **visual** effects film of all time by a film company. 一家电影公司的投票结果显示，《星战》一直是最具视觉影响力的电影。

cheer [tʃiə] *v.* 使振奋，使高兴；为⋯喝彩，向⋯欢呼 *n.* 振奋；欢呼，喝彩

【记】干杯时常喊Cheers!

【例】The fans **cheer** for their favourite basketball players and teams. 篮球迷们为他们喜爱的球员和球队喝彩。// **Cheer** leading is not just about cheering. It practices special shouts, dances, and athletic shows. 拉拉队不只是喝彩欢呼，他们还需要练习特别的呼叫、舞蹈和运动表演。（2005听力）

【用】cheer常跟介词up连用, 接人表示"鼓舞某人", 无宾语时表示"振奋, 振作起来"。

【派】cheerful(*adj.* 快乐的; 使人愉快的, 使人振奋的)

quest [kwest] *n.* (长时间的)搜寻, 探求

【记】本身是词根: 寻求; 获得

【例】Many people adventured in the west in *quest* of gold. 很多人为了寻找黄金在西部冒险。

【用】词组in quest of的意思是"为了探索…, 为了寻求…"。

hook [huk] *n.* 钩, 挂钩 *v.* 钩住, (用钩)吊挂

【记】电影《虎克船长》*Hook*

【例】off the hook The boss let me *off the hook* after a warning. 老板警告之后便放过了我。

【用】短语by hook or crook是"不择手段地, 千方百计地"的意思。

confiscate ['kɔnfiskeit] *vt.* 没收(私人财产), 把…充公

【记】词根记忆: con+fisc(钱包; 引申为国库)+ate→钱财归大家→把…充公

【例】We will *confiscate* all your lands in a week. 我们将在一周内没收你们的土地。

budget ['bʌdʒit] *n.* 预算; 金额, 预算拨款 *v.* 编制预算, 安排开支

【记】联想记忆: bud(花蕾)+get(得到)→得到花蕾去卖花→预算

【例】American astronauts will not return to the moon as planned if U.S. Congress passes President Obama's proposed *budget*. 如果美国国会通过了奥巴马总统的预算提案, 那么美国宇航员将不能按计划返回月球。(2011听力)

consequence ['kɔnsikwəns] *n.* 结果, 后果; 重要(性)

【记】词根记忆: con+sequ(跟随)+ence→随之发生→结果

【例】International officials warn that the disease will have disastrous political, social, and economic *consequences* in many developing countries. 国际官员警告, 这种疾病会对很多发展中国家的政治、社会和经济造成灾难性的后果。(2003听力)

【用】consequence 的固定搭配是in consequence, 表示"因此, 结果"。

【辨】**consequence, aftermath, result**

　　这三个词都有"结局, 结果"的意思。consequence一般表示由一系列事件所引起的合乎情理、符合逻辑的结果; aftermath通常用于表示灾难性的或突然性的后果, 多指灾难、战争等给人们造成的悲惨后果; result最为常用, 一般指一个总的、全面性的结果。

depict [di'pikt] *vt.*（用图画、文字）表示，描述，描绘

【记】词根记忆：de+pict(画，描绘)→描绘

【例】His novel ***depicts*** life of upper class in Paris. 他的小说描绘了巴黎上流社会的生活。

sift [sift] *v.* 筛，过滤；详审，细审

【例】The judge will ***sift*** through all the evidence and make a verdict. 法官将详审这些证据并作出判决。

rate [reit] *n.* 比率，率；规定的费用或价格；等级，程序；[*pl.*]地方税

【记】词根记忆：rat(计算)+e→计算的结果→比率

【例】The birth ***rate*** was increasing in recent years in this country. 近几年来这个国家的出生率一直在增长。// at any rate ***At any rate***, you should consider your future life. 无论如何，你都应该考虑你的未来生活。

【用】词组at any rate的意思是"无论如何，至少"。

【派】rating[*n.* 等级；评定结果；[*pl.*](电视节目、广播节目的)收视率，收听率]

mock [mɔk] *n./v.* 嘲笑，嘲弄

【例】The comedian ***mocked*** the President's new plans in the play. 那位喜剧演员在剧中嘲笑了总统的新计划。

jam [dʒæm] *n.* 果酱；拥挤，堵塞；困境 *v.* 挤塞，塞入；夹住，卡住

【例】They got ***jammed*** by the crowd in the entrance to the cinema. 他们在影院入口处被人群堵住了。

influence ['influəns] *n.* 影响(力)，作用；势力，权势 *vt.* 影响，支配

【记】词根记忆：in(进入)+flu(流动)+ence→流进去→影响

【例】A country's wealth is much ***influenced*** by its manufacturing capacity. 一个国家的财富受其制造业生产能力的巨大影响。(2002)

【派】influential(*adj.* 有影响力的，有权势的)

counterpart ['kauntəpɑ:t] *n.* 相对应的人(物)

【记】组合词：counter(相反地)+part(部分)→对应的部分→相对应的人(物)

【例】The London Stock Exchange discusses a $2 billions bid for its Italian ***counterpart***, say sources quoted by Reuters. 路透社援引消息称，伦敦证券交易所讨论以20亿美元的价格竞标意大利证券交易所。

survive [səˈvaiv] v. 残存，幸存，生还；比…长寿

【记】词根记忆：sur（超过）+viv（生命）+e→超越他人的生命→比…长寿

【例】Reading *survived*; in fact it not only *survived*, it has flourished. 阅读幸存了下来，事实上它不仅是幸存了下来，而且还繁荣发展了起来。(2011)

// The age of 63 was thought to be a very perilous time for a man. If he *survived* his 63rd year he might hope to live to a ripe old age. 人们认为63岁是一个非常危险的时期，如果能平安度过63岁便可以活到更老。(2003)

【派】survival(*n.* 生存，残存；残存者，遗物，遗风); survivor(*n.* 幸存者)

deliberate [diˈlibərit] *adj.* 故意的；从容不迫的，审慎的

[diˈlibəreit] *v.* 考虑

【记】词根记忆：de+liber(考虑)+ate(…的)→一直考虑的→审慎的

【例】Shop-lifters can be divided into three main categories: the professionals, the *deliberate* amateur, and the people who just can't help themselves. 商店扒手分为三个大类：专业扒手，谨慎的业余扒手，还有不能自控的人。(2004)

gain [gein] *v.* 获得，博得；赢得，挣得；增加；(钟表等) 快；(经过努力)到达 *n.* 赢利，获利，得益；收益，利润；增进

【例】Through technology, science improves the structure of society and helps man to *gain* increasing control over his environment. 通过技术，科学改善了社会结构，帮助人类提高了对所生存环境的驾驭能力。(2010) // One man's loss is another man's *gain*. 有人失就有人得。

recess [riˈses] *n.* 工间休息，休会期，休业期；壁凹，壁龛；隐秘处 *v.* 使凹进

【记】词根记忆：re(相反)+cess(走)→向内反走→壁凹

【例】Students said that the 10 minutes' *recess* is not enough for them. 学生们说10分钟课间休息太短了。// The worker *recessed* a portion of the wall for a shoe ark. 工人使墙的一部分凹进去作鞋柜用。

【派】recession[*n.* (经济)衰退；后退，撤退]

denounce [diˈnauns] *vt.* 指责，痛斥；告发

【记】词根记忆：de(否定)+nounc(说)+e→否定的话→指责

【例】The government's economic policy has been ***denounced*** on all sides. 政府的经济政策受到了各方面的谴责。

judicial [dʒuːˈdiʃəl] *adj.* 司法的，审判的；公平的

【记】词根记忆：judic(判断；法律)+ial→与法律有关的→司法的

【例】The ***judicial*** power of the United States shall be vested in one supreme Court, and in such inferior Courts as the Congress may establish. 美国的司法权应该授予一家最高法院以及其他国会可能组建的那类下级法院。

persecute [ˈpɜːsikjuːt] *vt.* (宗教方面)迫害；困扰，不断麻烦

【记】词根记忆：per(自始至终)+secu(跟随)+te→一直跟踪→不断麻烦

【例】Some revolutionaries were ***persecuted*** by the reactionary government. 一些革命者遭到了反动政府的迫害。

legal [ˈliːɡəl] *adj.* 法律上的；合法的；法定的

【记】词根记忆：leg(法律)+al→法律上的

【例】The security agreement will replace the UN mandate to grant U.S. military presence in Iraq ***legal*** status from 2009. 该安全协议将代替联合国的指令，授予美国军队从2009年起在伊拉克的合法地位。(2010听力)

occur [əˈkɜː] *vi.* 发生，出现

【记】词根记忆：oc+cur(跑)→跑出来→发生，出现

【例】occur to It ***occurred*** to me that we could go there by air for saving time. 我突然想到为了节省时间我们可以坐飞机去那里。

【用】occur常常和介词to连用构成occur to，意思是"(念头)出现(在某人的脑子里)，想到"。

【派】occurrence(*n.* 事件，发生的事情；发生，出现)

【辨】occur, happen, take place

　　三者都有"发生"的意思。occur指某事在确定的时间发生，有时表示计划发生的；happen指客观事物在偶然或自然状态下发生；take place指发生事先计划好的事情。

interfere [ˌintəˈfiə] *vi.* 干涉，干预，介入；妨碍，打扰

【记】词根记忆：inter(在…之间)+fer(带来)+e→来到中间→介入

【例】Sedentary habits often ***interfere*** with health. 长坐不动的习惯往往有害身体健康。

【用】interfere与in搭配表示"干预，干涉"，而与with搭配表示"妨碍，打扰"。

【派】interference(*n.* 干涉，干扰，阻碍)

cordial ['kɔːdjəl] *adj.* 热情友好的，热诚的

【记】词根记忆：cord(心脏；一致)+ial(…的)→发自内心的→热诚的

【例】Our meeting with that company was *cordial*. 我们和那家公司的会议气氛很友好。

【辨】**cordial, genial, sociable**

cordial多用来形容人真心诚意的、热诚的，如：a cordial smile; genial多用来指人和蔼可亲的；sociable着重强调有社交才能的、爱交际的，如：She is very sociable and loves parties.

charity ['tʃærəti] *n.* 慈善事业，慈善行为；施舍；慈悲，博爱

【例】Police in Karachi said there were indications of Indian intelligence agents behind the murder of seven Christian *charity* workers in the city, but India rejected the charges yesterday. 卡拉奇的警察说，有迹象表明印度特工指使谋杀了7名基督教慈善工作人员，但印度昨天反驳了此项指控。(2004听力)

diversify [dai'vəːsifai] *v.* (使)不同，(使)多样化

【记】词根记忆：di+vers(转)+ify(使)→使转开→(使)不同

【例】We are going to *diversify* our products and service next year for further development. 我们打算明年使产品和服务多样化以获得进一步发展。

【派】diverse(*adj.* 不同的，多种多样的，多变化的)；diversion(*n.* 转移，转向，偏离；消遣，娱乐)；diversity(*n.* 多样性，差异，不同点)

desolate ['desəlit] *adj.* 孤独凄凉的，阴郁的，可怜的；荒凉的，荒废的

【记】词根记忆：de+sol(单独)+ate→单独一个→孤独凄凉的

【例】As we all know, the moon has a *desolate* surface. 大家都知道，月球的表面很荒凉。

【派】desolation(*n.* 荒芜，凄凉，荒废；悲哀，孤寂)

【辨】**desolate, lonely, solitary**

这三个词都可以用来形容处境孤独以及独处时的心情。desolate指失去朋友或丧失亲人后极度悲伤；lonely强调独自一人或缺少陪伴时孤独的心情，如：She led a lonely life with few friends.；solitary常用来形容喜欢独自一人的，如：a solitary life。

control [kənˈtrəul] v. 控制，抑制 n. 控制，支配，调节，抑制

【例】in control Who is *in control* of this project? 谁负责这个项目？//
out of control The fire is *out of control* now. 火势现在失去了控制。//
under control Everything is *under control*. 一切尽在掌控之中。

【用】in control的意思是"指挥，管理，支配"，与in charge of相近。

list [list] n. 目录，清单，名单 vt. 列出，将…列在表上，列单子

【例】Jane *listed* three reasons why she enjoyed the film. 简列举了三个理由说明自己为什么喜欢这部电影。

obvious [ˈɔbviəs] adj. 明显的，显而易见的

【例】The stored information includes some *obvious* items, like
education and hobbies, and some not-so-obvious ones, like whether a
person is the oldest child. 储存的信息既包括一些明显的信息，如受
教育程度和个人爱好，也包括一些并不是很明显的信息，如这个
人是否为家中长子或长女。(2011)

【辨】evident, apparent, obvious

三个词都有"明显的"之意。evident是通过推理或根据现象作
出判断后显得很明显，如：It's evident that the plan is infeasible.；
apparent强调从外观上看很明显，一目了然，但有可能事实并非如
此；obvious指具有显著特点，不需要特别注意就能发现或知道，
如：an obvious advantage。

oxidize [ˈɔksidaiz] v. 使氧化，使生锈

【记】词根记忆：oxi(=oxy, 含氧的)+dize(使)→使氧化

【例】The iron would rapidly *oxidize* under atmospheric influences. 铁
在大气的影响下很快就会生锈。

【派】oxide(n. 氧化物)

involve [inˈvɔlv] vt. 涉及，使卷入，连累；包括，包围；需要，意味着

【记】词根记忆：in(使)+volv(卷)+e→使卷入，涉及

【例】The job of a student accommodation officer *involves* a great
many visits to landladies. 学生公寓负责人的工作需要经常拜访女
房东。(2006)

【派】involved(adj. 复杂的，混乱的；有关的)

hypocrisy [hiˈpɔkrəsi] n. 伪善(行为)，虚伪，矫饰

【记】词根记忆：hypo(在下；次于)+cris(分辨)+y→表面下的难以
分辨的行为→虚伪

【例】We decided to expose the politicians' *hypocrisy*. 我们打算揭露
这些政治家的伪善面孔。

【派】hypocrite(n. 伪善者，伪君子)；hypocritical(adj. 伪善的，矫饰的)

amenable [əˈmiːnəbl] *adj.* 顺从的,肯服从的;会接纳的

【例】That ***amenable*** child became a little strange these days. 那个温顺的孩子最近变得有点奇怪。

bless [bles] *vt.* 为…祈神赐福;为…祝福

【例】be blessed with If you ***are blessed with*** a healthy body and healthy mind by getting into exercises like soccer, ice skating, jogging, running, swimming, bicycling or anything that involves lots of activities, you can be confident that you are the "wealthiest", thus the happiest man on the planet earth. 如果你有幸通过如足球、滑冰、慢跑、跑步、游泳、骑自行车或是其他活动量大的锻炼而拥有了健康的体魄,你就可以自信地说你是这个地球上最富有也最快乐的人。(2002)

【用】bless除了我们常见的God bless you. 的用法之外,也常以短语 be blessed with 的形式出现,表示"受惠,在…方面有福"。

swift [swift] *adj.* 快捷的,迅速的;立刻的,即时的;敏捷的

【例】There's been ***swift*** reaction from several countries. 几个国家迅速给予回应。(1998) // With the failure of the peace talks all hopes of a ***swift*** end to the war have flown out of the window. 和谈失败,战争尽快结束的希望全都化为乌有。

supply [səˈplai] *vt.* 供给,供应;满足(需要)*n.* 供应,供给之物;现货,现货储存量

【记】词根记忆:sup+ply(重叠)→重复给出物品→供给

【例】Will the new power-station be able to ***supply*** our cheap energy requirements? 新建的发电厂能够满足我们对廉价能源的需求吗? // Compared with mineral fuels such as gasoline, solar energy is inexhaustible in ***supply***. 与汽油这类矿物燃料相比,太阳能是一种取之不尽的能源形式。

【辨】supply, provide, afford

三个词都有"供给,提供"的意思。supply的常用结构为supply sb. with sth. 或supply sth. to sb.,一般都不是免费供给;provide与supply意思相似,但往往表示免费提供,结构为provide sb. with sth. 或provide sth. for sb.;afford比较正式,一般用于抽象事物,还表示"可负担"的意思。

backwards [ˈbækwədz] *adv.* 向后走,倒退着;(顺序)倒,逆

【例】backwards and forwards Travelling ***backwards and forwards*** every day cost him too much money. 每天来来回回的旅程花了他太多的钱。

fell [fel] *vt.* 击倒；砍伐，砍倒

【记】和fall(*vi.* 落下)一起记

【例】The woodcutter *felled* six trees in one hour. 这个伐木工人在一小时内砍伐了6棵树。

feedback [ˈfiːdbæk] *n.* 反馈；反馈的信息

【记】组合词：feed(供给)+back(反)→反馈

【例】Members are allowed to give *feedback* of their thoughts and opinions regularly to develop our program and the club. 会员可定期反馈自己的意见和建议，以便不断提高我们节目的质量并促进俱乐部的发展。

supplement [ˈsʌplimənt] *n.* 增补，补充；增刊，副刊，补编，附录

[ˈsʌpliment] *v.* 增补，补充

【记】词根记忆：sup(下)+ple(满的)+ment→在下面放满→补充

【例】By 2005 printed college and school study materials will be *supplemented* with electronic material. 到2005年，电子素材将成为大学和学院印制的学习资料的有益补充。

spy [spai] *n.* 间谍，侦探；窥视者，秘密监视者 *v.* 侦察，秘密监视；观察，发现

【例】After a strike by cartoonists in 1941, Walt Disney agreed to work for the FBI secretly, identifying and *spying* on colleagues who he suspected were anti-government. 在1941年漫画家们罢工之后，沃尔特·迪斯尼同意秘密为美国联邦调查局工作，指证并监视具有反政府情绪的同行。（2005）

according [əˈkɔːdiŋ] *adv.* 依照 *adj.* 相符的，一致的

【记】词根记忆：ac+cord(心)+ing(…的)→使双方都称心的→相符的

【例】The average age of the fleet of the seven large U.S. passenger airlines is about 14 years old, *according* to The Airline Monitor. 根据The Airline Monitor的报道，美国七大客运航空公司航班的平均飞行年限为14年左右。（2011听力）

【用】according to最常出现在阅读理解的问题里，意思是"根据…"。

【派】accordingly(*adv.* 相应地；因此，所以)

magnificent [mægˈnifisənt] *adj.* 富丽堂皇的，宏伟的，极好的

【记】词根记忆：magni(大)+fic(做)+ent→做得够大→宏伟的

【例】The National Day parade was a *magnificent* spectaclc. 国庆阅兵的场面十分壮观。

sever [ˈsevə] *v.* 切断，割开

【例】The traveler *severed* a branch from the trunk for a stick. 旅游者从树干上砍下一根树枝做手杖。

□ fell　　　　□ feedback　□ supplement　□ spy　　　□ according　□ magnificent
□ sever

cease [si:s] v.停止，结束

【例】The King's troops never ceased their attacks on the city. 国王的军队从未停止过对这座城市的攻击。

bruise [bru:z] n.（人体、水果或植物等碰撞后产生的）青肿或伤痕；（感情等方面的）挫伤 v.使（皮肉）青肿，碰伤（水果、植物等）；碾碎，捣烂（水果等）；挫伤（感情等）

【例】The men were getting *bruised* from tackling each other and being hit with equipment. 男人们在相互扭打时被设备撞到，受了伤。（1997）

flame [fleim] n.火焰，火舌；闪光 v.焚烧；发光；闪耀

【记】词根记忆：flam（燃烧；火焰）+e→火焰

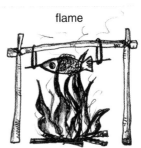

flame

【例】Gigantic waves of *flame* that covered entire neighborhoods and filled the skies over southern California with ash have killed at least 13 people. 巨大的火焰笼罩了整个街区，烟尘布满了南加州的天空，造成至少13人丧生。// **in flames** Twenty residents are told to leave their homes as a disused mill in Bradford goes up *in flames*. 布拉德福镇上一处废弃的工厂着火，20名居民被要求撤离。

apart [əˈpɑːt] adv.相隔，相距；离开，离去；拆开

【记】词根记忆：a（表加强）+part（分开）→拆开

【例】**apart from...** I can't remember what else you include in the price *apart from* the air tickets. 除了机票之外，我记不清你的费用里还包括什么项目。（2010听力） // *Apart from* his affiliations with the FBI, Disney was more or less the genuine article. 撇开他和美国联邦调查局的关系不说，迪斯尼或多或少也算一个真诚的人。（2002）

【用】apart常与from搭配，除接名词表示"远离某人或某物"之外，还可以组成词组apart from，意思是"除了；且莫说，撇开…不说"。

swathe [sweið] vt.把…裹在，把…围在

【例】Bertha was *swathed* in a red silk dress that fitted where it touched. 伯莎穿着一件十分合身的红色丝裙。

flash [flæʃ] v.（使）闪光，（使）闪烁；突发，闪现；飞驰，掠过 n.闪光；闪现；闪光灯

【记】网络上好看的flash动画

【例】A new type of speed camera that does not *flash* and requires no film is being tested in west London. 一款新式的无闪光、无需胶片的高速相机正在伦敦西区进行测试。

reluctant [riˈlʌktənt] *adj.* 勉强的，不愿的

【例】The bank was *reluctant* to lend the money to the person without credit. 银行不愿意把钱借给没有信用的人。

【用】reluctant的常见词组是be reluctant to do sth. "不愿意做…"。

【派】reluctance(*n.* 不情愿，勉强)

reconcile [ˈrekənsail] *vt.* 使和解，使和好；调和，使一致

【例】A mediator *reconciled* the differences between the two sides. 仲裁人消除了双方的分歧，使他们达成一致。

sense [sens] *n.* 官能，感觉；辨识，赏识；意思；意识，自觉；判断(力)；见识 *vt.* 感知；理会，了解，明白

【记】词根记忆：sens(感觉)+e→感觉

【例】In a *sense*, what he said was totally wrong. 从某种意义上说，他所说的一切都是错的。// A *sense* of humor is a precious treasure for a person. 幽默感是一个人的宝贵财富。// We all *sensed* that his proposals were unwelcome. 我们都觉得他的建议不受欢迎。

【用】sense的几个常用词组：make sense(有意义)；out of one's senses(心智不健全的，癫狂的)；in a sense(从某种意义上说)。

【派】sensation(*n.* 感觉，知觉；轰动，激动)；sensational(*adj.* 轰动的，耸人听闻的；极好的)；senseless(*adj.* 无意义的，愚蠢的；无感觉的)

shock [ʃɔk] *n.* 冲击，震动；电震，电击；休克；震惊 *v.* 使休克，使震惊；使愤慨

【例】The bottles on the table began to *shock* when the earthquake happened. 地震发生的时候，桌子上的瓶子开始震动起来。// I was *shocked* by the news and I realized the treasure of life. 这个消息让我震惊，而我也意识到了生命的宝贵。

【派】shockproof [*adj.* (手表)防震的]

decode [ˌdiːˈkəud] *v.* 破译(密码)，解密

【记】联想记忆：de(相反)+code(密码)→反密码→解密

【例】The group *decoded* the message successfully. 那个小组成功破解了这一情报。

disperse [disˈpəːs] *v.* (使)分散；驱散，疏散

【记】词根记忆：di(分开)+spers(散开)+e→驱散

【例】The wind *dispersed* the cloud from the sky. 风吹散了天上的云。

ample ['æmpl] *adj.* 足够的，充裕的；宽敞的，广大的

【例】This company offers *ample* opportunities for talented people. 这家公司给有才能的人提供很多机会。

【用】ample可与enough对比记忆，二者都表示"充足的，足够的"。

manifold ['mænifəuld] *adj.* 多种的，多方面的

【记】词根记忆：mani(手)+fold(…重)→千手观音→多种的

【例】*Manifold* ocular illusions appear in the mirage and deceive the uninitiated. 海市蜃楼里出现的多重视觉幻影欺骗了很多不了解情况的人。

erect [i'rekt] *adj.* 直立的，竖起的 *vt.* 建造；竖立，使直起

【记】词根记忆：e+rect(竖，直)→直立的

【例】Hold your waist *erect* when walking. 走路时要把腰挺直。// This building was *erected* for his daughter. 这座大楼是为他女儿建造的。

【用】erect oneself是固定搭配，表示"站起来"。

【派】erection(*n.* 建立，树立；建筑物)

adventure [əd'ventʃə] *n.* 冒险，冒险的经历；奇遇

【记】词根记忆：ad(做)+vent(来)+ure(表行为)→大家一起来冒险→冒险

【例】There are lots of names for these new forms of tourism: responsible tourism, nature tourism, *adventure* tourism, educational tourism and more. 这些新型的旅游有多种名称：责任游、自然游、冒险游、教育游等等。(2012听力)

【派】adventurism (*n.* 冒险主义)；adventurist (*n.* 冒险主义者)；adventurous(*adj.* 大胆的，富于冒险精神的；充满危险的)

sniff [snif] *v.* 以鼻吸气；嗅，闻

【记】和snuff(*v.* 用鼻子吸)一起记

【例】I *sniffed* the smell of the dirt after the rain. 我在雨后闻到了泥土的气息。

beware [bi'weə] *v.* 注意，小心，提防

【记】词根记忆：be(使)+war(意识到的)+e→注意

【例】Darling, *beware* of those paintings. 亲爱的，当心那些油画。

【用】beware 后面通常接of，表"留心，注意，提防"。

【辨】**beware, heed, take care**

beware指小心提防，一般只用在祈使句中；heed指听取别人的忠告或警告，如：He didn't heed my warning.；take care的意思是"当心，注意"，如：You should take care when crossing the road.

clutch [klʌtʃ] *vt.* 紧抓，紧握 *vi.* (to) 企图抓住 *n.* 把握，紧抓 [*pl.*] 爪子，手; 控制

【例】The old lady tried to **clutch** at something to hold herself up. 老妇人企图抓住什么东西来支撑自己。

【用】clutch常见的搭配是be in one's clutches，指"在某人的掌握之中"；a clutch hit表示"紧要关头的一击"。

> 【辨】**clutch, grab, grasp, snatch**
> 　　四个词都有"伸手去抓"的意思，区别在于：clutch表示急切地、牢牢地抓住，有时含有不成功的意味；grab表示的动作比较粗鲁，指用力、使用暴力或是不择手段去得到自己想要的东西，如：They grabbed her by the arm and forced her into the car.；grasp本意是用手、爪子抓住或用牙齿紧紧地咬住，引申为对不易理解的事物能够全面深刻地理解；snatch指抓得突然、匆忙，有鬼祟、迅速的意思，如：The thief snatched her handbag and ran away.

scribble [ˈskrɪbl] *v.* 乱写，乱涂；潦草地书写 *n.* 乱涂乱写的东西，潦草的字迹

【记】词根记忆：scrib(写)+ble→潦草乱写

【例】Children love to **scribble** with a color pencil on the paper. 孩子们喜欢用彩笔在纸上乱涂乱画。// Tom **scribbled** the number when he heard it on the phone. 汤姆在电话里听到这个号码时便草草地记了下来。

offend [əˈfend] *v.* 冒犯，触怒，给人不愉快的感觉；犯过错，犯罪

【记】词根记忆：of+fend(打击)→打击别人→冒犯

【例】You should remind yourself not to **offend** against the customs when you are abroad. 在国外的时候要提醒自己不要违犯风俗。

【派】offence/offense(*n.* 过错，犯罪；冒犯；引起反感的事物)；offender(*n.* 冒犯者，犯罪者)

dreary [ˈdrɪəri] *adj.* 令人沮丧的，沉闷的，单调乏味的

【例】It is a **dreary** winter day. 这是一个阴沉的冬日。// The man always stares at others in a **dreary** look. 这个人总是面容忧郁地看着别人。

imperative [imˈperətiv] *adj.* 急需的，绝对必要的；命令(式)的，强制的；祈使的

【记】词根记忆：im(不)+per(尝试)+ative→不允许尝试的→强制的

【例】It is **imperative** that students hand in their term papers on time. 学生必须按时交学期论文。(2004)

【用】在句型It's imperative that... 中，从句要用should do sth. 的形式，其中should可以省略。

qualify ['kwɔlifai] v. 使合适，(使)具有资格；授予…权利；限制；使减轻

【例】The students need lots of exercises to **qualify** for the examination. 学生们要想考试合格就需要做大量的练习。

【用】词组：qualify as(取得…资格；把…说成)；qualify for(有…资格；应得；使合格，使能担任)；qualify to do sth.(使有资格做某事)。

【派】qualification(*n.* 限制；批准；资格；[*pl.*]考试合格证明书)；qualified(*adj.* 有资格的，胜任的；有条件的)

tumble ['tʌmbl] n. 滚动，翻滚；跌倒；下跌 v. 跌倒，滚落；忽然下台，垮台；领会，顿悟

【例】China reports a shock **tumble** in the size of its trade surplus, though analysts warn that it probably will be short lived. 中国报告称其贸易盈余大幅下跌，但专家警示说这可能只是短期现象。

melt [melt] v. (使)融化，(使)熔化；(使)消散，(使)消失；(态度等)软化

【例】My heart **melted** at the child's tears. 孩子的眼泪使我心软了。

melt

【辨】**melt, dissolve**

melt意为"融化，熔化"，特指因为加热固体变成液体，如：The snow melts.；dissolve指固体在溶剂中溶解，如：Salt dissolves in water.

allot [ə'lɔt] vt. 分配，配给，分摊

【记】联想记忆：al(表加强)+lot(很多)→很多东西大家分→分配

【例】Our budgets have failed to **allot** enough money for schools. 我们的预算没能给各个学校拨足款项。

【辨】**allot, allocate, assign, apportion**

allot含有任意或偶然选择的意味，本身不带有公平或均等分配的含义；allocate指来自权威方面的分配，最为正式，主要用于分拨款项、财产等；assign强调的是权威方面所做的并且通常是固定的分配，带有任意分配的意思，如：I was assigned the task of allotting the seats.；apportion指按照公平分配的原则分配，常指按比例分配。

exaggerate [ig'zædʒəreit] v. 夸张，夸大其词

【记】词根记忆：ex(表加强)+agger(堆积)+ate→越堆越高→夸张

【例】This dress's worth was greatly **exaggerated** by the shopkeeper. 这条裙子的价值被店主过分夸大了。

【用】exaggerate一般指将某事物用夸张的语言描述。

sterile [ˈsteraɪl] *adj.* 不能生殖的，不育的；（指土地）不毛的，荒瘠的；无结果的，无效的；无菌的，消过毒的

【例】There has been a big jump in the number of operations cancelled because of a lack of *sterile* surgical instruments, figures show. 数字显示，由于缺少无菌手术器械，被取消的手术数量大幅增长。

【派】sterility(*n.* 荒瘠；无生殖力；无菌); sterilize(*v.* 为…消毒或杀菌；使绝育)

demonstrative [dɪˈmɒnstrətɪv] *adj.* 易流露感情的，喜形于色的；指示的，明白表示的；论证的，证明的

【记】词根记忆：de+monstr（显示）+ative（…的）→感情显示出来的→喜形于色的

【例】Some of the most *demonstrative* testimonies are needed from the witness. 需要证人提供一些最有说服力的证词。// Some people are more *demonstrative* than others. 有些人比其他人更易流露感情。

preoccupation [ˌpriːɒkjuˈpeɪʃən] *n.* 全神贯注，专心；令人全神贯注的事物

【记】来自preoccupy(*v.* 占据)

【例】The businessman has got so many *preoccupations* at the moment. 那位商人眼下有太多的事情要处理。

preach [priːtʃ] *v.* 讲道，布道；说教，宣扬

【记】联想记忆：p+reach（传开）→将教义传开→说教

【例】A Pakistani lawyer said the resumption of the trial of eight foreign aid workers accused of *preaching* Christianity in Afghanistan has been put off until Sunday. 一位巴基斯坦律师表示，对8名被指控在阿富汗传播基督教的国外援助工人审判的重新开庭已经被推迟到周日。（2003听力）

brain [breɪn] *n.* 脑子；脑力，智能

【例】If you eat healthy food, then your *brain* and your body get the nourishment they need. 如果你吃健康的食物，那么你的大脑和身体就会得到它们需要的营养。（2012听力）// **eat / cudgel/rack one's brain** Mr. Brown *racked his brain* trying to remember where he left the wallet. 布朗先生绞尽脑汁回想他把钱包落在哪里了。// **have sth. on the brain** The coach *has* winning *on the brain*. 教练一心想取得胜利。// **brain drain** The *brain drain* to Europe and America has been a serious problem. 人才向欧美外流是个严重的问题。

converse [kənˈvɜːs] *v.* 交谈 *adj.* 相反的，逆的 *n.* 相反事物；相反词

【记】联想记忆：con+vers（转）+e→话题转来转去→交谈

【例】They got lost in the forest and went in the *converse* direction. 他们在森林里迷路了，并朝着相反的方向走了起来。

【派】conversation(*n.* 会话，闲谈)

prescribe [pri'skraib] *v.* 处(方)，开(药)；命令，指示，规定

【记】词根记忆：pre(预先)+scrib(写)+e→预先写好→规定

【例】The government did not *prescribe* remedies upon any settled system. 政府没有对任何既定体制指定补救办法。// Doctors must diagnose before they *prescribe* a drug. 医生在开药前必须要先对病人进行诊断。

【派】prescription(*n.* 处方；指示，规定)

lip [lip] *n.* 唇；(杯子等)边，缘

【例】There was a smile on his *lips*, and his eyes were bright, probably with wine. 他的唇上有一丝微笑，他的眼睛或许是因为喝了酒而显得明亮。(2006)

【派】lipstick(*n.* 唇膏，口红)

conscious ['kɔnʃəs] *adj.* 有意识的，自觉的；神志清醒的

【记】词根记忆：con+sci(知道)+ous(…的)→知道事的→有意识的

【例】I have been and always will be *conscious* of my moral obligations as a citizen. 我一直、也将继续履行我作为公民的道德义务。(2005)

【派】consciousness(*n.* 意识，知觉；觉悟，自觉)

supreme [sju'pri:m] *adj.* 最高的，至高无上的；最重要的，最大的

【例】Microsoft wins a legal battle with ATT in the US *Supreme* Court regarding overseas software patents. 就海外软件授权一事微软在美国最高法院打赢了与美国电话电报公司的官司。

obstruct [əb'strʌkt] *vt.* 阻碍，阻塞；(故意)妨碍

【记】词根记忆：ob(反对)+struct(建造)→反对建造→阻碍

【例】Any effort to *obstruct* justice is a crime. 任何妨碍司法公正的行为都是犯罪。

【派】obstruction(*n.* 阻塞，阻碍；障碍物)

outbreak ['autbreik] *n.* (指坏事)突然发生，爆发

【记】来自词组break out (突发，爆发)

【例】Thousands of people died as the result of the cholera *outbreak*. 霍乱爆发导致数千人死亡。

perform [pə'fɔ:m] *v.* 做，实行；表演

【例】Everyone should try his best to *perform* his promise. 每个人都应该尽力去履行自己的诺言。

□ prescribe □ lip □ conscious □ supreme □ obstruct □ outbreak
□ perform

【派】performance(*n.* 履行，执行；演出); performer(*n.* 表演者，演奏者)

impractical [im'præktikəl] *adj.* 不现实的，不实用的，不切实际的

【记】联想记忆：im(不)+practical(实际的)→不切实际的

【例】His ideas are invariably condemned as ***impractical*** by his colleagues. 同事们总是斥责他的想法不实际。(2005)

solicit [sə'lisit] *v.* 设法获得(某事物)，向(某人)拉(选票)；(妓女)拉(客)

【记】词根记忆：soli(单独)+cit(引出)→独自拉拢→拉(选票)

【例】We ***solicited*** guidance and aid from legal experts. 我们向法律专家寻求指导和帮助。

【派】solicitor(*n.* 律师)

hinge [hindʒ] *n.* 铰链；枢纽；关键，转折点 *v.* 装上铰链，用铰链接合

【例】**hinge on/upon** The entire achievement ***hinged upon*** a team effort. 整体成绩取决于全队的共同努力。

calculate ['kælkjuleit] *v.* 计算，核算；预测，推测

【记】词源记忆：两千多年前，罗马商人用拉丁文calculus表示用小圆石计算损益，今天我们用以表示"计算"的calculate就源于此。

【例】They were trying to ***calculate*** the number of days in a century. 他们试图去计算一个世纪有多少天。

【派】calculation (*n.* 计算；计算的结果；谨慎计算，深思熟虑); calculator(*n.* 计算器)

compose [kəm'pəuz] *v.* 组成，构成；创作，作曲；使安定，使平静

【记】词根记忆：com+pos(放)+e→放到一起→组成

【例】Kate likes singing the songs ***composed*** by herself. 凯特喜欢唱自己谱曲的歌。// His bedroom is a comfortable room, ***composed*** of dark colors. 他的卧室是一间舒适的、深色调的屋子。// I need to ***compose*** myself for a while. 我需要让自己冷静一会儿。

【用】compose作"组成"讲时，一般都用于被动语态，如be composed of (由…组成)。

【派】composer (*n.* 作曲家；创造者); composition 〔*n.* 作文，作品，(大型)乐曲；写作，作曲；构成，合成物；构图〕; composure(*n.* 镇静，沉着，泰然自若)

irresistible [ˌiri'zistəbl] *adj.* 不可抗拒的，无法抑制的，富有诱惑力的

【记】联想记忆：ir(不)+resistible(可抵抗的)→不可抗拒的

【例】There was a widely-held belief that Switzerland was ***irresistible*** to wealthy foreigners, mainly because of its numbered accounts and bankers' reluctance to ask awkward questions of depositors. 一个普遍

的观点认为瑞士银行对外国富人来说是不可抗拒的, 这主要是因为他们用编码账户, 而且银行不过问任何储蓄者难以回答的问题。（2000）

【用】irresistible常与介词to搭配使用, 意思是"对…来说是不可抗拒的"。

prominent [ˈprɔminənt] *adj.* 著名的, 杰出的, 显著的; 凸出的

【记】词根记忆: pro+min(突出)+ent→突出的→杰出的

【例】Dr. White is a ***prominent*** physical scientist and made a great contribution in the field of physics. 怀特博士是杰出的物理学家, 在物理学领域作出了巨大贡献。// The reception was attended by ***prominent*** members of the local community. 当地社区的杰出人士出席了这次招待会。（2006）

nourish [ˈnʌriʃ; ˈnəːriʃ] *vt.* 滋养, 养育; 怀有(希望、怨恨等)

【记】词根记忆: nour(滋养)+ish→滋养

【例】Many students abroad ***nourished*** the dream of returning to their motherland during the spring festival. 很多海外学子在春节期间盼望着回到祖国。

【派】nourishment(*n.* 滋养品, 食物; 滋养状况)

fulfil(l) [fulˈfil] *v.* 完成(任务、计划等); 履行(诺言、责任等); 达到(目的); 满足(愿望、要求等)

【记】联想记忆: ful(看作full, 充满的)+fil(看作fill, 装满)→做得圆满→履行

【例】The only goal for the students is to pass all kinds of examinations, and to survive the graduation. They will not care how to get passed which will be ***fulfilled*** by cheating. 学生的唯一目标是通过各类考试然后毕业。他们不在乎是不是通过作弊来实现这一目标。

【派】fulfil(l)ment(*n.* 履行, 完成; 实现)

observer [əbˈzəːvə] *n.* 观察者, 观察员; 遵守者

【例】He is a good ***observer***, accurate, patient and objective and applies logical thought to the observations he makes. 他是一个优秀的观察员, 精确、耐心、客观公正, 并将逻辑思维运用到他的观察中去。（2010）

Word List 18

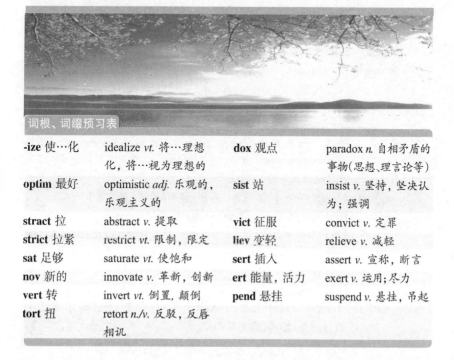

-ize 使…化	idealize *vt.* 将…理想化,将…视为理想的	**dox** 观点	paradox *n.* 自相矛盾的事物(思想、理言论等)
optim 最好	optimistic *adj.* 乐观的,乐观主义的	**sist** 站	insist *v.* 坚持,坚决认为;强调
stract 拉	abstract *v.* 提取	**vict** 征服	convict *v.* 定罪
strict 拉紧	restrict *vt.* 限制,限定	**liev** 变轻	relieve *v.* 减轻
sat 足够	saturate *vt.* 使饱和	**sert** 插入	assert *v.* 宣称,断言
nov 新的	innovate *v.* 革新,创新	**ert** 能量,活力	exert *v.* 运用;尽力
vert 转	invert *vt.* 倒置,颠倒	**pend** 悬挂	suspend *v.* 悬挂,吊起
tort 扭	retort *n./v.* 反驳,反唇相讥		

yawn [jɔːn] *v.* 打哈欠,欠身;裂开,豁开 *n.* 呵欠;裂口,豁口

【例】Those boys have nothing to do but *yawn* at each other. 男孩子们无事可做,只能互相对着打哈欠。// The baby awakened with a *yawn*. 婴儿打了个哈欠,醒了过来。

ensure [inˈʃuə] *vt.* 担保,保证(获得);使…必然发生;使安全

【记】联想记忆:en(使)+sure(肯定)→使肯定→保证

【例】In the mid-1960s, it sought to cut labour costs, reduce the number of suppliers, and *ensure* that its fries tasted the same at every restaurant. 20世纪60年代中期,它追求降低劳动成本,减少供应商数量,并保证它的炸薯条在每一家餐馆的味道都一样。(2003)

【用】当表示"确保安全"时,ensure后一般接against或from。

【辨】assure, ensure

　　assure既可指保证某事，又可指使某人确信某事，后面必须跟人称代词或指人的名词作宾语，常与介词of连用，如：Their guarantee assures customers of fast delivery.；ensure指确保、担保某件事或行为会发生，也可指保证某人得到好处或确保某人不受伤害。

idealize [ai'diəlaiz] *vt.* 将…理想化，将…视为理想的

【记】联想记忆：ideal(理想)+ize(使…化)→将…理想化

【例】Our first view of this city is meant to be ***idealized***. 我们对这个城市的第一印象注定被理想化了。

valid ['vælid] *adj.* 正确的，有根据的；有效的

【记】词根记忆：val(价值)+id→有价值的→正确的；有效的

【例】Their theory proved to be ***valid***. 他们的理论被证明是正确的。// I had the feeling that someone was about to walk into the room—some other woman, the unseen, ***valid*** owner—and ask me what in hell I was doing in her kitchen. 我感觉到有人将要走进房间——另一位女士，一位从未见过的真正主人——她会问我到底在厨房里干什么。(2004)

【派】validity〔*n.* (法律上)有效，合法；合逻辑，正确(性)〕

scrub [skrʌb] *v.* 用力擦洗，擦净；取消，剔除

【记】和rub(*v.* 擦，摩擦)一起记

【例】The right hand stays faintly blue no matter how hard he ***scrubs***. 无论怎样用力擦洗，他的右手还是有淡淡的蓝色。// The family ***scrubbed*** the vacation plan because of the bad weather. 由于糟糕的天气，这家人取消了度假计划。

disqualify [dis'kwɔlifai] *vt.* 使不能，使不合格，吊销资格

【记】联想记忆：dis(除去)+qualify(使有资格)→吊销资格

【例】Eight athletes were ***disqualified*** from the championships after failing the drug test. 8名运动员因药检不合格失去了锦标赛的参赛资格。

【用】disqualify的常用搭配是disqualify sb. from doing sth.。

bother ['bɔðə] *v.* 烦扰，打扰 *n.* 麻烦，纠纷，吵闹；讨厌的人，麻烦的事

【例】Middle-class families see their graduate offspring on the dole queue and wonder why they ***bothered*** paying school fees. 中产阶级的家庭目睹毕业的子女排队领救济金，不禁思忖起自己当初何苦要操心供孩子上学。(2012)

harsh [hɑːʃ] *adj.* 刺耳的，刺鼻的，刺目的；严厉的，苛刻的；粗糙的

harsh

【例】Larry never says a ***harsh*** word about others. 拉里从不用刻薄的话来谈论其他人。// I think I should be ***harsh*** with you from now on. 我想从现在开始我应该对你严厉一点了。

optimistic [ˌɒptiˈmistik] *adj.* 乐观的，乐观主义的

【记】词根记忆：optim(最好)+istic(…的)→什么都往最好处想→乐观的

【例】Candidates who interview well tend to be quietly confident, but never boastful; direct and straightforward in their questions and answers; cheerful and friendly, but never over-familiar; and sincerely enthusiastic and ***optimistic***. 面试结果优异的候选人常常沉着自信但不浮夸；提问与回答时直截了当；心情愉快、表现友好却不过分亲密；充满热情，态度乐观。(2004)

【用】表示"对…态度乐观"时，optimistic要与about搭配使用。

disgust [disˈɡʌst] *n.* 厌恶，恶心，作呕 *vt.* 使讨厌，使厌恶，使作呕

【记】联想记忆：dis(不)+gust(风)→被风吹得想吐→作呕

【例】Don't be filled with ***disgust*** at yourself. 不要这么讨厌自己。

【派】disgusting(*adj.* 令人作呕的，令人恶心的)

intercept [ˌintəˈsept] *vt.* 中途拦截，截击；窃听

【记】词根记忆：inter(在…中间)+cept(拿)→从中间拿→中途拦截

【例】Several strangers ***intercepted*** her and grabbed her bag. 几个陌生人拦住她并抢走了她的包。

effusive [iˈfjuːsiv] *adj.* 过分热情的，太动感情的

【记】词根记忆：ef+fus(流)+ive→感情大量流露的→太动感情的

【例】The ***effusive*** welcome made people feel uncomfortable. 过分殷勤的欢迎让人们感到不舒服。

abstract [ˈæbstrækt] *adj.* 抽象的 *n.* 摘要，概括；抽象，理论 *v.* 提取；摘录…的要点；转移(注意等)

【记】词根记忆：ab(表加强)+stract(拉)→使劲拉出来→提取

【例】The scientist talked much about the ***abstract*** called system analysis. 那位科学家就系统分析这一抽象概念谈了许多。

restrict [riˈstrikt] *vt.* 限制，限定

【记】词根记忆：re+strict(拉紧)→拉紧→限制

□ harsh　　□ optimistic　　□ disgust　　□ intercept　　□ effusive　　□ abstract
□ restrict

【例】People with high blood pressure should **restrict** their salt intake. 高血压患者应该限制盐的摄入量。

【派】restrictive[*adj.* 限制(性)的，约束(性)的；(语法)限定性的]

bellow [ˈbeləu] *v.* 吼叫，怒叫；大声发出

【例】If I were hours late for dinner, my father would **bellow**. 如果我吃饭时迟到几个小时，父亲会气得嚷嚷。

regular [ˈregjulə] *adj.* 规则的；整齐的；对称的；合格的，正规的；平常的，普通的；定期的

【例】The doctor told the old man that he had a **regular** heartbeat. 医生告诉这位老人，他的心跳很规律。// In Dakar, psychiatric patients attend **regular** art therapy classes to help treat mental disorders. 在达喀尔，精神病人参加定期的艺术治疗课程以帮助精神病的治疗。(2013听力)

sovereign [ˈsɒvrin] *adj.* 最高的，至高无上的；独立的，有主权的 *n.* 君主，统治者

sovereign

【例】You are my best friend, and my **sovereign** lord. 你是我最好的朋友，也是我至高无上的主人。// The Venezuelan President has said that the world must understand that Venezuela is a **sovereign** country and merits respect. 委内瑞拉总理已经表示，世界必须承认委内瑞拉是一个主权国家并值得尊重。

【派】sovereignty(*n.* 最高统治权，君权；国家的主权)

saturate [ˈsætʃəreit] *vt.* 浸透，浸湿；使饱和

【记】词根记忆：sat(足够)+ur+ate(使)→使足够→使饱和

【例】The rainfall for days **saturated** the dry ground. 数天的降雨浸透了干燥的土壤。// The talent-market tends to **saturate**. 人才市场趋于饱和。

sweep [swiːp] *n.* 打扫；挥动 *v.* 打扫；掠过，拂过

【例】The clean-up began immediately after heavy rain and thunderstorms **swept** across the greater Bristol area. 大雨和雷暴席卷了大布里斯托尔地区后，清理工作随即展开。

retort [riˈtɔːt] *n./v.* 反驳，反唇相讥

【记】词根记忆：re(反)+tort(扭)→反扭→反驳

【例】Tom's argument was very rigorous and was hard to **retort**. 汤姆的论据非常严密，很难反驳。

specialize

['speʃəlaiz] v. 专攻，专门研究，专门从事

【记】联想记忆：special(特殊的)+ize→(研究)特殊种类→专门从事

【例】Graduate students **specialize** in a particular field of study. 研究生专攻某一专门的学术领域。

【用】词组specialize in表示"专攻某个领域"。

mischief

['mistʃif] n. 调皮，恶作剧；伤害，损害

【记】联想记忆：mis(坏；错误)+chief(主要的)→主要错误造成的伤害最大→伤害，损害

【例】The storm did a lot of **mischief** to the crops. 暴风雨给庄稼造成了很大的损害。

【派】mischievous(adj. 恶作剧的；有害的)

paralyze

['pærəlaiz] vt. 使麻痹，使瘫痪；使停止活动，使丧失作用

【记】词根记忆：para(旁边)+lyz(裂开)+e→感觉身体裂开了→使瘫痪

【例】Icy roads created from storms this week **paralyzed** much of the greater Seattle, Washington area, where schools were closed and bus routes were suspended Friday as roads were too icy to navigate. 这周，暴风雪导致路面结冰，使面积辽阔的西雅图、华盛顿的大部分地区陷入瘫痪，那里的学校已经关闭，由于路太滑汽车无法驾驶，公交路线周五也暂停运营了。(2010听力)

accord

[ə'kɔ:d] v. 符合，一致 n. 协调，一致

【记】词根记忆：ac+cord(心)→使双方都称心→达成一致→一致

【例】**of one's own accord** The host knew they would finally leave **of their own accord**. 主人知道他们最终还是会主动离开的。

transit

['trænsit] n. 通过，经过；运输，运送，载运

【记】词根记忆：trans(变换)+it→改变地点→运输，载运

【例】A 71-year-old woman pedestrian is in a serious condition in hospital after being hit by a **transit** van. 一名71岁的老妇人走路时被运输车撞倒，伤势严重，正在医院进行抢救。

【派】transition(n. 转变，过渡，变迁)；transitive[adj. (指动词)及物的]

indifferent

[in'difərənt] adj. 不感兴趣的，漠不关心的；平常的，无关紧要的；不偏不倚的

【记】联想记忆：in(无)+different(不同的)→没有不同的→平常的

indifferent

【例】Sometimes I still can't believe my life's journey, from a failing and **indifferent** student in a Detroit public school to this position, which takes me all over the world to teach and perform critical surgery. 有时我仍无法相信我这一生的历程，从一个在底特律公立学校就读的失败的、平淡无奇的学生走到现在这个位置——在世界各地教授、实施重大外科手术。(2005)

【派】indifference(*n.* 不感兴趣，不关心，冷漠)

stick [stik] *n.* 小树枝；棍，棒；棒状物 *v.* 插入，刺，戳；(使)黏着，(使)粘贴

【例】**stick it/sth. out** Frank hates the job but he's determined to ***stick it out*** because he needs the money. 弗兰克讨厌那个工作，但因为需要钱，只好下定决心坚持到底。// **stick to** The natives of North America are much more disciplined. They demonstrate this in their addiction to driving in one lane and ***sticking to*** it — even if it means settling behind some great truck for many miles. 北美洲的本土司机更守规矩。他们坚持在一条车道上行驶，即使这意味着要在一辆巨型卡车后跟随数英里，这就是他们守规矩的表现。(2004)

【用】stick out这个词组除了有"突出，伸出"的意思外，还有"坚持到底，一直忍下去"的意思。stick to也表示"坚持"。

【派】sticky(*adj.* 黏的，黏性的；棘手的，尴尬的)

foundation [faun'deiʃən] *n.* 创立，设立；基础，根据；基金会，机构；[*pl.*]地基，地脚

【记】词根记忆：found(基础)+ation(表状态)→基础

【例】In today's increasingly competitive world it is essential to maintain a positive attitude towards life. To put it in a metaphor, keeping a good mood is a ***foundation*** upon which our life is built. 在当今这个竞争日趋激烈的世界里，对生活保持积极的心态非常重要，打个比方来说，保持良好心情是我们生活的基础。(2003)

somewhat ['sʌmwɔt] *adv.* 有点，稍微

【例】The fundamental similarity of liquids and gases becomes clearly apparent when the temperature and pressure are raised ***somewhat***. 液体和气体的本质相似性在温度和压强稍有上升或变大时就变得明显起来。(2000)

associate [ə'səuʃieit] *v.* 结交，交往；使联合；联想；将…联系起来
[ə'səuʃiit] *n.* 同事，同伴

【记】词根记忆：as(表加强)+soci(同伴)+ate(做)→成为同伴→结交

【例】Black cats are generally considered lucky in Britain, even though they are ***associated*** with witchcraft. 黑猫在英国通常被视作吉利的动物，尽管它会让人联想到巫术。(2006) // You wouldn't normally ***associate*** these two writers, their styles are completely different. 你通常不会把这两个作家联系起来，因为他们的风格完全不同。

【用】associate常与with搭配，表示"与…联系/联合"。

【派】association(*n.* 联合，联盟；联想；协会，社团)

enrol(l) [in'rəul] v. 登记；吸收；招(生)，(使)入伍，征募，(使)入会

【记】联想记忆：en(进入)+roll(名单)→上了名单→(使)入伍

【例】I'm **enrolled** to take Professor Lee's literature course 102 but I hear some changes have been made. 我登记参加李教授的102文学课程，但是听说事情有变。(2004听力)

claim [kleim] v. (根据权利)要求，认领，索取；声称，主张 n. (根据权利而提出的)要求；(对某事物的)权利，所有权

【记】本身为词根：呼喊

【例】Some critics **claim** the company has not been spending enough on network upgrades to keep up with growing demand. 一些评论家称，该公司并未投入足够的资金来进行网络升级，以满足不断增长的需求。(2011听力)

actual ['æktʃuəl] adj. 实际的，现实的，事实上的

【记】词根记忆：act(做)+ual(…的)→做出来的→现实的

【例】The Government has not only failed to meet its target—the **actual** figure is still closer to 40 per cent—but it has raised expectations to unrealistic levels. 政府不但没能达到预期目标——实际数字仍然只接近40%——而且导致人们期望过高，达到了不切实际的程度。(2012)

【派】actually(adv. 事实上)

gleam [gli:m] n. 微光，闪光，一线光明；(希望、机智等的)闪现 v. 闪烁，隐约闪光

【例】The church steeple **gleamed** in the sunlight. 教堂的尖塔在阳光下闪闪发光。// A **gleam** of match suddenly appears in the darkness. 黑暗中突然出现火柴的亮光。

【用】词组not a gleam of hope表示"毫无希望"。

calm [kɑ:m] adj. 安静的，镇静的；(天气)无风的；(海面)平静的 v. (使)平静，(使)宁静，(使)镇定

【例】Some found British **calm**, reserved, open-minded, others thought they were insular and superior. 有些人认为英国人冷静、矜持、思想开放，而有些人则认为他们孤僻、高傲。// **Calm** down, and tell me what happened. 冷静下来，告诉我发生了什么事。

paradox ['pærədɔks] n. 自相矛盾的事物(思想、言论等)

【记】词根记忆：para(与…相反)+dox(观点)→与自身相反的观点→自相矛盾的事物(思想、言论等)

【例】**Paradox** and irony are characteristics of the politician's style of speech. 似是而非的隽语和反讽是政治家演讲风格的典型特征。

enlighten [in'laitən] vt. 启发；开导，使摆脱偏见(迷信)；指导，教育

【记】联想记忆：en(使)+light(点亮)+en→点亮→启发

【例】The history should *enlighten* us for a long time. 历史在很长一段时间里会给予我们启示。

【用】常见句型是enlighten sb. on sth. 表示"使某人明白某事"。

grumble ['grʌmbl] *v.* 发牢骚 *n.* 不平，怨言

【例】If not treated with the respect he feels due to him, Jack gets very ill-tempered and *grumbles* all the time. 如果没有得到在他看来理应得到的尊敬，杰克不仅脾气变得很糟还会满腹牢骚。（2004）

【用】grumble后可接at, 表示"抱怨…"。

interior [in'tiəriə] *n.* 内部，室内；内地，内陆；内心，本质 *adj.* 内（部）的，内陆的，腹地的；国内的，内政的；本质的，心灵的

【记】词根记忆：inter(在…之间)+ior→内部的，内陆的

【例】The *interior* trade in this country is flourishing recently. 这个国家的国内贸易最近日渐繁荣。

curious ['kjuəriəs] *adj.* 好奇的，有求知欲的；奇特的，不寻常的

【例】Loneliness is a *curious* thing that the feeling of loneliness is very difficult to get rid of. 孤独是一种很奇特的东西，人们很难摆脱这种感觉。（2000）

【派】curiosity[*n.* 好奇(心)；奇品，珍品，古玩]

luxury ['lʌkʃəri] *n.* 奢侈；奢侈品；豪华

【例】A car is somewhat a *luxury* for me. 汽车对我来说还是奢侈品。

affix [ə'fiks] *vt.* 使固定；贴上；签署，盖印章

【记】联想记忆：af(表加强)+fix(使固定)→使固定

【例】Alas, I have forgotten *affixing* a stamp on the envelope. 哎呀！我忘了在信封上贴邮票了。

【用】affix的后面一般跟介词to, 表示"贴在…上"。

upset [ʌp'set] *v.* 使人心烦意乱；使（肠胃）不适；弄翻，打翻；打乱，搅乱 *n.* 翻倒，颠覆；混乱，搅乱；心烦意乱

【例】The coming final exam *upset* the students a lot. 即将来临的期末考试使学生们心烦意乱。// The President suffered an *upset* in his campaign for reappointment. 总统在连任竞选中遭遇意外失败。

endow [in'dau] *vt.* 赋予，授予；资助，捐赠

【例】be endowed with They *were endowed with* enormous concealed advantages of a kind not possessed by any of their competitors. 他们天生就有许多其对手所没有的潜在优势。（1999）

summarize ['sʌməraiz] *v.* 摘要，概述

【记】联想记忆：summary(摘要)+ize(使…化)→概述

□ grumble   □ interior   □ curious   □ luxury   □ affix   □ upset
□ endow   □ summarize

【例】We may now ***summarize*** our analysis of desire and feeling. 我们现在可以概述一下对欲望与情感的分析。

【派】summary（*n.* 摘要，概略 *adj.* 简明的，扼要的）

recollect [ˌrekəˈlekt] *v.* 回忆，回想

【记】和recall（*v.* 回想）一起记

【例】Bess was almost as much interested in such things as other girls, and tried very often to ***recollect*** something worth their putting in. 贝丝几乎和其他女孩一样对这种事情非常感兴趣，常回忆那些值得她们投入的事情。

【派】recollection（*n.*［常*pl.*］记忆力，回想）

omit [əuˈmit] *vt.* 省略，删除；遗漏，忽略

【例】We ***omitted*** an important item in the agreement. 我们忽略了合约中一项重要的条款。

【派】omission（*n.* 省略，删节；遗漏，忽略）

unplug [ʌnˈplʌg] *vt.* 拔出（电器）的电源插头；除去（某物）的障碍物

【记】联想记忆：un（弄出）+plug（塞子，插头）→拔去（塞子，插头）

【例】The Kaiser Chiefs have helped to launch a new campaign called "***Unplug***-it" which aims to get us to ***unplug*** our mobile phones and save energy. 皇帝领袖乐队帮助发起了一项名为"不插电"的新运动，旨在号召我们拔掉手机电源，节省能源。

modify [ˈmɔdifai] *vt.*（略微）修改，变更；调节，缓和；（形容词或副词的）修饰

【记】词根记忆：mod（方式）+ify→使改变方式→修改

【例】The new tax policy can ***modify*** the burdens on the peasants. 新出台的税收政策可以减轻农民的负担。

【辨】modify, change, adapt

三个词都有"改变"的意思，但侧重点和结果不同。modify的改变有局限性，一般只做细微的修改或减低，如：modify the position；change最为普通，可以表示变，也可以表示换，改变的多少没有具体限制，如：change one's mind；adapt强调的是为了适应新环境而作出改变，如：adapt to the new environment。

exhibit [igˈzibit] *vt.* 展览，展出，陈列；表现，显出，显示 *n.* 陈列，展览；展览品；展览会

【例】Some libraries ***exhibit*** children's art works from around the world. 有些图书馆展览世界各地孩子们的艺术作品。（1999听力）// This art ***exhibit*** is very successful. 这次艺术展很成功。// Although he was talking about madness and he wrote on mental illness, he seemed to be *exhibiting* rather than explaining it. 虽然他在谈论精神失常，并且也在写这方面的疾病，但是他似乎是在展示而不是在解释该疾病。（2008）

【派】exhibition〔*n.* 展览会；展览(品)，陈列品；表现；显示〕

poverty ［ˈpɔvəti］*n.* 贫困；缺乏

【例】The International Development Secretary says the relief is being offered to countries committed to eliminating *poverty*. 国际发展组织秘书长表示，已对那些致力于消除贫困的国家提供了救济品。（2003）

insist ［inˈsist］*v.* 坚持，坚决认为；坚决要求；强调

【记】词根记忆：in(使)+sist(站)→使始终站立→坚持

【例】You must *insist* that students give a truthful answer consistent with the reality of their world. 你必须坚持让学生根据他们世界发生的事实给出诚实的回答。（2001）

【用】insist作及物动词时后面可接that从句，从句用should do sth.，作不及物动词时接on或upon。

【派】insistent(*adj.* 坚持的，持续的)

【辨】**insist, persist, stick**

insist表坚持某种意见，一般与on, upon连用，或接that引导的虚拟从句，即"should+动词原形"；persist多表坚持某一行为或意见，常与介词in连用；stick一定要与to连用，与insist意思一样。

coincide ［ˌkəuinˈsaid］*v.* 同时发生；一致，不谋而合

【记】词根记忆：co(共同)+in+cid(切)+e→切成相同的形状→一致

【例】The normal human daily cycle of activity is of some 7-8 hours' sleep alternation with some 16-17 hours' wakefulness and that the sleep normally *coincides* with the hours of darkness. 人类每日正常的睡眠时间是7~8小时，活动时间是16~17小时，二者相交替，睡眠通常与黑夜的时间一致。（2004）

【用】coincide通常与介词with连用，表示"很巧合地同时发生或一致"。

【派】coincidence(*n.* 巧合，巧事)

finance ［faiˈnæns］*n.* 财政，财务；资金；[*pl.*]财源；基金 *v.* 为…提供资金(经费)

【例】The Minister of *Finance* is believed to be thinking of imposing new taxes to raise extra revenue. 人们认为财政部长正考虑征收新税来筹集额外的收入。（2004）// The president explained that the purpose of taxation was to ***finance*** government spending. 总统解释说税收用于支付政府开支。(2005)

【派】financial(*adj.* 财政的，金融的); financially(*adv.* 财政上，金融上); financier(*n.* 财政家，金融家)

convict [kən'vikt] *v.* 证明…有罪，宣判…有罪，定罪

['kɔnvikt] *n.* 被判入狱的罪犯

convict

【记】词根记忆：con+vict（征服）→征服罪犯→定罪

【例】What is more, the police would visit you; and you would be ***convicted***. 更严重的是，警察会去找你，然后你将会被定罪。(2004)

【用】convict的常用搭配是convict sb. of sth. /doing sth. 表示"判决某人为某罪"。

【派】conviction(*n.* 定罪；信念，坚信)

expense [ik'spens] *n.* 费用，消费，支出；(精力、时间等的)消耗，耗费；[*pl.*]开支，花费

【记】词根记忆：ex(出去)+pens(花费)+e→消费

【例】Clarissa's main ***expense*** was shopping. 克拉丽莎主要的花费是购物。// **at the expense of** We should not finish the assignment ***at the expense of*** our health. 我们不能以健康为代价来完成这项任务。

【用】at the expense of意为"以…为代价；由…付费"，与at the price of 意义相同。

【派】expensive(*adj.* 高价的，昂贵的)

exist [ig'zist] *vi.* 存在；生存，生活

【例】Where'd they ***exist*** in your local area? 在你所在的地区，它们都在哪里呢?（2012听力）// In all the languages ***existing*** in the world today there are complexities that must have been developed for years. 在当今世界上现存的所有语言中，有些复杂的语言肯定已经发展了好多年了。(2000听力)

【用】常见搭配有：①exist on（靠…生存）；②exist as（以…形态而存在）；③exist in（存在于…中）。

gamble ['gæmbl] *v.* 赌博，打赌 *n.* 赌博；投机，冒险

【例】I don't believe in luck so that I never ***gamble***. 我不相信运气，所以从不赌博。

【用】gamble后一般接on，表示"在…上进行赌博；从事…冒险"。

【派】gambler(*n.* 赌徒)

relieve [ri'li:v] *vt.* 减轻，解除(痛苦或困难)；救助，救济；换班，接替

【记】词根记忆：re+liev(变轻)+e→痛苦变轻→减轻

【例】The doctor helped the patient *relieve* the pain with aspirin. 医生用阿司匹林帮助病人减轻痛苦。// The whole nation tried their best to *relieve* the people in flood-stricken area. 举国上下尽全力救济洪水灾区的人们。

【派】relief〔*n.* (痛苦、困苦等的)减轻；救济，救济物〕

【辨】**release, relieve**

二者都有"解放，释放"的意思。release指从痛苦中解放出来，常跟from连用；relieve指暂时的减缓或减轻，并非彻底根除。

despair [di'speə] *n. / vi.* 绝望，失望

【例】The lonely girl totally fell into *despair*. 孤单的女孩完全陷入了绝望。

overhear [,əuvə'hiə] *v.* 无意中听到，偶然听到；偷听，窃听

【记】联想记忆：over(在…之上)+hear(听)→无意中听到

【例】I *overheard* part of the conversation between them when I walked by. 我路过时无意中听到了他们之间的部分谈话。

absent ['æbsənt] *adj.* 缺席的；茫然的；心不在焉的 *vt.* 使(自己)离开

absent

【记】联想记忆：ab (离去)+sent (送)→送走→缺席的

【例】There are countless others who, because of age, sickness or plain *absent*-mindedness, simply forget to pay for what they take from the shop. 有为数不少的人会因为年老、生病或是心不在焉而忘记为自己从商店拿走的东西付账。(2004) // Daphne is *absent* in Guangzhou. 达夫妮去广州了，不在这里。// be absent from John *was absent from* the important meeting because he had a cold. 约翰因感冒而没有参加那次重要的会议。

【用】absent常与from或in搭配，需要注意的是，be absent from指"缺席"，be absent in指"某人去某地了，不在此处"。

【派】absence(*n.* 缺席；缺乏；不存在)；absent-minded(*adj.* 心不在焉的)

butt [bʌt] *v.* 以头（或角）冲撞，顶撞 *n.* 嘲笑的对象，笑柄；东西的一端；烟蒂

【例】They all leaped to avoid her ***butt*** as she bustled into the house. 当她急匆匆地冲进屋子时，大家都跳开，避免被她撞到。// Michael lights another cigarette off the ***butt*** of the last one. 迈克尔用上一支烟的烟蒂又点了一支。

assert [əˈsɜːt] *vt.* 宣称，断言；维护，坚持(权利等)

【记】词根记忆：as(表加强)+sert(插入)→强行插入观点→断言

【例】Dr. H. Roberts, writing in *Every Man in Health*, ***asserts***: "It may safely be stated that, just as the majority eat too much, so the majority sleep too much." H·罗伯特博士在《人人健康》中称："可以确定地说，正如大多数人吃得太多一样，大多数人也睡得太多。"(1999)

【派】assertion[*n.* 语气肯定的话，断言；主张，坚持(权力、意见等)]

【辨】**assert, affirm, allege**

　　assert表示确信不移地宣称某事，如：He asserted that man's nature would never change.；affirm指肯定地宣称某事为真实的，强调的是相信或坚定的信念，如：affirm one's faith in God；allege表示无证据地阐述某事。

discard [disˈkɑːd] *v.* 丢掉，舍弃

【记】联想记忆：dis(除去)+card(卡片)→卡片都不要了→丢掉

【例】I ***discarded*** many tattered clothes when moving to a new house. 搬家时，我扔掉了很多破衣服。

innovate [ˈinəuveit] *v.* 革新，改革，创新

【记】词根记忆：in(使)+nov(新的)+ate→使焕然一新→革新，创新

【例】The true wealth of a nation lies in its people's ability to create, communicate and ***innovate***. 一个国家真正的财富在于其人民有能力创新、沟通和改革。

【派】innovation(*n.* 革新，创新；新发明)

strip [strip] *v.* 剥去，剥光，脱光衣服；剥夺，夺走 *n.* 条，带，细长片；(陆地、海域等)狭长地带，带状水域

【例】The general was ***stripped*** of the rank because of bribery. 将军因收受贿赂被免去了军衔。// Foreign Office Minister Kim Howells condemns the violence in the Gaza ***Strip*** as "completely unacceptable". 外交部国务大臣金·豪厄尔斯谴责加沙地带的暴行，称其"完全不可接受"。

【用】strip作"剥夺"讲时常与of一起使用，表示"剥夺某人某物"；词组comic strip是"连环画"的意思。

bargain ['bɑːgin] v. 议价，讨价还价 n. 廉价货；合同，协议；交易

【记】联想记忆：bar(障碍)+gain(获得)→高价是得到物品的障碍，所以要讨价还价→讨价还价

【例】The price of public transportation in Beijing has doubled twice since 1989, but it is still a ***bargain***. 自1989年起，北京公共运输的价格涨了一倍，但还是很便宜。(2000) // drive a bargain Duncan was not so stupid but he could ***drive a*** hard ***bargain***. 邓肯没有那么傻，但他还可以进一步讨价还价。

exert [ig'zəːt] vt. 运用，行使，发挥(影响等)；用力，尽力

【记】词根记忆：ex(出)+ert(能量，活力)→运用；尽力

【例】exert oneself Married couples are likely to ***exert themselves*** for guests—being amusing, discussing with passion and point—and then to fall into dull exhausted silence when the guests have gone. 夫妻可能尽力在客人面前表现得热情幽默，谈论时不但充满激情而且有见地，而客人一走便回到了单调疲惫的沉默中。(2001)

invert [in'vəːt] vt. 倒置，颠倒

【记】词根记忆：in+vert(转)→转向→倒置

【例】Should the image formed on the retina be ***inverted***? 在视网膜上形成的图像应该是倒置的吗？

invert

apparent [ə'pærənt] adj. 明显的，显而易见的；外表的，表面上的

【记】联想记忆：ap(表加强)+parent(父母)→父母对儿女的爱显而易见→明显的

【例】In the Philippines a ferry carrying at least 400 people has sunk after an ***apparent*** collision with a cargo ship. 在菲律宾，一艘载了至少400人的渡船因为与一般货船相撞而沉没。(1997听力)

【派】apparently(adv. 显然，明显地)

courteous ['kəːtjəs] adj. 有礼貌的，谦恭的

【记】联想记忆：court(向…献殷勤)+eous(…的)→谦恭的

【例】This boy appeared to be very ***courteous***. 这个男孩看起来很有礼貌。

【派】courtesy(n. 礼节，礼貌)

shame [ʃeim] n. 惭愧，耻辱；可耻之事物(人)；遗憾，惋惜之事 vt. 使蒙羞；使感羞愧

【例】What a ***shame***! I guess we'll have to change our sailing plans.

真遗憾，我想我们必须得改变航行计划了。（1997听力）// Jim was *shamed* into making an apology. 吉姆因羞愧而道歉。

【派】shamefaced（*adj.* 羞愧的）；shameful（*adj.* 可耻的）；shameless（*adj.* 无耻的）

brilliant [ˈbriljənt] *adj.* 光辉的，辉煌的；卓越的；聪颖的

【记】词根记忆：brilli（发光）+ant（…的）→发光的→光辉的

【例】For a *brilliant* speech, there are rules that you can put to good use. 对于一场精彩的演讲来说，有一些规律你可以很好地利用。（2013）

【派】brilliance（*n.* 辉煌；聪颖，才华横溢，卓越）

【辨】**brilliant, clever, smart**
　　这三个词都有"聪明的"的意思。brilliant褒义色彩最浓，指非常聪明，才华横溢；clever指理解快的、思维灵活的；smart指机敏、反应快而不同凡响的。

shorten [ˈʃɔːtən] *v.* （使）变短，缩短

【例】Smoking and drinking a lot will *shorten* the life. 抽烟和酗酒会缩短人的寿命。

affirm [əˈfəːm] *v.* 坚称，断言，肯定地说

【记】联想记忆：af（表加强）+firm（坚定的）→十分坚定地说→断言

【例】Tom *affirmed* that he didn't cheat during the examination. 汤姆坚持表示自己考试没有作弊。

【派】affirmative（*adj.* 肯定的 *n.* 肯定词；肯定的方式）

wander [ˈwɒndə] *v.* 漫步，闲逛，徘徊；精神恍惚，胡言乱语

【例】I *wandered* through the front room, the dining room, the parlour, hand on the wall for balance. 为了保持平衡，我手扶着墙徘徊着走过前屋、穿过餐厅和起居室。（2002）

originate [əˈridʒəneit] *v.* 发源；创始；开始

【记】联想记忆：origin（起源，产生）+ate→发源；创始

【例】The Olympic Games *originated* in 776 B. C. in Olympia, a small town in Greece. 奥林匹克运动会于公元前776年起源于希腊的一个小镇——奥林匹亚。（1999）

【派】original（*adj.* 最初的；独特的；原作的 *n.* 原版；原型）；originality（*n.* 独创性；新颖）

【辨】**originate, stem, derive, descend**
　　四个词都有"发源，产生"的意思。originate指发起、创办，强调其初始状态；stem强调起源于某事物，侧重滋生之意，如：stem

from the past；derive强调衍变，有一定的变化；descend指"由…遗传下来"，一般来自于祖先。

limit ［'limit］*n.* 界限，限制；［*pl.*］边界，范围 *vt.* 限制，限定

【记】词根记忆：lim(限制)+it→限制

【例】**off limits** People under 16 are *off limits* to the bar in this country. 在这个国家，16岁以下的人禁止进入酒吧。

【用】词组off limits后面常常接介词to；另外within limits是"适度地，在合理的范围内"的意思。

【派】limitation(*n.* 限制，限定；限制因素)；limited(*adj.* 有限的)

【辨】**limit, restrict, confine**

这三个词都有"限制；局限"的意思。limit强调限制在某个点，超过就会有严重的后果；restrict指限制于某个范围内；confine主要的意思是束缚或限制。

badly ［'bædli］*adv.* 恶劣地；有缺点地，拙劣地；非常

【记】联想记忆：bad(坏的)+ly(…地)→有缺点地

【例】Candidates who interview *badly* tend to be at either end of the spectrum of human behaviour. They are either very shy or over-confident. 面试结果极差的应征者的表现处于两个极端，他们不是过于害羞就是过于自信。(2004)

regulate ［'regjuleit］*vt.* 管理，控制；调整，调节

【例】These enterprises are *regulated* by the state government. 这些企业由州政府管理。

【派】regulation(*n.* 规则，规定，法令；控制)

lay ［lei］*v.* 放；设置，布置；铺，砌；生(蛋)，产(卵) *adj.* 世俗的；外行的

【例】**lay down** The government must *lay down* a rule about the matter as soon as possible. 政府必须尽快就此事制定规则。

【用】lay的搭配比较多，需要着重记忆：lay down意为"献出(生命)；制定，规定；放下，铺设"；lay off 意为"(暂时)解雇；放弃，戒掉"；lay out意为"安排，布置，设计；摆开，展示"。

subscribe ［səb'skraib］*v.* 认捐，捐助；订阅；签署

【记】词根记忆：sub+scrib(写)+e→签署，写下订单→订阅

【例】If you *subscribe* to the magazine for twelve months, you will receive a free limited-edition T-shirt. 如果您订阅12个月的杂志，您将免费获得限量版T恤衫一件。

remain [ri'mein] *vi.* 停留，留下；仍然是，保持

【例】Those beautiful times *remained* in our mind for ever. 那些美好的日子永远留在我们的记忆中。// The language, which *remains* unchanged, is nothing but dead. 一直没有变化的语言只能渐渐被废弃。（2000听力）

【派】remainder(*n.* 剩余物，剩下的人)；remains[*n.* 剩余物，残余；(古建筑等的)遗迹；遗体]

bloom [blu:m] *n.* 花，开花；青春；香味 *vi.* 开花；繁盛，茂盛

【例】The apple tree is about to *bloom*. 苹果树就要开花了。// Elizabeth has already lost her *bloom*. 伊丽莎白的青春美貌已经逝去。

【派】blossom(*n.* 花；开花的状态 *v.* 开花；发展，繁荣，成长)

promote [prə'məut] *vt.* 提升；促进；宣传，促销；发起，创立

【记】词根记忆：pro(向前)+mot(动)+e→向前动→促进

【例】The two countries held a culture exchanging festival to *promote* their mutual understandings. 那两个国家举办了一个文化交流节来增进彼此之间的了解。// The star is *promoting* his new record. 那位歌手正在为自己的新唱片做宣传。

【派】promotion(*n.* 提升；促进；宣传)

suspend [sə'spend] *v.* 悬挂，吊起；悬浮；暂停，延缓；使停职，暂停权利

【记】词根记忆：sus+pend(悬挂)→挂在下面→悬挂

【例】The oil price was given another push up this week when Iraq *suspended* oil exports. 由于伊拉克暂停石油出口，油价本周再次攀升。// Nigeria was *suspended* from the 54 nation group of mainly former British colonies in 1995 after it executed 9 minority rights activists. 尼日利亚在1995年处死了9名少数派权利激进分子，从此便失去了主要由前英国殖民地国家组成的54国组织的成员资格。（2001听力）// Bus services between Town Centre and Newton Housing Estate will be *suspended* until the Motorway is repaired. 在高速公路维修好前，镇中心和牛顿房产之间的公交服务将暂停。（2008）

【派】suspense(*n.* 悬疑，悬念；焦虑)；suspension[*n.* 悬浮；暂停，停职；(车辆的)悬挂装置；悬浮(液)]

【辨】**suspect, doubt**

二者都表示"怀疑，不相信"，但用法不同。suspect常用搭配为suspect sb. of doing sth. 或 suspect sb. to be sb. else, 此外，它还可接由that引导的从句，表示"猜想…"；doubt后也可接that从句，表"不相信"，一般接whether/if引导的从句，但用在否定句中时，doubt后面只能用that引导的从句。

scotch [skɔtʃ] *vt.* 粉碎，消灭；戳穿

【例】The police succeeded in *scotching* a plot to rob the bank. 警方成功挫败了一起抢劫银行的阴谋。

consequent [ˈkɔnsikwənt] *adj.* 随之而来的，由…所导致的

【记】词根记忆：con+sequ(跟随)+ent(…的)→随之而来的

【例】Another belief was that great changes occurred every 7th and 9th of a man's life. *Consequently*, the age of 63 (the product of nine and seven) was thought to be a very perilous time for him. 另外一个信仰就是，一个人一生与7和9有关的年岁都会发生重大的改变。因此，63岁(7和9的乘积)成为他最危险的时期。(2003)

【派】consequently(*adv.* 因而，所以)

insight [ˈinsait] *n.* 洞察力，深入了解，洞悉

【记】联想记忆：in+sight(眼光)→眼光深入→洞察力

【例】The man has deep *insight* and management ability in business. 这个人在商业上有着敏锐的洞察力和经营能力。(2005)

boast [bəust] *v.* 夸，自夸，夸口 *n.* 大话，自夸的话

【例】Some of them *boast* too much about the advantage of the products. 他们有的人把产品的好处夸得太大了。(1999听力)

【用】boast常见搭配是boast of/about，指"自夸，自吹自擂"。

boast

witness [ˈwitnis] *n.* 目击者，证人 *v.* 目睹，目击；表明，证明，显示

【例】This is undoubtedly an economic-based revolution we are *witnessing* here, one made possible by communications technology, but made to happen because of marketing considerations. 毫无疑问，我们正亲眼目睹一场以经济为基础的革命，通信技术使之成为可能，而从营销方面的思考使其成为现实。

【用】witness作名词时通常与介词to搭配。

consistent [kənˈsistənt] *adj.* 坚固的，坚实的；一致的，连贯的，始终如一的

【记】词根记忆：con+sist(站立)+ent→站在一起的→一致的

【例】You must insist that students give a truthful answer *consistent* with the reality of their world. 你必须坚持要学生给出一个与他们现实生活一致的真实答案。(2001)

【用】consistent后面一般接with，表示"与…一致"。

【派】consistency[*n.* 一贯，前后一致；稳定性；(液体的)浓度]

design [di'zain] *n.* 设计，图样，图案 *v.* 计划，图谋，打算；构思设计

【记】联想记忆：de+sign(记号)→做记号→设计

【例】Seen at ground level, the *designs* are a jumbled senseless mess. 站在地面上看，这些图案就是一片毫无意义的混乱景象。(2010)

monitor ['mɔnitə] *n.* 显示屏，监护仪；监听员；班长 *v.* 监听，监视

【记】词根记忆：monit(警告，提醒)+or→不断提醒你的人→班长

【例】The police was *monitoring* the suspected criminal's phone conversations. 警方正在监听嫌疑犯的电话交谈。

circumstance ['sɔːkəmstəns] *n.* [*pl.*]情况，情形；环境；[*pl.*]境况，境遇

【记】词根记忆：circ(环)+um+st(站)+ance(名词后缀)→环绕在周围的→环境

【例】under the circumstances *Under the circumstances*, Simon felt unable to accept the job. 在那种情况下，西蒙觉得无法接受这个工作。// under no circumstance *Under no circumstances* should we reveal our secret. 无论如何我们都不应该泄露秘密。

despite [di'spait] *prep.* 尽管，不顾，虽然 *n.* 侮辱，伤害；恶意，怨恨

【记】与despise(*v.* 鄙视)仅差一个字母

【例】*Despite* the quality of the video, the police believe the robbers are distinct enough to be identified. 尽管视频画面效果不太好，警方还是认为抢劫犯特征明显，能够辨认出来。(2011听力)

catalog(ue) ['kætəlɔg] *n.* (图书或商品等的)目录 *vt.* 为…编目录，把…编入目录

【记】词根记忆：cata(下面)+log(说话)→在下面要说的话→目录

【例】Internet links provided access to the card *catalogues* of all the major libraries. 网络链接为人们提供了获取所有主要图书馆目录卡片的途径。(2003)

satirize ['sætəraiz] *vt.* 讽刺，讥讽

【例】We should not *satirize* other person's enthusiasm and obstinacy. 我们不应该讽刺别人的热情和固执。

【派】satirist(*n.* 进行讽刺的人，创作讽刺作品的作家)

community [kə'mjuːnəti] *n.* 社区；社会；团体，界；(动植物的)群落

【记】联想记忆：com+mun（看作muni, 服务)+ity→为大家服务→社区

【例】Over the years several other theories have been put forth, but none has been accepted by the scientific *community*. 多年来，人们已提出过许多其他理论，但没有一个得到科学界的认可。(2010)

【用】community service是固定搭配，表示"社区服务"。

Word List 19

词根、词缀预习表

merg 沉，没	merge v.（使）合并，（使）并入	**dol** 悲伤	condolence n. 追悼
quer 寻求；获得	conquer v. 征服	**tempt** 尝试	attempt v. 尝试，企图
liter 文字	illiterate n./adj. 文盲(的)	**posit** 放	deposit v. 放下，放置
mono- 单个	monotonous adj. 单调的	**norm** 规则	enormous adj. 巨大的
vey 道路	convey v. 运输，运送	**cis, cid** 切掉	concise adj. 简洁的
duct 引导	conduct v. 引导，带领	**ple** 满，填满	complete v. 完成
cmpt 拿；获得	exempt adj. 被赦免的	**per-** 自始至终	permanent adj. 永久的

rehabilitate [ˌriːhəˈbiliteit] v. 使恢复正常生活；使回复原状，修复；使恢复原有的高职位、地位等

【例】The once discredited mayor has been ***rehabilitated*** in public esteem. 公众已经恢复对一度信誉扫地的市长的敬重。

merge [məːdʒ] v.（使）合并，（使）并入

【记】词根记忆：merg(沉，没)+e→（使）合并，（使）并入

【例】Advertisers want to ***merge*** music with commercials. 广告商们想把音乐和广告融为一体。

stare [steə] v. 盯，凝视，目不转睛地看 n. 盯，凝视

【例】After supper, we'd sprawl on mom's bed and ***stare*** for hours at the tube. 晚餐后，我们会趴在妈妈的床上盯着电视看上几个小时。(2005) // Ellen looks at Betty with a knowing ***stare***. 埃伦用会意的眼神望着贝蒂。

respect [riˈspekt] n. 尊敬；考虑，关心；敬意；方面，着眼点；关系，有关 vt. 尊敬；仔细考虑

【记】词根记忆：re+spect(看)→看了又看→关心

【例】with respect to They all became serious when they talked ***with respect to*** the sacrificed soldiers. 谈到牺牲的战士时，他们都变得严肃起来。

【用】respect在表示"敬意，问候"的时候，常用复数形式。

【派】respectable（*adj.* 可敬的，高尚的；体面的；相当好的）；respectful（*adj.* 恭敬的，有礼貌的）

overrule [ˌəuvəˈruːl] *vt.* 否决，驳回

【记】联想记忆：over（翻转）+rule（裁决，裁定）→推翻裁决→否决

【例】The abrupt claims were *overruled* by the government. 这些无礼的要求被政府驳回了。

overlap [ˌəuvəˈlæp] *n.* 重叠（部分）*v.* 部分重叠，交搭

【记】联想记忆：over（在…上）+lap（重叠）→重叠

【例】The two pictures *overlapped* and matched perfectly. 这两张图像重叠起来，搭配得天衣无缝。

aftermath [ˈɑːftəmæθ] *n.* （指不幸的）事件的余波，余殃，后果

【记】联想记忆：after（后）+math（数学）→做完数学后一塌糊涂的结果→后果

【例】It is difficult for the government to carry on the rebuilding which took place in the *aftermath* of the war. 对政府来说，战后的重建工作很难进行下去。

temper [ˈtempə] *n.* 心情，脾气，性情，气质；（钢等物质的）硬度、韧度，回火度 *v.* 回火，锻炼；使软化；调剂，缓和

【例】In summer the high daytime temperatures on the coast are *tempered* by cooling sea breezes. 夏天时节，凉爽的海风缓和了沿海地区白天的高温。// be in a bad temper Susan *was in a bad temper* because Thomas wanted to come too. 苏珊的心情很不好，因为托马斯也要一起来。

【用】词组be in a good/bad temper是"心情好/不好"的意思；get into a temper则表示"发怒"；keep/lose one's temper表示"忍住/发脾气"。

【派】temperament（*n.* 气质，性情，禀性）；temperamental [*adj.* 气质（上）的，生来的；神经质的，变化无常的]

fanatic [fəˈnætik] *n.* 狂热者，入迷者 *adj.* 狂热的

【记】联想记忆：fan（入迷者）+atic→入迷者

【例】A black country film *fanatic* is rewarded for 50 years of Saturday nights at the movies. 一名喜爱乡村题材电影的黑人影迷因50年来每个周六的晚上都观看电影而获奖。

add [æd] *v.* 加，增加；附言

【例】Specifically, AT&T will *add* 2,000 new cell sites and upgrade existing cell sites with three times more fiber links than it had in 2009.

需要特别指出的是，美国电话电报公司将增加2000个新的蜂窝站，并用比2009年多出三倍的光纤链路来对现有的蜂窝站进行升级。（2011听力）

【用】add的常用搭配是add up, add up to, add to。

thrill [θril] *n.* (一阵)激动，战栗，震颤；使(人)心情激荡的书(影剧等) *v.* 使震颤，使激动

【例】Even though I've been acting for 40 years, I still get a ***thrill*** out of going on stage on opening night. 尽管已经表演了40个年头，但登上开幕之夜的舞台我依然无比激动。

【派】thriller[*n.* 情节扣人心弦的小说(影剧等)]

conquer ['kɒŋkə] *v.* 征服，战胜，占领；克服(困难等)，破除(坏习惯等)

【记】词根记忆：con+quer(寻求；获得)→得到全部→征服

【例】Her dream is to ***conquer*** the whole world. 她的梦想就是征服全世界。

【用】谚语：To conquer or to die. (不成功便成仁)。

【派】conqueror (*n.* 征服者；胜利者)；conquest (*n.* 征服；战利品，征服的土地)

divide [di'vaid] *v.* 分割，分切，分隔；除；分裂，产生分歧，离间

【记】词根记忆：di+vid(分开)+e→分割

【例】The ancient astrologers believed that the universe was governed by seven planets; students of Shakespeare will recall that the life of man was ***divided*** into seven ages. 古时的占星家认为宇宙由七大行星掌管，莎士比亚的学生将会想起人的一生被分割为七个不同的年龄段。（2003）

【派】dividend(*n.* 被除数；红利，股息)；division(*n.* 分开，分隔；部分，区，部门；界限；分歧；刻度)；divisible(*adj.* 可分的；可除尽的)

lovable ['lʌvəbl] *adj.* 可爱的，讨人喜欢的

【记】来自love(*v.* 爱)

【例】These giant pandas are gentle and ***lovable***. 这些大熊猫温顺可爱。

【派】lovely(*adj.* 可爱的；令人愉快的)；loving(*adj.* 爱的，表示爱的)

heap [hi:p] *n.* (一)堆；大量，许多 *v.* 堆积，堆起；积累

【例】I've got to go because I got a ***heap*** of work waiting in my office. 我得走了，因为办公室里有一大堆工作要做。

【用】a heap of 和heaps of都表示"一堆，许多"；heap up表示"积累，堆起来"。

chaos [ˈkeiɔs] *n.* 混乱状态

【记】发音记忆：将chao按拼音发音，chaos音似"吵死"→混乱状态

【例】in chaos Afghanistan had been *in chaos* for long. 阿富汗长期以来一直处于混乱状态。（2004听力）

【派】chaotic(*adj.* 混乱的，纷乱的)

condolence [kənˈdəuləns] *n.* 吊唁，追悼，悼词

【记】词根记忆：con+dol(悲伤)+ence(名词后缀)→共同悲伤→追悼

【例】She wrote a letter of *condolence* to Nina. 她写了封吊唁信给尼娜。

persistent [pəˈsistənt] *adj.* 坚持的，不屈不挠的；持续不断的，反复出现的

【记】词根记忆：per+sist(站立)+ent→始终站着的→不屈不挠的

【例】Tom's *persistent* effort was rewarded as he finally achieved success. 汤姆坚持不懈的努力得到了回报，他最终取得了成功。

trust [trʌst] *n.* 信任；托管；职责；信托财产；托拉斯 *v.* 信任，信赖；委托，托付；倚靠，依赖；希望，盼望

【例】I used to think Emily was honest and *trust*-worthy, but now I know better. 我曾经认为埃米莉诚实可信，但是现在我看清她了。(2000) // A 65-year-old woman who left homeless for nine weeks is found a new home by a housing *trust*. 一位65岁的老年妇女无家可归九个星期后，在一家住房信托基金会的帮助下找到了新的居所。

【派】trustee[*n.* 受信托人；(机构的)管理班子成员]；trustworthy(*adj.* 值得信任的)

【辨】**trust, believe**

　　二者都表示"相信"的意思，但用法不同。trust常接不定式trust sb. to do sth. ，也常跟in表示"信任，信赖"；believe可接名词、代词，也可接that从句表示"认为…"。

thwart [θwɔːt] *vt.* 阻挠，使…受挫

【例】Shelley has cursed him, and intends to *thwart* his plans. 谢利已经诅咒了他，并打算阻挠他的计划。

illiterate [iˈlitərət] *n.* 文盲，无知的人 *adj.* 文盲的；未受教育的

【记】词根记忆：il(不，无)+liter(文字)+ate→不识字的→人盲的

【例】What a pity! You were confined to the society of the *illiterate* and vulgar all your life. 你一生都被禁锢在无知和庸俗的世界里，多么可怜啊！

epidemic [ˌepiˈdemik] *adj.* 流行性的，传染的；流传极广的 *n.* 流行病；(流行病的)迅速传播

【记】词根记忆：epi(在…中间)+dem(人民)+ic→在人们中间的→传染的

【例】This ***epidemic*** could easily spread. 这种流行病容易传播。

grit [grit] *n.* 砂，砂粒，沙砾；坚毅，勇气，决心 *v.* 咬紧牙关；不畏困难

【例】The strong wind drove ***grit*** into their faces. 大风将沙子扬到了他们的脸上。// Bessie ***gritted*** her teeth and put more effort into her accent. 贝西咬紧牙关，更费力地强调了一遍。

hemisphere [ˈhemisfiə] *n.* (地球、天体的)半球，半球上所有的国家(居民)；(活动、知识等的)范围(领域)

【记】联想记忆：hemi(半)+sphere(球)→半球

【例】The right ***hemisphere*** of the brain controls the nerves of all logic and intellect. 大脑的右半球控制着所有逻辑和智能神经。

suck [sʌk] *n. / v.* 吸，啜，吮，咂

【例】The baby was ***sucking*** its mother's breast greedily. 婴儿贪婪地吮吸着母乳。

clarify [ˈklærifai] *v.* 澄清，阐明；净化

【记】词根记忆：clar(清楚，明白)+ify(…化)→清楚化→澄清

【例】Would you please ***clarify*** your question? 请你把你的问题说清楚好吗？

【用】clarify相当于say... clearly，也就是把事情说清楚，通过某种途径阐明。

【派】clarity(*n.* 清晰，明晰)

plausible [ˈplɔːzəbl] *adj.* (声明、争论等)似乎正确的；能说会道的

【记】词根记忆：plaus(打动)+ible→能打动人的→能说会道的

【例】The theory is a ***plausible*** explanation, but it has not been completely proved. 这个理论似乎是个正确的解释，但还没有被完全证实。

faint [feint] *adj.* 虚弱的，眩晕的；无力的，懦弱的；微弱的，模糊的；微小的，渺茫的 *vi.* 昏厥，晕倒

【记】网上聊天常说的FT，就是faint的缩写，意为"晕倒"。

【例】A ***faint*** breeze fluttered through the room and the candlelight inside started to flicker. 一阵微风吹过房间，屋内的烛光开始摇曳起来。// The patient still felt quite ***faint*** after the surgery. 手术后，病人仍然觉觉非常虚弱。

stroll [strəul] *n./v.* 漫步，闲逛，遨游

【例】Anderson and Kathy ***strolled*** through the crowds eating cotton candy. 安德森和凯西吃着棉花糖，漫步穿过人群。

torture ['tɔːtʃə] *n.* 拷问；折磨，痛苦 *vt.* 拷问，拷打；使痛苦（苦恼）

【记】词根记忆：tort（扭曲）+ure→使身体扭曲→折磨

【例】Those detained include a former navy captain and several other ex-officers suspected of ***torture*** or murder. 被拘留的人员包括一名前海军舰长和其他一些涉嫌折磨与谋杀的前任军官。（2005听力）// I shall no longer worry others nor ***torture*** myself. 我不会再让别人担心，也不会再折磨自己。

monotonous [mə'nɔtənəs] *adj.* 单调的，无变化的，令人厌倦的

【记】词根记忆：mono（单个）+ton（声音）+ous→单一声音→单调的

【例】The speaker made a dull speech due to his ***monotonous*** voice. 讲演者的发言由于他那单调的声音而变得无趣。

【派】monotonously（*adv.* 单调地，无变化地）

deserve [di'zəːv] *v.* 应得，应受，值得

【记】联想记忆：de+serv（服务）+e→给予服务→应得

【例】The lovely girl ***deserves*** happiness and love. 这个可爱的女孩应该得到幸福和爱情。

convey [kən'vei] *v.* 运输，运送；传达，传递

【记】词根记忆：con+vey（道路）→共同用路→运输，运送

【例】A speech that ***conveys*** knowledge and enhances understanding can inform us. 一场传达知识、加强理解的演讲可以让我们获得信息。（2013）// We received the message ***conveyed*** by the TV program. 我们收到了那个电视节目所传递的讯息。

sanction ['sæŋkʃən] *n.* 批准，认可；制裁；约束力 *vt.* 同意，认可；承认，接纳

【记】词根记忆：sanct（神圣）+ion→神圣之物，原指教会法令，引申为"批准"

【例】International efforts against Serbia have been ineffective because there has been disagreement over economic ***sanctions***. 反对塞尔维亚的国际性努力毫无成效，因为对于经济制裁，各国有着不同的意见。（1999听力）// Gambling will not be ***sanctioned*** in any form in this country. 在这个国家，任何赌博形式都不被认可。

delay [di'lei] *n./v.* 耽搁，延迟，延期

【记】联想记忆：de+lay（放下）→放下不管→耽搁

□ stroll □ torture □ monotonous □ deserve □ convey □ sanction
□ delay

【例】It will take us twenty minutes to get to the railway station, allowing for traffic *delays*. 考虑到交通阻塞，我们需要20分钟才能赶到火车站。（2003）

【用】表示"延误做某事"时delay后应接动名词。

conduct [ˈkɔndʌkt] *n*. 行为，品行；指导，引导；实行，处理，经营 *v*. 引导，带领，陪伴（游客等），指导；实施，处理，经营；指挥（乐队等）；传导，传（热、电等）

【记】词根记忆：con（表加强）+duct（引导）→引导，领导

【例】Biologists are *conducting* research where psychologists have given up. 生物学家正在研究心理学家放弃的领域。（2003）// Some rules of *conduct* are determined by a culture. 有些行为准则是由文化决定的。// The kind girl *conducted* me to the door of the library. 那个善良的女孩把我领到了图书馆门口。// Iron *conducts* electricity worse than copper does. 铁的导电性比铜差。

【用】conduct表示某人的行为或品行时没有好坏之分。

【派】conductor〔*n*.（电车等的）售票员；（乐队、合唱队的）指挥；导体，导线〕

attend [əˈtend] *v*. 出席；照料，侍候；注意听

【记】词根记忆：at+tend（伸展）→伸长了脖子听→注意听

【例】As a student, our main task is to concentrate on our academic study. We have to *attend* classes, reading books and doing assignments. 作为学生，我们的首要任务是专注于学习。我们必须上课、看书、做作业。（2004）// attend to... We'll *attend to* that problem later. 稍后我们将关注那个问题。

【用】attend表示"参加"时，不能接to或其他介词；而当它用在搭配attend to中时，则表示"专注，专心，照顾"。

【派】attendance〔*n*. 出席，到场；出席人数，出席者（总称）〕；attendant（*n*. 侍者，服务员；护理员）

vent [vent] *n*. 通风孔，排气管；排放，发泄 *v*. 发泄（情感）

【记】本身为词根：风

【例】Carter gave *vent* to his anger and beat the shipping manager for not having alerted him that Clarion Call was late. 因为没被通知"号角声"号晚点，卡特发泄了怒火，将船务经理痛打一顿。// I look down on man who *vents* his anger on his family after having a bad day at work. 我瞧不起那些工作不顺心就拿家人出气的男人。

【用】vent常与on构成搭配，表示"朝…发泄…"。

sprout [spraut] *v.* 发芽，萌芽；使生长，使发芽 *n.* 新芽，籽苗
【例】Some seedlings have *sprouted* through the soil. 一些幼苗从土里钻了出来。// The wheat is in *sprout*. 麦子正在抽穗。// The *sprouts* of the grass shoot forth. 小草发芽了。

hitch [hitʃ] *n.* 意外障碍，暂时的困难；结，绳套；急拉(推) *v.* 钩住，系住；搭便车
【例】I unwound the rope from my hand and *hitched* it around a chair. 我解开手上的绳子，把它绕着系到一把椅子上。// The machine stopped working due to a technical *hitch*. 机器因技术故障停止了运转。
【派】hitchhike(*v.* 沿途免费搭便车旅行)

institute ['institjuːt; 'instituːt] *n.* 协会，学会，机构；科研所，学院，研究院 *vt.* 建立，设立，制定
【记】词根记忆：in+stitut(建立)+e→建立，设立
【例】China *instituted* a system of regional autonomy in areas inhabited by minority ethnic groups. 中国在少数民族聚居区建立了区域自治制度。
【派】institution[*n.* (教育、慈善、医院等)社会公共机构；建立，制定；制度，惯例]; institutional (*adj.* 制度上的；公共机构的，慈善机构的)

exempt [ig'zempt] *adj.* 被免除义务(责任)的，被赦免的 *v.* 免除，赦免
【记】词根记忆：ex+empt(拿；获得)→拿出去→被赦免的
【例】Ted was *exempt* from military service for his bad health. 特德因为身体不好免服兵役。
【用】exempt后面都接from，表示"免除…"。

bright [brait] *adj.* 明亮的；晴朗的；鲜艳的；开朗的，愉快的；聪明的
【例】The light you read by may be too *bright* for your computer screen. 你面对的电脑屏幕可能太亮了。(2003)
【派】brighten[*v.* (使)发光；(使)快活，(使)活跃]

hesitate ['heziteit] *v.* 踌躇，犹豫；不愿意；稍停，言语支吾
【记】词根记忆：hes(黏附)+it+ate(做)→做事拖泥带水→犹豫，踌躇
【例】Many people *hesitate* to use the Web because of doubts about its reliability. 很多人因为怀疑网络的可靠性而不愿意使用网络。

hesitate

嫁给我！！　　嫁给我！！

【用】注意hesitate在表示"不愿意做某事"的时候，要用hesitate to do sth.，不能直接加宾语。

【派】hesitation(*n.* 犹豫，疑虑；支吾)；hesitant (*adj.* 犹豫的，踌躇的)

emit [i'mit] *vt.* 发出，射出

【记】词根记忆：c+mit(送)→送出去→发出

【例】Beard likes to hear the sniffles she *emits*. 比尔德很喜欢听她抽鼻子发出的声音。

【派】emission(*n.* 发出，发光，发热；流出物，放射物，发射物)

vacate [və'keit] *v.* 空出，让出

【记】词根记忆：vac(空)+ate(使)→使空→空出

【例】MPs convicted of an offence and sentenced to more than one year must *vacate* their seats. 罪名成立并被判处一年以上刑期的议员必须让出自己的职位。(MP=Member of Parliament)

credulous ['kredjuləs] *adj.* 轻信的，易受骗的

【记】词根记忆：cred(相信)+ulous(…的)→太过信任别人的→轻信的

【例】She is not a *credulous* person who believes what shopkeepers say. 她不是一个轻信店主的话的人。

【用】credulous指由于经验不足而易轻信的。

empirical [em'pirikəl] *adj.* 以实验为根据的，非理论的，经验主义的

【记】词根记忆：em+pir(通过；尝试)+ical→尝试的结果→以实验为根据的

【例】*empirical* sciences 经验科学

【辨】empirical, experienced, experimental

这是一组形近词。empirical的意思是"经验的，经验主义的"；experienced是"富有经验的"的意思；experimental是"实验的，根据实验的"的意思。

campaign [kæm'pein] *n.* 有组织的活动；军事行动；竞选 *vi.* 参加运动，发起运动

【例】The *campaign* to seize the city was a failure. 攻占这个城市的战役失败了。// They have been *campaigning* against discrimination for years. 他们参加反歧视运动很多年了。

【辨】campaign, champaign, champion, champagne

这是一组形近词，campaign意为"活动，竞选"；champaign意为"原野"；champion意为"冠军；拥护者"；champagne意为"香槟酒"，要注意区分。

sample [ˈsɑːmpl] *n.* 样品，货样 *vt.* 取…的样品，抽样检查；尝试

【例】The shop *sampled* opinions among the consumers about service. 商店抽样调查了消费者对服务的看法。// The restaurant critic *sampled* a small spoonful of everything. 餐馆品尝员把每样东西都尝了一小勺。

> 【辨】**sample, example**
>
> 这两个词形近，意思也都可表示"样品，例子"。sample指可代表某类物质的样品，如外表、性能等都相同；example指有代表性的例子或可供他人模仿的行为。

commune [ˈkɔmjuːn] *n.* 公社 *vi.* 交换思想、意见、感受

【例】She *communed* with Lucy last night about her studies. 她昨晚和露西谈了谈她的学习情况。

partition [pɑːˈtiʃən] *n.* 分割；隔开 *vt.* 分裂，分割；分隔，隔开

【记】联想记忆：part(部分)+ition→分成部分→分割

【例】The *partition* had a great influence on the situation of the country. 这个国家的分裂对其形势产生了很大影响。

tickle [ˈtikl] *vt.* 胳肢，发痒；使愉悦，满足

【例】Now my chief purpose in life is to *tickle* my dear Mary. 现在我生活的主要目标是使我亲爱的玛丽高兴。

attempt [əˈtempt] *vt.* 尝试，企图 *n.* 尝试，企图；试做的事，未成功的事；攻击，侵害

【记】词根记忆：at(表加强)+tempt(尝试)→尝试

【例】I feel accomplished, and I'm more confident about *attempting* things I've never done before. 我觉得很有成就感，对于之前我从没做过的事情，我更有信心去尝试了。(2012)

【用】attempt一般都用作attempt to do sth. 表示"试图/尝试做某事"。

deposit [diˈpɔzit] *v.* 放下，放置；使…沉淀；存放，寄存；(预付)定金 *n.* 沉淀物；寄存物，存款；保证金，押金；订金人

【记】词根记忆：de+posit(放)→把财物放好→存放

【例】The cheque was only *deposited* yesterday, so it hasn't been cleared yet. 这张支票昨天才存入银行，所以尚未兑现。// She refused to hand over the door key to the landlady until she got back her *deposit*. 不拿回缴纳的押金她拒绝将钥匙还给女房东。(1999)

【派】deposition(*n.* 免职，废黜；沉淀物，沉积；作证)

hug [hʌg] *n.* 热烈拥抱，紧抱 *v.* 拥抱，紧抱；抱有，坚持(信仰、偏见等)

【例】Jack *hugs* his outmoded beliefs for many years. 多年来杰克一直死守着他那些过时的信条。

educate ['edjuːkeit] *vt.* 教育，培养，训练

【记】词根记忆：e(出)+duc(引导；带来)+ate→引出知识→教育

【例】Christopher was *educated* as a physician by his father and traveled extensively for several years. 克里斯托弗在父亲的教导下成为一名医师并长年在外旅行。

【派】education(*n.* 教育，培养)；educational [*adj.* 教育(方面)的，有教育意义的]；educationist/educationalist (*n.* 教育家)；educator (*n.* 教育工作者，教育家)

enormous [i'nɔːməs] *adj.* 巨大的，庞大的

【记】词根记忆：e(出)+norm(规则)+ous(…的)→超出规则的→巨大的

【例】Two things have caused the *enormous* growth of the communication industry. 有两件事促成了通讯业的极大发展。(2000)

【用】enormous一般指超出常规的大，不只限于数量或大小，还包括程度。

trap [træp] *n.* 捕捉器，陷阱；诡计，圈套 *v.* 设陷阱捕捉；使堕入圈套；使陷入困境

【例】As soon as its head was above the *trap*, it had the same physical sensation as a man stepping out of water. 当它的头从陷阱里伸出来的时候，感觉就像一个人从水里走出来一样。// An underground train derailed at a station in central Paris yesterday. No one had been killed, and no one was *trapped* in the train during the accident. 昨日一列地铁在巴黎中部地区驶出轨道。这次事故没有造成人员伤亡，也没有人被困在列车中。(2002听力)

concise [kən'sais] *adj.* 简洁的，简明的

【记】词根记忆：con+cis(切掉)+e→把(多余的)全部切掉→简洁的

【例】You'd better define it in a clear and *concise* way. 你最好用清楚简明的方式去阐明它。

dwell [dwel] *v.* 居住，生活于，栖息

【记】联想记忆：d+well(好)→住在这里很开心→居住

【例】Lack of long-distance vision had not been a problem for forest-*dwelling* apes and monkeys because the higher the viewpoint, the greater the range of sight. So all they had to do was to climb a tree. 远距离视觉的不足对于居住在森林中的猿和猴子来说不是什么问题，因为高度越高，视野越宽。所以它们所要做的就是

爬树。（1999）

【用】dwell一般跟in和at搭配，表示"居住，停留于…"，而dwell与on搭配则表示"老想着；详述；凝视；持续"。

【派】dwelling〔*n.*（常）住处，居所〕

distress [di'stres] *n.*（精神上的）痛苦，忧虑，悲伤；不适，疼痛；贫困；危难，困境 *vt.* 使痛苦，使苦恼；使贫困

【记】联想记忆：di(分离)+stress(压力)→无法摆脱压力→使痛苦

【例】The mother was in great ***distress*** when her baby became ill. 孩子生病的时候，这位母亲十分难过。// Tom was pressed by the greatest financial ***distress***. 这次最严重的财政危机使汤姆身陷困境。

revise [ri'vaiz] *v.* 校订，修订；修正，改变(看法、意向等)；温习(尤指在考试前)

【记】词根记忆：re(一再)+vis(看)+e→反复看→修订；温习

【例】The bookman planned to ***revise*** these books before reprinting. 出版商打算在重印前对这些书进行修订。

【派】revision(*n.* 修订，修正；修订稿，改订版)

index ['indeks] *n.* 索引；标志，指标，指数 *v.* 编索引；使指数化；表明

【例】Manner of walking is an ***index*** of one's character. 走路方式是一个人性格的标志。

【用】index的复数形式是indexes或indices，an index of表示"是…的标志"。

characterize ['kærəktəraiz] *vt.* 成为…的特征，以…为特征；描写(人或物)的特性，描绘

【记】联想记忆：character(特点)+ize(使)→使成为特点→以…为特征

【例】Albinism is ***characterized*** by the absolute or relative absence of pigment of the skin. 皮肤部分或全部缺乏色素是白化病的特征。

【派】character〔*n.* 特性，性质，特征；(小说，戏剧等中的)人物，角色；字，书写符号，印刷符号〕；characteristic (*adj.* 特有的，独特的，表示特性的 *n.* [*pl.*]特性，特征，特色)

commission [kə'miʃən] *n.* 委任，代办(权)；委任状，委任职权；委员会；佣金 *vt.* 委任，委托

【记】词根记忆：com(表加强)+miss(送)+ion→送交给某人→委任，委托

【例】Our price is net without ***commission***. 我们的价格不含佣金，为净价。// We can ***commission*** a famous lawyer to help us. 我们可以

委托一位著名的律师来帮忙。

【用】commission sb. to do sth. 是"委托某人做某事"的意思。

【派】commissioner(*n.* 专员，委员，政府特派员，高级代表；地方长官，官员)

detect [di'tekt] *vt.* 发现，查明，测出

【记】词根记忆：de(去掉)+tect(掩盖)→发现

【例】When people who fear snakes are shown a picture of a snake, sensors on their skin will ***detect*** sweat, a sign of anxiety, even though the people say they do not feel fear. 当怕蛇的人看到蛇的图片时，虽然他们说并不感到害怕，但其身上的传感器测出他们流汗并有焦虑的症状。(2005)

【派】detective[*n.* 侦探；发现者，探测者 *adj.* (关于)侦探的；探测(用)的]；detector(*n.* 发现者，探测者；探测器，检验器，检波器)

satisfy ['sætisfai] *v.* 使满意；满足；符合；使确信

【记】词根记忆：sat(足够)+isfy→使足够→使满意

【例】be satisfied with The teacher ***was satisfied with*** the answer of the student. 老师对学生的回答感到满意。// The girl ***satisfied*** the conditions for entry into the company. 那个女孩符合这家公司的招聘条件。

【派】satisfaction(*n.* 满意，满足；令人满意的事物)

assume [ə'sjuːm; ə'suːm] *v.* 假定，设想；承担，接受；装出，佯作

【记】词根记忆：as+sum(拿，取)+e→拿东西就要担责任→承担

【例】We should remember this before we ***assume*** that technology is out to destroy traditional culture. 在我们想当然地认为科技的出现是为了毁灭传统文化之前，我们应该记住这一点。(2011)// assuming that... ***Assuming that*** it rains tomorrow, what shall I do? 假定明天下雨，我怎么办？

【用】assume作为"假装"讲时，并不一定就是不诚实或成心欺骗。

【派】assumption(*n.* 假定，假设；假装)

appalling [ə'pɔːliŋ] *adj.* 骇人的，可怕的

【记】来自appall(*vt.* 使惊骇)

【例】I don't know why she's marrying that ***appalling*** man; I wouldn't touch him with a barge-pole. 我不明白她为什么要嫁给那个糟糕透顶的人，我连理都不愿意理他。

【辨】**appalling, horrible, terrible**

　　appalling用于形容那些令人惊恐或瞠目结舌的事物，如：appalling violence；horrible强调引起恐怖的同时也伴有极其厌恶、憎恨的情绪，如：the horrible sound；terrible形容的范围比较广，可以描述任何造成恐惧或可怕的事物。

persist [pəˈsist] v. 坚持；持续

【记】词根记忆：per+sist（站立）→始终站立→坚持

【例】If you **persist** in speaking so rudely, you must go away. 如果你坚持这么无礼地讲话，你就必须走人。

【用】persist通常和in搭配使用，意思是"坚持做某事"。

【派】persistence/persistency（n. 坚持；持续存在）

component [kəmˈpəunənt] adj. 组成的，合成的 n. 组成部分，成分，元件

【记】词根记忆：com（共同）+pon（放）+ent（物）→放到一起的东西→成分

【例】I bought a key **component** part for my computer. 我为自己的电脑买了个重要部件。// Only a **component** of liquid-crystal displays is expensive. 仅仅是液晶显示器的一个零件也很贵。

prestige [preˈstiːʒ] n. 威望，威信

【例】The old universities of Oxford and Cambridge still have a lot of **prestige**. 历史悠久的牛津和剑桥大学仍然享有很高的声望。

【派】prestigious（adj. 有声望的，有威信的）

proof [pruːf] n. 证据，证明；校样；检验，考验 adj. 防⋯的，耐⋯的

【例】The police had to let the suspect go due to the lack of **proof**. 警方由于缺乏证据不得不释放了嫌疑犯。// Some leaders are not **proof** against the temptation of money. 有些领导人抵挡不住金钱的诱惑。

【用】proof在表示"防⋯的，耐⋯的"时，常常和against连用。

【辨】**proof, evidence**

　　两个词都表示"证据"。proof强调任何足以消除怀疑的证据，更侧重事实；evidence用意较广，泛指能说服别人的证据。

exceptional [ikˈsepʃənəl] adj. 异常的，独特的，例外的；优越的，杰出的

【记】词根记忆：ex+cept（拿，抓）+ion+al→抓得出来的→杰出的

【例】It has come to my knowledge that this was an **exceptional** case. 据我所知，这是一个独特的案例。

【辨】exceptional, exceptionable

二者都是except的派生词，但是意思却大不相同。exceptional 表示“非同寻常的，与众不同的”，多用于形容好的事物，带有赞赏的语气；exceptionable指“令人不愉快的，使人恼怒的，使人生气的”。

knit [nit] *v.* 编织，针织；使密接，结合

【例】The argument of the paper was closely *knit* and was hard to retort. 该论文的论据非常严密，很难反驳。

hideous ['hidiəs] *adj.* 丑陋的；骇人听闻的，可怕的

【记】联想记忆：hide(隐藏)+ous→躲躲藏藏的→丑陋的

【例】Nobody is interested in the *hideous* sculptures on the walls. 没有人对墙上那些恐怖的雕刻感兴趣。

alien ['eiljən] *n.* 外侨，外国人；外星人 *adj.* 外国的，异邦的；敌对的

【例】Everything seemed *alien* to him here. 这里的一切都让他觉得陌生。

【用】alien常与介词to, from连用，表示“与…相反/不同”。

graphic ['græfik] *adj.* 生动的，详细的；图的，图解的；书写的

【记】联想记忆：graph(图)+ic→书写的；图解的

【例】The soldier gave a *graphic* account of the battle. 这名士兵对那场战役进行了生动的描述。

medium ['mi:diəm] *n.* 媒介，方法；中间，中庸 *adj.* 中等的，适中的

【记】词根记忆：medi(中间)+um→中间物→媒介

【例】Some experts considered that the Web remained an immature *medium*. 有些专家认为网络仍然是一种不成熟的媒介。

imitate ['imiteit] *vt.* 模仿，仿效；效法，模拟，仿制

【记】联想记忆：im(使)+it+ate→使它和别人一样→模仿

【例】The man can *imitate* many movie stars. 这个人可以模仿很多电影明星。

【派】imitation (*n.* 模仿，仿造；仿制品)

imitate

【辨】imitate, copy

二者都有“模仿”的意思。imitate强调模仿，照着做或使看起来像；copy则是尽可能完全一样的仿造，比imitate更精细。

dilemma [diˈlemə] *n.* (进退两难的)窘境，困境，进退维谷

【记】发音记忆："地雷嘛"→被陷雷区，进退两难→困境

【例】Mark found himself in a sad *dilemma*. 马克发现自己陷入了进退两难的窘境。

【用】dilemma的常用词组是be in a dilemma，表示"进退两难"。

grin [grin] *n. / v.* 露齿笑，咧着嘴笑

【例】Lydia makes a sheepish *grin* when she sees Scott. 见到斯科特时，莉迪娅羞怯地咧嘴笑了。

【用】固定搭配：grin and bear it (逆来顺受)。

herald [ˈherəld] *n.* 先驱，通报者 *vt.* 宣布，预示…的来临

【例】Winter jasmine is the *herald* of the spring. 迎春花是春天的使者。// This invention *heralded* the age of the advanced technology. 这项发明宣告了高科技时代的到来。

pluck [plʌk] *v.* 拔，拉；拨(弦)；采，摘

【例】The shy child was *plucking* at her mother's sleeve when in the crowd. 那个害羞的孩子在人群中一直揪母亲的袖子。

【用】词组pluck up的意思是"鼓起勇气"。

ease [iːz] *n.* 舒适，悠闲，自在；容易，不费力 *v.* 减轻(痛苦、负担等)，缓和，使舒适；放松，调节，使安心；小心缓慢地移动

【例】Schools do very little to *ease* the anxiety about falling behind expressed by many of the children interviewed. 很多被采访的小孩都表现出一种对于落后的焦虑，但学校却几乎没做什么来缓解孩子们的这种焦虑。(1999) // at ease With good social security, the aged can live *at ease*. 有了好的社会保障，老年人就能过得安逸舒适。// ill at ease I was *ill at ease* when I came to a new place. 当我到一个新地方时，就会觉得局促不安。

complete [kəmˈpliːt] *adj.* 完整的，全部的；完成了的 *v.* 完成；使完整，使完备；填写(表格)

【记】词根记忆：com(表加强)+ple(满，填满)+e→使满→完成

【例】In Cairo I have seen buildings which were falling down as they were being put up, buildings whose incompletion was *complete*. 在开罗我曾看到正在建造中就倒塌的房屋，以及没有建成就停工的建筑。// You really haven't *completed* the circle of success unless you can help somebody else move forward. 只有当你能帮助别人前进时，你才算真正获得圆满的成功。(2010)

【派】completely(*adv.* 完全地)

permanent ['pɜːmənənt] *adj.* 永久的，持久的

【记】词根记忆：per(自始至终)+man(保持)+ent(具…性质的)→永久的

【例】*Permanent* education is practical because there are no age limits. 终身教育很实际，因为它并没有年龄限制。(1999听力)

via ['vaiə] *prep.* 经由，取道；凭借，通过

【记】本身为词根：道路

【例】By 2005, half of all knowledge workers will choose "flextime, flexplace" arrangements, which allow them to work at home, communicating with the office *via* computer networks. 到2005年，知识型员工中将有半数会选择工作时间及地点都非常灵活的方式，这使得他们能够在家中工作并通过电脑网络与办公室进行联系。(2003)

slippery ['slipəri] *adj.* 光滑的，湿滑的；滑头的，无耻的

【记】词根记忆：slipp(=slip, 滑)+ery→光滑的

【例】The *slippery* criminal got caught by the police at last. 狡猾的罪犯最后被警方抓住了。

eternal [i'tɜːnl] *adj.* 永远(不变)的，永恒的

【记】联想记忆：e+tern(看作term，界限)+al→没有界限的→永恒的

【例】We believe in the *eternal* love. 我们相信永恒的爱情。// Tantalus was a king who was punished in the lower world with *eternal* hunger and thirst. 坦塔罗斯是一位国王，他在地狱中受到永远饥饿和口渴的惩罚。(2008)

【辨】**eternal, everlasting, ceaseless**

eternal一般表示"永存的，无始无终的"，如：eternal love；everlasting强调无止境和持久性；ceaseless强调事物的持续性和不间断性。

routine [ruː'tiːn] *n.* 常规，惯例；例行公事，刻板的工作 *adj.* 例行的，惯常的；枯燥的，平淡的

【记】联想记忆：例行公事(routine)就是按常规路线(route)走

【例】This means that no sooner has he got used to one *routine* than he has to change to another, so that much of his time is spent neither working nor sleeping very efficiently. 这就意味着他还没有习惯一套常规便要转向另一个，这使他在大部分时间里既不能好好工作也无法好好睡觉。(2004) // The editor deleted the *routine* portraits of the love story and suggested the author to rewrite. 那位编辑删除了爱情故事中老套的描述并建议作者重写这部分。

preside [pri'zaid] *vi.* 主持(会议等)，负责指挥

【记】词根记忆：pre(前)+sid(坐)+e→坐在前面→负责指挥

【例】I was assigned to *preside* over a very important committee. 我被指派去负责一个非常重要的委员会。

【派】president(*n.* 总统，国家主席；总裁；会长，校长)；presidential (*adj.* 总统的，总裁的；会长的，校长的)

batter ['bætə] *v.* 连续猛击；炮击；打烂；用旧

【记】词根记忆：bat(打)+ter→连续猛击

【例】The city breeds a feeling of isolation, and constant noise *batters* the senses. 这个城市孕育了一种孤独感，而持续不断的噪音也震撼着人们的感官。(2001)

depose [di'pəuz] *v.* 罢免，废黜；宣誓作证

【记】词根记忆：de(去掉)+pos(放置)+e→拿走放置好的→罢免

【例】Possibly the barons would *depose* Henry, and place a new king upon England's throne. 男爵们很可能废黜亨利，另立一位英国君王。

sling [sliŋ] *vt.* 投掷，抛；吊，吊起 *n.* 吊带，吊链

【例】We can see many hammocks *slung* between trunks in the seabeach. 在海滩我们能看见许多吊床悬挂在树干之间。

lobby ['lɔbi] *n.* 大堂，门厅；院外活动集团 *v.* 向(议员或官员)游说，疏通

【例】They *lobbied* the bill through the senate. 他们游说议员使议院通过这项议案。

entitle [in'taitl] *vt.* 定标题，定名称；给权利，给…资格

【记】联想记忆：en(使)+title(题目，标题)→使有标题→定标题

【例】The membership card *entitled* him to certain privileges in the club. 会员卡使他在俱乐部里享有一定的特权。(1998)// Write an article to the university radio *entitled*: *The Importance of Extracurricular Activities*. 给学校广播站写一篇文章，定名为《课外活动的重要性》。(2000)

【用】常用句式为be entitled to (do) sth., 意思是"对…享有权利，值得；有(做某事)的资格/权利"。

draft [drɑːft; dræft] *n.* 草稿，初稿；汇票 *vt.* 起草，草拟

【例】You will have to make a rough *draft* before you write the final version of your summary. 在写最终的总结之前，你要先打个草稿。

□ preside   □ batter   □ depose   □ sling   □ lobby   □ entitle
□ draft

Word List 20

词根、词缀预习表

view 看	review v. 复习，回顾	**her, hes** 黏附	adhere v. 黏附，黏着
rupt 断	abrupt adj. 突然的	**ident** 相同	identity n. 相同处，同一(性)
tach 钉；钉子	attach v. 缚，系	**-ize** 使	capitalize v. 投资于
gress 行走	aggressive adj. 侵略性的	**multi-** 多	multiple adj. 多重的
term 界限	determine v. 确定	**ment** 头脑，智力	mental adj. 思想的
cert 搞清	certain adj. 确信的，有把握的	**proxim** 接近，靠近	approximate adj. 大约的
com- 共同	comprise v. 包含，包括	**bi-** 双	bilateral adj. 双边的
cardi, cord, card 心(脏)	cardinal adj. 主要的	**tact, tang** 接触	contact v. 接触

interval [ˈintəvəl] n. 间隔，空隙，间歇；幕间休息

【记】词根记忆：inter(在⋯之间)+val→之间的距离→间隔

【例】at intervals There are a few pubs *at intervals* along the coast road. 滨海公路两旁间或有些酒吧。

【用】at long intervals意为"间或"，at short intervals表示"常常"的意思，它们都来自于at intervals，切记要用interval的复数形式。

review [riˈvjuː] v. 复习，回顾；考察，检阅；评论 n. 回顾，温习；检阅，检查；书评，评论

【记】词根记忆：re(重新)+view(看)→回顾

【例】The students only have a week to *review* the lessons for the coming test. 学生们只有一周时间来为考试复习功课。// The politician *reviewed* about the visit of the US President. 这个政客就美国总统的到访作了评论。

leisure [ˈleʒə; ˈliːʒə] n. 空闲，悠闲

【例】at one's leisure Tony likes to play golf *at his leisure*. 托尼喜欢在空闲的时候打高尔夫球。

□ interval   □ review   □ leisure

【用】at one's leisure是"当某人有空的时候"的意思，另外词组 at leisure与其意思相近，是"有空，空闲"的意思。

> 【辨】rest, relaxation, leisure
>
> 　　三个词都有"放松，轻松"的意思。rest最普通，指广义的休息，没有特指含义，如：take a rest；relaxation指放松长时间处于紧张状态的身体或大脑；leisure强调除去工作后的空闲时间和消遣活动。

abrupt [ə'brʌpt] *adj.* 突然的，出其不意的；陡峭的；粗鲁的，无礼的

【记】词根记忆：ab(离去)+rupt(断)→突然断掉了→突然的

【例】Candidates who interview badly tend to be at either end of the spectrum of human behaviour. They are either over-polite or rudely ***abrupt***. 面试糟糕的应征者往往表现得很极端。他们不是过于拘谨就是粗鲁无礼。(2004)

【派】abruptly(*adv.* 突然，猛然；粗暴地)

scrape [skreip] *v.* 削，刮落，擦去；刮坏，擦伤；擦过，勉强通过 *n.* 擦伤，擦痕

【例】My knees were ***scraped*** when I climbed the ladder. 我爬梯子时把膝盖刮破了。// Mary just ***scraped*** through the final exam. 玛丽勉强通过了期末考试。

bleak [bli:k] *adj.* (指景物)荒凉的，裸露的；无望的，黯淡的；寒冷的，阴沉的

【记】联想记忆：b+leak(漏)→好东西都漏了→荒凉的

【例】Choate drives his car through a scarred, ***bleak*** landscape. 乔特开车穿过一片满目疮痍的荒凉地区。

delinquent [di'liŋkwənt] *adj.* 犯法的，有过失的 *n.* (尤指少年犯)违法者

【记】词根记忆：de+linqu(离开)+ent→不该离开时离开的→有过失的

【例】I try to make him not to become a juvenile ***delinquent***. 我努力使他不成为一名少年犯。

【派】delinquency(*n.* 失职；违法行为；少年犯罪；拖欠的债务)

discharge [dis'tʃɑːdʒ] *n. / v.* 允许…离开，释放；开除；发射，击发(枪、炮等)；放出，发泄；卸(货)，下(客)；完成，履行

【记】联想记忆：dis(除去)+charge(装满)→变得不满→卸(货)

【例】Mary hopes to be ***discharged*** from hospital next week. 玛丽希望下周出院。(2004) // I will ***discharge*** my promise to my mother this year. 今年我将履行对母亲的承诺。

【用】discharge意义较多，可分条记忆。

reason [ˈriːzən] *n.* 理由；理性，判断力；道理 *v.* 推理，思考；论证，辩论，劝说

【例】 by reason of The committee had to give up the plan *by reason of* lacking funds. 由于缺乏资金委员会不得不放弃这个计划。// The policeman *reasoned* carefully to get the clue to the crime. 警察经过仔细推理后得出了犯罪线索。

【用】reason作名词的时候常出现在词组中，如by reason of/that表示"由于，因为"；with reason表示"正当地，合理地"。

【派】reasoning(*n.* 推理，论证)

【辨】**reason, cause**

两个词都有"原因"的意思。reason强调针对发生的某件事给出原因，有可能并非真实原因；cause则强调某一事件的起因，暗示结果。

penetrate [ˈpenitreit] *vt.* 刺入，进入；看穿，识破；渗透

【例】What we should do is to *penetrate* the phenomena of things to study their essence. 我们应该做的就是透过事物现象研究其本质。

superb [sjuːˈpəːb] *adj.* 上乘的，一流的；堂皇的，华丽的

【记】联想记忆：super(超级的)+b→超群的→一流的

【例】I'm not really an expert on precious stones, but these are *superb*. 我不是一个宝石行家，但这些宝石是最上乘的。(2002听力)

【用】注意superb没有比较级与最高级。

attach [əˈtætʃ] *v.* 缚，系，贴；参加(党派)；把(重点等)放在

【例】There are superstitions *attached* to numbers; even those ancient Greeks believed that all numbers and their multiples had some mystical significance. 数字也有与它们相关的迷信，甚至那些古希腊人都认为所有数字与其倍数蕴含着某种神秘的意义。(2003)

收件人：	123@123.com
抄送：	
主题：	Hello
附件：	📎 file.doc

attach

【用】attach常与介词to搭配使用，表示"使依附；把…放在上"。

【派】attachment(*n.* 联结；联结物；爱慕，情义；喜爱，依恋)

integrity [inˈtegrəti] *n.* 完整，完全，完善；正直，诚实，廉正

【记】词根记忆：integr(完整)+ity→完整

【例】Parents should teach children to be a person of honesty and *integrity*. 家长应该教育孩子做一个诚实、正直的人。

emotional [ɪˈməʊʃənəl] *adj.* 感情(上)的, 情绪(上)的; (易)激动的, 情绪化的

emotional

【记】联想记忆：e(好似电子)+motion（运动）+al→电子的运动带来情感→感情上的

【例】A full 80 percent comes from other factors, including what I call *emotional* intelligence. 整整80%都来自于其他因素，包括我所说的情商。(2005) // The audience were all moved at the *emotional* scene in the play. 观众全都被戏中那幕动人的场景感动了。

【派】emotion(*n.* 感情, 情绪; 激动); emotive[*adj.* (激起)感情的, 诉诸感情的, 引起情绪反应的]

grunt [ɡrʌnt] *v.* (猪等)作呼噜声; [表示烦恼、反对、不满、轻蔑等]发哼声; 咕哝着说出 *n.* (猪等的)呼噜声, 咕哝

【例】People thinking about the origin of language for the first time usually arrive at the conclusion that it developed gradually as a system of *grunts*, hisses and cries and must have been a very simple affair in the beginning. 人们首次对于言语的根源所作的结论通常是：语言是由一系列的咕哝声、嘘声、叫喊声逐渐发展起来的，最初的形式一定很简单。(2002)

amaze [əˈmeɪz] *vt.* 令(人)惊愕, 使(人)惊叹

【例】The fact that they went back home *amazes* me. 他们已经回家的事实让我感到惊讶。

【用】amaze常与at搭配，表示"对…惊讶"。

【派】amazing (*adj.* 令人惊愕的, 使人惊叹的); amazement (*n.* 惊愕, 惊异)

【辨】**amaze, astonish, surprise**

amaze强调心理上的混乱、惶恐，如：He was too amazed to reply.; astonish特指不可解释或不可理解的事，如：The news astonished everyone.; surprise是一般用语，表示突然的或出乎意料的。

streamline [ˈstriːmlaɪn] *v.* 把…设计或制成流线型; 使精简

【记】组合词：stream(流)+line(线)→把…设计或制成流线型

【例】The council helped to *streamline* government and reform welfare. 委员会帮助精简政府机构，改革福利制度。

prospect [ˈprɔspekt] *n.* 前途, 前景; 情景, 景色; 指望, 预期

【记】词根记忆：pro(向前)+spect(看)→向前看→前景

【例】I'm sure that career **prospects** of the computer industry would be very good no matter what sort of job I went into. 我相信不管我从事什么样的工作，电脑行业的职业前景都会很好。（2005听力）

struggle ['strʌgl] *n. / v.* 打斗，搏斗，战斗，斗争；努力，奋斗

【例】Our ape-men forefathers had no obvious natural weapons in the **struggle** for survival in the open. 很明显，我们的猿人祖先在旷野中求生存时没有任何的天然武器可以使用。（1999）

exhaust [ig'zɔːst] *v.* 用完，花光；排空，抽完；使筋疲力尽；详尽论述 *n.* 排气管，排气，排出；装置；废气，废液

exhaust

【例】Traditional vehicles operating on gasoline gives off **exhaust**, causing damage to human health and polluting the air. 使用汽油的传统车辆所排放的废气会危害人类健康并污染空气。（1998）// Fanny is often compelled to **exhaust** all her energy in order to get her boss' compliment. 为了得到老板的赞赏，范妮常常不得不工作到精疲力竭。

【用】常用搭配有 be exhaust by/with，表示"因…而疲劳"。

【派】exhaustive（*adj.* 消耗的，枯竭的；全面彻底的，详尽的）

effect [i'fekt] *n.* 效果，效力，作用；结果

【记】词根记忆：ef(出)+fect(做)→做出效果→效果

【例】be of no effect All their efforts were **of no effect**. 他们的一切努力都白费了。// bring/carry... into effect It is a little difficult to **bring** your plans **into effect**. 你们的计划实施起来有点困难。// come/go into effect The new policy has **come into effect**. 新政策已经实施。// have an effect on sth. A country's capacity to produce wealth depends upon many factors, most of which **have an effect on** one another. 一个国家创造财富的能力取决于很多因素，这些因素大都互相影响。（2002）// in effect The witness's testimony **in effect** contradicted her earlier statement. 这个证人的证词实际上与她之前的话自相矛盾。// take effect Professor Johnson's retirement **takes effect** from next January. 约翰逊教授的退休申请明年一月起生效。（2005）// to the effect that... I have received his letter **to the effect that** he would come back in February. 我收到他的信，大意是他将于二月回来。

【派】effective(*adj.* 有效的，生效的；给人深刻印象的，显著的；真正的，实际的)

compete [kəm'piːt] *v.* 比赛；竞争，对抗

【记】词根记忆：com(共同)+pet(追求，寻求)+e→追求同一个目标→竞争

【例】If the ape-men had attempted to *compete* on those terms in the open, they would have been led to failure and extinction. 如果猿人在野外就那些方面与他物竞争，他们可能已经失败并且灭绝了。(1999) // We should *compete* with each other in public. 我们应该公开竞争。

【用】compete作"比赛"讲时，一般后面接with或者in，作"对抗"讲时，一般接against。

【派】competition(*n.* 比赛；竞争)；competitive(*adj.* 竞争性的，竞争的，有竞争力的；比赛的)；competitor(*n.* 竞争者，对手，敌手)

insert [in'səːt] *vt.* 插入，嵌入；添加 *n.* 插页，插入物

【记】词根记忆：in(进入)+sert(插，放)→插进去→插入，嵌入

【例】The nurse *inserted* a needle into the medicine vial. 护士把一根针插入了药瓶里。

aggressive [ə'gresiv] *adj.* 侵略性的，攻击性的，爱寻衅的；有进取心的

【记】词根记忆：ag+gress(行走)+ive(…的)→不断行走，走到别国→侵略性的

【例】Children become *aggressive* and nervous—cooped up at home all day, with nowhere to play. 孩子们整日被关在屋子里，没有地方玩耍，变得好斗和不安。(2001)

【派】aggression(*n.* 侵略，侵犯)；aggressor(*n.* 侵略者)

stretch [stretʃ] *v.* 伸展，张开，拉紧；伸展（四肢），直躺；滥用，曲解 *n.* 伸展，张开，拉紧；（陆地或水域的）一大片；连续的一段时间

【例】After a day's hard work, how nice it is to *stretch* my arms and legs! 一天的辛苦工作之后伸伸胳膊伸伸腿，舒服极了！// We can't take on any more work as we're fully *stretched* at the moment. 我们不能再接受更多的工作，我们现在已经全力以赴了。// Children should always be supervised by an adult who can swim well. Young children should never be left unattended near a *stretch* of water. 儿童应该时刻由会游泳的成人监管，少儿不应在没人照顾的情况下独自呆在大片水域附近。(2001)

【派】stretcher(*n.* 担架)

【辨】stretch, extend, expand

　　三个词都有"伸展、扩展"的意思。stretch意为"拉长，伸展"，一般指由曲到直伸展开来；extend指"伸展"，可以用作比喻意义表"扩展范围等"；expand指体积、范围的扩张、展开。

nominate ['nɔmineit] *vt.* 提名，任命；命名

【记】词根记忆：nomin(名称)+ate→提及名称→提名

【例】Jessica is the first woman to be **nominated** as vice-manager in the company. 杰茜卡是这个公司里第一个被任命为副经理的女性。

【派】nomination(*n.* 提名，任命)

apt [æpt] *adj.* 恰当的，贴切的；易于…的

【记】本身为词根：适应；能力

【例】To accomplish his object Ahab must use tools; and of all tools used in the shadow of the moon, men are most **apt** to get out of order. 为了实现目标，亚哈必须使用工具，而在昏暗的月光下使用任何工具都很容易让人乱作一团。

【用】apt常与to do不定式构成搭配，表示"做…是恰当的；易于…的"。

standpoint ['stændpɔint] *n.* 立场，立脚点，观点

【记】组合词：stand(站立)+point(观点)→立场，观点

【例】From a completely economical **standpoint**, the advertisement is actually more important than the film itself. 单纯从经济观点来看，广告实际上比电影本身更重要。

handicap ['hændikæp] *n.* 不利因素，障碍；缺陷，残疾 *v.* 给…设置不利条件；妨碍；使身心残障而不能正常活动(生活)

【记】联想记忆：hand(手)+i+cap(帽子)→手里拿着帽子，不易行动→障碍

【例】Poor eyesight may not be an insuperable **handicap** to a student. 视力不好对学生来说或许并不是一个无法超越的障碍。// Marguerite was **handicapped** by a lack of education. 玛格丽特因为文化水平低而受到了束缚。

inconsistent [ˌinkən'sistənt] *adj.* 不和谐的，不协调的；反复无常的，易变的

【记】联想记忆：in+consistent(一致的)→不一致的→不和谐的

【例】The behavior of the government is **inconsistent**. 政府的行为前后不一致。

determine [di'tə:min] *v.* 下决心，决意，决定；确定，测定；限制，规定，裁定

【记】词根记忆：de+termin(界限)+e→划定界限→确定

【例】Psychologists agree that I.Q. contributes only about 20 percent of the factors that *determine* success. 心理学家认同智商在成功的决定因素中仅占20%的观点。（2005）

【派】determination（*n.* 坚定，果断；毅力；决心，决定；规定；确定，测定）

affect [ə'fekt] *vt.* 影响；感动，激起…的情绪；(疾病)侵袭；假装，装作

【记】词根记忆：af(表加强)+fect(做)→反复做就会有影响→影响

【例】I have a feeling that from now on, it will *affect* my family's health and happiness for the better. 我有种感觉，从现在开始，这样做会使我的家人更加健康和幸福。（2012）

【用】affect后接on/upon，表示"对…有影响"。

soar [sɔː] *vi.* 高飞，翱翔；骤升，腾越

【例】After the terrorist attacks in the United States, insurance rates *soared* as much as 1000%. 美国发生恐怖袭击后，保险费上涨了10倍。（2003听力）

certain ['sɜːtən] *pron.* 某，某一，某种 *adj.* 确凿的，无疑的；一定的，必然的，确信的，有把握的

【记】词根记忆：cert(搞清)+(t)ain(拿住)→有把握搞清楚的东西→有把握的

【例】for certain I believe that her blood was not all Zulu, though this I cannot say *for certain*. 虽然还不能确定，但我认为她不是纯祖鲁人。// make certain of *Make certain of* your position in the firm before you argue with the director. 你在和经理争辩之前，要首先弄清自己在公司里的地位。

【派】certainly(*adv.* 一定，必定；[表示同意]当然可以，没问题)；certainty(*n.* 确定性；确实的事)

sketch [sketʃ] *n.* 略图，草图；速写，素描；概略，梗概；短篇作品，小品；短剧，独幕剧 *v.* (给…)绘略图，速写

【例】Our project will consist of some lectures, which are aimed at a *sketch* of western civilization. 我们的方案将包括一些讲演，目的是概述西方文化。// You should *sketch* out the composition then write in the exam. 在考试中，你应该先列提纲再写作文。

【用】词组sketch out表示"打草稿，画草图；概述"。

tortuous ['tɔːtjuəs] *adj.* 弯弯曲曲的；(文章等)不直接阐明的，含混不清的

【记】词根记忆：tort(扭曲)+uous→扭来扭去的→弯弯曲曲的

【例】Never mind the *tortuous* explanation; tell me in plain language, are you coming or not? 别转弯抹角地解释了，直率地告诉我，你来不来？

switch [switʃ] *n.* 开关；突然改变，转换 *v.* 接通或切断（电流）；转变，改变

【例】The *switch* came after digital books were used in 15 schools last year. 继去年15所学校使用了电子书之后，（这些学校）实现了这一转变。（2013听力）

【派】switchboard[*n.* 电话交换台，总机，配电板(工作人员)]

pose [pəuz] *v.* 摆姿势；装腔作势；提出(问题)；引起，造成

【记】词根记忆：pos(放置)+e→故意那样摆放→摆姿势

【例】Political protests may *pose* the biggest threat to the games. 政治抗议可能会对赛事构成最大的威胁。（2011听力）

comprise [kəm'praiz] *v.* 包含，包括；由…组成、构成

【记】词根记忆：com(共同)+pris(抓)+e→抓到一起→包含

【例】The department *comprises* three bedrooms, two bathrooms and so on. 这间公寓包括三个卧室、两间浴室和一些其他设施。

【辨】comprise, constitute

　　comprise指含有、包括，强调整体包括；constitute强调的是由单个部分组成整体，如：Seven days constitute a week.

mind [maind] *n.* 思想，精神，头脑；心情；看法；智力，有才智的人 *v.* 介意；注意，小心；专心于

【例】If you get a good night sleep, then it will keep your *mind* and your body in shape. 如果你晚上睡得好，这将会让你的身心都保持良好的状态。（2012听力）

【用】与mind相关的词组：keep in mind（牢记），change one's mind（改变主意），make up one's mind（下定决心），speak one's mind（直言不讳），to my mind（依我看）。

frustrate [frʌ'streit] *vt.* 挫败；阻挠；使灰心

【例】The team's efforts to score were *frustrated* by the opposing goalkeeper. 对方的守门员让该队射门得分的努力付诸东流。（2001）

【派】frustration(*n.* 挫败，挫折，受挫)

takeover ['teikəuvə] *n.* 接管，接收

【记】来自词组take over（接收，接管）

【例】Before the hostile *takeover*, the purchaser often buy the stock of the target company to control most of the share. 在恶意收购之前，买入公司通常大量购入被收购公司的股票以取得多数控股权。

arrogant ['ærəgənt] *adj.* 傲慢无礼的，骄傲自大的

【记】词根记忆：ar+rog(要求)+ant(…的)→一再要求的→骄傲自大的

【例】Charles was young, confident and slightly ***arrogant***. 查尔斯年轻、自信，有点傲慢。

【用】常见搭配 be arrogant toward sb. 表示"对某人傲慢无礼"。

【派】arrogance(*n.* 傲慢，自大)

advanced [ədˈvɑːnst] *adj.* 在前面的；高深的，高等的，高级的；高龄的；先进的

【记】来自advance(*v.* 前进)

【例】Having students "discover" why a civilization as ***advanced*** as the Maya collapsed in the 9th century is one key goal for the leader of the Maya Quest expedition. 让学生发现为什么像玛雅这样先进的文明古国会在9世纪瓦解是玛雅探险队领队的一个主要目的。(1997)

cardinal [ˈkɑːdinəl] *adj.* 主要的，基本的；深红的 *n.* 深红色；基数；红衣主教

【记】词根记忆：cardi(心，心脏)+nal→心脏的颜色→深红色

【例】Equality and mutual benefit are the ***cardinal*** principle of international trade. 平等互利是国际贸易的基本原则。// The number 1 is a ***cardinal***. 数字1是一个基数。

【辨】cardinal, essential, fundamental

　　cardinal常常形容事物赖以生存的主要因素；essential常与to, for连用，强调事物之间的不可分割；fundamental指某一事物的基础性的因素，如：The fundamental cause of his success was his diligence.

grab [græb] *vt.* 攫取，抓取；强夺；霸占；(急速地)抓住 *n.* 掠夺，(急速)抓住

【例】Maria ***grabbed*** some rest before going out. 玛丽亚出门前抓紧时间休息了一会儿。// You should ***grab*** every chance. 你应该抓住每一次机会。

【辨】grab, grasp, seize, snatch

　　四个词都有"抓住"的意思。grab指抢夺式的抓取，如：grab the bag；grasp强调把某物紧紧抓在手中，引申义是"领悟"，如：grasp a rope；seize通常表示突然用力抓住或查封，如：seize the chance，在这个意义上与grasp可互换；snatch指迅速地夺走、拿走。

murmur [ˈməːmə] *n.* 沙沙声，潺潺声；怨言，咕哝；低语声 *v.* 低声说；发低沉连续的声音；咕哝，抱怨

【记】发音记忆："嬷嬷"→老嬷嬷上了年纪，喜欢喃喃自语→咕哝

【例】The people behind me ***murmured*** all the time while I queued up for the movie. 我排队买电影票的时候，后面的人一直在小声咕哝。

naive [nɑːˈiːv] *adj.* 幼稚的，无知的，天真的

【例】These ***naive*** boys, with their straightforward and friendly eyes, are so eager to believe appearances. 这些天真的小男孩眼神友善率直，他们会如此轻易地相信表象。

dignify [ˈdignifai] *vt.* 使有尊严，使变得庄严；给…增光；抬高…的身价

【记】词根记忆：dign(有价值的)+ify(使)→使有价值→使有尊严

【例】Our town have been ***dignified*** by the coming of Mr. Smith. 史密斯先生的到来给我们的小镇增了光。

【用】dignify常与with搭配，表示"以…来增光"。

【派】dignified(*adj.* 有尊严的，庄严的，高贵的)

query [ˈkwiəri] *n. / v.* 质问，疑问，(提)问题

【记】词根记忆：quer(寻求)+y→不断寻求就要不断提问→(提)问题

【例】We all ***query*** whether the data are true. 我们都对这些数据是否真实表示怀疑。

accumulate [əˈkjuːmjuleit] *v.* 积蓄，积累

【记】词根记忆：ac(表加强)+cumul(堆积)+ate(使)→使不断堆积起来→积累

【例】A pile of books have ***accumulated*** on my desk. 我书桌上堆了一摞书。

【辨】**accumulate, gather**

accumulate指逐渐或有规律地增加而积累或积蓄；gather强调的是把东西收集到一起或放到某个地方。

accumulate

affection [əˈfekʃən] *n.* 爱，钟爱；爱慕，慈爱，友爱；影响；疾病；倾向

【记】词根记忆：af(表加强)+fect(做)+ion(名词后缀)→反复做产生的影响→影响

【例】At an appropriate time it might express the kind of ***affection*** that stimulates attachment and intimacy. 在适当的时机，这可能会表达一种能激起爱慕与亲昵的情感。

【用】affection作"爱慕"讲时一般用复数。

【派】affectionate(*adj.* 深情的，爱的)

【辨】affection, emotion, passion

　　这三个词都表示人的感情。affection指长辈对晚辈，比如父母对子女怀有的持久的感情；emotion含义比较广，没有任何感情色彩，如：Love, hatred, and grief are emotions. ；passion表示强烈的、深沉的而且是无法控制的感情，有时也表示仇恨或气愤，如：He talked about it with a little passion.

creep [kri:p] v. 爬行；蹑手蹑脚地走，悄悄地走

【例】I *crept* along the corridor in order not to waken her. 我蹑手蹑脚地走过走廊，以免把她吵醒。

【辨】creep, crawl

　　creep通常指四肢着地、偷偷地爬行，主要用于形容人或四肢动物的动作；crawl强调的爬行贴近地面，通常指无腿或有许多腿的动物的动作，如：Worms and snakes crawl.

adhere [əd'hiə] vi. 黏附，黏着；坚持，遵循

【记】词根记忆：ad(表加强)+her(黏附)+e→黏附

【例】Airlines flight service managers ensure that flight attendants *adhere* to personal appearance and preflight requirements. 航空飞行服务的经理们确保乘务员保持良好的个人形象，并遵守飞行前的各项要求。(2011听力)

【用】注意adhere只与介词to搭配。

【派】adherence(n. 信奉；坚持)

adhere

fuss [fʌs] n. 大惊小怪，忙乱，紧张不安 v. 小题大做，大惊小怪

【例】make a fuss over sb. The little girl was still very nervous, though Mrs. Carrie knew to *make a fuss over* her. 尽管卡丽夫人知道要关照她，但小女孩依然十分紧张。

【派】fussy (adj. 过分注重细节的；爱挑剔的，难以取悦的；瞎忙的，大惊小怪的)

frown [fraun] v. 皱眉；表示不满 n. 皱眉，蹙额

【例】Bob *frowned* on the use of too much salt in the food and then quarreled with his wife. 鲍勃不满往食物里放那么多盐，于是和妻子吵了起来。

【用】表示"朝…皱眉头"时用frown at；表示"对…不满"时用frown on。

identity [ai'dentiti] n. 身份，本体；相同处，同一(性)，一致

【记】词根记忆：ident(相同)+ity→相同处

【例】The way in which people use social space reflects their social relationships and their ethnic *identity*. 人们使用社交空间的方式反映了他们的社会关系和种族身份。(2003)

【派】identical(*adj.* 完全相同的，同一的)

haggard [ˈhægəd] *adj.* 憔悴的，形容枯槁的

【例】Louisa looked very beautiful, but terribly *haggard*. 路易莎看上去很漂亮，但十分憔悴。

【用】haggard常指由于受精神折磨而变得憔悴、疲惫。

capitalize [ˈkæpitəlaiz] *v.* 用大写字母写；为…提供资金，投资于

【记】联想记忆：capital(资本的)+ize(使)→使成为资本→投资于

【例】You should *capitalize* this report. 你应该用大写字母写这份报告。// capitalize on The cheats *capitalized on* the cupidity of the customers. 这些骗子利用了消费者贪婪的心理。

【派】capitalism (*n.* 资本主义，资本主义制度); capitalist (*n.* 资本家，富豪；资本主义者 *adj.* 资本主义的)

considering [kənˈsidəriŋ] *prep.* 就…而论，照…来说

【例】You have done very well, *considering* the short time. 考虑到时间这么短，你已经做得很好了。

mask [mɑːsk; mæsk] *n.* 面罩，假面具 *v.* 掩饰，伪装

【例】Jim made a joke to *mask* his sadness. 吉姆开了个玩笑来掩饰内心的悲伤。

retain [riˈtein] *vt.* 保存，保留；保持；挡住；留住

【记】词根记忆：re(一再)+tain(拿)→拿住→保留，保持

【例】Early immigrants to America from Europe brought with them a collective style of living, which they *retained* until late in the 18th century. 早年从欧洲到美国的移民者带来了集体生活的方式，这样的生活方式一直保留到18世纪晚期。(2003)

gossip [ˈgɔsip] *n. / vi.* 闲谈，聊天；流言蜚语；喜欢拨弄是非(的人)

【例】There are always lots of *gossip* about the stars in magazines. 杂志上总有很多关于明星的八卦流言。// You're not supposed to be *gossiping*! 你不应该说别人的闲话！

【用】词组have a gossip with sb. 表示"与…闲聊"。

prolong [prəˈlɔŋ] *vt.* 延长，拖延

【记】词根记忆：pro(向前)+long(长)→延长

【例】I know whom I may bully and whom I must flatter; and I thus *prolong* my life to a good old age. 我清楚谁可以欺负而谁必须巴结，这样我就能好好地活到老。

【辨】**prolong, extend**

二者都有"延长"的意思。prolong多指时间上的延长；extend是广义范围的延伸，既可以表时间，也可以表范围。

multiple ['mʌltipl] *n.* 倍数 *adj.* 多重的，复合的，多倍的

【记】词根记忆：multi(多)+ple(满的)→又多又满的→多重的

【例】There are superstitions attached to numbers; even those ancient Greeks believed that all numbers and their *multiples* had some mystical significance. 有些迷信与数字有关；甚至那些古希腊人也认为所有数字与它们的倍数都蕴含着某种神秘的意义。(2003)

mental ['mentəl] *adj.* 心智的，思想的；精神病的

【记】词根记忆：ment(头脑，智力)+al→思想的

【例】Many students could get the answer by *mental* arithmetic. 很多学生能用心算得出答案。

【派】mentality(*n.* 脑力，智力；思想，心态)

【辨】**mental, spiritual**

两个词都与"精神"有关。mental是相对于physical来讲的，即与生理相对的"心理上的，精神上的，智力上的"，如：mental disease；spiritual相对于material来讲，指"心灵的"，如：spiritual life。

ineffective [ˌini'fektiv] *adj.* 无效果的，不起作用的；无能力的

【记】联想记忆：in(不)+effective(有效的)→无效果的

【例】International efforts to isolate Serbia have been *ineffective*. 国际上孤立塞尔维亚的努力失败了。

positive ['pɔzətiv] *adj.* 确定的，明确的；确信的；积极的，有效的；正极的，阳性的

【记】联想记忆：posit(放置)+ive→就那么放→确定的

【例】If you smile and have confidence, you will think in a more *positive* way. 如果你微笑并保持自信，你会以更加积极的方式来思考问题。(2012听力)

extreme [ik'stri:m] *adj.* 末端的，极端的，尽头的；极度的，偏激的，过分的 *n.* 极端，极度(状态)，过分

【记】联想记忆：ex+trem(颤抖)+e→被气得颤抖→过分的

【例】You cannot go from one extreme to another. 你不能从一个极端走向另一个极端。

【派】extremely(*adv.* 非常，极其，极端)；extremist(*n.* 偏激的人，极端主义者)

patent ['peitənt] *n.* 专利(权); 专利证书 *adj.* 专利的, 专卖的; 公开的; 显然的

【例】It was *patent* that the economy would recover soon. 显而易见, 经济很快就会复苏。

integrate ['intigreit] *v.* 使成一体, 使完整, 使完善; 取消种族隔离, 使获得平等待遇

【记】词根记忆: integr(完整)+ate→完整化→使完整

【例】The professor always emphasizes it's important to *integrate* theory with practice. 教授总是强调理论与实践相结合的重要性。

【用】integrate常和into连用, 表示"把…并入", 而和with搭配表示"与…结合"。

approximate [ə'prɔksimit] *adj.* 大约的, 近似的

【记】词根记忆: ap+proxim(接近, 靠近)+ate(…的)→接近的→大约的

【例】He should have an *approximate* idea about the pronunciation of his source language even if this is restricted to knowing how proper names and place names are pronounced. 他应该对源语言的发音有个大概的了解, 即使这仅限于知道专有名词和地名的发音。(1999)

【用】approximate与about意思相近, 但approximate表示的程度更加精确和接近; 它常用的搭配是be approximate to, 表示"近似, 约计"。

bilateral [bai'lætərəl] *adj.* 双边的, 双方的

【记】词根记忆: bi(双)+later(边)+al(…的)→双边的

【例】They planned the *bilateral* talks. 他们计划展开双边会晤。

expend [ik'spend] *vt.* 花费, 用光

【记】词根记忆: ex+pend(花费)→花费

【例】Reserve it for those who are your friends, and do not *expend* it on me. 把它留给你的朋友们, 不要花费在我身上。

【派】expenditure(*n.* 经费, 费用; 支出, 消耗, 花费)

gentle ['dʒentl] *adj.* 温柔的, 柔和的; 有礼貌的, 文雅的; 出身高贵的

【记】联想记忆: gen(出生)+tle→生来细声细气→温柔的

【例】It is a warm day, with a *gentle* breeze. 今天天气暖和, 微风徐徐。

convenient [kən'viːnjənt] *adj.* 便利的, 方便的; 合适的

【记】词根记忆: con+veni(=ven, 来)+ent(…的)→来去自如的→便利的

□ patent   □ integrate   □ approximate   □ bilateral   □ expend   □ gentle
□ convenient

385

【例】New technology always makes our lives *convenient*. 新科技总是让我们的生活更加便利。

【派】convenience(*n.* 便利；方便的时候，适当的机会；便利设施)

resort [riˈzɔːt] *vi.* 凭借；求助，诉诸；常去 *n.* 凭借，手段；常去之处，度假胜地

【例】They will *resort* to anything, even evil means, to make money. 为了挣钱，他们不惜采取任何方式，甚至是卑劣的手段。// The blasts Wednesday night in the Black Sea *resort* town of Yevpatoria left at least 17 people dead and 24 others missing, according to Igor Krol, a spokesman for the Ukraine's Emergency Situations Ministry. 乌克兰紧急情况部的发言人伊格尔·克洛尔称，星期三晚上在黑海地区度假胜地叶夫巴多利亚镇发生的爆炸造成至少17人死亡，24人失踪。(2010听力)

【用】词组resort to的意思是"凭借；向…求助，诉诸…"。

dilute [daiˈljuːt] *v.* 稀释，冲淡；削弱，减轻 *adj.* 经稀释的，淡的；减弱了的

【记】词根记忆：di+lu(冲洗)+te→冲开→稀释

【例】Some pubs usually *dilute* the wine with water. 有些酒馆常用水将酒稀释。

indignant [inˈdignənt] *adj.* 愤慨的，愤愤不平的

【记】词根记忆：in(不)+dign(高贵的)+ant→因为发怒而不高贵的→愤慨的

【例】Lady Catherine was extremely *indignant* on the marriage of her nephew. 凯瑟琳小姐对她侄子的婚姻感到极其愤怒。

【派】indignation(*n.* 愤怒，愤慨，义愤)

gruff [grʌf] *adj.* 粗鲁的；草率的；板着脸孔的

【例】I feel uncomfortable at his *gruff* manner. 他粗暴的态度让我觉得很不舒服。

diverge [daiˈvəːdʒ] *v.* 分叉；分歧；分开

【记】词根记忆：di(离开)+verg(=vert，转)+e→转开→分歧

【例】At this point we have *diverged* from the previous plan. 在这一点上，我们已经偏离了之前的计划。

【用】diverge后接from，表示"脱离正轨，偏离"。

outrage [ˈautreidʒ] *n.* 暴行，残暴；(暴行激起的)义愤 *vt.* 激起…的义愤；违背

【记】组合词：out(出来)+rage(狂怒，狂暴)→让人狂暴，暴行

【例】The new economy policy of the government provokes *outrage* among citizens. 政府新的经济政策激起了市民的愤怒。

【派】outrageous(*adj.* 残暴的；令人震惊的)

impenetrable [imˈpenitrəbl] *adj.* 不能通过(贯穿)的, 刺不进的; 不可理解的; 不接纳的

【记】联想记忆: im(不)+penetrable(可刺穿的)→不可穿透的

【例】The mind of the old man was ***impenetrable*** to any new ideas. 这位老人的头脑很顽固, 不接受任何新思想。

exquisite [ˈekskwizit] *adj.* 精美的, 精致的; 精湛的

【记】词根记忆: ex+quis(寻求)+ite→寻求最好的→精致的

【例】I enjoy wearing an ***exquisite*** silk dressing gown. 我喜欢穿精致的丝质睡袍。

upbringing [ˈʌpˌbriŋiŋ] *n.* 养育, 抚育

【记】来自词组bring up (教育, 培养)

【例】That was a total inversion of his blue collar ***upbringing***. 那完全与他所受的蓝领教育背道而驰。

subtle [ˈsʌtl] *adj.* 微细的, 微妙的, 难以察觉的; 精巧的, 精妙的; 敏感的, 敏锐的

【例】Note the painterly lines and ***subtle*** impasto on this canvas. 注意这幅油画上的那些美术线条和巧妙厚涂的颜料。// Women may be able to see more ***subtle*** shades of red than men, research suggests. 研究显示女性对红色的色度比男性更为敏感。

【派】subtly(*adv.* 微细地; 精巧地; 敏感地)

absolute [ˈæbsəluːt] *adj.* 绝对的; 完全的; 肯定的, 确定的

【记】词根记忆: ab(表加强)+solut(松开)+e→放开思想去接受→完全的

【例】The scientists have ***absolute*** freedom as to what research they think it best to pursue. 科学家对于其最好从事什么样的研究有着绝对的自由。(1999)

【派】absolutely(*adv.* 绝对地; 完全地)

contact [ˈkɔntækt] *n.* 接触, 联系; 交往
[kənˈtækt] *v.* 接触, 联系

【记】词根记忆: con+tact(接触)→接触

【例】For those who are far away, keeping in ***contact*** with friends and family would be impossible without the Internet. 对于那些相距甚远的人, 如果没有互联网, 他们就没办法与朋友和家人保持联络了。(2012听力)// ***make contact with sb./sth.*** We would like to ***make contact with*** you in order to make a deal about buying some products of your company. 我们想要跟你取得联系以便谈生意, 买些贵公司的产品。

【用】make contact with sb. 意思是"与某人交谈、会晤、取得联系"。

【派】contagious〔*adj.*（接触）传染的〕

pile ［pail］*n.* 堆；大量，成堆 *v.* 堆起，积累；挤

【例】There are *piles* of nondescript scientific journals everywhere in the room. 屋子里到处都是一堆堆平淡无奇的科学杂志。// The farmer *piled* the hay in the corner of the kitchen. 这个农民把干草堆放到厨房的角落里。

suspicious ［sə'spiʃəs］*adj.* 怀疑的，疑心的，多疑的；可疑的

【记】词根记忆：su(s)+spic(看)+ious→看了让人生疑的→疑心的

【例】Please co-operate with the police by reporting any crime or *suspicious* activity immediately, either by dialing 110 or calling at your nearest police station. 请与警方合作，通过拨打110或最近警局的电话及时汇报任何犯罪行为或可疑活动。（2001）

【用】be suspicious of是常用短语，表示"怀疑…"。

array ［ə'rei］*n.* 展示，陈列；排列整齐的一队人，一长列（物品）

【例】Throughout the cultures of the world, East and West, a virtually limitless *array* of sounds has been employed in the service of musical expression. 在全世界各类文化中，无论是东方还是西方，声音的无限排列方式都能为音乐表达所用。（2005）

【用】词组an array of, 表示"一群，一批"的意思。

frenzy ［'frenzi］*n.* 疯狂；狂乱；狂暴

【例】A small plot of land in an up-market area of Bristol sells for 77,000 at auction after a bidding *frenzy*. 布里斯托尔市高消费地区的一小块地皮在拍卖会上经过激烈竞价后以7.7万英镑售出。

compel ［kəm'pel］*v.* 强迫，强求；促使

【例】Mickey's sense of loyalty *compels* him to help his friends. 米奇的忠诚促使他去帮助朋友。// Cherry was *compelled* by illness to stay in bed. 彻丽因病被迫在床上休息。

【用】compel常用句式：compel sb. to do sth. 表示"强迫某人做某事"。

frighten ［'fraitən］*vt.* 使惊恐，使害怕；吓唬

【例】The need to learn a new language and customs may excite one person and *frighten* another. 学习一门新语言和新风俗的需求可能会使一个人激动而让另一个人惊恐。（1999）

【派】frightened（*adj.* 受惊的，害怕的）；frightening（*adj.* 令人惊恐的，骇人的）；frightful（*adj.* 可怕的，骇人的；讨厌的）

unreasonable [ʌnˈriːzənəbl] *adj.*（指人）不讲道理的；不合理的，过分的

【例】Some of the advertisements boast too much about the advantage of the products. Therefore, the customers may get the ***unreasonable*** illusion about it. 一些广告过分吹嘘产品的优势，因此顾客可能会对产品产生一种错误的认识。

instinct [ˈinstiŋkt] *n.* 本能，天性；直觉；天资，天赋

【记】词根记忆：in(进入)+stinct(刺激)→内在的刺激→本能，天性

【例】The mayor has an ***instinct*** for diplomacy. 这位市长在外交方面很有天赋。

tramp [træmp] *n.* 流浪汉，漂泊者；长途徒步旅行；重步声 *v.* 踏着沉重的脚步行走；跋涉

【例】Many photographers took the pictures as they ***tramped*** up and down country roads. 许多摄影师穿梭在乡间的路上拍摄照片。

keen [kiːn] *adj.* 激烈的；热心的；渴望的；敏锐的，敏捷的；锋利的

【例】The man's ***keen*** eyes would discover all of your lies. 那人敏锐的目光会看穿你所有的谎言。

structure [ˈstrʌktʃə] *n.* 结构；建筑物 *v.* 系统安排，精心组织；构造，建造

【记】词根记忆：struct(建筑)+ure→建筑物

【例】Even as the setting sun silhouettes these gigantic ***structures*** against the great desert expanse, a call for prayer floats over semi-finished apartment blocks filled with the activity of city life. 夕阳勾勒出这些庞大建筑的轮廓，与广袤的沙漠交相辉映，与此同时，祷告的钟声会从充满了现代城市气息、仅完工一半的公寓楼群里飘出。(2012)

【用】industrial structure是固定搭配，表示"产业结构"。

curiosity [ˌkjuəriˈɔsəti] *n.* 好奇，好奇心；珍品，奇物

【记】联想记忆：curi(看作care，关心)+o(音似：all)+sity(音似：city)→"家事、国事、天下事，事事关心"→好奇心

【例】First of all, it seems that a successful scientist is full of ***curiosity***——he wants to find out how and why the universe works. 首先，一个成功的科学家似乎总是充满了好奇心——他想查明宇宙运行的方式和原因。(2010)

【用】out of curiosity是固定搭配，表示"出于好奇"。

认知词

A

abbey	[ˈæbi] *n.* 修道院，僧院，庵堂
abdomen	[ˈæbdəmen] *n.* 腹(部)，下腹
abnormal	[æbˈnɔːməl] *adj.* 不正常的
aborigine	[ˌæbəˈridʒəni] *n.* (澳洲的)土著；土人
academic	[ˌækəˈdemik] *adj.* 学校的，学院的；学者式的；非实用的；学术的
academy	[əˈkædəmi] *n.* 学院，专科学校，研究院；学会
accent	[ˈæksənt] *n.* 音调，口音；重音；重音符号；重要性，重点
accessory	[əkˈsesəri] *n.* 附属品，附件
accordion	[əˈkɔːdjən] *n.* 手风琴
ace	[eis] *n.* (纸牌上的)幺点；一流人才，高手；发球得分
ache	[eik] *n. / v.* 疼痛
acre	[ˈeikə] *n.* 英亩
acrobat	[ˈækrəˌbæt] *n.* 杂技演员
acronym	[ˈækrəˌnim] *n.* 首字母缩略词
acupuncture	[ˈækjupʌŋktʃə] *n.* 针灸，针刺法，针疗法
admiral	[ˈædmərəl] *n.* 海军上将；舰队司令
aerial	[ˈeəriəl] *adj.* 空气的，大气的；航空的
aeronautics	[ˌeərəˈnɔːtiks] *n.* 航空学，航空术
aeroplane	[ˈeərəplein] (也作airplane) *n.* 飞机
aesthetics	[iːsˈθetiks] *n.* 美学，审美学
aftereffect	[ˈɑːftərifekt] *n.* (不良的)后果，后效，副作用
afterward(s)	[ˈɑːftəwəd(z)] *adv.* 后来
agenda	[əˈdʒendə] *n.* (会议的)议程

agent	[´eidʒənt] n. 代理人，代理商
	【派】agency[n. 经办，代理（权）；代理处；机构]
air	[eə] n. 空气；空中，天空；气氛；态度，神情，风度 v. 发表（意见等）
	【搭】by air 乘飞机，用飞机；on the air 正在广播，正在播送；put on airs 摆架子
airbase	[´eəbeis] n. 军事机场
air-conditioned	[´eəkəndiʃənd] adj. 有空调设备的
aircraft	[´eəkrɑːft] n. 航空器，飞机，飞行器，飞船
airfield	[´eəfiːld] n. 飞机场
air hostess	[´eəhəustis] n. （客机上的）女服务员，空中小姐
airliner	[´eəlainə] n. 定期班机
airmail	[´eəmeil] n. 航空邮件，航空邮政，航空邮票
airtight	[´eətait] adj. 不透气的，密封的
airway	[´eəwei] n. 航线；[pl.] 航空公司
aisle	[ail] n. （教堂、戏院等的）通道，走廊
alarm	[ə´lɑːm] n. 警报；惊恐 v. 向…报警，使警觉；使惊恐
album	[´ælbəm] n. 照相簿；邮票册
alcohol	[´ælkəhɔl] n. 乙醇，酒精
	【派】alcoholic(adj. 酒精的，含有酒精的 n. 酗酒者)
ale	[eil] n. 淡色的啤酒
algae	[´ældʒiː] n. 水藻，海藻
algebra	[´ældʒibrə] n. 代数，代数学
alley	[´æli] n. 小巷，胡同；（保龄球的）球道
alligator	[´æligeitə] n. 短吻鳄
alloy	[´ælɔi] n. 合金
ally	[ə´lai] n. 同盟国，同盟者 v. （使）联合，（使）结盟
	【派】alliance(n. 同盟，联盟)
almighty	[ɔːl´maiti] adj. 全能的，万能的
almond	[´ɑːmənd] n. 杏仁
alongside	[əˌlɔŋ´said] adv. 相靠着，并肩，并排
alphabet	[´ælfəbet] n. 字母表
	【派】alphabetic(al)(adj. 依字母顺序排列的，字母表的)
altar	[´ɔːltə] n. 神坛，祭坛
altitude	[´æltitjuːd] n. 高，（指海拔）高度
aluminium	[ˌælju´miniəm]（也作 aluminum）n. 铝

alumna	[əˈlʌmnə] n. 女校友，女毕业生
alumnus	[əˈlʌmnəs] n. 男校友，男毕业生
amateur	[ˈæmətə] n. 业余爱好者；技术不精的人 adj. 业余的，非职业性的
ambassador	[æmˈbæsədə] n. 大使，特使
amber	[ˈæmbə] n. 琥珀，琥珀色
ambulance	[ˈæmbjuləns] n. 救护车
ammeter	[ˈæmiːtə] n. 安培计，电表
ammonia	[əˈməunjə] n. 氨
ammunition	[ˌæmjuˈniʃən] n. 弹药
ampere	[ˈæmpeə] n. (电流单位)安(培)
anatomy	[əˈnætəmi] n. 解剖学，解剖；人体结构
ancestor	[ˈænsestə] n. 祖先，祖宗
	【派】ancestral(adj. 祖先的，祖宗的)；ancestry(n. [集合名词]祖先，世系)
anchor	[ˈæŋkə] n. 铁锚；(电视节目等)主持人
	【派】anchorage(n. 抛锚地，停泊所)
anchorman	[ˈæŋkəmæn] n. 电(视)台新闻节目主持人
anchorwoman	[ˈæŋkəwumən] n. 新闻节目女主持人
anecdote	[ˈænikdəut] n. 轶事
angel	[ˈeindʒəl] n. 天使
angle	[ˈæŋgl] n. 角；角度，观点 v. 垂钓，钓鱼
ankle	[ˈæŋkl] n. 踝，踝关节部
annals	[ˈænəlz] n. 编年史，纪年表，年鉴
anniversary	[ˌæniˈvəːsəri] n. 纪念日
anode	[ˈænəud] n. 正极，阳极
answer	[ˈɑːnsə] v. 回答；对…负责；适应，符合 n. 回答，答话；答案
	【搭】answer back 回嘴，顶嘴；answer for 对…负责；in answer to 作为回答，响应
antagonism	[ænˈtægəˌnizəm] n. 对抗，对抗性
antagonist	[ænˈtægəˌnist] n. 对抗者，对手
Antarctic	[ænˈtɑːktik] adj. 南极的，南极地区的
antenna	[ænˈtenə] n. 触须，触角；天线
anthem	[ˈænθəm] n. 圣歌，赞美诗；国歌
antibiotic	[ˌæntibaiˈɔtik] n. 抗菌素，抗生素 adj. 抗菌的，抗微生物的
antic	[ˈæntik] n. [常pl.] 奇妙，滑稽
antiseptic	[ˌæntiˈseptik] adj. 抗菌的，防腐的；不受感染的 n. 抗菌素，防腐剂

antonym	['æntənim] *n.* 反义词
anything	['eniθiŋ] *pron.* 某事, 什么事, 任何东西

【搭】be anything but 根本不是; like anything 非常, 十分迅速地

ape	[eip] *n.* 类人猿 *v.* 模仿

【搭】play the ape 模仿别人

aperture	['æpətjuə] *n.* 孔, 隙, 窄的缺口
apostrophe	[ə'pɔstrəfi] *n.* 书写中表示所有或省略的符号(')
apparatus	[ˌæpə'reitəs] *n.* 器械, 设备
appetite	['æpitait] *n.* 食欲, 胃口
appliance	[ə'plaiəns] *n.* 器具, 机械, 装置
apprentice	[ə'prentis] *n.* 徒弟, 学徒, 徒工
apricot	['eiprikɔt] *n.* 杏; 杏黄色
apron	['eiprən] *n.* 围裙, 工作裙
aptitude	['æptitjuːd] *n.* 自然倾向, 天生才能; 能力, 才能
aquarium	[ə'kweəriəm] *n.* 水族馆, 水族箱, 养鱼缸
aquatic	[ə'kwætik] *adj.* 水中(生)的
arc	[ɑːk] *n.* 弧线, 弧形
arch	[ɑːtʃ] *n.* 拱, 拱架结构 *v.* 使…弯成弓形
archaeologist	[ˌɑːki'ɔlədʒist] *n.* 考古学家
archaeology	[ˌɑːki'ɔlədʒi] *n.* 考古学
archbishop	[ˌɑːtʃ'biʃəp] *n.* 大主教
archway	['ɑːtʃwei] *n.* 拱道; 拱门, 牌楼
Arctic	['ɑːktik] *adj.* 北极的, 北极地区的
arena	[ə'riːnə] *n.* (古罗马圆形剧场中央的)竞技场地; 活动场所, 竞争场所
aristocracy	[ˌæri'stɔkrəsi] *n.* 贵族, 贵族阶层; 上层阶级
aristocrat	['æristəkræt] *n.* 贵族

【派】aristocratic(*adj.* 贵族的)

arithmetic	[ə'riθmətik] *n.* 算术
armament	['ɑːməmənt] *n.* 军备, 武装力量; 备战
armchair	['ɑːmtʃeə] *n.* 有扶手的椅子
armour	['ɑːmə] (也作armor) *n.* 盔甲, 铜甲 *v.* 为…穿盔甲, 为…装甲
armpit	['ɑːmpit] *n.* 腋下, 腋窝
arrow	['ærəu] *n.* 箭; 箭头
artery	['ɑːtəri] *n.* 动脉; 干线, (道路、铁路等的)要道
article	['ɑːtikəl] *n.* 文章, 论文; 物件, 物品; 条款, 条目

artillery	[ɑːˈtiləri] *n.* 大炮；炮兵部队
ashamed	[əˈʃeimd] *adj.* 羞耻的，惭愧的
ashtray	[ˈæʃtrei] *n.* 烟灰缸，烟灰盘
asphalt	[ˈæsfælt] *n.* 沥青，柏油；沥青、碎石和砂的混合物
aspirin	[ˈæspərin] *n.* 阿司匹林
ass	[æs] *n.* 驴；笨蛋，蠢人
assassin	[əˈsæsin] *n.* 刺客，暗杀者
assassinate	[əˈsæsineit] *v.* 暗杀，行刺
asset	[ˈæset] *n.* 资产，财产；有价值的特性（技能）
astronaut	[ˈæstrənɔːt] *n.* 宇航员
astronomer	[əˈstrɔnəmə] *n.* 天文学家
astronomy	[əˈstrɔnəmi] *n.* 天文学
	【派】astronomical(*adj.* 天文学的，天体的；极其巨大的)
athletic	[æθˈletik] *adj.* 运动的，体育的，运动员的；体格健壮的，活跃的
	【派】athletics(*n.* 体育运动，竞技)
atlas	[ˈætləs] *n.* 地图册
atmosphere	[ˈætməsfiə] *n.* 空气；大气，大气层；气氛，环境
	【派】atmospheric(*adj.* 大气的，大气层的，空气的)
atom	[ˈætəm] *n.* 原子；微粒；微量
	【派】atomic(*adj.* 原子的；原子能的；原子武器的)
attaché	[ætæˈʃei] *n.* 使馆随员，使馆职员
attic	[ˈætik] *n.* 顶楼，阁楼
attorney	[əˈtəːni] *n.* 律师
audiovisuals	[ɔːdiəuˈvizjuəlz] *n.* 视听教具，直观教具
audit	[ˈɔːdit] *v.* 核(数)，查(账等)，稽查，审计
	【派】auditor(*n.* 稽查员，审计员；旁听生)
auditorium	[ɔːdiˈtɔːriəm] *n.* 听众席，旁听席；讲堂，礼堂
aural	[ˈɔːrəl] *adj.* 听觉的
autobiography	[ɔːtəubaiˈɔgrəfi] *n.* 自传
	【派】autobiographic(al)(*adj.* 自传的，自传体的)
automate	[ˈɔːtəmeit] *v.* (使)自动化
	【派】automation(*n.* 自动，自动化；自动学)
automatic	[ɔːtəˈmætik] *adj.* 自动的；无意识的
automobile	[ˈɔːtəməbiːl] *n.* 汽车
autonomous	[ɔːˈtɔnəməs] *adj.* 自治的，自主的，有自治权的

autonomy	[ɔːˈtɒnəmi] n. 自治，自治权
avalanche	[ˈævəlɑːntʃ] n. 雪崩 v. 崩落，涌至
avenue	[ˈævənjuː] n. 林阴道，道路；(城市中的)大街；途径，手段
average	[ˈævəridʒ] n. 平均数，平均标准 adj. 普通的；平均的 v. 平均达到
aviation	[ˌeiviˈeiʃən] n. 航空，航空学
ax(e)	[æks] n. 斧(子)
axiom	[ˈæksiəm] n. 公理，格言，原则
axis	[ˈæksis] n. 轴，轴心；轴线
axle	[ˈæksəl] n. 轴，车轴，轴干

B

backbone	[ˈbækbəun] n. 脊椎；骨干；骨气
backup	[ˈbækʌp] n. 备用物；支援者；(计算机)备份 v. (计算机)备份
bacon	[ˈbeikən] n. 咸猪肉，熏猪肉
bacteria	[bækˈtiəriə] n. 细菌
badge	[bædʒ] n. 徽章，像章；标志，象征
badminton	[ˈbædmintən] n. 羽毛球(运动)
bad-tempered	[ˌbædˈtempəd] adj. 脾气坏的
bait	[beit] n. 饵；引诱物 v. 用饵引诱
bake	[beik] v. 烤，烘(面包等)；烧硬，焙干(砖头等)
	【派】baker(n. 面包师)；bakery(n. 面包店)
balcony	[ˈbælkəni] n. 阳台；(剧场的)楼厅
bale	[beil] n. 大包，大捆 v. 把…打包
ballet	[ˈbælei] n. 芭蕾舞(曲、剧、团)
ballot	[ˈbælət] n. 选票；(不记名)投票；投票总数 v. 投票
band	[bænd] n. 一伙(人)；乐队；带形物，箍；镶边；波段 v. 用带绑扎；联合
	【派】bandage(n. 绷带 v. 用绷带包扎)
bandit	[ˈbændit] n. 土匪，强盗
bang	[bæŋ] v. 猛撞，猛敲；砰地关上(门等)；发出砰的一声 n. 猛击；砰的一响
banister	[ˈbænistə] n. (楼梯的)扶栏
banking	[ˈbæŋkiŋ] n. 银行业；银行业务
banner	[ˈbænə] n. 旗帜；横幅

【搭】under the banner of 以…的名义(进行某项工作)

banquet	[ˈbæŋkwit] *n.* 宴会 *v.* 宴请，参加宴会
bar	[bɑ:] *n.* 酒吧间；条，杆，棒 *v.* 闩上；阻挡，拦住
barbecue	[ˈbɑ:bikju:] *n.* 烤肉用的台架；烤肉野餐 *v.* 在台架上烤(肉)
barber	[ˈbɑ:bə] *n.* 理发师
barge	[bɑ:dʒ] *n.* 平底载货船，驳船
bark	[bɑ:k] *v.* (狗、狐等)吠，叫；(枪、引擎等)发出声响；(人)大声喊，叫骂，咆哮 *n.* 吠叫声，狗吠似的声响；叫喊；树皮
barley	[ˈbɑ:li] *n.* 大麦
barn	[bɑ:n] *n.* 谷仓；牲口棚
barometer	[bəˈrɔmitə] *n.* 晴雨表，气压表
baron	[ˈbærən] *n.* 男爵；(商业界等)巨头，大王，大亨
barracks	[ˈbærəks] *n.* 营房，兵营；(工地的)临时棚屋，工棚
barrel	[ˈbærəl] *n.* 桶；炮管，枪管
basement	[ˈbeismənt] *n.* 地下室
basin	[ˈbeisən] *n.* 盆，水盆，洗脸盆；盆地，流域
bass	[beis] *n.* 男低音(歌手)；低音乐器；低音大提琴 *adj.* (男)低音的
bastard	[ˈbæstəd] *n.* 私生子；杂种；讨厌鬼；假冒品，代用品
batch	[bætʃ] *n.* 一批，一组，一群
bathe	[beið] *v.* 冲洗(伤口等)；洗澡，沐浴
battery	[ˈbætəri] *n.* 电池(组)，电瓶；排炮
beacon	[ˈbi:kən] *n.* 烽火；(警告用的)闪光灯，灯塔
bead	[bi:d] *n.* 珠子，念珠
beak	[bi:k] *n.* (鸟等的)嘴，喙；鸟嘴状物
beaker	[ˈbi:kə] *n.* (无柄的)大口酒杯；(实验室等处的)烧杯
beam	[bi:m] *n.* 梁；(日光、灯光等)(一)道，(一)束 *v.* 微笑；发光
bean	[bi:n] *n.* 豆(子)，菜豆

【搭】full of beans 精力充沛的

bean-sprout	[ˈbi:nspraut] *n.* 豆芽
beard	[biəd] *n.* (下巴上的)胡须，络腮胡子
beast	[bi:st] *n.* (四足)兽；牲畜；凶残的人；举止粗鲁的人
belly	[ˈbeli] *n.* 腹部；胃部
bend	[bend] *v.* 使弯曲；屈身；屈从；(目光、精力等)集中于 *n.* 弯曲(处)
berry	[ˈberi] *n.* 浆果

berth	[bə:θ] *n.* (船或火车上的)卧铺;泊位,锚地
bestseller	[ˌbest'selə] *n.* 畅销书
bet	[bet] *v.* 赌,打赌,赌钱 *n.* 赌注,赌钱
	【搭】You bet. 当然;一定。
beverage	['bevəridʒ] *n.* 饮料
bibliography	[ˌbibli'ɔgrəfi] *n.* 书目,目录,参考书目
bilingual	[bai'liŋgwəl] *adj.* 熟悉两种语言的,(能说)两种语言的
bill	[bil] *n.* 账单;单子,清单;招贴,广告,传单
binary	['bainəri] *adj.* 由两部分合成的,双重的;二进制的
binoculars	[bai'nɔkjuləz] *n.* 双筒望远镜
biochemistry	[ˌbaiəu'kemistri] *n.* 生物化学
biography	[bai'ɔgrəfi] *n.* 传记;传记文学
	【派】biographic(al)(*adj.* 传记的)
biology	[bai'ɔlədʒi] *n.* 生物学
	【派】biological〔*adj.* 生物(学)的〕;biologist(*n.* 生物学家)
biotechnology	[ˌbaiəutek'nɔlədʒi] *n.* 生物工艺学,生物工程
birch	[bə:tʃ] *n.* 桦树;桦树条(体罚用)
bishop	['biʃəp] *n.* (基督教的)主教;(国际象棋中的)象
bladder	['blædə] *n.* 膀胱;(可充气或充水的)囊袋
blade	[bleid] *n.* 刀刃,刀口;叶片
blanket	['blæŋkit] *n.* 羊毛毯,毯子 *adj.* 总括的,综合的
bleat	[bli:t] *n.* / *v.* (作)羊叫声
blister	['blistə] *n.* (皮肤上的)水疱;(橡胶轮胎上、上过漆的木材上的)气泡
blond	[blɔnd] *adj.* (头发)金黄色的,淡黄色的;白肤金发碧眼的
blonde	[blɔnd] *n.* 白肤金发碧眼的女人(女孩)
blood	[blʌd] *n.* 血,血液;血气,气质;血统,种族,家庭
	【派】bloody(*adj.* 有血的,血腥的;非常恶劣的,使人感到极不愉快的 *adv.* 很,非常)
blue	[blu:] *adj.* 蓝色的;沮丧的,忧郁的 *n.* 蓝色
	【搭】once in a blue 难得一次;out of the blue 出乎意料地
blueprint	['blu:print] *n.* 蓝图
bodyguard	['bɔdigɑ:d] *n.* 卫士,卫队
bolt	[bəult] *n.* 门闩;螺栓;电光,闪电
bond	[bɔnd] *n.* 联结物,(感情上的)联系;债券;契约 *v.* 使结合
	【派】bondage(*n.* 奴役,束缚)

bonus	[ˈbəunəs]	n. 额外给予的东西，奖金，红利
bony	[ˈbəuni]	adj. 骨的；多骨的；瘦的，憔悴的
bookish	[ˈbukiʃ]	adj. 爱读书的，好学的；书生气的
bookkeeping	[ˈbukˌkiːpiŋ]	n. 簿记（员）
booklet	[ˈbuklit]	n. 小册子
booth	[buːθ]	n. (有篷的)货摊；公用电话亭；(隔开的)小间
borderline	[ˈbɔːdəlain]	adj. 两可的，不确定的 n. 界限，国界
borough	[ˈbʌrə]	n. 享有自治权的市镇；自治市镇
bosom	[ˈbuzəm]	n. 胸；胸襟，胸怀，内心
botany	[ˈbɔtəni]	n. 植物学

【派】botanist(n. 植物学家); botanical(adj. 植物学的)

bottleneck	[ˈbɔtlˌnek]	n. 瓶颈；阻碍进展的事物(状况)；窄路段，交通阻塞点
bottom	[ˈbɔtəm]	n. 底部，底；尽头，末端；屁股

【搭】from the bottom of one's heart 打心底里，衷心地

bough	[bau]	n. 大树枝
boulevard	[ˈbuːləvɑːd]	n. 大街，林阴大道；主干道路，大道
bouquet	[buˈkei]	n. 花束
bourgeois	[ˈbuəʒwɑː]	adj. 资产阶级的，中产阶级的；平庸的

【派】bourgeoisie(n. 资产阶级，中产阶级)

bow	[bau]	n. 鞠躬，点头，船头，舰首 v. 鞠躬，点头；屈服，服从
	[bəu]	n. 弓；琴弓；蝴蝶结(领结)
bowels	[ˈbauəlz]	n. 肠，肠道；内部，深处
bracelet	[ˈbreislit]	n. 手镯，臂镯
bracket	[ˈbrækit]	n. 架子；[pl.]括号
brake	[breik]	n. (机)闸，刹车 v. 刹(车)
branch	[brɑːntʃ]	n. 支；分部，分行，分店；分科，部门；支流，支脉，支线 v. 分支，分岔
brand	[brænd]	n. 商标，牌子；烙印，标记 v. 在…上打烙印，在…上打印记
brass	[brɑːs]	n. 黄铜；黄铜制品；铜管乐器
brave	[breiv]	adj. 勇敢的；英勇的 v. 不顾，不怕，冒(危险)

【派】bravery(n. 勇敢，无畏)

breast	[brest]	n. 胸(脯)，胸膛；乳房
breeze	[briːz]	n. 微风 v. 吹微风

brew	[bru:] v. 酿造(啤酒);泡(茶);酝酿 n. 酿造物;(酿造饮料的)品味
	【派】brewery(n. 啤酒厂,酿造厂)
bribe	[braib] n. 贿赂 v. 贿赂,收买
	【派】bribery(n. 行贿,行贿的财物)
briefcase	['bri:fkeis] n. 公事包
brigade	[bri'geid] n. (军队中的)旅;(担任特殊任务的)团、队
brim	[brim] n. 边,缘;帽檐 v. (使)充盈,(使)充溢
bristle	['brisl] n. 硬而粗的毛发
brochure	['brəuʃə] n. 小册子,介绍手册,指南
bronze	[brɔnz] n. 青铜,古铜;青铜制(艺术)品;青铜色 v. (使)变成青铜色
brooch	[brəutʃ] n. 胸针,饰针
brook	[bruk] n. 小河,小溪
brotherhood	['brʌðəhud] n. 手足情谊,兄弟关系;同业,同僚
brotherly	['brʌðəli] adj. 兄弟的,兄弟般的,友爱的
brush	[brʌʃ] n. 刷子;画笔,毛笔 v. 刷,掸,拂;擦过,掠过
brute	[bru:t] n. 残酷无情的人;野兽,畜生 adj. 粗暴的
	【派】brutal(adj. 残忍的,兽性的)
buck	[bʌk] n. 雄鹿,雄兔 adj. 雄的
Buddha	['budə] n. 佛,佛陀
	【派】Buddhism(n. 佛教);Buddhist(n. 佛教徒 adj. 佛教的,佛的)
buffalo	['bʌfələu] n. 水牛,野牛
buffet	['bʌfit] v. 猛击,击打 ['bufei] n. 一击,打击;自助餐,快餐
bug	[bʌg] n. 小虫;病菌;窃听器;(电脑等的)故障 v. 装窃听器;不断地烦扰,纠缠
bugle	['bju:gl] n. 军号,喇叭
bulb	[bʌlb] n. 电灯泡;球状物
bulldozer	['buldəuzə] n. 推土机
bullet	['bulit] n. 枪弹,子弹,弹丸
bulletin	['bulitin] n. 公报,公告
bullish	['buliʃ] adj. (行情等)看涨的,上涨的
bun	[bʌn] n. 小而圆的甜面包;(头发扎成的)髻
bunch	[bʌntʃ] n. (一)束,串 v. 使成一束(一捆等)
bundle	['bʌndl] n. 包袱,包裹;捆,束,包 v. 推搡;赶;(成群地)匆忙赶往
bungalow	['bʌŋgələu] n. 平房

| bureau | [ˈbjuərəu] n. 办公署，局，司，处；(附有镜子的)五斗橱，写字台 |

| bureaucrat | [ˈbjuərəukræt] n. 官员，官僚；官僚作风的人 |

【派】 bureaucracy(n. 官僚制度，官僚体制；官僚作风)

| burglar | [ˈbəːglə] n. 盗贼 |

【派】 burglary(n. 夜盗行为，盗窃)

| bury | [ˈberi] v. 埋葬；埋藏，遮盖 |

【搭】 be buried in 全神贯注于

【派】 burial(n. 埋葬，葬礼)

bushy	[ˈbuʃi] n. (指毛发)浓密的，丛生的
butcher	[ˈbutʃə] n. 屠夫，卖肉者；屠杀者
butler	[ˈbʌtlə] n. 男管家
buzz	[bʌz] n. 嗡嗡声；嘈杂声 v. 发出嗡嗡声；发出嘈杂声
by-product	[ˈbaiˌprɔdʌkt] n. 副产品
byte	[bait] n. (二进制)字节，(二进)位组

C

cabin	[ˈkæbin] n. (简陋的)小屋；船舱，机舱
cabinet	[ˈkæbinit] n. 橱柜；内阁
cable	[ˈkeibl] n. 缆，钢丝绳；(海底)电缆，海底电报 v. 拍(海底)电报
cactus	[ˈkæktəs] n. 仙人掌
cadet	[kəˈdet] n. (军校或警官学校的)学生
cadre	[ˈkɑːdə] n. 干部
cafeteria	[ˌkæfiˈtiəriə] n. 自助餐厅
calcium	[ˈkælsiəm] n. 钙
calculus	[ˈkælkjuləs] n. 微积分(学)
calendar	[ˈkælində] n. 日历，月历；历法
caliber	[ˈkælibə] n. 品质，水准；管(枪炮)的口径，子弹的大小
calligraphy	[kəˈligrəfi] n. 书法(艺术)
calorie	[ˈkæləri] n. (热量单位)卡路里
canal	[kəˈnæl] n. 运河；沟渠，水道
canary	[kəˈneəri] n. 金丝雀；淡黄色
cane	[kein] n. 细长而有节的茎；手杖
canine	[ˈkeinain] adj. 犬的，犬属的 n. 犬，犬属动物
cannery	[ˈkænəri] n. 罐头食品厂

cannon	[ˈkænən] n. 大炮
canteen	[kænˈtiːn] n. (工厂、公司等内部)食堂(小卖部);(一套刀、叉、勺的)餐具箱;(士兵或露营者的)水壶
Cantonese	[ˌkæntəˈniːz] n. / adj. 粤语(的),广州话(的);广州人(的),广东人(的)
canvas	[ˈkænvəs] n. 帆布;画布,油画
canyon	[ˈkænjən] n. (深的)峡谷
capsule	[ˈkæpsjuːl] n. 药丸,胶囊;太空舱
captain	[ˈkæptin] n. 首领;船长,舰长,机长;陆军上尉,海军上校
caption	[ˈkæpʃən] n. 图片上的说明文字;(报刊文章的)标题
caravan	[ˈkærəvæn] n. (往返于沙漠等地带的)商队;结队成列的车马;有篷的车辆,马戏团(吉卜赛人)旅行用的大篷车
carbon	[ˈkɑːbən] n. 碳;复写纸
carcass	[ˈkɑːkəs] (也作carcase) n. (动物的)尸体
cardigan	[ˈkɑːdigən] n. 开襟羊毛衫
carnival	[ˈkɑːnivəl] n. 狂欢节
carol	[ˈkærəl] n. (圣诞)颂歌
carpenter	[ˈkɑːpəntə] n. 木工,木匠
carrier	[ˈkæriə] n. 搬运工;运载工具;载重架;带菌者;媒介物;航空母舰
carton	[ˈkɑːtən] n. 纸板盒,纸板箱
cashier	[kæˈʃiə] n. 出纳员
casino	[kəˈsiːnəu] n. 赌场
cask	[kɑːsk; kæsk] n. 木桶
cassette	[kəˈset] n. 暗盒;录音带盒;盒式录音带
	【搭】cassette tape recorder 盒式磁带录音机
cataract	[ˈkætərækt] n. 大瀑布;白内障
caterpillar	[ˈkætəpilə] n. (蝴蝶等的)幼虫;(拖拉机、坦克车等的)履带
cathedral	[kəˈθiːdrəl] n. 大寺院,大教堂
Catholic	[ˈkæθəlik] adj. 天主教的 n. 天主教徒
cauliflower	[ˈkɔliflauə] n. 菜花,花菜
cavalry	[ˈkævəlri] n. 骑兵,骑兵部队
ceiling	[ˈsiːliŋ] n. 天花板,顶篷;(规定价格、工资等的)最高限度
Celsius	[ˈselsiəs] n. / adj. 摄氏(的)
celery	[ˈseləri] n. 芹菜
cell	[sel] n. 细胞;单人牢房;电池

cellar	[ˈselə] *n.* 地窖，地下室
cello	[ˈtʃeləu] *n.* 大提琴
cellular	[ˈseljulə] *adj.* 多孔的；细胞的，有细胞的，细胞质的
celluloid	[ˈseljulɔid] *n.* 赛璐珞（坚硬胶片）；电影
cement	[siˈment] *n.* 水泥
cemetery	[ˈsemitəri] *n.* 墓地，公墓
census	[ˈsensəs] *n.* 人口调查，人口普查
centigrade	[ˈsentigreid] *adj.* 百分度的；摄氏温度计的
centimeter	[ˈsentiˌmiːtə]（也作centimetre）*n.* 厘米
ceramic	[siˈræmik] *n.* 制陶业；陶器；陶瓷工艺
cereal	[ˈsiəriəl] *n.* 谷类食物，谷物
certificate	[səˈtifikit] *n.* 证书，证明书
chain	[tʃein] *n.* 链，链条，项圈，表链；一连串，一系列，连锁；枷锁，镣铐；囚禁，束缚 *v.* 用链条拴住；拘禁，束缚
chamber	[ˈtʃeimbə] *n.* 会议室，会议厅；房间，寝室
champagne	[ʃæmˈpein] *n.* 香槟酒
chancellor	[ˈtʃɑːnsələ; ˈtʃænsələ] *n.* 大臣；法官；（德国、奥地利的）总理；（大学）校长
chap	[tʃæp] *n.* 家伙，小伙子
chapel	[ˈtʃæpəl] *n.* （基督教）小教堂
chapter	[ˈtʃæptə] *n.* （书的）章回；（历史或人生的）重要章节
charcoal	[ˈtʃɑːkəul] *n.* （木）炭；炭笔
chariot	[ˈtʃæriət] *n.* 古时的双轮马车（战车）
chart	[tʃɑːt] *n.* 海图，航(线)图；图表，曲线图 *vt.* 制海图；用图像表示（或说明）；详细计划
chasm	[ˈkæzəm] *n.* （地壳的）裂隙，断层；分歧，隔阂
chauffeur	[ˈʃəufə] *n.* 私家雇用的司机
checklist	[ˈtʃeklist] *n.* 名单，清单
checkout	[ˈtʃekaut] *n.* （自助商店等的）付款台，结账处
checkpoint	[ˈtʃekpɔint] *n.* 检查哨，关卡
cheek	[tʃiːk] *n.* 面颊，脸蛋；厚脸皮；没礼貌的话（行为）
chef	[ʃef] *n.* 厨师，主厨
chemistry	[ˈkemistri] *n.* 化学 【派】chemical(*n.* 化学制品 *adj.* 化学的)；chemist(*n.* 化学家，化学师；药剂师)
cheque	[tʃek]（也作check）*n.* 支票

cherry	['tʃeri] n. 樱桃, 樱桃树
chest	[tʃest] n. 胸膛; 箱子, 柜子, 盒子
chestnut	['tʃesnʌt] n. 栗子; 栗树, 栗木
childish	['tʃaildiʃ] adj. 孩子的, 孩子所特有的; 幼稚的, 傻气的
chili	['tʃili] n. (也作chilli)红番椒, 辣椒粉
chip	[tʃip] n. 碎片; 薄片
choir	['kwaiə] n. (教堂里的)唱诗班; 唱诗班的席位
chop	[tʃɔp] v. 劈, 砍, 剁碎 n. 一片肉, 肉排
chord	[kɔːd] n. 和弦, 和音; (几何的)弦
chore	[tʃɔː] n. 杂务, 单调乏味的例行工作
chorus	['kɔːrəs] n. 合唱(队), 歌舞团 v. 合唱; 异口同声地说
	【搭】in chorus 齐声, 一齐
Christ	[kraist] n. 基督, 耶稣
	【派】Christian(adj. 基督教的; 信奉基督教的 n. 基督教徒); Christianity(n. 基督教)
chrysanthemum	[kri'sænθəməm] n. 菊(花)
chunk	[tʃʌŋk] n. 厚厚一片, 大块
cider	['saidə] n. 苹果汁, 苹果酒
circuit	['səːkit] n. 巡回; 环行; 电路
circumference	[sə'kʌmfərəns] n. 圆周; 周长
circus	['səːkəs] n. (圆形的)马戏场; 马戏(杂技)表演; 马戏团
citizenship	['sitizənˌʃip] n. 公民资格, 公民身份
clam	[klæm] n. 蛤(肉), 蚌
clamp	[klæmp] n. 钳, 夹子 v. 钳紧, 夹住
clang	[klæŋ] v. 发出叮当声
clap	[klæp] v. 拍, 轻拍; 拍手 n. 霹雳声, 破裂声
clause	[klɔːz] n. 子句, 从句; (合同、法例等)条款
clearway	['kliəwei] n. 遇障方可停车的道路
clergy	['kləːdʒi] n. 牧师, 神职人员
	【派】clergyman[n. (基督教的)教士(牧师)]
clerk	[klɑːk; kləːk] n. 职员, 办事员; 管理员; 店员
clever	['klevə] adj. 聪明的, 善于学习的; 灵巧的, 机敏的
	【搭】be clever at 擅长于; be clever with 善于使用
client	['klaiənt] n. 委托人, (律师的)当事人; (私人医生的)病人; (商店的)顾客
clinic	['klinik] n. 诊所, 门诊所; 医务室

clip	[klip] *n.* 夹子，纸夹 *v.* 剪下，修剪
cloak	[ˈkləuk] *n.* 斗篷；掩饰；借口
closure	[ˈkləuʒə] *n.* 关闭；终止，结束
clockwise	[ˈklɔkwaiz] *adv.* 顺时针方向地
clone	[kləun] *n.* (动植物)无性繁殖系，克隆 *v.* (使某物)无性繁殖
closet	[ˈklɔzit] *n.* 橱柜；私室，小房间；盥洗室，厕所
clown	[klaun] *n.* 小丑，丑角；粗鲁、笨拙的人
coalition	[ˌkəuəˈliʃən] *n.* 政党的联盟，联合
cobbler	[ˈkɔblə] *n.* 补鞋匠
cobweb	[ˈkɔbweb] *n.* 蜘蛛网，蛛丝
cockroach	[ˈkɔkrəutʃ] *n.* 蟑螂
cocktail	[ˈkɔkteil] *n.* 鸡尾酒；开胃食品 *adj.* 鸡尾酒的 【搭】cocktail party 鸡尾酒会
coconut	[ˈkəukənʌt] *n.* 椰子
cod	[kɔd] *n.* 鳕鱼
code	[kəud] *n.* 法典，法规；信号，暗码
coffin	[ˈkɔfin] *n.* 棺，柩
coil	[kɔil] *v.* 盘绕；卷起 *n.* (一)圈；线圈
collar	[ˈkɔlə] *n.* 衣领，硬领；(狗等的)脖圈，颈圈
collegiate	[kəˈliːdʒiət] *adj.* 学院的，大学的，高等学校(学生)的 *n.* 高等学校学生
colonel	[ˈkəːnl] *n.* 陆军(空军、海军陆战队)上校
column	[ˈkɔləm] *n.* 柱，支柱，柱状物；(报刊等中的)专栏；纵队，小分(遣)队 【派】columnist(*n.* 专栏作家)
coma	[ˈkəumə] *n.* 昏迷，昏厥
comb	[kəum] *n.* 梳子；鸡冠 *v.* 梳理(头发)；彻底搜查
combustion	[kəmˈbʌstʃən] *n.* 燃烧，点火
comedian	[kəˈmiːdjən] *n.* 喜剧演员；喜剧作家；丑角式人物
comet	[ˈkɔmit] *n.* 彗星
comic	[ˈkɔmik] *adj.* 滑稽的，喜剧化的
commerce	[ˈkɔməːs] *n.* 商业，贸易
commercial	[kəˈməːʃəl] *adj.* 商业(上)的，商务的 *n.* (电视、广播中的)商业广告
committee	[kəˈmiti] *n.* 委员会
commodity	[kəˈmɔdəti] *n.* 商品；日用品

commonplace [ˈkɔmənpleis] *adj.* 平凡的，常见的

commonwealth [ˈkɔmənwelθ] *n.* 全体国民；国家，共和国；联邦

communism [ˈkɔmjunizəm] *n.* 共产主义

communist [ˈkɔmjunist] *n.* 共产主义者；共产党员 *adj.* 共产主义的；共产党的

companion [kəmˈpænjən] *n.* 同伴，同事；志趣相同的人

【派】companionship(*n.* 友谊，交往，交情)

compartment [kəmˈpɑːtmənt] *n.* 间隔；(火车上的)小客房

compass [ˈkʌmpəs] *n.* 罗盘，指南针；[*pl.*]圆规

concert [ˈkɔnsət] *n.* 音乐会，演奏会；一致，协作，和谐

concession [kənˈseʃən] *n.* 让步；(政府对采矿权、土地使用权等的)特许；租界

concubine [ˈkɔŋkjubain] *n.* (一夫多妻制国家中的)妾，姨太太，小老婆

cone [kəun] *n.* 圆锥体；球果；松果

congress [ˈkɔŋgres] *n.* (代表)大会；国会，议会；聚会，会议

【派】congressman(*n.* 国会议员)

conical [ˈkɔnikəl] *adj.* 圆锥的，圆锥形的

conifer [ˈkəunifə] *n.* 针叶树(如松树等)

conjunction [kənˈdʒʌŋkʃən] *n.* 连接词

connect [kəˈnekt] *v.* 连接，联结；把…联系起来，联想

【派】connection/connexion(*n.* 连接；联系；连接物，连接点；亲戚)

consonant [ˈkɔnsənənt] *n.* 辅音，辅音字母 *adj.* 一致的，和谐的

constable [ˈkʌnstəbl] *n.* 警察，警官

constellation [ˌkɔnstəˈleiʃən] *n.* 星座，星群

constituency [kənˈstitjuənsi] *n.* 全体选民，选区的选民；选区

consul [ˈkɔnsəl] *n.* 领事

【派】consulate(*n.* 领事馆)

contain [kənˈtein] *v.* 包含；容纳；控制，抑制，遏制

【派】container(*n.* 容器；集装箱)

context [ˈkɔntekst] *n.* (文章的)上下文，前后关系；(事物等发生的)来龙去脉

continent [ˈkɔntinənt] *n.* 大陆，陆地，大洲

【派】continental(*adj.* 大陆上的，大陆性的；欧洲大陆的)

convex [kɔnˈveks] *adj.* 凸圆的，凸面的

corduroy [ˈkɔːdərɔi] *n.* 灯芯绒；[*pl.*]灯芯绒裤子

cork [kɔːk] *n.* 软木，软木塞

cornea [ˈkɔːniə] *n.* 角膜

cornerstone	[ˈkɔːnəstəun] *n.* 基石，奠基石；基础
corporate	[ˈkɔːpərət] *adj.* 团体的，全体的；公司的
	【派】corporation(*n.* 公司，企业；社团，法人)
corpse	[kɔːps] *n.* 尸体
corridor	[ˈkɔridɔː] *n.* 走廊，通道
cosmetic	[kɔzˈmetik] *n.* 化妆品 *adj.* 化妆用的；装点门面的
cosmic	[ˈkɔzmik] *adj.* 宇宙的
cosmopolitan	[ˌkɔzməˈpɔlitən] *adj.* 世界主义的；全世界的，全世界各地都有的
cosmos	[ˈkɔzmɔs] *n.* 宇宙
costume	[ˈkɔstjuːm] *n.* 服装，戏装，戏服
cot	[kɔt] *n.* 幼儿床(通常设有栏杆)；简易床(如行军床)
cottage	[ˈkɔtidʒ] *n.* 村舍，小屋
couch	[kautʃ] *n.* 睡椅，长沙发椅
cough	[kɔ(ː)f] *n. / v.* 咳嗽
council	[ˈkaunsəl] *n.* 理事会，委员会；地方议会
	【派】council(1)or[*n.* 顾问，参事；(市、镇等议会的)议员]
counterdrug	[ˈkauntədrʌg] *n.* 解瘾药；起相反作用的药
coupon	[ˈkuːpɔn] *n.* 优惠券，赠券；票证
courier	[ˈkuriə] *n.* 特别信使；向导，旅游服务员
courtyard	[ˈkɔːtjɑːd] *n.* 庭院，院子
cousin	[ˈkʌzən] *n.* 堂(表)兄弟姐妹
cracker	[ˈkrækə] *n.* 爆竹；一种薄脆饼干
cradle	[ˈkreidl] *n.* 摇篮；策源地，发源地
craft	[krɑːft; kræft] *n.* (特殊的)技术，手工艺
	【派】craftsman(*n.* 工匠，手艺精巧的人)
crag	[kræg] *n.* 悬崖，峭壁
crane	[krein] *n.* 鹤；吊车，起重机
crate	[kreit] *n.* 柳条箱，木(板条)箱
crayon	[ˈkreiən] *n.* 彩色蜡笔(粉笔)
craze	[kreiz] *n.* 时尚；时髦的东西；狂热
creamy	[ˈkriːmi] *adj.* 乳脂状的；多乳脂的
crest	[krest] *n.* (鸟、禽的)冠，冠毛；(头盔上的)羽饰；山顶；纹饰
crew	[kruː] *n.* 全体船员，全体乘务员
crib	[krib] *n.* 小儿床；饲料槽；抄袭；剽窃

crimson	[ˈkrimzən] n. 深红，绯红 adj. 深红色的，绯红色的 v. (使)变绯红色
crocodile	[ˈkrɔkədail] n. 鳄鱼；鳄鱼皮；双列队行进的学童
crosscheck	[ˈkrɔstʃek] v. 反复核对、查证
crossroads	[ˈkrɔsrəudz] n. 十字路口
crown	[kraun] n. 王冠，冕；君王，王权；头顶，顶部，顶峰 v. 为…加冕；使圆满完成
crumb	[krʌm] n. 面包屑
crusade	[kruːˈseid] n. 十字军东征；运动，斗争 v. 介入，参与(运动)
crust	[krʌst] n. (面包等)皮，外壳；硬外壳，外壳
crutch	[krʌtʃ] n. 拐杖，丁字形的拐杖；支柱，支架
crystal	[ˈkristəl] n. 水晶；结晶
cuisine	[kwiˈziːn] n. 烹饪
cuff	[kʌf] n. 袖口，袖头 v. 掌击，轻拍
curl	[kəːl] n. 卷毛，卷发；卷曲物；螺旋状 v. 蜷缩；(烟)缭绕
curriculum	[kəˈrikjuləm] n. 课程
	【搭】curriculum vitae 履历
curry	[ˈkʌri; ˈkəːri] n. 咖喱粉；用咖喱烹调的菜肴 v. 用咖喱调制
cursor	[ˈkəːsə] n. (电脑屏幕上可移动的)光标
curtain	[ˈkəːtən] n. 帘，窗帘，门帘；幕，启幕，落幕
curve	[kəːv] n. 曲线；弯曲，转弯 v. 转弯
cushion	[ˈkuʃən] n. 垫子，坐垫，靠垫
cycle	[ˈsaikl] n. 循环；(无线电)周(波) v. 循环；骑自行车
cyclist	[ˈsaiklist] n. 骑自行车的人
cyclone	[ˈsaikləun] n. 旋风，飓风
cylinder	[ˈsilində] n. 圆柱体；汽缸；(印刷机)滚筒；(左轮手枪的)旋转枪膛

D

dagger	[ˈdægə] n. 匕首，短剑 v. 用匕首刺
	【搭】at daggers drawn 剑拔弩张；势不两立
database	[ˈdeitəbeis] n. 资料库，数据库
debut	[ˈdeibjuː] n. 初次登台，初次公开露面
deceased	[diˈsiːst] adj. 去世的 n. 死者
decibel	[ˈdesibel] n. 分贝
decimal	[ˈdesiməl] n. 小数 adj. 小数的；十进位的

deli	[ˈdeli] *n.* 熟食(店)
delicatessen	[ˌdelikəˈtesən] *n.* 熟食店；熟食
delta	[ˈdeltə] *n.* (河口的)三角洲
delusion	[diˈluːʒən] *n.* 欺骗；错觉，幻想
demerit	[diːˈmerit] *n.* 过失；缺点
democracy	[diˈmɔkrəsi] *n.* 民主政体，民主政府，民主国家；民主作风，民主精神
democrat	[ˈdeməkræt] *n.* 民主主义者，民主人士
deodorant	[diːˈəudərənt] *n.* 除臭剂
depopulate	[diːˈpɔpjuleit] *v.* (使)人口减少
depot	[ˈdepəu; ˈdiːpəu] *n.* 仓库，储藏处；公共汽车车库；火车站
depreciation	[diˌpriːʃiˈeiʃən] *n.* 价值跌落，贬值；折旧，贬低
depth	[depθ] *n.* 深，深度；深奥；[*pl.*]深渊，深处；正中；(学识等)渊博；(兴趣等)强烈 【搭】in depth 深入的(地)，彻底的(地)，纵深的(地)；out of one's depth/beyond one's depth 深不着底；非…所能理解，为…力所不及
deputy	[ˈdepjuti] *n.* 代表，代理人；副职，副手；(法国等)众议员
despot	[ˈdespɔt] *n.* 专制君主；暴君
dessert	[diˈzəːt] *n.* (饭后的)甜点，甜食
destination	[ˌdestiˈneiʃən] *n.* 终点，目的地；目标
destructive	[diˈstrʌktiv] *adj.* 破坏(性)的，毁灭(性)的；非建设性的
detergent	[diˈtəːdʒənt] *n.* 洗涤剂，去污剂 *adj.* 洗涤的，去污的
device	[diˈvais] *n.* 装置，器具，仪器；手段，策略，诡计；手法，技巧；(贵族用的)纹章，图案 【搭】leave to one's own devices 听任…自便，让…自行发展
diagram	[ˈdaiəgræm] *n.* 图表，图解，示意图
dial	[ˈdaiəl] *n.* (仪表等)刻度盘，钟面，表盘；(电话机的)拨号盘，转盘 *v.* 调频道，收听(看)；拨(电话号码)，与…通电话
dialect	[ˈdaiəlekt] *n.* 方言，土话，行话 【派】dialectic(*adj.* 辩证的；方言的 *n.* 辩证法)
dialog(ue)	[ˈdaiəlɔg] *n.* 对话，交谈；(小说、戏剧中的)对白，(国家、组织之间的)对话，讨论
diameter	[daiˈæmitə] *n.* 直径；放大率 【派】diametrically(*adv.* 作为直径地；直接地)
diarrh(o)ea	[ˌdaiəˈriə] *n.* 腹泻
dice	[dais] *n.* 骰子，色子 *v.* 用骰子赌博；把(肉、蔬菜等)切成丁

dichotomy	[dai'kɔtəmi] *n.* 一分为二，二分法，对分
diction	[ˈdikʃən] *n.* 措词，用语；发音(法)
dictum	[ˈdiktəm] *n.* 正式声明；断言；格言
didactic	[dai'dæktik] *adj.* 教诲的，说教的
diesel	[ˈdiːzəl] *n.* 柴油；内燃机车，柴油车
differential	[ˌdifəˈrenʃəl] *adj.* 差别的；独特的 *n.* (同类人、物间的)差异；差额
digit	[ˈdidʒit] *n.* 数字，数位；手指，脚趾
	【派】digital〔*adj.* 数字(显示)的；手指(脚趾)的，指(趾)状的〕
dike	[daik] (也作dyke) *n.* 堤坝；排水沟
dime	[daim] *n.* (美国、加拿大等国的货币单位)一角，十分钱
dine	[dain] *v.* 进正餐，用膳；宴请
dinosaur	[ˈdainəsɔː] *n.* 恐龙
dioxide	[dai'ɔksaid] *n.* 二氧化物
diploma	[di'pləumə] *n.* 毕业文凭，学位证书
diplomat	[ˈdipləmæt] *n.* 外交家，外交官
	【派】diplomatic (*adj.* 外交的；有手腕的，圆滑的)
directive	[di'rektiv] *n.* 指令，训令
directory	[di'rektəri] *n.* 人名地址录，工商行名录，电话号码簿；董事会；指南
disarray	[ˌdisəˈrei] *n.* 混乱，紊乱，零乱
disassociate	[ˌdisəˈsəuʃieit] *v.* (在思想上)把…分开，使分离
disastrous	[di'zaːstrəs] *adj.* 灾难性的；极不幸的；极坏的
disbelieve	[ˌdisbi'liːv] *v.* 不相信，怀疑
	【派】disbelief (*n.* 不相信，怀疑)
disc	[disk] (也作disk) *n.* 圆盘，盘状物；(电脑)磁盘
disciple	[di'saipl] *n.* 信徒，门徒，追随者
discourage	[dis'kʌridʒ] *v.* 使丧失勇气，使灰心；阻拦
discourse	[ˈdiskɔːs] *n.* 论文，篇章，演讲，交谈
disembark	[ˌdisim'baːk] *v.* 下船，登岸，卸(货)
dish	[diʃ] *n.* 碟，盘状物；菜肴；[*pl.*]所有餐具 *v.* 把(食物)装盘；(使)成碟状
	【搭】dish out 供给，分发；端上(菜)；dish up 盛菜，把(食物)装盘
dishonest	[dis'ɔnist] *adj.* 不诚实的，不老实的，不正直的
disjointed	[dis'dʒɔintid] *adj.* 不连贯的；支离破碎的
dislike	[dis'laik] *v.* 厌恶，不喜欢

dispensary	[di'spensəri] *n.* 药房；诊所
displease	[di'pli:z] *v.* 触怒，使生气
	【派】displeasure(*n.* 不满，不悦，生气)
dissect	[di'sekt] *v.* 解剖
dissertation	[ˌdisə'teiʃən] *n.* (学位)论文
	【搭】PhD dissertation 博士学位论文
dissimilar	[di'similə] *adj.* 不同的，不相似的
distance	['distəns] *n.* 距离；远处，遥远；进展(程度)；(时间)间隔，(关系)疏远
	【搭】at a distance 有相当距离；go the distance (在运动比赛中)坚持到底；成功地完成任务；keep one's distance 保持距离；keep sb. at a distance 冷淡待人，与某人保持距离
distant	['distənt] *adj.* 遥远的；远亲的；疏远的，冷淡的
district	['distrikt] *n.* 区，行政区，区域
dlstrust	[dis'trʌst] *n.* / *v.* 不信任，疑惑，怀疑
ditch	[ditʃ] *n.* 沟，壕沟，渠(道)
divine	[di'vain] *adj.* 神的，上帝的；非凡的，极好的
	【派】divinity(*n.* 神性，神力，神奇；神，上帝；神学)
dock	[dɔk] *n.* 码头，船坞；(法庭中的)被告席；犯人栏 *v.* (船)靠码头，领(船)进港；(宇宙飞行器)在外层空间对接
dockyard	['dɔkjɑ:d] *n.* 修船厂，造船厂
document	['dɔkjumənt] *n.* 文件；证件；证据
	【派】documentary[*adj.* 文件的，书面(证明)的；(影片、电视节目等)纪实的 *n.* 纪录影片，纪实小说]
dog-eared	['dɔgˌiəd] *adj.* (书页)折角的，(书)翻旧的，破旧的
dogged	['dɔgid] *adj.* 顽强的，坚持不懈的
dog-tired	[ˌdɔg'taiəd] *adj.* 累极了的
do-it-yourself	['du:itjɔ:'self] *n.* 自己做 *adj.* 万事不求人的，自己动手的，自行维修的
dome	[dəum] *n.* 圆屋顶，苍穹，半球形物
donut	['dəunʌt] *n.* 油炸面圈
doodle	['du:dl] *v.* (心不在焉地)乱涂
dormitory	['dɔ:mitəri] *n.* 集体寝室，(尤指大学的)学生宿舍
dot	[dɔt] *n.* 小圆点；少量 *v.* 加点，点缀；散布于
	【搭】on the dot 准时地
downcast	['daunkɑ:st] *adj.* 垂头丧气的，(目光)朝下的

downpour	['daunpɔ:] *n.* 倾盆大雨
downtown	[ˌdaun'taun] *adj. / adv.* 往(在)城镇中心区(的) *n.* (城镇的)较低地区,商业区
downward	['daunwəd] *adj.* 向下的,下行的 *adv.* 向下
doze	[dəuz] *n. / v.* 打瞌睡,昏昏欲睡,小睡
	【搭】doze off 打盹儿;走神
drama	['drɑ:mə] *n.* 戏剧(作品),剧本;戏剧性(场景、事件等)
	【派】dramatist(*n.* 剧作家;编剧);dramatize[*v.* 把(小说等)改编成剧本,戏剧化;戏剧性地描述]
drapery	['dreipəri] *n.* 布,窗帘,帷
drastic	['dræstik] *adj.* 激烈的,猛烈的
dregs	[dregz] *n.* 渣滓,残渣,糟粕
dresser	['dresə] *n.* 以某种方式穿着的人;服装师,化妆师;外科医生助手;碗柜;梳妆台
dressing	['dresiŋ] *n.* 穿衣;包扎伤口;(处理伤口的纱布、油膏等)敷料;(食物)调料
drill	[dril] *n.* 钻孔机,钻头;操练,训练 *v.* 打眼,钻孔;操练,训练
drip	[drip] *v.* 滴下,滴水;溢出,充满 *n.* 水滴;滴水声
drought	[draut] *n.* 旱灾,干旱
drugstore	['drʌgstɔ:] *n.* 药房(兼售杂货、化妆品等)
drunkard	['drʌŋkəd] *n.* 醉汉,酒徒
dryer	['draiə] (也作drier) *n.* 脱水机;干燥剂
dual	['dju:əl] *adj.* 双的,双重的
duel	['dju:əl] *n. / v.* 决斗;斗争
duet	[dju:'et] *n.* 二重唱,二重奏
duly	['dju:li; 'du:li] *adv.* 正当地,适当地;按时地,适时地
dummy	['dʌmi] *n.* 仿造物;假的人或物,人体模型;傀儡
dung	[dʌŋ] *n.* (动物的)粪;污秽;令人厌恶的东西

E

eardrum	['iədrʌm] *n.* 鼓膜,耳膜
earnings	['ə:niŋz] *n.* 工资,收入;利润,收益
earphone	['iəfəun] *n.* [*pl.*]耳机
earplug	['iəplʌg] *n.* 耳塞

earring	[ˈiəriŋ] *n.* 耳环, 耳饰
earthly	[ˈəːθli] *adj.* 尘世的, 世俗的, 世间的; [用于否定句或疑问句]可能的
easygoing	[ˌiːziˈɡəuiŋ] *adj.* 随和的, 随便的, 随遇而安的
echo	[ˈekəu] *v.* 发出回声; 共鸣; 随声附和 *n.* 回声; 共鸣
ecologist	[iˈkɔlədʒist] *n.* 生态学研究者, 生态学家
ecology	[iˈkɔlədʒi] *n.* 生态(学)
	【派】ecological(*adj.* 生态的, 生态学的)
ecosystem	[ˈiːkəuˌsistəm] *n.* 生态系(统)
ego	[ˈiːɡəu] *n.* 自我; 自负
electric	[iˈlektrik] *adj.* 电的; 导电的; 发电的; 令人兴奋的, 刺激的
	【派】electrical(*adj.* 与电有关的, 用电的); electrician(*n.* 电器技师, 电工, 电气专家); electricity(*n.* 电, 电气, 电学; 电流, 电力)
electromagnet	[iˌlektrəuˈmæɡnit] *n.* 电磁体, 电磁铁
electron	[iˈlektrɔn] *n.* 电子
	【派】electronic(*adj.* 电子的, 电子仪器的); electronics[*n.* 电子学(的应用)]
ellipse	[iˈlips] *n.* 椭圆(形)
	【派】elliptical(*adj.* 椭圆形的; 意义晦涩的; 有言外之意的)
embassy	[ˈembəsi] *n.* 大使馆; 大使馆官员; 大使的地位(职权、使命等)
embroider	[imˈbrɔidə] *v.* 刺绣; 润饰
	【派】embroidery(*n.* 刺绣; 绣制品)
embryo	[ˈembriəu] *n.* 胚胎
	【搭】in embryo 萌芽的, 未发展的, 在筹划中的
emerald	[ˈemərəld] *n.* 翡翠, 绿宝石, 翠绿色
enamel	[iˈnæməl] *n.* 搪瓷, 瓷釉 *v.* 涂搪瓷于
encyclop(a)edia	[enˌsaikləuˈpiːdjə] *n.* 百科全书
engineering	[ˌendʒiˈniəriŋ] *n.* 工程(学)
engrave	[inˈɡreiv] *vt.* 在(石、木等)上雕刻; 将…铭记、牢记
enterprise	[ˈentəpraiz] *n.* 事业单位, 企业, 公司; 进取心, 事业心; 带冒险性的计划
entrance	[ˈentrəns] *n.* 入口, 进口; 进入, 上场; 入学; 进入权, 入场权; 计算机回车键 *vt.* 使狂喜, 使着迷
entrant	[ˈentrənt] *n.* 参加比赛者; 新就业者, 新学员, 新成员
entry	[ˈentri] *n.* 入场; 入口处; 参加者; 登记; (列入的)项目, 账目
envelop	[inˈveləp] *v.* 包住, 裹住, 遮盖; 围绕, 包围

envelope	['envələup] *n.* 信封，封套
environment	[in'vaiərənmənt] *n.* 环境；周围状况
	【派】environmental(*adj.* 环境的)；environmentalism(*n.* 环境论；环境保护主义)；environmentalist(*n.* 环境保护工作者)
envoy	['envɔi] *n.* 使者，代表；使节，(全权)公使
enzyme	['enzaim] *n.* 酶，酵素
epic	['epik] *n.* 史诗 *adj.* (小说)史诗般的；英勇的
epoch	['i:pɔk; 'epək] *n.* 时代，纪元；重要时期
	【派】epoch-making(*adj.* 划时代的，开创新纪元的；轰动一时的)
equation	[i'kweiʃən] *n.* 方程式，等式
equator	[i'kweitə] *n.* 赤道
	【派】equatorial(*adj.* 赤道的)
equip	[i'kwip] *vt.* 配备，装备；使有准备
	【派】equipment(*n.* 装备，配备；设备，器械；知识，禀赋)
era	['iərə] *n.* 时代，年代，纪元
erase	[i'reiz] *v.* 擦除，抹掉；清除
err	[əː] *v.* 犯错误，出差错；作恶，犯罪
errand	['erənd] *n.* (小)差事，(简单的)差使
error	['erə] *n.* 错误，差错，谬误
	【派】erroneous(*adj.* 错误的)
escalator	['eskəleitə] *n.* 自动扶梯
especial	[i'speʃəl] *adj.* 特别的，特殊的
	【派】especially(*adv.* 特别，尤其，格外)
Esperanto	[ˌespə'ræntəu] *n.* 世界语
essay	['esei] *n.* 论文；小品文，随笔
essayist	['eseiist] *n.* (文章的)作者；散文作家，小品文作家
estate	[i'steit] *n.* 地产，财产；庄园，种植园；住宅区
estuary	['estʃuəri] *n.* 港湾，河口湾，三角湾
ether	['i:θə] *n.* 乙醚
eventual	[i'ventʃuəl] *adj.* 最后的，最终的，结果的
	【派】eventuality (*n.* 可能发生的事，可能出现的结果)；eventually (*adv.* 最后，终于)
evil	['i:vəl] *n.* 邪恶；不幸 *adj.* 邪恶的；不幸的
excursion	[ik'skəːʃən] *n.* 郊游，远足，游览
exit	['eksit] *n.* 出口，离去，退出 *v.* 退场，退出，出去
expedition	[ˌekspi'diʃən] *n.* 探险，远征；远征军，探险队

extra	[ˈekstrə] *adj.* 额外的；上好的 *adv.* 特别地 *n.* 额外的东西；号外
extracurricular	[ˌekstrəkəˈrikjulə] *adj.* 课外的，课程以外的
eyesore	[ˈaisɔː] *n.* 难看的东西，丑陋的物品
eyewash	[ˈaiwɔʃ] *n.* 眼药水；胡说八道，瞎说，弄虚作假
eyewitness	[ˈaiˌwitnis] *n.* 目击者

F

fable	[ˈfeibl] *n.* 寓言；虚构的故事；传说，神话
fabric	[ˈfæbrik] *n.* 织物，织品；质地，构造
facsimile	[fækˈsimili] *n.* 复本，摹(真)本；图文传真
Fahrenheit	[ˈfærənhait] *n.* 华氏(温度计)
fair	[feə] *n.* 定期集市，商品交易会；展览会，博览会 *adj.* 公平的，合理的；(天气)晴朗的；(肤色)淡色的，(头发)金色的；相当的；尚好的；中等的；干净的；清楚的
	【派】fairly (*adv.* 公正地，正当地，诚实地；完全，简直；相当，还算)；fairness [*n.* 公平；晴朗；美好；(皮肤)白皙]
fairground	[ˈfeəgraund] *n.* 游乐场
fairy	[ˈfeəri] *n.* 小妖精；仙人
fame	[feim] *n.* 名声，名望，声誉
	【派】famed (*adj.* 有名的，出名的)
famine	[ˈfæmin] *n.* 饥荒
fare	[feə] *n.* 车费，路程费 *v.* 进展，过活
far-reaching	[ˌfɑːˈriːtʃiŋ] *adj.* 影响深远的
fatalism	[ˈfeitəlizəm] *n.* 宿命论
fatten	[ˈfætən] *v.* 使长肥；使肥沃；装满，充实
fauna	[ˈfɔːnə] *n.* 动物群
federal	[ˈfedərəl] *adj.* 联邦的，联盟的，联合的
federation	[ˌfedəˈreiʃən] *n.* 联盟，联邦，同盟
fee	[fiː] *n.* 费，酬金；会费
feeder	[ˈfiːdə] *n.* 饲养员；进料器；河流的支流，支线
feeler	[ˈfiːlə] *n.* 触角，触须
	【搭】put out feelers 谨慎地试探别人的观点
fellowship	[ˈfeləuʃip] *n.* 团体，协会；友谊；学院董事(研究员)的职位
feminine	[ˈfeminin] *adj.* 女性的；适于女子的；阴性的

【派】femininity(*n.* 女人的气质)

feminism	[ˈfeminizəm]	*n.* 女权运动，男女平等主义
feminist	[ˈfeminist]	*n.* 男女平等主义者 *adj.* 主张男女平等的
fen	[fen]	*n.* 沼泽地区
fern	[fəːn]	*n.* 蕨，蕨类植物
ferry	[ˈferi]	*n.* 渡船；渡口；摆渡 *v.* 渡运，运送，摆渡
ferryboat	[ˈferibəut]	*n.* 渡船
feudal	[ˈfjuːdəl]	*adj.* 封建的，封建制度的

【派】feudalism(*n.* 封建主义，封建制度)

fever	[ˈfiːvə]	*n.* 发热，发烧；热度；狂热，激动，兴奋

【搭】run a fever 发烧

fiancé	[fiˈɔnsei]	*n.* 未婚夫
fiancée	[fiˈɔnsei]	*n.* 未婚妻
fibre	[ˈfaibə]	(也作fiber)*n.* (动植物)纤维；品格，气质，性情
fiction	[ˈfikʃən]	*n.* 小说，虚构的事，杜撰的故事
filament	[ˈfiləmənt]	*n.* 细丝，丝状物
finding	[ˈfaindiŋ]	*n.* 发现；心得，研究所得，调查结果；裁决，判决
firecracker	[ˈfaiəˌkrækə]	*n.* 鞭炮，爆竹
fireplace	[ˈfaiəpleis]	*n.* 壁炉
fireproof	[ˈfaiəpruːf]	*adj.* 耐火的，防火的
fireside	[ˈfaiəsaid]	*n.* 炉边
firewood	[ˈfaiəwud]	*n.* 柴火
firework	[ˈfaiəwəːk]	*n.* [*pl.*]烟火
firstborn	[ˈfəːstbɔːn]	*adj.* 最先出生的 *n.* 长子，长女
firsthand	[ˌfəːstˈhænd]	*adj. / adv.* 直接的(地)，第一手的(地)
first-rate	[ˌfəːstˈreit]	*adj.* 第一流的，质量最佳的 *adv.* 非常健康，身体好
fission	[ˈfiʃən]	*n.* 细胞分裂；原子核分裂
fissure	[ˈfiʃə]	*n.* 裂缝，裂隙
flannel	[ˈflænəl]	*n.* 法兰绒，绒布；[*pl.*]法兰绒衣服 *adj.* 法兰绒的
flask	[flɑːsk; flæsk]	*n.* (实验用的)烧瓶，长颈瓶；保温瓶
flint	[flint]	*n.* 燧石，打火石
floral	[ˈflɔːrəl]	*adj.* 花的
fluorescent	[ˌfluəˈresənt]	*adj.* 荧光的，发荧光的
footstep	[ˈfutstep]	*n.* 脚步，脚步声；足迹；踏板
footwear	[ˈfutweə]	*n.* 鞋子，鞋类

foresight	['fɔ:sait] *n.* 先见之明，远见
formula	['fɔ:mjulə] *n.* 公式；处方；准则；惯例；惯用语
fortitude	['fɔ:titju:d] *n.* 坚忍，刚毅
fortress	['fɔ:tris] *n.* 城堡，要塞，防御工事
forum	['fɔ:rəm] *n.* 讲坛，讨论会场，论坛
fragment	['frægmənt] *n.* 碎片，断片；片段，(文艺作品等)残存部分 *v.* 打碎，碎裂
	【派】 fragmentary(*adj.* 不完整的，片断的)
fraternity	[frə'tə:nəti] *n.* 手足之情，友爱；同行业的人；大学生联谊会
fraud	[frɔ:d] *n.* 欺骗(行为)，诈骗(罪)；骗子；冒名顶替者
freeze	[fri:z] *v.* 结冰，冰冻；凝固；感到极冷，冻僵
	【派】 freezer(*n.* 冰柜；冷藏室，冷冻室)；freezing(*adj.* 极冷的；冰冻的；凝固的；冷淡的)
fresco	['freskəu] *n.* 壁画
frosting	['frɔstiŋ] *n.* (撒在蛋糕上的)糖霜；结霜
furnace	['fə:nis] *n.* 熔炉，火炉，锅炉
furniture	['fə:nitʃə] *n.* 家具
fury	['fjuəri] *n.* 愤怒，狂怒；狂暴，猛烈
fusion	['fju:ʒən] *n.* 融合；熔合

G

gadget	['gædʒit] *n.* 小巧的机器或工具，精巧装置
gaily	['geili] *adv.* 欢乐地，高兴地
gale	[geil] *n.* 大风，强风；(突发的)一阵
gallery	['gæləri] *n.* 美术馆，画廊；顶层楼座
gallon	['gælən] *n.* 加仑
gallop	['gæləp] *n.* 飞跑 *v.* (马等)奔驰
gallows	['gæləuz] *n.* 绞刑架
gambit	['gæmbit] *n.* (国际象棋的)开局让棋法；为获得优势采取的第一步行动
gang	[gæŋ] *n.* (因犯等的) 群，(歹徒等的)一帮；(青少年等的)一伙
gangster	['gæŋstə] *n.* 匪徒，歹徒
gaol	[dʒeil] (也作jail) *n.* 监狱，牢狱
	【派】 gaoler(*n.* 监狱看守)

gap	[gæp] *n.* 豁缝, 裂口, 缺口; 山峡, 隘口; 间隙
garage	['gærɑ:ʒ] *n.* 汽车库; 汽车修理厂 *v.* 把…送入车库
garbage	['gɑ:bidʒ] *n.* 垃圾
garlic	['gɑ:lik] *n.* 大蒜
garment	['gɑ:mənt] *n.* (一件)衣服; [*pl.*]服装, 衣着
garrison	['gærisən] *n.* 卫戍部队, 警卫部队 *v.* 守卫 (都市、要塞等), 驻防 (某地)
gaseous	['gæsiəs] *adj.* 似气体的, 含气体的, 气休的
gash	[gæʃ] *n.* 深长的伤口, 切痕
gasoline	['gæsəli:n] *n.* 汽油
gauze	[gɔ:z] *n.* 纱布; 薄纱
gay	[gei] *adj.* 欢乐的, 愉快的; 鲜艳的; 放荡的 *n.* 同性恋者
gazette	[gə'zet] *n.* 政府公报, (官方)报刊
gear	[giə] *n.* 齿轮; 一套用具
gem	[dʒem] *n.* 宝石, 珠宝
gender	['dʒendə] *n.* 【语】性, 性别
gene	[dʒi:n] *n.* 遗传因子, 基因
generator	['dʒenəreitə] *n.* 发电机; 发生器
genetic	[dʒi'netik] *adj.* 遗传(学)的
	【派】genetics(*n.* 遗传学)
genocide	['dʒenəusaid] *n.* 种族灭绝; 大屠杀
genre	['ʒɑŋrə] *n.* (文艺作品的)类型, 流派, 风格
geography	[dʒi'ɔgrəfi] *n.* 地理学; 地形, 地势
	【派】geographic(al)[*adj.* 地理(学)的]; geologist(*n.* 地质学家, 地质学者); geology(*n.* 地质学)
geometric	[ˌdʒiə'metrik] *adj.* 几何学的; 几何图形的
geometry	[dʒi'ɔmitri] *n.* 几何学
geopolitics	[ˌdʒiəu'pɔlitiks] *n.* 地理政治学, 地缘政治学
germ	[dʒə:m] *n.* 细菌, 病菌; 种子, 幼芽
ghetto	['getəu] *n.* (城市中的)贫民区
giant	['dʒaiənt] *adj.* 巨大的 *n.* 巨人; 大力士
gigantic	[dʒai'gæntik] *adj.* 巨大的; 似巨人的
gild	[gild] *v.* 给…镀金, 把…漆成金色, 使呈金色
giraffe	[dʒi'rɑ:f; dʒi'ræf] *n.* 长颈鹿
gist	[dʒist] *n.* 主旨, 要点; 实质
given	['givən] *prep.* 考虑到 *adj.* 特定的, 规定的

417

glacier	[ˈglæsjə; ˈgleiʃə] *n.* 冰川
glad	[glæd] *adj.* 高兴的, 快活的; 使人高兴的, 令人喜悦的
glamo(u)r	[ˈglæmə] *n.* 魅力, 吸引力
	【派】glamo(u)rous(*adj.* 富有魅力的, 美丽动人的)
gland	[glænd] *n.* 腺
globe	[gləub] *n.* 球, 球状; 地球, 地球仪
	【派】global(*adj.* 球形的; 全球的, 全世界的; 综合的, 全面的)
glossy	[ˈglɔsi] *adj.* 有光泽的; 光滑的
glove	[glʌv] *n.* (五指分开的)手套
glue	[gluː] *n.* 胶, 胶水 *v.* 胶合, 粘牢
good-humo(u)red	[ˌgud ˈhjuːməd] *adj.* 心情(心态)愉快的
gorilla	[gəˈrilə] *n.* 大猩猩
gourmet	[ˈguəmei] *n.* 美食家
govern	[ˈgʌvən] *v.* 统治, 管理; 抑制, 控制(感情等); 指导, 支配, 决定
	【派】governess(*n.* 家庭女教师); governor(*n.* 统治者; 地方长官)
gown	[gaun] *n.* 长袍, 长外衣 *vt.* 使穿长袍, 使穿礼服
grammar	[ˈgræmə] *n.* 语法
	【派】grammatical[*adj.* 语法(上)的; 符合语法规则的]
gram(me)	[græm] *n.* 克(重量单位)
gramophone	[ˈgræməfəun] *n.* 留声机
granite	[ˈgrænit] *n.* 花岗石, 花岗岩
grandstand	[ˈgrændstænd] *n.* 大看台
graph	[grɑːf; græf] *n.* 图, 图表, 图解
graphics	[ˈgræfiks] *n.* (计算机)图形显示
grassroots	[ˈgrɑːs ˈruːts; ˈgræs ˈruːts] *n.* 平民百姓
gratitude	[ˈgrætitjuːd; ˈgrætituːd] *n.* 感谢
graze	[greiz] *v.* (动物)吃草, 放牧
greed	[griːd] *n.* 贪心, 贪婪
	【派】greedy[*adj.* 贪吃的; 贪婪的; 渴望的, (兴趣等)强烈的]
greet	[griːt] *v.* 迎接, 欢迎; 向…致意; 呈现在…前
	【派】greeting(*n.* 问候, 致敬, 祝贺)
grill	[gril] *n.* 烤架; 烧烤的肉类食物 *v.* 炙烤; 拷问
grime	[graim] *n.* 污垢, 污物
grind	[graind] *v.* 碾, 磨碎; 磨光, 磨利; 折磨 *n.* 令人疲劳(或厌烦)的工作, 苦差事

grinder	[ˈɡraində] n. 磨工；研磨器，磨床
grocer	[ˈɡrəusə] n. 食品杂货商店
grocery	[ˈɡrəusəri] n. 食品，杂货
groom	[ɡruːm] n. 马夫；新郎 v. 饲养(马等)；打扮；培训
groove	[ɡruːv] n. 沟，槽 v. 挖槽
growl	[ˈɡraul] n. / v. (狗等)嗥叫(声)，(雷、炮等)轰鸣(声)；(人)咆哮(声)
grown-up	[ˌɡrəunˈʌp] n. 成年人 adj. 成年人的，成熟的
guerrilla	[ɡəˈrilə] n. 游击队员
guillotine	[ˈɡilətiːn] n. 断头台；切纸机；(英国议会中)截止辩论，交付表决的时限
guilt	[ɡilt] n. 有罪，罪行；过失，罪责；内疚，羞愧
	【派】guilty(adj. 犯罪的，有罪的；自觉有罪的，内疚的)
gulf	[ɡʌlf] n. 海湾；鸿沟，巨大的分歧
gull	[ɡʌl] n. 海鸥；傻子 v. 欺骗
	【派】gullible(adj. 易受骗的，轻信的)
gulp	[ɡʌlp] n. 一口 v. 咕噜咕噜地喝
	【搭】at a gulp 一口喝下
gunfire	[ˈɡʌnˌfaiə] n. 炮火声，炮轰声
gunpowder	[ˈɡʌnˌpaudə] n. 火药
gust	[ɡʌst] n. 阵风；一阵
gut	[ɡʌt] n. 肠子，内脏
gutter	[ˈɡʌtə] n. 水槽，檐槽；沟，明沟；贫民区
gymnasium	[dʒimˈneiziəm] n. 体育馆，健身房
gymnastic	[dʒimˈnæstik] adj. 体操的，体育的
	【派】gymnastics(n. 体操)

H

hacker	[ˈhækə] n. 电脑黑客
halve	[hɑːv; hæv] v. 把…减半，对半分，二等分
hammock	[ˈhæmək] n. 吊床
handicraft	[ˈhændikrɑːft; ˈhændikræft] n. 手工艺，手工
handkerchief	[ˈhæŋkətʃif] n. 手帕，方巾
handout	[ˈhændaut] n. 施舍物，免费派发物；讲义，传单

handwriting	[ˈhændˌraitiŋ] *n.* 笔迹；书写；手写稿
handyman	[ˈhændiˌmæn] *n.* 善于小修补的人；受雇干零碎杂活的人
hardship	[ˈhɑːdˌʃip] *n.* 受苦，苦难，困苦
hardware	[ˈhɑːdweə] *n.* 五金制品，家用器皿；(电脑等的)硬件，设备；军事装备
haul	[ˈhɔːl] *v.* 用力拖(拉) *n.* 一网渔获量；一次得到的数量；拖运的距离(路程)
hawk	[hɔːk] *n.* 鹰；硬派人物 *v.* 沿街叫卖，吆喝
hawker	[ˈhɔːkə] *n.* 叫卖小贩
headlong	[ˈhedlɔŋ] *adj. / adv.* 头朝前的(地)；莽撞的(地)；仓促的(地)
head-on	[ˌhedˈɔn] *adj.* 头朝前的，正面的；迎面的，直接的 *adv.* 头朝前地，迎头；正面针对地
headphones	[ˈhedfəunz] *n.* [*pl.*]头戴式耳机
headquarters	[ˈhedˌkwɔːtəz] *n.* 司令部，指挥部；(企业、机构等)总部，总店
headroom	[ˈhedrum] *n.* 头上空间；净空高度
headset	[ˈhedset] *n.* 头戴式受话器，一副耳机
headwind	[ˈhedwind] *n.* 逆风，顶头风
hearse	[ˈhəːs] *n.* 灵车，枢车
heartbreaking	[ˈhɑːtˌbreikiŋ] *adj.* 令人心碎的，令人伤心的
heartbroken	[ˈhɑːtˌbrəukən] *adj.* 伤心的，悲痛的
heartfelt	[ˈhɑːtfelt] *adj.* 衷心的，至诚的
heartily	[ˈhɑːtili] *adv.* 尽情地；热心地；痛快地；极其，确实
heartless	[ˈhɑːtlis] *adj.* 残忍的，无情的
heath	[hiːθ] *n.* (灌木丛生处的)荒地，荒野
heater	[ˈhiːtə] *n.* 暖气装置，发热器，加热器
heathen	[ˈhiːðən] *n. / adj.* 异教徒(的)
heating	[ˈhiːtiŋ] *n.* 暖气系统
heaven	[ˈhevən] *n.* [*pl.*]天，天空；天堂，天国；极乐之地 **【搭】** move heaven and earth 竭尽全力，尽一切可能
heavyweight	[ˈheviˌweit] *n.* 重量级拳击手；超过平均体重的人；有影响的人物，要人
hectare	[ˈhektɑː] *n.* 公顷
hedge	[hedʒ] *n.* 篱笆，树篱；防护(物)；预防措施 *v.* 用树篱围住；回避
hedgehog	[ˈhedʒhɔg] *n.* 刺猬
hedgerow	[ˈhedʒrəu] *n.* 一排树篱

heir	[eə] *n.* 后嗣，继承人
	【派】heiress(*n.* 女继承人)
helicopter	[ˈhelikɔptə] *n.* 直升机
helmet	[ˈhelmit] *n.* 头盔
herd	[həːd] *n.* 兽群，牧群（尤指牛群）；芸芸众生；大批 *v.* 使集中，使成群
heresy	[ˈherəsi] *n.* （宗教方面）异端，持异端邪说
heritage	[ˈheritidʒ] *n.* 文化遗产，继承物
hermit	[ˈhəːmit] *n.* 隐居修道士，隐士
herring	[ˈheriŋ] *n.* 鲱鱼
hexagon	[ˈheksəgən] *n.* 六边形的，六角形的
hide-and-seek	[ˌhaidənˈsiːk] *n.* / *v.* 捉迷藏（游戏）
high-pitched	[ˌhaiˈpitʃt] *adj.* 声调高的，尖声的；格调高的；（人格等）崇高的
high-ranking	[ˌhaiˈrænkiŋ] *adj.* 级别（地位）高的，高级的，显要的
high-rise	[ˈhairaiz] *adj.* 多层的，高层的，高耸的 *n.* 高层建筑
high-sounding	[ˌhaiˈsaundiŋ] *adj.* 听起来了不起的，虚夸的；声音响的
high-spirited	[ˌhaiˈspiritid] *adj.* 骄傲的，自豪的；勇敢的；具高尚精神的；烈性的
high-tech	[ˌhaiˈtek] *n.* 高技术
highway	[ˈhaiwei] *n.* 公路，大路；（水陆空等的）交通干线
hinterland	[ˈhintəlænd] *n.* 内地，腹地
hip	[hip] *n.* 臀部，股
hippie	[ˈhipi]（也作hippy）*n.* 嬉皮士
hippopotamus	[ˌhipəˈpɔtəməs] *n.* 河马
histogram	[ˈhistəgræm] *n.* 统计学上的直方圆，矩形圆
historian	[hiˈstɔːriən] *n.* 历史学家，史学工作者
historic	[hiˈstɔrik] *adj.* 历史上有名的，有历史意义的，历史性的
	【派】historical〔*adj.*（关于）历史的，历史上的〕
holdup	[ˈhəuldʌp] *n.* 停顿，延搁；持械抢劫
homely	[ˈhəumli] *adj.* 简单的，平常的；使人感到舒适的；相貌平平的
homicide	[ˈhɔmisaid] *n.* 杀人
hop	[hɔp] *v.* （人）单脚跳，（鸟、蛙等）跳跃，跳上 *n.* 跳(跃)；（飞机）一次的航程
horizon	[həˈraizən] *n.* 地平(线)，水平线；（知识、思想、经验等）范围，眼界，见识

【搭】on the horizon 即将来临的，已露端倪的

【派】horizontal(*adj.* 水平的，横的；平坦的)

horn [hɔːn] *n.* (动物的)角，触角，角质；(角制的)号角，(管乐器、汽车等)喇叭，警报器

【搭】blow one's own horn 自吹自擂

【派】horned(*adj.* 有角的)

horsepower ['hɔːsˌpauə] *n.* 马力

hospitalize ['hɔspitəlaiz] *v.* 送入医院，入院治疗

hostage ['hɔstidʒ] *n.* 人质，抵押品

hostel ['hɔstəl] *n.* (专为徒步、骑车旅行的青年设立的)青年招待所，(学生)宿舍

hovel ['hɔvəl] *n.* 简陋肮脏的住所，茅舍

humane [hjuː'mein] *adj.* 人道的，仁慈的，有人情味的；人文的

humanism ['hjuːmənizəm] *n.* 人道主义，人本主义，人文主义

humanist ['hjuːmənist] *n.* 人道主义者，人本主义者，人文主义者

humanitarian [hjuːˌmæni'teəriən] *adj.* 人道主义的，博爱的 *n.* 人道主义者；慈善家

humanity [hjuː'mænəti] *n.* 人性，人类；人道，博爱；[*pl.*]人文学科

humanly ['hjuːmənli] *adv.* 以人的方式，人道地，有人性地；用人力地

humid ['hjuːmid] *adj.* 潮湿的，湿润的

【派】humidify(*vt.* 使潮湿，使湿润)；humidity(*n.* 湿度，湿气)

hurricane ['hʌrikən] *n.* 飓风，旋风

hydrogen ['haidrədʒən] *n.* 氢

hygiene ['haidʒiːn] *n.* 卫生，卫生学，保健学

hymn [him] *n.* 赞美诗，圣歌，赞歌 *v.* 唱赞美诗，颂扬

hyphen ['haifən] *n.* 连字符，连字号

hypodermic [ˌhaipəu'dəːmik] *adj.* 皮下注射的

I

ice [ais] *n.* 冰，冰块，冰层 *v.* 冰冻，使结冰

【搭】break the ice 打破沉默；on thin ice 如履薄冰地

【派】icy(*adj.* 冰的，冰封的，冰冷的；冷冰冰的，不友好的)

iceberg ['aisbəːg] *n.* 冰山，浮在海洋上的冰块

ideology [ˌaidi'ɔlədʒi] *n.* 意识形态，思想意识

【派】ideological(*adj.* 思想上的，意识形态的；空论的)

idiomatic [ˌidiə'mætik] *adj.* 合乎惯用法的, 地道的, 关于习语(成语)的

idiot ['idiət] *n.* 傻子, 白痴, 低能的人

idol ['aidəl] *n.* 神像, 偶像, 崇拜的对象

illegitimate [ˌili'dʒitimət] *adj.* 私生的; 不合规则的, 非法的

illiteracy [i'litərəsi] *n.* 文盲, 无知, 缺乏教育

illogical [i'lɔdʒikəl] *adj.* 不合逻辑的, 不合常理的

illusion [i'ljuːʒən] *n.* 错觉, 幻觉, 幻想

【派】illusive(*adj.* 幻觉的, 错觉的)

imbalance [im'bæləns] *n.* 不平衡, 不均衡

imbecility [ˌimbi'siləti] *n.* 愚蠢(的行为); 低能, 智力低下

immature [ˌimə'tjuə] *adj.* 不成熟的, 不够老练的; 发育未完全的, 未充分发展的

immeasurable [i'meʒərəbl] *adj.* 不可计量的, 无限的, 无比的

immigrant ['imigrənt] *n.* (外来的)移民, 侨民 *adj.* (从国外)移来的, 移民的, 侨民的

immigrate ['imiˌgreit] *v.* (从外国)移入, 移居入境

【派】immigration(*n.* 移居, 移民)

immoral [i'mɔrəl] *adj.* 不道德的, 邪恶的; 放荡的, 荒淫的

immortal [i'mɔːtəl] *adj.* 永垂不朽的, 流芳百世的

【派】immortality(*n.* 不朽)

imperfect [im'pəːfikt] *adj.* 不完美的, 有缺陷的

imperial [im'piəriəl] *adj.* 王室的, 帝国的, 皇帝的

【派】imperialism(*n.* 帝国主义); imperialist(*n.* 帝国主义者, 皇帝统治的拥护者 *adj.* 帝国主义的)

impersonal [im'pəːsənəl] *adj.* 无个人感情的, 与个人无关的; 冷淡的, 没人情味的

importer [im'pɔːtə] *n.* 从事进口商品(服务)的人(公司)

imprison [im'prizən] *v.* 监禁, 关押, 束缚

【派】imprisonment(*n.* 关押, 禁锢)

improbable [im'prɔbəbəl] *adj.* 不大可能的, 未必属实的

improper [im'prɔpə] *adj.* 不合适的, 不正确的; 不合礼仪的, 不体面的, 不道德的

impure [im'pjuə] *adj.* 不纯净的, 不洁的; 不道德的, 下流的

inability [ˌinə'biləti] *n.* 无能力

inaccessible [ˌinæk'sesəbl] *adj.* 达不到的, 难得到的; 不可进入的; 不易接近的

inaction [in'ækʃən] *n.* 无行动, 不活跃, 懒散

inappropriate	[ˌinəˈprəupriət] *adj.* 不适宜的，不恰当的
incapable	[inˈkeipəbəl] *adj.* 无能力的，不能胜任的，不会的
incensed	[inˈsenst] *adj.* 盛怒的，十分愤怒的
inch	[intʃ] *n.* 英寸；少许 *v.* 缓慢地移动，渐进

【搭】by inches 逐渐地，勉强地；every inch 完全地，彻头彻尾；inch by inch 缓慢地；within an inch of 十分接近，险些

incident	[ˈinsidənt] *n.* 事情，事件；事故，事变
incomparable	[inˈkɔmpərəbl] *adj.* 无比的，无双的，不可比拟的
incomplete	[ˌinkəmˈpliːt] *adj.* 不完全的，不完善的，未完成的
incomprehensible	[inkɔmpriˈhensəbl] *adj.* 无法理解的，难懂的
inconvenient	[ˌinkənˈviːniənt] *adj.* 不方便的；打扰的；不合时宜的

【派】inconvenience(*n.* 不方便，烦扰)

incurable	[inˈkjuərəbl] *adj.* 不能治愈的，无可救药的
indebted	[inˈdetid] *adj.* 负债的；感激的，感恩的
indecent	[inˈdiːsənt] *adj.* 有伤风化的，粗野的；不合适的，不适当的
indeed	[inˈdiːd] *adv.* 实际上，确实地，真正地
indefensible	[ˌindiˈfensəbl] *adj.* 无法防御的，无法辩护的，站不住脚的
indefinable	[ˌindiˈfainəbl] *adj.* 难以描述的，难下定义的，轮廓不清
indefinite	[inˈdefinət] *adj.* 不明确的，模糊的；不确定的，未定的，无限期的
indirect	[ˌindiˈrekt] *adj.* 间接的，迂回的，曲折的；非直截了当的，非正面的
industrious	[inˈdʌstriəs] *adj.* 勤奋的，发奋的
ineluctable	[ˌiniˈlʌktəbl] *adj.* 不可避免的，难免的
inexact	[ˌinigˈzækt] *adj.* 不精确的，不准确的，不严谨的
inexperienced	[ˌinikˈspiəriənst] *adj.* 无经验的，不熟练的
infancy	[ˈinfənsi] *n.* 幼年期，孩提时期，初期
infant	[ˈinfənt] *n.* 婴儿，幼儿
infertile	[inˈfəːtail] *adj.* 不肥沃的，不能生育的，不结果实的
infinitive	[inˈfinətiv] *n.* 原形(动词)，不定式 *adj.* 原形的，不定式的
infinity	[inˈfinəti] *n.* 无穷，无限
influenza	[ˌinfluˈenzə] *n.* 流行性感冒
informant	[inˈfɔːmənt] *n.* 提供信息或情报的人
informative	[inˈfɔːmətiv] *adj.* 提供信息的，增进知识的
ingredient	[inˈgriːdjənt] *n.* (混合物的)组成成分，(烹调的)原料，配料；要素
inhabit	[inˈhæbit] *v.* 居住于，栖息于

【派】inhabitable（*adj.* 可居住的，可栖居的）；inhabitant（*n.* 居民，栖居的动物）

inhale	[in'heil] *v.* 吸入，吸气
inherit	[in'herit] *v.* 继承(财产等)，从(前人等)接过，得到

【派】inheritance(*n.* 继承，遗传；继承物，遗产)

inhuman	[in'hju:mən] *adj.* 无人性的，残忍的，野蛮的
inhumane	[ˌinhju:'mein] *adj.* 不仁慈的，不人道的；不近人情的，无同情心的

【派】inhumanity(*n.* 无人性，野蛮，不近人情)

inimitable	[i'nimitəbl] *adj.* 无法仿效的，无可比拟的
initial	[i'niʃəl] *adj.* 最初的；词首的 *n.* 首字母；[*pl.*]姓名(组织机构)的首字母

【派】initially(*adv.* 最初，开头，首先)

inject	[in'dʒekt] *v.* 注射，注入；插(话)；引入

【派】injection(*n.* 注射，注入)

injustice	[in'dʒʌstis] *n.* 不公正，不公平，非正义
inlet	['inlet] *n.* 湾，水湾；入口，进口
inner	['inə] *adj.* 内部的，内心的，精神的
inscribe	[in'skraib] *v.* 刻，题写，题赠

【派】inscription[*n.* 刻印文字，铭文，碑文；(书或画)题词，献词]

insecticide	[in'sektisaid] *n.* 杀虫剂(药)
insensibility	[inˌsensə'biləti] *n.* 无知觉，无意识，无感觉；缺乏反应能力；冷淡
insensitive	[in'sensətiv] *adj.* 感觉迟钝的，不敏感的，无感觉的
inseparable	[in'sepərəbl] *adj.* 不可分的，分不开的
insignificant	[ˌinsig'nifikənt] *adj.* 小的，无足轻重的，无意义的，无价值的
insincere	[ˌinsin'siə] *adj.* 不诚恳的，虚伪的，不可信的
instal(l)ment	[in'stɔ:lmənt] *n.* (分期连载的)部分，分册；分期付款
instance	['instəns] *n.* 例子，实例

【搭】for instance 例如，比如；in the first instance 首先，第一，最初

instant	['instənt] *adj.* 紧急的，迫切的；速溶的，即时的 *n.* 顷刻，瞬息

【派】instantly(*adv.* 立即，马上)

instrument	['instrumənt] *n.* 乐器；仪器，器械，器具；手段

【派】instrumental(*adj.* 有助的，起作用的；仪器的，用乐器演奏的)

insulation	[ˌinsju'leiʃən; 'insəleiʃən] *n.* 隔离，绝缘，隔热(音)；绝缘(隔热、隔音等)的材料
insulator	['insjuleitə; 'insəleitə] *n.* 绝缘体，隔热体，隔音物

intellect	[ˈintəlekt] *n.* 智力，思考能力
	【派】intellectual[*n.* 知识分子，有理智的人 *adj.* 智力(发达)的，有知识的]
intercom	[ˈintəˌkɔm] *n.* 内部通信联络系统，对讲机
intercontinental	[ˌintəˌkɔntiˈnentəl] *adj.* 洲际的
intercourse	[ˈintəkɔːs] *n.* 交往，交际，交流
international	[ˌintəˈnæʃənəl] *adj.* 国际的，世界的 *n.* 国际比赛，国际比赛选手
internet	[ˈintənet] *n.* 因特网，互联网
interpersonal	[ˌintəˈpəːsənəl] *adj.* 人与人之间的，人际的
intestine	[inˈtestin] *n.* [*pl.*]肠
intolerable	[inˈtɔlərəbl] *adj.* 无法忍受的，难以忍受的
intolerant	[inˈtɔlərənt] *adj.* 不(能)容忍的，褊狭的
intonation	[ˌintəˈneiʃən] *n.* 语调，声调
introductory	[ˌintrəˈdʌktəri] *adj.* 引导的，序言的，介绍的
innumerable	[iˈnjuːmərəbl] *adj.* 无数的，数不清的
invariable	[inˈveəriəbl] *adv.* 不变的，恒定的，始终如一的
inviolable	[inˈvaiələbl] *adj.* 不可侵犯的，不可违背的
invisible	[inˈvizəbl] *adj.* 看不见的，无形的，隐匿的
inviting	[inˈvaitiŋ] *adj.* 吸引人的，诱人的
iris	[ˈaiəris] *n.* 虹，彩虹，虹状物
iron	[ˈaiən] *n.* 铁，铁器，铁制品；熨斗 *v.* 用熨斗烫(衣服等)；给…上镣铐
	【搭】in irons上镣铐，入狱；iron out 熨烫；解决，消除
ironic(al)	[aiˈrɔnik(əl)] *adj.* 讽刺的，反语的，挖苦的
irony	[ˈaiərəni] *n.* 反语(法)，冷嘲，讥讽；有讽刺意味的情况、事情等
irrational	[iˈræʃənəl] *adj.* 无理性的，不合理的，荒谬的
irregular	[iˈregjulə] *adj.* 不规则的，无规律的；不合法的，不正当的；不平整的
irrelevant	[iˈreləvənt] *adj.* 不相关的，离题的，不重要的
irresponsible	[ˌiriˈspɔnsəbl] *adj.* 不负责任的，不可靠的
irrigate	[ˈirigeit] *v.* 灌溉；冲洗(伤口)
	【派】irrigation(*n.* 灌溉，水利；冲洗法)
italic	[iˈtælik] *adj.* 斜体的
	【派】italics(*n.* 印刷的斜体字母)
ivory	[ˈaivəri] *n.* 象牙，牙质；象牙色，乳白色 *adj.* 象牙制的，象牙色的，乳白色的

J

jack   [dʒæk] *n.* 起重器, 千斤顶

jade   [dʒeid] *n.* 翡翠, 玉

janitor   ['dʒænitə] *n.* 看门人, 管理人

jar   [dʒɑ:] *n.* 大口瓶, 壶

jaw   [dʒɔ:] *n.* 颚;「*pl.*」(动物的)嘴, (钳子等工具)夹东西的部分

jelly   ['dʒeli] *n.* 果冻; 果酱; 果冻状物

jet   [dʒet] *n.* 喷气式飞机; 喷嘴, 喷射口; (喷出的)气体或液体
                【搭】jet lag 高速飞行后的时差反应

jewel   ['dʒu:əl] *n.* 宝石; 贵重物品
                【派】jewel(l)er(*n.* 珠宝商, 宝石商); jewel(l)ery(*n.* 珠宝, 首饰)

jolly   ['dʒɔli] *adj.* 快乐的, 令人愉快的 *v.* 使高兴, 使愉快

jot   [dʒɔt] *n.* 少量, 些微 *v.* 匆匆写下

judg(e)ment   ['dʒʌdʒmənt] *n.* 判断力; 看法, 评价; 判决

jug   [dʒʌg] *n.* (有柄和嘴的)壶

juice   [dʒu:s] *n.* (水果、蔬菜或肉的)汁
                【派】juicy(*adj.* 多汁的; 有趣味的; 赚钱的, 获利的)

junction   ['dʒʌŋkʃən] *n.* 交汇处, 汇合点

jungle   ['dʒʌŋgl] *n.* 丛林地带; 一堆混乱复杂的事

junk   [dʒʌŋk] *n.* 无用的或无价值的东西; 废旧杂物

jurisdiction   [ˌdʒuəris'dikʃən] *n.* 司法权, 审判权; 管辖权

juror   ['dʒuərə] *n.* 陪审团成员, 陪审员

jury   ['dʒuəri] *n.* 陪审团; (竞赛时的)评委会

justice   ['dʒʌstis] *n.* 公正, 合理, 正义; 法律裁判, 司法
                【搭】bring sb. to justice 将…绳之以法

K

kaleidoscope   [kə'laidəskəup] *n.* 万花筒

karat   ['kærət] *n.* 开(纯金含量单位), 克拉

karate   [kə'rɑ:ti] *n.* 空手道

kerosene   ['kerəsi:n] (也作kerosine) *n.* 煤油, 火油

ketchup   ['ketʃəp] *n.* 番茄酱

kettle	['ketl] *n.* (烧水用的)水壶，水锅
keyhole	['ki:həul] *n.* 锁眼，钥匙孔
keynote	['ki:nəut] *n.* 要旨，要义，主要思想，基调
kidney	['kidni] *n.* 肾脏；性格，脾气
kindhearted	[ˌkaind'hɑ:tid] *adj.* 关心的，仁慈的
kit	[kit] *n.* 随身携带物（如衣服、工具等）；配套元件，成套用品（工具）
knapsack	['næpsæk] *n.* 背包
knee	[ni:] *n.* 膝，膝关节
	【搭】bend one's knee to 向…跪下，屈服于；drop onto / to one's knees 跪下
knight	[nait] *n.* (欧洲中世纪时的)骑士；(近代英国的)爵士；(国际象棋中的)马 *v.* 封…为骑士(爵士)
	【派】knighthood[*n.* 爵士(骑士)称号]
knob	[nɔb] *n.* (门、抽屉等的)球形捏手
knuckle	['nʌkl] *n.* 指关节
kung fu	[ˌkʌŋ'fu:] *n.* 功夫，中国拳术

L

labyrinth	['læbərinθ] *n.* 迷宫，曲径；错综复杂的事物
lace	[leis] *n.* 花边；鞋带，带子 *v.* 用带子绑紧；镶花边于
lad	[læd] *n.* 男孩，少年；小伙子
ladybird	['leidibə:d] *n.* 瓢虫
lamb	[læm] *n.* 羔羊；羔羊肉；温顺的人
lamp	[læmp] *n.* 灯；(发出热射线等的)照射器，发热灯
landlady	['lændˌleidi] *n.* (旅馆等的)女店主，女房东；女地主
landlord	['lændlɔ:d] *n.* 地主；(旅馆等的)男店主，房东
landmark	['lændmɑ:k] *n.* 地标，路标；里程碑，重大的事件或发现
landscape	['lændskeip] *n.* 山水，风景 *v.* 美化(自然环境等)
lane	[lein] *n.* 小巷；行车线；(船或飞机的)航道；(田径赛的)跑道
lantern	['læntən] *n.* 灯笼，信号灯
lap	[læp] *n.* 膝部；(跑道的)一圈；舔；(波浪)拍打声 *v.* 舔；(波浪等)拍打
lark	[lɑ:k] *n.* 云雀，百灵鸟；戏耍，玩笑 *v.* 嬉戏，闹着玩

larva	[ˈlɑːvə] *n.* 幼虫
laser	[ˈleizə] *n.* 激光，激光器
lass	[læs] *n.* 小姑娘，少女
latent	[ˈleitənt] *adj.* 潜伏的，隐藏的
latitude	[ˈlætitjuːd] *n.* 纬度，纬线
laundry	[ˈlɔːndri] *n.* 洗衣房，洗衣店；要洗或已洗(熨)的衣物
laureate	[ˈlɔːriət] *adj.* 戴桂冠的 *n.* 获奖者 *v.* 给…戴桂冠，授…以荣誉
lava	[ˈlɑːvə] *n.* (火山喷出的)岩浆，熔岩
lavatory	[ˈlævətəri；ˈlævəˌtɔri] *n.* 厕所，盥洗室
lawn	[lɔːn] *n.* 草坪，草地
layer	[ˈleiə] *n.* 层，地层，阶层
layman	[ˈleimən] *n.* 门外汉
layout	[ˈleiaut] *n.* 设计，布局
lazy	[ˈleizi] *adj.* 懒惰的；使人倦怠的

【搭】lazy bones 懒骨头

【派】lazily(*adv.* 懒洋洋地)

leaf	[liːf] *n.* 叶子；(书籍的)一页；薄金属片，箔
leaflet	[ˈliːflit] *n.* 小册子；散页印刷品，传单
league	[liːg] *n.* 同盟，联盟；联合会
learned	[ˈləːnid] *adj.* 博学的，有学问的
learning	[ˈləːniŋ] *n.* 学问，知识
least	[liːst] *adj.* 最小的，最少的

【搭】at (the) least 至少，起码；(not) in the least 一点也(不)；least of all 最不

leather	[ˈleðə] *n.* 皮革，皮革制品 *adj.* 皮革的，皮革制的
left-handed	[ˌleft ˈhændid] *adj.* 左撇子的，使用左手的；左转的，左旋的
legend	[ˈledʒənd] *n.* 传奇(故事)，传说；传说中的人(或事)
legion	[ˈliːdʒən] *n.* (古罗马)军团；一大群人
legislation	[ˌledʒiˈsleiʃən] *n.* 立法，制定法律
legislative	[ˈledʒislətiv] *adj.* 立法的，有立法权力和职责的
legislature	[ˈledʒisleitʃə] *n.* 立法机关
lemon	[ˈlemən] *n.* 柠檬
lemonade	[ˌleməˈneid] *n.* 柠檬汁
lens	[lenz] *n.* 透镜；(眼球的)晶状体；隐形眼镜
leopard	[ˈlepəd] *n.* 豹

less	[les] *adj.* 较少的，更少的 *pron.* 较少数，较少量 *adv.* 更少，较少
	【搭】even less, much less, still less 更不用说；no less than 不少于
lettuce	[ˈletis] *n.* 莴苣
liaison	[liˈeizɔn] *n.* (团体或个体间的)联系
licence	[ˈlaisəns]（也作license）*n.* 牌照，许可证，执照；许可，特许
librarian	[laiˈbreəriən] *n.* 图书馆馆长，图书管理员
lichen	[ˈlaikən] *n.* 地衣
lid	[lid] *n.* 盖子；眼睑，眼皮
lieutenant	[lefˈtenənt; luːˈtenənt] *n.* 尉级军官；副官
lifetime	[ˈlaiftaim] *n.* 一生，终生
likelihood	[ˈlaiklihud] *n.* 可能，可能性
likewise	[ˈlaikwaiz] *adv.* 同样地
liking	[ˈlaikiŋ] *n.* 喜爱，爱好
	【搭】have a liking for 喜欢；to one's liking 合某人的意
lily	[ˈlili] *n.* 白合，百合花
limb	[lim] *n.* 肢，腿，臂；树枝
limestone	[ˈlaimstəun] *n.* 石灰石
limousine	[ˈliməziːn] *n.* 豪华轿车
linear	[ˈliniə] *adj.* 线的，直线的，线状的；长度的
linen	[ˈlinin] *n.* 亚麻布；床单，被单，桌布
liner	[ˈlainə] *n.* 大客轮；衬里，衬垫；班机，班船
linguist	[ˈliŋgwist] *n.* 语言学家；通晓数种语言的人
linguistic	[liŋˈgwistik] *adj.* 语言的，语言学的
	【派】linguistics(*n.* 语言学)
lion	[ˈlaiən] *n.* 狮子
	【搭】the lion's share 最大的一份
liquor	[ˈlikə] *n.* 烈性酒，酒精类饮料
literacy	[ˈlitərəsi] *n.* 识字，会读会写，有学识
litre	[ˈliːtə]（也作liter）*n.* 公升
livelihood	[ˈlaivlihud] *n.* 生计，谋生方式
liver	[ˈlivə] *n.* 肝，肝脏
livestock	[ˈlaivstɔk] *n.* 牲畜
lizard	[ˈlizəd] *n.* 蜥蜴
lobster	[ˈlɔbstə] *n.* 龙虾；龙虾肉
locality	[ləuˈkæləti] *n.* 位置，地点，现场

locust   [ˈləukəst] n. 蝗虫

log   [lɔ(ː)g] n. 大木头，原木，木材；航海或飞行日志

lonesome   [ˈləunsəm] adj. 孤单的，寂寞的；人迹稀少的

longevity   [lɔnˈdʒevəti] n. 长寿，长命

longing   [ˈlɔ(ː)ŋiŋ] n. / adj. 渴望(的)

longitude   [ˈlɔndʒitju(ː)d] n. 经度

loop   [luːp] n. 圈，环 v. (使)成圈

lord   [lɔːd] n. 统治者；贵族；阁下；「L-]耶稣基督，上帝

lorry   [ˈlɔ(ː)ri] n. 大卡车，运货汽车

lottery   [ˈlɔtəri] n. 摸彩，奖券

loudspeaker   [ˈlaudˌspiːkə] n. 扩音器，扬声器

lump   [lʌmp] n. (一)块；大量；肿块

lunar   [ˈljuːnə] adj. 月的，月球的，阴历的

luncheon   [ˈlʌntʃən] n. 午餐，午餐会

lung   [lʌŋ] n. 肺

luster   [ˈlʌstə] n. 光泽，荣耀

lute   [ljuːt] n. 诗琴，琵琶

M

machinery   [məˈʃiːnəri] n. (总称)机器，机械；(政府、政党等)机构

mackintosh   [ˈmækintɔʃ] n. 防水胶布；雨衣

madden   [ˈmædən] v. 使发狂，使恼火

magazine   [ˌmægəˈziːn] n. 杂志，期刊；(枪上)弹盒，(相机等)底片盒；弹药库

magnesium   [mægˈniːziəm] n. 镁

magnet   [ˈmægnit] n. 磁铁，磁石；有吸引力的人(物)

                【派】magnetic(adj. 磁的，有磁性的；有吸引力的，有魅力的)

mahogany   [məˈhɔgəni] n. 红木，桃花心木

maid   [meid] n. 女佣；未婚少女；未婚女子

                【派】maiden(n. 少女，处女 adj. 初次的；未婚的，处女的；主要的)

mainstream   [ˈmeinstriːm] n. 主流，主要倾向 adj. 主流的

maize   [meiz] n. 玉米；(玉米似的)淡黄色

majesty   [ˈmædʒəsti] n. 陛下(对国王或王后的称呼)；宏伟，庄严

make-up   [ˈmeikʌp] n. 化妆；构造，组织；气质，性情

making   [ˈmeikiŋ] n. 发展，制作

【搭】be the making of sb. 使某人成功；have the making of sth. 有条件成为某物；in the making 在制造、形成或发展的过程中

malady	['mælədi] n. 病，疾病；（社会的）弊病，弊端
malaria	[mə'leəriə] n. 疟疾
malnutrition	[mælnju:'triʃən] n. 营养不良
mammal	['mæməl] n. 哺乳动物
mango	['mæŋgəu] n. 芒果，芒果树
manhood	['mænhud] n. 成年，成年时期；男子气概
manly	['mænli] adj. 男子气概的，适合男子的
manpower	['mæn‚pauə] n. 人力，劳动力
mansion	['mænʃən] n. 大厦；宅第，公馆
manuscript	['mænjuskript] n. 手稿，原稿
maple	['meipl] n. 槭树，槭木，枫树
marshal	['ma:ʃəl] n. 元帅 v. 整理，排列
marathon	['mærəθən] n. 马拉松赛跑；长距离赛跑 adj. 持续不断的
marble	['ma:bl] n. 大理石 adj. 大理石的，大理石般的
march	[ma:tʃ] n. / v. 行进
margarine	[ma:dʒə'ri:n] n. 人造黄油
marketing	['ma:kitiŋ] n. 销售学，市场推广
marine	[mə'ri:n] adj. 海的；海里的；船舶的；航海的 n. 海运业；海军陆战队士兵
maritime	['mæritaim] adj. 海洋的；海运的；海事的
marmalade	['ma:məleid] n. 橘子酱，果酱
marrow	['mærəu] n. 骨髓；精髓；葫芦科蔬菜
marsh	[ma:ʃ] n. 沼泽，沼泽地区
martyr	['ma:tə] n. 烈士，殉道者
masculine	['mæskjulin] adj. 男性的，有男子气的；阳性的
	【派】masculinity(n. 男子气概)
mason	['meisən] n. 石匠，泥瓦匠
massacre	['mæsəkə] n. / v. 大屠杀
massage	['mæsɑ:ʒ; mə'sɑ:ʒ] n. / v. 按摩，推拿
mast	[ma:st; mæst] n. 船桅，（挂旗用的）长杆，天线杆
mat	[mæt] n. 席子，垫子
mate	[meit] n. 伙伴；伴侣；船长的副手
	【搭】the first (second) mate 大（二）副

materialism	[mə'tiəriə,lizəm] *n.* 唯物主义，物质主义
mathematical	[,mæθə'mætikəl] *adj.* 数学(上)的
mathematician	[,mæθəmə'tiʃən] *n.* 数学家
matter	['mætə] *n.* 问题，事情；物质，材料；重要性，重大关系 *v.* 有关系，要紧
	【搭】a matter of course 理所当然的事；as a matter of fact 事实上；no matter 不管…
mattress	['mætris] *n.* 床褥，床垫
mayor	['meə] *n.* 市长
meadow	['medəu] *n.* 草地，牧地
mean	[mi:n] *v.* 表示…意思，意指；意欲；意味着 *adj.* 自私的，吝啬的；卑鄙的，令人讨厌的
	【派】meaning(*n.* 意义，含义，重要性)
meantime	['mi:ntaim] *n.* 期间，同时 *adv.* (与此)同时
	【搭】in the meantime 与此同时
medal	['medəl] *n.* 勋章，奖牌，徽章
media	['mi:diə] *n.* [*pl.*](电视、报纸等)大众传播媒介
medical	['medikəl] *adj.* 医学的，医术的，医疗的
medieval	[,medi'i:vəl] *adj.* 中世纪的
Mediterranean	[,meditə'reiniən] *n.* 地中海
melody	['melədi] *n.* 旋律，曲调，美妙的音乐
melon	['melən] *n.* 瓜，甜瓜
memo	['meməu] *n.* 备忘录，便函
memoir	['memwɑ:] *n.* [*pl.*]自传，回忆录
menu	['menju:] *n.* 菜单，(计算机荧屏上显示的)选择单
merchandise	['mə:tʃəndaiz] *n.* 商品，货物
mercury	['mə:kjuri] *n.* 水银(柱)；水星
metallic	[mi'tælik] *adj.* 金属(性)的，金属制的
metaphor	['metəfə] *n.* 隐喻
metric	['metrik] *adj.* 公制的，米制的
metro	[,metrəu] *n.* (大城市的)地下铁路系统
metropolis	[mi'trɔpəlis] *n.* 大城市，都会，首府
metropolitan	[,metrə'pɔlitən] *adj.* 大都市的，首都的
microchip	['maikrəu,tʃip] *n.* 微型芯片，集成电路片

microcomputer	[ˈmaikrəukəmˌpjuːtə] n. 微型电脑
microorganism	[ˌmaikrəuˈɔːgəˌnizəm] n. 微生物
microphone	[ˈmaikrəfəun] n. 麦克风，扩音器
microprocessor	[ˌmaikrəuˈprəusesə; ˌmaikrəuˈprɔsesə] n. 微型处理机
microwave	[ˈmaikrəuweiv] n. 微波 adj. 微波的
	【搭】microwave oven 微波炉
midst	[ˈmidst] n. 中部，中间
	【搭】in the midst of 在…之中
midway	[ˌmidˈwei] adj. 中途的 adv. 中途地
midwife	[ˈmidwaif] n. 助产士，接生婆
mighty	[ˈmaiti] adj. 强大的，有力的，巨大的
migrate	[maiˈgreit; ˈmaigreit] v.（鸟等）定期迁徙，移居，迁移
	【派】migration(n. 迁徙，移居)
mild	[maild] adj. 温和的；温暖的；味淡的；轻微的
mileage	[ˈmailidʒ] n. 英里数，按英里计数的运费
military	[ˈmilitəri] adj. 军事的，军用的，军人的 n. 军人，军方
militia	[məˈliʃə] n. 民兵，民兵队伍
mill	[mil] n. 碾磨机，磨坊；工厂 v. 碾磨，磨碎
millennium	[miˈleniəm] n. 千年，千年期；(未来的)太平盛世
millimeter	[ˈmiliˌmiːtə]（也作millimetre）n. 毫米
minefield	[ˈmainfiːld] n. 布雷区
miner	[ˈmainə] n. 矿工
mineral	[ˈminərəl] n. 矿物，矿石 adj. 含矿物质的
miniature	[ˈminiətʃə] n. 缩样，缩影 adj. 小型的，微小的
minister	[ˈministə] n. 部长，大臣；牧师
ministry	[ˈministri] n. (政府的)部；牧师的职务，全体牧师
mint	[mint] n. 薄荷，薄荷糖；铸币厂；巨款 adj. 崭新的，完美的
miracle	[ˈmirəkl] n. 奇迹，不可思议的事
	【派】miraculous(adj. 奇迹般的，非凡的)
misapprehension	[misˌæpriˈhenʃən] n. 误解，误会
misbehavio(u)r	[ˌmisbiˈheivjə] n. 行为不检，举止无礼
miscalculate	[ˌmisˈkælkjuˌleit] v. 误算，失算
miser	[ˈmaizə] n. 守财奴，吝啬鬼
missile	[ˈmisail; ˈmisəl] n. 导弹，发射物
mission	[ˈmiʃən] n. 使命，任务；代表团，特使团

missionary	[ˈmiʃənəri] *n.* 传教士
mist	[mist] *n.* 薄雾；朦胧，模糊
	【派】misty(*adj.* 有薄雾的，薄雾笼罩的；朦胧不清的，模糊的)
mistress	[ˈmistris] *n.* 女主人，老板娘；情妇
mixer	[ˈmiksə] *n.* 搅拌器；调酒用的饮料
mob	[mɔb] *n.* 喧嚷的群众；暴民，暴徒
modem	[ˈməudem] *n.* 调制解调器
moist	[mɔist] *adj.* 潮湿的，多雨的
	【派】moisture(*n.* 潮湿，湿度，水分)
mole	[məul] *n.* 田鼠，鼹鼠；间谍，内奸；黑痣
molecule	[ˈmɔlikjuːl] *n.* 分子；微粒
monarch	[ˈmɔnək] *n.* 君主，帝王
	【派】monarchy(*n.* 君主制；君主国)
monastery	[ˈmɔnəstəri] *n.* 修道院，寺院
monetary	[ˈmʌnitəri] *adj.* 货币的，金钱的，金融的
monk	[mʌŋk] *n.* 僧侣，和尚，修道士
monologue	[ˈmɔnəlɔg] *n.* 独白
monument	[ˈmɔnjumənt] *n.* 纪念碑，纪念馆；遗址；(不朽的)作品；成就；事业
mood	[muːd] *n.* 心情，情绪；心境不好，闹脾气；语气
moonlighting	[ˈmuːnˌlaitiŋ] *n.* 同时兼两个职业(本职工作外第二职业)
moor	[muə] *n.* 荒野，旷野 *v.* 使(船)停泊
mop	[mɔp] *n.* 拖把 *v.* 用拖把擦(拖)
moral	[ˈmɔrəl; ˈmɔːrəl] *adj.* 道德上的，有道德的 *n.* (故事等的)教训，寓意
	【派】morality(*n.* 道德，教训，寓意)
morale	[mɔˈrɑːl; məˈræl] *n.* 士气，斗志
mortal	[ˈmɔːtəl] *adj.* 终有一死的；人类的，凡人的；致命的 *n.* 凡人
mosquito	[məˈskiːtəu] *n.* 蚊子
moss	[mɔs] *n.* 苔藓，青苔
moth	[mɔ(ː)θ] *n.* 蛾，蛀虫
motion	[ˈməuʃən] *n.* 动作，移动；动议，提议
motorist	[ˈməutərist] *n.* 汽车驾驶者
motorway	[ˈməutəwei] *n.* 高速公路，快车道
motto	[ˈmɔtəu] *n.* 箴言，座右铭

mow	[məu] v. 割（草、禾）
mud	[mʌd] n. 泥，泥浆
muddy	['mʌdi] adj. 泥泞的，多泥的；浑浊的，模糊的；糊涂的
mug	[mʌg] n. （有柄的）大杯子 v. 抢劫
multimedia	[ˌmʌlti'miːdiə] n. 多媒体
multinational	[ˌmʌlti'næʃənəl] adj. 多国家的，（公司等）跨国的，多国籍的 n. 多国籍的人
municipal	[mjuː'nisipəl] adj. 都市的，市政的
mushroom	['mʌʃruːm] n. 蘑菇，菌类植物 v. 迅速生长或发展
mustard	['mʌstəd] n. 芥，芥末；芥末色，淡黄色
mute	[mjuːt] adj. 沉默的，不说话的 n. 哑巴
mutter	['mʌtə] v. 喃喃低语；抱怨
mutton	['mʌtən] n. 羊肉
mystery	['mistəri] n. 神秘的事物，奥秘；神秘小说，推理小说
	【派】mysterious（adj. 神秘的；难以解释的）
myth	[miθ] n. 神话；神话式的人（或物）；虚构的故事，荒诞的说法

N

nail	[neil] n. 钉；指甲，爪 v. 将…钉牢，使固定
naked	['neikid] adj. 裸体的，赤裸的；暴露的，无掩饰的
nap	[næp] n. / v. 小睡，打盹
narcotic	[nɑː'kɔtik] n. 安眠药，麻醉剂
nasty	['nɑːsti; 'næsti] adj. 令人讨厌的；（气味等）令人作呕的；卑鄙的
naughty	['nɔːti] adj. 顽皮的，淘气的
nausea	['nɔːsiə] n. 作呕，恶心；极端的厌恶
naval	['neivəl] adj. 海军的，军舰的，船的
Nazi	['nɑːtsi] n. 纳粹分子，法西斯分子 adj. 纳粹党的
neat	[niːt] adj. 整洁的；简洁的，匀称的；（酒）纯的
needy	['niːdi] adj. 贫困的
nerve	[nəːv] n. 神经；勇气，胆量
nest	[nest] n. 窝，巢，穴；掩体，藏匿处；安乐窝
net	[net] n. 网；网状系统；罗网 v. 以网捕捉 adj. 净得的，实得的
network	['netwəːk] n. 网状系统，网络
newborn	['njuːbɔːn] adj. 新生的

newly	[ˈnjuːli] *adv.* 最近，新近；以新的方式，重新
newscast	[ˈnjuːzkɑːst；ˈnjuːzkæst] *n.* 新闻广播
newsletter	[ˈnjuːzˌletə] *n.* 简讯，时事通讯
nickname	[ˈnikneim] *n.* 绰号，爱称
nightgown	[ˈnaitgaun] *n.* 睡衣
nightingale	[ˈnaitiŋgeil] *n.* 夜莺
nightmare	[ˈnaitmeə] *n.* 噩梦；可怕的经历
nitrogen	[ˈnaitrədʒən] *n.* 氮
nonsense	[ˈnɔnsəns] *n.* 胡说，废话；荒谬的念头（想法）
notable	[ˈnəutəbl] *adj.* 值得注意的，显著的
	【派】notably(*adv.* 显著地)；noted(*adj.* 著名的，知名的)
nostril	[ˈnɔstrəl] *n.* 鼻孔
novel	[ˈnɔvəl] *n.* 长篇小说 *adj.* 新颖的，新奇的
nuclear	[ˈnjuːkliə；ˈnuːkliə] *adj.* 原子核的，运用核能的；核心的，中心的
nuisance	[ˈnjuːsəns] *n.* 令人讨厌的人（或事）
numeral	[ˈnjuːmərəl] *n.* 数字 *adj.* 数的，表示数的
numerical	[njuːˈmerikəl] *adj.* 数字(上)的，用数字表示的
numerous	[ˈnjuːmərəs] *adj.* 大量的，为数众多的
nurse	[nəːs] *n.* 护士；保姆 *v.* 看护，照料；哺乳，抱(希望等)
	【派】nursery(*n.* 托儿所，保育室；苗圃)
nylon	[ˈnailɔn] *n.* 尼龙

O

oar	[ɔː(r)；əur] *n.* 桨，橹
oath	[əuθ] *n.* 誓言；辱骂
	【搭】on/under oath 发誓说真话
oats	[əuts] *n.* 燕麦
object	[ˈɔbdʒikt] *n.* 物，物体；目标；宾语；对象 [əbˈdʒekt] *v.* 反对，不赞成
	【派】objection (*n.* 反对，异议；反对的理由)；objective (*n.* 目的，目标 *adj.* 客观的，公正的；外界的，真实的)
oblivious	[əˈbliviəs] *adj.* 不注意的，被忘记
oblong	[ˈɔblɔ(ː)ŋ] *n.* / *adj.* 长方形(的)
observe	[əbˈzəːv] *v.* 观察；遵守，奉行；评论

【派】observer(*n.* 观察者，旁听者；评论者)；observation〔*n.* 观察，注意；观察力；(观察后发表的)评论〕；observatory(*n.* 天文台，气象台)

obstacle	[ˈɔbstəkl] *n.* 障碍(物)，干扰	
obstinate	[ˈɔbstinət] *adj.* 固执的，顽固的；难以驾驭的，顽强的	
odd	[ɔd] *adj.* 奇异的，不同寻常的；奇数的；临时的；带零头的	
officer	[ˈɔfisə] *n.* 军官；警察；官员，职员	
official	[əˈfiʃəl] *adj.* 官方的，正式的 *n.* 官员，公务员	
offshore	[ˌɔfˈʃɔː] *adj.* 近海岸的；离海岸的 *adv.* 近海；离海岸	
offspring	[ˈɔfspriŋ] *n.* 子孙，后代；结果，产物	
oily	[ˈɔili] *adj.* (似)油的；涂有油的，含油多的；油滑的	
ointment	[ˈɔintmənt] *n.* 药膏，软膏	
old-fashioned	[ˌəuld ˈfæʃənd] *adj.* 过时的，老式的；守旧的	
olive	[ˈɔliv] *n.* 橄榄；橄榄绿	
omen	[ˈəumən] *n.* 征兆，预兆	
oncoming	[ˈɔnˌkʌmiŋ] *adj.* 即将到来的	
onlooker	[ˈɔnˌlukə] *n.* 旁观者	
onward	[ˈɔnwəd] *adj. / adv.* 向前的(地)	
onwards	[ˈɔnwədz] *adv.* 向前地	
opener	[ˈəupənə] *n.* 开启用的工具	
opening	[ˈəupəniŋ] *n.* 口，孔；通路；开端；(林中)空地；(职位)空缺 *adj.* 开头的	
opera	[ˈɔpərə] *n.* 歌剧	
opponent	[əˈpəunənt] *n.* 对手，敌手；反对者	
optical	[ˈɔptikəl] *adj.* 视力的，视觉的；光学的	
optics	[ˈɔptiks] *n.* 光学	
optimism	[ˈɔptimizəm] *n.* 乐观，乐观主义	
option	[ˈɔpʃən] *n.* 选择，选择权	
	【派】optional(*adj.* 非强制的；可任意选择的)	
orbit	[ˈɔːbit] *n.* 轨道；(活动)范围 *v.* 环绕…作轨道运行，沿轨道运行	
orchard	[ˈɔːtʃəd] *n.* 果园	
orchestra	[ˈɔːkistrə] *n.* 交响乐团，管弦乐团	
ordeal	[ɔːˈdiːl] *n.* 严峻的考验；痛苦的经历	
orderly	[ˈɔːdəli] *adj.* 有秩序的；整洁的 *n.* (医院的)护理员，勤杂工	
ore	[ɔː] *n.* 矿石，矿砂	

organ	[ˈɔːɡən] n. 器官；机构，机关；管风琴，类似风琴的乐器
	【派】organic（adj. 有机物的；有组织的）；organism（n. 有机体，生物）
orient	[ˈɔːriənt] n. 东方，亚洲
	【派】oriental（ n. 东方人 adj. 东方的，来自东方的）
orphan	[ˈɔːfən] n. 孤儿 v. 使…成为孤儿
orphanage	[ˈɔːfənidʒ] n. 孤儿院，孤儿的身份
orthodox	[ˈɔːθədɔks] adj. 正统的，传统的
otherwise	[ˈʌðəwaiz] adv. 另外；在其他方面；否则 adj. 另外的；其他方面的
outcome	[ˈautkʌm] n. 结果，后果，成果
outer	[ˈautə] adj. 外面的，外侧的，远离中央的
outing	[ˈautiŋ] n. 短途旅行，远足
outlet	[ˈautlet] n. (液体或气体的)排泄口；出口；出路
outlook	[ˈautluk] n. 景色；前景，前途；观点，看法
output	[ˈautput] n. 产量，产品；输出，输出量 v. 输出
outskirts	[ˈautskəːts] n. 郊区，郊外
outward	[ˈautwəd] adj. 向外的；表面上的；向海外的 adv. 向外，在外
oval	[ˈəuvəl] adj. 椭圆形的，卵型的
oven	[ˈʌvən] n. 烤箱，烤炉
overcast	[ˈəuvəkɑːst; ˈuvəkæst] adj. 多云的，阴暗的；忧郁的
overcrowd	[ˌəuvəˈkraud] adj. 挤满的，拥塞的
overdose	[ˈəuvədəus] n. 过量用药
overdraft	[ˈəuvədrɑːft; ˈuvədræft] n. 透支(额)
overgrown	[ˌəuvəˈɡrəun] adj. 草木丛生的，成长过快的
overhead	[ˈəuvəhed] adj. / adv. 在头顶上(的)，在上面(的)
overjoyed	[ˌəuvəˈdʒɔid] adj. 兴高采烈的，欣喜若狂的
overleaf	[ˈəuvəliːf] n. 在一页的背面，下一页
overnight	[ˈəuvənait] adj. 一夜间(的)，突然(的) [ˌəuvəˈnait] adv. 在夜间，在晚上
overtime	[ˈəuvətaim] adv. 加班加点地 n. 加班时间，加班费；(体育竞赛中)延长时间
overweight	[ˌəuvəˈweit] adj. 超重的
oxygen	[ˈɔksidʒən] n. 氧气
oyster	[ˈɔistə] n. 牡蛎
ozone	[ˈəuzəun] n. 臭氧

P

pad	[pæd] n. 垫子，衬垫，填料；便笺簿 v. (以软物)衬填、填塞	
paddle	['pædl] n. 船桨，桨状物 v. 荡桨；(用桨状物)拍打	
paddock	['pædək] n. (放牧的)围场；(赛马前)马集中的场地	
pagoda	[pə'gəudə] n. 塔，宝塔	
pail	[peil] n. 桶，提桶	
pamphlet	['pæmflit] n. 小册子	
palm	[pɑːm] n. 棕榈树；手心，手掌	
pane	[pein] n. 窗上的玻璃	
panel	['pænəl] n. (门窗上的)方格，镶板；仪器板；评议小组，讨论小组	
panorama	[ˌpænə'rɑːmə; ˌpænə'ræmə] n. 风景的全貌，全景；概论，概观	
pants	['pænts] n. 短裤；裤子	
paperweight	['peipəweit] n. 镇纸，纸压	
paperwork	['peipəwəːk] n. 文书工作	
parachute	['pærəʃuːt] n. 降落伞 v. 用降落伞降落，空投	
paradise	['pærədais] n. 天堂，乐园	
paragraph	['pærəgrɑːf; 'pærəgræf] n. 段，段落	
parenthesis	[pə'renθəsis] n. 圆括号；插入语	
parenthood	['peərənthud] n. 父母的身份	
parish	['pæriʃ] n. 教区；(英国)郡以下的行政区	
parking	['pɑːkiŋ] n. 停车场；停车	
parlo(u)r	['pɑːlə] n. 客厅；(旅馆中的)休息室；店铺	
parliament	['pɑːləmənt] n. 国会，议会	

【派】 parliamentary(adj. 议会的，国会的)

parrot	['pærət] n. 鹦鹉 v. 鹦鹉学舌般地复述，随声附和	
participle	['pɑːtisipl] n. (语法)分词	
particle	['pɑːtikl] n. 分子	
parting	['pɑːtiŋ] adj. 分离的，分开的 n. 分离，分开；分界	
passion	['pæʃən] n. 激情，热情；强烈爱好	

【派】 passionate(adj. 易动情的；充满激情的；热烈的，激昂的)

passive	['pæsiv] adj. 被动的，消极的；被动语态的 n. 被动语态	
pastime	['pɑːstaim; 'pæstaim] n. 消遣，娱乐	
pastry	['peistri] n. 糕点，酥皮点心	

pasture	[ˈpɑːstʃə; ˈpæstʃə] *n.* 牧场, 牧草; 放牧
pat	[pæt] *n. / v.* 轻拍, 轻打
patch	[pætʃ] *n.* 补丁, 碎片; 小块土地; 眼罩
patrol	[pəˈtrəul] *n.* 巡逻; 巡逻队, 巡逻兵 *v.* 巡逻, 巡查
patron	[ˈpeitrən] *n.* 赞助人, 资助人; 老顾客, 主顾
pattern	[ˈpætən] *n.* 图案, 花样; 方式, 模式
pause	[pɔːz] *n. / v.* 停顿, 暂停, 中止
pavilion	[pəˈviljən] *n.* 选手席, 看台; (展览会的)馆; (公园的)亭子, 楼阁
peck	[pek] *v.* (鸟)以喙啄; 啄, 啄痕
pedal	[ˈpedəl] *n.* 踏板 *v.* 踩踏板, 骑(车)
pedestrian	[piˈdestriən] *n.* 行人
peel	[piːl] *v.* 去掉…的皮, 剥落 *n.* 果皮, 蔬菜皮
peer	[piə] *n.* 贵族; 同等地位的人, 同辈
peg	[peg] *n.* 木栓, 楔子 *v.* 用夹子夹住, 用楔子钉住
pendulum	[ˈpendjuləm; ˈpendʒələm] *n.* 摆, 钟摆; 摇摆不定的事态
penguin	[ˈpeŋgwin] *n.* 企鹅
peninsula	[piˈninsjulə; piˈninsələ] *n.* 半岛
pension	[ˈpenʃən] *n.* 养老金, 抚恤金, 退休金; 津贴, 补助金
pentagon	[ˈpentəgən] *n.* 五角形, 五边形; 五角大楼(美国国防部办公大楼)
peony	[ˈpiəni] *n.* 牡丹, 芍药
pepper	[ˈpepə] *n.* 胡椒粉, 胡椒; 辣椒
peppermint	[ˈpepəmint] *n.* 薄荷, 薄荷味; 薄荷糖
percent	[pəˈsent] *n.* 百分比
	【派】percentage(*n.* 百分率, 百分数; 比例)
perfect	[ˈpəːfikt] *adj.* 完美的; 完全的, 绝对的; 熟练的, 精通的
	【派】perfection(*n.* 尽善尽美; 完美的典型)
perfume	[ˈpəːfjuːm] *n.* 香味, 香水, 香料
period	[ˈpiəriəd] *n.* 一段时间; 一节课; (妇女)例假期; 句号
	【派】periodical(*n.* 期刊, 杂志 *adj.* 定期的, 周期的)
perpendicular	[ˌpəːpənˈdikjulə] *adj.* 垂直的, 成直角的; 竖立的, 直立的; 陡峭的
persimmon	[pə(ː)ˈsimən] *n.* 柿子; 柿子树
personality	[ˌpə(ː)səˈnæləti] *n.* 个性, 人格; 富有个性; 名人
personnel	[ˌpə(ː)səˈnel] *n.* 全体人员; 人事部门
pessimist	[ˈpesimist] *n.* 悲观主义者, 厌世者

	【派】pessimistic(*adj.* 悲观的，厌世的)
petroleum	[pi'trəuliəm] *n.* 石油
petal	['petəl] *n.* 花瓣
pharmacist	['fɑːməsist] *n.* 制药者；药剂师
pharmacy	['fɑːməsi] *n.* 药学；药房；制药，配药
phenomenon	[fi'nɔminən] *n.* 现象
philosophy	[fi'lɔsəfi] *n.* 哲学，哲理；人生观，宗旨；(某一门学科的)基本原理
	【派】philosopher(*n.* 哲学家)；philosophic(al)(*adj.* 富于哲理的；冷静的)
phobia	['fəubjə] *n.* 恐惧症，病态的恐惧
phoenix	['fiːniks] *n.* 凤凰，长生鸟
phonetic	[fəu'netik] *adj.* 语音的，语音学的
photocopy	['fəutəuˌkɔpi] *n.* 影印，影印本 *v.* 影印
	【派】photocopier(*n.* 影印机)
photograph	['fəutəɡrɑːf; 'fəutəɡræf] *n.* 照片 *v.* 为…照相
	【派】photographer(*n.* 摄影师，摄影者)；photography(*n.* 摄影术)
phrase	[freiz] *n.* 短语，词组 *v.* 用某种措辞表达
physician	[fi'ziʃən] *n.* 医生，内科医生
physicist	['fizisist] *n.* 物理学家
physics	['fiziks] *n.* 物理学
physiology	[ˌfizi'ɔlədʒi] *adj.* 生理学，生理机能
physiological	[ˌfiziə'lɔdʒikəl] *adj.* 生理学的，生理的，生理机能的
pictorial	[pik'tɔːriəl] *adj.* 有图的；以图片表示的；形象化的 *n.* 画刊，画报
pigeon	['pidʒin] *n.* 鸽子
pilgrim	['pilgrim] *n.* 朝圣者，香客
pillar	['pilə] *n.* 柱，柱石；栋梁，重要成员
pin	[pin] *n.* 别针，大头针；胸针，徽章 *v.* (用别针)别住；使固定
pioneer	[ˌpaiə'niə] *n.* 先锋，开拓者 *v.* 作先锋，倡导
	【搭】Young Pioneer 少先队员
pit	[pit] *n.* 坑，小凹陷；煤矿；乐池
place	[pleis] *n.* 地方，位置；名次；职位，职责；家，住所 *v.* 放置，安置；发出(订单)；任命
	【搭】in place of 替代；in the first place 首先；take place 发生；take the place of 代替；out of place 不得体，不适当
placid	['plæsid] *adj.* 安静的，平和的
plague	[pleig] *n.* 瘟疫，祸患

plain	[plein] *adj.* 朴素的，简单的；明白的；直率的；相貌平常的 *n.* 平原，旷野
planet	['plænit] *n.* 行星
plastic	['plæstik] *n.* 塑料 *adj.* 塑料的，可塑的
plate	[pleit] *n.* 盘，碟；板，片
plateau	['plætəu；plæ'təu] *n.* 高原
platinum	['plætinəm] *n.* 白金，铂
playwright	['pleirait] *n.* 剧作家，编剧家
pleased	[pli:zd] *adj.* 高兴的，满意的
	【搭】 be pleased to do 乐意做（某事）
plenary	['pli:nəri] *adj.* 全体出席的；完全的，绝对的
plought	[plau]（也作plow）*n.* 犁 *v.* 犁，耕；费力地前进
plug	[plʌg] *n.* 塞子，栓；电插头 *v.* 把…塞住
plumber	['plʌmə] *n.* 铅管工，管道工
plume	[plu:m] *n.* 羽毛，羽毛饰物 *v.* 用羽毛装饰
plump	[plʌmp] *adj.* 丰满的，圆胖的
plunder	['plʌndə] *v.* 掠夺，抢劫 *n.* 掠夺，掠夺物
pneumonia	[nju:'məuniə] *n.* 肺炎
poetic	[pəu'etik] *adj.* 像诗的，诗意的；诗的
poison	['pɔizən] *n.* 毒物，毒品 *v.* 使中毒，下毒于；毒害
	【派】 poisonous(*adj.* 有毒的，有害的)
pole	[pəul] *n.* (地球的)极点；(看法等)极端相反
polio	['pəuliəu] *n.* 小儿麻痹症，脊髓灰质炎
politburo	['pɔlit,bjuərəu；pə'lit,bjuərəu] *n.* (共产党的)政治局
politics	['pɔlitiks] *n.* 政治，政治活动；政治学；政见
polo	['pəuləu] *n.* 马球
polytechnic	[,pɔli'teknik] *n.* 综合技术学院(校)
popularity	[,pɔpju'lærəti] *n.* 通俗性，普及；受欢迎
porcelain	['pɔ:səlin] *n.* 瓷，瓷器
porch	[pɔ:tʃ] *n.* 门廊，入口处
pornography	[pɔ:'nɔgrəfi] *n.* 色情描写，色情书刊或电影
porridge	['pɔridʒ；'pɔ:ridʒ] *n.* 粥
portable	['pɔ:təbl] *adj.* 轻便的，手提式的
porter	['pɔ:tə] *n.* 脚夫，搬运工；守门人
portion	['pɔ:ʃən] *n.* 一部分；一份

possibility	[ˌpɔsəˈbiləti] n. 可能，可能性；可能的事
pottery	[ˈpɔtəri] n. 陶土，陶器
poultry	[ˈpəultri] n. 家禽
powder	[ˈpaudə] n. 粉末；爽身粉；火药
prairie	[ˈpreəri] n. (尤指北美洲的)大草原
pram	[præm] n. (手推)婴儿车
prawn	[prɔːn] n. 对虾，明虾
pray	[prei] v. 祈祷，祈求
	【派】prayer(n. 祷告，祈祷文；祈求)
precious	[ˈpreʃəs] adj. 珍贵的，宝贵的
précis	[ˈpreisi; prciˈsiː] n. 摘要，梗概 v. 做摘要，写…大意
predecessor	[ˈpriːdisesə; ˈpredisesə] n. 前任者；被取代的事物
predicate	[ˈpredikit] n. 谓语 [ˈpredikeit] v. 断言
preface	[ˈprefis] n. 前言，序 v. 给…作序，作为…的开始
preferable	[ˈprefərəbl] adj. 更适合的，更好的，更可取的
	【派】preferably(adv. 更适宜)
prefix	[ˈpriːfiks] n. 前缀
pregnant	[ˈpregnənt] adj. 怀孕的；含蓄的，意义深长的
	【派】pregnancy(n. 怀孕；怀胎期；蕴含)
prehistoric	[ˌpriːhiˈstɔrik] adj. 史前的
	【派】prehistorically(adv. 史前)
preference	[ˈprefərəns] n. 优先，偏爱；优先权，特惠
prelude	[ˈpreljuːd] n. 序言，序幕，序曲
premier	[ˈpremjə; priˈmiə] n. 首相，总理 adj. 首位的，首要的
preparation	[ˌprepəˈreiʃən] n. 准备，筹备，安排
preparatory	[priˈpærətəri] adj. 预备的，筹备的
preposition	[ˌprepəˈziʃən] n. 介词
pretext	[ˈpriːtekst] n. 借口，托词
previous	[ˈpriːviəs] adj. 前一个，以前的
priceless	[ˈpraislis] adj. 无价的，极其珍贵的
priest	[priːst] n. 牧师，神父，教士
privilege	[ˈprivilidʒ] n. 特权，特殊权益，特殊荣幸
probability	[ˌprɔbəˈbiləti] n. 可能性；可能发生的事，可能的结果；概率
produce	[prəˈdjuːs; prəuˈduːs] n. 产品(尤指农产品)
professional	[prəˈfeʃənəl] adj. 专业的，职业的；高水准的，内行的 n. 专业人员

projector	[prə'dʒektə] n. 投影机，幻灯机，放映机
proletarian	[ˌprəuli'teəriən] n. / adj. 无产者(的)，无产阶级(的)
pronoun	['prəunaun] n. 代词
pronounce	[prə'nauns] v. 发…音；宣布，宣告
	【派】pronunciation(n. 发音)
proofread	['pruːfriːd] v. 校对
prop	[prɔp] n. 支柱，支持，支撑物；舞台道具
propaganda	[ˌprɔpə'gændə] n. 宣传
prophet	['prɔfit] n. 预言家，先知
proprietor	[prə'praiətə] n. 所有人，业主
prose	[prəuz] n. 散文
prosperity	[prɔ'sperəti] n. 繁荣，昌盛
prostitute	['prɔstitjuːt] n. 妓女 v. 出卖；滥用(才能等)
	【派】prostitution(n. 卖淫；滥用)
Protestant	['prɔtistənt] n. 新教徒，基督教徒
proverb	['prɔvəːb] n. 谚语，格言
provident	['prɔvidənt] adj. 有先见之明的，节俭的
prowess	['prauis] n. 英勇，杰出的才能
prune	[pruːn] n. 梅干，李子脯 v. 修剪，删除
psychiatry	[sai'kaiətri] n. 精神病学，精神病疗法
psycho	['saikəu] n. 精神分析(学)；神经病患者；精神变态者
psychoanalyst	[ˌsaikəu'ænəlist] n. 精神分析学家
psychological	[ˌsaikə'lɔdʒikəl] adj. 心理的，精神的；心理学的
psychologist	[sai'kɔlədʒist] n. 心理学家
psychology	[sai'kɔlədʒi] n. 心理学
puff	[pʌf] v. 喘气；喷(烟等) n. 一股(气、烟等)，一阵；松饼
pulp	[pʌlp] n. 肉质，髓；纸浆；低级粗劣的书刊 v. 使成浆状
pulse	[pʌls] n. 脉搏，脉冲；节奏，拍子
pump	[pʌmp] n. 泵，抽水机，打气筒 v. 用泵打入或抽出，为…打气
pumpkin	['pʌmpkin] n. 南瓜
punch	[pʌntʃ] n. 冲压机，打孔机；(打出的)孔；猛击的一拳 v. 打孔；用拳猛击
punctuation	[ˌpʌŋktju'eiʃən] n. 标点法；标点符号
puncture	['pʌŋktʃə] n. / v. 刺，戳，穿孔
puppet	['pʌpit] n. 木偶，布偶；傀儡

Puritan	[ˈpjuəritən] *n.* 清教徒
pure	[pjuə] *adj.* 纯粹的；纯洁的，无邪的；完全的，彻底的
	【派】purify(*v.* 使纯净，净化)；purity(*n.* 纯洁，纯净，纯粹)
pyramid	[ˈpirəmid] *n.* 棱锥体，角锥体；金字塔

Q

quack	[kwæk] *int.* (鸭叫的)嘎嘎声 *v.* 作鸭叫
quarry	[ˈkwɔri] *n.* 采石场；猎物
quarter	[ˈkwɔːtə] *n.* 四分之一；一刻钟，一季；(市镇的)区，地方；来源；[*pl.*]住处，营房，(船上的)住舱区 *v.* 把…分成四部分，供…住宿，驻扎(军队)
	【搭】a bad quarter of an hour 难熬的片刻；at close quarters 彼此非常接近；take up one's quarters 住宿
	【派】quarterly〔*adj. / adv.* 每季的(地)，每季一次的(地) *n.* 季刊〕
quay	[kiː] *n.* 码头
queer	[kwiə] *adj.* 古怪的，异常的；稍感不适的，想呕吐的
question	[ˈkwestʃən] *n.* 疑问(句)，问题，难题；提案；提问 *v.* 询问，问；怀疑，对…提出异议
	【搭】beside the question 离题，与题无关；beyond question/out of question/past question 毫无疑问，确定无疑；call sth. into question 对…提出疑问；in question 谈论(或议论)中的，考虑中的；有疑问的，成问题的；out of the question 不可能的，办不到的；without question 毫无疑义
	【派】questionnaire〔*n.* (调查情况用的)问卷，调查表〕；questionable(*adj.* 有问题的；不确定的，可疑的)
quilt	[kwilt] *n.* 被褥
quiz	[kwiz] *n.* 考查，测验，查问；答问比赛 *v.* 对…测验；查问，盘问

R

radial	[ˈreidiəl] *adj.* 辐射(状)的，星形的
radioactive	[ˌreidiəuˈæktiv] *adj.* 放射性的，有辐射能的
	【派】radioactivity(*n.* 放射性，放射现象；放射出的能量)
radiochemical	[ˌreidiəuˈkemikəl] *adj.* 放射化学的
radium	[ˈreidiəm] *n.* 镭

radius	['reidiəs] *n.* 半径；半径范围
rag	[ræg] *n.* 破布，碎布；[*pl.*]破旧衣服
	【搭】in rags 穿着破烂
	【派】ragged(*adj.* 破旧的，褴褛的；不整齐的，蓬乱的)
raindrop	['reindrɔp] *n.* 雨点
rainfall	['reinfɔ:l] *n.* 降雨量
rainproof	['reinpru:f] *adj.* 防雨的
rainy	['reini] *adj.* 多雨的，下雨的
	【搭】for a rainy day 未雨绸缪
raisin	['reizən] *n.* 葡萄干
rally	['ræli] *v.* (为共同目标)集合，召集 *n.* 集会
ram	[ræm] *n.* 公羊；冲压机 *v.* 猛撞；挤入，塞进
ramp	[ræmp] *n.* (接连两层的人造)斜坡
ranch	[rɑ:ntʃ；ræntʃ] *n.* 大牧场
ransom	['rænsəm] *n.* 赎金 *v.* 赎出，赎回
rape	[reip] *v.* 强奸 *n.* 强奸；蹂躏
rascal	['rɑ:skəl；'ræskəl] *n.* 小淘气，小坏蛋；恶棍，流氓
raspberry	['rɑ:zbəri；'ræzbəri] *n.* 覆盆子，山莓；咂舌声(表示嘲笑、轻蔑)
rational	['ræʃənəl] *adj.* 合理的；理性的，推理的
rattlesnake	['rætlsneik] *n.* 响尾蛇
readily	['redili] *adv.* 简单地，容易地；很快地，立即；欣然，乐意地
readiness	['redinis] *n.* 准备妥当，预备；意愿，愿意
reading	['ri:diŋ] *n.* 阅读，朗读；读物，阅读材料
realist	['riəlist] *n.* 现实主义的画家、作家等；现实主义者
	【派】realistic[*adj.* 现实主义(者)的；现实的，实际的，逼真的]
realization	[ˌriəlai'zeiʃən；ˌriələ'zeiʃən] *n.* 领悟，认识；实现
realm	[relm] *n.* 王国，国土；领域，范畴
reap	[ri:p] *v.* 收割(谷物)，收获；得到，获得
reappear	[ˌri:ə'piə] *v.* 再现
rearrange	[ˌri:ə'reindʒ] *v.* 重新安排，重新布置
reassemble	[ˌri:ə'sembl] *v.* 重新收集；重新装配
rebel	['rebəl] *n.* 反叛者 *v.* 反叛，反抗，造反
	【派】rebellion(*n.* 反叛，造反)；rebellious(*adj.* 叛逆的；难以控制的)
rebirth	[ri:'bə:θ] *n.* 新生，复兴
rebuff	[ri'bʌf] *n.* (对好意、请求、友好表示等的)粗暴拒绝，冷落

recipe	[ˈresipi] n. 烹饪法，食谱
recital	[riˈsaitəl] n. 独唱会，独奏会；一系列事件等的详述；背诵，朗诵
recite	[riˈsait] v. 朗诵，背诵；评述，列举
	【派】recitation(n. 当众吟诵，背诵；背诵的散文或诗歌)
reconstruct	[ˌriːkənˈstrʌkt] v. 重建，恢复；(根据证据或想象)重现
reconnaissance	[riˈkɔnisəns] n. 侦察，搜索
recreate	[ˈrekrieit] v. 重新创造，再创造；使得到休养
	【派】recreation(n. 娱乐，消遣)
recruit	[riˈkruːt] n. 新兵，新成员，新手 v. 征募(新兵)，吸收(新成员)
rectangle	[ˈrekˌtæŋgl] n. 方形，(尤指)长方形，矩形
	【派】rectangular(adj. 长方形的，矩形的)
recurrence	[riˈkʌrəns; riˈkəːrəns] n. 重现，再次发生
recycle	[riːˈsaikl] v. 再循环，再生利用
redistribute	[ˌriːdiˈstribjuːt] v. 重新分配(某事物)
reel	[riːl] n. 线轴，卷盘 v. 卷，绕
referee	[ˌrefəˈriː] n. (足球等的)裁判员；仲裁者；(愿为求职者提供证明的)介绍人
reflex	[ˈriːfleks] n. 反射作用，条件反射；映象，倒影
refrigerator	[riˈfridʒəreitə] n. 冰箱，冷藏室
refuge	[ˈrefjuːdʒ] n. 庇护，避难，避难所
	【派】refugee(n. 避难者，难民)
regency	[ˈriːdʒənsi] n. 摄政(期)；(美国州立大学的)校务委员职位
regiment	[ˈredʒimənt] n. (军队的)团；一大群
region	[ˈriːdʒən] n. 地区，区域；领域，范围
register	[ˈredʒistə] n. 记录，注册；登记簿，名簿 v. 登记，注册；(邮件)挂号
	【派】registration(n. 登记，注册，挂号；登记或注册的项目)
rehearse	[riˈhəːs] v. 排练；讲述(某事物)，(尤指)自述，背诵；(通过排演)指导或训练
	【派】rehearsal(n. 学习，复述；排演，试演)
reign	[rein] n. 统治，支配，势力范围；朝代，在位期间
rejoice	[riˈdʒɔis] v. 使喜悦，使欢乐；欣喜，高兴
relativity	[ˌreləˈtivəti] n. 相对性，相关性
relaxation	[ˌriːlækˈseiʃən] n. 放松，缓和；轻松，宽心；消遣，娱乐
relay	[ˈriːlei] n. 补充物资，接替人员，替班；中继器，继电器；中继，转播；接力赛，转播的无线电节目 v. 重新放置，再铺设
relic	[ˈrelik] n. 遗迹，古物；圣者遗物

remedy	['remidi] *n.* 治疗,治疗法;药物,补救物
reminiscence	[,remi'nisəns] *n.* 回忆,怀旧;[*pl.*]旧事,回忆录;令人联想的东西
renew	[ri'nju:] *v.* 更新,使恢复;继续,重新开始;换新,补充
	【派】renewal(*n.* 更新,重建,重申;延期,续期)
renaissance	[ri'neisəns] *n.* (欧洲14至16世纪的)文艺复兴;任何类似的复兴
renowned	[ri'naund] *adj.* 著名的
repay	[ri:'pei] *v.* 付还,偿还;报答,回报
	【派】repayment(*n.* 偿还,回报;偿还或回报物,付还款)
repeatedly	[ri'pi:tidli] *adv.* 反复地,再三地
repertory	['repətəri] *n.* 轮演剧目;(某一艺术团体、演员、音乐家等可随时演出的)全部节目;仓库,库存,贮存
repetition	[,repi'tiʃən] *n.* 重复,反复;背诵文(诗等)
repetitive	[ri'petətiv] *adj.* 重复的,反复的
reproduce	[,ri:prə'dju:s] *v.* 复制,再现;生殖,繁殖
reptile	['reptail] *n.* 爬虫,爬行动物
republic	[ri'pʌblik] *n.* 共和国
	【搭】the People's Republic of China 中华人民共和国
	【派】republican[*n.* 拥护共和政体的人,共和主义者;(美国)共和党成员]
reputation	[,repju'teiʃən] *n.* 名誉,名声
residual	[ri'zidjuəl] *adj.* (作为剩余物)存留下来的,剩余的,残余的
resonance	['rezənəns] *n.* 反响,共鸣
respiration	[,respə'reiʃən] *n.* 呼吸,一次呼吸;(植物的)呼吸
restless	['restlis] *adj.* 得不到休息的,不睡的;不安的,焦虑的,烦躁的
resume	[,rezju:'mei] *n.* 摘要,概要;履历,简历
retail	['ri:teil] *n.* 零售,零卖 *adv.* 以零售方式
	【派】retailer(*n.* 零售商)
retina	['retinə] *n.* 视网膜
reunion	[ri:'ju:njən] *n.* 聚会,联欢会;重聚,团圆
reunite	[,ri:ju:'nait] *v.* (使)再结合,(使)重聚
revaluation	[ri:,vælju'eiʃən] *n.* 重新估价,(货币的)升值
revitalize	[ri:'vaitəlaiz] *v.* 使恢复活力
revivify	[ri:'vivifai] *v.* 给予(某事物)新生命或活力,复兴
revolt	[ri'vəult] *n. / v.* 反抗,反叛
rhetoric	['retərik] *n.* 修辞,修辞学;华丽的辞藻,虚夸的言辞
	【派】rhetorical(*adj.* 修辞的;辞藻华丽的,虚夸的)

rheumatism	[ˈruːmətizəm] *n.* 风湿病
rhyme	[raim] *n.* 韵，韵脚；同韵词，押韵词 *v.* 押韵；使押韵
rhythm	[ˈriðəm] *n.* 节奏，韵律；有规律的重复
	【派】rhythmic(al)(*adj.* 有节奏的，有韵律的)
ridicule	[ˈridikjuːl] *n. / v.* 嘲笑，讥笑
	【派】ridiculous(*adj.* 可笑的，荒谬的)
right-hand	[ˈraithænd] *adj.* 右手的，右边的，向右的
right-wing	[ˌrait ˈwiŋ] *adj.* 右翼的，极右的
rim	[rim] *n.* (圆形物的)外缘，边缘
riot	[ˈraiət] *n.* 暴动，骚动
rip	[rip] *v.* 撕，扯，撕开 *n.* 长裂痕，裂口
ripe	[raip] *adj.* 熟的，成熟的；时机成熟的，准备好的；成年的
	【派】ripen[*v.* (使)成熟]
ripple	[ˈripl] *v.* (使)起微波，(使)起涟漪 *n.* 细浪，涟漪；水的潺潺声
rite	[rait] *n.* (宗教等的)隆重的仪式或典礼
	【派】ritual(*n.* 仪式，祭典；惯例 *adj.* 仪式的，祭典的)
rival	[ˈraivəl] *n.* 竞争者，对手，敌手
rivalry	[ˈraivəlri] *n.* 竞赛，较量
roadway	[ˈrəudwei] *n.* 车行道
roam	[rəum] *v.* 漫步，漫游；闲逛
roar	[rɔː] *n.* 吼叫，咆哮 *v.* 吼叫，咆哮；呼喊，大声喊出；大笑
roast	[rəust] *v.* 烤，炙；加热，烘 *n.* 一大块烤肉
rob	[rɔb] *v.* 抢劫，抢夺；剥夺
	【派】robbery(*n.* 抢夺，剥夺)
rocky	[ˈrɔki] *adj.* 岩石凹凸不平的；顽固的
romance	[rəuˈmæns] *n.* 恋情；冒险故事，爱情故事；传奇性，浪漫情调
romantic	[rəuˈmæntik] *adj.* 幻想的；传奇的，浪漫的；不切实际的，虚构的
	【派】romanticism[*n.* 浪漫的感情、态度或行为；(文艺及音乐中的)浪漫主义]
roof	[ruːf] *n.* (建筑物，车辆等的)顶；最高点 *v.* 给…盖顶，为…置顶
rosy	[ˈrəuzi] *adj.* 玫瑰红的，深粉红色的；令人鼓舞的，极有希望的
rot	[rɔt] *v.* 腐烂，枯朽；使腐烂，使无用
	【搭】rot away 腐烂
	【派】rotten(*adj.* 腐烂的，已变坏的)
rotate	[rəuˈteit；ˈrəuteit] *v.* (使)旋转，转动；(使)轮流，循环
	【派】rotation(*n.* 旋转；轮流)；rotational(*adj.* 旋转的；轮流的，轮换的)；rotary[*adj.* (指运动)旋转的；(指机器、发动机等)转动的]

roundabout	[ˈraundəˌbaut] n. 环状交通路 adj. 迂回的, 间接的, 转弯抹角的
route	[ruːt] n. 路线, 路程
royal	[ˈrɔiəl] adj. 王室的, 皇家的; 威严的, 高贵的, 盛大的
	【派】royalty(n. 皇室, 王族; 版税)
rub	[rʌb] n. / v. 磨, 擦, 搓
	【派】rubber(n. 橡胶; 橡皮)
rubbish	[ˈrʌbiʃ] n. 废物, 垃圾; 废话, 胡说八道
rugged	[ˈrʌgid] adj. 崎岖不平的; (脸)满是皱纹的; 粗俗的; 艰苦的, 困难的
rule	[ruːl] n. 规则; 惯常的事, 习惯; 统治 v. 统治, 管理; 裁决
	【搭】as a rule 通常, 多半
roll	[rəul] n. 卷形物; 名单; 滚动 v. (使)滚动; 搓, 卷制(某物); (使)摇晃或摇动, 摇晃而行; (指眼睛)(使)左右转动, 溜转
	【搭】roll over 滚过, 压过
	【派】roller(n. 滚柱, 卷轴, 压路机)
rumo(u)r	[ˈruːmə] n. 谣言, 传说, 流言
runaway	[ˈrʌnəˌwei] adj. 逃跑的, 私奔的; (指动物或车辆)失去控制的
runner-up	[ˌrʌnərˈʌp] n. (竞赛中的)第二名, 亚军
runway	[ˈrʌnwei] n. 飞机跑道; (剧场内)伸入观众席的舞台
rural	[ˈruərəl] adj. 乡村的, 有乡村特色的
rust	[rʌst] n. 锈 v. 生锈, 使生锈
	【派】rusty(adj. 生锈的, 锈蚀的; 锈色的; 荒疏的)
rustic	[ˈrʌstik] adj. 有农村或村民特色的, 有乡村风味的; 粗野的, 不雅的; 用粗糙的木材制作的 n. 乡下人, 乡巴佬
ruthless	[ˈruːθlis] adj. 残忍的, 无情的

S

safeguard	[ˈseifgɑːd] n. 安全措施, 保护性措施 v. 保护或保卫某人(某事物)
salesclerk	[ˈseilzklɑːk] n. 店员, 售货员
saliva	[səˈlaivə] n. 唾液, 口水
salmon	[ˈsæmən] n. 鲑, 鲑肉; 橙红色
salon	[ˈsælɔn] n. (营业性质的)店; (大房子的)客厅, 沙龙, (在客厅中的)聚会
saloon	[səˈluːn] n. (轮船等的)豪华大客厅; 大轿车; 酒店; (酒店等的)雅座

salute	[sə'luːt] v. 行军礼；向…打招呼，致意，迎接 n. 军礼，敬礼
salvation	[sæl'veiʃən] n. (对人的灵魂的)拯救，超度；拯救，解困
sampan	['sæmpæn] n. 舢板
sanatorium	[ˌsænə'tɔːriəm] n. 疗养院，疗养地
sandal	['sændəl] n. 凉鞋
sandstone	['sændstəun] n. 砂岩
sandy	['sændi] adj. 沙粒的；覆盖着沙的；沙色的
sanguinary	['sæŋgwinəri] adj. 血腥的，血淋淋的；残酷的，嗜杀的
sanitary	['sænitəri] adj. 卫生的，清洁的；保健的
sapling	['sæpliŋ] n. 幼树
sarcasm	['sɑːkæzəm] n. 讥讽，讽刺，反话
sarcastic	[sɑː'kæstik] adj. 讥讽的，挖苦的
sardine	[sɑː'diːn] n. 沙丁鱼
satchel	['sætʃəl] n. 书包，小背包
satellite	['sætəlait] n. 卫星；人造卫星
satin	['sætin] n. 缎，缎子 adj. 像缎子一样光滑的
Saturn	['sætən] n. 土星
sauce	[sɔːs] n. 调味汁，酱油
saucepan	['sɔːspən; 'sɔːspæn] n. (有柄的)平底锅
saucer	['sɔːsə] n. 茶托，茶碟
sauna	['sɔːnə] n. 芬兰式蒸汽浴(浴室)，桑拿浴
saunter	['sɔːntə] n. / v. 漫步，闲逛
sausage	['sɔsidʒ; 'sɔːsidʒ] n. 香肠
savio(u)r	['seivjə] n. 救助者，拯救者；救世主(耶稣基督)
	【搭】the Saviour 耶稣基督
savo(u)ry	['seivəri] adj. (指食物)咸的，辣的；开胃的；道德高尚的，可敬的
saw	[sɔː] n. 锯子 v. 用锯子锯
sawmill	['sɔːmil] n. 锯木厂
saying	['seiiŋ] n. 谚语，格言
scaffolding	['skæfəldiŋ] n. 脚手架；搭脚手架的材料
scalar	['skeilə] n. / adj. 标量(的)，纯量(的)
scalp	[skælp] n. 头皮；头皮屑 v. 剥(敌人的)头皮
scanner	['skænə] n. 扫描仪
scant	[skænt] adj. 不足的；缺少的
scapegoat	['skeipgəut] n. 替罪羊

scar	[skɑ:] *n.* 伤痕, 疤痕
scarce	[skeəs] *adj.* 缺乏的, 不足的, 供不应求的; 稀有的, 罕见的
	【派】scarcity(*n.* 缺乏, 匮乏, 稀罕)
scarf	[skɑ:f] *n.* 围巾, 头巾, 披巾
scarlet	['skɑ:lət] *adj.* 鲜红色的, 猩红色的, 绯红色的
scenic	['si:nik] *adj.* 风景(优美)的, 天然景色的
scent	[sent] *n.* 气味, 香味; (猎物的)臭迹; 嗅觉
scheme	[ski:m] *n.* 安排, 配置; 计划, 方案; 诡计 *v.* 设计, 策划; 密谋
scissor	['sizə] *n.* 剪刀
scoop	[sku:p] *n.* 勺子; 抢先报道的新闻 *v.* 舀出; 抢在(对手等)之前报道新闻
scooter	['sku:tə] *n.* 小型摩托车; 踏板车
scope	[skəup] *n.* (问题、学科等的)范围, 领域; (行动或思考的)余地, 机会
scorch	[skɔ:tʃ] *v.* 烤焦, 烧焦, 烫焦, 灼 *n.* 烧焦处, 焦痕
	【派】scorching〔*adj.* 灼热的, 烧焦似的; (批评等)尖刻的, 猛烈的〕
score	[skɔ:] *n.* 得分记录; 乐谱; 二十 *v.* 得分; 记住; 计算; 记入总谱
	【搭】scores of 很多
scorpion	['skɔ:piən] *n.* 蝎子
scoundrel	['skaundrəl] *n.* 恶棍, 流氓, 坏蛋
scout	[skaut] *n.* 侦察员, 侦察机, 侦察舰; 童子军; 物色人才者
scrap	[skræp] *n.* 小片, 碎屑; 废料; (从刊物等剪下以供收集的)图片, 文章
screen	[skri:n] *n.* 屏, 幕; 银幕 *v.* 遮蔽, 掩护; 甄选, 选拔; 放映或播放(影片)
screenplay	['skri:nplei] *n.* 电影剧本, 剧本
screw	[skru:] *n.* 螺丝钉; 螺旋式的转动 *v.* (用螺丝)固定, (用螺钉)钉住; 扭紧
	【派】screwdriver(*n.* 螺丝刀)
script	[skript] *n.* 手迹, 笔迹; 手稿, 原稿, (尤指)戏剧脚本
scriptwriter	['skript,raitə] *n.* (电影、电视及广播剧等的)撰稿人
scroll	[skrəul] *n.* 卷轴, 纸卷; (石刻或木刻上的)涡卷形装饰或花纹
sculptor	['skʌlptə] *n.* 雕塑家, 雕塑师
sculpture	['skʌlptʃə] *n.* 雕刻术, 雕刻, 雕塑; 雕刻品, 雕塑品
scuttle	['skʌtl] *v.* 用小而快的步子跑; 故意弄沉(船) *n.* 小跑; 舷窗, 天窗, 气窗

scythe	[saið] *n.* (长柄)大镰刀 *v.* 以大镰刀割
seagull	[ˈsiːgʌl] *n.* 海鸥
seam	[siːm] *n.* 缝，接缝
seaman	[ˈsiːmən] *n.* 水兵；海员，水手
seaport	[ˈsiːpɔːt] *n.* 海港；海港市镇
sea-shell	[ˈsiːʃel] *n.* 海贝壳
seasick	[ˈsiːsik] *adj.* 晕船的
seasickness	[ˈsiːsikinis] *n.* 晕船
seasoning	[ˈsiːzəniŋ] *n.* 调味品，佐料
seaward	[ˈsiːwəd] *adj.* 向海的；(风)从海面吹来的 *adv.* 向海 *n.* 朝海的方向
seaweed	[ˈsiːwiːd] *n.* 海藻，(尤指海边岩石上的)海草
secondhand	[ˌsekəndˈhænd] *adj.* 用过的，旧的；间接的；二手的
second-rate	[ˌsekəndˈreit] *adj.* 二流的，劣质的
secrecy	[ˈsiːkrəsi] *n.* 保密；秘密状态
secretarial	[ˌsekrəˈteəriəl] *adj.* 秘书的，书记的；部长的，大臣的
secretariat	[ˌsekrəˈteəriət] *n.* 秘书处，书记处
secretary	[ˈsekrətəri] *n.* 秘书，书记；大臣，部长；干事，文书
sect	[sekt] *n.* (尤指宗教的)派别，宗派
sector	[ˈsektə] *n.* 扇形；(活动领域的)部门；战区，防区
secular	[ˈsekjulə] *adj.* 世俗的，现世的；(指教士)不属修道院的
sediment	[ˈsedimənt] *n.* 沉淀物；沉积物(如沙、砾石、泥等)
seedling	[ˈsiːdliŋ] *n.* 幼苗
seesaw	[ˈsiːsɔː] *n.* 跷跷板；上下往复的运动，起伏不定
segment	[ˈsegmənt] *n.* 部分，片，片段 *v.* 分割
self-assured	[ˌselfəˈʃuəd] *adj.* 自信的，自恃的
confidence	[ˌselfˈkɔnfidəns] *n.* 自信
self-conscious	[ˌselfˈkɔnʃəs] *adj.* 忸怩的，不自然的；自觉的
self-contained	[ˌselfkənˈteind] *adj.* (通常指)独门独户的；(指人)拘谨的
self-contradictory	[ˈselfˌkɔntrəˈdiktəri] *adj.* 自相矛盾的
self-control	[ˌselfkənˈtrəul] *n.* 自制力
self-criticism	[ˌselfˈkritisizəm] *n.* 自我批评
self-determination	[ˌselfdiˌtəːmiˈneiʃən] *n.* (国家、民族等的)自决权
self-education	[ˌselfˌedjuːˈkeiʃən；ˌselfˌedʒəˈkeiʃən] *n.* 自我教育，自学
self-employed	[ˌselfimˈplɔid] *adj.* 自己经营的，个体户的
self-evident	[ˌselfˈevidənt] *adj.* 不言而喻的

self-government	[ˌself ˈɡʌvənmənt]	n. 自治；自制
self-interest	[ˌself ˈintrəst]	n. 私利，利己(之心)
selfless	[ˈselflis]	adj. 无私的
self-pity	[ˌself ˈpiti]	n. 自怜
self-reliant	[ˌselfriˈlaiənt]	adj. 依靠自己的，信赖自己的
self-respect	[ˌselfriˈspekt]	n. 自尊(心)，自重
self-service	[ˌself ˈsəːvis]	n. 自我服务，自助式
self-sufficient	[ˌselfsəˈfiʃənt]	adj. 自给自足的；过于自信的，傲慢的
self-taught	[ˌself ˈtɔːt]	adj. 自学成才的
semester	[siˈmestə]	n. 学期
semicolon	[ˌsemiˈkəulən]	n. 分号
semi-conductor	[ˌsemikənˈdʌktə(r)；ˌsemaikənˈdʌktə(r)]	n. 半导体
seminar	[ˈseminɑː]	n. 研讨会，(大学的)研究班
semi-skilled	[ˌsemiˈskild；ˌsemaiˈskild]	adj. (工作者)半熟练的，(工作)为半熟练工作者的
senate	[ˈsenit]	n. 上议院，参议院；(古罗马的)元老院
	【派】senator(n. 参议员)	
sentiment	[ˈsentimənt]	n. 柔情，伤感，多愁善感；思想感情，情绪，情操
	【派】sentimental(adj. 情感的，情绪的；表达或引起柔弱情感的)	
sequence	[ˈsiːkwəns]	n. 连续，一连串，系列；(事情发生的先后)次序，顺序
serenity	[siˈrenəti]	n. 平静，宁静
sergeant	[ˈsɑːdʒənt]	n. 士官，中士；警官，巡佐
serial	[ˈsiəriəl]	adj. 连续的；(指故事等)连续刊登或播出的 n. 连续剧，连载故事
sermon	[ˈsəːmən]	n. 讲道，布道
serpent	[ˈsəːpənt]	n. 蛇；狡猾的人
	【搭】the old Serpent 魔王，魔鬼	
serviceman	[ˈsəːvismən]	n. 军人
sesame	[ˈsesəmi]	n. 芝麻
session	[ˈseʃən]	n. 会议，会期，开庭期；从事某项活动的一段时间
setback	[ˈsetbæk]	n. 挫折，挫败
settee	[seˈtiː]	n. 长靠椅，长沙发椅
setting	[ˈsetiŋ]	n. 背景，环境
sew	[səu]	v. 缝，缝纫，缝合
sewage	[ˈsjuːidʒ]	n. 下水道的污物及污水

sewer	[ˈsjuə] *n.* 下水道，排水管
	【派】sewerage[*n.* (下水道里的)污物]
sexual	[ˈsekʃuəl] *adj.* 性行为的，两性的，性别的；生殖的，有性生殖的
sexuality	[ˌsekʃuˈæləti] *n.* 性别特性或特征；性吸引，性感；性能力
sexy	[ˈseksi] *adj.* 引起性欲的，性感的；(关于)性交的，性行为的；色情的
shabby	[ˈʃæbi] *adj.* 破旧的，褴褛的
shady	[ˈʃeidi] *adj.* 遮阳的，背阴的；可疑的，靠不住的
shaft	[ʃɑːft; ʃæft] *n.* 杆状物；竖井，坑道；车辕，车杠
shake	[ʃeik] *v.* (使)摇动，(使)挥动，(使)震动；动摇，减弱；(指声音)颤抖
	【搭】shake hands 握手；shake off 摆脱，避开
	【派】shaky(*adj.* 摇晃的，颤抖的；不稳定的，不可靠的)
shampoo	[ʃæmˈpuː] *n.* 洗发水
shareholder	[ˈʃeəˌhəuldə] *n.* 股东
shawl	[ʃɔːl] *n.* (女用)披肩，围巾
sheer	[ʃiə] *adj.* 纯粹的，全然的，地道的；陡峭的，峻峭的
sheet	[ʃiːt] *n.* 被单，褥单；平板，薄片；一片，一大片
shelf	[ʃelf] *n.* 架子，搁板
shell	[ʃel] *n.* 壳，甲，贝壳；框架，骨架；炮弹 *v.* 剥壳，去壳；炮击
shellfish	[ˈʃelfiʃ] *n.* 水生有壳动物
shepherd	[ˈʃepəd] *n.* 牧羊人，牧人
sheriff	[ˈʃerif] *n.* 县司法官；郡长
shield	[ʃiːld] *n.* 盾；防护物，挡板 *v.* 保护，防御，掩护
shipboard	[ˈʃipbɔːd] *adj.* 在船上的，在船上使用的或发生的
shipment	[ˈʃipmənt] *n.* 装船，装运；装运的货物量
shipping	[ˈʃipiŋ] *n.* (指一国或一海港的)船舶；船运，海运
shipwreck	[ˈʃiprek] *n.* 船难，船只失事，海难 *v.* 使船遭难，使毁于船难
shipyard	[ˈʃipjɑːd] *n.* 船坞，造船厂，修船所
shoplift	[ˈʃɔplift] *v.* 入店行窃，在商店里偷东西
shopper	[ˈʃɔpə] *n.* 到商店买东西的人
short-circuit	[ˌʃɔːt ˈsəːkit] *v.* 短路
shortcoming	[ˈʃɔːtˌkʌmiŋ] *n.* 短处，缺点
shortcut	[ˈʃɔːtkʌt] *n.* 捷径，近路
shorthand	[ˈʃɔːthænd] *n.* 速记

shortly	[ˈʃɔːtli] *adv.* 即刻，不久；简要地，扼要地
shorts	[ʃɔːts] *n.* 短裤
shortsighted	[ˌʃɔːtˈsaitid] *adj.* 近视的；目光短浅的
short-term	[ˌʃɔːtˈtəːm] *adj.* 短期的
short-wave	[ˈʃɔːtˌweiv] *n.* 短波
shot	[ʃɔt] *n.* 发射；枪(炮)声；射球；炮弹；尝试；镜头；(一次)注射
shotgun	[ˈʃɔtgʌn] *n.* (发射铅砂弹的)猎枪
shoulder	[ˈʃəuldə] *n.* 肩，肩膀 *v.* 肩负；以肩冲，挤(路)
shovel	[ˈʃʌvəl] *n.* 铲，锹 *v.* 铲起，铲动；铲干净
showcase	[ˈʃəukeis] *n.* (玻璃)陈列柜，陈列橱
showdown	[ˈʃəudaun] *n.* (为解决争端的)最后较量
shower	[ˈʃauə] *n.* 一阵（阵雨等）；大量涌现的事物；淋浴 *v.* 下阵雨；淋浴；大量地洒落或倾注
shrill	[ʃril] *adj.* (指声音)尖锐的，刺耳的 *v.* 发出尖锐的声音，以尖锐的声音说
shrimp	[ʃrimp] *n.* 小虾；矮小的人
shrine	[ʃrain] *n.* 神龛，圣祠；圣骨箱；圣地，灵地
shrug	[ʃrʌg] *v.* (表示冷淡、怀疑等)耸(肩)
shutter	[ˈʃʌtə] *n.* (照相机的)快门；百叶窗，窗板
shuttle	[ˈʃʌtl] *n.* (织布机的)梭；定期的短程往返班机(车) *v.* 穿梭般往返 【搭】shuttle diplomacy 穿梭外交；shuttle service 穿梭营运(飞机、公共汽车的定期班次)
sicken	[ˈsikən] *v.* 使(某人)感到厌恶或恶心；生病，患病；厌倦或厌恶某事物
sickle	[ˈsikl] *n.* 镰刀
sickness	[ˈsiknis] *n.* 病，病患；作呕，呕吐
sideboard	[ˈsaidbɔːd] *n.* 餐具柜；[*pl.*]腮须，边鬓胡子
sidelight	[ˈsaidlait] *n.* 侧光；(汽车的)侧灯，(船的)舷灯；侧窗；间接的资料或说明
sidewalk	[ˈsaidwɔːk] *n.* [*pl.*]人行道
sideways	[ˈsaidweiz] *adv.* 斜着，斜向一边地 *adj.* 横斜的，斜向一边的
sieve	[siv] *n.* 漏勺，筛子 *v.* 筛，筛分
sightseeing	[ˈsaitˌsiːiŋ] *n.* 观光，游览
signpost	[ˈsainpəust] *n.* 招牌柱，广告柱，路标
silicon	[ˈsilikən] *n.* 硅

silver	['silvə] *n.* 银；银币；银器，银具；银色 *v.* 镀银于；变白，变银色
	【派】silvery〔*adj.* 光亮的，银色的；(指声音)清脆的〕
simile	['simili] *n.* 明喻，明喻的运用
simplicity	[sim'plisəti] *n.* 简单，简易；朴实，率直
sin	[sin] *n.* (宗教上的)罪，罪孽；过失，失礼
	【派】sinful(*adj.* 有过错的，邪恶的)；sinner(*n.* 有罪过的人)
single	['siŋgl] *adj.* 单一的；各自的，分别的；未婚的，独身的；单人(用的)
	【派】singlehood(*n.* 单身，独身)
singular	['siŋgjulə] *adj.* 殊异的，奇特的；非凡的，卓越的；【语】单数的
sinister	['sinistə] *adj.* 邪恶的，险恶的；凶恶的，阴险的
siren	['saiərən] *n.* 汽笛，警报器
sitcom	['sitkɔm] *n.* 情景喜剧
skateboard	['skeitbɔːd] *n.* 滑板
skeleton	['skelitən] *n.* 骨骼，骨架；纲要，轮廓，基干
ski	[skiː] *v.* 滑雪 *n.* 雪橇，滑雪屐
skirmish	['skəːmiʃ] *n.* 小规模战斗，军事小冲突；小争论
skull	[skʌl] *n.* 脑壳，头盖骨
skylight	['skailait] *n.* 天窗
skyline	['skailain] *n.* 建筑物、树、山等以天空为背景映出的轮廓
skyrocket	['skaiˌrɔkit] *v.* (使)物价飞涨
skyscraper	['skaiˌskreipə] *n.* 摩天大楼
slang	[slæŋ] *n.* 俚语
slat	[slæt] *n.* (木制或塑料制的)板条
slate	[sleit] *n.* 板石，石板岩；石板，石板瓦；石板(旧时学童书写用具)；(有关过去错误等的)言行记录 *v.* 提名…为候选人，预定；痛斥，抨击
	【搭】clean slate 良好的经历；历史清白
slaughter	['slɔːtə] *n.* / *v.* 屠宰，屠杀
slay	[slei] *v.* 杀，谋杀
sledge	[sledʒ] *n.* / *v.* (乘)雪橇
sleet	[sliːt] *n.* 霰，雨夹雪，冻雨 *v.* 降霰，下雨加雪或冻雨
sleeve	[sliːv] *n.* 袖子，衣袖；唱片封套
sleigh	[slei] *n.* (尤指马拉的)雪橇 *v.* 乘雪橇
slender	['slendə] *adj.* 细长的，苗条的，纤细的；纤巧的；微薄的，不足的

slice	[slais] *n.* 薄片，切片，一片 *v.* 把…切成薄片
slim	[slim] *adj.* 苗条的，修长的，纤细的；少的，不足的
slogan	['sləugən] *n.* 标语，口号
slope	[sləup] *n.* 倾斜，坡度；倾斜面，斜坡
sluggish	['slʌgiʃ] *adj.* 行动迟缓的，无精打采的；(商业)不景气的，清淡的
slum	[slʌm] *n.* 贫民区，贫民窟
slumber	['slʌmbə] *n. / v.* 睡眠，沉睡
sly	[slai] *adj.* 狡猾的，诡秘的；淘气的，顽皮的
	【搭】on the sly 秘密地，偷偷地
smack	[smæk] *v.* 拍击；咂(唇)作响
smart	[smɑːt] *adj.* 鲜明的，新奇的；衣冠楚楚的；时髦的；机灵的；轻快的，敏捷的；严厉的，剧烈的
smog	[smɔg] *n.* 烟雾
smokestack	['sməukstæk] *n.* (工厂或轮船的)大烟囱
smooth	[smuːð] *adj.* 光滑的；平稳的；圆滑的；和蔼的 *v.* 使平滑，使顺利
	【搭】smooth away 使平滑，使顺利
snack	[snæk] *n.* 小吃，快餐
	【搭】snack bar 小吃店，快餐店
snail	[sneil] *n.* 蜗牛
	【搭】at a snail's pace 极慢的
snap	[snæp] *v.* 猛咬，折断；折断声，脆裂声；快照 *n.* 咬，啪，噬；发破裂声而折断；发出清脆声
snapshot	['snæpʃɔt] *n.* 快照
sneeze	[sniːz] *v.* 打喷嚏
snob	[snɔb] *n.* 势利之人，谄上欺下之人
	【派】snobbery[*n.* 谄上欺下，势利(言行)]；snobbish(*adj.* 势利的)
snooker	['snuːkə] *n.* 落袋台球游戏
snore	[snɔː] *v.* 打鼾，打呼噜 *n.* 打鼾，发鼾声
snug	[snʌg] *adj.* 温暖的，舒适的；(指衣服)紧贴合身的
sob	[sɔb] *v.* 呜咽，抽噎 *n.* 呜咽声，抽噎声
sociable	['səuʃəbl] *adj.* 友好的，合群的
society	[sə'saiəti] *n.* 社会；群体，团体；社团；社交界，上流社会
socket	['sɔkit] *n.* 插座；凹处，窝
soda	['səudə] *n.* 苏打，碳酸钠
sodium	['səudiəm] *n.* 钠
solar	['səulə] *adj.* 太阳的，与太阳有关的

sole	[səul] *n.* (人、足、鞋、袜等的)底部 *adj.* 唯一的，仅有的；专用的，独占的 【派】solely(*adv.* 唯一地，单独地)
solemn	['sɔləm] *adj.* 庄严的，肃穆的；真诚的，正式的；隆重的，庄重的
solid	['sɔlid] *adj.* 固体的；实心的；结实的；可靠的；团结的；连续的，完整的 【派】solidarity(*n.* 团结，一致)
solitary	['sɔlitəri] *adj.* 独居的，孤独的；单个的；偏僻的，人迹罕至的
solitude	['sɔlitjuːd] *n.* 独居，孤独，单独；人迹罕至之处
solo	['səuləu] *n.* 独奏/唱(曲)；单独表演 *adj.* 独奏/唱(曲)的；单独表演的 【派】soloist(*n.* 独唱者，独奏者)
sonnet	['sɔnit] *n.* 十四行诗
soot	[sut] *n.* 黑烟灰，煤烟，油烟
sophomore	['sɔfəmɔː] *n.* (四年制大学、学院和中学的)二年级学生
sore	[sɔː] *adj.* 疼痛的 *n.* 痛处，溃疡
sorghum	['sɔːgəm] *n.* 高粱
sorrow	['sɔrəu] *n.* 悲伤，悲哀；悔恨 【派】sorrowful(*adj.* 感到、显得或引起悲哀或懊丧的)
SOS	*n.* 紧急求救信号，求助，求救
so-so	['səusəu] *adj.* 平平常常的，马马虎虎的 *adv.* 平平常常地,过得去地
soul	[səul] *n.* 灵魂，心灵；心力，精神；人；典范，化身；精髓，精华
sour	['sauə] *adj.* 酸(味)的；酸腐的，酸臭的；乖戾的，不友好的 *v.* (使)变酸
source	[sɔːs] *n.* 河源，水源；来源，出处；[*pl.*]原始资料，原始文件等
souvenir	[ˌsuːvə'niə] *n.* 纪念物，纪念品
soybean	['sɔibiːn] (也作soya bean) *n.* 大豆 【搭】soybean sauce 酱油
spa	[spɑː] *n.* 矿泉；有矿泉的地方
spacecraft	['speiskrɑːft; 'speiskræft] *n.* 航天器，宇宙飞船
spaceship	['speisʃip] *n.* 宇宙飞船
spacious	['speiʃəs] *adj.* 广大的，宽敞的
spade	[speid] *n.* 铲，铁锹；(纸牌中的)黑桃 【搭】call a spade a spade 直言不讳
sparrow	['spærəu] *n.* 麻雀
sparse	[spɑːs] *adj.* 零散的，稀疏的

spawn	[spɔːn] n.(鱼、蛙等水生动物的)卵，子 v. 产卵；大量生产
spear	[spiə] n. 矛，枪，渔叉
spearhead	['spiəhed] n. 前锋，先头部队
special	['speʃəl] adj. 特殊的，专用的，特设的；附加的，格外的 【派】specialist(n. 专家); speciality(n. 特质，特性；专业，专长；特制品，特产品); specialty (n. 专业); specially (adv. 特别地，专门地；格外地)
species	['spiːʃiːz] n.(生物)种
specimen	['spesimən] n. 标本，范例；样品；抽样，取样
speck	[spek] n. 微粒，小污点
spectacle	['spektəkl] n. 公开展示；景象，光景，壮观；[pl.]眼镜
spectator	[spek'teitə] n. 观众，旁观者
speedometer	[spi'dɔmitə] n.(机动车等的)速度计
speedway	['spiːdwei] n.(摩托车等运动项目的)赛车跑道，摩托车赛
sperm	[spəːm] n. 精液，精子
sphere	[sfiə] n. 球体，球形；范围，领域
spice	[spais] n. 香料，调味品；意味，风味 v. 加香料于；为…增添趣味 【派】spiced(adj. 含香料的)
spicy	['spaisi] adj. 用香料调味的，辛辣的；有刺激性的，有趣味的
spider	['spaidə] n. 蜘蛛
spike	[spaik] n. 钉状物，鞋钉；(谷类等的)穗状物 v. 用钉钉，加鞋钉于
spinach	['spinidʒ] n. 菠菜
spine	[spain] n. 脊柱，脊椎；(动植物体上的)刺，棘刺；书脊
spinster	['spinstə] n. 未婚女人，老处女
spirit	['spirit] n. 精神；幽灵；气魄；本质；兴致；人物；烈性酒 【搭】out of spirits 意气消沉，没精打采 【派】spirited (adj. 精神饱满的，活跃的); spiritual[adj. 精神(上)的，心灵(上)的；宗教的，神圣的]
spit	[spit] v. 吐出，吐唾液 【搭】spit it out 爽快地说出来
sponge	[spʌndʒ] n. 海绵(体) v. 用海绵等擦拭、洗涤或清除；用海绵吸收(液体)
sponsor	['spɔnsə] n. 赞助者，主办者，发起者；负责人，保证人
spoon	[spuːn] n. 匙，调羹 【派】spoonful(n. 一匙之量)
spotlight	['spɔtlait] n. 聚光灯；(众人的)注目，众人注目的焦点

spouse	[spauz] *n.* 配偶
springboard	['spriŋbɔːd] *n.* (跳水运动的)跳板，(体操运动的)踏跳板；发展事业的起点
spruce	[spruːs] *n.* 云杉
squad	[skwɔd] *n.* 班，小组，小队
squadron	['skwɔdrən] *n.* 英国皇家空军中队；海军中队；骑兵中队，装甲连
squirrel	['skwirəl; 'skwəːrəl] *n.* 松鼠；松鼠的毛皮
stack	[stæk] *n.* 整齐叠起的一堆；干草垛
stadium	['steidiəm] *n.* 运动场，体育场
stag	[stæg] *n.* 牡鹿 *adj.* 只准男子参加的
stage	[steidʒ] *n.* 舞台；活动或注意的中心；阶段 *v.* 上演；举行，策划
	【搭】at this stage 眼下，目前；stage by stage 逐步地
stagnant	['stægnənt] *adj.* (指水)因不流动而污浊、腐臭的；停滞的，不景气的
stagnation	[stæg'neiʃən] *n.* (水)不流动；停滞，不景气
stain	[stein] *n.* 污点，污迹；污点，耻辱 *v.* 玷污，污染
	【派】stainless(*adj.* 无污点的，清白的；不锈的，抗锈的)
stake	[steik] *n.* 桩，柱；利害关系；赌注，赌金
stale	[steil] *adj.* 干瘪无味的；陈腐的；疲惫的
stalk	[stɔːk] *n.* (植物的)茎，秆；叶柄，花梗，果实的柄
standstill	['stændstil] *n.* 静止状态，停顿
staple	['steipl] *n.* 订书钉；(某国家或地区买卖的)主要产品；主要成分，主要内容；主食 *v.* 用订书钉订住 *adj.* 主要的，基本的，标准的
	【派】stapler[*n.* (小型手动的)订书机]
starch	[stɑːtʃ] *n.* 淀粉，含淀粉的食物；粉浆 *v.* 浆(衣服等)
starry	['stɑːri] *adj.* 多星的，被星星照亮的；(眼睛等)闪亮如星的，明亮的
starter	['stɑːtə] *n.* 起跑的人、马或其他动物；起跑裁判员，发令员；开始进行某事者；启动装置；第一道菜
state	[steit] *n.* 状态；国家，政府；州；级别，地位 *v.* 说，陈述
	【搭】state of the art (技术等)最新水平
	【派】statement(*n.* 陈述，声明；财务报表；报告书，结算表)
stateroom	['steitrum] *n.* (船上的)包舱，特等客舱
statesman	['steitsmən] *n.* 政治家，政治领导人
static	['stætik] *adj.* 静止的；稳定的；静电的，静态的 *n.* 大气静电干扰；静电
stationary	['steiʃənəri] *adj.* 不动的，静止的

stationery	[ˈsteiʃənəri] *n.* 文具
statistical	[stəˈtistikəl] *adj.* 统计的，统计学的，以数据表示的
statistician	[ˌstætiˈstiʃən] *n.* 统计学家，统计员
statistics	[stəˈtistiks] *n.* 统计，统计数字；统计学
statue	[ˈstætʃuː；ˈstætjuː] *n.* 雕像，塑像
statute	[ˈstætjuːt] *n.* 法规，法令；条例，章程
statutory	[ˈstætjutəri] *adj.* 法定的，规则要求的
staunch	[stɔːntʃ] *adj.* 坚定而忠实可靠的
steadfast	[ˈstedfəst；ˈstedfæst] *adj.* 坚定的，不动摇的
steak	[steik] *n.* 牛排；肉片，鱼片，肉排
steel	[stiːl] *n.* 钢，钢铁；钢制武器 *v.* 使坚硬
steep	[stiːp] *adj.* 陡峭的，险峻的；(指价格)太高的；不合理的，过分的
steeple	[ˈstiːpl] *n.* 教堂的(尖塔)
stench	[stentʃ] *n.* 恶臭，臭气
stereo	[ˈstiəriəu] *n.* 立体声，立体声系统 *adj.* 立体声的
sterling	[ˈstəːliŋ] *adj.* (指硬币、贵金属)标准纯度的；(指人、品质)令人钦佩的，优秀的 *n.* 英国货币
stew	[stjuː] *v.* 炖肉菜；忧闷，焦虑
steward	[ˈstjuəd] *n.* (飞机、船上的)服务员
stewardess	[ˈstjuədis] *n.* (飞机、船上的)女服务员
stigma	[ˈstigmə] *n.* 耻辱；污点
sting	[stiŋ] *v.* 刺，螫，叮 *n.* 刺伤，刺痛
stink	[stiŋk] *v.* 发恶臭 *n.* 恶臭，臭气
stitch	[stitʃ] *n.* (缝纫或手术时的)一针；肋部剧痛
stock	[stɔk] *n.* 贮存，储备；存货，现货；股票
	【搭】stock certificate 股票，证券；stock dividend 红利，股息；stock exchange 证券交易所；stock market 股票市场
stockbroker	[ˈstɔkˌbrəukə] *n.* 证券经纪人，股票经纪人
stockholder	[ˈstɔkˌhəuldə] *n.* 股东，股民
stocking	[ˈstɔkiŋ] *n.* 长袜
stomach	[ˈstʌmək] *n.* 胃；腹部；胃口，食欲；爱好
stoneware	[ˈstəunweə] *n.* 粗陶器
stony	[ˈstəuni] *adj.* 多石的，铺有石块的；冷酷的，无情的
stopper	[ˈstɔpə] *n.* 阻塞物，妨碍物；(瓶子等的)塞子
stout	[staut] *adj.* 肥壮的，胖的；结实的，牢固的

stove	[stəuv] *n.* 火炉，电炉，炉灶
strait	[streit] *n.* 海峡；地峡
strap	[stræp] *n.* 带，皮带，带条 *v.* 用带子束住，捆扎
strategic	[strə'ti:dʒik] *adj.* 战略(上)的；有战略意义的；(指武器)战略性的
strategist	['strætidʒist] *n.* 战略家，兵法家
straw	[strɔ:] *n.* 稻草，麦秸；(喝饮料的)吸管
strawberry	['strɔ:bəri] *n.* 草莓
streak	[stri:k] *n.* 条纹，纹理；(性格上不太好的)特质，癖性 *v.* 在…上加条纹
stream	[stri:m] *n.* (小)河，溪流；(液体、人、物等的)不断流出 *v.* 倾注；飘扬
stricken	['strikən] *adj.* 受折磨的 【派】poverty-stricken(*adj.* 贫穷不堪的)
strife	[straif] *n.* 争吵，倾轧；敌对，冲突
stripe	[straip] *n.* 条纹，斑纹；(军警等制服上的)级别条纹 *v.* 给…画上条纹 【派】striped(*adj.* 以条纹作标志的；有条纹的)
stroke	[strəuk] *n.* 打击，一击；身体上部及手臂的活动，一击，一挥，一划，一动；一笔，笔画；钟声，敲击声；中风 *v.* 抚摸
stronghold	['strɔ(:)ŋhəuld] *n.* 要塞，堡垒；根据地，大本营
stubborn	['stʌbən] *adj.* 顽固的，执拗的；棘手的，难对付的
stud	[stʌd] *n.* 领扣，饰钮；大头钉；种马；种马场 *v.* 装饰钉于，点缀
stump	[stʌmp] *n.* 树桩，残株；残余部分
stunt	[stʌnt] *n.* 特技，绝技；花招，噱头 【搭】pull a stunt 耍花招
sturdy	['stə:di] *adj.* 强健的，结实的；坚定的，不屈不挠的
stutter	['stʌtə] *n. / v.* 结巴
style	[stail] *n.* 风格；文本；时尚；风度，体面，高雅脱俗；种类 *v.* 设计
stylish	['staili∫] *adj.* 有风度的，有气派的
stylistic	[stai'listik] *adj.* (文学或艺术)风格上的，与风格有关的
subconscious	[sʌb'kɔn∫əs] *adj.* 下意识的，潜意识的
subjective	[səb'dʒektiv] *adj.* (指思想、感情等)主观的(属于自我意识方面的)；主观的(以个人的好恶、观点等为依据的)
subjunctive	[səb'dʒʌŋktiv] *adj.* 假设语气的，虚拟语气的 *n.* 【语】虚拟语气，虚拟语气的动词形式
submarine	[ˌsʌbmə'ri:n] *n.* 潜水艇，潜水舰 *adj.* 海下的，海底的

subsidiary	[səbˈsidiəri] *adj.* 附属的, 次要的; (指业务机构)附属的, 附设的
subsTANCE	[ˈsʌbstəns] *n.* 物质, 物; 实质
substandard	[sʌbˈstændəd] *adj.* 低于标准的
subtitle	[ˈsʌbˌtaitl] *n.* 副标题, 小标题; [*pl.*]字幕
suburb	[ˈsʌbə:b] *n.* 郊区, 市郊
suburban	[səˈbə:bən] *adj.* 郊区的, 城郊的; 见闻不广的, 乏味的

【派】suburbanisation(*n.* 郊区化)

successive	[səkˈsesiv] *adj.* 继续的, 连续的, 接连的
successor	[səkˈsesə] *n.* 继承人, 继任者, 接班人
suckle	[ˈsʌkl] *v.* 给…喂奶
suffix	[ˈsʌfiks] *n.* 后缀
suggestive	[səˈdʒestiv] *adj.* 提示的, 暗示的; 使人产生邪念的
suicide	[ˈsjuisaid] *n.* 自杀

【派】suicidal(*adj.* 自杀的; 有自杀倾向的; 毁灭性的, 自取灭亡的)

| suit | [sju:t; su:t] *n.* 一套衣服; 套, 副, 组; 同花色的一副纸牌; 请求, 恳求; 诉讼, 控告; 案件 *v.* 适合, 使满意, 中…的意; 相配, 合适 |
| suitable | [ˈsju:təbl] *adj.* 适合的, 适宜的, 恰当的 |

【派】suitability(*n.* 适合, 适宜)

suitcase	[ˈsju:tkeis] *n.* 小提箱, 衣箱
suite	[swi:t] *n.* 一套家具; 一套房间, 套间; 一套物件; (音乐)组曲
sulky	[ˈsʌlki] *adj.* 生气的, 愠怒的
sullen	[ˈsʌlən] *adj.* 愠怒的, 郁郁不乐的; 阴郁的, 阴沉的
sulphate	[ˈsʌlfeit] *n.* 硫酸盐, 硫酸酯
sulphur	[ˈsʌlfə] *n.* 硫(矿), 硫黄
sum	[sʌm] *n.* 总数, 总计; 金额, 钱数 *v.* 总计, 合计; 总结, 归纳

【搭】in sum 简言之

sumo	[ˈsju:məu] *n.* (日本)相扑
sunbath	[ˈsʌnbɑ:θ] *n.* 太阳浴
sunbathe	[ˈsʌnbeið] *v.* 沐日光浴
sunburn	[ˈsʌnbə:n] *n.* 日炙, 晒斑, 晒黑 *v.* (使)晒黑
sundial	[ˈsʌndaiəl] *n.* 日晷仪
sunstroke	[ˈsʌnstrəuk] *n.* 中暑
suntan	[ˈsʌntæn] *n.* (皮肤的)晒黑
super	[ˈsju:pə] *adj.* 极好的, 棒的 *n.* 主管人, (尤指)警务长
superhuman	[ˌsju:pəˈhju:mən] *adj.* 超乎常人的

465

superintendent	[ˌsjuːpərinˈtendənt] *n.* 督导，总监，总管；英国警察局局长
superlative	[sjuːˈpəːlətiv] *adj.* 【语】最高级的；最佳的 *n.* 【语】(形容词或副词的)最高级
supernatural	[ˌsjuːpəˈnætʃərəl] *adj.* 超自然的，神奇的；神的；鬼怪的
supersonic	[ˌsjuːpəˈsɔnik] *adj.* 超声(频)的；超音速的
surf	[səːf] *n.* 拍岸浪花 *v.* 冲浪，做冲浪运动
surface	[ˈsəːfis] *n.* 表面；外表 *adj.* 表面的，水面的 *v.* 露出水面，显露，呈现
surfboard	[ˈsəːfbɔːd] *n.* 冲浪板
surname	[ˈsəːneim] *n.* 姓
surveillance	[səːˈveiləns] *n.* (囚犯等的)看守；监督
suspender	[səˈspendə] *n.* 女用吊袜带，背带
swamp	[swɔmp] *n.* 沼泽，沼泽地
sweatshop	[ˈswetˌʃɔp] *n.* 血汗工厂(工作条件恶劣而工资低的工厂)
swollen	[ˈswəulən] *adj.* 浮肿的；浮夸的，骄傲的
sword	[sɔːd] *n.* 剑，刀
syllable	[ˈsiləbl] *n.* 音节
syllabus	[ˈsiləbəs] *n.* 教学大纲
symmetry	[ˈsimitri] *n.* 对称，匀称
	【派】symmetric(*adj.* 对称的)
symphonic	[simˈfɔnik] *adj.* (似)交响乐的
symphony	[ˈsimfəni] *n.* 交响乐，交响曲
symposium	[simˈpəuziəm] *n.* (专题)研讨会，讨论会
syndrome	[ˈsindrəum] *n.* 综合征，综合症状
synonym	[ˈsinənim] *n.* 同义词
syntax	[ˈsintæks] *n.* 句法，语句结构
syringe	[siˈrindʒ] *n.* (医疗用的)注射器，喷水器 *v.* 用注水器清洗，冲洗，注射
syrup	[ˈsirəp] *n.* 糖浆，糖水；甜而稠的汁液

T

tablecloth	[ˈteiblklɔθ] *n.* 桌布，台布
tablet	[ˈtæblit] *n.* 药片；(肥皂等)小块
taboo	[təˈbuː] *n.* 禁忌，忌讳 *adj.* 忌讳的，避讳的

tackle	[ˈtækl] n. (橄榄球赛中)阻挡并绊倒对手,抢球;用具,器械;滑车,滑车索具 v. 着手处理,对付;向某人提起(尴尬之事);(橄榄球赛中)抱住并摔倒或挡住(对方球员),(球赛中向对方球员)抢球
tact	[tækt] n. 机智,圆滑,老练
tactic	[ˈtæktik] n. [pl.]战术,兵法;策略

【派】tactical[adj. 战术上的;善于筹划的;(指武器、炸弹等)短程的]

tag	[tæg] n. 标签,附签;任何松散或不完整的末端
talkative	[ˈtɔːkətiv] adj. 爱说话的,健谈的,多话的,多嘴的
tally	[ˈtæli] n. 计分,计算;(用以核对的)票据 v. (叙述、数量等)符合,一致
tangerine	[ˌtændʒəˈriːn] n. 橘子;橘红色
tanker	[ˈtæŋkə] n. 油轮,运油车
tap	[tæp] n. 轻拍,轻敲;龙头,活栓;栓,塞子 v. 轻击,轻拍
tapestry	[ˈtæpistri] n. 绣帷,织锦,挂毯
tar	[tɑː] n. 柏油,沥青 v. 铺以柏油,以沥青铺路
tarmac	[ˈtɑːmæk] v. 以碎石沥青铺盖(某物)表面
tart	[tɑːt] adj. 酸的;尖酸的,刻薄的 n. 果馅饼;淫妇
tasty	[ˈteisti] adj. 美味的,可口的
tattoo	[təˈtuː] n. 文身 v. 刺花纹于
tavern	[ˈtævən] n. 客栈,酒店
teak	[tiːk] n. 柚木
teaspoon	[ˈtiːspuːn] n. 茶匙;茶匙的量
teddy	[ˈtedi] n. 玩具熊
tedious	[ˈtiːdiəs] adj. 沉闷的,厌烦的,乏味的
telecommunications	[ˌtelikəˌmjuːniˈkeiʃənz] n. 电信
telegram	[ˈteligræm] n. 电报,电信
telegraph	[ˈteligrɑːf; ˈteligræf] n. 电报,电报机
telescope	[ˈteliskəup] n. 望远镜
telex	[ˈteleks] n. 电传,用户电报,电传打字电报系统
teller	[ˈtelə] n. 银行出纳员;(选举)计票员
temporary	[ˈtempərəri] adj. 暂时的,临时的
tenancy	[ˈtenənsi] n. 租赁期限;租佃,租用
tenant	[ˈtenənt] n. 房客,佃户,承租人

terminology	[ˌtɜːmɪˈnɒlədʒi] n. (某学科的)专门用语，术语；术语的使用
terrace	[ˈterəs] n. 梯田；(梯级宽且矮的)台阶(如看台)；排房(设计相同的一排房屋)
territory	[ˈterɪtəri] n. 领土；土地，区域；属地
terror	[ˈterə] n. 恐怖，惊骇；恐怖的实例，令人恐怖的人(或事物)；讨厌的人

【派】terrorist(n. 恐怖主义者，恐怖分子)

tertiary	[ˈtɜːʃəri] adj. 第三等的，第三的
textile	[ˈtekstail] n. 纺织品，织物，纺织原料 adj. 纺织的，织物的
texture	[ˈtekstʃə] n. 质地，纹理，织法
theatrical	[θiˈætrikəl] adj. 戏院的，戏剧的；夸张的，做作的，戏剧性的
theft	[θeft] n. 偷窃，盗窃
theme	[θiːm] n. 话题，主题；主旋律，基调
theology	[θiˈɒlədʒi] n. 神学，宗教研究；宗教信仰

【派】theological(adj. 神学的)；theologian(n. 神学家，神学研究者)

theoretical	[θiəˈretikəl] adj. 理论上的，推理的
therapist	[ˈθerəpist] n. (某疗法的)治疗专家
therapy	[ˈθerəpi] n. 疗法
thereabout(s)	[ˈðeərəˌbaut(s)] adv. 在附近的某地；大约，左右
thereafter	[ðeərˈɑːftə; ðeərˈæftə] adv. 此后，其后
thermal	[ˈθɜːməl] adj. 热的，热量的；温暖的；(指衣物)保暖的 n. 热气流
thermometer	[θəˈmɒmitə] n. 温度计，寒暑表
thermostat	[ˈθɜːməustæt] n. 恒温器
thesaurus	[θiˈsɔːrəs] n. (按词义而不是按首字母次序编排的)分类词典，词库
thick-skinned	[ˈθikskind] adj. 脸皮厚的，对批评或侮辱感觉迟钝的
thief	[θiːf] n. 小偷，窃贼
thigh	[θai] n. 股，大腿
thorn	[θɔːn] n. 刺，棘；荆棘
thorough	[ˈθʌrə; ˈθɜːrəu] adj. 彻底的；十足的；细心的；不厌其烦的；详尽的
thoroughbred	[ˈθʌrəbred; ˈθɜːrəubred] n. / adj. (指动物)优良种(的)
thoroughfare	[ˈθʌrəfeə; ˈθɜːrəufeə] n. 大街，通路
thoughtful	[ˈθɔːtful] adj. 深思的，思考的；体贴的，考虑周到的
thoughtless	[ˈθɔːtlis] adj. 无思想的；粗心的，疏忽的；自私的，不顾及他人的

【派】thoughtlessness(n. 粗心大意；自私)

| thread | [θred] n. 线，纱，丝；线状物；脉络，头绪，思路 |

thresh	[θreʃ] v. (用机器)脱粒，(尤指旧时以手持工具)打麦等
threshold	[ˈθreʃhəuld] n. 门槛，门口；开端，开始
thrift	[θrift] n. 节俭，俭约
	【派】thrifty(adj. 节俭的，俭约的)
throat	[θrəut] n. 喉头；咽喉，喉咙；咽喉状的东西，(瓶子等的)颈
throne	[θrəun] n. 宝座，御座；王权，王位
throng	[θrɔ(ː)ŋ] n. 群，群众 v. 群集，蜂拥
thrush	[θrʌʃ] n. 画眉
thumb	[θʌm] n. 大拇指 v. 以拇指翻动(书页等)；翘起拇指要求搭便车
	【搭】all thumbs 笨手笨脚
thumbtack	[ˈθʌmtæk] n. 图钉
tick	[tik] n. 滴答声；核对记号，钩号 v. (指钟等)作滴答声；用记号标出
tidal	[ˈtaidəl] adj. 潮的，有潮的，受潮汐影响的
tide	[taid] n. 潮水，潮汐；浪潮；潮流，趋势
tier	[tiə] n. 一排(指座位)，(阶梯式的)一层
tile	[tail] n. 瓦，瓷砖
timber	[ˈtimbə] n. 木材，木料；树木
tinkle	[ˈtiŋkl] n. 一连串的丁零声；电话通话 v. (使某物)发出丁零声
tip	[tip] n. 梢，尖，末端；小费 v. 给小费
tipper	[ˈtipə(r)] n. 付小费的人
tiptoe	[ˈtiptəu] n. 脚尖 v. 踮着脚走
tiresome	[ˈtaiəsəm] adj. 令人厌倦的，讨人嫌的
tissue	[ˈtiʃjuː] n. (任何种类的)织物；(动植物的)组织；薄纸，面纸
toad	[təud] n. 蟾蜍，癞蛤蟆
tobacco	[təˈbækəu] n. 烟草，烟叶；烟草制品
toddle	[ˈtɔdl] v. (尤指幼儿)摇摇摆摆地走
toe	[təu] n. 脚趾，足尖；(鞋、袜的)足尖部
toenail	[ˈtəuneil] n. (人的)趾甲
toffee	[ˈtɔ(ː)fi] n. 乳脂糖，太妃糖
token	[ˈtəukən] n. 标记，象征；代币，辅币；代价券，礼券
toll	[təul] n. (道路、桥梁等的)通行税；(因疾病、不幸等而付出的)代价，伤亡，损失；鸣钟，钟声 v. 鸣钟；鸣钟报告(噩耗等)
tone	[təun] n. 声音，语气；风格，气度；色调 v. 用某种调子说，定调
	【搭】tone down 缓和，减弱
tonnage	[ˈtʌnidʒ] n. 吨位(指船的载重量)；每吨货物的运费

469

toothbrush	[ˈtuːθbrʌʃ] n. 牙刷
toothpaste	[ˈtuːθpeist] n. 牙膏
topsoil	[ˈtɔpsɔil] n. 表土（土壤的表面或上层）
torch	[tɔːtʃ] n. 火炬，火把；手电筒
tornado	[tɔːˈneidəu] n. 龙卷风
torpedo	[tɔːˈpiːdəu] n. 鱼雷，水雷 v. 用鱼雷轰击
torrent	[ˈtɔrənt] n. 急流，湍流；（感情等的）爆发，（言语、质问等的）迸发
	【派】torrential(adj. 似急流的)
tortoise	[ˈtɔːtəs] n. 乌龟
touchdown	[ˈtʌtʃdaun] n. （飞机）着陆，降落
touching	[ˈtʌtʃiŋ] adj. 动人的
tough	[tʌf] adj. （物体）坚韧的；（肉等）硬的；（身体）强壮的；顽固的；（工作等）费力的，棘手的
tournament	[ˈtuənəmənt] n. 比赛，竞赛
tow	[təu] n./v. 拖，拉，牵引
townsfolk	[ˈtaunzfəuk] n. 镇民
trademark	[ˈtreidmɑːk] n. 商标
tradesman	[ˈtreidzmən] n. 商人，店主，零售商
trafficker	[ˈtræfikə] n. 做非法买卖者，贩卖毒品者
tragedy	[ˈtrædʒidi] n. 悲剧，悲剧性作品；惨事，惨案
tragic	[ˈtrædʒik] adj. 悲惨的，不幸的；悲剧的
trailer	[ˈtreilə] n. 拖车，挂车；（影视节目的）预告片
traitor	[ˈtreitə] n. 叛徒，卖国贼
tram	[træm] n. （有轨）电车
tranquil	[ˈtræŋkwil] adj. 平静的，安宁的
	【派】tranquility(n. 平静，安宁)
transient	[ˈtrænziənt] adj. 短暂的，转瞬即逝的 n. 仅短暂在某地停留或工作的人
transistor	[trænˈsistə] n. 晶体管；晶体管收音机
trash	[træʃ] n. 废话；糟粕；垃圾
trawl	[trɔːl] n. 拖网；排钩 v. 用拖网或排钩捕鱼；查阅(档案等)
tray	[trei] n. 托盘，浅盘，碟
tread	[tred] v. 踩，踏，走
treason	[ˈtriːzən] n. 叛国罪，叛逆，不忠
	【派】treasonable(adj. 叛国的，叛逆的)

treasure	['treʒə] n. 金银财富，财富；瑰宝，不可多得的人才 v. 珍重，珍惜；珍藏
	【派】treasure-house(n. 宝库，宝藏库)
treble	['trebl] n. / adj. 三倍(的)，三重(的) v. (使)成三倍
tremendous	[tri'mendəs] adj. 惊人的，巨大的；绝好的，极棒的
trench	[trentʃ] n. 沟渠，壕沟；战壕
trend	[trend] n. 趋势，趋向 v. 向，倾向
trial	['traiəl] n. 尝试，试验；审讯，审判；考验，磨难
triangle	['traiæŋgl] n. 三角(形)
	【派】triangular(adj. 三角形的；涉及三人的)
tribe	[traib] n. 种族，部落
	【派】tribal(adj. 部落的)
tribunal	[trai'bju:nəl] n. 审理团，特别法庭
tribute	['tribju:t] n. 表示敬意或称赞的行动(言语或礼物)；贡品，贡金
trickle	['trikl] v. 滴流，滴淌；缓慢地移动
tricky	['triki] adj. 诡计多端的；难以捉摸的，难以对付的
trim	[trim] v. 修剪，整饰；装饰
trio	['tri:əu] n. 三人组，三件套，三合一；三重奏，三重唱
triumph	['traiəmf] n. 凯旋，胜利，成功
triumphant	[trai'ʌmfənt] adj. 胜利的，成功的
trolley	['trɔli] n. 手推车；无轨电车
trombone	[trɔm'bəun] n. 长号，拉管
troop	[tru:p] n. (人、动物的)群；军队
trophy	['trəufi] n. 奖品(尤指体育比赛的)；(狩猎、战争等中获得的)战利品
tropic	['trɔpik] n. 回归线；[pl.]热带地区
	【派】tropical(adj. 热带的)
troublemaker	['trʌbl,meikə] n. 制造麻烦者，闹事者，捣乱者
troubleshooter	['trʌbl,ʃu:tə] n. 解决麻烦问题或故障的能手
troublesome	['trʌblsəm] adj. 令人烦恼的，讨厌的
trough	[trɔf] n. 饲料槽，饮水槽；排水沟；波谷，低谷；(气象)低压槽
troupe	[tru:p] n. 表演团体
trout	[traut] n. 鳟鱼
truant	['tru:ənt] n. 逃学者，旷课者
	【搭】play truant 逃学，旷课
truism	['tru:izəm] n. 不言而喻的道理

trumpet	[ˈtrʌmpit] *n.* 喇叭
trunk	[trʌŋk] *n.* 树干；躯干；大衣箱；象鼻；车尾箱
tube	[tjuːb; tuːb] *n.* 管，筒；金属软管；地下铁道；真空管
tuberculosis	[tjuːˌbəːkjuˈləusis] *n.* 结核(病)，肺结核
tuition	[tjuːˈiʃən] *n.* 学费
tummy	[ˈtʌmi] *n.* 胃，肚子
tumour	[ˈtjuːmə] *n.* (肿)瘤，肿块
tumult	[ˈtjuːmʌlt] *n.* 喧嚣，纷扰；(心境的)烦乱，激昂
tuna	[ˈtjuːnə] *n.* 金枪鱼
tune	[tjuːn; tuːn] *n.* 曲调，旋律；和谐；声调，语气
	【搭】change one's tune 改变调子(观点等)，变卦；调整(收音机)，收听；调节；tune in to (a station) 收听(某电台)
tunnel	[ˈtʌnəl] *n.* 隧道，坑道 *v.* 开隧道，开隧道穿过
turbulent	[ˈtəːbjulənt] *adj.* (空气或水)流动猛烈而不稳定的；混乱的，不安的
	【派】turbulence[*n.* 动荡，骚乱；猛烈的(或不稳定的)水气流]
turf	[təːf] *n.* 草皮(块)；赛马(场)；(自己的)领域 *v.* 用草皮铺(地)；赶走(人)
turkey	[ˈtəːki] *n.* 火鸡
turnip	[ˈtəːnip] *n.* 萝卜
turnpike	[ˈtəːnpaik] *n.* 高速公路(尤指收费高速公路)
turtle	[ˈtəːtl] *n.* 海龟，甲鱼
	【派】turtleneck[*n.* 高而紧的(但不翻转的)领口，有这种领口的衣服(尤指毛衣)]
tutor	[ˈtjuːtə] *n.* 家庭教师，私人教师
tutorial	[tjuːˈtɔːriəl] *adj.* 导师的，家庭教师的 *n.* (大学教师的)辅导课，辅导时间
twig	[twig] *n.* 嫩枝，细枝
twilight	[ˈtwailait] *n.* (日出前或日落后)微明，曙光，薄暮
typewriter	[ˈtaipˌraitə] *n.* 打字机
typhoon	[taiˈfuːn] *n.* 台风
typical	[ˈtipikəl] *adj.* 典型的，象征性的
typist	[ˈtaipist] *n.* 打字员
tyranny	[ˈtirəni] *n.* 暴政，专制，暴虐行为；专横
tyrant	[ˈtaiərənt] *n.* 专制统治者，暴君，恶霸；专横的掌权者

U

ultraviolet	[ˌʌltrəˈvaiələt] *adj.* 紫外的；紫外线的
unaffected	[ˌʌnəˈfektid] *adj.* 无变化的，不受影响的；不矫揉造作的，真挚的
unashamed	[ˌʌnəˈʃeimd] *adj.* 无羞耻心的，不觉难堪的
unaware	[ˌʌnəˈweə] *adj.* 不知道的，未察觉的
unbearable	[ʌnˈbeərəbl] *adj.* 难以忍受的；不能容忍的，承受不住的
unbelievable	[ˌʌnbiˈliːvəbl] *adj.* 不可信的，难以置信的，惊人的
uncertain	[ʌnˈsəːtən] *adj.* 无把握的；不可信赖的；可能变化的；犹豫的，迟疑不决的
uncompromising	[ʌnˈkɔmprəˌmaiziŋ] *adj.* 不妥协的，坚定的，不让步的
unconcern	[ˌʌnkənˈsəːn] *n.* 不关心，冷漠
unconscious	[ʌnˈkɔnʃəs] *adj.* 失去知觉的；无意地说出或做出的
uncooperative	[ˌʌnkəuˈɔpərətiv] *adj.* 不愿合作的
underachieve	[ˌʌndərəˈtʃiːv] *v.* (尤指学习上)未发挥水平，未施展实力
underclass	[ˈʌndəklɑːs；ˈʌndəklæs] *n.* 下层社会；(大学或中学的)低年级 *adj.* (大学或中学的)低年级的
underdeveloped	[ˌʌndədiˈveləpt] *adj.* (国家等)经济不发达的
underpass	[ˈʌndəpɑːs；ˈʌndəpæs] *n.* (高架桥下的)通道或路段；地下通道
underprivileged	[ˌʌndəˈprivilidʒd] *adj.* 生活水平或享有的权利比别人低的，贫困的
underside	[ˈʌndəsaid] *n.* 下侧，下部表面，底面，底部
understandable	[ˌʌndəˈstændəbl] *adj.* 能懂的，可理解的，可同情的
underwater	[ˌʌndəˈwɔːtə] *adj.* 水面下面的；水下使用的，水下行动的
underwear	[ˈʌndəweə] *n.* 衬衣，内衣
underworld	[ˈʌndəwəːld] *n.* 下流社会，黑社会
undignified	[ʌnˈdignifaid] *adj.* 不庄重的，不像样子的
undoubted	[ʌnˈdautid] *adj.* 无疑的，肯定的，毋庸置疑的
undreamed-of	[ʌnˈdrimdʌv] *adj.* 梦想不到的，难以想象的
undue	[ʌnˈdjuː] *adj.* 过分的，不当的
uneasy	[ʌnˈiːzi] *adj.* 不安的，担心的；不舒服的，拘束的
	【派】uneasiness(*adj.* 心神不安，担心，忧虑)
uneatable	[ʌnˈiːtəbl] *adj.* 不适于食用的
unethical	[ʌnˈeθikəl] *adj.* 无原则的
uneven	[ʌnˈiːvən] *adj.* 不平坦的；不平衡的，不均等的

unfaithful	[ʌnˈfeiθful] *adj.* 有通奸行为的，不忠的；不忠实的，背叛的
unheard-of	[ʌnˈhəːdɔv] *adj.* 前所未闻的，空前的
uninformed	[ˌʌninˈfɔːmd] *adj.* 信息不足的，情况不明的；未受教育的，无知的
unisex	[ˈjuːniseks] *adj.* 不分男女的，男女皆宜的
unjust	[ˌʌnˈdʒʌst] *adj.* 非正义的，不公平的
unkind	[ˌʌnˈkaind] *adj.* 不亲切的，不和蔼的；残忍的，苛刻的
unlawful	[ʌnˈlɔːful] *adj.* 不法的，违法的；不正当的，不道德的
unoccupied	[ʌnˈɔkjuˌpaid] *adj.* 未被占用的，无人住的；(指地区或国家)未沦陷的
unofficial	[ˌʌnəˈfiʃəl] *adj.* 非官方的，非正式的
unprecedented	[ʌnˈpresiˌdəntid] *adj.* 无前例的，空前的
unpredictable	[ˌʌnpriˈdiktəbl] *adj.* 无法预料的；易变的，不稳定的
unprejudiced	[ʌnˈpredʒudist] *adj.* 无偏见的，公正的
unprofessional	[ˌʌnprəˈfeʃənəl] *adj.* (行为)违反职业准则的；(工作等)未按专业水平做的
unqualified	[ʌnˈkwɔliˌfaid] *adj.* 无资格的，不合格的
unquestionable	[ʌnˈkwestʃənəbl] *adj.* 无疑的，确实的
unquestioning	[ʌnˈkwestʃəniŋ] *adj.* 不提出疑问的，无异议的
unrest	[ʌnˈrest] *n.* 不安，动乱
unskilled	[ˌʌnˈskild] *adj.* 无特殊技能的
unsociable	[ʌnˈsəuʃəbl] *adj.* 不好交际的，不合群的
untidy	[ʌnˈtaidi] *adj.* 不整齐的，凌乱的
untimely	[ʌnˈtaimli] *adj.* 不适时的，不合时宜的；过早的
untiring	[ʌnˈtaiəriŋ] *adj.* 不知疲倦的，坚持不懈的
unwise	[ˌʌnˈwaiz] *adj.* 不明智的，愚蠢的
uproar	[ˈʌprɔː] *n.* 骚乱，骚动；吵闹，喧嚣
uptown	[ˌʌpˈtaun] *adj. / adv.* 朝(向、在)城镇住宅区(的)
urine	[ˈjuərin] *n.* 尿
usher	[ˈʌʃə] *n.* 领座员，迎宾员 *v.* 引导，引(进)
utensil	[juːˈtensəl] *n.* 器皿，用具

V

| vacuum | [ˈvækjuəm] *n.* 真空，真空状态 |
| | 【搭】vacuum cleaner 真空吸尘器；vacuum flash 保温瓶 |

vague	[veig] *adj.* 朦胧的，含糊的
	【派】vaguely(*adv.* 含糊地；大致上；心不在焉地)
valentine	['væləntain] *n.* (西方的)情人节
valiant	['væljənt] *adj.* 勇敢的，英勇的
valley	['væli] *n.* 谷，山谷，河谷，溪谷
van	[væn] *n.* 大篷货车；有篷盖的铁路
valley	['væli] *n.* 谷，山谷，河谷，溪谷
vanity	['vænəti] *n.* 虚荣，自负；空虚，虚幻
vase	[vɑːz; veis] *n.* (装饰用的)瓶，花瓶
vegetarian	[ˌvedʒi'teəriən] *n.* 素食者 *adj.* 素食者的，素食主义的；全素的
vegetation	[ˌvedʒi'teiʃən] *n.* 植物，草木
vehicle	['viːikl] *n.* 运载工具，车辆；媒介物，手段
veil	[veil] *n.* 面纱，面罩；遮蔽物
vein	[vein] *n.* 静脉；叶脉，矿脉，纹理，纹路；气质，风格
velvet	['velvit] *n.* 天鹅绒 *adj.* 天鹅绒的，如天鹅绒的，柔软的，光滑的
vendor	['vendə] *n.* 小贩，沿街叫卖的商贩；(房屋、土地等的)卖主
venue	['venjuː] *n.* 聚集地点，会场
veranda	[və'rændə] *n.* 阳台，走廊
verdict	['vəːdikt] *n.* (陪审团的)裁决，裁定；判断，意见
verge	[vəːdʒ] *n.* 边缘，边际 *v.* 接近，濒临
	【搭】be on the verge of 濒于，濒临
versatile	['vəːsətail; 'vəːsətil] *adj.* 多才多艺的；用途广泛的
version	['vəːʃən] *n.* 说法，看法，译文，译本；版本，变形，变体
versus	['vəːsəs] *prep.* (比赛等中)对，与…相对
vessel	['vesəl] *n.* 船，舰；容器，器皿
vest	[vest] *n.* 汗衫；背心，马甲；内衣，衬衣
vet	[vet] *n.* 兽医
veteran	['vetərən] *n.* 老兵，老手，退伍军人 *adj.* 老兵的，富有经验的
veterinary	['vetərinəri] *adj.* 动物疾病的，兽医的
vibrant	['vaibrənt] *adj.* 颤动的，响亮的；充满生气的，兴奋的；鲜明的，醒目的
vicar	['vikə] *n.* 教区牧师
victim	['viktim] *n.* (祭神的)牺牲品，祭品；牺牲者，受害者，受灾者
victorious	[vik'tɔːriəs] *adj.* 获胜的，胜利的
videophone	['vidiəufəun] *n.* 可视电话，电视电话

viewfinder	[ˈvjuːˌfaɪndə] n. (照相机)取景器
viewpoint	[ˈvjuːpɔint] n. 观点，看法
villa	[ˈvilə] n. 别墅
villain	[ˈvilən] n. (故事中的)反派角色；坏蛋，恶徒；罪犯
vine	[vain] n. 葡萄树；藤本植物，蔓，藤
vinegar	[ˈvinigə] n. 醋
vineyard	[ˈvinjəd] n. 葡萄园
vintage	[ˈvintidʒ] n. 酒酿造的年份 adj. 第一流的，上乘之作的；(指汽车)老式的
violet	[ˈvaiəlit] n. 紫罗兰 adj. 紫色的
violin	[ˌvaiəˈlin] n. 小提琴
violinist	[ˌvaiəˈlinist] n. 小提琴手
virgin	[ˈvəːdʒin] n. 处女 adj. 处女的；未开发的；首次的
	【派】virginal(adj. 童贞的，处女的，适于处女的)
virtually	[ˈvəːtʃuəli] adv. 实际上，简直，差不多
virus	[ˈvaiərəs] n. 病毒
vision	[ˈviʒən] n. 视力，视觉；远见，眼光；想象，幻想
	【派】visionary(adj. 有远见的；空想的，不切实际的)
vitamin	[ˈvitəmin; ˈvaitəmin] n. 维生素
vocal	[ˈvəukəl] adj. 声音的，口头的；直言的 n. (爵士或流行乐的)歌唱部分
	【派】vocalist(n. 歌唱家，歌手)
vocation	[vəuˈkeiʃən] n. 职业
volcano	[vɔlˈkeinəu] n. 火山
volt	[vəult] n. 伏特(电压单位)
	【派】voltage(n. 电压，伏特数)
voucher	[ˈvautʃə] n. 代金券，代用券；凭证，收据
vow	[vau] n. 誓言，誓约 v. 立誓，起誓
vowel	[ˈvauəl] n. 元音，元音字母
voyage	[ˈvɔiidʒ] n. / v. 航行，航海
vulgar	[ˈvʌlgə] adj. 粗鲁的，卑下的；庸俗的，低级的

W

wage	[weidʒ] n. 工资 v. 进行，开展(斗争等)

wagon	['wægən] n. (四轮)马车；(铁路)货车；手推车
	【搭】on the wagon 戒酒
waist	[weist] n. 腰，腰部；中央的细狭部分
walkway	['wɔ:kwei] n. 人行通道
walnut	['wɔ:lnʌt] n. 胡桃，胡桃木，胡桃树
waltz	[wɔ:lts] n. 华尔兹 v. 跳华尔兹
ward	[wɔ:d] n. 病房，牢房
wardrobe	['wɔ:drəub] n. 衣橱，衣柜
warehouse	['weəhaus] n. 仓库，货栈
warfare	['wɔ:feə] n. 战争，交战
warhead	['wɔ:hed] n. 弹头
warlike	['wɔ:laik] adj. 战争的，好战的
warlord	['wɔ:lɔ:d] n. 大军阀，军阀
warmth	[wɔ:mθ] n. 温暖，热情
warrior	['wɔ(:)riə] n. 武士，战士
warship	['wɔ:ʃip] n. 军舰，战舰
wasp	[wɔsp] n. 黄蜂；脾气暴躁的人，刻毒的人
watercolor	['wɔtə͵kʌlə] n. 水彩(颜料)，水彩画
waterfall	['wɔ:təfɔ:l] n. 瀑布
waterfront	['wɔ:təfrʌnt] n. 滨水路，滨水区
waterproof	['wɔ:təpru:f] adj. 不透水的，防水的 n. 防水布 vt. 使不透水，使防水
watershed	['wɔ:təʃed] n. 分水线，分水岭
watertight	['wɔ:tətait] adj. 水密的；无懈可击的，严密的
waterway	['wɔ:təwei] n. 水路，航道
wax	[wæks] n. 蜡，火漆，封蜡 v. 给…上蜡
weaponry	['wepənri] n. (总称)武器，兵器
weather	['weðə] n. 天气，气候
	【搭】under the weather 不舒服的，有点小病的
wed	[wed] v. 与…结婚
welfare	['welfeə] n. 幸福，康乐，福利；福利事业
well-being	[͵wel'bi:iŋ] n. 幸福，健康，福利
well-known	[͵wel'nəun] adj. 众所周知的，出名的
well-to-do	[͵weltə'du:] adj. 富裕的，富有的
westward	['westwəd] adj. 朝西的 adv. 向西

wharf	[wɔːf] n. 码头
wheat	[wiːt] n. 小麦, 麦粒
wheel	[wiːl] n. 轮子, 方向盘 v. 推动, 转动, 滚动；突然转过身来；(鸟) 盘旋
whereabouts	['weərəˌbauts] adv. 在哪里 n. 下落, 去向
whereas	[weər'æz] conj. 而, 却, 反之
whereby	[weə'bai] adv. 借以, 凭那个
whim	[wim] n. 突然的(怪)念头, 一时的兴致
whisker	['wiskə] n. [pl.](动物嘴边的)硬须, 连鬓胡子
whistle	['wisl] n. 哨子, 口笛；哨子声, 汽笛声, 呼啸声 v. 吹口笛, 鸣汽笛
wholesale	['həulseil] n. / v. 批发 adj. / adv. 批发的(地), 大规模的(地)
wholesome	['həulsəm] adj. 有益健康的；(道德上)健康的
wick	[wik] n. 蜡烛芯, 灯芯
	【搭】get on someone's wick 使某人恼火
widen	['waidən] v. 变宽, 加宽
widow	['widəu] n. 寡妇
wig	[wig] n. 假发
willow	['wiləu] n. 柳, 柳树
willpower	['wilˌpauə] n. 意志力, 克制力
windmill	['windmil] n. 风车磨坊, 风车
windscreen	['windskriːn] n. (汽车的)挡风玻璃
witch	[witʃ] n. 女巫, 巫婆
	【派】witchcraft(n. 魔法, 巫术)
witty	['witi] adj. 机智的, 诙谐的
wonder	['wʌndə] n. 惊奇, 惊叹；奇迹, 奇观 v. 想知道；感到惊异
	【搭】do wonders/work wonders 创造奇迹
workbook	['wəːkbuk] n. 辅助练习册
workload	['wəːkləud] n. 工作负荷, 工作量
worship	['wəːʃip] n. / v. 崇拜, 膜拜, 敬慕
wreath	[riːθ] n. 花环, 花圈
wrestle	['resl] n. 摔跤；斗争, 搏斗
wrestling	['resliŋ] n. 摔跤运动
wrinkle	['riŋkl] n. 皱纹 v. (使)起皱纹
wrist	[rist] n. 腕, 腕关节

X

Xerox ['ziərɔks] *n.* 静电复印(法)；(施乐)静电复印机 *v.* 用静电复印法复印

X-ray ['eks.rei] *n.* X射线，X光 *adj.* X射线的，X光的 *v.* 用X光检查

Y

yacht [jɔt] *n.* 快艇，游艇

yardstick ['jɑːdstik] *n.* (计量或比较的)标准，码尺

yarn [jɑːn] *n.* 纱，线

yeast [jiːst] *n.* 酵母，发酵物

yogh(o)urt ['jɔgət] (也作yogurt) *n.* 酸乳酪

yolk [jəuk] *n.* 蛋黄，卵黄

youth [juːθ] *n.* 年轻，青春；青(少)年时代，青春时期

youthful ['juːθful] *adj.* 年轻的，青年的；具有青年特性的，适于青年的

yuppie ['jʌpi] *n.* 雅皮士

Z

zebra ['ziːbrə] *n.* 斑马

zigzag ['zigzæg] *n.* 之字形线条(小径)等 *adj.* (线条、小径等)之字形的 *v.* 作之字形行进

zinc [ziŋk] *n.* 锌

zip [zip] *n.* 拉链，拉锁 *v.* 用拉锁扣上，拉上(拉链)
【派】zipper(*n.* 拉链，拉锁)

zone [zəun] *n.* 地区，区域，范围；地带；邮区；时区

zoologist [zəu'ɔlədʒist] *n.* 动物学家

zoology [zəu'ɔlədʒi] *n.* 动物学

索 引

siege /140

sift /318

sigh /21

significant /63

signify /53

similar /56

simplify /243

simultaneous /181

sincere /43

sink /248

situate /60

sketch /378

skim /235

skip /23

slack /76

slacken /303

slander /135

slant /264

slap /306

slide /255

slight /131

sling /370

slip /132

slippery /369

slur /89

smash /213

smear /247

smudge /282

smuggle /11

snatch /155

sneak /275

sneer /120

snicker /147

sniff /327

soak /302

soar /378

sober /89

solicit /332

soluble /163

solve /30

somehow /295

somewhat /339

soothe /191

sophisticate /52

sort /217

sovereign /337

span /82

spark /23

sparkle /65

specialize /338

specific /43

specify /289

spectacular /120

speculate /128

spill /131

spin /72

spiral /81

spite /102

splash /189

splendid /182

splendo(u)r /100

splinter /301

split /146

spoil /14

spontaneous /304

spot /304

sprain /134

spray /110

spread /185

sprinkle /173

sprout /360

spur /149

spy /324

squander /153

squat /53

squeeze /149

stab /25

stability /68

staff /286

stagger /205

stall /111

stammer /70

standard /99

standpoint /377

stare /353

startle /248

starve /265

status /83

steal /51

steer /230

stem /132

sterile /330

stern /33

stick /339

stiff /238

stifle /29

stimulate /307

stir /44

stoop /28

straight /19

strain /181

strangle /20

strategy /135

stray /210

streamline /374

strengthen /99

stress /198

stretch /376

stride /238

string /25

strip /346

strive /291

stroll /358

structure /389

struggle /375

stuff /141

stumble /265

stun /218

subdue /243

subject /10

submerge /237

submit /287

subordinate /271

subscribe /349

subsequent /208

subsidize /258

substantial /97

substitute /90

subtle /387

subtract /259

succession /196

suck /357

sue /256

suffer /215

sufficient /16

suffocate /156

summarize /341

summit /80

summon /153

superb /373

superficial /188

superior /160

superstition /282

supervise /266

supplement /324

supply /323

support /262

suppose /233

suppress /212

supreme /331

surge /23

surmount /282

surpass /152

surplus /182

surrender /149

survey /259

survive /319

suspect /258

suspend /350

suspicion /19

suspicious /388

sustain /281

swallow /49

swarm /134

swathe /325

sway /249

swear /82

sweep /337

swell /209

swerve /282

swift /323

swindle /179

亲爱的读者，祝贺你完成了本书的学习！在此，让我们以本书作者的经典语录，祝愿你在接下来的学习和生活中再接再厉，梦想成真！

- 绝望是大山，希望是石头，但是只要你能砍下一块希望的石头，你就有了希望。

- 忍受孤独是成功者的必经之路；忍受失败是重新振作的力量源泉；忍受屈辱是成就大业的必然前提。忍受能力，在某种意义上构成了你背后的巨大动力，也是你成功的必然要素。

- 会做事的人，必须具备以下三个做事特点：一是愿意从小事做起，知道做小事是成大事的必经之路；二是心中要有目标，知道把所做的小事积累起来最终的结果是什么；三是要有一种精神，能够为了将来的目标自始至终把小事做好。

- 金字塔如果拆开了，只不过是一堆散乱的石头；日子如果过得没有目标，就只是几段散乱的岁月。但如果把一种力量凝聚到每一日，去实现一个梦想，散乱的日子就集成了生命的永恒。

- 做人最大的乐趣在于通过奋斗去获得我们想要的东西，所以有缺点就意味着我们可以进一步去完善，有缺乏之处意味着我们可以进一步去努力。

- 为什么你不要自傲和自卑？你可以说自己是最好的，但不能说自己是全校最好的、全国最好的、全世界最好的，所以你不必自傲；同样，你可以说自己是全班最差的，但你能证明自己是全校最差的吗？能证明自己是全国最差的吗？所以不必自卑。

- 每一条河流都有自己不同的生命曲线，但是每一条河流都有自己的梦想——那就是奔向大海。我们的生命，有的时候会是泥沙。你可能慢慢地就会像泥沙一样，沉淀下去了。一旦你沉淀下去了，也许你不用再为了前进而努力了，但是你却永远见不到阳光了。所以我建议大家，不管你现在的生命是怎么样的，一定要有水的精神。像水一样不断地积蓄自己的力量，不断地冲破障碍。当你发现时机不到的时候，把自己的厚度给积累起来，当有一天时机来临的时候，你就能够奔腾入海，成就自己的生命。

- 你说我是猪，不对，其实我连猪都不如。很多人失去了快乐，是因为他太敏感了。别人一句话、一个评论就使自己生气一个月。这是非常无聊的。严重了就成了马加爵，因为别人不请自己吃饭就郁闷地要杀人。

- 人的生活方式有两种。第一种方式是像草一样活着，你尽管活着，每年都在生长，但你毕竟是一棵草，你吸收雨露阳光，但是长不大。人们可以踩过你，但是人们不会因为你的痛苦而产生痛苦；人们不会因为你被踩了，而来怜悯你，因为人们本身就没有看到你。所以我们每一个人，都应该像树一样成长，即使我们现在什么都不是，但是只要你有树的种子，即使你被踩到泥土中间，你依然能够吸收泥土的养分，自己成长起来。当你长成参天大树以后，遥远的地方，人们就能看到你；走近你，你能给人一片绿色。活着是美丽的风景，死了依然是栋梁之才，活着死了都有用，这就是我们每一个同学做人的标准和成长的标准。

- 一个人可以从生命的磨难和失败中成长，正像腐朽的土壤中可以生长鲜活的植物。土壤也许腐朽，但它可以为植物提供营养；失败固然可惜，但它可以磨练我们的智慧和勇气。
- 人世间，任何事情的结果几乎都取决于当事者所持有的态度。只要你做出了选择，你的经历就会因选择而异，所产生的最后结局也会完全不同。
- 一个人要完成自己的使命，必须同时具备思想的高度和前瞻性，任何人想要改变自己的命运，必须首先改变自己的人生观、价值观。
- 人首先要学会停止，才能去做事情，直线并不一定是两点之间的最短距离。只有知道如何停止的人，才能知道如何快速发展。放弃是一种智慧，包括我们对财富及其他目标的追求，你越知道怎么停，你的速度就越快。
- 在我们的生活中最让人感动的日子总是那些一心一意为了一个目标而努力奋斗的日子，哪怕是为了一个卑微的目标而奋斗也是值得我们骄傲的。
- 在走向人生的目的地之前，先为自己设计一张人生地图，人生不仅仅是为了走向一个结果，同样重要的是走向结果的路径选择，有人生的地图在手中，走在风中雨中你都不会迷失方向。
- 不管经历多少苦涩，我们都不应胆怯。胆怯是生命的堤坝，使心灵失去对自由的向往。只要不自我封闭，勇敢向前，没有什么能够阻挡我们对自由的向往和对美好生活的追求。
- 有一些人一生没有辉煌，并不是因为他们不能辉煌，而是因为他们的头脑中没有闪过辉煌的念头，或者不知道应该如何辉煌。
- 一定要相信自己，只要艰苦努力，奋发进取，在绝望中也能寻找到失望，平凡的人生终将会发出耀眼的光芒。
- 成功没有尽头，生活没有尽头，生活中的艰难困苦对我们的考验没有尽头，在艰苦奋斗后我们所得到的收获和喜悦也没有尽头。当你完全懂得了"成功永远没有尽头"这句话的含义时，生活之美也就向你展开了她迷人的笑容。
- 生活中其实没有绝境。绝境在于你自己的心没有打开。你把自己的心封闭起来，使它陷于一片黑暗，你的生活怎么可能有光明！封闭的心，如同没有窗户的房间，你会处在永恒的黑暗中。但实际上四周只是一层纸，一捅就破，外面则是一片光辉灿烂的天空。
- 成功就在蓦然回首中，你所追求的一切实际上就在你的心中。只要你的心正了，一切就会正；只要你的心成了，一切就会成；只要你的心里想成功，你就会成功。
- 当一个人什么都不缺的时候，他的生存空间就被剥夺掉了。如果我们每天早上醒过来，感到自己今天缺点儿什么，感到自己还需要更加完美，感到自己还有追求，那是一件多么值得高兴的事情啊！

《剑桥标准商务英语教程》

　　《剑桥标准商务英语教程》(Business Benchmark)是一套由剑桥资深英语教学专家编著的全新商务英语教程，有初、中、高三个级别，每个级别都包含学生用书（附听力光盘及自学手册）和教师用书各一册，互为补充。本教程围绕当前职场中常见的主题设置学习单元，兼顾商务英语知识的拓展与听、说、读、写能力的提高，通过有针对性的指导和反复练习帮助学生迅速提高商务环境中的英语实际运用能力。

　　本教程各级别包含一套BEC考题及大量与BEC/BULATS难度相当的模拟练习，帮助学生熟悉考试的形式及要求，是备考BEC/BULATS考试的理想复习资料。

　　本教程既可用于商务英语课堂教学，也适合那些即将踏入职场或已工作的学习者使用。

《剑桥标准商务英语教程·初级：学生用书》
（附赠自学手册和MP3）　　　　　　Norman Whitby 编著

定价：**68元**　开本：**16开**　页码：**224页**

《剑桥标准商务英语教程·初级：教师用书》
Norman Whitby 编著

定价：**28元**　开本：**16开**　页码：**152页**

《剑桥标准商务英语教程·中级：学生用书》
（附赠自学手册和MP3）　　　　　　Guy Brook-Hart 编著

定价：**68元**　开本：**16开**　页码：**232页**

《剑桥标准商务英语教程·中级：教师用书》
Guy Brook-Hart 编著

定价：**28元**　开本：**16开**　页码：**156页**

《剑桥标准商务英语教程·高级：学生用书》
（附赠自学手册和MP3）　　　　　　Guy Brook-Hart 编著

定价：**68元**　开本：**16开**　页码：**232页**

《剑桥标准商务英语教程·高级：教师用书》
Guy Brook-Hart 编著

定价：**28元**　开本：**16开**　页码：**156页**

读者反馈表

尊敬的读者:

　　您好! 非常感谢您对**新东方大愚图书**的信赖与支持,希望您抽出宝贵的时间填写这份反馈表,以便帮助我们改进工作,今后能为您提供更优秀的图书。谢谢!

　　为了答谢您对我们的支持,我们将对反馈的信息进行随机抽奖活动,当月将有20位幸运读者可获赠《**新东方英语**》期刊一份。我们将定期在新东方大愚图书网站 www.dogwood.com.cn 公布获奖者名单并及时寄出奖品,敬请关注。

来信请寄:

　　　北京市海淀区海淀东三街 2 号新东方南楼 19 层

　　　北京新东方大愚文化传播有限公司

　　　　　　图书部收

　　邮编:100080　　　　　　　　E-mail:bj62605588@163.com

姓名:＿＿＿＿　年龄:＿＿＿＿　职业:＿＿＿＿　教育背景:＿＿＿＿

邮编:＿＿＿＿　通讯地址:＿＿＿＿＿＿＿＿＿＿＿＿＿＿＿＿＿

联系电话:＿＿＿＿＿＿＿　　E-mail:＿＿＿＿＿＿＿＿＿＿＿

您所购买的书籍的名称是:＿＿＿＿＿＿＿＿＿＿＿＿＿＿＿＿＿＿＿

1. 您是通过何种渠道得知本书的(可多选):

　　□书店　□新东方网站　□大愚网站　□朋友推荐　□老师推荐

　　□@新东方大愚图书(http://weibo.com/dogwood)　□其他＿＿＿＿＿＿＿＿

2. 您是从何处购买到此书的?

　　□书店　□新东方大愚淘宝网　□其他网上书店　□其他＿＿＿＿＿＿＿＿

3. 您购买此书的原因（可多选）：

□封面设计　□书评广告　□正文内容　□图书价格　□新东方品牌

□新东方名师　□其他＿＿＿＿＿＿＿＿＿＿

4. 您对本书的封面设计满意程度：

□很满意　□比较满意　□一般　□不满意

改进建议＿＿＿＿＿＿＿＿＿＿＿＿＿＿＿＿＿＿＿＿＿

5. 您认为本书的内文在哪些方面还需改进？

□结构编排　□难易程度　□内容丰富性　□内文版式　□其他＿＿＿＿＿＿＿＿＿

6. 本书最令您满意的地方：□内文　□封面　□价格　□纸张

7. 您对本书的推荐率：□没有　□1人　□1—3人　□3—5人　□5人以上

8. 您更希望我们为您提供哪些方面的英语类图书？

□四六级类　□考研类　□IELTS类　□TOEFL类　□GRE、GMAT类

□SAT、SSAT类　□留学申请类　□BEC、TOEIC类　□英语读物类

□初高中英语类　□少儿英语类　□其他＿＿＿＿＿＿＿＿＿＿＿＿

您目前最希望我们为您出版的图书是：＿＿＿＿＿＿＿＿＿＿＿＿

9. 您在学习英语过程中最需要哪些方面的帮助？（可多选）

□词汇　□听力　□口语　□阅读　□写作　□翻译　□语法　□其他＿＿＿＿＿＿

10. 您最喜欢的英语图书品牌：＿＿＿＿＿＿＿＿＿＿＿＿＿＿＿＿＿＿

理由是(可多选)：□版式漂亮　□内容实用　□难度适宜　□价格适中

□对考试有帮助　□其他＿＿＿＿＿＿＿＿＿＿

11. 您对新东方图书品牌的评价：＿＿＿＿＿＿＿＿＿＿＿＿＿＿＿＿＿＿＿＿＿＿

12. 您对本书(或其他新东方图书)的意见和建议：＿＿＿＿＿＿＿＿＿＿＿＿＿＿＿

＿＿＿＿＿＿＿＿＿＿＿＿＿＿＿＿＿＿＿＿＿＿＿＿＿＿＿＿＿＿＿＿＿＿＿＿＿

＿＿＿＿＿＿＿＿＿＿＿＿＿＿＿＿＿＿＿＿＿＿＿＿＿＿＿＿＿＿＿＿＿＿＿＿＿

＿＿＿＿＿＿＿＿＿＿＿＿＿＿＿＿＿＿＿＿＿＿＿＿＿＿＿＿＿＿＿＿＿＿＿＿＿

＿＿＿＿＿＿＿＿＿＿＿＿＿＿＿＿＿＿＿＿＿＿＿＿＿＿＿＿＿＿＿＿＿＿＿＿＿

13. 填表时间：＿＿＿＿＿年＿＿＿＿月＿＿＿日